Gary Kinder
Das Goldschiff

Zu diesem Buch

In den ersten Septembertagen des Jahres 1857 verläßt die »Central America« Panama mit Kurs auf New York. An Bord befinden sich neben den sechshundert Passagieren und Besatzungsmitgliedern auch einundzwanzig Tonnen pures Gold. Doch als das Schiff in einen der schwersten Hurrikane des Jahrhunderts gerät und sinkt, reißt es über vierhundert Menschen in den Tod – und das Gold verschwindet für immer auf dem Grund des Atlantiks. 1983 macht sich der junge Tiefseeingenieur Tommy Thompson auf die nahezu aussichtslose Suche nach dem verschollenen Schiff. Er läßt sich nicht entmutigen: Im Herbst 1988 senden die Kameras seines Unterwasserroboters die ersten sensationellen Bilder an die Oberfläche. Gary Kinder erzählt von den tragischen letzten Tagen des Goldgräberschiffs ebenso mitreißend wie von seiner spektakulären Bergung: Sein authentischer Bericht ist historischer Roman und dokumentarische Abenteuergeschichte zugleich.

Gary Kinder, geboren 1946 in Florida, ist Journalist und veröffentlichte mehrere Bestseller, bevor er 1987 mit den Recherchen für »Das Goldschiff« begann. Er lebt mit seiner Frau und zwei Töchtern in Seattle im Bundesstaat Washington.

Gary Kinder
Das Goldschiff

Die größte Schatzsuche des 20. Jahrhunderts

Aus dem Amerikanischen von
Elke Hosfeld, Thomas Pfeiffer und
Helmut Dierlamm

Piper München Zürich

Ungekürzte Taschenbuchausgabe
März 2001
© 1998 Gary Kinder
Titel der amerikanischen Originalausgabe:
»Ship of Gold in the Deep Blue Sea«,
The Atlantic Monthly Press, New York
© der deutschsprachigen Ausgabe:
1999 Malik in Piper Verlag GmbH, München
Umschlag: Büro Hamburg
Stefanie Oberbeck, Katrin Hoffmann
Umschlagabbildung: Columbus-America Discovery Group/
Peabody Essex Museum
Foto Umschlagrückseite: Jerry Bauer
Satz: Ebner Ulm
Druck und Bindung: Clausen & Bosse, Leck
Printed in Germany   ISBN 3-492-23256-6

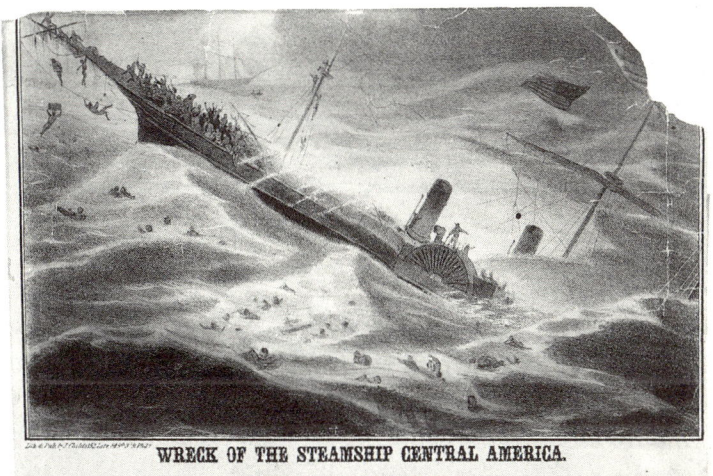

Wrack der SS *Central America*: J. Childs, Philadelphia, zirka 1857.
Abgedruckt mit freundlicher Genehmigung des Peabody Essex Museum,
Salem, Massachusetts. Fotografie von Mark Sexton.

INHALT

PROLOG
Der kalifornische Goldrausch

WIE GEWÖHNLICH STAND James Marshall an diesem Morgen früh auf und ging die Kiesbank an seinem Mühlgerinne entlang, weil er feststellen wollte, ob das Wasser schon tief und schnell genug war, um das Rad der Sägemühle zu drehen, die er für John Sutter gebaut hatte. Am Oberwasser schloß Marshall das Schleusentor, schlenderte ans untere Ende und blieb am Rand der Strömung stehen. Eis säumte die seichten Mulden am Damm, die tieferen Stellen waren still und kristallklar. Während Marshall den felsigen Boden absuchte, entdeckte er in einem der tieferen Becken, etwa 15 Zentimeter unter der Oberfläche, auf einem flachen Felsgestein einen gelben Klumpen. Er krempelte einen Ärmel hoch, langte in das stille Wasser und fischte den Klumpen heraus, der ungefähr von der Größe und Form seines Daumennagels war, goldfarben und blank, aber nicht glänzend. Bis auf die Farbe sah er aus wie ein altes, zerkautes Stück Fichtenharz.

Marshall stand am Wasserlauf, drehte den Klumpen zwischen den Fingern und atmete weiße Dampfschwaden aus. Der Brocken war klein, aber dicht: ein merkwürdiger Fund unter den runden grauen Steinen des Flusses. Er dachte, daß er wie Gold aussah, war sich aber nicht sicher und machte eine einfache Probe: Er legte den Klumpen auf einen glatten Stein, nahm einen anderen in die Hand und schlug damit auf den Klumpen, der nicht zerbrach. Doch als er ihn hochhielt, sah er, daß sich seine Form verändert hatte. Marshall steckte den Brocken in die Tasche, beendete seine Überprüfung des Gerinnes und kehrte zum Lager zurück.

An diesem Tag trug einer seiner Leute in sein Tagebuch ein, »James Marshall, der Boß der Mühle«, habe eine Art Metall am unteren Ende des Gerinnes gefunden, »das wie Gold aussieht«.

Zur Probe legten sie den Klumpen auf einen Amboß und bearbeiteten ihn mit dem Hammer. Pyrit oder Eisenkies wäre zersplittert; Marshalls Stück wurde nur flacher. Dann warf es der Koch in einen Kessel Lauge und ließ es einen Tag lang brodeln; doch der Klumpen tauchte mit demselben blanken goldenen Farbton wieder auf.

Marshall und seine Mannschaft hatten das Mühlgerinne am südlichen Arm der dreifachen Gabelung des American River gegraben, im äußersten Norden einer öden und einsamen Region, die die Spanier »California« nannten. An dem Morgen, als Marshall den Klumpen fand, am 24. Januar 1848, gehörte ganz Kalifornien zu Mexiko; doch Mexiko und die Vereinigten Staaten, die gegeneinander Krieg geführt hatten, befanden sich kurz vor Abschluß eines Vertrags, wonach Mexiko »Upper California« an die Vereinigten Staaten abtreten sollte.

Upper California begann unmittelbar südlich des Hafens von San Diego und grenzte im Norden an das Territorium von Oregon. Das Rückgrat der Region bildete ein Gebirgszug namens Sierra Nevada. In den Ausläufern und den angrenzenden Ebenen der westlichen Abhänge lebte eine buntgewürfelte, aber spärliche Bevölkerung, die einen Raum bewohnte, der zu weit war für häufige Begegnungen und zu reichhaltig für Reibereien: verstreute mexikanische Bauern, ein kleines Kontingent US-Soldaten, die Besatzung von einigen Kriegsschiffen der Marine, ein paar Stämme der Ureinwohner, die Überreste vereinzelter katholischer Missionen, einsame Viehrancher, Trapper, die immer noch die Schiffe aus dem Fernen Osten mit Fellen belieferten, und eine Splittergruppe der Mormonen. Die Mormonen, 238 an der Zahl, waren anderthalb Jahre zuvor mit dem Schiff gelandet und hatten sich in Yerba Buena niedergelassen, einem Außenposten von etwa 40 Siedlern am westlichen Rand einer gewaltigen Bucht, die vom Pazifik landeinwärts drängte. Als die Mormonen 1847 die Siedlung umbenannten, war aus Yerba Buena »San Francisco« geworden.

Der wohlhabendste Bewohner dieser Gegend war vermutlich ein heiterer, in Deutschland geborener Schweizer, der zweimal Bankrott gemacht hatte: John Augustus Sutter, ein selbsternannter »Captain«. Sutter war über Hawaii gekommen und hatte den mexikanischen Gouverneur von Kalifornien überredet, ihm 50 000 Morgen fruchtbaren Landes am Zusammenfluß des American River und des Sacramento River zu übertragen, ungefähr 150 Kilometer nordöstlich der Kolonie in San Francisco. Er gab seinem Besitztum den Namen New Helvetia, aber andere in dieser Gegend nannten es Sutter's Fort. Im Herbst 1847 hatte Sutter einen Tischler namens James Marshall 75 Kilometer den American River flußaufwärts geschickt, um eine Sägemühle zu bauen; denn er plante, seine Siedlung auszuweiten, und brauchte dafür Holz.

Vier Tage, nachdem er den gelben Klumpen im Mühlgerinne gefunden hatte, und fünf Tage, bevor die Vereinigten Staaten den Vertrag mit Mexiko unterzeichneten, machte sich Marshall mit dem Pferd auf den Weg durch den Schnee nach Fort Sutter. Dort nahm er Sutter beiseite und bat ihn, sich mit ihm in einen kleinen Raum zurückzuziehen und die Tür abzuschließen. Als sie allein waren, schlug Marshall ein Baumwolltuch auf und zeigte ihm den Klumpen; er glaube, daß es Gold sei, sagte er, wisse es aber nicht genau. Sicher sei nur, daß er seit der Entdeckung dieses ersten Nuggets vor ein paar Tagen noch andere dieser Art in dem Mühlgerinne gefunden habe, ohne eigens danach gesucht zu haben; sie hätten einfach dort herumgelegen. Wenn es Gold war, schien das ganze Gelände voll davon zu sein.

Sutter studierte den Klumpen und spürte das bemerkenswerte Gewicht dieses kleinen Stückes. Dann nahm er ein altes Chemiehandbuch vom Regal und fand zwei weitere Tests: Er tröpfelte Salpetersäure auf den Klumpen, die ihn nicht beschädigte; dann legte er ihn auf eine Waage und stellte fest, daß er viel dichter als Silber war. Sutter kam zu dem Schluß, daß Marshall wirklich einen Goldklumpen gefunden hatte, aber statt sich zu freuen, schien er besorgt zu sein. Auf seinen 50 000 Morgen Land weideten 12 000 Rinder, 10 000 Schafe, 2000 Pferde und Maultiere; außerdem hielt er dort noch 1000 Schweine. Wenn der Klumpen, den er jetzt in der Hand hielt, Gold war, würden seine Farmarbeiter in die Berge ziehen, die Ernte auf den Feldern verdorren lassen, und das Vieh bliebe unversorgt zurück; er malte sich aus, wie Tausende von fiebernden Goldgräbern über sein friedliches Tal herfallen würden; und weil er ein schlauer Fuchs war, dachte er auch daran, daß ihm das Land, auf dem Marshall Gold gefunden hatte, nicht gehörte.

Sutter schloß umgehend einen Handel mit den Coloma-Indianern ab: Lebensmittel und Kleidung gegen einen dreijährigen Pachtvertrag über 19 Quadratkilometer im Umkreis der Mühle. Mit dem Vertrag in der Hand schärfte er James Marshall und den Mühlenarbeitern ein, niemandem von dem Fund zu erzählen. Doch einer der Arbeiter verschwand in seiner Freizeit immer wieder in die Berge, kratzte mit einem Klappmesser Goldspäne aus Felsspalten und schrieb seinen Freunden von seinem Glück. Ein anderer prahlte in einem Laden mit dem Gold, das er in einem Wildlederbeutel aufbewahrte, und ein Fuhrmann, der die Mühle mit Vorräten belieferte, traf auf einen kleinen Jungen, der ihm eine Handvoll Goldstaub zeigte. Von immer mehr Leuten bedrängt, die Berichte zu bestätigen, gab Sutter seiner Frohnatur nach und geriet jetzt auch seinerseits in Verzückung über die Nuggets und den Goldstaub, die bei seiner Mühle gefunden wurden. Gegen Ende der ersten Märzwoche waren, wie er vorausgesehen hatte, nur noch die Arbeiter in der Niederlassung verblieben, die physisch nicht in der Lage waren zu gehen.

Die Nachricht von dem Fund sickerte aus den Bergen, über die Ebenen bis zur Bucht hinunter, an der die winzige Siedlung San Francisco lag. Am 15. März 1848 berichtete der *Californian* »GOLDMINE ENTDECKT«. Ein paar Wochen später nannte das Konkurrenzblatt *Star* die Geschichte einen Schwindel, aber noch in derselben Woche ritt der Besitzer des *Star* nach San Francisco, schwenkte eine Flasche mit Goldstaub in der Hand und verkündete lauthals, daß man am American River Gold gefunden habe: ein bißchen Werbung für den neuen Laden, den er in der Nähe von Sutters Mühle errichtet hatte. Binnen zwei Wochen verminderte sich die Bevölkerung von San Francisco von ein paar Hundert auf ein Dutzend.

Der Senat der Vereinigten Staaten ratifizierte den Vertrag mit Mexiko im März, und der mexikanische Kongreß stimmte im Mai zu. In diesem Sommer bereiste der neue Territorialgouverneur von Kalifornien die Goldfelder am American River und fand dort 4000 Männer vor, die gruben und Gold auswuschen, jeder durchschnittlich zwei Unzen am Tag, das entsprach etwa 32 Dollar.

Goldgräber folgten James Marshall überallhin, hockten sich neben ihn ans Flußufer und warteten darauf, daß er seine göttliche Gabe vorführte. Sutters Pachtvertrag mit den Coloma war schon ausgelaufen, und obwohl das Gold in die Läden seiner Siedlung strömte, zog Sutter aufs Feld und erntete 40 000 Scheffel Weizen, um daraus Mehl herzustellen, das auf 36 Dollar pro Tonne gestiegen war und voraussichtlich auf 50 Dollar hochgehen würde.

Der Territorialgouverneur schickte eine Teedose voller Nuggets und Goldstaub zusammen mit einem Brief an Präsident James K. Polk im fernen Washington: »Ich wollte die Berichte über den Reichtum im Golddistrikt nicht glauben, bis ich es selbst gesehen hatte. Jetzt kann ich ohne Zögern behaupten, daß in dem Land, das durch die Flüsse Sacramento und San Joaquin entwässert wird, hundertfach mehr Gold ist, als der Krieg mit Mexiko gekostet hat.«

Am Ende des Krieges hatte die Regierung der USA den Bau und Betrieb von zwei Flotten Raddampfern durch private Unternehmen subventioniert, die das neue Territorium Kalifornien mit dem Rest des Landes verbinden sollten. Eine Flotte sollte zwischen New York und Panama verkehren, die andere zwischen Panama und Oregon mit Zwischenstationen an den Außenposten in San Diego, Monterey und San Francisco. Befehligt von US-Marineoffizieren, sollten die Dampfschiffe alle zwei Wochen Nachrichten, Post, Zeitungen, Expreßfracht und womöglich Passagiere an Land bringen.

Das erste Schiff der Pacific Mail Fleet, die *California*, verließ den Hafen von New York am 6. Oktober 1848 und nahm den Weg um Kap Hoorn, um den Betrieb zwischen Panama und Oregon aufzunehmen. Sie fuhr fast leer, und der Kapitän erwartete, daß seine Jungfernfahrt von Panama nach Oregon ebenso verlaufen würde. Doch während die *California* Kap Hoorn umrundete und den Pazifik nordwärts fuhr, eröffnete Präsident Polk am 5. Dezember 1848 die zweite Sitzung des 30. Kongresses. »Was man über den Reichtum an Gold in dieser Region hört«, verkündete Polk dem Kongreß, »ist so außerordentlich, daß es kaum Glauben finden könnte, wenn es nicht durch verbürgte Berichte bestätigt würde.«

Am nächsten Morgen brachten die Zeitungen riesige Schlagzeilen. Horace Greeley, Herausgeber der *New York Daily Tribune,* prophezeite, daß das Land »an der Schwelle eines Goldenen Zeitalters stünde«. »Die Hoffnung zieht ihre zahllosen Jünger in das neue El Dorado«, schrieb er, »wo der Reichtum überall in solchen Mengen auf der Erde herumliegt wie der Matsch auf unseren Straßen. Die einzige Ausrüstung, die man in den neuen Goldminen Kaliforniens braucht, sind ein Paar kräftige Arme, eine Schaufel und eine Blechpfanne. Manche sind sogar bereit, sich mit einer Dachschindel oder einem Brett zu begnügen, und graben still und friedlich vor sich hin, was ihnen 50 oder 60 Dollar am Tag und reichlich freie Zeit einbringt.«

Jede Zeitung im Osten schrieb darüber, wie mühelos man in Kalifornien Gold finden könne. Ratgeberbücher wie der *Goldminenführer eines Emigranten* schilderten gewaltige Flußbetten, die »fingerdick mit Gold gepflastert waren«, und behaupteten, daß man praktisch auf Anhieb »Gold im Wert von 20000 bis 50000 Dollar herausholen« könnte. Vorträge über die Kunst des Goldschürfens lockten gewaltige Menschenmengen an, und die Redner überboten sich in Übertreibungen, wie daß die Goldgräber in Kalifornien vier Pfund Gold im Wert von 1000 Dollar am Tag schürften, daß ein Mann an einem Tag 36 Pfund gefunden hatte oder daß nicht einmal 100000 Männer die Goldvorräte in Kalifornien erschöpfen könnten, selbst wenn sie zehn Jahre hart arbeiteten.

»Von heute auf morgen gewissermaßen«, schrieb der Herausgeber des *Hartford Daily Courant,* »ist ein ödes Land, dem die Menschen nie viel Aufmerksamkeit gewidmet haben, zur weltweiten Attraktion geworden. 15 Millionen sind schon in *irgendwelche* Hände geraten, und die ganze Menschheit zieht dorthin, um sich die Taschen zu füllen.«

Doch die ganze Menschheit konnte nur auf zwei Wegen in das neue Land gelangen: Sie konnten gehen oder mit dem Schiff fahren. Diejenigen, die zu Fuß gehen wollten, mußten bis April warten, denn zwischen ihnen und Kalifornien standen die Rocky Mountains, und der Winter in jenen Bergen ließ das Gras erst erstarren und begrub es dann unter meterhohem Schnee. Ohne Futter würden die Lasttiere sterben.

Die Ungeduldigen fuhren mit dem Schiff, aber sie mußten sich entscheiden, ob sie um Kap Hoorn oder durch Panama fahren wollten. Die Route um Kap Hoorn war eine vier- bis achtmonatige Reise über 13 000 Seemeilen, die die schrecklichsten Stürme versprach, die sich eine Landratte nur vorstellen konnte. Im Jahr 1833 beschrieb Charles Darwin das Kap in seinem Tagebuch: »Der Anblick ist ausreichend, damit ein Landmensch eine Woche lang von Tod, Gefahr und Schiffbruch träumt.« Bis zu 30 Meter hohe Wellen, die berüchtigten »Graubärte« von Kap Hoorn, fegten mit 30 Knoten über den Ozean und prallten auf die Schiffe, die schon vom Eis überkrustet waren. Spiere zerbrachen, Segel gingen in Fetzen, Männer wurden über Bord gespült und erfroren und ertranken in der eisigen See.

Die Route durch Panama übertraf die andere bei weitem an Geschwindigkeit und Bequemlichkeit, und die Möglichkeiten zu sterben waren weniger dramatisch. Die erste Etappe, von New York nach Panama, dauerte mit einer kurzen Zwischenstation in Havanna nur neun Tage. Hatten die Passagiere ihn erst einmal erreicht, war die Reise durch den Isthmus eher verdrießlich als lebensgefährlich. Vor ihnen lagen fünf Tage in einem Einbaum, auf dem Rücken eines launischen Maulesels und auf ihren eigenen wunden Füßen. Die Reise setzte sie tropischer Hitze aus, Cholera, Malaria und Gelbfieber und einem Kaffee, der von Eingeborenen gesüßt wurde, indem sie Zuckerrohr auskauten und in den Becher spuckten. Dann kamen sie in der 300 Jahre alten Stadt Panama an, die ein Amerikaner einmal als einen »dreckigen, lärmigen und unangenehmen Aufenthaltsort« geschildert hat. Die Sonne war zu heiß, das Wasser zu verseucht und die einheimische Limonade zu »wäßrig« zum Trinken. Hier warteten sie im Hafen, bis sie ein Schiff die Westküste aufwärts nach San Francisco beförderte.

Als die *California* für einen kurzen Aufenthalt, und um mehr Kohle zu laden, in die Bucht von Panama einlief, sah der Kapitän hinaus auf die Kaimauern und erblickte Berge von alten Koffern, schmutzigem Bettzeug, Rucksäcken, Seilen, Zelten, Töpfen, Pfannen, Geschirr, Spaten und Hacken. Die Geschichten vom Gold in dem entlegenen Gebiet der Union hatten zu einem Ansturm auf die Schiffahrtsbüros im fernen Osten geführt. Schon war der erste Dampfer voller Passagiere vom Atlantischen Ozean auf der karibischen Seite Panamas angekommen. Zwei Tage später war ein Segelschiff mit noch einmal 60 Mann gelandet. Mitte Januar hatten fünf andere Schiffe weitere Passagiere befördert, die die Reise flußaufwärts und über die Berge nach Panama City antreten wollten.

Die *California* bot Platz für 200 Passagiere, aber im Hafen warteten über 500. Der Kapitän orderte Holz, baute Kojen in die offenen Räume des Schiffs und verließ Panama zwei Wochen später mit 365 Passagieren und 36 Mann Besatzung, »die das Schiff überfüllten und auf das Deck und die Dächer drängten«. Doch unterdessen hatten schon vier Dampfer, zwei Barken, drei Briggs und ein Schoner 726 Passagiere auf dem gegenüberliegenden Ufer abgeladen, die sich auf den Weg zur pazifischen Seite machten; und täglich kamen mehr, die sich in New York, Boston, Philadelphia, Baltimore und New Orleans eingeschifft hatten.

Als die *California* mit den allerersten Passagieren des Jahres 1849 an Bord durch die Golden Gate fuhr, beschrieb ein Reporter des *Alta California* das Schauspiel: »Die *California* ist ein wahrhaft prächtiges Schiff; und sobald sie vor der Küste auftauchte, rief ihr schöner Anblick bei unseren hingerissenen Bürgern Beifallsstürme hervor … Die Kriegsschiffe im Hafen begrüßten sie mit Salutschüssen, als sie an ihnen vorüberfuhr, was von den überfüllten Decks mit Hurrarufen beantwortet wurde; und um elf Uhr lag sie sicher am Ankerplatz draußen vor unserer Stadt.«

Binnen einer Stunde hatte sich die gesamte Besatzung von 36 Mann auf den Kapitän und einen Jungen aus dem Maschinenraum reduziert. Der Lockruf der Berge war unwiderstehlich. Goldgräber fanden Gold unter der Türschwelle ihrer Hütte, unter dem entwurzelten Stumpf eines Baumes, den man ausgehoben hatte, um eine Straße zu bauen, an der Stelle, wo sie einen Pfahl in die Erde getrieben hatten, um ihr Maultier über Nacht anzubinden. Ein Zeitgenosse schrieb: »Ein Matrose zieht für zwei Monate in die Minen hinauf, arbeitet auf eigene Rechnung und kommt mit 2000 oder 3000 Dollar wieder herunter.« Um diese Summe an Bord zu verdienen, mußte ein Seemann fast 20 Jahre lang Decks schrubben und gebackenen Mehlpudding essen.

Bald fuhren Dutzende von Schonern, Briggs und Schonerbarken, die planmäßig in San Francisco Zwischenstation machten, unbemannt in die Bucht ein; und schließlich lagen über 500 Schiffe, manchmal mit voller Ladung, im Hafen vor Anker und verrotteten.

Die Marine versuchte, der Desertion aus den eigenen Reihen mittels öffentlicher Auspeitschung und Hinrichtung Herr zu werden. Während die Besatzung mehrerer Kriegsschiffe vor der Küste von Sausalito zusah, bestrafte ein Kapitän drei Deserteure mit je 100 Peitschenhieben und hängte zwei andere feierlich an der Rah auf. Aber auch das half nur wenig, den wilden Strom in die Berge einzudämmen. Zu guter Letzt schrieb der Kommandeur des Pazifikgeschwaders an den Marineminister: »Momentan und, wie ich befürchte, auch in den kommenden Jahren wird es für die Vereinigten Staaten unmöglich sein, irgendeine Einrichtung der Marine in Kalifornien zu unterhalten.«

Der Armee erging es nicht besser. Der Sold eines gemeinen Soldaten betrug 1848 sechs Dollar im Monat, womit man in jenem Sommer in der Sierra Nevada etwa drei Pfund Mehl kaufen konnte. Ein Soldat verdeutlichte das moralische Dilemma in dem Satz: »Der Kampf zwischen dem *Recht* und sechs Dollar im Monat und dem *Unrecht* und 75 Dollar am Tag ist ziemlich schwer.« Die Armee schrumpfte in Nordkalifornien von fast 1300 Mann auf weniger als 600, und es war riskant, die halbe Armee auszusenden, um die desertierte andere Hälfte zurückzubringen. Manchmal verschwanden ganze Züge, Offiziere und Soldaten, mit ihren Pferden und Waffen in den Bergen.

Innerhalb eines Jahres hatten Zehntausende von Goldgräbern nahezu jeden Berg bis zu fast zwei Meter unter der Oberfläche erforscht, von den Grizzly Flats im Süden der El Dorado County bis zur Emigrant Gap in der nördlichen Placer County, dem Gebiet nordöstlich von Sacramento, das durch die drei Arme des American River entwässert wird. Das Goldfieber entlang des American River geriet wie ein Waldbrand außer Kontrolle, flammte auf der einen Seite einer Bergkette auf und brannte die andere Seite hinab, breitete sich nach Norden und Süden aus, bis nachfolgende Wellen von Schürfern das Innere der Vorgebirge und Ebenen Kaliforniens durchkämmt hatten, die von der Sierra Nevada im Osten und den Coast Ranges im Westen begrenzt wurden, einer

Region, die sich von Redding am oberen Ende des Sacramento Valley bis zur Mitte des San Joaquin Valley 480 Kilometer nach Süden erstreckte.

Im Jahr 1848 hatte die Siedlung San Francisco 459 Einwohner; Sacramento bestand aus einem Laden und einem Lagerhaus; und die Zahl der Chinesen, von denen bekannt war, daß sie in Kalifornien lebten, belief sich auf sieben. Am Ende des Jahres 1849 war San Francisco explosionsartig auf 25 000 Einwohner angewachsen, Sacramento auf 12 000; und in den frühen fünfziger Jahren waren 20 000 Chinesen angekommen. Allein 1849 strömten 85 000 Männer und Frauen nach Nordkalifornien, 23 000 aus anderen Ländern als den USA.

Binnen zwei Jahren war San Francisco ein bedeutender Seehafen geworden, besaß dreistöckige Backsteinhäuser, und am Hafen ragten Tausende von Masten gen Himmel. Ein Jahr später liefen unbefestigte Straßen kreuz und quer über den Telegraph Hill, und eine Reihe fester Häuser zog sich bis zur Mitte des Hügels hinauf. Ein Grundstück am Portsmouth Square, das 1847 16,50 Dollar kostete, wurde im folgenden Jahr für 6000 Dollar verkauft und brachte sechs Monate später 45 000 Dollar. Der Holzpreis schoß um das Fünfundzwanzigfache in die Höhe, und die Nachfrage war immer noch höher als das Angebot. Arbeitslöhne stiegen von einem Dollar pro Tag auf 10, 20 und schließlich auf 30 Dollar.

Mitte der fünfziger Jahre des 19. Jahrhunderts war San Francisco eine Stadt von 75 000 Einwohnern, konnte mit 500 Saloons aufwarten und mit zweimal soviel Spielhöllen. Täglich wurden 30 Häuser hochgezogen, starben zwei Menschen durch Messer oder Revolver, brach ein Feuer aus. Die angesehenen und wohlhabenden Bürger trugen die neueste Mode aus Paris zur Schau und füllten abends die 2000 Theaterplätze der Stadt.

Richard Henry Dana war 1835 an Bord eines Schiffs, das Tierfelle transportierte, in die unberührte Bucht von San Francisco gesegelt und hat darüber in seinem Klassiker *Zwei Jahre vorm Mast* berichtet. »Wenn Kalifornien jemals ein wohlhabendes Land wird«, schrieb Dana, »wird diese Bucht der Mittelpunkt seines wirtschaftlichen Aufschwungs sein.« Doch zu jener Zeit gab es hier nur Ruinen einer Garnison, eine fast verlassene Mission und den Rauch, der aus dem Kamin der vereinzelten Hütte eines Pelzhändlers am entfernten östlichen Ufer stieg.

24 Jahre später, 1859, kehrte Dana zurück. Er kam um Mitternacht an Bord eines Dampfschiffs an und nahm sich ein Zimmer in einem Hotel, das, soweit er feststellen konnte, nahe der Stelle stand, wo er und die Mannschaft die Boote des Felltransporters an den Strand gezogen hatten. Der Ort hatte sich verändert. »Als ich morgens erwachte«, schrieb Dana, »sah ich aus meinen Fenstern über die Stadt San Francisco, mit ihren Speichern, hohen Häusern und Kirchtürmen; ihren Gerichtsgebäuden, Theatern und Krankenhäusern; ihren Tageszeitungen und den vielen Angehörigen gelehrter Berufe; ihren Festungen und Leuchttürmen; den Kais und dem Hafen, in dem an diesem Tag mehr 1000-Tonnen-Klipper lagen als in London oder Liverpool: Vor mir breitete sich eine der Hauptstädte der amerikanischen Republik und das einzige Handelszentrum einer neuen Welt aus, des zum Leben erwachten Pazifiks.«

Die Einwohner San Franciscos kommunizierten durch das Dampfschiff von ihrem prosperierenden Außenposten in dem entlegenen Winkel des Kontinents mit dem Rest der Welt. An ihren breiten Promenaden fuhren die Dampfer mit Post, Waren und neuen Siedlern vorbei und brachten Nachrichten, Ideen und Mode von der Außenwelt in die Stadt. Kalifornien trat am 9. September 1850 als Bundesstaat den USA bei, doch das erfuhren die Kalifornier erst sechs Wochen später, als die *Oregon* mit Bannern und Flaggen in die Bucht von San Francisco einlief und ihre großen Geschütze abfeuerte.

Von 1849 bis 1869 reisten 410 000 Passagiere über Panama nach Westen, und 232 000 fuhren wieder gen Osten. Diejenigen, die die Great Plains zu Fuß durchquert hatten, kehrten zumeist auf dem Seeweg zurück. Die Schiffe, die die schnellste und sicherste Route über Panama nahmen, beförderten keine mittellosen Passagiere, sondern wohlhabende Menschen, die den amerikanischen Westen prägen sollten; und in den ersten 20 Jahren transportierten sie fast jede Unze des kostbaren Exportguts außer Land, der einzigen Sache, die Kalifornien besaß und die alle anderen wollten: Gold. In offizielle Listen eingetragen und vorschriftsmäßig ausgeliefert, gingen 711 Millionen Dollar in Gold über die Panamaroute, 46 Millionen nahmen einen später eingerichteten Seeweg über Nicaragua. Am Tag, an dem der Dampfer kam, drängten sich Händler, Spediteure, Passagiere und eine jubelnde Menge auf dem Kai und hasteten zwischen Karren und Wagen, Kutschen und Droschken hindurch und an Journalisten vorbei, die Informationen für das Schiffsregister sammelten. Es war die Zeit, in der man abrechnete, Geld an Gläubiger im Osten überwies und eine Bestandsaufnahme der Handelsgeschäfte machte, »eine Zeit fieberhafter Aktivität«, wie ein Kaufmann bemerkte. Waren und Gold mußten ordnungsgemäß quittiert und eingeschifft werden: Einzelkabinen erster und zweiter Klasse wurden vorbereitet, Fässer mit Fleisch und Mehl verladen und das Gepäck für 500 Passagiere verstaut, die San Francisco für mehrere Monate verließen. Im Bauch des Dampfers beförderten die Trimmer Kohle aus den Bunkern zu den Öfen in der Mitte des Schiffs, damit die Feuer für die Abfahrt geschürt werden konnten. Alle zwei Wochen legte ein Dampfschiff aus San Francisco ab, mit Fracht und Passagieren auf dem Weg nach Osten und einer Ladung Gold, die nahezu drei Tonnen wog.

Am Morgen des 20. August 1857 lag der Raddampfer *Sonora* dicht am Kai an der Vallejo Street; auf den Gangways wimmelte es von Menschen, die großen und kleinen Koffern, Reisetaschen, Beuteln, Ballen von Bettzeug und Bündeln auswichen, die die Treppen verstopften. Die Männer in langen Jacken und Zylinderhüten standen in Gruppen und schwatzten. Von der Bucht wehte eine leichte Brise herein und ließ die Reifröcke der Frauen um ihre Taillen tanzen. Aus dem Herzen der Stadt wand sich ein Hochzeitszug auf den Kai zu, eine von Pferden gezogene Kutsche rollte inmitten der Hochzeitsgesellschaft. Als die Prozession angekommen war, stiegen Braut und Bräutigam aus dem Wagen und schritten die Gangway hinauf, die Braut trug immer noch ihr Hochzeitskleid. Sie war Adeline Mills Easton, eine zierliche, sehr lebhafte Person, die Schwester von Darius Ogden Mills, der später die Bank of California gründen und einer der reichsten Männer im Staat werden sollte. Addies Mann, Ansel Easton, war zu Beginn des Jahres 1850 nach Kalifornien eingewandert und hatte ein Vermögen gemacht, indem er die Schiffe der neuen Linien ausrüstete. Jetzt züchtete er auf seinem 1500 Morgen großen Landgut südlich von San Francisco Vollblutpferde. Als Ansel und Addie die Gangway hinaufeilten und Körbe voller Geschenke, Wein und Kuchen schwenkten, wallte die Hochzeitsgesellschaft ihnen nach und trieb sie mit Glückwünschen für eine gute Reise und ein glückliches gemeinsames Leben über das Promenadendeck vor sich her.

Dem Kai näherte sich noch ein weiteres junges Paar, das in San Francisco wohlbekannt war, der berühmte Komödiant Billy Birch und seine Frischvermählte Virginia. Vor kurzem hatte die Zeitung *Alta California* Birch als »den einsam leuchtenden Stern unter den Komödianten San Franciscos« gerühmt. Er sang »The Grape Vine Twist« und »I'm Fatter than I Wish to Be« und spielte in Farcen wie *The Rival Tragedians*. Ein Jahr zuvor hatte der Theaterkritiker des *San Francisco Alta* geschrieben, daß »Bill Birchs bloßer Anblick einen Zyniker zum Lachen bringen könne«. Birch hatte gerade ein erfolgreiches Engagement am Maguire's Opera House beendet und war auf dem Weg, sich den Bryant's Minstrels in New York anzuschließen. Seine Frau Virginia war, wie ein Journalist bemerkte, »jung, von zierlicher Gestalt und sehr attraktiv; dazu ist sie so lebhaft und aufgeweckt, daß es ein Vergnügen ist, sich mit ihr zu unterhalten«. Als sie die Gangway zum Deck der *Sonora* hinaufging, trug Virginia einen kleinen Käfig, in dem ein gelber Kanarienvogel saß.

In der Menge befand sich ein weiterer Birch. Er war nicht mit Billy verwandt und hieß James Birch, ein beleibter Mann, der in Providence, Rhode Island, Postkutscher gewesen und 1849 auf dem Landweg nach Kalifornien gereist war. Binnen fünf Jahren war er Präsident der Postkutschengesellschaft von Kalifornien geworden und hatte danach eine Postkutschenlinie zwischen Texas und Kalifornien aufgebaut, die die erste transkontinentale Fahrtroute vervollständigen sollte. Vor einem Jahr hatte Birchs Frau einen Sohn zur Welt gebracht, und ein Freund in San Francisco hatte Birch zu Ehren der Geburt einen silbernen Becher geschenkt. Diesen Becher trug Birch jetzt bei sich, weil er ihn seiner Familie, die in Massachusetts lebte, und seinem kleinen Sohn mitbringen wollte.

Inmitten der Menschentrauben am Kai stand ein Mann mit sorgfältig gescheiteltem und geglättetem dünnen Haar, einer großen Nase und breiten Koteletten, die wie fünf Zentimeter dicke

Zuckerwattewolken aus seinen Wangen quollen: Richter Alonzo Castle Monson. In New York geboren, hatte Monson 1840 seinen Abschluß in Yale und 1844 das Examen an der Columbia Law School gemacht. Fünf Jahre später war er nach Kalifornien gezogen, als einer der ursprünglichen Neunundvierziger, und binnen drei Jahren war er Richter in der Sacramento County geworden, dem geographischen Herzen des Goldrausches. Der *San Francisco Alta* behauptete: »Er ist der fähigste und tüchtigste Richter, der jemals dieses Amt in Kalifornien bekleidet hat.« Dennoch hatte sich Monson nicht durch seine Intelligenz einen legendären Ruf im Land des Goldes erworben, sondern weil er sein Haus bei einem Pokerspiel verloren hatte. Wie es eine Zeitung taktvoll umschrieb, »vergnügte sich« der Richter bis zum äußersten.

Die Passagiere erster Klasse begaben sich in aller Ruhe an Bord. Der Fahrpreis von 300 Dollar sicherte ihnen eine Privatkabine auf dem Achterdeck, wo man weniger von der Fahrt spürte, ein Bullauge auf den Ozean hinaus ging und die Innentür direkt zum Speisesalon auf dem Hauptdeck führte. Jede Privatkabine verfügte über drei weich gepolsterte Betten, eines über dem anderen, einen Schrank, einen Spiegel, eine Toilette, eine Waschschüssel, Wasserflaschen und Gläser. Teppiche bedeckten die Böden, und dichte Damast- und Kambrikvorhänge schirmten die Kojen ab.

Am Fahrkartenschalter lärmten nahezu 400 Zwischendeckspassagiere, um die besten Kojen vorn im Laderaum zu ergattern. Der Laderaum war vollgestopft, heiß und feucht, und die Betten standen im Abstand von oft nur einem halben Meter dreifach übereinander gestapelt. Ein höheres Bett in der Nähe eines Bullauges, das Sonnenlicht und frische Luft hereinließ, machte die Reise im Laderaum erträglicher.

Ein Zwischendeckspassagier im Gedränge war Oliver Perry Manlove, ein lebhafter junger Mann, der 1854 mit drei anderen Männern, einem Wagen und vier Gespannen Ochsen von Wisconsin zu Fuß durch die Prärie gezogen war. Manlove hat die ganze Reise genau beschrieben, eine fünfmonatige Suche nach Gras und Wasser für die Tiere und nach Wild und Holz, damit die Männer nicht verhungerten oder erfroren. In einer Kolonne mit drei anderen Wagen legten sie am Tag oft eine Strecke von 40 Kilometern zurück. Manchmal kamen sie an zehn Kilometer langen Wagenkolonnen vorbei, 300 Wagen, deren weiße Planen vom Bienenwachs gelb geworden waren und denen 1000 Stück Vieh folgten. »Das war kein Kinderspiel«, schrieb Manlove. »Alle wollten auf schnellstem Wege nach El Dorado.«

Manlove zählte die Meilen, die Indianer, die Kreuze, die die Gräber jener markierten, die auf dem Marsch gestorben waren: der eine vom Blitz erschlagen, der zweite ertrunken, der nächste von Krankheit dahingerafft, ein anderer erschossen. Während der fünf Monate zählte er 205 Kreuze.

Im September, zwei Tage vor seinem 23. Geburtstag, war Manlove am Nelson Creek angekommen, der in einen Nebenfluß des Feather River mündete, der sich mit dem Hauptstrom nördlich von Marysville bei Bidwell's Bar vereinigte, einem der größten Fundorte des Goldrausches. In einer Schlucht nur wenige Bergkämme südlich des Nelson Creek hatten drei Deutsche mit Taschenmessern Gold im Wert von 36000 Dollar aus den Felsspalten gekratzt. Die Nachricht von dem Fund hatte viele tausend weitere Goldsucher angelockt, von denen einige 2000 Dollar in Gold aus einer einzigen Pfanne wuschen. Eine kleine Gruppe aus Georgia holte an einem Tag 50000 Dollar heraus.

Bei seiner Ankunft am Nelson Creek schrieb Manlove: »Ich hatte mein Gewehr an einer Handelsniederlassung gegen Kleidung eingetauscht. Daher hatte ich nur meinen Ranzen zu tragen, der meine Kleider, eine Bibel und einen sechsschüssigen Revolver enthielt – eine eigenartige Zusammenstellung. In meiner Börse steckte ein halber Dollar – alles, was ich an Geld besaß.«

Wie Manlove brauchten die meisten Goldsucher für die Reise nach Kalifornien ihre gesamten Geldmittel und Vorräte auf und waren bei ihrer Ankunft verblüfft ob der hohen Lebenshaltungskosten und schweren Arbeit. Wie versprochen, war Gold da, doch man hatte das Glück, es zu finden, und die Schwierigkeit, es herauszuholen, gewaltig unterschätzt. Um in den Lagern zu überleben und etwas für die Heimfahrt beiseite zu legen, mußte ein Goldgräber jeden Tag eine halbe bis eine Unze Gold finden, zwischen 8 und 16 Dollar. Doch die meisten Goldsucher erwirtschafteten durchschnittlich nur ein paar Cents oder wenige Dollar – und das, nachdem sie zehn Stunden lang am Rand eines Stromes auf dem Hintern gehockt und 50 Pfannen Sediment ausgewaschen hatten.

Drei Jahre lang beobachtete Manlove Männer, denen das Sprengpulver Finger und Hände abriß, die tranken, sich prügelten, die Bibel lasen, sich die Finger an dem Felsgestein des Flusses blutig kratzten und auf der Suche nach ergiebigen Stellen von einem Claim zum anderen wanderten, in der Hoffnung, daß die nächste Schaufel die Erlösung bringen würde. Die Goldsucher schrieben Tausende von Briefen nach Hause, die häufig von Erschöpfung, Entmutigung und Heimweh handelten. Die Geschichten vom plötzlichen Reichtum klangen sensationell, aber diese Funde waren selten und ereigneten sich immer just auf der anderen Seite des nächsten Bergkamms.

Als er die Minen im Juli 1857 verließ, hatte Manlove seine Farm in Wisconsin fast dreieinhalb Jahre nicht mehr gesehen. In dieser Zeit hatte er etwas Geld nach Haus geschickt und ein paar hundert Dollar gespart, die so eben ausreichten, um eine Koje im Zwischendeck des zweiwöchentlich auslaufenden Dampfers zu bezahlen, statt zu Fuß die Prärie zu durchqueren.

Am späten Morgen brach auf den Decks der *Sonora* das Chaos aus, als der Kapitän zum letztenmal die Glocke für die Abfahrt läutete und diejenigen, die nicht mitfahren und das Schiff verlassen wollten, gegen die Flut derjenigen ankämpften, die in letzter Minute an Bord drängten. Als sich der Tumult gelegt hatte, gab der Kapitän den Befehl zum Auslaufen, und ein Lotsenboot geleitete die *Sonora* in die Bucht an der Felseninsel Alcatraz und dem Leuchtturm vorbei. Dann fuhr die *Sonora* ohne Lotsenboot durch die Golden Gate und nahm auf dem weiten Pazifischen Ozean Kurs nach Süden, mit 500 Passagieren, 38 000 Briefen und einer Ladung Gold im Wert von 1 595 497,13 Dollar an Bord.

14 Tage lang fuhr die *Sonora* gen Süden und Osten nach Panama, wo ihre Passagiere in die neuen offenen Triebwagen umstiegen und nach 75 Kilometern die karibische Hafenstadt Aspinwall erreichten. Dort schifften sich die Passagiere auf das transatlantische Dampfschiff *Central America* für die Fahrt nach New York ein. Die letzte Etappe von neun Tagen über das Karibische Meer und die Ostküste aufwärts, mit einem nächtlichen Aufenthalt in Havanna, lag vor ihnen.

DAS GOLDSCHIFF

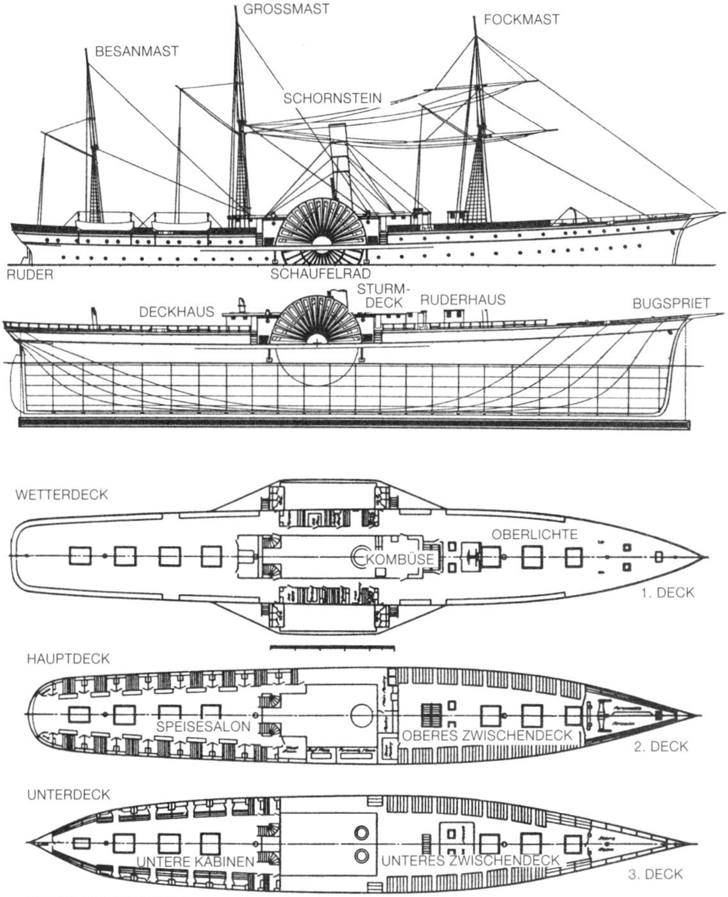

GROSSMAST

FOCKMAST

BESANMAST

SCHORNSTEIN

RUDER

SCHAUFELRAD

STURM-
DECK   RUDERHAUS

DECKHAUS

BUGSPRIET

WETTERDECK

OBERLICHTE

KOMBÜSE

1. DECK

HAUPTDECK

SPEISESALON

OBERES ZWISCHENDECK

2. DECK

UNTERDECK

UNTERE KABINEN

UNTERES ZWISCHENDECK

3. DECK

ORLOPDECK DARUNTER

SS *CENTRAL AMERICA*

Havanna – Dienstag,
8. September 1857

DIE GANZE NACHT über hatten die Gaslampen von Havanna ihre unsteten Lichtblitze zickzackförmig über den Hafen und die dunklen Silhouetten von mehr als 100 Schiffen geworfen, die dort vor Anker lagen. Die *Central America* lag in der feuchten tropischen Luft, mit ausgeschalteten Maschinen und schwach erleuchteten Decks, auf denen sich nur die Nachtwächter bewegten. In diesen Stunden vor Anbruch des Morgengrauens schliefen die 500 Passagiere auf dem Schiff, das zum ersten Mal seit der Abreise aus Panama vor vier Tagen stillstand.

Hoch über den Schiffen, an der Einfahrt des Hafens, erhob sich der gewaltige braune Wall der Festung El Morro. Obenauf erwartete die Flagge Spaniens das erste Licht des Tages, wie sie es seit der Zeit getan hatte, da Kolumbus vor dreieinhalb Jahrhunderten auf der Insel die Messe zelebrierte. Dann ließ der erste Schein des anbrechenden Morgens die Umrisse El Morros hervortreten, und langsam berührte die Dämmerung die grünen Hügel Kubas und folgte ihnen zum Meer hinab. Die spanische Flagge färbte sich karmesinrot und golden, und die *Central America* tauchte aus der Dunkelheit als das größte Schiff im Hafen auf.

Sie war schwarz und gut gepflegt, ihre Decks waren blankgescheuert, die Deckshäuser glänzten in der vergilbten Patina alten Lacks. Auf ihrem unteren Dollbord zog sich ein roter Streifen entlang, der von vorn bis achtern fast 90 Meter maß, und drei Masten von der Höhe und Dicke majestätischer Bäume ragten von ihren Decks gen Himmel. Ein Spinnennetz aus Wanten und Stagen

Seite 25: Takelage-, Rumpf- und Deckspläne der *Central America*: Cedric Ridgely-Nevitt, 1944. Abgedruckt mit freundlicher Genehmigung des Peabody Essex Museum / *The American Neptune*.

spannte ihre Masten, und sie konnte in kürzester Zeit volle Segel setzen; doch ihre eigentliche Kraft lag mittschiffs: in zwei gewaltigen Dampfmaschinen mit Kolben, die bei jedem Abwärtshub drei Meter zurücklegten und Schaufelräder drehten, die drei Stockwerke hoch waren. Zwischen den Schaufelrädern überragte der dicke schwarze Schornstein alles außer den Masten.

Einer neuen Generation von Raddampfern zugehörig, verließ die *Central America* am 20. jeden Monats den Hafen von New York und fuhr nach Aspinwall in Panama, wo sie die 500 New Yorker Passagiere, die auf dem Weg nach San Francisco waren, gegen 500 kalifornische Passagiere eintauschte, die nach Osten zurückkehrten. Seit der Schiffstaufe im Jahr 1853 auf den Namen *George Law* hatte sie ein Drittel aller offiziellen Goldsendungen befördert, die über die Panamaroute verschifft worden waren. Und vermutlich eine ebenso umfangreiche unregistrierte Ladung in den Koffern und Taschen, Beuteln und Gürteln der Passagiere: Goldstaub und Nuggets aus der Sierra Nevada; Goldmünzen aus der neuen Münzanstalt in San Francisco und Goldbarren, die zuweilen die Größe von Mauersteinen hatten.

Bei Sonnenaufgang wurde die morgendliche Kanone von El Morro abgefeuert; Trompeten schmetterten hoch oben auf der Festung, Trommeln wirbelten und verkündeten der internationalen Flottille, daß der Hafen nun für die Tagesgeschäfte geöffnet war.

Sogleich umrundeten Leichter die *Central America*, kleine Boote, die Orangen und Bananen geladen hatten und von mageren Männern in blau-weiß karierten Hemden und Strohhüten gefahren wurden. Die Bootsleute sprachen nur spanisch, aber sie schwatzten und gestikulierten, während die Passagiere ihnen ein paar Cents hinunterwarfen und dafür Orangen bekamen, die zweimal so groß waren wie die, die sie kannten.

Nach einer Stunde erscholl die Schiffsglocke über dem sich belebenden Hafen, und der Kapitän befahl der Mannschaft, den Anker zu lichten. Rauch und Asche quollen aus dem Schornstein in die Luft und zogen über das Achterdeck, während die Schaufelräder der *Central America* das Wasser zu weißem Schaum aufwühlten. Mit ihrem Bugspriet, der sich so anmutig vorwärtsreckte wie der gewölbte Hals eines Hengstes, glitt sie durch die Hafenausfahrt an El Morro vorbei auf die offene See hinaus; und die amerikanische Flagge flatterte an der Rah, während das Schiff seine Geschwindigkeit auf elf Knoten erhöhte.

Für viele Passagiere sollten die letzten fünf Tage nach New York der Abschluß einer langen Reise sein, die begonnen hatte, als die Nachrichten von dem reichen Goldfund in Kalifornien nach Osten gesickert waren. »Viele von uns waren jahrelang von zu Hause weg gewesen«, erinnerte sich Oliver Manlove. »Wir warteten sehnsüchtig darauf, unsere Lieben wiederzusehen. Wir waren überglücklich und erfüllten das Schiff mit dem Lärm unserer Stimmen.«

Die *Central America* passierte den Wendekreis des Krebses, und während die grünen Hügel Kubas über dem weißen Schaum des Kielwassers langsam verschwanden, steuerte der Kapitän sein Schiff in den Golfstrom, dem er fast den ganzen Weg bis New York folgen wollte. Die zweieinhalb Knoten mehr, die die Strömung brachte, erleichterten die Arbeit seiner Maschinen.

»Soweit ich mich erinnern kann«, berichtete der Zweite Offizier später, »verließen wir Havanna am Dienstag, den 8. September 1857 um 9.25 Uhr morgens, fuhren bei schönem Wetter, mäßigem Wind und Gegensee aufs Meer und nahmen Kurs auf Kap Florida.«

Einen halben Tag lang blieb die See klar, saphirblau und ruhig, es wehte ein leichter Passatwind.

Kapitän Herndon fuhr in nordöstlicher Richtung durch die Floridastraße und folgte dem inneren Rand des Golfstroms, der nur ein paar Meilen im Umkreis der Florida Keys floß; er hielt Kurs auf die Stelle, wo die Keys sich vom Festland abtrennten und einen Bogen nach Westen bildeten. Die Sonne stieg höher und stach auf das Schiff nieder. Im Laderaum herrschte tropische Hitze, die Öfen und Heizkessel brannten und brodelten mit nahezu voller Kraft und machten die Hitze noch unerträglicher.

Ein Großteil der Passagiere lungerte auf dem Wetterdeck herum, viele mit Geschwüren am Mund, die von der tropischen Sonne herrührten, und im Gesicht und an den Händen schälte sich die verbrannte Haut. Manche saßen auf Holzbänken, die das Deck umrandeten, einige lehnten sich über die Reling, andere kauerten sich auf den Abdeckungen der Schaufelräder zusammen, wieder andere saßen in Sesseln oder auf Stühlen unter einem großen Sonnensegel, und ein paar beobachteten alles von der Takelage aus. Die Luft war so heiß, daß es viele trotz des leichten Windes nicht länger als zehn Minuten an einem Platz aushalten konnten.

»Über uns breitete sich ein strahlender Himmel aus«, notierte Oliver Manlove, »und die Wellen kräuselten sich. Doch die Stunden vergingen, und am Nachmittag blies ein tüchtiger Wind. Die Wellen wurden höher, dunkler, bäumten sich auf und brachen sich in kleinen weißen Hügeln, die auf und ab gingen.«

Als die Sonne an diesem Abend unterging, nahmen die Passagiere erster und zweiter Klasse ihr Abendessen an den langen Tischen im Speisesalon ein. Danach begaben sie sich wieder nach oben, um in der kühleren Abendluft zu promenieren und sich mit Stegreifspielen und gegenseitigem Vorlesen zu vergnügen oder dem Vortrag vertonter Gedichte zu lauschen, der von einem Banjo, einer Gitarre oder einer alten Fiedel begleitet wurde. Meistens sprachen sie über ihre Familien und fragten sich im stillen, was sich alles verändert hatte, seit sie ihre Heimat im Osten verlassen hatten.

Während Kapitän Herndon die Gäste an seinem Tisch unterhielt, stand Manlove auf Deck, sah über das Wasser und vertraute seinen Eindruck des ersten Abends nach ihrer Abreise aus Havanna seinem Tagebuch an. »Die Sonne leuchtete«, schrieb er, »und ging im Westen in aller Pracht und Herrlichkeit unter, und als sie die Wellen erreichte, schien dort für einen Augenblick ein rotes Feuer zu lodern, bevor sie versank und eine blutrote Flamme am Himmel zurückließ.«

Kapitän William Lewis Herndon, der am Kopf des Kapitänstisches saß, trug eine Brille mit dünnem Goldrand. Auf seinen Schultern prangten goldene Epauletten. Herndon, der verheiratet war und eine Tochter hatte, war ein schmächtiger Mann, der mit 43 Jahren schon kahlköpfig wurde; ein roter Bart wuchs ihm zu beiden Seiten von den Schläfen bis zum Kinn hinab. Man hätte ihn eher für einen Professor oder einen Bankier gehalten, doch er fuhr schon seit 29 Jahren zur See, während des mexikanischen Kriegs und des zweiten Seminolenkriegs, auf dem Atlantik und dem Pazifik, dem

Mittelmeer und dem Karibischen Meer. Er war mit Segelschiffen und Dampfern bei jedem Wetter unterwegs gewesen. Außerdem war er ein international bekannter und hochgeachteter Forscher, der Dinge gesehen hatte, die kein Amerikaner und nur wenige Weiße erblickt hatten.

Sieben Jahre zuvor, im August 1850, während er im Hafen der chilenischen Stadt Valparaiso vor Anker lag, erreichte ihn die Nachricht, daß er mit dem nächsten Dampfschiff den Befehl und Instruktionen erhalten würde, das Tal des Amazonas zu erforschen, vom Ursprung seiner Quellflüsse 4800 Meter hoch in den peruanischen Anden über 6000 Kilometer bis nach Pará in Brasilien, wo sich der Amazonas in den Atlantik ergießt. »Die Route, auf der Sie den Amazonas erreichen, bleibt Ihrem Ermessen überlassen«, hieß es in dem Befehlsschreiben aus dem Marineministerium. »Es ist nicht erwünscht, daß Sie irgendeinen Weg wählen, der Sie und Ihre Mannschaft der Feindseligkeit von Wilden aussetzt und so sehr gefährdet, daß Sie sich weder verteidigen noch schützen können … In Pará angekommen, werden Sie sich so schnell wie möglich nach den USA einschiffen und dem Ministerium persönlich Bericht erstatten.«

Herndon hatte Lima am 20. Mai 1851 verlassen und war fast ein Jahr später in Pará angekommen, nachdem er die Strecke zu Fuß, mit dem Maulesel, dem Kanu und einem kleinen Boot zurückgelegt hatte. Er hatte Verzeichnisse zusammengestellt, Buch geführt, immer wieder den Siedepunkt gemessen, das Wetter aufgezeichnet, die Flora studiert und kleine Säugetiere und Vögel ausgemessen und abgebalgt. Doch Herndon hatte in seinem Bericht an die Marine, der wie ein Roman abgefaßt war, nicht nur seine wissenschaftlichen und wirtschaftlichen Beobachtungen katalogisiert und seine meteorologischen, anthropologischen, geologischen und naturgeschichtlichen Studien vorgelegt, sondern seine Begegnungen mit den Eingeborenen und der Natur so anschaulich geschildert, daß die Mythen, die Schönheit und die merkwürdigen Sitten dieser Gegend lebendig wurden und eines der schönsten Reise- und Entdeckungsbücher entstand, die je geschrieben wurden. Der Bericht übertraf die Erwartungen seiner Vorgesetzten bei weitem, so daß der Kongreß ihn als Buch in einer Auflage von 10000 Exemplaren herausgab. *Explorations of the*

Valley of the Amazon beschrieb seine Abenteuer so eindringlich und humorvoll und in einem so anmutigen Stil, daß das Buch bald den neuen Geist der Forschungs- und Entdeckungsreisen verkörperte, der Mitte des 19. Jahrhunderts Amerika erfüllte.

Unter den Gästen, die an diesem Abend am Tisch des Kapitäns speisten, befand sich das frischvermählte Paar Ansel und Addie Easton. Ansels kurzes dunkles Haar war aus der breiten Stirn gekämmt; ein Spitzbart bedeckte sein Kinn, und sein Blick verhieß ein heiteres und humorvolles Wesen. Addie hatte große Augen und einen hübschen Mund; ihr dunkles Haar war glatt und glänzend, in der Mitte gescheitelt und an den Ohren zu lockeren Knoten gerollt.

»Kapitän Herndon hatte uns an seinen Tisch gebeten«, schrieb Addie später an eine Freundin in San Francisco, »und da er ein ganz reizender Mensch ist, haben wir es sehr genossen.«

In jener ersten Nacht auf dem offenen Meer sprach man anfangs über ein Thema, das auf Dampfschiffen beliebt war: Schiffbruch. Drei Jahre zuvor hatte es einen Skandal gegeben, als ein Kapitän und seine Mannschaft sich von dem sinkenden Schiff retteten und die Passagiere untergehen ließen. Später erinnerte sich Addie daran, wie ihr Gastgeber geschickt zu angenehmeren Themen überleitete. »Wie deutlich ich Kapitän Herndons Gesicht noch vor Augen habe, als er sagte: ›Na ja, ich werde mein Schiff niemals überleben. Wenn es sinkt, gehe ich mit ihm unter. Doch lassen Sie uns von etwas Erfreulicherem sprechen.‹ Und dann erzählte uns der Kapitän einige interessante und ergötzliche Erlebnisse, die er auf seiner bemerkenswerten Expedition an den Amazonas gehabt hatte.«

Kapitän Herndon bezauberte seine Zuhörer vor allem durch Selbstironie. Einmal erinnerte er sich, wie er nach einem ganzen Tag auf dem Fluß an Land gegangen war und eine typische Mahlzeit aus Affenfleisch und Affensuppe zubereitet hatte. Das Affenfleisch war zäh, aber die Leber war zart und gut, und Herndon aß alles auf. »Doch Jocko hat sich gerächt«, sagte Herndon, »denn ich hatte einen entsetzlichen Alptraum. Ein Dämon mit Armen, so kräftig wie die des Affen, hatte mich an der Kehle gepackt, starrte mich mit seinen kalten, grausamen Augen an und war entschlossen, mich zu erwürgen … Während ich mich verzweifelt bemühte, ihn abzuschütteln, stellte ich fest, daß ich vergessen hatte, meine Krawatte abzubinden, die mich um ein Haar erdrosselt hätte.«

An den anderen Tischen im Salon hatte das abendliche Kartenspiel begonnen, und das helle Klingen der von der Salzluft geschwärzten Silbermünzen mischte sich mit dem klatschenden Geräusch der Schaufelräder und dem ledrigen Knarren der Spanten. Durch einen guten Rotwein belebt und vom weißen Rauch feiner kubanischer Zigarren umhüllt, unterhielt man sich am Tisch des Kapitäns bis in den späten Abend hinein, bis die Eastons ihre Kabine aufsuchten und Kapitän Herndon sich mit dringenden Aufgaben entschuldigte.

Zu Beginn seiner Forschungsreise, noch nicht 90 Kilometer vom Meer entfernt, hatte Herndon die Hauptwasserscheide erreicht, die die Gewässer, die in den Pazifik fließen, von denen trennte, die sich in den Atlantik ergießen. Er stand auf einer Höhe von 4813 Metern und folgte mit den Augen einer Straße, die in die Flanke des Berges gehauen war, an dessen Fuß sich »ein hübscher kleiner See« befand. Er stieg zum See ab. Dort angelangt, tat Herndon etwas Seltsames.

»In Gedanken versunken, warf ich ein kleines Stück grünes Moos, das ich vom Abhang gerupft hatte, in den friedlichen See, und als es auf dem Wasser davontrieb, folgte ich ihm in meiner Phantasie durch das üppige Land unter dem herrlichen Himmel und die bezaubernde Szenerie der Tropen bis zur Mündung des großen Flusses, dann über das Karibische Meer, durch die Straße von Yucatán in den Golf von Mexiko, und weiter den Golfstrom entlang auf den Ozean vor der Küste Floridas hinaus.«

In Herndons Vorstellung hatte das grüne Moos den Weg zurückgelegt, den er ein paar Jahre später als Kapitän der *Central America* noch häufig fahren würde: über das Karibische Meer, durch die Straße von Yucatán, in den Golf von Mexiko und dann nordwärts zum Golfstrom, auf dem sie gerade in die Dunkelheit auf das Meer vor der Küste Floridas hinausliefen.

Um Mitternacht blies ein spürbar stärkerer Wind aus Nordosten.

Als der Zweite Offizier James Frazer am Mittwoch, um vier Uhr morgens, seine vierstündige Wache antrat, notierte er die See- und Wetterverhältnisse: Gegensee und eine »frische Brise«, Seemannssprache für weiße Wellenkämme und eine Windstärke von 20 Knoten. Bei Tagesanbruch erspähte der Mann im Krähennest hoch oben in der Takelage 15 Meilen westlich die weiße Brandung am Kap Florida. Dann färbte sich der Himmel von der aufgehenden Sonne im Osten rot, flammte minutenlang in leuchtenden Tönen auf und verlor plötzlich alle Farbe, als die Sonne in Wolken kletterte, die sich am Horizont verdichteten.

Die Passagiere, die durch das Knarren des Schiffs und den Wind, der an den Wanten hoch oben in der Takelage rüttelte, in der Nacht immer wieder aus dem Schlaf gerissen worden waren, wachten am Mittwoch morgen bei schwerem Wellengang in ihren Kojen auf. Sie kletterten die Treppe zum Oberdeck hoch, wo die Matrosen ihre Ahnungen bestätigt sahen: Der Wind hatte nach Einbruch der Dunkelheit zugenommen und die ganze Nacht heftig geblasen. Sie konnten sehen, wie der Rauch, der aus dem Schornstein quoll, in der Luft herumwirbelte, und spürten, wie sich der Bug des Schiffs in der Dünung hob. Der kühlere Wind und die salzige Gischt erfrischten die Luft und verliehen dem Morgen eine Erhabenheit, die manch einen Passagier entzückte.

Als der Zweite Offizier Frazer mittags wieder Wache hatte, wehte immer noch ein heftiger Wind, und es herrschte Gegensee. Sie fuhren am westlichen Rand des Golfstroms entlang und hatten seit ihrer Abreise aus Havanna vor 26,5 Stunden 432 Kilometer zurückgelegt.

Jetzt blies zwischen der Küste Floridas und der Insel Grand Bahama ein stürmischer Wind, und die See verfärbte sich bleigrau. Virginia Birch plauderte oben mit einigen anderen Damen, als, wie sie später erzählte, »eine heftige Bö aufkam und der Wind wie ein Wirbelsturm tobte, dann mußten wir nach unten gehen«. Passagiere, die sich auf Deck wagten, kehrten schnell in die Hauptkabine zurück, um dem Sturm und der Gischt zu entkommen. Als der Tag in den Nachmittag überging, blies der Wind noch stärker, und die Wellen hoben den Bug des Dampfers höher und höher, bevor sie ihn in die ankommende See zurückfallen ließen.

»Am Nachmittag gab es eine Veränderung«, schrieb Manlove. »Sie machte uns angst, verwandelte die Wellen in Berge und Täler und ließ das Schiff schwanken.«

Die Passagiere, die das Wetter auf dem Ozean nicht gewohnt waren und beim ersten knarrenden Geräusch erschraken, staunten über die hohen Wellen und den zunehmenden Wind; andere beobachteten interessiert die Arbeit der Matrosen an Deck und nahmen an, daß so ein Wetter eben Teil des Lebens auf hoher See sei.

»Alle waren zuversichtlich, daß ein derartiger Wind bald abflauen würde«, sagte ein Passagier, »und daß wir nichts zu befürchten hätten.«

Stärker als die Angst vor dem Sturm beschäftigte die Menschen die Seekrankheit. Die meisten Passagiere waren noch nie auf dem offenen Meer gewesen. Bei rauhem Wetter war die Reling auf der Leeseite von grüngesichtigen Passagieren gesäumt, »die dem alten Neptun ihren Tribut zollten«, wie es ein Zeitgenosse ausdrückte. Die Zahl der Gäste, die am Mittwoch zu Mittag essen wollten, war verschwindend gering. Sogar der Schiffsarzt litt an der Seekrankheit. Als der Tag zur Neige ging, stieg die See über den Bug des stampfenden Schiffs, ergoß sich über die Wachen und überflutete das Oberdeck.

»Als die Dämmerung hereinbrach«, schrieb Manlove, »wenn man von Dämmerung überhaupt sprechen konnte, wütete ein Sturm, wie wir ihn noch nie erlebt hatten. Die Wellen und der Himmel krachten aufeinander.«

An diesem Abend war der Speisesalon fast leer. Ein paar Zwischendeckspassagiere nahmen ihre Mahlzeit im Stehen ein, stützten sich mit gespreizten Beinen ab und klemmten den Teller mit dem Ellbogen fest. Die Seekrankheit hatte die Birchs und die Eastons ans Bett gefesselt. Eine andere Frau empfand das alles als ziemlich unangenehm, glaubte sich aber nicht ernsthaft gefährdet. »Zumindest sagte mein Mann, daß uns keine Gefahr drohe, weil unser Schiff so stark sei.«

Trotz des Wetters nahmen diejenigen, die nichts erschüttern konnte, wie gewöhnlich an dem abendlichen Kartenspiel in der Hauptkabine teil. Am Kapitänstisch wurde Whist gespielt, und Kapitän Herndon schräg gegenüber saß sein Whistpartner, Richter Monson. Ein solches Vierhandspiel war für den Geschmack des Richters nicht sonderlich aufregend, aber er liebte gute Gespräche und spannende Geschichten, besonders wenn er selber erzählen konnte. Dreimal war er gen Osten und zurück gefahren, und auf einer dieser Reisen hatte er sich mit Kapitän Herndon befreundet. Jetzt saß er immer zu Herndons Linken am Tisch, wenn er mit dessen Schiff reiste.

Das Wetter beunruhigte Monson wenig, denn auf jeder Reise in den Osten war sein Schiff in einen Äquinoktialsturm geraten. Der Spätsommer war die Zeit dieser westindischen Wirbelstürme, die sich weit draußen auf dem Meer erhoben, landeinwärts rasten und den Atlantik zu weißem Schaum schlugen. Übermorgen, am 11. September, war der Höhepunkt der Sturmsaison erreicht.

Während das Kartenspiel noch lange nach Einbruch der Dunkelheit weiterging, tauschten einige Passagiere der ersten und zweiten Klasse, die den ganzen Tag mit Übelkeit in ihren Einzelkabinen verbracht hatten, ihr schaukelndes Bett gegen ein Sofa in der Hauptkabine ein. An jenem Abend, berichtete Virginia Birch, »legte ich mich voll bekleidet auf ein Sofa und fühlte mich sehr unwohl, weil das Schiff so fürchterlich schwankte«.

Die meisten Passagiere zogen sich in ihre winzigen Kabinen oder beengten Kojen im Zwischendeck zurück und beteten, daß sich das Wetter bis zum Morgen beruhigt, so daß der Schwindel in ihrem Kopf und die Übelkeit in ihrem Magen nachlassen würden und sie wieder essen und auf dem Schiff herumgehen könnten, ohne zu torkeln. »Von unten«, erinnerte sich ein Zwischendeckspassagier, »war nichts zu hören außer weinenden Kindern und stöhnenden Seekranken, und alle Geräusche im Innern des Schiffs wurden vom unaufhörlichen Klatschen der Wellen gegen die Schiffsseiten und vom Heulen des Sturms übertönt, der durch die Takelage fegte.«

In dieser Nacht ließ der Wind nicht nach, und der Regen setzte ein. Als es am zweiten Tag auf See dunkel wurde, sprachen sogar die Matrosen von einem Sturm.

Die Krümmung der Küstenlinie im Osten fiel rasch vom Strich ab, als Kapitän Herndon versuchte, Kurs auf Kap Hatteras zu nehmen. Am Donnerstag morgen hatte die *Central America* die Richtung geändert und befand sich 200 Meilen östlich von St. Augustine. Der starke Seegang brach über den Bug, sprühte über die Decks und klatschte gegen die Kabinen. Manchmal legte sich das Schiff so schräg, daß das Gehäuse über den Schaufelrädern ins Wasser eintauchte.

Um den überfüllten und feuchten unteren Decks zu entkommen, wo sich viele Menschen übergeben hatten, wagten sich einige Passagiere auf die schaukelnden Treppen und auf das Oberdeck, das unaufhörlich in heftiger Bewegung war. Sie riefen sich ins Bewußtsein, daß der Ozean selten gütig ist, daß die Schiffsbauer dies wüßten und berücksichtigten und daß 10 000 Schiffe 1000 Stürme wie diesen überstanden hätten.

Am Donnerstag mittag kam der Regen auch von der Seite; die *Central America* hielt ihren Kurs, obwohl sie hart gegen den Wind ankämpfen mußte, der mit über 50 Knoten wehte. Trotz des Regens und des stampfenden Decks peilte Frazer den Himmelsmeridian an und berechnete, daß sie seit gestern mittag weitere 215 Meilen zurückgelegt hatten und dem Kompaß zufolge fast direkt nach Norden steuerten.

Noch zwei Abende zuvor hatten die Männer eine Frau ausgelacht, die vor dem bißchen Wind und Schaukeln Angst hatte. »Am Donnerstag«, sagte sie, »als ich an Deck ging, versicherten uns die Herren, daß es keinen Grund zur Panik gäbe.« Doch als der Tag zu Ende ging, erkannten selbst die Männer, daß der tobende Sturm, der das Wasser um sie herum hochpeitschte, noch nicht auf dem Höhepunkt angelangt war. An diesem Abend verzichteten sogar die eingeschworenen Kartenspieler, die sich tags zuvor mit Whist und ähnlichem vergnügt hatten, während das Schiff durch die hohe See schaukelte, auf ihr gewohntes Spiel und sprachen über den Sturm. »Die meisten Gentlemen«, sagte Monson, »darunter auch ich, taten alles, um eine Panik unter den Passagieren zu verhindern.«

Bei Einbruch der Dunkelheit flutete das Wasser, das über den Dampfer hereinbrach, in die Kabinen der ersten und zweiten Klasse. Kurz nachdem der Himmel finster geworden war, übergab der Erste Offizier die Wache an den Zweiten Offizier Frazer und reichte ihm ein Blatt Papier. Darauf waren die Punkte notiert, die

Frazer beachten sollte, während er das Schiff bis Mitternacht durch den Sturm steuerte.

Am Freitag dämmerte ein grauer Morgen, der Orkan wehte mit über 60 Knoten aus Nordnordost; der Dampfer stampfte durch die vom Sturm gepeitschten Wellen, auf die ein heftiger Regen prasselte. Dicker Schaum wehte in langen Streifen über das Meer und flog manchmal wie eine Peitsche in die Luft. An jedem Abend hatten die Passagiere erneut Hoffnung geschöpft, daß sich der Wind und die See am nächsten Morgen beruhigt hätten; doch seit drei Tagen hatte der Sturm an jedem Morgen noch stärker gewütet als tags zuvor, und die See war wilder geworden, bis die Wellen höher als das Schiff anrollten.

Der Bug tauchte in die ankommende See, das Deck hob und senkte sich heftig. Wellen explodierten hoch in der Luft, salzige Gischt mischte sich mit dem Regen, und der Sturm blies alles mit einem zornigen Pfeifen durch die kahle Takelage. Seit dem späten Dienstag abend hatten der Sturm und der Seegang die Fahrt der *Central America* verlangsamt, aber sie war auf Kurs geblieben. Als der Zweite Offizier Frazer am Freitag morgen um acht Uhr seine vierstündige Wache beendete, schätzte er die Position des Schiffs auf 31 Grad 45 Minuten nördliche Breite und 78 Grad 15 Minuten westliche Länge oder 175 Meilen östlich von Savannah.

Als Frazer das Ruderhaus verließ, saß ein Freund der Eastons namens Robert Brown neben einer Luke und betrachtete das Wüten des Sturms. »Der Wind war sehr stark«, erinnerte er sich, »doch die See ging übermäßig hoch.« Trotzdem vernahm er kein Knarren im Rumpf, während das Dampfschiff den Kampf mit dem Meer aufnahm. »Es reckte den Bug in die See und hielt sich großartig; es schien sich nicht einmal anstrengen zu müssen.« Brown, ein Kaufmann aus Sacramento, war so begeistert davon, wie der Dampfer sich stolz emporreckte, um den Wellen zu begegnen, daß er beschloß, seine nächste Reise nach Kalifornien nötigenfalls um zwei Wochen zu verschieben, um auf die Abfahrt der *Central America* zu warten.

Thomas Badger umklammerte seine Frau Jane und versuchte auf dem stampfenden, regennassen Schiff einen Halt zu finden. Er schützte die Augen vor der beißenden Gischt und beobachtete, wie die Wellen anrollten und das Bugspriet emporstieg, um es mit ihnen aufzunehmen. Badger, ein kräftig gebauter Mann, war 25 Jahre zur See gefahren, während der letzten zehn Jahre als Kapitän mit seiner dreimastigen Bark auf den aufstrebenden Handelsrouten an der Pazifikküste. Er war in manch einem Sturm gesegelt und schon zweimal mit der *Central America* gefahren, auch wenn er sie noch nie bei grober See erlebt hatte. Wie seine Bark führte sie volle Segel; doch im Gegensatz zu einem reinen Segelschiff arbeiteten in ihrem Maschinenraum 750 Tonnen Eisen, was sie zu einem schwerfälligen Ungetüm machte. Badger war auf Deck gegangen, um sich davon zu überzeugen, daß sie gleichwohl einem Sturm gewachsen war.

Er beurteilte den Wind nach der Meeresoberfläche. An diesem Morgen sah er, daß die Luft und die See voll von weißer Gischt waren, und er schätzte, daß sie einen »echten Hurrikan« erwischt hatten. Er notierte, daß »die Wellen so hoch wie Berge« waren und der Wind »direkt von vorn« blies; doch das Verhalten des Schiffs beeindruckte ihn ebenso wie Robert Brown. Es »kam gut hoch und schien sich weder aus dem Sturm noch aus der groben See etwas zu machen«. Badger spürte, wie die gewaltigen Maschinen stampften, und sah, wie die riesigen Schaufelräder »regelmäßig und langsam arbeiteten«. Solange die Kohle die Kessel feuerte und die zwei mächtigen Maschinen die Räder mit voller Dampfkraft antrieben, konnte Kapitän Herndon das Schiff gegen den Wind durch die Wellen steuern und jeden Wirbelsturm überstehen.

Auf dem regennassen Deck begegnete Badger dem Ersten Maschinisten, George Ashby, der sich durch den Sturm kämpfte, um Kapitän Herndon Bericht zu erstatten. Seit das Schiff zum ersten Mal im Oktober 1853 unter dem Namen *George Law* in See gestochen war, hatte Ashby dafür gesorgt, daß im Maschinenraum die Öfen brannten und der Dampf die Kolben bewegte. Dies war Ashbys 44. Fahrt, und Badger kannte ihn von früheren Schiffsreisen.

Durch das Brausen des Sturms brüllte Badger Ashby zu, daß es wohl noch schlimmer kommen würde.

»Soll er ruhig blasen«, rief Ashby, »wir sind zu allem bereit.«

Doch in diesem Augenblick war Ashby weniger von seinen

Worten überzeugt, als es den Anschein hatte. Vor einigen Minuten hatte er etwas entdeckt, von dem er Thomas Badger nichts erzählen durfte. Er hatte nur rasch einige Befehle an seine Männer im Maschinenraum ausgegeben und war dann auf der Suche nach Kapitän Herndon nach oben gerannt, weil es der Kapitän umgehend erfahren mußte; doch wenn sich Ashbys Entdeckung herumsprach, würden die Passagiere in Panik geraten. Das Schiff hatte ein Leck, Wasser drang in den Kielraum ein, und Ashby konnte die Ursache nicht finden.

Dampfmaschinen wurden durch Wasserdampf angetrieben, der abkühlte und auf den metallischen Oberflächen zu Wassertröpfchen kondensierte, die dann zusammen mit dem Wasser aus den kleinen Lecks in der Maschinenanlage von den Kesseln und den massiven Kolben tropften, die Metallrohre entlangglitten, die Flamm- und Rauchrohre hinunterliefen und sich schließlich im Kielraum sammelten. Ein Dampfschiff lief niemals ganz trocken. Wenn das Wasser im Rumpf eine gewisse Höhe erreichte, saugten es die Pumpen ab und spuckten es ins Meer.

Doch Ashby hatte festgestellt, daß das Wasser im Kielraum viel höher als gewöhnlich stand: Entweder hatte sich irgendwo an den Maschinen ein Leck gebildet, oder Seewasser sickerte in den Laderaum. Wenn die Pumpen richtig arbeiteten und das Leck nicht zu groß war, konnten sie es in den Griff bekommen. Doch Ashbys Hauptsorge galt nicht dem Wasser, sondern dem anderen Problem, das er Badger gegenüber nicht erwähnt hatte.

Die Maschinen ruhten auf Eichenholz, das so dick war wie ein halbes Dutzend Eisenbahnschwellen, und nahmen die gesamte Schiffsmitte ein, von Backbord bis Steuerbord: zwei Öfen, zwei Kessel und der Schornstein, 750 Tonnen schwitzendes Eisen, zwölf Meter im Durchmesser und fast fünf Meter hoch. In den Bunkern gestapelt, die sich weiter achtern befanden, transportierte die *Central America* zudem mehrere hundert Tonnen Anthrazitkohle. Die Kohle trieb nicht nur das Schiff an, sondern diente auch als Ballast; doch während die Kohlentrimmer den Brennstoff aus den Bunkern rollten und die gefräßigen Öfen Tonnen von verbrannter Kohle als Rauch und Asche durch die Schornsteine jagten, wurde die *Central America* immer leichter und stieg in die Höhe. Dampfschiffe hoben sich manchmal so weit aus dem Wasser, daß die Schaufelräder kaum noch die Oberfläche aufwühlten.

Bevor die *Central America* New York verließ, wurden ihre Bunker immer mit ausreichend Kohle gefüllt, um die Dampfmaschinen den ganzen Weg bis nach Aspinwall und zurück anzutreiben. Auch wenn sie ein paar Tonnen Gold in Panama aufnahm, konnte das den Verlust an Kohle nicht ausgleichen. Auf der Rückfahrt kam sie als hohes, leicht kenterbares Schiff an der Küste an, eines, das sich allzuleicht schräg legte. Ihr eilte der Ruf voraus, bei einem Sturm oder sogar schon bei mäßigem Seitenwind beträchtlich zu krängen, wenn sie zuwenig Ballast geladen hatte. Seit ihrer Abfahrt aus Havanna vor drei Tagen hatte die *Central America* gegen die See und zunehmenden Wind ankämpfen müssen. Sie hatte dadurch mehr Kohle als gewöhnlich verbraucht, so daß sie leichter war und höher im Wasser lag. Der Orkan hatte sie auf die Seite gedrückt, so daß sie nur schwer wieder hochkam.

Gewöhnlich beförderten die rußgeschwärzten Männer die Kohle auf Schubkarren in den Maschinenraum, wo die Heizer sie durch kleine Türen in die Öfen schaufelten. Die Entfernung von den Kohlenbunkern zum Heizraum betrug manchmal 30 Meter, und die Trimmer mußten die vollbeladenen Schubkarren die ganze Strecke lang schieben. Doch durch die hohen Wellen, die über den Bug krachten, und den Hurrikan, der von Nordosten blies, bekam das Schiff eine so starke Schlagseite, daß die Männer Schwierigkeiten hatten, die Kohlenkarren von den Bunkern in den Maschinenraum zu schieben. Die Karren rutschten und kippten, und die Männer verloren den Halt. Sie konnten die Kohle nicht schnell genug befördern, um die Öfen zu feuern.

Bevor er auf der Suche nach Kapitän Herndon den Maschinenraum verließ, hatte Ashby den Heizern, die keinen Dienst hatten, und den Kohlentrimmern befohlen, eine Reihe zu bilden und die Kohle in kleinen Eimern von Hand zu Hand zu den Öfen zu reichen. Doch die Männer konnten in den kleinen Eimern kaum mehr Kohle befördern als mit den Schubkarren. Sie verloren in dem heißen, dunklen Laderaum, der unter ihren Füßen schwankte, das Gleichgewicht. Als Ashby Kapitän Herndon von dem steigenden Wasser Meldung machte, rief dieser sofort die Kellner und Stewards in den Laderaum, um eine zweite Reihe Kohlenträger zu bilden. Nur wenige Passagiere wollten etwas essen, und die Kellner konnten ohnehin kaum etwas anderes als hartes Brot servieren, weil das Wasser im Schiffsrumpf inzwischen so hoch stand, daß die Lebensmittelvorräte feucht geworden waren. Bei einem Sturm fuhr das Schiff am sichersten und leichtesten, wenn der Kapitän gegen die See steuerte, die Luvseite des Bugs an den Wind hielt und die Maschinen so stark laufen ließ, daß er die Position halten konnte. Doch das krängende Schiff und das einströmende Wasser bremsten den Weg der Kohle zu den Öfen, so daß der Dampfdruck in den Kesseln abfiel und sich die Schaufelräder langsamer drehten. Sollten die Maschinen aussetzen, blieben Herndon nur noch die Segel, und er durfte es nicht riskieren, daß die Maschinen aufhörten zu arbeiten, bevor er einige Segel gehißt hatte.

Als sich die Stewards im Laderaum versammelt hatten, ließ Herndon das Gaffelsegel am Kreuzmast aufziehen. Dieses Sturmsegel war das stärkste und schwerste von allen Segeln. Mit ihm hoffte Herndon das Heck backbord zu drehen und den Wind zu nutzen, um den Bug des Dampfers in die ankommende See zu steuern.

Die Wellen erhoben sich, schwollen an und verjüngten sich zu spitzen Hügeln, bis ihnen der Wind den Kamm abriß und ihn als Gischt in die Luft versprühte. Als der Sturm in einem der tiefen Wellentäler einen Augenblick lang Ruhe gab, ließ die Mannschaft das Sturmsegel in die Höhe schießen; doch die nächste Welle hob das Schiff in den Wind, der das Segel so plötzlich und gewaltsam schwellte, daß es binnen einer Minute in Fetzen ging.

Als der Sturm das Segel zerrissen hatte, befahl Herndon dem Dritten Offizier, noch mehr Sturmsegel in der mittleren und hinteren Takelage in niedriger Höhe zu setzen, um das Schiff mit dem Bug gegen die See zu steuern. Doch das Schiff lag so hoch auf dem Wasser, daß es immer noch nicht reagierte und der Sturm das Segeltuch erneut zerfetzte. Ohne den Schutz der Segel peitschte der Wind mit schrillem Pfeifen den Regen und die salzige Gischt wie Pistolenkugeln über das Deck.

Mittschiffs, tief im Innern des Laderaums, erstarb selbst das Heulen des Windes im Brodeln und Brüllen der Maschinenanlage.

Hier im Zentrum des stampfenden und schlingernden Dampfers, fernab vom Wind, fernab vom Regen, stieg die Temperatur auf 48 Grad Celsius an.

Schaufelraddampfer besaßen keine Schotten, keine wasserdichten Querwände im Schiff, die die Überflutung aufhalten und begrenzen konnten. Wenn das Wasser erst einmal in den Rumpf floß, lief es ungehindert hin und her und schwappte mit dem Schaukeln des Schiffs von Steuerbord nach Backbord. Kurz nach zehn Uhr morgens, als die Kohlentrimmer, die Stewards und Kellner die Eimer in den Maschinenraum weiterreichten, trieb Ashby die Steuerbord-Bilgenpumpe mit Dampf aus den großen Kesseln an; und die Pumpe saugte Wasser aus dem Rumpf des Schiffs und spie es ins Meer zurück.

Dann inspizierte Ashby die Rohre samt Verbindungen und stellte fest, daß sie in Ordnung waren. Er untersuchte alle Metallplatten über den Luken und fand kein Leck. Während er noch nach der Ursache fahndete, gingen Kohleneimer von Hand zu Hand, von Steward zu Heizer zu Kellner, von den Bunkern achtern im Schiff bis zum Maschinenraum, wo das weißglühende Feuer einen Eimer Kohle verschluckte und in Sekunden zu Asche verbrannte. Egal, wie viele Männer die Reihe bildeten, wie sehr sie sich auch bemühten und wieviel Schweiß ihre schwarzen Arme hinunterlief, die Kohle kam nicht zügig genug an, um die gefräßigen Öfen zu füttern. Der Dampfdruck sank.

Die Lenzpumpen saugten den Kielraum ab, aber das Wasser stieg schneller, als es ins Meer zurückgepumpt werden konnte. Da die Kohle jetzt nur noch in kleinen Eimern ankam, brannten die Öfen und brodelten die Kessel nicht mehr stark genug. Wenn das Seewasser, das in den Rumpf sickerte, die Öfen erreichte, würde die Temperatur abkühlen, der Dampf kondensieren, der Druck fallen und das riesige Rad langsam zum Stehen kommen, so daß das Backbordrad, das sich wegen der Schlagseite des Schiffs bereits in der Luft drehte, die ganze Arbeit übernehmen müßte. Dann würde das Schiff in ein Tal fallen und von den nachkommenden Wellen zermalmt werden, die inzwischen neun Meter hoch wogten.

Als sich die Schaufelräder langsamer drehten, vermutete Thomas Badger Probleme im Maschinenraum und stieg hinunter, um die Arbeit der Kohlebrigade zu überprüfen. Erschrocken bemerkte er, wie hoch das Wasser inzwischen im Kielraum an der dem Wind abgewandten Seite stand. Er hörte, daß Ashby den Männern zurief, schneller zu machen, da sonst bald jeder Mann an Bord Wasser schöpfen müsse.

Badger brüllte Ashby zu: »Warten Sie nicht, bis das Schiff vollgelaufen ist. Lassen Sie die Leute jetzt mit dem Ausschöpfen beginnen!«

Gegen Mittag überschwemmte das Wasser den Boden der Kohlenbunker, strömte auf der Leeseite im Kielraum vor und zurück, ließ die Bodenplatten im Heizraum herausplatzen und die Heizer bis zur Taille im Wasser stehen, die sich ab und zu an festgezurrten Eisenstangen festhielten, um das Gleichgewicht zu bewahren. Die Fluten drangen jetzt so schnell in den Laderaum ein, und das Schiff hatte eine solche Schlagseite, daß das Wasser den Ofen an der Steuerbordseite erreichte. Die Kohlentrimmer konnten hören, wie der heiße Ofen zischte, als ihn das Seewasser umspülte und durch die Hitze anfing zu kochen. Dampf stieg im Frachtraum auf.

Ashby und die Maschinisten stellten fest, daß das Wasser der Wellen, die über dem krängenden Schiff hereinbrachen, jetzt durch die Bullaugen einiger unterer Steuerbordkabinen drang, bis die Räume hüfthoch überflutet waren, und daß diese Wassermenge die Schräglage des Schiffs verstärkte. Sie schlossen die Bullaugendeckel und taumelten über das Deck in die Kabinen, um das Wasser in den Rumpf zu pumpen, damit sich das Schiff wieder etwas aufrichten konnte.

Im Laderaum hatte Badger ein Loch an der Stelle entdeckt, wo das Schaufelrad am Schiffsrumpf befestigt war. Jedesmal wenn das Schiff sich steuerbord legte, strömte Wasser durch die Lücke. Er meldete es seinen Maschinisten und eilte nach oben, um Kapitän Herndon zu raten, die Passagiere zum Ausschöpfen des Wassers einzuteilen. Die Maschinisten verstopften das Loch um die Stange mit Decken und alten Segeln, die durch die Bewegung der Schaufelräder, die sich gegen die ankommende See drehten, immer wieder herausgerissen wurden, bis die Männer an der Stange blieben und dafür sorgten, daß das Leck abgedichtet blieb. Trotzdem stieg das Wasser weiter an, und keiner konnte eine andere Ursache entdecken, bis das Stampfen und Schlingern des

Schiffs die Kalfaterung aus den Fugen gedrückt und sogar die Planken gespalten hatte. Selbst der Rumpf schien zu lecken, und nichts und niemand konnte das verhindern.

Viele Passagiere, die im vorderen Laderaum Schutz gesucht hatten, waren schon vor einiger Zeit vor dem Gestank des Erbrochenen, der Hitze und dem unaufhörlichen Stampfen des Rumpfes geflohen. Sie hatten ihre Kojen im Zwischendeck verlassen und sich und ihre Habe über dunkle und schwankende Gänge in den Speisesalon hochgeschleppt, wo die Luft frischer und die Fahrt angenehmer war. Einige Passagiere der ersten und zweiten Klasse hatte das steigende Wasser aus ihren Kabinen vertrieben; andere hatten ihre vollgestopften und schwankenden Einzelkabinen gegen die größere Sicherheit des Salons eingetauscht, wo sie ihre zunehmenden Ängste mit anderen Passagieren teilen konnten. Draußen blieb der Morgenhimmel dunkel; drinnen leuchteten schwache Öllampen der wachsenden Zahl der Passagiere, die sich furchtsam dort zusammendrängten, wo sie zwei Abende zuvor gespeist und den Beginn der letzten Etappe der Heimreise gefeiert hatten.

Zur Mittagswache kehrte Frazer auf das Wetterdeck zurück. 30 Minuten später kämpfte sich Kapitän Herndon zum Ruderhaus durch, wo Frazer sich abmühte, das Schiff in den Wind zu steuern.

»Es hat keinen Zweck«, rief Herndon, »ich habe es schon den ganzen Morgen versucht.«

Frazer fragte den Kapitän, ob er ausprobieren sollte, vor dem Wind zu fahren.

Herndon trat aus dem Ruderhaus in den Sturm und rief: »Tun Sie, was immer Sie können, um sie zu halten.«

Unten versammelten sich die Passagiere in noch größeren Gruppen, sahen verstört zu den dunklen Deckenbalken des Salons hoch und lauschten dem Wind, den Wellen und dem Wasser, das über das Deck zischte. Die tobende See, die an den Rumpf klatschte und das Schiff durchrüttelte, konnten sie fühlen, den Sturm nur durch ihren mittlerweile geschärften Gehörsinn einschätzen.

Billy und Virginia Birch hatten ihre Kabine verlassen und Mittwoch und Donnerstag abend auf einem Pullmansitz im Speisesalon verbracht. »Am Freitag morgen«, erinnerte sich Virginia, »legte sich das Schiff steuerbord, und wir hörten, wie die Balken knackten. Kurz danach teilte man uns mit, daß das Schiff ein Leck hat.«

Seit Mittwoch hatten die Eastons krank in ihrer Privatkabine an der Steuerbordseite gelegen. Gegen Freitag mittag warf eine hohe Welle das Schiff auf die Seite; diejenigen, die sich im Speisesalon versammelt hatten, vernahmen das laute Krachen der Balken, und die Kabine der Eastons kippte, als Addie bemerkte, daß das Bullauge unter Wasser lag.

»Ansel«, schrie sie, »wir sinken!«

Der Dampfer hatte inzwischen eine so starke Schlagseite, daß sie weder im Bett liegen noch aufrecht sitzen konnten. Sie vergaßen ihre Seekrankheit, zogen einen Morgenmantel über und mühten sich durch die Kabinentür zum Speisesalon.

»Ich hatte gehört, daß die *Central America* ein derart seetüchtiges Schiff sei«, erinnerte sich Addie, »daß ich keinen wirklichen Grund zur Panik sah, bis wir die Tür unserer Kabine öffneten und eine Szene vor Augen hatten, die ich nie vergessen werde. Obwohl niemand auch nur ein einziges Wort sprach, sah ich an den entsetzten Mienen, daß wir in unmittelbarer Gefahr schwebten. Doch nur eine Frau weinte. Die anderen saßen stumm da und gaben ein Bild der Verzweiflung ab.«

Ansel sagte Addie, daß sie an die höhergelegene Seite gehen müßten. Er legte seinen Arm um sie, und ihr Freund Robert Brown half den beiden auf ein kleines Sofa am anderen Ende des Raums. Dort hielten sie sich an den Händen und blickten stumm vor sich hin.

Der Dampfer wurde von Wind und Wellen so heftig gebeutelt und füllte sich so rasch mit sprudelndem Wasser, daß die meisten Passagiere bei all dem Getöse nicht bemerkten, daß die Maschinen aufgehört hatten zu arbeiten.

Das Wasser erreichte die Steuerbordöfen sehr schnell, und da der überflutete Laderaum immer, wenn die See ankam, schwankte, leckten die Wellen bald auch an den Feuern auf der Backbordseite. Dann verdampfte das gestiegene Wasser an den heißen Öfen; der Dampf drang zischend in die Aschegruben, verdrängte die frische Luft, löschte die Feuer backbord und nacheinander die Öllampen, bis die Heizer und Eimerschlepper in der Dunkelheit kaum mehr sehen und in der Backofenhitze fast nicht mehr atmen konnten.

Das Backbordrad drehte sich zwar noch, aber immer langsamer, und weil die Kohle nicht mehr befördert werden konnte, befahl Kapitän Herndon seiner Mannschaft, die Betten zu Kleinholz zu hacken und damit den Backbordofen zu heizen. Wenn sie wenigstens eine Maschine in Gang halten und den Laderaum auspumpen konnten, war der Sturm vielleicht zu überstehen. Doch der Brennstoff, den sie an die Öfen brachten, brannte mit viel geringerer Kraft als die Anthrazitkohle. Schließlich schwelte das Feuer nur noch, und die Maschinen drehten sich noch ein paarmal, bevor das steigende Wasser das Feuer auslöschte.

Draußen schlug der Wirbelsturm die Takelage gegen die Masten und fuhr auf die *Central America* nieder, als ob er sie an der Meeresoberfläche zerquetschen wollte. Kein Horizont war mehr zu sehen, nur dunkle Wolken, die sich drohend über einem bleigrauen Ozean zusammenballten, der zu vorkragenden Wasserklippen anschwoll.

Am frühen Nachmittag konnte Kapitän Herndon den Bugspriet der *Central America* nicht mehr gegen den Wind richten. Er versuchte nur noch, ungefähr den Kurs zu halten, doch der Sturm trieb den Dampfer gen Südosten, wo seine riesigen Maschinen vollends abkühlten und er schließlich in einem Wellental versank. Wellen, die der Bug des Schiffs einst mühelos durchschnitten hatte, türmten sich jetzt auf der Breitseite so hoch wie Berge und krachten von Backbord bis Steuerbord über dem Dampfer zusammen.

Hunderte von Passagieren hatten sich im Speisesalon eingefunden, warteten auf Nachrichten und versuchten sich bis dahin gegenseitig zu trösten. Plötzlich hörten sie von oben ein so gewaltiges Krachen, daß sie glaubten, das Schiff wäre auf Grund geraten. Durch die Kabinen gellte der Schrei, der Dampfer sinke. Dann verstummte das splitternde Geräusch, und es stellte sich heraus, daß die schwere See eines der Rettungsboote aus den Davits gerissen hatte, das über Deck geschlittert und in das Deckhaus über ihnen gekracht war, bevor es über Bord ging.

Kurz nach diesem Vorfall erschien Kapitän Herndon mit einem Chronometer und einem Sextanten in Richter Monsons Kabine auf dem Unterdeck. Er bewahrte diese Instrumente in seinem Quartier auf dem Wetterdeck auf, zwei Räume links und rechts vom Hauptmast, und wollte Monson um etwas bitten. »Es lag ihm am Herzen, die Instrumente aus seiner Kabine auf dem Oberdeck wegzuschaffen«, erinnerte sich der Richter später. »Es sei möglich, sagte er, daß seine Kabine dort oben mit den Instrumenten ins Meer gefegt würde. Natürlich erfüllte ich seine Bitte und sorgte dafür, daß die Instrumente woanders untergebracht wurden.«

In der Hauptkabine beruhigten die wenigen Frauen, die schon Erfahrung mit rauher See hatten, die anderen mit dem Hinweis, daß die *Central America* ein seetüchtiges Schiff sei, das seinen Weg schon durch viele Stürme gefunden habe. Sichtlich unberührt vom Sturm und dem schwankenden Schiff saßen zwei ungefähr neun Jahre alte Mädchen an einem Tisch und aßen. Inmitten der ängstlichen und leichenblassen Menschen preßten sie sich an die Tischkanten, klemmten die Teller mit den Ellbogen fest und schienen den allgemeinen Wirrwarr zu genießen.

Eine ältere Frau beobachtete die Szene: »Als das Geschirr umherflog und auf dem Boden zerschellte, lachten die Mädchen fröhlich und hielten es für einen Heidenspaß. Sie waren so vergnügt, daß sie die Gefahr, in der sie schwebten, gar nicht erkannten.«

Während die kleinen Mädchen guten Mutes am Tisch saßen, stürzte der Schiffsjunge in den Salon und brüllte: »Alle Mann nach unten zum Eimerschleppen!«

»In diesem Moment«, sagte eine Frau, »wußten wir, daß das Schiff in Gefahr war, und brachen in Wehklagen aus.«

Kurz nachdem der Schiffsjunge gegangen war, erschien der Kapitän in der Türöffnung des Speisesalons. Er verkündete laut, aber ruhig: »Alle Männer zum Wasserschöpfen nach unten. Die Maschinen arbeiten nicht mehr …«

Ein Raunen ging durch den Saal. Verwirrt wandte sich Addie an Ansel: »Was soll das heißen?«

»… doch wir hoffen, das Wasser abpumpen zu können und sie wieder in Gang zu setzen«, fuhr Herndon fort. »Das Schiff ist robust, und wenn wir den Dampf wieder hochkriegen, werden wir den Sturm überstehen.«

Obwohl die *Central America* seit Stunden leck war und das Wasser im Laderaum jetzt zweieinhalb bis drei Meter hoch stand, erfuhren die meisten Passagiere erst in diesem Augenblick von der undichten Stelle. Auf Kapitän Herndons Bitte hin standen mehrere Männer auf, zogen ihre Jacken aus und gingen hinunter. Der Kapitän trat auf einen Passagier zu und bemerkte mit einem Lächeln: »Sie sollten jetzt Ihre feine Garderobe ablegen und an die Arbeit gehen.«

Ansel Easton und sein Freund Robert Brown schlossen sich den übrigen Männern an. Doch bevor ihr Mann ging, sagte Addie: »Ansel, wenn du mich nicht geheiratet hättest, würdest du jetzt nicht in diesem Schlamassel stecken.«

»Auch wenn ich das alles vorher gewußt hätte«, erwiderte Ansel, »würde ich dasselbe wieder tun.«

»Hier, inmitten tödlicher Gefahr«, erinnerte sich Addie, »wo ich all die Freuden des Lebens, die ich so liebte, zu verlieren schien, machten Ansels Worte sogar den Sturm und den Untergang des Schiffs belanglos.«

Die Eastons beschlossen, »Hand in Hand« unterzugehen, wenn die Zeit gekommen war.

»Doch solange es noch einen Funken Hoffnung gibt«, meinte Ansel, »dürfen wir nicht aufgeben.«

Dann küßte er seine Frau und ging mit Brown zu den anderen Männern.

In der Kombüse und den Kabinen hatte die Besatzung Dutzende Wassereimer und -krüge gesammelt. Herndon erläuterte, daß einige der Pumpen immer noch gut arbeiteten, sie aber mit dem eindringenden Wasser allein nicht fertig werden konnten. Der ganze Einsatz eines jeden Mannes war gefordert, um den Laderaum leerzuschöpfen. Hunderte von Freiwilligen erhoben sich und gingen zu Thomas Badger, der sie in eine von drei Schöpfbrigaden einwies: Die eine zog sich nach vorn und vom Zwischendeck aufwärts, die andere den ganzen Weg vom Maschinenraum nach oben, und eine dritte wand sich von den Luken der hinteren Kabinen durch die Hauptkabine die Treppe hinauf. Alle drei Reihen endeten auf dem Oberdeck, wo der letzte Mann die Eimer im tosenden Sturm ausleeren, das Wasser der See zurückgeben und die leeren Kübel nach unten zurückschicken sollte, damit sie erneut gefüllt werden konnten.

Im Salon entfernten sie das Gitter von der vorderen Luke, und im Zwischendeck standen sie bis zu den Knien im Wasser. Geschwind gingen die Eimer von Hand zu Hand, schwer und schwappend auf dem Hinweg, leicht und schwingend auf dem Rückweg.

Die meisten der Männer waren Goldgräber, die ihre Farmen und die schwere Landarbeit verlassen hatten, um ihr Glück in der Sierra Nevada zu suchen, wo sich die Arbeit als noch schwerer erwies. Viele, die es nach Westen gezogen hatte, waren zugrunde gegangen, aber diese Männer hatten überlebt, und die Erfahrung hatte sie an Körper und Geist gestählt. Sie verstanden sich als ein ganz besonderer Menschenschlag: hart im Nehmen und ausdauernd. Ein Passagier erinnerte sich: »Die kräftigen Stimmen der Männer drangen fröhlich durch den tosenden Sturm und die an die Schiffsflanken peitschenden Wellen.«

Gemeinsam zu singen brachte ein kameradschaftliches Gefühl hervor, vertrieb furchtsame Gedanken und ließ die schweren Eimer leichter werden. Die meisten Männer waren seekrank und hatten wenig oder gar nichts gegessen, doch das Lied und die Energie der anderen Männer halfen ihnen, einen klaren Kopf zu bekommen und den Hunger zu vergessen.

Kapitän Herndon, der überall gleichzeitig zu sein schien, beruhigte in der Hauptkabine die Damen, gab an Deck Befehle an die Mannschaft aus, ging an den Reihen entlang und machte den Männern Mut.

»Nur weiter so, Jungs«, sagte er, »es gibt noch Hoffnung.«

Auch wenn eine Frau zu verstehen gab, daß es ihr lieber war, wenn er auf Deck Befehle austeilte, schätzten die meisten Frauen seine Besuche in der Hauptkabine, »die die Passagiere aufheiterten«, wie es eine Frau ausdrückte, »und ihre Ängste besänftigten. Er versuchte nicht die Gefahr zu leugnen, aber es gelang ihm eher als anderen, daß wir sie gelassener betrachteten.«

Die meisten Frauen hatten die letzten drei Tage seekrank im Bett gelegen, doch am Freitag nachmittag meldeten sich einige und wollten Schulter an Schulter mit den Männern in der Reihe stehen, was von den Männern zurückgewiesen wurde. Also kümmerten sich die Frauen um die Kinder und blickten gespannt auf die Kette der Männer, die sich quer durch den Salon schlängelte. Sie versuchten in den Mienen der Männer zu lesen, wie es um das Schiff stand, hofften zu hören, daß das Wasser besiegt sei, und warteten sehnsüchtig darauf, das Rumpeln der großen Dampfmaschinen tief unten im Bauch des Schiffs zu spüren. Die Männer versicherten den Frauen, daß es keinen Grund zur Sorge gäbe, da sie mit dem Wasser schon fertig werden würden. Sie erzählten ihnen, daß der Dampfdruck wieder gestiegen sei, die Pumpen wieder arbeiteten und daß ihrer Meinung nach der Sturm langsam abflauen müßte, da er doch schon so lange und so heftig gewütet habe.

Die neunzehnjährige Annie McNeill schilderte später, daß die anderen Frauen großen Mut bewiesen und die Ruhe bewahrt hätten. »Keine von ihnen weinte, und die Männer munterten uns immerfort auf; obwohl wir uns in drohender Gefahr wähnten, waren wir uns über das volle Ausmaß nicht im klaren. Die Männer taten alles, was sie konnten, damit wir es nicht erfuhren.«

Nun sickerte die Nachricht zu den Frauen, daß die Männer das Wasser in den Griff bekämen und die Maschinisten bald anfangen könnten, die Öfen zu feuern und in den Kesseln Dampf zu machen, um die Räder anzutreiben. Und bald spürten sie durch die Decks hindurch das Stampfen einer Maschine. Die Vibrationen gaben allen neue Hoffnung, und die Männer arbeiteten mit aller Macht. Doch die Räder drehten sich nur noch zwei- oder dreimal, dann standen sie wieder still. Das Wasser strömte jetzt noch schneller herein, wirbelte wieder um die Öfen und Kessel, und die Maschinen hörten für immer auf zu arbeiten.

Als die Frauen hörten, wie die Maschinen verstummten, schickten sie einen kleinen Jungen die Treppen hinauf, um nach der Ursache zu fragen. Als er in die Hauptkabine zurückkehrte, berichtete er, ein Mann habe gesagt, daß sie aufgehört hätten, »weil die Räder müde seien und sich eine Weile ausruhen müßten«.

Die Frauen wußten Bescheid.

»Die See brach lawinenartig über uns herein«, sagte Virginia

Birch, »überflutete alle Kabinen und begrub das Schiff zeitweilig so vollständig unter den Wassermassen, daß es stockdunkel wurde. Doch die Damen klagten nicht und blieben ruhig und gelassen. Ich habe noch nie so beherrschte Frauen erlebt; ein paar baten, sich am Wasserschöpfen beteiligen zu dürfen, doch die Gentlemen bedeuteten ihnen, still zu sein, dieweil sich alles noch zum Guten wenden würde.«

Viele der Männer hatten in den Jahren in Kalifornien mit schwerem Flußgestein zu tun gehabt. 20 Pfund schwere Wassereimer zu heben war keine ungewöhnliche Anstrengung für sie; doch die pausenlose Arbeit in der Reihe belastete Schultern, Rücken und Arme. Das Wasser sickerte weiter ins Schiff, und wenn sie nur einen Augenblick lang zögerten, hatte das Meer wieder ein paar Zentimeter gewonnen. Nach drei Stunden konnten sich einige Männer kaum mehr auf den Beinen halten und die schweren Eimer, die allzuleicht überschwappten, schnell genug bewegen. Nur 30 von ihnen hatten ihre Familie an Bord; die meisten mußten nur an sich selbst denken. Dennoch hielt sie ein unausgesprochener Ehrenkodex in den Reihen und an den Pumpen, als ob das Schiff ohne ihr verzweifeltes Bemühen sinken und alle Frauen und Kinder mit sich in die Tiefe reißen würde.

Die Frauen drängten sich den ganzen Nachmittag über in der Hauptkabine zusammen, spürten das Heben und Senken des Schiffs, beobachteten die Männer und trösteten die Kinder. Die Männer, die unterdessen die Eimer weiterreichten, hatten schon lange zu singen aufgehört.

Während das Schiff in einem Wellental lag und stark leewärts schlingerte und die Männer allenthalben Wasser schöpften, versuchte Kapitän Herndon immer noch, den Bug wieder in die ankommende Dünung zu richten. Er befahl seinen Männern, genau so viele Segel zu hissen, wie nötig waren, um den Bug steuerbords zu drehen und das Schiff gegen den Wind zu steuern. Doch in dem Augenblick, als sie die Segel setzten, blies der Sturm sie in Stücke. Dann zurrten sie ein weiteres Segel auf Deck fest. Doch sobald es das Schanzkleid verlassen hatte, wurde es vom Sturm aus dem Liek und in horizontale Fetzen gerissen.

Jetzt befahl Herndon seinen Männern, alle weiteren Versuche,

Segel zu setzen, einzustellen und statt dessen einen Draggen oder einen Treibanker auszuwerfen, um das Schiff zu drehen. Dazu mußten sie einen schweren Anker an einer kräftigen Rah in der Takelage festzurren, doch die schwersten Anker hingen vom Bug hinab, und die Männer konnten sie wegen der Schräglage des Schiffs nicht erreichen. Der Zweite Offizier Frazer band einen kleineren Anker mit einem dicken Tau an der Rah fest und ließ ihn 40 Faden hinab.

Inzwischen war es fast halb sechs, und das Schiff neigte sich so weit steuerbords, daß niemand mehr auf Deck gehen konnte. Die drei schweren Masten hingen in spitzem Winkel über dem Wasser, so daß sie die ankommenden Wellen fast aufspießten, die hoch aufwogten und über das Schiff hereinbrachen. Da die Takelage und die Segel nichts mehr nützten, befahl Herndon Badger, eine Axt zu nehmen und den Fockmast abzuhacken.

Badger, Frazer und der Bootsmann John Black mühten sich vorwärts, stemmten sich gegen den Wind und suchten nach Halt, während das Schiff schlingerte, die Wellen über seine Breitseite schlugen und das Wasser wie ein reißender Fluß über das Deck rauschte. Zuerst schnitten sie die Takelage weg, die den Fockmast aufrecht hielt; dann gingen sie in die Hocke, hielten sich mit einer Hand fest und hackten mit Äxten auf den baumdicken Mast ein, bis sie ein heftiges Krachen und dann noch ein zweites hörten und das schwankende Schiff den splitternden Mast schüttelte und über die vordere Reling stürzen ließ.

Doch als der Mast umkippte, wehte die Takelage, die sie abgetrennt hatten, frei im Wind und verhakte sich in einer Ankerstütze; der Mast stürzte ins Wasser, schoß, in der Takelage verfangen, unter das Schiff und schlug gegen den Rumpf. »Ich bezweifle nicht«, sagte Frazer später, »daß der Mast den Dampfer beschädigt und wahrscheinlich auch das Leck vergrößert hat. Soviel ich mich erinnere, schlug er jedenfalls ein paarmal heftig gegen den Kiel.«

Jetzt ließen sie den Anker weitere 100 Faden hinab und befestigten ihn an dem Stumpf, der einmal den Fockmast getragen hatte. Doch der schwere Draggen, der am Steuerbordbug zerrte, verhinderte, daß der Bug hochkam; und später an diesem Abend brach das über 20 Zentimeter dicke Tau, das den Anker hielt, und verschwand im Meer. Zuletzt versuchte Herndon, Segel in der hinteren Takelage zu setzen – ein Akt der Verzweiflung, denn sie waren so klein, daß sie nicht zerfetzt werden konnten, aber auch kaum Wind einfingen. Das Schiff wollte einfach aufgeben. Als der Abend kam, konnte er nichts mehr tun, um den Bug des Schiffs in den Wind zu richten.

Um sieben Uhr abends war fast jeder der über 500 Mann auf dem Schiff, entweder mit Wasserausschöpfen oder an den Deckspumpen beschäftigt. Lange Reihen von Männern wanden sich durch das Schiff, alle Treppen hoch, manchmal sogar zweireihig. Die Eimer zogen in beiden Richtungen vorüber, die Arme der Männer bewegten sich gleichmäßig wie die unzähligen Beine eines Tausendfüßlers. Kamen sie während des Reigens durch das stampfende Schiff aus dem Takt, so stießen sie manchmal zusammen; die Eimer entglitten den Händen, stießen aneinander und schwappten über. Wellen brachen über das Schiff herein, und das Wasser flutete die Treppen hinab.

Am späten Nachmittag war der Wasserstand gesunken, und die Männer im Laderaum mußten sich tiefer bücken, um die Eimer zu füllen. Doch bei Einbruch der Nacht zwang sie die Erschöpfung aufzuhören, und nach zwei Stunden stieg das Wasser wieder an. Immer noch ohne Schlaf und Essen, schufteten die Männer unaufhörlich weiter und wankten vor Müdigkeit, während sie sich bemühten, die Stellung zu halten. Draußen heulte der Wind in der Finsternis, drehte sich und »wehte heftig« aus Nordosten.

Die Frauen, die sich mit den Kindern im Speisesalon zusammenkauerten, hatten bisher vermutet, daß das Klatschen des Wassers von den Wellen herrührte, die gegen die Schiffsseiten schlugen; jetzt erkannten sie, daß das Geräusch aus der Kabine unter ihnen kam.

»In dieser Verfassung«, erinnerte sich Annie McNeill, »harrten wir die ganze Nacht lang aus, während die hohe See über uns hereinbrach, der brüllende Hurrikan wütete, das Schiff rollte und tanzte, die Takelage und die Spiere ächzten und knackten und das Geschirr, die Lampen und Möbel zu Bruch gingen. Es war eine schreckliche Nacht, doch die Frauen hielten immer noch durch, ohne zu stöhnen oder zu weinen.«

Angeline Bowley wiegte und tröstete ihre Kinder Charles und Isabella, zwei Jahre und ein Jahr alt. »Wir schienen alle ruhiger und gefaßter zu werden. Jene, die keine Kinder hatten, um die sie sich kümmern und sorgen mußten, waren genauso tapfer und hoffnungsfroh wie die Männer. Aber ich fühlte mich krank und schwach mit diesen beiden hilflosen Kleinen, die sich an mich klammerten, und wurde mit der Zeit recht mutlos und verzagt. Ein paar Frauen zeigten keine Furcht und hielten sich bis zuletzt aufrecht. Ihre Beherrschtheit war einfach bewundernswert.«

Spätabends versorgten die Frauen die Männer in den Reihen mit hartem Brot und Wasser, und auch eine beträchtliche Menge Likör und Brandy wurde gereicht. Einige der niedergeschlagenen und erschöpften Männer tranken zuviel, brachen aus den Reihen aus, versteckten sich in den Kabinen und schlossen die Tür ab. Andere blieben zwar nüchtern, doch gaben sie verzweifelt auf und verließen die Reihen so übermüdet, daß sie sich kaum noch bewegen konnten. Die meisten Männer arbeiteten, bis sie dazu schon längst nicht mehr in der Lage waren; sie fielen um, »als ob sie tot wären«, und lagen minutenlang reglos auf dem Deck, bis Herndon und Badger neue Wasserschöpfer zusammenriefen. Herndon sagte ihnen, daß sie einander wie echte Männer helfen und dafür sorgen sollten, daß keiner an seinem Platz umkippte, während ein anderer untätig herumstand. Dann ließ er den Zusammengebrochenen Wasser bringen, woraufhin diese neuen Mut schöpften und sich erhoben.

»Unser einziger Trost«, sagte Angeline Bowley, »war zu wissen, daß die Männer ihr Äußerstes gaben. Sie schufteten wie Pferde. Ich habe noch nie in meinem Leben Männer so schwer arbeiten sehen.«

Ada Hawley fragte ihren Mann Frederick, ob er müde sei, und er erwiderte: »Ja, ich bin müde, aber ich kann noch 48 Stunden so weitermachen, wenn es nötig ist. Ich arbeite für dein Leben, für dich und meine Kinder.« Während Frederick Wasser schöpfte, beruhigte Ada ihre zwei Söhne, den zweijährigen DeForest und den fünfmonatigen Willy.

Zweimal traten Addie Easton und zwei andere Frauen auf die Kette zu, um an der Seite der Männer zu arbeiten, was ihnen jedoch jedesmal verwehrt wurde. »Ich habe mir noch nie so sehr gewünscht, ein Mann zu sein«, erinnerte sich Addie. »Wir saßen ohne äußere Anzeichen von Angst oder Aufregung bis nach Einbruch der Dunkelheit da und ergaben uns dem Schicksal, daß zwischen uns und der Ewigkeit vermutlich nur noch ein paar Stunden lagen. Das Wasserschöpfen ging die ganze Nacht mit unverminderter Kraft weiter, mein eigener lieber Mann stellte sich in die Reihe und kehrte, als er erschöpft war, an meine Seite zurück; und als er sich ein bißchen ausgeruht hatte, nahm er seinen Platz wieder ein. Wir sprachen ganz ruhig miteinander und richteten gemeinsam unsere Gebete an Ihn, der unsere einzige Hoffnung und Zuflucht war. Er hörte uns und gab uns in diesen kritischen Stunden Seinen lieblichen Trost … Wie wenig erkennen wir in unserer irdischen Sicherheit, was für ein kostbares Gut es ist, einer höheren Macht zu vertrauen, wenn alle menschliche Hoffnung verloren ist. Mir fiel nichts ein, was ich getan haben könnte, um Seine Liebe zu verdienen; trotzdem spürte ich, daß wir in Seiner Hand waren und Sein Wille uns leitete. Die ganze schreckliche Nacht lang beobachteten wir alles und beteten im Bewußtsein, daß jede Stunde die letzte sein könnte. Mein lieber Mann und ich sprachen gefaßt von unseren Angehörigen, unseren lieben Freunden, unserem kurzen gemeinsamen Glück und unseren Zukunftsträumen. Das Leben war uns noch nie so wundervoll und teuer erschienen, und doch glaube ich, daß wir uns beide sagten: ›Sein Wille geschehe.‹ Wir beschlossen, uns im letzten Augenblick aneinanderzubinden, so daß uns dieselbe Welle verschlingen würde.«

Ungefähr um elf Uhr abends erinnerte sich Addie an die Weinflaschen, die Kekse, die Biskuits und all die anderen guten Sachen, die sie und Ansel zur Hochzeit geschenkt bekommen hatten. Die Freßkörbe standen immer noch in ihrer Kabine, und Addie ging hinunter, holte die Körbe mit den Lebensmitteln herauf und teilte sie an die erschöpften Männer aus. Diese machten nur ein paar Minuten Pause, um zu essen und zu trinken, dann fuhren sie sofort mit dem Ausschöpfen fort. Noch ein paarmal machte Addie in dieser Nacht mit ihren Körben voll Wein und Essen die Runde, bis die Männer alles verzehrt hatten.

»Mrs. Easton«, erinnerte sich Joseph Bassford, »brachte den Männern viele Flaschen Wein. Die großzügige Gabe und die Haltung, mit der sie ausgeteilt wurde, stieß reihum auf große Bewunderung. Die Männer schöpften nicht nur neue Kraft, sondern auch Mut, um weiterzuarbeiten.«

Die ganze Nacht von Freitag auf Samstag hindurch fegte der Hurrikan über die Decks des Dampfers, die Sturmfluten knisterten vor Phosphoreszenz, und jede Stunde stieg das Wasser im Laderaum um weitere 15 Zentimeter. Doch die Männer gaben nicht auf. Aus dem Zwischendeck, aus dem Maschinenraum, aus der zweiten Kabine wanderten die gefüllten Wassereimer die Gänge hinauf, und die leeren kehrten zurück, um erneut gefüllt zu werden. Zu erschöpft, um durch das Getöse des Sturms zu brüllen, und vielleicht auch zu erschrocken zum Sprechen, arbeiteten sie stumm vor sich hin, während das Schiff von der dunklen und erbarmungslosen See umhergeworfen wurde. Von Mitternacht bis Samstag morgen um vier Uhr mühten sie sich inmitten des tobenden Sturms ab, aber das Wasser behielt die Oberhand. Dennoch verzagten sie nicht, und die Frauen unterstützten sie, indem sie ihnen mit dem Satz: »Nur noch eine Stunde bis Sonnenaufgang« Mut machten.

»Oh, diese endlose, erschöpfende Nacht!« schrieb Addie. »Wie ich die Sekunden zählte, die sich langsam weiterschleppten! Und als der Morgen nahte, um drei Uhr, kam der Kapitän und sagte, daß wir vielleicht gerettet wären, wenn sie das Schiff noch etwa drei bis vier Stunden länger halten könnten. Der Sturm könne sich legen, und wir bekämen vielleicht wieder Dampf, oder ein Schiff könne uns bei Tageslicht sehen und uns die lang ersehnte Rettung bringen. Also schufteten sie weiter, und niemals wurde das Licht des anbrechenden Tages so überschwenglich begrüßt wie an diesem Samstag morgen – dem letzten, der so manch einem tapferen Herzen dämmerte.«

An Bord der *Central America* –
Samstag morgen,
12. September 1857

ÜBERALL AUF DEM Schiff belebte die Morgendämmerung
den Geist der Männer. Durch den Regen konnten sie den Dunst
sehen, der am Horizont hing, das Meer, das nicht so hoch wogte
wie zuvor, und die Wolken, die sich auflockerten. Der Wind hatte
seine Richtung geändert und nachgelassen; er wehte jetzt mit
ungefähr 40 Knoten aus Westen und Südwesten, abgelöst von
Böen höherer Geschwindigkeit, die das Schiff immer noch durch-
rüttelten.

Kapitän Herndon deutete auf die lichter werdenden Wolken
und sagte das Ende des Sturms voraus. Er sprach mit den Männern an den Pumpen; er munterte die Eimerschlepper auf. Er ließ
sie wissen, daß der Sturm seiner Meinung nach nachgelassen habe
und daß der Dampfer bis zum Mittag gerettet sein könne, wenn
sie bloß mit dem Wasserschöpfen weitermachen würden. Das
gleiche sagte er den Passagieren in der Hauptkabine: Man dürfe
die Hoffnung nicht fahrenlassen.

»Diese Worte versetzten die Männer an den Pumpen in Hoch-
stimmung«, sagte Richter Monson, »und erfüllten die Herzen der
Damen mit jubelnder Freude.«

Obwohl die Passagiere die Ankündigung des Kapitäns begeistert aufnahmen, wußte Herndon, daß seine Hoffnung nicht
berechtigt war. Ihm war klar, daß die See sich wieder erheben und
der Wind noch schlimmer wüten würde. Er wußte, daß ein Schiff,
das 750 Tonnen Eisen trug, sich nur noch eine kleine Weile über
Wasser halten konnte, wenn sein Laderaum überschwemmt war
und ständig weiter Wasser in ihn eindrang. Er wußte außerdem,
daß jeder Eimer Wasser, der ins Meer zurückgekippt wurde, dem
Schiff und seinen Passagieren nur eine Gnadenfrist von ein paar

Sekunden verschaffte, daß aber in den so gewonnenen Stunden wirkliche Hoffnung am Horizont erscheinen könnte. Die *Central America* befand sich in einem vielbefahrenen Teil des Ozeans; wenn es ihm gelingen würde, den Dampfer über Wasser zu halten, bis der Sturm sich gelegt hatte, gab es die Chance, daß ein vorüberfahrendes Schiff sie alle aufnahm.

Ungefähr um acht Uhr morgens ging Kapitän Herndon wieder in Richter Monsons Kabine. Unter vier Augen teilte er Monson mit, daß es keine Hoffnung mehr gäbe, wenn der Sturm nicht bald aufhörte oder ein Schiff in Sicht käme.

»Vermutlich war ich der einzige Mensch an Bord, dem er das anvertraute«, sagte Monson. »Der Kapitän zwang sich, wie er andeutete, zur Ruhe, weil er die Passagiere und die Mannschaft zum Durchhalten bis zum letzten Augenblick bewegen wollte.«

Herndon ließ die Flagge einziehen und verkehrtherum setzen, ein Seenotsignal für vorbeifahrende Schiffe, die vielleicht helfen konnten. Er befahl dem Bootsmann John Black, am Besanstag Flaschenzüge aufzutakeln und die Seile durch jede der drei hinteren Luken hinabzulassen. An den Flaschenzügen wurden Schweine- und Rindfleischfässer befestigt und zu den Männern befördert, die im Bauch des Schiffes mit Hilfe von Eimern und Schüsseln das Seewasser aus dem Laderaum in die Fässer füllten. Dann hievte eine Gruppe von 50 Männern die Fässer auf das Oberdeck, goß das Wasser aus und ließ die geleerten Fässer wieder hinab. Auf diese Weise verließen jede Minute 1500 Liter Wasser das Schiff.

Am späten Vormittag hatten sie neun Takelungen in Gang gebracht, durch die Luken achtern, über die vordere Luke, zwischen den Decks und vom Maschinenraum aufwärts, zudem reichten drei Reihen nach wie vor Eimer von Hand zu Hand. Die Männer schufteten so hart, daß das Wasser im Laderaum innerhalb der nächsten zwei Stunden deutlich abnahm.

Kapitän Herndon sah von Zeit zu Zeit nach den Männern in den Reihen und an den Fässern und ermutigte jeden von ihnen, das Menschenmögliche zu leisten und die Hoffnung nicht aufzugeben. Doch um zehn Uhr machte Badger dem Kapitän in seiner Kabine Meldung, daß das Wasser im Schiff wieder die Oberhand gewann, obwohl der Sturm abzuflauen schien. An den Maschinen, den Kesseln, den Öfen stand das Seewasser über vier Meter hoch, und im zweiten Kabinenflur war die Flut auf mehr als einen Meter angestiegen.

»Das Schiff muß sinken«, sagte Badger.

»Das sehe ich ebenso«, pflichtete Herndon ihm bei.

Während die beiden Männer miteinander sprachen, stürzte Ashby, der Erste Maschinist, in die Kapitänskabine.

»Das Schiff wird untergehen«, sagte Badger zu ihm.

Ashby erschrak zutiefst. »Es wird nicht sinken, verdammt noch mal!« rief er. »Wir müssen nur tüchtig arbeiten und es ausschöpfen!«

Badger erwiderte, solche Worte könnten das Wasser nicht aufhalten; es steige immer weiter, obwohl er und all die anderen an Bord die ganze Nacht lang geschöpft hätten. Niemand aber könne sagen, wann das Schiff untergehen würde.

Vor diesen beiden Männern hielt Herndon seine wahren Gefühle nun nicht mehr zurück. Auch er beschäftigte sich mit seinem eigenen Tod und dem Gedanken, daß er seine Frau Francis und seine Tochter Ellen niemals wiedersehen würde. Er war erschöpft und niedergeschlagen und schien sich in sein Schicksal ergeben zu haben. Badger und Ashby sagte er, daß es ihn hart ankomme, seine Familie auf diese Art zu verlieren, aber das sei nun mal nicht zu ändern; er sei der Kapitän und würde als letzter sein Schiff verlassen.

Doch außerhalb seiner Kabine war Herndon wieder der standfeste Kapitän. Das Schiff, die Post und die Millionen in Gold mochte er verlieren; doch das Leben der 600 Menschen, die ihm anvertraut waren, würde er bis zu jenem letzten Augenblick verteidigen, da die See über den Decks der *Central America* zusammenschlug und sie alle in die Tiefe riß. Auf Deck und in der Kabine strahlte er Zuversicht aus und tat so, als ob nur noch eine kurze Zeitspanne zwischen der düsteren und bedrückenden Gegenwart und einer wundersamen Rettung läge. Seine Haltung steckte die Passagiere an, die sich nun selbst an jeden Strohhalm klammerten, der Anlaß zur Hoffnung gab.

Addie Easton hat über diesen Samstagmorgen geschrieben: »Wie sehr wir Gott für seine Gnade und das Tageslicht dankten, das uns wieder Mut schenkte. Dann fing die Arbeit von neuem an. Die Männer wanden drei Fässer hoch, und eine Weile schien es, als ob sie das Wasser besiegten oder es zumindest nicht mehr anstieg. Die Wolken verzogen sich allmählich, und der Sturm beruhigte sich. Die Mienen wurden heller, und alle gingen frohgestimmt an ihr Tagwerk. Der Dampfer richtete sich fast auf. Wie ich mich freute, als die Lampen wieder gerade hingen! Doch immer noch kein Segel in Sicht! Wir machten uns Mut, indem wir von einem anderen Dampfschiff sprachen, das elf Tage lang voller Wasser auf dem Meer getrieben hatte.«

Doch der Hoffnungsschimmer währte nur ein paar Stunden. Gegen Mittag hatten sich die Wolken wieder zusammengeballt, der Wind blies heftig, die Wellen wogten noch höher; und so schwer die 500 Männer auch schufteten, sie konnten mit dem Wasser, das in den Laderaum drang, nicht Schritt halten. Die *Central America* lag jetzt so tief, daß die See durch die Steuerbord-Bullaugen sickerte und einige Kabinen fast einen Meter unter Wasser standen.

»O weh«, schrieb Addie, »trotz aller Bemühungen gewann das Wasser die Oberhand, und zu unserem großen Entsetzen kehrte der wütende Sturm zurück.«

Ohne zu klagen, versammelte eine Frau still und leise ihre Kinder in ihrer kleinen Einzelkabine, »weil ich mit ihnen gemeinsam untergehen wollte.«

Als Thomas Badger Kapitän Herndons Kabine verließ und zu seiner Frau kam, um sie zu trösten, sagte sie zu ihm: »Ich bin bereit zu sterben.« Doch ihr Mann wurde ungehalten, weil es niemandem half, die Hoffnung fahrenzulassen. Hunderte von Männern arbeiteten und durften nicht aufhören, weil sonst tatsächlich jeder sterben würde. Er mußte ihnen dabei helfen. Noch bevor seine Frau zu Ende gesprochen hatte, wandte sich Badger ab und kletterte wieder auf das Sturmdeck hoch; Jane Badger konnte die Tränen nicht länger zurückhalten und weinte, obwohl die anderen Frauen in der Nähe waren. Dann faßte sie sich wieder und sagte zu einer Frau: »Der Herr ist gnädig. Vielleicht wird bald ein Schiff vorbeikommen und uns retten.«

Während die Aussicht auf Rettung dahinschwand, verloren auch die Männer, die überall auf dem Schiff Wasser schöpften, die Hoffnung. Dennoch zeigten sie keine Furcht und arbeiteten systematisch weiter, schicksalsergeben und beinahe zu erschöpft, um noch Angst zu verspüren. Einige verließen die Reihen, kehrten in ihre Kojen zurück oder schlossen sich in ihren Kabinen ein. Körperlich und geistig gebrochen, weigerten sie sich, wieder herauszukommen.

Die Männer, die immer noch Wasser schöpften, glaubten nicht mehr, daß ihre Bemühungen die Maschinen wieder in Gang bringen konnten. Mit jedem Eimer Wasser, der über Bord gekippt wurde, erkauften sie sich jetzt nur noch ein kleines bißchen Zeit; aber die meisten Männer zogen es vor, bis zum Umfallen zu arbeiten, statt herumzusitzen und darauf zu warten, was ihnen das Schicksal zugedacht hatte. Während der letzten 24 Stunden hatten sie kein Auge zugetan und mit wenigen Pausen Eimer geschleppt, Pumpen betätigt oder mit Flaschenzügen Fässer befördert, bis am Samstag nachmittag, dem 12. September, kurz vor zwei Uhr, der Ruf erscholl: »Segel in Sicht!«

Am 29. Tag des Monats August hatte die *Marine*, eine zweimastige Brigg, Cárdenas auf Kuba verlassen und fuhr mit einer Ladung Fässer voller Zuckerrohrsirup in Richtung Boston. Sie maß von Heck zu Bug 36 Meter. Kapitän Hiram Burt und seine fünfköpfige Mannschaft waren bei Tagesanbruch aus dem Hafen ausgelaufen und zwölf Tage lang bei ruhiger See gesegelt, bis sie vor Savannah in eine stürmische See gerieten, in der das Schiff knarrte und schlingerte und sich die Wasserfässer, die auf Deck festgezurrt waren, losrissen und ins Meer rollten. Das Wasser brach so stark über den Bug, daß die Mannschaft etwas vom Schanzkleid auf der Steuerbordseite wegschneiden mußte, damit das Wasser ablaufen konnte. Am Morgen des Freitag riß eine hohe Welle den Außenklüver und die Focksegel samt dazugehöriger Takelage weg. Dann schlugen Wind und Regen zu und trugen die Großrah und das Großbramsegel davon, und als sie die Trümmer weggeräumt und die Bilgenpumpen in Gang gesetzt hatten, entdeckten sie, daß mehrere Fässer mit Zuckersirup leckgeschlagen waren, weswegen das Wasser, das aus dem Laderaum gesaugt wurde, eine mahagonibraune Farbe hatte.

Am späten Freitag nachmittag, erinnerte sich Kapitän Burt, »hatte der Sturm die Stärke eines Hurrikans«. Er befahl, alle Segel einzuholen, ließ das Schiff vor Topp und Takel beidrehen und versuchte, den Bug gegen den Wind zu halten, so daß die Wellen nicht über das Schiff gingen. »Doch der Sturm«, berichtete Burt, »toste die ganze Nacht lang mit unverminderter Kraft.«

Am Samstag, kurz vor Tagesanbruch, ließ der Sturm leicht nach, und um fünf Uhr morgens hielt es Kapitän Burt für das beste, vor dem Wind nach Norfolk zu segeln, um das Schiff reparieren zu lassen. Gegen Mittag wehte der Wind mit der Stärke eines mäßigen Sturms, doch die See ging hoch, und in Anbetracht der fehlenden Segel und des immer noch kräftigen Windes ließ Kapitän Burt die *Marine* vor Topp und Takel lenzen, vorwärtsgetragen allein von der nachkommenden See.

An Bord der *Central America* hatte Herndon Wachen eingeteilt, die den Horizont beobachteten. Am frühen Nachmittag erspähte ein Posten in weiter Entfernung einen Fleck, der schnell zu einem Schiff anwuchs, das vom Sturm umhergeworfen wurde. Er brüllte so laut »Segel in Sicht!«, daß alle Passagiere und Besatzungsmitglieder in Hörweite wie vom Donner gerührt waren. Die Neuigkeit breitete sich über das Deck, an den Eimerreihen entlang bis in die Hauptkabine aus, wo sich die Frauen und Kinder zusammenkauerten. Die Nachricht von dem gesichteten Schiff riß Passagiere und Besatzung so abrupt aus ihrer dumpfen Resignation, daß sie gleichzeitig lachten und weinten und bestritten, daß das wahr sein könne. Noch nie hatte die Göttin des Glücks so wundersam in das Leben so vieler verlorener Seelen eingegriffen.

»Solch eine plötzliche Hoffnung«, sagte eine Frau, »raubte uns, die wir eben noch dem Tod ins Auge geblickt hatten, die Selbstbeherrschung; wir schrien, weinten, schluchzten, und Todesangst verwandelte sich im Handumdrehen in Freudentaumel. Die ernsten Gesichter röteten sich vor Aufregung, Tränen flossen; Freunde, Mütter und Kinder, Männer und Frauen fielen einander in die Arme. Die Erregung erfaßte das ganze Schiff.«

Addie Easton erinnerte sich: »Wir waren kurz davor, zu verzweifeln, als wir ungefähr um zwei Uhr nachmittags den freudigen Ruf ›ein Segel, ein Segel!‹ vernahmen; und nach wenigen Augenblicken bewegte sich das Schiff auf uns zu und wurde mit drei Hurrarufen begrüßt. Zum ersten Mal während des ganzen Sturms rannen mir Tränen der Freude und der Dankbarkeit über die Wangen. Starke Männer weinten, Frauen lachten und schrien, und eine Weile schien auf Deck Panik auszubrechen. Ein harsches Wort des Kapitäns rief uns zur Ordnung, und wir sahen alle gespannt zu, wie das Schiff näher kam.«

Kapitän Herndon stand auf dem Achterdeck und sah durch sein Fernglas gen Nordosten auf einen Fleck, der auf dem Meer hin und her rollte. Sofort ließ er die Signalgeschütze abfeuern und eine zweite Seenotflagge hissen. Die Signalgeschütze konnte man über das offene Meer meilenweit hören, aber der Rauch aus den Geschützen zerstreute sich sofort in dem heftigen Wind, und sein Heulen dämpfte ihre Botschaft. Doch der Sturmhimmel, der drohend über uns hing, war so dunkel, daß die leuchtenden Blitze, die beim Abfeuern entstanden, Kapitän Burts Aufmerksamkeit erregten. Als er an diesem frühen Nachmittag das Schiff ohne Segel nach Südwesten hatte treiben lassen, war vor der Leeseite seines Bugs ein Schiff in Sicht gekommen, und als er nähertrieb, erkannte er, daß es ein Dampfer war, auf dem die Notflagge flatterte. Kapitän Burt hielt auf den Dampfer zu, um Hilfe zu leisten, soweit es ihm möglich war. Über eine Stunde lang manövrierte er sein angeschlagenes Schiff durch die hohen Wellen mit wenig mehr als einem Ruder, das bei der nachkommenden See fast nutzlos war.

Aus so weiter Entfernung konnte Kapitän Herndon nicht einschätzen, ob die Brigg nur ein paar Passagiere oder alle 600 aufnehmen konnte. Und die See war so aufgewühlt, daß sich einige fragten, wie sie überhaupt an Bord des anderen Schiffs gelangen sollten. Als Herndon sicher war, daß der Kapitän der Brigg sein Signal gesehen hatte, wandte er sich an Richter Monson, der neben ihm auf dem Achterdeck stand, und bat ihn zu sich in die Kapitänskajüte.

»Er befürchtete, daß es einen Ansturm der Passagiere auf die kleinen Boote geben könne«, erinnerte sich Monson. »Er wollte, daß die Frauen und Kinder zuerst gerettet würden. Und einige Passagiere sollten ihm dabei helfen, einen Sturm auf die Boote zu verhindern.«

Herndon waren fünf Rettungsboote geblieben, und er nahm an, daß sich auf der Brigg noch weitere Boote befanden, die deren Mannschaft zu Wasser lassen konnte. Zu Monson sagte er, daß er alle Passagiere auf die Brigg bringen müsse, weil die *Central America* sich allerhöchstens noch 15 Stunden über Wasser halten könne. Noch während er mit Monson sprach, tauchte die Brigg vor seinem Luvbug auf.

Gegen drei Uhr nachmittags nahm Kapitän Burt Kontakt mit dem Dampfer auf und stellte fest, daß es sich um die *Central America* handelte, die dabei war zu sinken. Er umschiffte ihr Heck im Umkreis von nicht mehr als 30 Metern und fuhr an ihre windgeschützte Steuerbordseite. Von ihrem wogenden, glitschigen Deck aus konnten die Passagiere die Gesichter von Kapitän Burt und seiner Crew erkennen. Die *Marine,* nur halb so groß wie die *Central America*, voller Wasser und teilweise entmastet, mit abgebrochenem Klüverbaum und einem Kapitän, der nur noch wenig Kontrolle über das Schiff hatte und fast jede See übernahm, war urplötzlich aus dem Unwetter aufgetaucht, als niemand mehr auf Rettung hoffte. Als sie das Heck umrundete, jubelten die Passagiere und glaubten sich in Sicherheit.

Kapitän Herndon begrüßte die Brigg und rief, in Burts Worten, »ganz ruhig wie bei einer gewöhnlichen Begegnung« in den Sturm hinein: »Wir sinken. Bis zum Morgen müssen Sie Ihr Boot beidrehen lassen.«

Kapitän Burt rief zurück: »Ich werde bei Ihnen liegen, solange ich kann.«

Die Menschen fragen sich oft, wie sie bei einem Feuer reagieren würden; doch meist ist die Realität viel banaler und schrecklicher als die Phantasie, und die eigenen Handlungen sind weniger von spontanem Edelmut geprägt, als man es wahrhaben möchte. War ein Schiff im Begriff zu sinken, mußten der Kapitän und seine Offiziere die Crew und die Passagiere häufig mit Waffengewalt von den Rettungsbooten fernhalten, bis die Frauen und Kinder in Sicherheit gebracht waren. Manchmal verhielten sich nicht einmal der Kapitän und seine Mannschaft vorbildlich. Noch vor vier Tagen hatte Herndon die Abendunterhaltung vom Schiffbruch auf ein angenehmeres Thema überleiten wollen, indem er erklärte, daß er, sofern sein Schiff sinken würde, es nur unter Wasser verlassen würde. Das war das Bonmot eines Seebären, und für die meisten war es nicht mehr als das. In Wahrheit spielte es jedoch auf den Untergang eines Dampfschiffs drei Jahre zuvor an, bei dem der Kapitän und die Mannschaft die Rettungsboote beschlagnahmt hatten und 259 von den 282 Passagieren, darunter alle Frauen und Kinder, zugrunde gegangen waren. Herndons Freunde wußten, daß ihn diese Geschichte seit drei Jahren verfolgte. Jetzt, inmitten einer noch größeren Katastrophe, hatte er beschlossen, daß er lieber ehrenhaft untergehen als ein Leben voller Verachtung ertragen wollte.

Die *Central America* hatte bei Antritt der Reise sechs Rettungsboote an Bord, fünf aus Holz, eins aus Metall, was für die damalige Zeit üblich, aber völlig unzureichend war. Letzte Nacht hatte eine hohe Welle eines der Holzboote aus seinen Davits gerissen und über Deck gefegt, so daß es gegen das Ruderhaus gekracht und zersplittert war. Die übrigen Boote faßten je vier Ruderer, einen Steuermann und 40 bis 50 Passagiere; doch angesichts der Belastung der Ruderer in rauher See konnte Herndon nur 15 oder 20 Leute aufnehmen. Sobald die *Marine* gedreht hatte, befahl er dem Ersten Offizier, zwei Rettungsboote klarzumachen, eins an Backbord, eins an Steuerbord, und das Backbordboot an die Leeseite des Schiffs zu bringen. Dann rief er alle Frauen und Kinder nach unten, damit sie Schwimmwesten anlegten.

Das erste und zweite Rettungsboot landeten sicher auf dem Wasser. Ein drittes Boot wurde von einer schweren See abgetrieben, die sich daraufhin auftürmte und es an den Schiffsrumpf schmetterte, wodurch die Planken zerbrachen.

Zwei Boote lagen nun auf dem Wasser, und die Ruderer waren bemüht, sie vom Schiffsrumpf fernzuhalten. Zwei Boote blieben auf dem Oberdeck, ein hölzernes und das aus Metall. Die Mannschaft ließ das hölzerne Rettungsboot sicher zu Wasser. Der Erste Maschinist Ashby war dabei, als man das Metallboot auf die Wellen senkte; doch eine Woge fing das Boot ein, trieb es heftig an die Leeseite, zerschlug es und brachte es zum Sinken. Ashby verschwand mit dem Boot, und die Mannschaft mußte ihn aus dem Wasser ziehen.

Unten in der Hauptkabine bereiteten sich die Frauen und Kinder darauf vor, auf die *Marine* überzuwechseln. Damit die Frauen sich möglichst frei bewegen konnten, sollten sie ihre Unterkleidung und die vielen Unterröcke ablegen und über dem Oberkleid nur eine Schwimmweste anlegen. Auch die älteren Kinder bekamen Schwimmwesten und die Babys Decken, damit man sie auf dem Arm tragen konnte.

Viele Frauen hatten beträchtliche Summen Geld bei sich, die sie nicht beim Zahlmeister eingetragen hatten. Alle wurden angewiesen, nicht mehr als zwei 20-Dollar-Goldstücke bei sich zu tragen. Zwei Frauen holten eine Tasche aus ihrer Kabine und schütteten, als sie sie zurückbringen mußten, weinend 11 000 Dollar in Gold auf den Fußboden. Unter Tränen sagten sie, daß jeder von dem Gold nehmen könne, soviel er wolle. »Das ist alles, was wir in Kalifornien verdient haben«, fügten sie hinzu. »Wir wollten nach Haus fahren und uns ein schönes Leben damit machen.«

Während die Frauen die Unterkleidung ab- und die Schwimmwesten anlegten, erschien der Schiffsjunge in der Tür und rief: »Der Kapitän sagt, daß alle Frauen an Deck gehen müssen!«

Die wenigen, die sich und ihre Kinder bereits für die Überfahrt fertiggemacht hatten, kletterten in Kleidern, die ohne Reifen und Petticoats lang und sackartig herabhingen, und mit Kork und Blech um den Oberkörper die Treppe zum Deck hoch, während sie ihre kleinen Kinder an der Hand hielten oder sie hinaufschoben. Dort oben wurden sie von der tosenden See und der Gischt, die über sie hinwegfegte, im Nu durchnäßt. Während Ashby aus dem Meer gefischt wurde, kämpften sich die Frauen und Kinder an die Leeseite des Schiffs, wo die Mannschaft sich bemühte, die Rettungsboote davor zu bewahren, am Schiffsrumpf zu zerschellen oder unter Wasser gedrückt zu werden. Herndon befahl Ashby und seinem Ersten Offizier, keinen einzigen Mann in die Boote zu lassen, bis alle Frauen und Kinder geborgen waren.

»Während sie die Boote bestiegen«, beobachtete ein Mann aus den Eimerreihen, »verhielten sich die Passagiere äußerst ruhig und gelassen; kein einziger Mann versuchte, in ein Boot zu kommen. Kapitän Herndon hatte den Befehl gegeben, daß nur Frauen und Kinder in die Boote gingen, und man gehorchte ihm aufs Wort.«

Der einzige Weg, wie Kapitän Herndon die Frauen und Kinder in die Boote bekommen konnte, war, sie einzeln vom Oberdeck abzuseilen, während die Rettungsboote dicht am Schiffsrumpf schaukelten und die Ruderer sich bemühten abzulegen. Er und seine Männer hatten eine Art Seilstuhl hergestellt. »Eine Schlinge wurde um unsere Füße und unser Kleid gelegt«, erinnerte sich eine Frau. »Im Rücken hatten wir keine Stütze, aber wir hielten uns mit den Händen an einem Seil fest, das vor uns hinablief. Das Boot konnte sich dem Dampfer nur zwischen zwei brechenden Wellen nähern, und so lange mußten wir in der Luft schwebend ausharren. Denn diese Wogen hätten uns unter den Schiffsrumpf getrieben.«

Die Welle rollte von der Seite des Dampfers ab, erhob sich und klatschte wieder dagegen, wobei salzige Gischt hoch in die Luft sprühte und zischend in die See zurückfiel. Die Ruderer taten alles, um das Boot ruhig zu halten, nah genug, um die Frauen und Kinder aufzunehmen, die vom Deck heruntergelassen wurden, doch in ausreichender Entfernung, damit die Wellen das Boot nicht zerschmetterten. Denn der Sturm hatte schon die Hälfte der Rettungsboote gefordert.

Am Seil baumelnd, mußten die Frauen und Kinder vom Deck so weit wie möglich in Richtung des Wassers hinaus springen und sich dann sofort fallenlassen, wenn die Wellen das Boot höher und näher ans Schiff trugen. In diesem Augenblick ließen die Männer, die das Seil hielten, oft einfach los. Einige Frauen fielen ins Boot, andere ins Wasser, und dann hievten die Männer an Deck sie entweder wieder hoch, oder die Ruderer packten sie und zogen sie ins Boot. Die See bewegte sich stark und unberechenbar, scheinbar in alle Richtungen gleichzeitig, und es war wahrhaftig kein Vergnügen, an den Schiffsrumpf zu schmettern oder ins Boot zu fallen. Viele Frauen zogen sich Schnittwunden oder Blutergüsse zu, einige verrenkten sich die Schulter oder verstauchten sich den Knöchel. Die meisten fielen mindestens einmal ins Meer, manche sogar zweimal, eine Frau verschwand sogar dreimal in den Wellen. Sobald eine Frau oder ein Kind im Boot gelandet war und ein Ruderer das Seil gelöst hatte, holten es die Männer an Deck schnell wieder hoch und ließen den nächsten Passagier hinab.

Einige Frauen, die zum Seil vorwärtsgedrängt wurden, sahen sich verzweifelt nach ihren Kindern um und riefen ihre Freunde zu Hilfe; doch ihre Stimmen erstarben in dem Durcheinander. Andere wurden so schnell über Bord hinabgelassen, daß sie sich ohne Kinder im Boot wiederfanden. Manche paßten auf die Kinder anderer Frauen auf. Kapitän Herndon überwachte die Evakuierung und vergewisserte sich, daß nur Frauen und Kinder in die ersten Boote kamen.

Jane Harris ging mit ihrem Baby auf dem Arm die Treppe vom Salon zum Oberdeck hinauf, konnte sich aber kaum halten, weil die Stufen unter ihren Füßen seitlich wegrutschten, zurückfielen oder hochschnellten, während das Schiff in dem Wellental stampfte. Herndon sah, wie sie mit der Treppe kämpfte, und schickte ihr einen der Passagiere zu Hilfe. Ein wenig später, als sie auf Deck stand, um in das erste Boot zu steigen, half er ihr in die Seilschaukel hinein.

»Der Kapitän wand ein Seil um mich«, erinnerte sie sich, »und hat es wohl auch gehalten, als ich hinabgelassen wurde. Er war ein feiner Mann, und ich werde ihn nie vergessen, solange ich lebe. Als ich nach unten schwebte, schlug eine riesige Welle zwischen mir und dem kleinen Boot hoch, die das Boot vom Schiff wegschleuderte und mich mit dem Seil um die Taille in der Luft hängen ließ. Ich schwang über den Wellen hin und her, bis ich plötzlich in das Boot fiel, als es zufällig direkt unter mir war. Sobald ich mich im Boot befand, blickte ich hoch und sah, daß der Kapitän einen Umhang um mein Kind legte und es zu mir herabließ.«

Der Komödiant Billy Birch hatte die Eimerkolonne verlassen und half seiner Frau Virginia, die Schwimmweste anzulegen. Dann gingen sie beide in ihre Kabine, um einen Mantel für Virginia zu holen. Inmitten des Wassers und der Trümmer sah Virginia den Kanarienvogel in seinem Käfig, den sie an Bord gebracht hatte. Er sang so fröhlich wie immer, und sie konnte es nicht ertragen, den kleinen Vogel mit dem Dampfer untergehen zu lassen.

»Ohne zu überlegen, nahm ich das kleine Ding aus seinem Gefängnis und barg es an meinem Busen. Mein Mann drängte mich, das Schiff zu verlassen und keine Zeit mit solchem Unsinn zu verlieren.«

Zusammen eilten sie durch die Menschenmenge unter Deck, durch die Luke hinauf und kämpften sich oben gegen den Wind vorwärts. Dann verabschiedete sich Virginia von dem Mann, mit dem sie seit drei Wochen verheiratet war. »Ich ging davon aus, daß alle Passagiere auf die Brigg gebracht werden sollten, sonst hätte ich meinen Mann nicht zurückgelassen. Doch er drängte mich zu gehen und sagte, daß er bald nachkäme, und so ging ich.« Mit dem Kanarienvogel im Ausschnitt schwang sich Virginia über die Reling und verschwand in den Wellen, bevor sie durchnäßt und keuchend in das erste der kleinen Boote gezogen wurde.

Viele Frauen erwarteten, daß ihre Männer sie in die Rettungsboote begleiten oder bald in einem anderen Boot nachkommen würden. Doch kein Mann wollte mit seiner Frau gemeinsam vom Schiff gehen, bevor sie nicht alle Frauen und Kinder sicher zur *Marine* übergesetzt hatten.

Mary Swan, eine junge Frau, reiste mit einem Kleinkind, das noch keine zwei Jahre alt war. Als der Befehl erteilt wurde, die Frauen und Kinder auf die Rettungsboote zu bringen, verließ ihr Mann seinen Platz an den Pumpen und kam zu ihr. »Ungefähr eine Stunde bevor ich den Dampfer verließ, nahm er mich beiseite und verabschiedete sich von mir. ›Ich weiß nicht, ob ich dich jemals wiedersehen werde‹, sagte er. Er war sehr froh, daß ich von dem anderen Schiff übernommen werden sollte. Es ging ihm in erster Linie darum, daß ich und sein kleines Kind gerettet wurden. Er würde an sein Leben denken, meinte er, sobald sich ihm eine ehrenhafte Gelegenheit böte, nachdem alle Frauen von Bord gebracht waren. Drei oder vier Tage vor der Katastrophe war er krank geworden, und trotzdem harrte er an seinem Platz an den Pumpen aus.«

Nach Virginia Birch wurde die einzige schwarze Frau an Bord in das erste Boot verfrachtet, die Stewardeß Lucy Dawson, liebevoll Tante Lucy genannt. Tante Lucy, eine füllige ältere Frau, fiel dreimal ins Wasser, bevor sie im Boot landete. Als sie einmal eintauchte, brach sich eine Welle über ihr und schmetterte sie an die Bordwand.

Noch drei Frauen und fünf oder sechs Kinder schwangen sich vom Deck der *Central America* auf das Meer hinaus und trafen im ersten Rettungsboot ein. Vier Besatzungsmitglieder bedienten die Riemen, und am Ruder stand ein Mann, dem Herndon mehr als anderen vertraute: der Bootsmann John Black. Als die Ruderer ihre Riemen ins Wasser tauchten und ablegten, hörte Virginia, wie Kapitän Herndon Black zurief: »Bitte den Kapitän der Brigg, die ganze Nacht in meiner Nähe zu bleiben, weil mein Schiff sinkt und ich 500 Seelen an Bord habe und dazu noch anderthalb Millionen Dollar!«

Zwei weitere Rettungsboote warteten jetzt an der Seite des Dampfers und füllten sich vorlich und achterlich, während die Mannschaft an Deck die Passagiere in die Seilschlingen setzte und sie über die Reling hinausschubste.

Bevor er sich in San Francisco einschiffte, hatte Thomas Badger seiner Frau 16500 Dollar in 20-Dollar-Goldstücken gegeben, die sie, in drei Handtücher eingenäht, auf dem Boden eines Koffers aufbewahrte. Der Koffer stand in ihrer Kabine, wo ihr das Wasser bis zu den Knien ging, als sie sich ihren Weg durch das Gerümpel bahnte, »das in der Kabine herumschwamm«. Sie packte das Gold aus dem Koffer in eine Reisetasche, legte einen Seidenschal darüber, machte die Tasche zu und mußte sie dann doch auf dem unteren Bett liegen lassen, weil sie so schwer war, daß sie sie nicht tragen konnte.

In Badgers Mantel, der in seiner Kabine hing, steckte auch das Notizbuch, in dem er eingetragen hatte, was man ihm in New York schuldete – eine Summe von mehreren tausend Dollar. Jane Badger watete durch das Wasser, holte das Buch »mit all seinen Aufzeichnungen«, einen kleinen Beutel mit Diamanten, Armbändern und Ringen im Wert von 1500 Dollar, dazu eine Geldbörse mit 40 Dollar und ging wieder an Deck. Als sie ihren Mann traf und ihm erzählte, was sie getan hatte, verlangte er von ihr, den Schmuck und alles von Gewicht wegzuwerfen; doch sie weigerte sich und behielt ihn in ihrer Tasche.

Auf Deck half Badger seiner Frau in die Seilschaukel für ihren Abstieg in das nächste Rettungsboot. Er verabschiedete sich von ihr, sie schwang sich über die Reling, eine Welle trieb das kleine Boot vom Rumpf ab, und sie fiel ins Meer. Beim zweiten Versuch landete sie im Boot, konnte aber zuerst nur auf dem Boden kriechen, weil ihre Beine so zittrig und die See so wild bewegt waren. Als sie sich schließlich auf eine Bank zu bewegte, stürzte ihr »eine Frau von bemerkenswerter Körperfülle« so heftig auf Nacken und Schultern, daß sie dachte, ihr Hals wäre gebrochen. Ein paar

Frauen in ihrem Boot schöpften das Wasser mit Eimern aus, obgleich ihre Hast, der Wind und die Bewegung der See dafür sorgten, daß nur wenig Wasser über Bord ging.

Die Männer wußten, daß sie wahrscheinlich auf dem Schiff zurückbleiben mußten; doch um ihre Frauen zur Überfahrt zu bewegen, erzählten viele, daß sie bald nachkommen würden. Annie McNeill, eine Waise, die mit 19 einen Mann von 33 Jahren geheiratet hatte, trug 17 000 Dollar bei sich, hauptsächlich in Schecks, dazu noch ihre Diamanten und Juwelen. »Ich hätte sicher kein Rettungsboot bestiegen, wenn ich gewußt hätte, daß die Männer nicht mitkommen würden«, sagte sie. »Ich hätte meinen Mann nie verlassen.« Sie waren seit fünf Monaten verheiratet, und sie hatte außer ihrem Gatten keine Familie. »Er bestärkte mich in dem Glauben, daß er mit mir ginge, bis man mir auf Deck das Seil umband. Da sagte er, daß er mich zuerst in Sicherheit wissen wolle und auf sich schon aufpassen könne.«

In ihrer Kabine bereitete sich Ada Hawley auf die Überfahrt vor und fragte ihren Mann, ob er mit ihr auf die Brigg käme. Er nahm sein Geld aus ihrem Koffer und schwieg. Sie war seit Tagen krank und konnte sich nicht allein um DeForest und den kleinen Willy kümmern. Ihr Mann packte das Baby, ein Freund trug das ältere Kind, und sie eilten alle aufs Deck. Mrs. Hawley blickte zur *Marine* hinüber, die anderthalb Meilen weit weg zu liegen schien. Sie ging zuerst von Bord und wartete im Boot.

»Die Offiziere«, erinnerte sie sich, »trugen die kleinen Kinder auf dem Arm und übergaben sie, sobald das Rettungsboot unter ihnen schaukelte, den Bootsleuten. Es war furchtbar, diese hilflosen Kleinen zu sehen, die mit ihren winzigen Köpfchen über die Wellen gehalten wurden. Mein kleiner Sohn wurde von der sprühenden Gischt fast erstickt, weil sie ihn eine Zeitlang halten mußten, bevor er von den Bootsleuten in Empfang genommen wurde; doch als ich ihn wieder an meinen Busen drückte und ihn in meinen Schal hüllte, schlief er bald ein. Ich nahm nur einen dicken Schal und meine Uhr mit.«

Als das Boot voll war, erhielt die Mannschaft den Befehl abzustoßen, und Herndon rief dem Steuermann wieder zu: »Sag dem Kapitän der Brigg, daß er um Himmels willen die ganze Nacht bei uns liegen bleibt!«

Als die Ruder ins Wasser tauchten, sah Ada Hawley ihren Mann. »Er stand auf dem Ruderhaus und hauchte mir einen Kuß zu, als das Boot ablegte.«

Während ihr Mann an Deck arbeitete, ging Addie Easton in ihre Kabine und zog »ein Kleid über mein Nachthemd und den Morgenrock, den ich später wieder ablegte, weil er im Wasser zu schwer geworden wäre und mich nach unten gezogen hätte. Dann nahm ich aus meinem kleinen Koffer die Miniatur meiner lieben Mutter, ein Bild von meinem Bruder James und etwas Geld, legte mir einen Schal um, die Schwimmweste an und wollte nach oben gehen.«

Gerade als sie an der Tür war, kam Ansel herein und trieb sie zur Eile an. »Wir werden gerettet«, sagte er, »doch die Frauen und Kinder müssen zuerst vom Schiff.«

»Ich kann ohne dich nicht gehen«, sagte Addie.

Beim Gedanken, daß ihr Mann auf dem Schiff zurückbleiben sollte, verließ sie der Mut. Ansel meinte, sie müsse gehen, und er würde ihr bald folgen. Dann kam ihr Freund Robert Brown an die Kabinentür.

»Komm, Easton«, sagte er, »du mußt dich beeilen. Sie machen gerade ein neues Boot fertig.«

Ansel holte schnell einen Mantel aus dem Koffer, rollte den Rest seines Geldes, etwa 900 Dollar, und einige wichtige Papiere zu einem Bündel und stopfte es sich in die Tasche.

Als die Eastons und Brown an Deck kamen, war das zweite Boot fast voll. Ansel traf auf Kapitän Herndon und fragte ihn, wie viele Boote noch übrig seien. »Nur noch eins«, antwortete der Kapitän, »wir hatten fünf, zwei davon wurden zerschmettert – das macht also noch drei.« Doch er schätzte, daß die drei Boote mehrmals fahren konnten, bevor es dunkel wurde.

»Ich fuhr mit dem dritten Boot«, erinnerte sich Addie später. »Doch zu Ansel sagte ich: ›Ich möchte dich nicht verlassen.‹ Daraufhin erwiderte er: ›Es ist besser, wenn du jetzt gehst.‹ Dann küßte ich ihn und sagte: ›Ich bete für dich.‹ Kurz darauf schwang ich von Deck und fiel, als die Dünung das kleine Boot herantrug, vom Seil auf den Boden des Boots. Es war schrecklich, weil unser Boot jederzeit unter Wasser gedrückt oder zerschlagen werden konnte. Und in diesem Augenblick wurde der Inhalt eines der Fässer, mit denen sie Wasser ausschöpften, über meinem Kopf ausgekippt, was mich bis auf die Haut durchnäßte. Ansel warf mir seinen Mantel mit dem Geld zu, damit ich ihn mir um die Schultern legen konnte.«

Ein Passagier beschrieb die Evakuierung der Frauen und Kinder als ein »beispiellos gefährliches, heroisches, ja fast übermenschliches Unternehmen«.

Virginia Birch flehte Ashby an, ihren Mann Billy mit ihr fahren zu lassen. »Doch er lehnte mit harschen Worten ab.«

Lynthia Ellis, eine Frau von zarter Konstitution, die seit vier Tagen an Seekrankheit litt, bat, ihren Mann mit ihr gehen zu lassen, damit er sich um ihre vier kleinen Kinder kümmern könne, von denen zwei krank waren. Doch die Seeleute weigerten sich. »Kein Mann durfte gehen, bis alle Frauen und Kinder in Sicherheit waren.«

Auch andere Frauen hatten die Offiziere vergeblich darum gebeten, ihre Männer mit ihnen gehen zu lassen, und doch saßen in der allgemeinen Verwirrung alleinstehende Männer an ihrer Seite. Nachdem Addie ihren Platz im Rettungsboot eingenommen hatte, kehrten Ansel Easton und Robert Brown zum Wasserschöpfen zurück, und die Mannschaft ließ mehrere Junggesellen mit Addie, den anderen Frauen und den Kindern hinein, ohne zu wissen, daß sich an Bord des Dampfers noch drei Frauen und mindestens ebenso viele Kinder befanden.

Auch Richter Monson kam frühzeitig in ein Rettungsboot. Er hatte den Ersten Offizier ersucht, einem älteren Herrn, Albert Priest, zu gestatten, das dritte Boot zu besteigen. Vielleicht weil er wußte, daß der Richter ein Freund des Kapitäns war, stimmte der Erste Offizier zu, und die Crew ließ den alten Mann hinab.

»Ich gab Mr. Priest eine Botschaft an meinen Bruder in New York mit«, sagte Monson später, »für den Fall, daß ich selbst nicht überleben würde. Mr. Priest sagte: ›Vergessen Sie die Botschaft, Richter, und kommen Sie an Bord.‹ Der Erste Offizier meinte, daß ich jetzt an der Reihe sei und ins Boot springen solle. Noch bevor ich wußte, wie mir geschah, hatte ich den Dampfer verlassen.«

Ann Small wurde als letzte in das dritte Boot verladen. Sie war vor kurzem Witwe geworden und hatte eine zweijährige Tochter.

Vor ein paar Wochen war ihr Mann, ein Kapitän, auf See gestorben und in Panama begraben worden. Als sie sich in Aspinwall auf die *Central America* einschiffte, bat der amerikanische Konsul Kapitän Herndon, sie und ihr Kind nach New York zu bringen. Herndon hatte erwidert, daß er persönlich für ihre Sicherheit bürgen würde. Und jetzt, da die Offiziere ihr das Seil anlegten, ging Herndon auf sie zu.

»Mrs. Small«, sagte er, »es tut mir aufrichtig leid, daß ich Sie nicht sicher nach Haus bringen kann.« Dann wandte er sich ab; sie sollte ihn nicht wiedersehen.

Das Boot, das an der Seite des Dampfschiffs schaukelte, wartete auf die letzten Passagiere. Die Offiziere schwangen Ann Small über das Wasser und ließen sie hinab. Zweimal fiel sie ins Meer. Als sie schließlich naß und zitternd im Boot saß, legten die Ruderer ab. Die Mannschaft hatte die Mutter zuerst in das Rettungsboot bringen wollen, damit sie dort ihr Kind in Empfang nehmen konnte. Doch den Männern unten im Boot war entgangen, daß sie noch einen kleinen Passagier hätten retten müssen; sie ruderten sofort los und konnten nicht mehr umdrehen. Als das Boot aufs offene Meer hinausfuhr, sah Ann Small, daß ihr kleines Mädchen auf dem Arm eines Seemanns an Deck zurückgeblieben war.

Während Herndon und seine Mannschaft die Frauen und Kinder in die Rettungsboote brachten, setzte der Kapitän der *Marine* Segel und versuchte, seine Brigg luvwärts zu drehen, was ihm mit einem Segel bei dem heftigen Sturm und Wellengang nicht gelingen konnte. Noch bevor die Rettungsboote mit all den Menschen losfuhren, war sein Schiff fast zwei Meilen weit abgedriftet und entschwand zeitweilig wie eine Geistererscheinung den Blicken.

Für die meisten Frauen war die Fahrt über die stürmische See in solch einem kleinen Boot kaum weniger erschreckend, als auf dem sinkenden Schiff zu bleiben. Einer Frau erschienen die Wellen »so hoch wie Berge«. Angeline Bowley, die ihre Kinder Charles und Isabella im Arm hielt, dachte später daran zurück: »Als ich mit meinen kleinen Kindern endlich im Boot saß, hatte ich nur wenig Hoffnung, die Brigg zu erreichen. Das Wasser schwappte in die Nußschale, und wir mußten es die ganze Zeit über ausschöpfen. Zwei hohe Wellen stürzten auf das Boot herab und hätten es beinah zum Sinken gebracht, doch es tauchte wieder auf. Der Kommandant unseres Bootes ermunterte die Männer, die Nerven zu behalten, und sagte ihnen, daß sie all ihr Können und ihren Einsatz geben müßten, um die Brigg ohne Schaden zu erreichen.«

Almira Kittredge war mit drei Kindern einer anderen Frau unterwegs. »Eines setzte ich auf meinen Schoß, ein anderes zwischen meine Knie, und das dritte hielt ich am Kragen fest. Als ich es schließlich nicht mehr schaffte, das eine Kind am Kragen zu halten, setzte es sich auf den Boden, wo ihm das Wasser bis zum Hals reichte. In dieser Verfassung saß es die ganze Zeit lang schweigend da.«

Sobald sie abgelegt hatten, rollte eine riesige Welle über das dritte Boot und füllte es zur Hälfte mit Wasser. Die Seeleute, denen die Riemen vom starken Seegang oft aus den Händen geschlagen wurden, bemühten sich mit aller Kraft, das Boot nicht kentern zu lassen. »In diesem Augenblick«, schrieb Addie Easton, »da ich spürte, daß ich nahe daran war, zusammenzubrechen, weil ich meinen Mann hatte verlassen müssen, war es gut, daß ich nicht untätig sein durfte. Die Männer wurden an den Riemen gebraucht, die anderen Frauen waren nervlich am Ende, und ich mußte die ganze Strecke zur Brigg hinüber Wasser aus dem Boot schöpfen.« Einige Frauen auf den drei Booten taten es ihr gleich.

Die *Marine* war noch eine Meile weiter abgetrieben und lag etwa drei Meilen leewärts, als die Rettungsboote ankamen. Die Mannschaft hatte seit anderthalb Stunden unaufhörlich gerudert.

Bei ruhigem Wetter befand sich das Deck der *Marine* fast zweieinhalb Meter über dem Meeresspiegel. Bei einem Sturm, wenn sie eine See nach der andern übernahm, lag ihr Deck auf gleicher Höhe mit der Wasseroberfläche. Als das erste Rettungsboot längsseits der *Marine* ankam, standen die Ruderer auf, um das Boot vom Rumpf der Brigg fernzuhalten. Die Wellen wogten und hoben das Boot höher und höher, bis sein Dollbord das Schanzkleid der *Marine* überragte. Doch Kapitän Burt wußte das zu seinem Vorteil zu nutzen. Er stellte sich dicht an die Reling. Der Wind tobte, die See trug das Rettungsboot nach oben, und Kapitän Burt rief den Frauen zu, die Hände auszustrecken, wenn er ihnen ein Signal gab. Und während zwei Männer dafür sorgten, daß das

Rettungsboot nicht aufs Deck der *Marine* krachte, gab Burt bei der nächsten Welle, die das Boot hochhob, der ersten Frau das Zeichen, packte ihre vom Meerwasser glitschigen Arme und zog sie in dem Moment an Bord, wo das Rettungsboot über dem Deck zu schweben schien.

»Für Umgangsformen blieb keine Zeit. Mein einziges Ziel war, sie sicher auf mein Schiff zu bekommen.«

Kapitän Burt und die Matrosen mußten schnell handeln, die Ruderer stark und wachsam sein, und trotzdem ging nicht jeder Versuch glatt über die Bühne. Die Wellen wogten jedesmal anders hoch, kamen in unterschiedlichem Winkel an und machten den einmal gewonnenen Rhythmus zunichte. Doch die Frauen und Kinder fürchteten sich so sehr, daß sie taten, was man von ihnen verlangte, und einige versuchten sogar, aus eigener Kraft an Bord zu kommen. Jane Harris wartete auf eine Chance, in das Takelwerk zu springen und nach einem Tau zu greifen. »Ich packte die Takelage mit den Händen, doch meine Schwimmweste war unter den Armen so sperrig, daß ich nicht zwischen den Tauen hindurchkam. Einen Augenblick lang hing ich neben dem Schiff. Das war fast genauso gefährlich, wie am Seil vom Dampfer hinabgelassen zu werden. Als ich im Begriff war zu fallen, packte mich der Kapitän und zog mich an Bord, indem er meine Schwimmweste abtrennte.«

Mary Swan sprang nicht in die Takelage, sondern hielt dem Kapitän und einem Matrosen ihre Hände hin. »Doch sie konnten mich nicht festhalten, und ich fiel ins Wasser. Dreimal hätten sie mich fast aufs Schiff gehievt, und dreimal plumpste ich wieder ins Meer, bevor ich endlich gerettet wurde.«

»Kapitän Burt und sein Helfer empfingen uns mit offenen Armen«, erinnerte sich Ada Hawley. »Kapitän Burt nahm meinen kleinen Willy, der Matrose hob DeForest herüber und sagte lachend: ›Das ist ein echtes Goldkind.‹«

Die *Marine* war schwer beladen und schwankte in der unruhigen See. Vom Rettungsboot hoch oben in der Luft landeten die Frauen und Kinder erneut im Wasser, das unaufhörlich über Deck schwappte. Obwohl sie erschöpft war, stieß die Mannschaft wieder ab, tauchte die Riemen entschlossen ins Wasser und kehrte durch die grobe See zurück, um weitere Passagiere zu holen.

Die Entfernung zwischen der *Central America* und der *Marine* wurde immer größer, denn der Wind trieb die kleinere und leichtere Brigg schneller voran. Durch die mittlerweile nutzlos gewordenen Maschinen und den mit Wasser angefüllten Laderaum war das Schiff so schwer geworden, daß es der Sturmwind nicht so gut bewegen konnte wie die Brigg, die noch dazu nur ein Drittel seiner Größe hatte. Die Ruderer in den Rettungsbooten mochten ihr Bestes geben; doch wenn die *Marine* ihre Position nicht halten konnte, mußte Herndon näher an die Brigg heranmanövrieren. Der Wind hatte ein wenig nachgelassen, und die schweren Segel sollten jetzt eigentlich auch den heftigen Böen widerstehen. Um vier Uhr nachmittags ließ er das große Gaffelsegel aufziehen, in der Hoffnung, daß er so den Abstand zwischen den beiden Schiffen zumindest halten konnte.

Als das neue Segel gesetzt war, bat Kapitän Herndon den Passagier Theodore Payne, mit dem nächsten Boot, das zurückkehrte, zur Brigg überzusetzen. Er gab ihm seine goldene Uhr mit Kette und sagte: »Wenn du gerettet wirst, übergib sie bitte meiner Frau. Sag ihr ...«

Dann versagte ihm die Stimme. Als er wieder sprechen konnte, bat er Payne, dem Präsidenten der Dampfschiffahrtsgesellschaft zu erklären, was passiert war. Nach diesen Worten ging er ein paar Schritte und setzte sich, den Kopf in die Hände gestützt, auf eine Bank. In dieser Stellung verharrte er eine Weile. Dann stand er auf und gab wieder Befehle. Inzwischen kam das erste Rettungsboot mit John Black am Steuer von der *Marine* zurück.

Während die Männer sich bemühten, das wiedergekehrte Boot zu besetzen, erfuhren die Offiziere, daß sich noch drei weibliche Zwischendeckspassagiere an Bord befanden. Theodore Payne ging nach unten, um sie heraufzuholen, und Ashby setzte sie in die Seilschaukel und ließ sie in das wartende Boot hinab. Eine ältere Engländerin, Mary Ann Rudwell, war die letzte Frau, die das Dampfschiff verließ. Sie fragte den Kapitän, ob ihr Mann sie ins Rettungsboot begleiten dürfe. »Er erwiderte, daß er, so leid es ihm tue, nicht gestatten könne, daß ein Mann in das Boot käme, bevor die letzte Frau von Bord gegangen sei.«

Trotz all seiner Bemühungen schien es Herndon entgangen zu sein, daß unverheiratete Männer, darunter auch Richter Monson, das Schiff schon mit früheren Booten verlassen hatten, während man Ehemänner und Väter zurückhielt, und daß John Black auf dieser zweiten Fahrt zusammen mit den letzten drei Frauen auch mehr als ein Dutzend Männer übersetzte. Billy Birch, der Ashby bat, mit Virginia gehen zu dürfen, bekam keinen Platz im Boot, sosehr sich Ashby auch darum bemühte. Auch Ansel Easton wurde nicht zu Addie gelassen. Aber er fand einen Stift und kritzelte ein paar Worte für sie auf ein kleines Stück blaues Papier, das er zusammenfaltete und einer der letzten drei Frauen mitgab.

Als das Boot fast voll war, ging Ashby zum Kapitän und bestand darauf mitzufahren. Kapitän Herndon gab ihm zur Antwort, daß er als dienstältestes Mitglied der Mannschaft kein Recht dazu hätte, ja daß es seine Pflicht war, auf seinem Posten zu bleiben.

»Wenn Sie mich gehen lassen«, sagte Ashby, »bringe ich Ihnen unsere beiden Rettungsboote und alle Boote zurück, die man auf der Brigg entbehren kann.«

Kapitän Herndon fragte sich, ob er dem Maschinisten trauen durfte. Ashby versprach, alles zu tun, damit die Brigg näher herankommen und die Rettungsboote zurückfahren konnten; außerdem hatte er jetzt, wo die Maschinen nicht mehr liefen und die Frauen und Kinder evakuiert waren, nichts mehr zu tun, und der Kapitän brauchte jemanden an Bord der Brigg, der dafür sorgte, daß die Mannschaft alles unternahm, um die Passagiere zu retten, die an Bord der *Central America* blieben. Zu guter Letzt willigte Herndon ein.

Ashby sagte: »Ich verspreche Ihnen feierlich, Kapitän, daß ich zum Dampfer zurückkehren werde.«

Er griff sich ein Tau und glitt zum Boot hinab. Ein Zwischendeckspassagier, der einem Hilfsmaschinisten 600 Dollar für einen Platz im Rettungsboot gegeben hatte, sah, wie Ashby sich hinunterließ, und glaubte, daß er nun die Chance wahrnehmen müsse, für die er schließlich bezahlt hatte. Er sprang an dasselbe Seil, ließ sich rasch hinab und landete fast auf Ashbys Kopf.

Ashby brüllte: »Du Hundesohn«, zog seinen Dolch, packte den Mann an der Kehle und drohte, ihn umzubringen, wenn er nicht über Bord spränge. Dann blickte er hoch und drohte, jedem Mann das Leben zu nehmen, der es wagte, sich in das Boot fallen zu lassen. Herndon beobachtete den Vorfall und brüllte Ashby zu, das Messer wegzulegen.

Die Ruderer legten ab. Joseph Bassford, der ebenfalls ein Messer in der Hand hielt und versuchte, sich einen Gürtel umzuschnallen, der 2000 Dollar in Gold enthielt, sah, daß das Boot losfuhr, stopfte sich den Gürtel in die Manteltasche und sprang von Deck. Doch in seiner Hast rutschte ihm der Gürtel aus der Tasche und versank im grauen Meer.

Kapitän Herndon ging an der Reling entlang und rief Ashby noch einmal zu: »Ich verlasse mich darauf, daß Sie mit den Booten zurückkommen!«

Und Ashby erwiderte: »Kapitän! Darauf können Sie Ihr Leben verwetten!«

Die zwei anderen Rettungsboote kehrten zurück, das erste legte längsseits an. Da die Frauen und Kinder nun sicher auf die Brigg gebracht waren, ließen der Kapitän und seine Offiziere die Passagiere nicht mehr mit der Seilschlinge hinab. Passagiere, Heizer und Stewards drängten sich auf Deck und warteten auf ein Boot und die Gelegenheit zu springen.

Als das zweite Boot achtern ankam, waren zwei der Ruderer völlig erschöpft. Der Steuermann hatte sie an ein und denselben Riemen gesetzt, und sie hatten ihr Äußerstes gegeben. Doch die Fahrt von der *Marine* hatte zweieinhalb Stunden gedauert, und als sie längsseits anlegten, schleuderte eine Welle das Boot gegen die Wand des Dampfers, riß ein Teil des Dollbords ab und schlug Löcher ins Holz. Das Boot leckte, und sie mußten zwei Männer zum Wasserausschöpfen abstellen. In diesem Augenblick sprangen fünf Passagiere und drei Heizer vom Deck des Dampfers, und Kapitän Herndon brüllte dem Steuermann zu, abzustoßen, bevor noch mehr Passagiere springen und das Boot unter Wasser drücken konnten.

Einige Männer sprangen vielleicht auch deshalb nicht, weil sie sich auf dem großen Schiff sicherer fühlten. Die Rettungsboote wirkten neben dem Dampfer so klein, die Wellen schienen ein leichtes Spiel mit ihnen zu haben, und die *Marine* war Meilen entfernt und driftete weiter ab. Der Wind hatte sich etwas gelegt, und das ließ darauf hoffen, daß die Brigg schon bald zum Dampfer zurückmanövrieren und sie alle an Bord nehmen konnte, so daß ihnen die Fahrt über das offene Meer erspart bliebe.

Herndon schätzte, daß sich die *Central America* nur noch bis zum folgenden Morgen über Wasser halten konnte. Sein Schiff war verloren, aber das Leben von 500 Männern lag immer noch in seiner Hand – der Männer, die bis zur Erschöpfung mit wenig Essen und ohne Schlaf gearbeitet hatten, während die Frauen und Kinder von anderen Männern evakuiert wurden. Herndon wollte alles tun, damit sich diese Menschen retten konnten.

Noch bevor die letzte Frau vom Schiff gebracht wurde, hatte er an alle Männer Schwimmwesten verteilen lassen. Er ließ das Deckshaus abmontieren, die Türen aus den Angeln reißen, die Lukendeckel und Gitterroste entfernen und die Planken zusammenbinden, so daß beim Untergang des Dampfers viele rettende Flöße im Wasser treiben würden, an die sich die Überlebenden klammern konnten. Das einst so stolze Schiff, das keine Boote, keinen Fockmast und kaum mehr Segel besaß, dessen Möbel und Geschirr zerbrochen, dessen Kabinen überflutet und dessen Maschinen schon seit langem verstummt waren, wurde nun auch noch seiner Aufbauten beraubt.

Um vier Uhr nachmittags, als der Sturm immer noch heftig blies und die See stark bewegt war, erspähte Kapitän Samuel Stone vom Schoner *El Dorado* ein Schiff auf der Höhe seines Luvbugs, konnte aber nicht erkennen, um was für ein Modell es sich handelte. Vom Sturm mitgenommen, bahnte sich der vierschrötige Schoner seinen Weg in den Wind und in die weißgekrönten Wellen, mit zerschlagenem Schanzkleid, zerfetzten Focksegeln, leckem Bugspriet und mit von Muscheln und Krebsen verkrustetem Rumpf. Wellen brachen über die Achterreling, und das Wasser verdarb die Baumwolle, die er geladen hatte. Eine halbe Stunde lang beobachtete Kapitän Stone das andere Schiff durch sein Glas. »Es war ein Dampfschiff, das alle Notflaggen gesetzt hatte. Sobald ich das sah, ging ich an den Wind und steuerte auf das Schiff in Seenot zu; ich konnte erkennen, daß es beschädigt war und tief im Wasser lag.«

Kurz nach sechs Uhr erspähte ein Ausgucksmann in der Takelage an Bord der *Central America* die *El Dorado*, den kleinen Schoner, der durch den Sturm pflügte und Kurs auf den angeschlagenen Dampfer hielt.

Gegen 6.30 Uhr gab Kapitän Stone den Befehl, die Großschot klar zu halten und das Schiff beizudrehen, und sein Steuermann brachte die *El Dorado* 15 Meter an den Dampfer heran – so nah, erinnerte sich ein Passagier, daß er einen Keks hätte zu ihm hinüberwerfen können.

Kapitän Stone begrüßte den Kapitän des Dampfers: »Brauchen Sie meine Hilfe?«

Herndon rief zurück: »Liegen Sie bis zum Morgen bei, denn mein Schiff sinkt.«

Der Erste Maat der *El Dorado* erinnerte sich später daran, daß die Stimme des Kapitäns so ausgeglichen klang, »als ob er bei glatter See das beste Schiff der Welt unter sich hätte«.

»Unverzüglich«, sagte Kapitän Stone, »gab ich den Befehl, das Steuer herumzuwerfen, die Großschot achteraus zu richten und bis auf Schußweite entfernt an die Leeseite des Dampfers heranzufahren. Ich warnte ihn davor, die Passagiere gleich an Bord zu bringen, weil ich annahm, daß er gute Boote hatte, während ich nur über eine kleine Jolle verfügte, die auf hoher See nicht lange standhalten konnte.«

Und wieder antwortete der Kapitän: »Nein, nein, liegen Sie nur bis zum Morgen bei.«

Stone hielt sich so dicht am Dampfer, wie er nur konnte, driftete allerdings nach ein oder zwei Minuten ab. Er erwartete, daß man ihm vom Dampfer ein Seil hinüberwarf, damit er sein Schiff festmachen konnte; doch in den kostbaren Sekunden, in denen der Schoner vorbeizog, geschah nichts dergleichen. Kapitän Stone nahm an, daß der Kapitän des Dampfers seine Rettungsboote lieber erst am Morgen zu Wasser lassen wollte, damit niemand in der Dunkelheit über Bord ging. Er brüllte: »Schalten Sie die Lichter an«, und trieb so schnell ab, daß er kurz darauf außer Rufweite war.

»Während ich mit dem Kapitän sprach, hörte ich die Passagiere wie aus einem Mund schreien und rufen.«

Die Seeleute der *El Dorado* schätzten, daß sich auf dem Deck des Dampfers etwa 700 Menschen befanden, und konnten ihr Rufen und Brüllen trotz des Getöses von Wind und Wellen vernehmen. Kapitän Stone versuchte, seine Position zu halten, und bereitete sich darauf vor, die Passagiere des Dampfers beim ersten Licht des anbrechenden Tages in Empfang zu nehmen. Es regnete, und er befahl seinen Männern, das Wasser aufzufangen, das vom Deckhaus über der Kabine des Schoners herablief. Dann ordnete er an, die Ladung über Bord zu werfen, um Platz für die Passagiere zu schaffen. Dem Steward schärfte er ein, mit dem Wasser und den Vorräten sorgsam umzugehen, »da wir am Morgen die ganze Gesellschaft von dem Schiff da drüben aufnehmen müssen«.

Kapitän Herndon versicherte seinen Männern, den Dampfer bis zum Morgen halten zu können, wenn sie nur fortführen, Wasser zu schöpfen. Bei Tagesanbruch würden sie dann sehen, wie das goldene Licht der Frühe die aufgelockerten Wolken überstrahlte, daß Wind und Wellen sich beruhigt hätten und die *Central America* immer noch auf dem Ozean schwamm. »Wir machten uns alle ans Werk«, sagte ein Passagier, »und schöpften mit neuem Mut Wasser.« Herndon befahl Frazer, alle halbe Stunde eine Leuchtrakete abzufeuern.

Auf beiden Schiffen brannten die Lichter, denn am dunklen Sturmhimmel brach die Nacht an.

Die Brigg *Marine* war leewärts abgetrieben und lag jetzt fünf Meilen weit entfernt. Die See flutete über ihr Deck, so daß die meisten Frauen im Wasser saßen oder standen. Sie umklammerten ihre Kinder oder einander und warteten darauf, daß die Rettungsboote zum zweitenmal vom Dampfer zurückkehrten. Eine jede hoffte, ihr Mann säße im nächsten Boot.

In der Ferne, aus der sie mit den kleinen Rettungsbooten gekommen waren, konnten sie den Dampfer liegen sehen. »Der Nebel lichtete sich«, erzählte eine später, »und das große Schiff zeichnete sich deutlich vor den Abendwolken ab.« Als es finster wurde, bekamen die Frauen erneut Angst um ihre Männer, doch sie hatten ein Segel in der Nähe des Dampfers gesehen, einen Schoner, der ihre Hoffnung aufleben ließ.

Addie Easton blickte zum Dampfschiff hinüber und hielt nach dem ersten Rettungsboot Ausschau. Sie dachte nur an ihren Mann und harrte auf dem Deck der *Marine* aus, obgleich das Wasser dort oft fast einen halben Meter hoch stand. Sie glaubte fest daran, daß ihr Mann mit dem ersten Boot kommen würde. Doch als es sich näherte, sah sie, daß John Black am Steuer saß und daß sich neben drei Frauen nur Mr. Payne, der Maschinist Ashby und

Männer, die sie nicht kannte, an Bord befanden. Angespannt wartete sie auf das nächste Boot.

Ashby sprang an Bord der *Marine* und bat Kapitän Burt im Auftrag von Herndon, näher an den beschädigten Dampfer heranzufahren. Er habe es versucht, sagte Burt, doch ohne Großrah, ohne Großbramsegel und Klüverbaum könne er nicht gegen den Wind angehen. Dann bat ihn Ashby inständig, ihm sein Rettungsboot zu überlassen. Er könne es haben, meinte Burt, doch es sei nur eine Jolle und würde so einem starken Wellengang nur wenige Augenblicke standhalten. Ashby bot ihm 500 Dollar an, wenn er die Brigg an die Seite der *Central America* brächte, doch Burt wiederholte, daß er es nicht schaffen würde.

Während Ashby auf Kapitän Burt einredete, bereitete John Black seine Ruderer auf die dritte Fahrt vor, eine Strecke von über fünf Meilen, während der jeder Ruderschlag ein Kampf gegen die schwere See und den starken Sturm sein würde. Mit ihrem schweigenden Einverständnis stieß John Black noch einmal ab.

Unterdessen sah Addie Easton, daß sich ein weiteres vollbesetztes Rettungsboot der Brigg näherte. Sie schöpfte Hoffnung, und als das Boot nah genug herangekommen war, suchte sie verzweifelt nach ihrem Mann.

»Mit Angst und Bangen«, erinnerte sie sich, »sah ich ein drittes Boot kommen, doch darin saß derjenige, nach dem ich mich sehnte, auch nicht.«

Als die Männer in den Booten in Sicherheit waren, zogen die Ruderer die Riemen ein und weigerten sich, noch einmal zu fahren. Die Frauen flehten sie an umzukehren, Kapitän Burt sprach mit ihnen, doch es hatte alles keinen Sinn.

Ashby sprang in eines der Boote und versprach jedem Mann 100 Dollar, der zum Dampfer zurückrudern würde. Ein Ruderer sagte, er würde auch ohne Geld zum Dampfer zurückfahren, und wenn er 50 Meilen entfernt wäre; doch zwei Männer konnten ein Rettungsboot nicht über diese stürmische See bringen.

Die Ruderer hatten seit sechs Stunden ununterbrochen in den Booten gesessen. Ihre Beine waren verkrampft und verspannt; Rücken, Schultern und Armmuskeln schmerzten. 24 Stunden vor der Fahrt mit den Booten hatten sie Wasser geschöpft und gepumpt, und seit fast zwei Tagen hatten sie kaum geschlafen oder gegessen. Außerdem waren die zwei Boote leck, weil sie gegen den Rumpf beider Schiffe gestoßen waren. Die meilenweite Rückreise zum Dampfer würde ein Kampf gegen den Sturm und die See werden; bei der Ankunft erwarteten sie 500 Mann, die den Tod vor Augen hatten und in den Booten, die nicht mehr als 20 Schiffbrüchige faßten, ihre einzige Rettung sahen und jetzt, wo Frauen und Kinder von Bord gegangen waren, nicht einmal mehr durch Ritterlichkeit zurückgehalten würden.

Ashby kletterte aus dem Boot und sprach Männer an Deck an, von denen er glaubte, daß sie abtrünnige Seeleute waren. »Er wollte, daß ich die Brigg verlasse«, sagte ein Passagier, »und das Boot zurückrudere, denn er behauptete, daß ich einer der Männer sei, die vom Dampfer desertiert waren und daß er mich verfolgt hätte. Der Kapitän der Brigg bedeutete mir zu bleiben, wo ich war.«

Ein Ruderer meinte, daß sie das Schiff ohnehin nicht mehr erreichen würden, und weigerte sich, mit dem beschädigten Boot zurückzufahren. Schließlich mußte Ashby aufgeben.

Nur Black wurde noch von seiner letzten Fahrt zum Dampfer zurück erwartet. Die anderen Besatzungsmitglieder schöpften ihre Boote aus und zurrten sie an der Brigg fest.

»Es war dunkel geworden«, erinnerte sich Addie, »und die Bootsleute lehnten es ab, noch einmal zum Schiff zurückzufahren. Zu Tode betrübt legte ich mein Gesicht in die Hände und machte mir Vorwürfe, daß ich nicht bei ihm geblieben war oder mich dem Kapitän und allen, die uns von Bord drängten, widersetzt hatte.«

In dem Moment spürte sie, wie sie jemand an der Schulter berührte, und hörte Kapitän Burts Stimme: »Hier ist ein Brief Ihres Mannes, Mrs. Easton. Jemand aus dem letzten Boot hat ihn überbracht.« Er reichte ihr ein kleines Stück blaues Papier.

»Meine liebe Frau«, hatte Ansel geschrieben. »Wenn der Kapitän der *Marine* mir ein Boot schicken will, kannst Du ihm alles geben, was er fordert. Ich werde auf dem Posten sein. Dein Dich liebender Mann, A.I.E.«

Addie flehte Kapitän Burt an, eins seiner eigenen Rettungsboote zur *Central America* zu schicken, um ihren Mann zu retten. Der Kapitän sagte ihr, wie zuvor schon zu Ashby, daß sein einziges Boot eine so hohe See nicht überstehen würde, besonders jetzt, wo die Nacht anbrach.

»Aber Kapitän«, bettelte sie, »bevor es Morgen wird, können alle tot sein. Ich gebe Ihnen 10 000 Dollar, soviel Sie wollen, wenn Sie ein anderes Boot aussenden.«

»Meine liebe, gute Frau«, erwiderte er, »wenn ich könnte, würde ich es ohne einen Cent hinüberschicken; aber ich habe kein Boot, das für diesen Seegang geeignet ist. Ich werde versuchen, die Brigg näher an den Dampfer zu steuern, der sich wahrscheinlich bis zum Morgen über Wasser halten wird.«

»Mir fehlen die Worte, um diese Nacht nur annähernd zu beschreiben«, meinte Addie. »Sie war jedenfalls noch schlimmer als die vorige. 30 Frauen und 26 Kinder drängten sich in einer Kabine, die nur wenig größer als eine Kammer war, und die meisten saßen auf dem Boden, während die Wellen über die Brigg stürzten und das Wasser eine Handbreit hoch stand. Wir waren alle naß, ich hatte keinen trockenen Faden mehr am Leib, doch meine seelischen Qualen überstiegen meine körperlichen bei weitem.«

Die Witwe Ann Small war in aller Eile in das dritte Rettungsboot verfrachtet worden, das vor dem zweiten abgelegt hatte. Während der ganzen Fahrt hatte sie über das Schicksal ihrer zweijährigen Tochter gegrübelt. Doch auf der Brigg wurden sie wieder vereint. »Hinterher erfuhr ich, daß Kapitän Herndon sich um sie gekümmert und sie einer Dame namens Mrs. Kittredge anvertraut hatte, die mir das Kind bald nach meiner Ankunft auf der *Marine* übergab.« Die Tochter auf dem Arm, ging sie auf Deck und spähte über die Wellen. »Es war ein trauriges Schauspiel, dem wir jetzt zusehen mußten«, sagte sie später. »Zwei seetüchtige Rettungsboote schwammen nutzlos auf den schäumenden Wellen, während das Wrack des Dampfers, auf dem es von Menschen wimmelte, vor unseren Augen sank.«

Einige Frauen waren in die kleine Kabine der Brigg hinabgegangen, um ihre Kinder zu versorgen und sich trockene Hosen und Hemden anzuziehen, die ihnen von Kapitän Burts Seeleuten angeboten worden waren. Durch eine Luke an der Luvseite konnten sie die Lichter sehen, die ein paar Meilen entfernt auf der *Central America* brannten. In der Kabine faßte Virginia Birch in den Ausschnitt ihres Kleides und holte den kleinen Kanarienvogel heraus. Seine Federn waren zerzaust, aber er lebte noch und begann zu singen, als man ihn in einen Käfig setzte.

Die Wellen gingen immer noch hoch, und der Wind blies heftig, nur der Sturm schien sich endlich zu beruhigen. Kapitän Burt versuchte immer noch, mit seiner schwer angeschlagenen Brigg näher an den Dampfer heranzukommen.

Addie befand sich zusammen mit anderen Frauen an Deck und beobachtete das einzige, was sie jetzt in der Dunkelheit, die sich über den Atlantik gesenkt hatte, erkennen konnte. »Als wir uns dem Dampfer näherten, sahen wir seine Lichter blinken. Plötzlich schoß eine Leuchtrakete schräg in die Luft hinaus, die Lichter verlöschten in den aufpeitschenden Wellen, und die ganze Welt verhüllte sich für mich in Dunkelheit.«

Spät in der finsteren Nacht, während die Lampen das Deck der *Marine* nur schwach beleuchteten, vernahmen die Männer und Frauen an Bord das Quietschen von Ruderdollen. Von den Wellen auf und ab getragen, von der See angeschlagen, mit Wasser gefüllt und völlig erschöpften Ruderern besetzt, glitt John Blacks Boot ins dämmrige Licht.

Black hatte die *Marine* für seine letzte Fahrt zum Dampfer bei tobender See ungefähr um sechs Uhr verlassen. In einiger Entfernung vom Dampfer hatte er einen Gaffelschoner gesehen, der sein Heck umrundete, seinen Bug kreuzte und dann wieder verschwand. Sein Boot erreichte den Dampfer gegen halb acht. Doch dann wurde es dunkel, und das Schiff, dessen Oberkante jetzt auf der Höhe der Wasseroberfläche lag, sandte Notsignale ab. Im Ruderhaus hatte Black Kapitän Herndon und den Zweiten Offizier Frazer erblickt, und Herndon hatte das Boot in der Dunkelheit gesichtet und Black begrüßt, der wiederum meldete, daß sein Boot beschädigt sei und leckte. Herndon hatte ihm bedeutet, eine Entfernung von 90 Metern einzuhalten. Minuten später war eine Leuchtrakete in einem seltsamen Winkel von der *Central America* abgeschossen worden, nicht hoch und einen Bogen beschreibend, sondern schräg über den Ozean hinaus.

Bis auf die erschöpften Ruderer und das Meerwasser war Blacks Rettungsboot leer. Er fuhr längsseits der *Marine* und sah zu den Männern und Frauen hinauf, die sich auf Deck versammelten. »Der Dampfer ist gesunken«, sagte er, »und alle an Bord sind mit ihm untergegangen.«

TOMMY

Tommy Thompson
© Columbus-America Discovery Group

Defiance, Ohio – in den sechziger Jahren

AM ZUSAMMENFLUSS DES Maumee und Auglaize in Ohio liegt die Stadt Defiance, eine bewohnte Insel inmitten eines Meeres von bewirtschafteter brauner Erde mit Silos, schwarzweißen Kühen, gelegentlich aufflackernden Buschfeuern, großen Scheunen und weißen Fachwerk-Farmhäusern. Hier wohnten kleinkarierte Versicherungsvertreter und fünfzehnjährige Jungen mit klobigen Händen, deren Zukunftsträume nicht weiter als bis zum Football-Stadion der Buckeyes in Columbus reichte, zweieinhalb Stunden Autofahrt gen Südosten.

Im Jahr 1787 beschloß der Kongreß, weit oben im Nordwestterritorium, wo sich die zwei Flüsse begegnen, ein Fort zu errichten, und als der Bau vollendet war, sagte General »Mad Anthony« Wayne zu einem Oberst seiner Division: »Hiermit trotze ich den Engländern, den Indianern und allen Teufeln in der Hölle.« Von da an hieß die Festung Fort Defiance, was Widerstand, Trotz bedeutet. Und später wurde auch die Stadt, die hier entstand, so genannt. Sie zählte in den sechziger Jahren 18 000 Einwohner, von denen viele in der Gießerei von General Motors arbeiteten, deren hohe Schornsteine an der Südseite einer sanften Hügelkette zu sehen sind, oder in der Johns-Manville-Fabrik, die etwa anderthalb Kilometer östlich liegt.

In der Stadt gab es an der Ecke Fifth und Clinton Avenue schon vor der Depression noch eine andere Einrichtung: die Gaststätte Kissner's, bei der Tommy Thompson und Barry Schatz mit ein paar Freunden auf dem Heimweg von der Schule gern vorbeischauten, um sich ein Hirnsandwich zu holen. »Hast du heute Hirn?« pflegten sie Bruno Kissner zu fragen, der stets erwiderte: »Wenn ich eins hätte, würde ich hier nicht arbeiten.«

Einerseits gingen sie zu Kissner, nur um diese Frage zu stellen; andererseits, weil sie gern Schweine- oder Rinderhirn aßen, Tommy, weil er es von zu Hause nicht kannte, Barry wegen des Geschmacks. Barry mochte sein Hirn auf getoastetem Roggenbrot; als er sieben Jahre alt war, liebte er auch Austernsandwiches – erste Anzeichen für den späteren Feinschmecker und Forschungsreisenden. Tommy kümmerte es nicht sehr, was oder ob er überhaupt aß; wie das übrige Leben war auch das Essen für ihn etwas zum Staunen und Entdecken.

Tommy und Barry wurden beide am 15. April 1952 geboren, dem Tag, an dem 40 Jahre zuvor die *Titanic* in der eisigen See versunken war. Sie freundeten sich in der siebten Klasse an, als Tommys Familie aus Huntington in Indiana nach Defiance zog.

Tommys Vater John war Ingenieur, seine Mutter Phyllis Ernährungswissenschaftlerin. Sie hatten sich auf dem College in Purdue kennengelernt. In den frühen Jahren ihrer Ehe erkrankten ihre beiden Töchter Patty und Sandee an Kinderlähmung. Patty hatte nur eine leichte Form und erholte sich schnell; Sandee war schlimmer betroffen. Zweimal riefen die Ärzte John bei seiner Arbeitsstelle an und baten ihn, sofort nach Haus zu kommen, wenn er seine Tochter noch lebend antreffen wolle. Nachdem sie beide Anfälle überstanden hatte, konnte sie nur noch ihren linken Ellbogen bewegen, und die Ärzte meinten, sie würde nie wieder aufrecht sitzen können. Doch Phyllis massierte ihr regelmäßig Arme, Beine und Rücken, Tag und Nacht, über Wochen und Monate. Und Sandee setzte sich auf. Dann stand sie, sie ging, schließlich rannte sie, und später wurde sie Cheerleader und erhielt ein Stipendium fürs College. John und Phyllis wurden daraufhin jahrelang von den Medien und den Ärzten über ihren Heilungserfolg befragt. Diese Erfahrung bestärkte sie in ihrem Glauben an den Wert der Familie. John Thompson wollte nicht später als um fünf Uhr von der Arbeit nach Hause kommen. Er wollte, daß seine Kinder überschaubare Schulen besuchten und in kleinen Städten mit ländlichem Umfeld aufwuchsen. Tommy verbrachte seine ersten zwölf Jahre in einer Umgebung, die es ihm erlaubte, mit dem dreirädrigen heißen Schlitten, den er und sein Vater gebaut hatten, gefahrlos so lange um den Block und auf die Straße hinauszufahren, bis die Reifen völlig abgenutzt waren. Zwei Straßen weiter wogten Kornfelder.

Das Familienleben der Thompsons war von einer spannenden Mischung aus konservativen Werten und liberalen Anschauungen geprägt: selber machen statt kaufen, reparieren statt ersetzen, streng begrenzte Ausgehzeiten für Patty, Sandee, John jr. und Tommy, jeden Sonntag Gottesdienst für alle in der Kirche, in der der Großvater väterlicherseits predigte. Doch die Kinder durften mit ihren Dreirädern im Keller herumfahren und ihre Zimmer anstreichen, wie sie wollten. Phyllis besorgte ihnen die Farbe. Sie durften umstrittene Filme sehen oder unanständige Bücher lesen, wenn ihnen danach war, solange sie es ihren Eltern erzählten, damit diese dieselben Filme sehen oder dieselben Bücher lesen und mit ihren Kindern darüber sprechen konnten. Wenn eine schwarze Gospelsängerin nach Huntington kam, wo Schwarze nicht im Motel übernachten oder in einem Restaurant speisen durften, wurde sie im Haus der Thompsons zum Abendessen eingeladen. Die Kinder deckten den Tisch und sangen mit ihr am Klavier.

Als Tommy schon eine ganze Weile auf dem College war, lernte ein Freund die Familie näher kennen und war beeindruckt davon, wie Tommys Eltern ihren Sohn nach wie vor »unermüdlich darin bestärkten, daß er gut sei und das, was er tat, gut sei und daß er es wirklich gut konnte. Es war alles mit sehr viel Liebe verbunden. Er hielt seine Mutter für die beste Mutter der Welt, was er auch sagte, und bewunderte seinen Vater über die Maßen.«

Von den vier Kindern war Tommy das jüngste, ein Kind, das immer etwas baute, instand setzte oder einriß, um es wieder aufzubauen. Sogar abends, wenn die Lichter gelöscht waren und er schlafen sollte, nahm er eine Taschenlampe mit unter die Decke und bastelte weiter. Phyllis sagte, sie habe noch nie ein Kind erlebt, das so wenig geschlafen habe. Patty brachte ihrem kleinen Bruder oft ein Glas Wasser ans Bett, hörte über zwei Stunden lang zu, wenn er seine Ideen formulierte, und beantwortete seine Fragen.

In der High-School wurde Tommys älterer Bruder John für seine Leistungen beim Football, Basketball und Laufen ausgezeichnet und war drei Jahre lang Klassensprecher. Doch Tommy interessierte sich weniger für Sport und Politik als für handwerkliche Arbeiten. An den Abenden und am Wochenende war er mit seinem Vater im Keller oder in der Garage. Zusammen hatten sie Toms heißen Ofen gebaut, drei Räder unter einem Schlitten, angetrieben von einem Rasenmähermotor. Als der ausgedient hatte, bauten sie eine größere heiße Kiste mit schwereren Rädern von einer Schubkarre und ein wenig Hilfe von Schweißern aus der Fabrik. Dann bauten sie den Motor eines alten englischen Austin um. Während der Arbeit stellte Tommy Fragen wie: »Warum nennt man das Wechselstrom?« Dann hielt sein Vater inne, fertigte eine Zeichnung an und sagte: »Siehst du, hier steigt die Spannung an, dann passiert sie den Nullpunkt und fällt wieder ab – und das macht sie regelmäßig sechzigmal in der Sekunde.«

John Thompson ermutigte seinen Sohn, Fragen zu stellen. »Der Ingenieur«, sagte er einmal, »ist nur dann gut, wenn er neugierig ist.«

Tommy liebte das alles so sehr, daß er schon als kleiner Junge nie genug davon bekommen konnte, und wenn sein Vater um zehn Uhr abends müde war und vorschlug, daß sie jetzt zu Bett gehen sollten, sagte Tommy: »Können wir nicht noch ein bißchen weitermachen?«

Als Tommy in die dritte Klasse kam, stellte sein Lehrer fest, daß er nicht lesen konnte, sondern sich nur gemerkt hatte, was die Kinder vor ihm vorgetragen hatten. Also kaufte ihm Phyllis naturwissenschaftliche Bücher für die vierte Klasse, und Patty und Sandee brachten ihm die Laute bei, und nach ein paar Wochen las er die Bücher über Physik und ein Werk mit dem Titel *Mechanik für jedermann*, während er auf seinem Bett lag, Seite um Seite durchblätterte und Experimente und Anleitungen studierte. Bald hatte er sich in seinem Zimmer ein Bedienungsfeld gebaut, eine elektrisch geladene Ansammlung von alten Schaltern und Leitungen. Mit einem Schalter machte man das Licht im Schrank an, mit einem anderen die Deckenlampe und mit dem dritten das Radio. Es sah fürchterlich aus, aber es funktionierte. Er verkabelte das ganze Zimmer. »Es war alles provisorisch«, erinnerte sich seine Mutter, »Zeug, das er irgendwo gefunden hatte. Er hat nie viel Geld für Sachen ausgegeben. Er hat überhaupt nie Geld gebraucht.«

An dem Tag, an dem die Müllabfuhr kam, borgte sich Tommy einen Schraubenzieher und eine Kneifzange aus der Werkzeugkiste seines Vaters, steckte sie in seine hintere Hosentasche und setzte sich, nachdem er zum Mittagessen nach Haus gekommen war, an den Bordstein, wo er alte Motoren, Zylinderspulen und andere Teile aus zerbrochenen Ventilatoren, Radios, Plattenspielern und gelegentlich auch Waschmaschinen, Kühlschränken oder Fernsehapparaten ausbaute. Wenn ihn sein Vater fragte, was er mit all diesem alten Krempel anfangen wollte, sagte er: »Vielleicht können wir mal irgendwas davon gebrauchen.« Der Keller der Thompsons war voll mit Elektromotoren und anderem Kram, den Tommy mitgebracht hatte. »Wir glaubten, er sei auf dem besten Weg, später Schrotthändler zu werden«, sagte sein Vater.

Eines Tages, als Tommy erst acht Jahre alt war, klopfte ein Mann von der Telefongesellschaft an die Haustür der Thompsons. Als Phyllis öffnete, sagte ihr der Mann, daß sie für zwei Telefone auch zweimal bezahlen müsse.

Phyllis antwortete: »Wir haben keine zwei Telefone.«

»O doch«, meinte der Mann, »kommen Sie mal mit.«

Phyllis ging hinaus und sah, daß vom Telegrafenmast eine Leitung in das Fenster von Tommys Zimmer hinablief. »Warten Sie einen Augenblick«, sagte sie, »ich werde Tom rufen.«

Als der kleine Drittkläßler an die Haustür kam, sagte Phyllis: »Tom, dieser Mann möchte etwas über das Kabel wissen, das aus deinem Fenster herauskommt.«

Tommy ging mit dem Mann auf sein Zimmer, und Phyllis wartete draußen. Als der Mann zurückkam, sagte er: »Dieses Kind hat ein Telefon konstruiert.«

Tommy hatte das Telefon in einer alten Schmuckschatulle angeschlossen, die Phyllis ihm geschenkt hatte. Er konnte damit zwar nicht nach draußen wählen, aber zuhören, wenn Gespräche ankamen. Besonders gern lauschte er Pattys und Sandees Gesprächen mit ihren Freunden.

Der Mann von der Telefongesellschaft sagte zu Phyllis: »Dieser Junge weiß mehr über ein Telefon als ich. Lassen Sie ihn ruhig damit spielen.«

Als Tommy 13 Jahre alt war, zogen John und Phyllis mit ihrer Familie nach Defiance, wo John Leiter der Kraftfahrzeugabteilung von Johns-Manville wurde und spezielle Maschinen entwarf, die Fiberglaseinsätze für die Autohauben ausstanzen sollten. John fuhr jeden Tag anderthalb Kilometer mit dem Rad zur Fabrik.

Tommy und Barry und noch ein paar Jungs, die sich »die Wächter« nannten, fuhren mit ihren Rädern in der ganzen Stadt herum und gingen an den kleinen Bächen, die durch die Schluchten rannen, auf Schildkrötenjagd. Tommy war ähnlich gescheit wie Barry und seine Freunde, aber auch offenherzig, gutmütig und etwas versponnen. Dauernd arbeitete er an einem Projekt, las ein wissenschaftliches Handbuch, tüftelte an einer mathematischen Formel oder erprobte eine Idee. Eines Samstag morgens trafen ihn seine neuen Freunde beim Rasenmähen an; er saß auf seinem heißen Schlitten und zog vier alte Elektrorasenmäher hinter sich her, die er paarweise hintereinander so zusammengeschraubt hatte, daß sie keine Streifen hinterließen. Ein andermal sahen sie ihn zehn Minuten lang im Country Club auf dem Boden des Swimmingpools sitzen und durch ein Unterwassergerät atmen, das er sich aus einem Gasofenregler und vier Propanzylindern gebastelt hatte.

Tommy sprach so häufig über seine Experimente, Projekte, Ideen und das, was er gelesen hatte, und so schnell und so gelehrt, daß Barry und seine Freunde nie sicher waren, ob Tommy es ernst meinte oder alles nur erfunden hatte. Wenn er redete, lachte und grinste er unentwegt, wobei sich seine Augen zu schmalen Schlitzen verengten und die breite Lücke zwischen den beiden Vorderzähnen sichtbar wurde.

Manche Leute glaubten, daß er wegen dieser Zahnlücke den Spitznamen »Harvey« trug. James Stewart hatte 1950 in dem Film *Mein Freund Harvey* einen Alkoholiker gespielt, der in seiner Phantasie ständig von einem riesigen weißen Kaninchen verfolgt wird. Doch die Zuschauer sehen Harvey nur ein einziges Mal, und da mit geschlossenem Maul auf einem Bild. In Wirklichkeit kam Tommy an den Namen Harvey, als er nach Defiance zog und Barry und der Rest der »Wächter« sich gegenseitig Spitznamen gaben. Tommy, der neu in der Stadt war und gern herumstromerte, nannte sich selbst »Harvey, der Landstreicher«, und der Name blieb an ihm haften. Alle riefen ihn jetzt Harvey. Und wenn die Leute später erfuhren, daß Harvey nicht sein richtiger

Name war, fragten sie Tommy, warum man ihn so nannte, woraufhin er erwiderte: »Was glauben Sie denn?« Wenn er ihre Version mochte, stimmte er zu. »Ja, genauso war's!«

John Thompson hatte zwei Brüder, sie lehrten Philosophie; Phyllis hatte zwei Brüder, einer lehrte Maschinenbau, der andere Psychologie; Phyllis selbst unterrichtete Ernährungslehre. Johns Vater war Geistlicher, seine Mutter leitete für 300 Gemeindemitglieder die Sonntagsschule. Der Lehrberuf in der Familie ließ sich schließlich bis zu Tommys Großtante Edna zurückverfolgen, die um die Jahrhundertwende in einer kleinen Schule unterrichtete, sieben Sprachen sprach und mit seiner anderen Großtante Claire, die ebenfalls Lehrerin war, durch die ganze Welt reiste. Womöglich war Tommys bester Lehrer, sein Vater, der einzige in beiden Familien, der nicht in diesem Beruf arbeitete.

»Meine ganze Familie besteht aus Erziehern«, sagte Tommy, »und ich wurde von dieser Art zu denken stark beeinflußt, entwickelte aber auch eigene Ideen.«

Tommy sprach oft mit seinen Eltern und seinen Onkeln über Pädagogik und Lernmethodik. Er diskutierte mit ihnen, wie man sich selbst ausbilden kann, und präzisierte seine Anschauungen über die Wurzeln des Denkens. Mit der Zeit kam er zu dem Entschluß, daß er anders denken wollte als alle anderen vor ihm, was die Leute verwunderte, weil sie nicht wußten, wo er das wohl herhatte; es sprudelte einfach wie eine unergründliche Quelle in seinem Innern und machte sich nur bemerkbar, wenn er den Mund auftat, und da lag auch das Problem: In der Grundschule konnte er nicht zwei und zwei zusammenzählen; er wußte zwar, daß jedermann von ihm die Antwort »vier« hören wollte, aber die interessierte ihn nicht, weil er nicht das Ergebnis wissen wollte, sondern die Gründe, wie es dazu kam. Obwohl er sich in der High-School für die National Honor Society qualifizierte, rasselte er öfter durch Mathematik- oder Physiktests, weil er ein Problem erst voll und ganz begreifen mußte, bevor er mit der Aufgabe fortfuhr. Ein Mathematiklehrer an der High-School sagte einmal zu Phyllis, daß Tom die richtige Antwort schon finden könne, aber ewig brauche, um dorthin zu kommen. Statt daß er das Thema mit den vorgegebenen Formeln auf kürzestem Weg bearbeitete, umkreiste er das Problem, sah es sich aus verschiedenen Richtungen an, stellte es auf den Kopf, bezweifelte die Formel, die er benutzen sollte, und gab dann seine Antwort. So machte er es mit allem. Immer. Es kümmerte ihn nicht, wieviel Zeit er brauchte oder was er für eine Note bekam oder was sonstwer dachte. »Wenn man sich in dieser Welt selbst ausbilden will«, pflegte er zu sagen, »kann man ebensogut über Sachen nachdenken, die in großen Zusammenhängen nützlich sein werden.«

Er dehnte seine Philosophie auch auf das soziale Leben aus – eine weitere Eigentümlichkeit, die man andersherum und aus verschiedenen Blickwinkeln betrachten konnte. Er scherte sich nicht um Trends und versuchte nicht, sich anzupassen. Lieber beobachtete er die gesellschaftliche Entwicklung und ging dann, nicht immer unbewußt, in eine andere Richtung, um zu sehen, was passierte. Während die Cheerleader und Sportler im Kuntz Drugstore herumhingen und für zehn Cent Cherry Coke tranken, ging Tommy zu Kissner's und aß ein Hirnsandwich. Doch seine lustige Art und seine Verschrobenheit zogen die Menschen an.

»Um ihn herum war immer etwas los«, erinnerte sich einer der »Wächter«, Mark Steiner, »und er stand gewöhnlich im Mittelpunkt.«

Als Tommy einmal mit Drüsenfieber krank zu Hause lag, fiel ihm ein Artikel über Vitamin C von Linus Pauling in die Hände. Der Aufsatz fesselte ihn so sehr, daß er Paulings Büro in Kalifornien anrief, Pauling selbst an den Apparat bekam und dem berühmten Chemiker erzählte, er arbeite an einem High-School-Forschungsprojekt über die Wirkung von Vitamin C bei Drüsenfieber. Pauling erklärte Tommy, wie das Vitamin C wirke, wie er es in seinem Organismus halten und seinen Urin kontrollieren könne, um zu sehen, wann es ausgeschieden wurde. Tommy nahm also alle vier Stunden ein paar Gramm Vitamin C, bis er bei einer Dosis von über 20 Gramm pro Tag angelangt war. Eine Woche später fühlte er sich so gut, daß er sich spätabends aus dem Haus schlich und auf dem Grund des Swimmingpools im Country Club Radrennen veranstaltete.

Als er älter war, strebte Tommy stets an die Grenze des nach allgemeiner Auffassung Menschenmöglichen – und dann auch im physischen Sinn darüber hinaus. »Bei allem«, sagte ein

Freund namens John Radabaugh, »ging er mit seinem Körper recht unbekümmert um.« Auf Wasserskiern vollführte er einen Sprung und ab und zu auch einen Salto, manchmal nur mit einem Ski. Gelegentlich traf er die Rampe, die Skier flogen in die Luft, er setzte sich auf den Hintern und schoß ohne Skier von der Rampe. »Er war zäh«, sagte Radabaugh. »Er ließ sich nicht unterkriegen.«

Mit 16 schenkte ihm sein Onkel Jim ein Buick-Roadmaster-Kabriolett von 1948, und Tommy nahm die Karosserie, den Motor und die Innenausstattung völlig auseinander. Mit Hilfe einiger Freunde verspachtelte er die Löcher, schmirgelte den Rost ab, befestigte die hydraulischen Sitze und Fenster, baute den Motor wieder ein und gab dem ganzen Wagen eine königsblaue Farbe und ein neues weißes Dach. Er liebte es, mit dem Buick herumzufahren und die Aufmerksamkeit der Mädchen zu erregen, mit denen er, wenn er dies geschafft hatte, nicht viel anzufangen wußte. Alles blieb folgenlos, sagten seine Freunde.

Das war der Unterschied zwischen Tommy und Barry. »Barry pirschte sich an und hatte Erfolg«, erinnerte sich Radabaugh, »während Harv nicht wußte, wie man das anstellen sollte.« Tommy fiel höchstens ein, das Gewicht der Mädchen in Kilogramm zu schätzen oder sie um eine Haarsträhne zu bitten, die er in eine von ihm erfundene Maschine steckte, um ihre wahren Maße zu berechnen. Bei Barry kicherten sie, bei Tommy lachten sie oft nervös. »Er war ein richtiger Spaßvogel«, sagte Gina Cullen, das einzige Mädchen, mit dem Tommy sich während der High-School-Zeit verabredete, »aber so schlau, daß man ihm alles mögliche zutraute.«

Tommy, der verrückte Professor, und Barry, der Frauenheld, hatten etwas gemeinsam: eine unstillbare Wißbegierde. Es brauchte nur wenig, damit sie sich beide aus dem Bereich des Vertrauten ins Unbekannte stürzten. Im Januar ihres vorletzten Schuljahres verließen sie mitten in der Nacht in Barrys MGB-GT Defiance und fuhren 1350 Kilometer zum Winterkarneval nach Quebec. Dort surften sie auf Plastikbrettern durch den Eiskanal, hielten vergeblich Ausschau nach einer legendären Prostituierten namens Angie, aßen Schafhirn, das in brauner Butter schwamm, tranken zwei Flaschen süßen Wein und machten auf dem Heimweg in Ontario halt, weil sie sich übergeben mußten. Zwei Teenager, die ausgezogen waren, um den Duft der weiten Welt jenseits ihres Marktfleckens namens Defiance einzuatmen.

Im Herbst 1970 immatrikulierte sich Tommy an der Ohio State University, obwohl er eigentlich befürchtete, daß ein reglementiertes Bildungssystem ihn davon abbringen könnte, die Dinge anders als die meisten Leute zu sehen. »Ich hatte ganz besondere Vorstellungen davon, wie ich ausgebildet werden und wie ich denken wollte.«

Seit Jahren hatte er diesen kreativen Geist entwickelt, und er wollte nicht aufhören, anders zu sein, zu experimentieren, zu fragen, zu forschen und das Leben von verschiedenen Gesichtspunkten aus zu betrachten, weil er sonst vielleicht nicht mehr die Gedanken denken und die Fragen stellen würde, die ihn dazu brachten, die Fragen zu stellen, die niemand bisher gestellt hatte und durch die er zu dem geworden war, was er seit seiner Kindheit hatte werden wollen: ein Erfinder. Er nahm sich vor, bereits entwickelte Ideen zu betrachten, ihr Inneres nach außen zu kehren und sie auf neue Art anzuwenden; er wollte die Welt mit seinen Sinnen einatmen und eine Vision ausatmen.

Doch zwischen phantastischen Spekulationen und wahrer Berufung lag nur ein schmaler Grat, und manchmal konnte Tommy beides nicht deutlich trennen. Seine Studentenbude in der Ohio State glühte wie ein soeben gelandetes Raumschiff; hier mischten sich Mystisches, Metaphysisches und nüchterne Wissenschaft mit verrückten Spielereien. Telefone hingen an jeder Wand, standen auf dem Schreibtisch und den Regalen; er konnte von jeder Stelle aus telefonieren, ohne auch nur einen Schritt zu tun. Ein alter Wecker stellte das Fernsehen, die Höhensonne und das Radio an, das wiederum durch die Lautsprecher des Fernsehapparats spielte. Alles war so eingerichtet, daß sich die Geräte jeden Tag immer zur gleichen Zeit ein- und ausschalteten; doch der Wecker hatte keine Zeiger, weswegen man nie sagen konnte, wann die Lampe den Raum erleuchten, das Radio im Fernseher spielen oder der Fernseher zu flimmern anfangen würde.

Er kroch von Stockwerk zu Stockwerk durch die Lüftungsschächte, fuhr auf dem Dach des Fahrstuhls auf und ab und sprach von dort zu den Leuten, wenn sie einstiegen. Er überredete zehn Kommilitonen, je zehn Dollar für den Kauf eines Chevykabrios Baujahr 1964 einzusetzen; zwar erhielt niemand einen Schlüssel für sein Geld, dafür aber eine Vorführung, wie man das Auto mit den vier Drähten im Handschuhfach startete. Folglich konnten sie jederzeit mit dem Wagen fahren, der an der Südseite einer der größten Universitäten der Welt parkte. Tommy und ein paar Freunde beklebten die Beifahrerseite mit Bildern von Jimi Hendrix und Janis Joplin, Postern von Peter Max und den Beatles aus dem *Sergeant-Pepper*-Album, kleinen Fotos aus *National Geographic* und lackierten das ganze Auto purpurrot.

Tommy bastelte so viel Verrücktes, daß sein Zimmer zum Mekka für andere Studenten wurde. »Man konnte sicher sein, daß Harvey immer etwas Ungewöhnliches einfiel«, sagte Radabaugh. »Er hatte einen wilden Blick und lockiges Haar, wie ein Neunjähriger, der für jedes Abenteuer zu haben ist.«

Eines Abends knipste Tommy das Licht in seinem Stockwerk aus und ließ die Studenten, die sich an den Händen hielten, eine lange Reihe aus seinem Zimmer hinaus durch den Flur bilden. Dann mußte der erste die Pole eines kleinen Generators anfassen und der letzte die Hand um eine Neonröhre wölben, und als Tommy den Generator ankurbelte, floß der Strom schmerzlos durch die Körper der Studenten und erleuchtete die Neonröhre. An einem anderen Abend füllte er Ballons mit Helium und verteilte sie an Kommilitonen, die sich in seinem Zimmer drängten, ließ sie etwas Helium einsaugen, zu den Stimmbändern gelangen und dirigierte dann einen Chor, der sich anhörte, als ob 25 Enten quakten. Die anderen Studenten fanden seine Einfälle so großartig, daß er mit 500 Stimmen zum Studentensprecher gewählt wurde.

Dann gab es auch noch den selbstvergessenen Tommy, den Tommy, der so tief in seinen Gedanken und Vorhaben versunken war, daß er für die oberflächlichen Dinge, die allen anderen so wichtig waren, kaum Sinn hatte. Zu einer Zeit, wo der sozial akzeptierte Nonkonformismus auf dem Campus verlangte, daß die Studenten lange Haare und Hosen mit Schlag trugen, tauchte Tommy mit Bart und wuschligen schwarzen Naturlocken um den Kopf auf – was noch ganz cool war; dazu trug er allerdings ein seltsames kastanienbraunes Hemd und vollkommen fusselige alte Flanellhosen. »Er hatte Hemden, die man nur noch verbrennen konnte«, sagte Ellen Leahy. Aber so war Tommy eben. Er kombinierte Streifen mit Paisleymustern und zog Socken an, die nicht zusammenpaßten, wie auch alles andere, was er am Leib trug. Und das war keine Angabe, sondern schlichte Gleichgültigkeit.

Ellen Leahy lernte Tommy im Sommer 1972 kennen, nur ein paar Tage nach ihrer Ankunft als Erstsemester auf dem Campus der Ohio State. Tommy war im vorletzten Studienjahr, doch in diesem Trimester nicht an der Universität; er kam einfach zufällig aus Columbus vorbei, um einen Freund zu besuchen. Sie blieben die ganze Nacht draußen, liefen in dem warmen Regen herum und gingen dann zum See hinunter, wo Tommy Ellen seine bevorzugte Matschrutschbahn zeigte. »Es machte so viel Spaß, auf jemanden zu treffen, der nicht so langweilig war und immer von allem genug hatte«, erinnerte sich Ellen. »Für ihn gab es keine Grenze, an der man unbedingt aufhören mußte.«

Tommy mußte noch an diesem Tag abreisen, und Ellen hörte erst wieder im August von ihm, als er sie aus Utah anrief. Er war gerade dabei, mit einem Tonbandgerät durchs ganze Land zu trampen. Er hatte Defiance mit 18 Dollar und in Begleitung eines Freundes, der doppelt soviel bei sich trug, verlassen und wollte nach Kalifornien. Ein Zirkus las sie auf dem Weg nach Flagstaff auf, ein Gigolo nahm sie nach Las Vegas mit, und während der ganzen Reise sprach Tommy das, was er sah und dachte, aufs Tonband: seine Anschauungen über Wissenschaft und Zivilisation, Bankwesen und Ernährung, Philosophie, die Gestirne und das Leben auf anderen Planeten. Als er zurückkam, hatte er so viele Theorien mitgebracht, daß Ellen und die anderen Kommilitonen sie zählten: warum Filmstars so oft heirateten, wie weißes Brot entstand, wann sich Schildkröten wie Menschen verhielten. »Er meinte es ganz ernst«, sagte Ellen. »Er stellte diese Theorien auf, und man sah, daß er darüber nachgedacht hatte und sie einfach herausplatzen ließ.«

Eines Tages, als er mit Ellen in dem purpurroten Chevy herumfuhr, entdeckte Tommy etwas, das ihn im Innersten aufwühlte. Es war technisch, es war albern, es war gewagt, es gehörte aufs Wasser: ein in Deutschland in begrenzter Stückzahl gebautes cremefarbenes Amphibienfahrzeug, das gleiche Modell wie in dem James-Bond-Film *Feuerball.* »Gütiger Gott«, sagte Ellen, »er wollte es mit aller Macht.« Es sah etwas größer und kastenförmiger aus als ein MGB. Hinten hatte es kleine Flossen, vorn und achtern Nummernschilder und auf den vorderen Kotflügeln eine Bootszulassung des Staates Ohio. Der Besitzer forderte 400 Dollar, und ohne seine Eltern zu fragen, besorgte sich Tommy ein Darlehen von einer Bank in Defiance und kaufte den Wagen. Von da an verbrachten er und Ellen viel Zeit damit, nach geeigneten Gewässern Ausschau zu halten, in die man fahren konnte, und nach Leuten, die sich tüchtig erschrecken würden. Ellen saß immer auf der Beifahrerseite, während Tommy fuhr. Die Opfer nahmen hinten Platz und genossen bei geöffnetem Verdeck die warme Sommerluft. Wenn Tommy in die Nähe eines Wassers kam, sagte er etwas wie: »Schöner Abend heute, nicht?« und fing an, eine seiner Theorien auszubreiten, wobei Ellen die richtigen Fragen stellte, damit er immer kühnere Gedankenbögen spannen konnte, bis er schließlich urplötzlich von der Straße abbog, im Mondschein über eine Wiese steuerte und durch das Riedgras in einen Teich fuhr. Die Opfer auf dem Rücksitz schrien vor Entsetzen, doch Tommy und Ellen spielten ihre Rolle ungerührt weiter und gaben durch nichts zu erkennen, daß das Auto, das soeben noch auf der Straße gefahren war, auf einem Teich schwimmen konnte.

Tommy hatte noch eine andere Seite, die seine Freunde und auch Ellen selten erlebten, und wenn, dann war ihnen nicht klar, was sie davon halten sollten. Manchmal verschwand er tagelang, und niemand wußte, wo er war. Ein andermal wunderten sie sich über eine beiläufig hingeworfene Bemerkung oder seinen Gesichtsausdruck, wenn er über eine Theorie sprach. »Ich glaube, viele Leute hatten das gleiche Gefühl«, sagte John Radabaugh. »Sie fragten sich, ob er sie hochnahm oder es ernst meinte.« Eines Abends erzählte er jemandem in seiner Studentenbude, daß er anderntags mit einem seiner Professoren in aller Frühe nach Detroit fahren müsse, weil sie zusammen an einem Schwungradauto arbeiten wollten. Niemand glaubte ihm. »Er fährt nicht nach Detroit, um an einem Schwungradwagen zu arbeiten«, spottete einer seiner Freunde, »er ist doch nur ein ganz gewöhnlicher Student aus dem zehnten Stock.« Sie konnten dem schrulligen Harvey glauben, aber nicht dem ernsten, von einem unwiderstehlichen Drang beseelten Tommy.

An der Ohio State University gab es einen der größten Fachbereiche der Welt für Ingenieurwesen, an dessen 15 Instituten 8000 Studenten immatrikuliert waren. Wie sein Vater fühlte sich Tommy zum Maschinenbau hingezogen. »Ich wollte Erfinder werden«, sagte er, »doch das kann man nicht auf der Uni lernen. Das nächstliegende war noch das Institut für Maschinenbau.« Außerdem war er entschlossen, Meeresforscher zu werden und als einziger aus dem gesamten College des Ingenieurwesens zur See zu fahren.

Obwohl die Ohio State landumschlossen war und keine Studiengänge im Schiffsmaschinenbau anbot, war es Tommy gelungen, seinen Studienberater Don Glower, den Dekan des Instituts für Maschinenbau, für seine Vorstellungen zu gewinnen. Glower sah in Tommy sogar noch mehr als den künftigen Maschinenerfinder; er sah in ihm einen eklektischen Geist, der sich ebenso für soziale Bewegungen interessierte wie dafür, daß die Dinge funktionierten.

Glower selbst war Schiffbauingenieur und hatte Tommy gegenüber stets betont, daß die Arbeit im Meer nichts anderes als Maschinenbau in einer extremen Umgebung sei: Zusätzlich zu all den anderen Problemen war der Ozean naß, zersetzend und schwer. Also entwarfen er und Tommy einen fünfjährigen Hauptfachstudiengang Maschinenbau mit Schwerpunkt Maschinendesign und dem Wahlfach Tiefseeforschung, und Glower half Tommy, sein Studium so maßzuschneidern, daß er mit Wissensgebieten in Berührung kam, die er im Ozean brauchen würde: Meeresmikrobiologie, Korrosionsforschung und Meeresgeologie. Außerdem ließ Glower Tommy an besonderen Studienprojekten wie Solarenergie, Bau eines Schwungradautos und Arbeiten mit Kunststoffen teilnehmen.

In seinem dritten Jahr nahm Tommy an einem einstündigen Privatkolloquium teil, das Don Glower dreimal die Woche abhielt, um mit seinem Protegé über Ingenieurwesen, speziell in der Tiefsee, zu sprechen. Während dieser Sitzungen vermittelte Glower

Tommy, daß er kein »Kochbuch«-Ingenieur werden sollte, der im Rezept nachsieht, die gleichen Zutaten wie alle anderen zusammenmischt und jedesmal die gleiche Brücke entwirft. Glower ermutigte Tommy, Risiken einzugehen und über das, was gewöhnlich gemacht wurde, hinauszublicken.

»Er mußte mir das nicht ausdrücklich sagen«, meinte Tommy, »aber er gab mir das Gefühl, wie leicht es ist, Dinge zu tun, an die die meisten Ingenieure nicht einmal denken würden.«

Glower führte Tommy an die Idee beruflicher Selbständigkeit heran und erklärte ihm, daß ein Unternehmer sich aus der Sicherheit einer großen Gesellschaft oder Universität hinausbegibt und etwas Eigenes aufbaut; und wenn seine Ideen nicht erfolgreich waren, ließ sich ein echter Unternehmer nicht davon abbringen, andere Wege zu gehen, bis er es geschafft hatte. Er erzählte Tommy, daß Erfindungen nichts völlig Neues seien, sondern nur Erkenntnisse, die schon existierten, anders zusammenstellten. »Einstein hat nichts Neues geschaffen«, sagte Glower. »Alles, was er über die Relativitätstheorie herausfand, stand schon in der Literatur; doch andere Physiker haben einfach nicht gewußt, wie man es zusammenfügt.«

Während dieser Unterrichtsstunden übertrug Glower Tommy Forschungsprojekte und schlug ihm Bücher und Aufsätze vor, die er lesen sollte – über die Ozeane, das Ingenieurwesen oder andere Themen. Wenn Tommy zu den Sitzungen kam, räumte Glower seinen Couchtisch frei, damit Tommy seine Quellen ausbreiten und sie darüber reden konnten. Glower wollte Tommy herausfordern, ihn auf die Probleme stoßen, die andere vor ihm gelöst hatten oder auch nicht, und sein Verständnis verschiedener Wissenschaftszweige fördern. Das letztere war vielleicht am wichtigsten: Erfinden allein reichte nicht aus; Glower hatte zu viele Erfinder erlebt, die ihre Ideen nicht weiterentwickeln konnten, weil sie zuwenig über die Grenzen hinausblickten. Während Glower ihm neue Richtungen wies, notierte sich Tommy Forschungsprojekte und Ideen, die seine Neugier reizten.

Von Herbst 1972 an trafen sie sich zwei Jahre lang, in manchen Trimestern nur einmal die Woche, in anderen dreimal, und Glower war zunehmend begeistert davon, wie Tommy an Probleme heranging. Der junge Ingenieur betrachtete die Welt grundsätzlich anders. In der ersten Phase dieser Privatstunden stellte Glower Tommy eines Tages eine scheinbar einfache Frage, die aber dennoch niemand bisher beantwortet hatte. »Tom«, sagte er, »wie können wir in der Tiefsee arbeiten?«

Seit Jahrhunderten hatten die Menschen davon geträumt, durch die Luft zu fliegen, die Sterne zu erreichen und die Meere zu erforschen, die zwei Drittel unserer Erde ausmachen. Wir hatten den Luftraum erobert und vier Jahre zuvor einen Mann auf den Mond geschickt; wir mußten zwar noch viel über das Universum lernen, aber wir wußten schon viel mehr über andere Galaxien als über eine Welt, die an unseren Küsten begann.

Weit vor Christi Geburt waren Taucher in China, Indien und dem Mittelmeerraum und die Amafischerinnen in Japan auf der Suche nach Perlen, Korallen, Schwämmen, Mollusken und seltenen Algen schon bis zu 30 Meter tief in den Ozean getaucht. Im 4. Jahrhundert vor Christus berichtete Aristoteles, daß Schwammtaucher länger auf dem Meeresboden bleiben konnten, wenn sie Luft atmeten, die in großen Kesseln hinuntergelassen wurde. Doch es mußten noch einmal 2300 Jahre vergehen, bevor die Menschen mehr als ein paar Minuten unten bleiben konnten.

1942 erfand ein französischer Ingenieur namens Emile Gagnan ein Ventil, das den Fluß des komprimierten Gases in den Vergaser eines Autos regulierte, wodurch Zivilfahrzeuge im kriegsgeschüttelten besetzten Frankreich Propangas statt des kostbaren Benzins schlucken konnten. Im folgenden Jahr bauten Gagnan und ein junger französischer Marineoffizier namens Jacques Yves Cousteau das Ventil so um, daß es den Fluß komprimierter Luft in die Lungen eines Menschen regulierte. Obgleich er kaltes Wasser scheute, testete Cousteau den Apparat, indem er im Januar in der Marne bei Paris Purzelbäume schlug. Nach geringfügigen Verbesserungen arbeitete das Gerät erfolgreich, und Gagnan und Cousteau ließen das System als »Taucherlunge« patentieren. Neun Jahre später atmete Cousteau durch eine verbesserte Taucherlunge, während er die erste vollständige Unterwasserbergung eines uralten Schiffs leitete.

National Geographic nannte Cousteau und seine Gefährten »Fischmänner«. Doch selbst Fischmänner konnten nur bis zu einer Tiefe von 60 Metern tauchen und nicht länger als ein paar Minuten unten bleiben, wenn sie nicht riskieren wollten, daß der Stickstoff in ihrem Blut während des Auftauchens Bläschen bildete, die sich in den Arterien, Gelenken und der Wirbelsäule einnisteten und zu Lähmungen und oft zum Tod führten. Taucher nannten dieses Phänomen die »Druckluftkrankheit«. In jenen Tiefen wurde der komprimierte Stickstoff auch zu einem Rauschmittel, das den Verstand angriff: Cousteau hatte einmal erlebt, wie ein Taucher sein Mundstück einem Fisch anbot, damit dieser nicht ertrank.

Taucher mit Helm konnten 30 Meter tiefer gehen, aber sie waren dem Stickstoffrausch ebenso ausgesetzt wie auch anderen, möglicherweise noch schlimmeren Problemen. Wenn ihr Luftschlauch zerriß, ertranken sie; wenn der Bruch sich nahe der Oberfläche ereignete, preßte die plötzliche Dekompression im Helm das Blut ins Gehirn, ließ die Blutgefäße zerplatzen und brachte den Taucher um. Die Tiefsee war ein Ort, den der Mensch nur mit Hilfe von Maschinen erreichen konnte.

Im 15. Jahrhundert erwähnte Leonardo da Vinci in seinen Schriften ein »mysteriöses Schiff«, ein »Werkzeug, mit dem man so lange unter Wasser bleiben konnte, wie es ohne Nahrung möglich war«. Aber er wollte seinen Entwurf nicht bekannt machen, weil »die Menschen so schlecht« seien, daß sie »auf dem Meeresgrund Mord und Totschlag veranstalten« würden. Leonardo behielt seine Idee für sich, denn er hatte die Zukunft der Unterwassertechnologie vorausgeahnt: den Krieg.

Die frühen Konstrukteure von Unterseebooten mußten drei Probleme lösen: wie man ein wasserdichtes Schiff zum Sinken bringt, wie man es unter Wasser antreibt und wie man die Besatzung mit Sauerstoff versorgt. Im Jahr 1620 baute ein holländischer Physiker namens Cornelis van Drebbel ein Unterwasserfahrzeug, das der kriegerisch gesinnte König Jakob von England finanzierte. Um das Boot zum Sinken zu bringen, benutzte Drebbel mit Wasser gefüllte Schweinehäute. Für den Antrieb sorgten Männer, die unter Wasser ruderten. Sein wahres Geheimnis jedoch war seine Methode, das beengte kleine Schiff von Kohlendioxyd zu befreien. Beobachter beschrieben es als eine »chemische

Flüssigkeit«, die irgendwie die verbrauchte Luft erneuerte. Was immer es auch war, Drebbel ließ seine Erfindung mit vier Rudern auf der Themse zu Wasser, brachte das Schiff zum Sinken, und die Ruderer bewegten der Welt erstes U-Boot. Drebbel baute noch zwei Unterseeboote, beide größer als das erste, eines groß genug für ein Dutzend Ruderer. In diesem Schiff verbrachte König Jakob persönlich eine Stunde viereinhalb Meter unter der Themseoberfläche.

Bevor Jules Verne 1870 seinen Klassiker *20 000 Meilen unterm Meer* schrieb, waren wenigstens 25 weitere Unterseeboote erfolgreich getaucht und an die Oberfläche zurückgekehrt, und die Technologie für praktisch jedermann widmete sich schon bald der Aufgabe, ein Kriegsschiff unter Wasser zu bringen, mit Sauerstoff zu versorgen und anzutreiben. Die Idee war, es mit einer Mine auszurüsten oder von ihm aus einen Torpedo oder eine Rakete abzufeuern: Der Yale-Student David Bushnell schuf 1775 die *Turtle* mitsamt ihrer tickenden Zeitbombe; der deutsche Erfinder Wilhelm Bauer konstruierte ein 15 Meter langes Eisenblechschiff, das von vier Männern angetrieben wurde, die eine Tretmühle bedienten, und verkaufte es in der Mitte des 19. Jahrhunderts an Rußland; 1864 versenkte *Hunley,* das U-Boot der Konföderierten, zum ersten Mal ein feindliches Schiff. Drei Jahrzehnte nach Kapitän Nemos phantastischer Reise 20 000 Meilen unter dem Meer beschloß die Marine der Vereinigten Staaten, sich vom Doyen der amerikanischen U-Boot-Technologie, John P. Holland, eine Flotte von sieben Unterseebooten bauen zu lassen. Eines war 31 Meter lang, ließ eine fünfzehnköpfige Besatzung 60 Meter in die Tiefe hinab und kreuzte mit 20 Knoten heimlich und lautlos unter Wasser.

Obwohl Unterseeboote zur entscheidenden Waffe einer jeden Marine wurden und im Zweiten Weltkrieg eine bedeutende Rolle spielten, gelang der U-Boot-Technologie erst 1955 ein wesentlicher Fortschritt, als Hollands Electric Boat Company die *Nautilus* baute, das erste atomgetriebene Unterseeboot der Welt. Mit der *Nautilus* begann der lange Weg militärischer Unterwassertechnologie, die sich im Interesse nationaler Sicherheit wähnte; und weil dem Militär nicht wirklich etwas daran lag, in die Tiefe zu gehen, wagten sich sogar nuklear getriebene U-Boote nur selten mehr als

30 Meter hinab, und niemand tauchte weiter als 600 Meter. Dabei hätten die tiefsten Stellen des Ozeans sogar den Mount Everest aufnehmen können und darüber noch anderthalb Kilometer Platz gehabt. Auch wenn U-Boote für größere Tiefen gebaut worden wären, hätte man sie nicht zur Beobachtung und Informationssammlung ausgerüstet, weil es dem Militär nicht darauf ankam, die Geheimnisse der Tiefsee zu erforschen, sondern sich in seiner unendlichen Weite zu verbergen.

1963, acht Jahre nach dem Auslaufen der *Nautilus*, wurde das modernste atomgetriebene U-Boot der Marine, die *Thresher*, während eines Tiefseetauchtests vor Neuschottland 2700 Meter tief auf den Meeresboden gedrückt. Die Marine konnte weder die Mannschaft retten noch das Wrack bergen. Monatelang konnte sie es nicht einmal finden. Über 35 Schiffe der Marine ließen Scheinwerfer und Kameras von Deck herabbaumeln und knipsten wie wild herum, in der Hoffnung, den Schiffbruch in der Tiefsee aufzuzeichnen; doch bald konnte niemand mehr sagen, wo sich die Kameras befanden. Nach einem Monat fotografierte eine Kamera ihren eigenen Anker, und das Bild war so körnig, daß die Marine irrtümlich annahm, daß auf ihm das Wrack zu sehen war. Nach zwei Monaten hatten sie Bilder von ein paar schwieligen Stücken der *Thresher*, aber immer noch keine Aufnahme vom Rumpf. Nachdem man das Suchgebiet eingegrenzt hatte, holte die Marine das einzige Schiff der Welt herbei, das dem Druck der Tiefsee widerstehen konnte: den Bathyskaph *Trieste*, ein in Frankreich gebautes stählernes Tiefseetauchboot, das die US-Marine kurz zuvor gekauft und umgebaut hatte.

Die *Trieste* war die neueste technische Entwicklung, die verfügbar war, aber sie konnte sich unter Wasser kaum bewegen, hatte nur einen Greifer, der sich häufig nicht öffnete, und so winzige Bullaugen, daß immer nur einer von der zweiköpfigen Besatzung hinaussehen konnte. Sie tauchte achtmal, bevor die Mannschaft den Schiffskörper der *Thresher* entdeckte, fünf Monate nach ihrem Untergang. Nach weiteren Tauchfahrten kehrte die Marine mit Fotografien zurück und einem Rohrstück, das nach vielen vergeblichen Versuchen schließlich in dem ständig klemmenden Greifer der *Trieste* gelandet war.

Als sich Tommy neun Jahre später, 1972, wöchentlich mit Don

Glower traf, war die Tiefsee nach wie vor unwirtliches Feindesland, das düstere Bilder und gelegentliche Forschungssonden zuließ, aber ansonsten unbesiegbar schien. Und Glower erläuterte Tommy, daß es ein großer Unterschied sei, ob man sich dorthin nur manchmal begab oder dort arbeiten wollte: Wir waren inzwischen in der Lage, auf den Grund des tiefsten Ozeans hinabzutauchen und uns umzusehen; wir mußten nur noch herausfinden, wie man dort arbeiten kann.

Glower und Tommy diskutierten die Probleme, vor denen die Marine bei der Suche nach der *Thresher* gestanden hatte, und Tommy las, was er über Unterwassertechnologie finden konnte. Er sprach mit Glower über Flächentauchen und Unterwasserstationen, bis er erkannte, daß das alles »enorm kostspielig« sein würde. Sie erwähnten die neuen bemannten Tauchboote, doch Tommy sorgte sich um die Kosten und die Menschen, die man auf den Meeresboden hinablassen würde. Er überlegte, ob man von einem Mutterschiff an der Wasseroberfläche zur forschenden Beobachtung Roboter ausschicken könnte, wie es die NASA im Weltraum machte.

Die Sitzungen von Glower und Tommy zogen sich durch den ganzen Winter und Frühling 1973 bis ins folgende akademische Jahr hinein, und auch Glower fand sie »anregend«. »Tommy stellte eine Menge guter Fragen, auf die ich nicht immer eine Antwort wußte.«

In seinem letzten Jahr verließ Tommy im Herbstrimester die Universität und seine Studentenbude und schlief in seinem purpurroten Chevy auf dem Parkplatz. Während der nächsten drei Monate verbrachte er die meiste Zeit in der Bibliothek mit dem Studium von Theorien, die er schon immer hatte verfolgen wollen. Er fragte sich, wie er eine Theorie an eine andere, spezielle Umwelt anpassen könne. »Ich hatte Ideen über Ideen«, sagte er. »Wie findet man heraus, welche Ideen gut und welche schlecht sind? Niemand konnte das sagen, bevor er sie umgesetzt hatte.«

Er beschloß, die Forschungsprojekte, die Glower ihm während der Kolloquien übertragen hatte, auszuweiten und sieben bis vierzehn Vorhaben gleichzeitig zu verfolgen, Ideenfunken, die er während der wissenschaftlichen Arbeit anfachen wollte, um zu sehen, ob sie Feuer fingen. Manche waren langfristig, würden vielleicht erst 30 Jahre später zünden; andere konnte er vermutlich in zwei Wochen abschließen. Manche erforderten seine Aufmerksamkeit einen Tag in der Woche, während er für andere nur vier Stunden im Monat brauchte. Wenn ein Projekt beendet war, fing er das nächste an, und er entschied, daß er unter allen Umständen so weitermachen wollte, um Wissenschaft, Marketing, Technologie, Betriebswirtschaft und menschliches Verhalten zu studieren – die Disziplinen, die zusammenwirken müssen, damit eine Idee Wirklichkeit wird.

Am Ende von Tommys viertem Jahr schickte ihn Don Glower als ersten Studenten des Ingenieurwesens an das Stone-Laboratorium der Universität in Put-in-Bay am Eriesee. Dort versammelten sich in jedem Sommer Studenten höherer Semester und Lehrkräfte zu einem Studiengang über Meeresbiologie und -zoologie. Hier war zwar nicht die Tiefsee, aber zumindest konnte Tommy sein Wissen über das Meer und die Probleme der Korrosion vertiefen und auf einem 20 Meter langen Forschungsschiff arbeiten.

Der Direktor des Laboratoriums, Dr. Eddie Herdendorf, erwartete einen künftigen Ingenieur, der an speziellen Projekten arbeiten sollte; mehr wußte er über Tommy nicht; er hatte ein Klischeebild im Kopf: »Vollblutwissenschaftler«, sagte Herdendorf, »sehen auf Ingenieure wie auf … nun ja … Untermenschen herab. Sie sind für sie zwar für die Berechnungen zu gebrauchen, aber nicht für schöpferisches Denken.«

Herdendorf schrieb gerade im Labor die Studenten ein, als er ein cremefarbenes Kabrio von der Größe eines MGB erblickte, das bis zu den Fenstern unter Wasser auf die Insel zufuhr. Als er und die Studenten neugierig nach draußen gingen, glitt der Wagen auf eine kleine Bootsrampe und tauchte tropfnaß aus dem See auf, während sich seine kleinen Propeller weiterdrehten. Aus dem Fahrzeug kletterte Tommy.

»Dieses Auto fesselte auf Anhieb die Aufmerksamkeit aller«, erinnerte sich Dr. Walt Carey, Tommys zweiter Betreuer im Labor. »Es beschäftigte uns den ganzen Sommer lang. Jemand sagte: ›Wenn er weiter solche Kunststücke vorführt, kann er von Glück sagen, hier lebend wieder wegzukommen.‹ Doch er schien überhaupt keine Angst zu haben. Er ging dorthin, wo niemand sonst hinging, und probierte Dinge aus, die niemand sonst ausprobiert hatte; doch er wußte immer, wie weit er gehen konnte. Dafür sorgte sein Instinkt.«

In jenem Sommer maßen die Studenten die Wachstumsrate der Algen im See und überprüften die Strahlung in der Umgebung eines Atomkraftwerks, doch Tommy schien mehr an den Instrumenten interessiert denn an den Vorträgen. Er erläuterte den anderen, wie die Geräte seiner Meinung nach arbeiten, und schien sie in seinem Kopf umzubauen, während er sprach. Er theoretisierte genausoviel wie immer; doch hier fragten sich unter den Aufbaustudenten und Professoren nicht so viele, ob er sie auf den Arm nahm oder es ernst meinte. Wenn ein Instrument nicht mehr funktionierte und niemand wußte, warum, dachte Tommy gründlich nach und fand den Fehler. Fred Snyder, ein graduierter Student der Fischwirtschaft, bemerkte: »Tom war unermüdlich und geduldig dabei, etwas zu reparieren.«

Snyder empfand Tommy als »störrischen Charakter«, tatkräftig und eigensinnig, aber immer intellektuell. »Ich glaube, manchen Leuten erschien er undiszipliniert, doch er hatte eben seine eigene Auffassung von Disziplin. Im Labor erwarteten manche einen ruhigen, zurückhaltenden Gelehrtentyp; Tommy war zwar hochgelehrt, aber nicht ruhig und zurückhaltend.«

Gegen Ende des Sommers verließen die Studenten Put-in-Bay, um auf dem Festland an einer Exkursion teilzunehmen. Alle anderen fuhren mit der Fähre, nur Tommy überredete Snyder, mit ihm in seinem Amphibienfahrzeug überzusetzen. »Er war wirklich ein kleiner Teufel«, sagte Snyder. »Er hatte einen Bart, drahtiges Haar, funkelnde Augen und ein spitzbübisches Grinsen. Und er konnte mich zu allem überreden.«

Auf dem Eriesee, dem flachsten der Großen Seen, entstanden bei einem Sturm hohe Wellen. An jenem Tag war der Himmel so dunkel, daß Tommy die Scheinwerfer, die Rücklichter und die Positionslampen einschaltete. Ein steifer Nordostwind blies über den See und trieb das Wasser zu kleinen Hügeln empor. »Wir hätten das wirklich nicht machen sollen«, sagte Snyder.

Sie schlossen das Verdeck, um sich vor der Gischt zu schützen, und Tommy steuerte das Amphibienauto parallel zur Fähre; doch der Wagen bewegte sich nicht so schaukelnd auf dem Wasser wie die Fähre mit ihren Korkkissen, und die Wellen schwollen an und rollten über sie hinweg. »Zum erstenmal habe ich Scheibenwischer gesehen, die sich unter Wasser bewegten«, sagte Snyder. »Am anderen Ufer war ich ein frommerer Mann als zuvor. Tom hatte vielleicht auch Angst, aber er zeigte das nie. Er ließ sich nicht so leicht aus der Fassung bringen.«

Kurz vor dem Examen wies Don Glower Tommy darauf hin, daß es in der Meeresforschung nur wenige Stellen gab. Die Handelsflotte der Vereinigten Staaten konnte man praktisch vergessen. Bei Scripps, Woods Hole und anderen ozeanographischen Zentren wurden vielleicht fünf oder sechs Positionen im Jahr angeboten. Es habe keinen Zweck, vor Ort nach einer Beschäftigung zu suchen. »Zumindest jetzt noch nicht«, sagte Glower, »vielleicht in 30 Jahren.« In der Zukunft sah er einen riesigen Bedarf an Meeresingenieuren voraus, die in der tiefen See schürfen würden. »Wir werden dort unten sogar Landwirtschaft betreiben«, sagte Glower, »und auf historische Zeugnisse stoßen, die mindestens ebenso wertvoll sind wie die, die man in Griechenland ausgegraben hat.« Doch das alles lag noch in weiter Ferne. Glower schlug vor, daß Tommy sich einen Job als Maschinenbauingenieur in der Nähe von Scripps in Kalifornien suchen und unentgeltlich bei ozeanographischen Projekten mitarbeiten sollte; denn wenn sie ihn einmal kannten, würden sie ihm vielleicht eine Stelle anbieten. Ebenso könnte er es in Florida versuchen. Glower dachte sogar an die Schatzsucher unten in Key West. Er hatte gerade über einen Mann namens Mel Fisher gelesen, der seit Jahren nach einer spanischen Galeone gesucht und sie immer noch nicht gefunden hatte.

Tommy bewarb sich um eine Stelle als Ingenieur; doch wenn sein Gegenüber in dem Bewerbungsgespräch auf die Altersvorsorge der Firma zu sprechen kam, schweiften Tommys Gedanken zu seinen sieben bis vierzehn Projekten und Ideen ab. »Er wollte kein Rädchen im Getriebe sein«, sagte Phyllis, »und als John ihn fragte, was er denn sonst tun wolle, antwortete er: ›Na ja, ich habe mit ein paar Typen‹, einer davon war Barry, ›ausgemacht, daß wir uns nach dem Examen unten in Key West wiedersehen.‹«

Im Januar 1976 stellte Tommy das Amphibienfahrzeug in der Garage eines Freundes unter, verließ Defiance in einem Mercedes Diesel Baujahr 1963 und überlegte die ganze Zeit über, wie er den Vergaser des Autos dazu bekäme, auch Frittenöl zu schlucken, ohne zu klopfen.

Barry Schatz' Vater betrieb in Defiance eine erfolgreiche Versicherungsagentur, doch Barry sagte das Geschäftsleben nicht zu; er wollte andere Kulturen, Sprachen und Literatur studieren. Er versuchte sich in Betriebswirtschaft und Rechnungswesen, doch sein mangelndes Interesse schlug sich in schlechten Noten nieder. Er versagte an der Universität von Miami ebenso wie an der Ohio State. Zuerst ging er nach Quebec, dann nach Schottland, trampte, wanderte ziellos umher und dachte nach. Als er aus Schottland zurückkam, schrieb er sich am Hillsdale College in Michigan ein, wo er sich intensiv mit Literatur und Theater beschäftigte. Er bekam eine Stelle bei der Lokalzeitung, arbeitete sich vom einfachen Fotografen zum leitenden Fotografen hoch, vom Bildredakteur zum Reporter und hatte in der Mitte seines vorletzten Jahres in Hillsdale dennoch das Gefühl, seinen Weg noch nicht gefunden zu haben.

Im letzten Trimester vor dem Examen, im Juli 1975, verließ Barry die Universität und die Zeitung und ging nach Defiance zurück, um seine Zukunft zu planen. Er wollte sich mit Tommy in ein Abenteuer stürzen, über das sie seit der High-School sprachen.

Als Barry noch sehr jung war, hatten ihn seine Eltern in jedem Winter einen Monat aus der Schule genommen und waren mit ihm nach Key West gefahren, wo seine Großeltern eine Eigentumswohnung besaßen. Mit ihren alten Holzhäusern im Kolonialstil und den im Wind flatternden Palmen bezauberte die üppige Insel den jungen Barry – eine wilde tropische Kolonie, die so weit weg von Defiance lag, wie es ihm überhaupt möglich erschien. »Harvey und ich hatten viel Zeit damit verbracht«, sagte er, »einen Plan zu schmieden, wie wir mit dem Boot den Mississippi flußabwärts und weiter nach Key West fahren konnten.« Sie waren sogar auf den Trockendocks in der Umgebung von Cincinnati herumspaziert, wo alte Boote lagen, und hatten einen dunkelblauen Kabinenkreuzer entdeckt, der vom Steven bis zu seinem wunderschönen, eiförmig gewölbten Heck 13,5 Meter maß. Als Barry in diesem Sommer nach Hause kam, rief er Tommy in Columbus an und erzählte ihm, daß er zusammen mit ihm diesen alten Kabinenkreuzer wiederfinden und instand setzen wollte – nur sie beide, wie damals, als sie mitten in der Nacht zum Winterkarneval nach Quebec aufgebrochen waren. Allerdings handelte es sich diesmal um ein größeres Abenteuer, von dem sie nicht gleich wieder zurückkommen mußten. Sie beschlossen, spätestens Oktober den Anker zu lichten.

Doch Barry wußte inzwischen, daß Tommy sich so sehr in seine Vorhaben vergraben konnte, daß er alles andere um sich herum vergaß. Ein gemeinsamer Freund sagte einmal: »Du gehst zu Harvey, weil ihr gemeinsam etwas unternehmen wollt, und nach zwei oder drei Stunden bist du immer noch bei ihm zu Hause, weil er nicht aufhören kann mit dem, was er gerade tut.« Und zu der Zeit, als sie zum ersten Mal über dieses Abenteuer gesprochen hatten, hatte sich Tommy geschworen, seine sieben bis vierzehn Projekte weiterzuverfolgen, in die er sich so sehr verlieren konnte, daß er kaum mehr aß oder schlief.

Nach seinem Examen im August blieb Tommy in Columbus, beschäftigte sich mit seinen Projekten und schob das Abenteuer vor sich her. Doch Barry wollte los. »Ich sagte mir, wenn wir das machen wollen, müssen wir jetzt an einem Boot arbeiten; doch Harvey konnte sich nicht entschließen.«

Eines Abends rief Tommy Barry aus Columbus an, und sie plauderten eine Weile. Am nächsten Tag war Barry verschwunden. »Ich beschloß zu gehen und erwähnte ihm gegenüber nichts davon, weil ich dermaßen sauer auf ihn war. Es tat mir zwar in der Seele weh, ohne ein Wort abzuhauen; aber ich fand es auch gerechtfertigt, weil er sich nicht ändern konnte und unsere Beziehung das einfach aushalten mußte.«

Mit seinem alten MGB-GT fuhr Barry im Oktober 1975 über die elf Kilometer lange Brücke auf die Florida Keys, nahm einen Job als Tellerwäscher an und sog die Atmosphäre von Key West mit wachen Sinnen ein. Er sah aus wie ein lateinamerikanischer Einwanderer, hatte träumerische dunkelbraune Augen, einen Stoppelbart, einen mächtigen schwarzen Schnauzer, dichtes schwarzes Haar und eine sanfte Stimme; er glich eher dem romantischen

Helden aus einem Film über eine zentralamerikanische Revolution als dem Sohn eines Versicherungsagenten aus Ohio. Doch das war eben das Wunderbare an Key West: Filmstar, berühmter Schriftsteller, verkrachter Collegestudent – wen kümmerte das schon?

Barry hatte noch nicht viele Teller abgewaschen, als seine Wirtin in der Zeitung las, daß der *Miami Herald* einen Korrespondenten für Key West suchte. Barry bekam die Stelle, und der *Herald* bezahlte ihn für seine Berichte aus der Enklave der Garnelenfischer, Schwulen, Touristen, Schriftsteller, Schauspieler, Drogenhändler und Schatzsucher, die alle in der tropischen Hitze vor sich hin schmorten. Jeden Morgen stand er auf, legte die Uniform eines Key-West-Reporters an – Sandalen und Shorts – und zog aus, um den Finger in die brennenden Wunden der südlichsten Stadt der USA zu legen.

Hier kümmerte es keinen, ob er in Buchhaltung durchgefallen war; hingegen schätzte man seine Kenntnis der Literatur und des Theaters, und er fand schnell Anerkennung. Er lernte, kubanische Gerichte zu kochen, und sprach am Ende fließend spanisch und portugiesisch. Er feierte mit Freunden das Thanksgiving-Fest und besuchte Tennessee Williams' Heiligabendparty, er sammelte blaue Krebse, veranstaltete große Essen und verbrachte die Sonntage mit dem Suchen von Seeigeln, die er auf den Brücken über den Keys roh verzehrte. Nach einer Weile nahm er am Wochenende einen Nebenjob als Diskjockey an und legte in der zweiten Nachtschicht Platten auf. Er nannte seine Show »*Schatz* im Dunkeln«.

Als Tommy im Januar 1976 nachkam, war Barry auf Key West schon heimisch geworden und hatte mit seiner nonkonformistischen Lebensart Zugang zu der Gemeinde von Schriftstellern, Musikern und der übrigen Avantgarde auf der Insel gefunden. Soeben hatte er eine Geschichte über den berühmtesten Schatzsucher der Keys, Mel Fisher, veröffentlicht. Er fühlte sich wohl und war nicht gerade erfreut, seinen besten Freund wiederzusehen. Er hatte endlich Halt gefunden auf dem Schifflein des Lebens, und plötzlich tauchte Tommy mit all seinen Projekten im Koffer auf und zerrte an seiner Achterleine. »Du kannst nicht einfach im zweiten Akt hereinplatzen«, dachte Barry bei sich.

Tommy zog trotzdem bei ihm ein und schien nicht zu bemerken, daß er störte. »Er wußte nicht, was er tun sollte«, sagte Barry später. »Er hatte den Kopf voller wilder Pläne und wollte irgendwas erreichen, wußte aber nicht, wie. Ich hatte das Gefühl, als ob er mir Steine in meine Schubkarre warf, die ohnehin schon schwer genug war.« Nach einer Woche bat Barry Tommy zu gehen, doch während seiner Anwesenheit hatte er den Namen Mel Fisher zum zweiten Mal gehört.

Mel Fisher war ein kurzsichtiger Hühnerfarmer aus Indiana und vielleicht die schillerndste Figur auf der Insel. Er war ein fanatischer Taucher und ganz versessen auf spanische Schätze. Seit sieben Jahren suchte er nach einer Galeone namens *Nuestra Señora de Atocha*, die angeblich 1622 vor der Küste von Key West bei einem Hurrikan gesunken war. Jeden Tag in diesen sieben Jahren hatte Fisher seine Taucher beschworen: »Heute ist der Tag!« Doch bislang war dieser Tag noch nicht gekommen. Seine Taucher hatten Musketen, Schwerter und religiöse Gegenstände, 4000 Silbermünzen, drei Silberbarren, ein paar Goldketten, einen langen Goldbarren, einen großen goldenen Teller und zwei Goldmünzen entdeckt. Doch die *Atocha* hatte 901 Silberbarren, 15 Tonnen Rohkupfer, 250 000 neu geprägte Silbermünzen und 161 ungemünzte Goldstücke an Bord gehabt, dazu noch andere seltene Geräte, Juwelen und Schmuck. Der größte Teil dieses Schatzes lag noch immer irgendwo auf dem Meeresgrund verborgen, und Fisher suchte weiter danach.

Im letzten Sommer hatte Fishers Suche ihren Höhepunkt erreicht, als sein Sohn Dirk zwölf Meter unter Wasser neun bronzene Kanonen mit einem Gewicht von 3000 Pfund gefunden hatte. Die Nummern auf den Kanonen entsprachen den Einträgen im Schiffsregister der *Atocha* in Sevilla. »In diesem Augenblick bezweifelte niemand mehr, daß wir nach all den Jahren die *Atocha* entdeckt hatten.« Doch dann, fünf Tage später, geriet ihr Tauchschiff, ein rostiger alter Schlepper, der vor den Marquesasinseln ankerte, in der Morgendämmerung ins Schlingern, legte sich innerhalb von Sekunden auf die rechte Seite; drei Stockwerke Decksaufbauten krachten ins Wasser und schleuderten Anker, Leinen, Sauerstoffflaschen, Bojen, Tauchgeräte und einige Taucher in den dunklen Ozean. Acht Taucher kehrten unversehrt auf das Schiff zurück; doch Dirk Fisher, seine Frau und ein junger Taucher wurden vom einströmenden Wasser eingeschlossen und ertranken. Seit diesem Vorfall hatten die Taucher nur noch einen silbernen Kerzenhalter geborgen.

Fisher operierte von der Nachbildung einer alten Galeone aus, die unten an den Hafenmauern von Key West lag und am Bug das Schild »Piratenschiff« trug. Die *Atocha* hatte nichts mit Piraten zu tun, aber das zog Touristen an, die anderthalb Dollar pro Kopf für die Besichtigung zahlten. Das war manchmal das einzige Geld, mit dem Fisher seine Taucher ernähren konnte.

Als Tommy Anfang 1976 an Bord der Galeone ging, wollte er kein Taucher werden, sondern mit Fisher über eine Art von »Technologietransfer reden – darüber, wie er sich bei seiner Suche nach dem Wrack vielleicht Erfahrungen aus der Erdölindustrie oder einem anderen Industriezweig zunutze machen könnte. Fisher hörte jedem zu, der meinte, ihm helfen zu können, die Schätze der *Atocha* zu bergen. Er hatte schon mit Leuten gesprochen, die mit Delphinen kommunizierten, mit Wünschelruten unter Wasser Gold finden konnten oder mit den Geistern der Spanier, die 1622 mit der *Atocha* untergegangen waren, in Verbindung treten wollten. Eine Lieblingsidee der Taucher stammte von einem Mann, den sie »Mr. Bubbles« nannten und der die ganze Bergungsstätte elektrifizieren wollte, um das Silber zu finden. Vor diesem Hintergrund war es nichts Außergewöhnliches, wenn irgendein Bursche, der gerade das Maschinenbaustudium abgeschlossen hatte, am Piratenschiff auftauchte und mit Fisher über Technologietransfer reden wollte. Tommy schlug vor, daß neue technische Entwicklungen bei der Suche hilfreich sein könnten; doch Fishers Unternehmen steckte gerade in einer Krise, so daß er niemanden einstellen konnte.

In den nächsten sechs Monaten schaute Tommy gelegentlich bei Fisher vorbei, während er seine sieben bis vierzehn Projekte in Miami und Key West verfolgte. Er kümmerte sich nicht darum, ob er Geld verdiente oder ein Dach über dem Kopf hatte: Er wollte nur etwas lernen. »Das wichtigste war, Geld zum Telefonieren zu haben«, sagte er. Denn er hatte entdeckt, daß er durch das Telefon mit den technischen Entwicklungen in der ganzen Welt in Verbindung bleiben konnte: Wissenschaftler redeten gern über ihre Arbeit, besonders über ihre geheimen Vorhaben; er hatte das schon in der High-School erfahren, als er Linus Pauling anrief. Er brauchte nur den Hörer abzunehmen und konnte mit Experten aus fast jedem Bereich in Kontakt treten. »Bald fand ich heraus, wer am meisten über das Gebiet wußte, das mich interessierte.« Doch zuvor las Tommy die Aufsätze, die der Wissenschaftler geschrieben hatte, und wies ihn auf deren Lücken hin.

Um sein Geld für Telefonanrufe zu sparen, schlief Tommy manchmal in seinem Wagen auf dem Parkplatz am Friedhof, wo die Gräber über der Erde lagen und dem Gerücht nach Medizinmänner nachts Voodoo praktizierten. Nicht daß Tommys 63er Mercedes die zauberische Atmosphäre des Ortes gestört hätte. Der Mercedes hatte inzwischen einen Zustand des »natürlichen Gleichgewichts« erreicht, wie Tommy es nannte. Unter den Türen war die Karosserie völlig verrostet, und alle Stellen unter den Kotflügeln, wo Wasser hinkam und sich sammelte, wiesen große Löcher auf.

»Es gab kaum mehr Stellen, wo sich das Wasser sammeln konnte«, meinte er, »also gab er es irgendwann auf, weiter zu rosten. Trotzdem sah er scheußlich aus.«

Der Mercedes war eines von den sieben bis vierzehn Projekten. Tommy hatte den Wagen gekauft, um mit alternativen Brennstoffen zu experimentieren: Statt mit Diesel wollte er den Tank mit Pommes-frites-Öl von McDonald's füllen. Ein Professor von der Ohio State hatte daran herumgeforscht, und Tommy hatte ihm dabei Gesellschaft geleistet. Sie fanden heraus, daß sie, wenn sie das Öl richtig filterten und ein wenig erhitzten, genau das Zeug verbrennen konnten, das all diese vorgeschnittenen, gefrorenen Fritten braun und knusprig machte. Der Mercedes brauchte etwa sechs Liter auf 100 Kilometer, und Tommy plante, zwei Behälter mit je 200 Liter Frittenöl hinten am Wagen zu befestigen. Er rechnete aus, daß er mit einer Tankfüllung von Küste zu Küste fahren konnte; und da sechs Liter Frittenöl für ungefähr acht Cents zu haben waren, würde die ganze Reise nicht mehr als fünf oder sechs Dollar kosten und auch nicht umständlicher werden, als wenn man an einer Tankstelle anhalten müßte. Zwar würde er mit den Leuten in den Fast-food-Läden reden müssen, aber er war sich sicher, daß sie das Zeug dort in rauhen Mengen herumstehen hatten. Das einzige Problem war, daß der Mercedes wie eine rauchende Bratpfanne roch und Tommy wie ein Koch im Schnellimbiß.

An einem Nachmittag in jenem Sommer hörte er, wie Fisher sagte, daß er jemanden für den Theodolitturm bräuchte. Das war ein Gerüst, wie es Rettungsschwimmer haben, das auf einem Riff in der Nähe des Treibsands stand, auf dem ein Winkelmeßgerät installiert war. Jemand mußte oben auf dem Turm sitzen, durch das geodätische Instrument linsen und in ein Funkgerät sprechen, damit Fishers Boot auf Kurs blieb, während es ein Magnetometer hinter sich herzog. Die Taucher nannten diejenigen, die auf dem Turm saßen, »Bratjungen«, weil sie annahmen, daß sie sich ähnlich fühlen mußten wie ein Hühnchen, das in der Pfanne brutzelt. Der Turm war aus Alteisen gebaut und bot nicht einmal eine Handbreit Schatten; und die Sonne brannte doppelt so heiß wie an Land, weil das Meer ihre Strahlen reflektierte. Da der Turm in meilenweitem Umkreis der einzige Platz war, wo sich ein Vogel niederlassen und eine Weile ausruhen konnte, war er mit Vogelmist bedeckt, der zwischen den Zehen matschte und immer wieder portionsweise ins Wasser fiel, wo er sein eigenes kleines Ökosystem begründete, das den Weg über die Nahrungskette zu den Barrakudaschwärmen fand. Und die sengende Sonne brachte den Guano fast zum Kochen, so daß das Ganze stank wie ein Dunghaufen in einem Vogelhaus. Als Tommy hörte, daß Fisher einen Mann für den Turm suchte, sagte er sofort zu und arbeitete den Rest des Sommers über für Mel Fisher.

Nachdem Fishers Sohn die Kanonen im Treibsand gefunden hatte, hatte Fisher ein ehemaliges Begleitschiff der Küstenwache namens *Arbutus* an die Bergungsstätte geschleppt, das als Tauchplattform und Platz zum Schlafen und Essen für die Taucher dienen sollte. Dort draußen lebten über Zeiträume von zwei bis drei Wochen ein halbes Dutzend junger Männer, die den ganzen Tag tauchten, den Sand mit einer Pumpe mit großem Laufrad wegbliesen und mit ihren Masken den Boden absuchten. Am Abend kochte dann jemand, oder sie aßen Sandwiches mit Mortadella und plauderten unter den Sternen.

In solchen Nächten redete Tommy über die Wirkung von Kalziumüberdosierung oder Lasertechnologie, Massenpsychologie oder irgendwelche ganzheitlichen Verfahren, und Pat Clyne, der Mannschaftskapitän, hatte den Eindruck, daß man jemandem zuhörte, der auf einem LSD-Trip war und seine Wahrnehmungen erklären will, die für ihn sehr bedeutend sind, aber für den Zuhörer überhaupt keinen Sinn ergeben. Clyne konnte nicht sagen, ob Tommy einfach irre war oder genial.

»Ich weiß noch, wie ich mit ihm eines Abends an Deck saß und stundenlang über alles und nichts redete«, sagte Clyne. »Er war ein wirklich sympathischer Typ mit viel Sinn für Humor; seine Geschichten waren lebendig, seine Entdeckungen und Gedanken hochinteressant. Deswegen war er bei allen beliebt. Er hätte ein Genie sein können, doch wir lächelten nur und schüttelten den Kopf.«

Der andere Kapitän, Tom Ford, wurde auch nicht aus ihm schlau. Tommy wirkte in gutem Sinn etwas eigenartig – wie ein Bursche, der nach seinem eigenen Takt marschiert, aber nicht so recht weiß, wohin. »Er hat immer etwas ausprobiert«, erzählte Ford lachend.

Da Tommy ein abgeschlossenes Ingenieurstudium hatte, übertrug ihm Ford die Aufsicht über das neue hydraulische Gerät, eine Pumpe und ein Laufrad, die in einem Rohr von viereinhalb Meter Durchmesser saßen; mit dieser Vorrichtung strahlten sie den Sand weg. Das erste, was Tommy tat, war, seine Ausrüstung anzulegen, ins Wasser zu springen, seinen Körper an das Gitter zu pressen, das Drosselventil zu lockern und wieder zuzudrehen, bis er mehr und mehr an das Gitter gesaugt wurde und ihm schließlich seine Maske und sein Mundstück weggerissen wurden.

»Ich mußte erst ein Gefühl für die Strömung bekommen«, sagte Tommy. »Wir lernten das zwar in der Schule, aber nur wenige Menschen haben so etwas am eigenen Körper erfahren.«

Tommy experimentierte mit der Wasserstrahlpumpe bei verschiedenen Geschwindigkeiten und in unterschiedlicher Entfernung vom Boden. Er stellte fest, daß die Taucher jemanden brauchten, der oben das Gerät bediente, und daß sie nicht signalisieren konnten, wann man es öffnen und wann man es schließen mußte; also entwarf er ein Ventil, mit dem sie die Pumpe am Meeresboden selbst regulieren konnten. Er war auch ein guter Taucher; ohne schwere Ausrüstung konnte er bis zu einer Tiefe von zwölf Metern tauchen; aber in dem Sommer, den er auf der *Arbutus* verbrachte, förderte er keinen einzigen Gegenstand zutage. Er zog es vor, ein bißchen herumzubasteln, zu experimentieren und die Entwürfe auszuarbeiten, die er mit Don Glower während all der Sitzungen besprochen hatte.

Einige seiner Ideen waren ungewöhnlich: doch im Gegensatz zu vielen Leuten, mit denen sich Fisher beriet, hatte Tommy gründliche Kenntnisse in Physik und Maschinenbau. Clyne sah ihn auf der *Arbutus* ständig technische Handbücher und Fachzeitschriften lesen und dann mit Fisher über mehr »Technologiekreuzung« sprechen – etwas, das sie vielleicht bei ihrer Suche einsetzen konnten. »Er sprach oft mit Mel über seine verschiedenen Ideen«, sagte Clyne, »und Mel besorgte schließlich alles: Radar, Magnetometer, Unterboden-Kopierfräsmaschine.«

Bei stürmischer See bot die *Arbutus* den Tauchern Schutz vor Wind und Wellen. Eines Tages, kurz nachdem Tommy zur Mannschaft gestoßen war, herrschte besonders rauhes Wetter. Tommy arbeitete unten auf dem Meeresgrund, und als er fertig war, tauchte er an der Luvseite des Schiffs auf. Die Wellen türmten sich drei- bis viereinhalb Meter hoch und krachten gegen das Schanzkleid, und Ford brüllte Tommy zu, unter dem Boot hindurchzutauchen und auf der Leeseite hochzukommen. Aber Tommy hatte schon seine Maske abgenommen, sein Atemgerät in der Hand und das Ventil unter dem Arm, als wollte er es ihnen hochreichen. Er führte ihnen in seiner Badehose ein bißchen Wassertreten vor und verschwand dann plötzlich. Als er untertauchte, sahen sie, daß er seine Flossen abgenommen hatte und diese auch noch in den Händen trug.

»Er versuchte einfach, unter dem Schiff durchzuschwimmen«, erinnerte sich Ford, »und wir fragten uns, was er wohl vorhatte.«

Die *Arbutus* war fast neun Meter breit, und die Strömung unter ihr zur Luvseite war stark. Das Schiff hatte so lange dort draußen gelegen, daß der Boden von Korallen verkrustet war – ein kalkiger Wald aus scharfen Rasiermessern. Der Rumpf hob und senkte sich so heftig, daß jemand, der unter dem Schiff durchtauchte, riskierte, daß eine hohe Welle den Rumpf anhob, den Taucher mit sich hochsaugte und dann weiterrollte, so daß der Rumpf auf den

Taucher niederkrachen und ihm den Schädel und den Rücken aufreißen würde.

Die Taucher auf Deck warteten an der Luvseite darauf, daß
Tommy von der Strömung wieder nach oben getragen wurde.
Doch Tommy kam nicht wieder hoch. Eine Minute verging. Zwei
Minuten vergingen.

Die Taucher eilten über das Deck zur Leeseite, wo sie vergeblich
nach ihm Ausschau hielten. Gerade als sie hineinspringen wollten, um nach ihm zu suchen, tauchte Tommy mit einem Grätsch-
stoß an der Leeseite auf und hielt seine ganze Ausrüstung in der
Hand.

»Was zum Teufel machst du da!« brüllte Ford.

Als Tommy ins Schiff hochgeklettert war, sagte er: »Ich wollte
nur mal sehen, ob ich es auch ohne Flossen schaffen kann.«

»Er hat nicht einmal einen Kratzer abgekriegt«, sagte Clyne,
»und das wäre ja wohl das wenigste gewesen im Vergleich zu dem,
was ihm alles hätte passieren können. Wenn das Boot ihm nur
einmal auf Kopf und Schultern gekracht wäre, hätten die Haie
irgendwo zwischen hier und Kuba eine Mahlzeit gehabt.«

Ford sah in Tommy immer mehr den zerstreuten Professor in
Fishers Mannschaft. Tommy erzählte wilde Geschichten über
Amphibienautos und darüber, daß man es acht Tage ohne Schlaf
aushalten könne, und Ford wußte nicht, was er davon halten
sollte. Doch als Tommy die Dieselpumpe in dem hydraulischen
Gerät reparierte, dachte Ford, daß Tommys abenteuerliche
Geschichten vielleicht doch nicht so wild waren. Ford, der selbst
ein passabler Mechaniker war, verstand nichts von den alten
Schaltern und Leitungen der Dieselpumpe und hatte keine Vorstellung davon, wie sie funktionierte. Er hatte auch keinen Schaltplan, nach dem er sich richten konnte. Tommy griff mit den
Händen in die Pumpe, zog ein paar Teile heraus, setzte einige wieder ein, entfernte weitere und sagte währenddessen: »Laß uns das
hier versuchen, oder das oder vielleicht jenes«, und am Ende des
Tages lief die Pumpe wieder. Ford war schwer beeindruckt und
sagte zu Tommy: »Ab heute hast du bei mir einen Stein im
Brett.«

Tommy löste auch noch zwei weitere Probleme auf der *Arbutus* – oder hätte sie zumindest beinahe gelöst.

Wenn die Taucher ein Gebiet im Treibsand abgesucht hatten, mußten sie die Position wechseln. Doch sie konnten den schwimmenden Koloß nur bewegen, wenn sie darauf warteten, daß Wind und Gezeiten das Schiff in eine günstige Richtung brachten. Dann mußten sie alle Anker lichten und sich ein paar Minuten treiben lassen. Die Arbeit war schwer, und die Taucher haßten sie, doch indem sie so vorgingen, konnten sie die *Arbutus* alle ein bis zwei Wochen ein Stück weiter bewegen. Dann fand Tommy einen Weg, wie man das hydraulische System so umrüsten konnte, daß die große Pumpe in dem Rohr horizontal auf dem Wasser wie ein Propeller statt wie ein Ausgrabungswerkzeug arbeitete. Als sie die Pumpe zum erstenmal in die neue Position gebracht hatten, trieb sie die *Arbutus* über den Treibsand drei oder vier Meilen weit zum äußeren Riff, wobei der 56 Meter lange Stahlkoloß etwa vier Knoten machte und das Kielwasser hinter ihm leicht strudelte.

Die Papiere wiesen die *Arbutus* als feststehende Plattform aus, wie ein Bohrturm oder ein Hausboot, »wir aber fuhren jetzt meilenweit um die Wrackstätte herum und gruben überall Löcher in den Boden«, erinnerte sich Clyne. Ortsansässige Fischer benutzten die *Arbutus*, um ihre Hummerfallen zu orten; und urplötzlich schien sich diese Wegmarke bewegt zu haben, so daß sie ihre Fallen nicht wiederfinden konnten. Sie beklagten sich bei der Küstenwache, und die Küstenwache kam heraus und wollte den Maschinenraum sehen, der nur eine riesige, offene, leere Schlammgrube war. Auf die Frage, wie sie die *Arbutus* bewegten, sagte Clyne: »Anker über Anker«. Sie besichtigten den Maschinenraum und gingen wieder.

Der Mannschaft der *Arbutus* machten vermutlich Sonne, Wetter, Strömung, Haie oder die Fortbewegung des Schiffs zu schaffen; doch am lästigsten waren sicherlich die Möwen. »Es war das reinste Möwenparadies«, sagte Clyne, »Guano-City.« Die Vögel, die von Havanna zu den Marquesasinseln flogen, machten auf der *Arbutus* eine längere Zwischenstation, bevor sie ihre Reise fortsetzten. Hunderte, wenn nicht gar Tausende von Möwen saßen ständig auf der Reling und auf dem Ladebaum, besetzten jede Stange, die sie auf dem Schiff finden konnten, flatterten auf dem Geländer hin und her, hielten kreischend ihren Kaffeeklatsch ab und entluden sich auf das Deck.

»Am Morgen sah unser Deck aus wie Detroit zur Weihnachtszeit«, sagte Clyne. »Weiß. Einfach nur weiß.«

Nach einem Regenguß war das Deck schlüpfrig und gefährlich, und es stank genauso wie der Theodolitturm. Sie hatten es mit Vogelscheuchen versucht, doch die Tiere landeten auch darauf und ließen ihren Kot fallen. Die Männer schlugen mit Tauen und Besen nach ihnen und sprangen mit einem Satz auf sie zu, aber nur wenige Möwen flogen davon, um mit noch lauterem Geschrei zurückzukommen, als würden sie sich über die Crew lustig machen.

Dann hatte Tommy eine Idee: Man könnte doch die Reling und alle Stangen mit einem 220-Volt-Draht elektrifizieren und das Ganze vom Ruderhaus aus bedienen. Zuerst lachten die Männer, doch dann dachten sie nach und meinten: »Warum nicht? Mal sehen, ob es klappt.« Und bald schien es allen ganz einleuchtend. Verpassen wir ihnen einen Schlag. Nur so stark, daß es ihre Füße kitzelt und sie wegfliegen.

Tommy verdrahtete das Schiff, und alle versammelten sich im Ruderhaus, wo sich die Batterie befand. Als alle Drähte verbunden waren, schlang Tommy einen um den Minuspol und berührte mit einem anderen den Pluspol. Plötzlich schossen Hunderte von Vögeln in die Luft, kreischten und flogen davon.

»Man konnte sie schreien hören, als sie wegflatterten«, erinnerte sich Clyne. »Es war toll, es hatte geklappt! Wir konnten es kaum glauben! Wir klopften uns vor Begeisterung gegenseitig auf den Rücken.«

Seit fast einem Jahr hatten sie mit dem Vogeldung gelebt, der an allem klebte, sogar an ihrer Taucherausrüstung. Vom frühen Morgen bis zum späten Abend hatten sie das Zeug riechen und es zwischen ihren Zehen spüren müssen. Jetzt hatten sie endlich einen Weg gefunden, um sich davon zu befreien.

Tommy schaltete die Batterie ab, damit die Mannschaft nicht gefährdet war, und die Taucher gingen wieder auf Schatzsuche. Bald darauf kamen die Vögel zurück, und als sich ein Haufen auf den Geländern versammelt hatte, rannte die Crew wieder ins Ruderhaus. Tommy stellte den Saft an, die Vögel schossen aufs neue in die Luft und flogen davon. Alle außer einem.

Was dann geschah, überraschte die Mitglieder der Besatzung

doch sehr und erfüllte sie mit Staunen über die Intelligenz einer Möwe.

Tommy ließ den Strom wieder fließen, aber diese eine Möwe flog einfach nicht davon, sondern hob ein Bein. Sie schalteten die Batterie ab, und der Vogel stellte das Bein wieder hin. Sie versetzten ihm noch einen Schlag, und er hob das andere Bein. Wenn nicht beide Beine auf dem Boden waren, war der Stromkreis nicht geschlossen. Der nächste Vogel landete, dann wieder einer und noch einer, und Tommy berührte wieder den Pluspol mit dem Draht, und ein halbes Dutzend Möwen hob ein Bein. Sobald kein Strom mehr floß, setzten sie das Bein wieder auf den Boden.

Nach zwei Tagen waren alle Möwen wieder da, und manche hatten anscheinend noch Freunde und Verwandte mitgebracht; denn der ganze Bug war von Möwen besetzt, und das Deck leuchtete wieder weiß. Wenn Tommy jetzt den Strom einschaltete, hoben Hunderte von Möwen übereinstimmend ein Bein, und wenn er den Pol mit dem Draht in einem bestimmten Rhythmus berührte, fingen die Vögel an zu tanzen. Das erinnerte Clyne an den Film *A Chorus Line.*

»Das war die Art von Erfindungsreichtum, mit dem Harvey gesegnet war«, sagte Clyne. »Er dachte sich Sachen aus, auf die niemand von uns gekommen wäre, und probierte, ob sie funktionierten. Manchmal klappte es. Manchmal auch nicht.«

In jenem Sommer fanden die Taucher der *Arbutus* in vielen tausend Stunden kaum mehr als einen Faßreifen. Und doch wollten alle auf den Meeresgrund, weil man schließlich überhaupt nur etwas finden konnte, wenn man unten war. Tommy hingegen tauchte immer seltener, blieb lieber auf dem Schiff und wälzte größere Probleme, während er die anderen bei ihrer Schatzsuche beobachtete. Er war mehr an der Frage interessiert, warum sie die *Atocha* nicht finden konnten, als an dem Schatz selbst, und während er den Tauchern zusah, kam er ins Grübeln.

200 Jahre lang waren Flotten von Galeonen mit Silber, Gold und Juwelen durch das Karibische Meer gefahren, kreuz und quer, auf jedem Weg von Key West bis Cartagena, von Yucatán bis zu den Inseln über dem Winde; und ab und zu fegte einer dieser

unvorhersehbaren westindischen Wirbelstürme über das Karibische Meer, zerschmetterte die halbe Flotte auf einem Korallenriff
und verstreute die ganzen Schätze auf dem Meeresboden.

Wo waren diese Wracks, und warum waren sie so schwer zu
finden? Schon war das Thema Schiffbruch zu einem seiner sieben
bis vierzehn Projekte geworden, und Tommy geriet immer mehr
ins Grübeln. Bei all diesen Wracks da draußen im Meer und mit
Hilfe der verfügbaren Forschung und Technologie mußte man
doch einfach irgendwann auf etwas stoßen. Tommy hatte Fisher
vom ersten Augenblick an gemocht; doch Fisher sprengte Löcher
in den Meeresboden, die sich innerhalb von Tagen oder sogar von
Stunden wieder mit Sand füllten, und er hatte keinen Überblick,
wo er gerade gesucht hatte.

»Erstaunlich, wie man dort arbeitete«, sagte Tommy. »Einfach
unglaublich. Ich erkannte viele Probleme.«

Sie hatten ein Magnetometer über den ganzen Treibsand
geschleppt, wo sie die Kanonen gefunden hatten, und jedesmal,
wenn das Gerät etwas anzeigte, hatte jemand gebrüllt: »Ja, das ist
es! Genau hier habe ich es vermutet, in diesem Gebiet auf der
Karte! Das muß es sein, schickt die Taucher runter!« Dann markierten sie die Stelle, indem sie eine Plastikflasche an einem
Schlackenstein befestigten und über Bord warfen; doch bis das
geschehen war, hatte sich das Schiff schon 100 Meter von der
Stelle entfernt. Dann mußte ein Taucher hinab und nachsehen,
ob das, was das Magnetometer angezeigt hatte, zur *Atocha*
gehörte. Es war immer etwas anderes; doch das nächste Mal sagten sie wieder das gleiche, und so ging es weiter und weiter und
weiter. Sobald das Wetter stürmisch wurde, trieben die Flaschen-
bojen ab.

»So ging das schon seit Jahren«, sagte Tommy, »und sie konnten nie feststellen, wo sie schon gesucht hatten. Sie stritten
herum, einer sagte: ›Dort haben wir doch letztes Jahr schon
gesucht‹, und ein anderer meinte: ›Nein, nein, das war dort drüben, hier haben wir nicht gesucht.‹ Es war unglaublich. Nach all
den Jahren besaßen sie keinerlei Aufzeichnungen über ihre
Arbeit. Und Mels Unternehmen war noch besser als die meisten.«

Tommy glaubte, daß man untersuchen müßte, wie die Hurrikane über das Karibische Meer hereinbrachen und was sie im Lauf

der Jahrhunderte mit einem Schiffswrack anstellten: wie sie es zerstörten und die Teile umhertrieben. Jeder, der nach der *Atocha* suchte, wußte, daß das Schiff in zwei Wirbelstürme geraten war, die im Abstand von nur drei Wochen nacheinander aufgetreten waren; aber es mußte doch einen Weg geben, die Dynamik dieser beiden Hurrikane einzugrenzen, einen Weg, alle Möglichkeiten quantitativ zu bestimmen.

Und noch etwas beschäftigte Tommy: Woher wußte Fisher, daß die *Atocha* nicht kurz nach ihrem Untergang vor 350 Jahren geborgen worden war? Das Wasser war nicht besonders tief: Dutzende von Leuten waren ohne Ausrüstung getaucht, um die Kanonen der *Atocha* zu bestaunen. Wenn das Wrack in dreieinhalb oder selbst zwölf Meter tiefem Wasser lag, hatte man auch vor Jahrhunderten die Möglichkeit gehabt, es zu bergen. Wo lag dann das Problem?

Während Tommy Fishers Unternehmung beobachtete und sich Erzählungen anderer Schatzsucher anhörte, begann er ein Muster zu erkennen: Sie arbeiteten von Tag zu Tag, ohne langfristigen Plan; sie hatten nicht genügend finanzielle Mittel; niemand erstellte genaue Berichte; die Arbeiter wechselten ständig; sie besorgten sich ihr Geld hauptsächlich über die Medien; Investoren waren unzufrieden und klagten vor Gericht; der Staat behielt sich das Recht auf alle Schätze vor; die Stürme verstreuten die Überreste eines Schiffs manchmal meilenweit über die flache See; sie konnten nicht mit Sicherheit bestimmen, ob ein Gegenstand von ihrem gesuchten Schiff oder von einem anderen Wrack stammte, das ein Sturm an diese Stelle befördert hatte; sie wußten nicht einmal, ob das Schiff, das sie suchten, schon geborgen war.

Tommys Gedanken und Beobachtungen über Schiffsunglücke im Karibischen Meer füllten allmählich viele Seiten.

»Dieser Sommer war für mich eine entscheidende Erfahrung«, sagte Tommy, »weil ich so gründlich darüber nachdachte, wo die historischen Wracks eigentlich waren, wie und mit welchen technischen Mitteln man sie finden konnte. Wenn eine Idee Wirklichkeit werden soll, muß man die unterschiedlichsten Situationen berücksichtigen. Je mehr du über die Welt weißt, desto tiefer sind deine Erkenntnisse und desto besser deine Entscheidungen. Dadurch, daß ich anfing, Reichtum in Begriffen von Wachstum,

Wissen und Bildung im Gegensatz zu Geld zu betrachten, wurde diese Erfahrung für mich so wichtig. Ich erhielt nicht viel Lohn, und das Risiko war vermutlich groß, aber ich war der einzige Ingenieur in dem ganzen Unternehmen.«

Im Herbst 1976 verließ Tommy Key West und fuhr mit Fisher und einigen anderen Tauchern nach Washington, um Königin Sophia von Spanien die bronzenen Kanonen der *Atocha* zu überreichen. Dann kutschierte er mit dem alten Mercedes zu einer ozeanographischen Konferenz in Ottawa, blieb eine Weile bei seinen Eltern in Defiance, wo er Telefonrechnungen über 400 Dollar im Monat hinterließ, und machte sich dann auf den Weg nach Columbus, um an einem Solarenergieprojekt zu arbeiten.

In Columbus besuchte Tommy Don Glower und erzählte ihm von seinen Erfahrungen bei den Schatzsuchern in Key West und seinen Recherchen in verschiedenen Bibliotheken Floridas. Dann rief er Eddie Herdendorf an, einen seiner Betreuer während des Sommers am Stone Laboratory, der dort einen Abendkurs über Ozeanographie leitete; Herdendorf bat Tommy, den Studenten von seiner Arbeit bei Mel Fisher zu berichten. Den Vortrag, den Tommy mit graphischen Darstellungen begleitete, fand Herdendorf »wirklich fundiert«. »Tommy betonte, wie wichtig es sei, nicht einfach wahllos und zufällig vorzugehen. Entscheidend sei es, systematisch, nach wissenschaftlichen Grundsätzen zu verfahren.«

Als nächstes wollte Tommy nach Texas, um eine neue Firma zu beraten, die ein besonderes Getriebe für Superkraftstoffautos entwickelte, dann weiter nach New York und von dort aus nach Chicago – wie ein guter Hirte, der sich um seine Sieben-bis-vierzehner-Herde kümmerte. Mit der Beratung verdiente er gerade genug Geld, um den Mercedes volltanken und die beiden Telefonrechnungen bezahlen zu können, die er bei seiner Familie und seinen Freunden hinterlassen hatte. Aber er schrieb alles auf, was er gelernt hatte, und er besaß einen sparsamen alten Wagen, in dem er zur Not auch übernachten konnte. Und das war alles, was er brauchte.

Im Winter 1977 lebte er in Chicago bei seiner Schwester Sandee und seinem Schwager Milt Butterworth, der die Beleuchtung und

das Fotografieren der Kunstwerke im Chicago Art Institute überwachte. In Chicago verfolgte Tommy ein anderes der sieben bis
vierzehn Projekte, einen Computer, der den Warenmarkt nach-
zeichnete. Die meiste Zeit verbrachte er am Telefon. Als Sandee
und Milt ihn fragten, was er da mache, meinte er: »Kontakte her-
stellen.« »Das Telefonieren war sehr wichtig für ihn«, erinnerte
sich Sandee, »eine Sache auf Leben und Tod.«

In Chicago stellten ihn zwei Männer, die er bei der Arbeit für
Mel Fisher kennengelernt hatte, einem Schatzsucher namens
John Doering vor. Doering war witzig, bescheiden, angenehm im
Umgang und mochte Tommys Schrulligkeit. Außerdem bewunderte er Tommys Fähigkeit als Ingenieur. Ein Jahr nach ihrer
Begegnung rief Doering Tommy wegen seines neuesten Abenteuers an: *La Concepción*, das legendäre Wrack an den Silver
Shoals, etwa 80 Meilen vor der Küste der Dominikanischen Republik. Die *Concepción* war 1641 mit einer registrierten Fracht von
150 Tonnen Schätzen, vor allem Silber, untergegangen. Doering
arbeitete für Seaborne Ventures und versuchte in Seattle ein
47 Meter langes Minensuchboot instand zu setzen, das den
Namen *James Bay* trug. Sie hatten den früheren Ingenieur entlas-
sen, der vor seinem Abgang die Maschinen manipuliert hatte, so
daß man mit der Drosselklappe die Geschwindigkeit nicht mehr
regulieren und nicht mehr mit dem Autopiloten fahren konnte.
Sie brauchten einen Ingenieur, der es wieder in Ordnung brachte
und mit ihnen nach Panama und durch die Schleusen in das Karibische Meer fuhr. Tommy heuerte an und flog nach Seattle, wo er
und ein zweiter Ingenieur sich um die Maschinen kümmerten.
»Harvey kam immer wieder zum Ruderhaus hoch und spielte mit
irgendwas herum«, erinnerte sich Doering, »und irgendwann
hatte er es raus. Er war einfach unbezahlbar.«

Wie schon bei Mel Fisher beobachtete Tommy genau, wie Seaborne Ventures arbeitete. Als die *James Bay* im späten Juli 1978
Seattle verließ, drei Monate nach der geplanten Abfahrt, versuchten Doerings Partner immer noch, Geld für die Expedition aufzutreiben. Im August erreichten sie Panama, mußten aber noch drei
Wochen vor der Küste liegen, bis das Geld ankam, mit dem sie die
Fahrt durch die Schleusen bezahlen wollten. Dennoch war Seaborne viel besser organisiert als andere Gruppen auf Schatzsuche,

die Tommy kannte. Sie hatten einen Plan und die meisten Dinge durchdacht. »Das Unternehmen war ganz gut geführt«, sagte Tommy, »aber trotzdem eben nur eine Schatzsuche. Ein Problem war, daß das Projekt nicht gründlich genug ausgearbeitet war.«

Während die *James Bay* vor Panama lag, flog Tommy nach Miami zurück, um an der Rosenstiel School of Marine and Atmospheric Science der Universität von Miami zu arbeiten. Dann ging er wieder nach Texas und von dort nach Columbus und Chicago, wie immer um seine Herde von sieben bis vierzehn Projekten besorgt. Als Tommy in Chicago war, ließen Doering und seine Partner den Plan fallen, auf schnellstem Weg zu den Silver Shoals zu fahren, und erhofften sich statt dessen einen schnellen Erfolg vor den nördlichen Ufern Panamas: bei Roncador, Quita Sueño, Serranilla, Baja Nuevo – an den Küstenriffen im flachen Meer, wo die Galeonen der spanischen Schatzflotte aus Cartagena bei Stürmen gestrandet sein konnten. »Wir machten an allen vielversprechenden Plätzen halt«, sagte Doering, »in der Hoffnung, auf etwas zu stoßen, mit dem wir wirtschaftlich überleben konnten.« Überall an den Ufern lagen Wracks, aber sie fanden nichts Wertvolles.

Im September fuhren sie weiter nach Kingston und aufwärts zu den Inaguainseln, wo sie Kanonen und Anker und ein zertrümmertes Flugzeug fanden, aber kaum Schätze. Nach einem kurzen Aufenthalt in Key West nahmen sie Kurs auf ihr ursprüngliches Ziel an den Silver Shoals, doch im Hafen von Bimini hörte Doering, daß ein anderer Schatzsucher namens Burt Webber soeben in der Dominikanischen Republik gelandet war, einen Vertrag mit der Regierung unterzeichnet und den gewaltigen Silberschatz der *Concepción* geborgen hatte. »Aber das war zu dem Zeitpunkt schon nicht mehr wichtig«, sagte Doering, »weil uns wie gewöhnlich das Geld ausgegangen war.«

Kurz vor Weihnachten kehrten sie nach Key West zurück, um Geld für die Suche entlang den Küsten der bergigen Insel Dominica zu besorgen. Ihren Nachforschungen zufolge lagen wenigstens 100 Schiffswracks in dem schwarzen Sand des Hafens von Roseau, und im Hafen von Portsmouth im Norden der Insel waren 1567 sechs Schiffe mit einer Ladung untergegangen, die Doerings Partner auf 799 Millionen Dollar schätzten.

Während sich Seaborne auf die Dominica-Expedition vorbereitete, lag die *James Bay* am Kai von Key West. Mel Fisher, immer auf der Spur anderer Schatzsucher in seinem Revier, schaute dort eines Nachmittags vorbei und erblickte am Heck der *James Bay* ein Paar der größten Raketen, die er je gesehen hatte. Doering hatte die Ungetüme entworfen, um den Fluch aller Schatzsucher wegzusprengen: den tiefen Sand. Jede maß 2,1 Meter im Durchmesser. Fisher hatte die *Atocha* immer noch nicht gefunden, aber er hatte frisches Kapital von neuen Investoren bekommen. Er heuerte Doering und die *James Bay* an, um in einem neuen Gebiet nahe der Bank of Spain herumzustochern, wo Tommy drei Sommer zuvor auf der *Arbutus* gearbeitet hatte. Der Sand war dort viereinhalb Meter tief.

Noch während Tommy in Chicago war, fuhren Doering und einige seiner Taucher mit der *James Bay* und den großen Sprenggeräten an die neue Schürfstelle. Binnen 15 Minuten hatten sie ein Loch von 24 Meter Durchmesser gesprengt, das sich bis auf das Muttergestein hinunter verjüngte. Nach einer Woche fanden die Taucher Kanonenkugeln, Musketenkugeln, ein paar Musketen und Schwerter – Anzeichen eines alten spanischen Schiffs. Doch Fisher hatte genügend Schwerter und Arkebusen und Musketenkugeln und Kanonen, um das Smithsonian Institute zu füllen. Er brauchte Gold und Silber. Ein paar Smaragde waren auch nicht schlecht. Er hatte seit zehn Jahren gesucht und verzweifelte langsam.

Am 29. Juni sprengte er einen weiteren Krater in den Sand, und ein Taucher namens Rich Banko sprang mit seinem Partner ins Wasser, schwamm kreuz und quer und tauchte hinab. Bevor er den Boden berührte, entdeckte Banko einen goldenen Teller von etwa zehn Zentimeter Durchmesser. Banko packte den Teller und schwamm nach oben. Doch als er die Wasseroberfläche durchbrach, mit dem Teller winkte und brüllte, hörte ihn niemand. Nach einer ergebnislosen Woche hatte das Filmteam von *National Geographic* seine Sachen zusammengepackt und war am Morgen abgereist, und die Schiffsmannschaft hielt sich vorne oder unten auf. Als Banko endlich bemerkt wurde, gab die Crew Fisher, der sich an Bord seines Schiffs an der Küste befand, eine Funkmeldung durch. Fisher fuhr sofort an die Stelle und brachte einen ostindischen Mystiker namens Baba Ram mit. Baba Ram wurde von seinem Gefolge begleitet, von dem Doering erfuhr, daß Baba Ram in Wahrheit ein Teppichhändler aus Minneapolis war; doch Fisher war überzeugt, daß Baba Ram ihm helfen konnte, die *Atocha* zu finden.

Baba Ram war ein kleiner Kerl mit einem schmuddeligen Bart, der sich entschlossen hatte, nicht mehr zu sprechen. Er konnte genausogut reden wie jedermann, hatte es aber aus unerfindlichen Gründen aufgegeben. Er verständigte sich durch Grunzen, und das Gefolge mußte die Grunzer interpretieren.

»Man stellte Baba eine Frage«, erinnerte sich Doering, »Baba ließ einen Grunzer hören, und sein Gefolge sagte: ›Baba meint, daß du heute viel Gold finden wirst.‹«

Vier Tage nach dem Fund des Goldtellers entdeckte Banko eine Tonscherbe im Sand und eine zwei Meter lange Goldkette. »Damit kamen wir nach oben und feierten ziemlich wild. Mel hatte eine Flasche Bourbon dabei, von der Baba am meisten trank.« Banko wickelte die ellenlange Goldkette um sich, Mel und den bärtigen kleinen Baba Ram und ließ ein Foto von ihnen dreien machen.

Beim nächsten Mal, als Banko den Sand am Boden absuchte, lag direkt vor seinen Augen ein Goldbarren, fast 20 Zentimeter lang und zwei Finger dick. Er trug das königliche Siegel König Philipps IV. von Spanien. Als er auftauchte, zeigte er Fisher und Baba Ram den Barren. »Der Bursche grunzte«, erinnerte sich Banko, »und deutete mit Zeichensprache an: ›Seht ihr, ich hab's ja gesagt, ich bringe euch Glück.‹«

Eine Woche nachdem die *James Bay* in Key West angekommen war, gingen Banko und zwei Freunde eines Nachmittags im Casa Marina zum Pool hinunter und sahen, wie Mel Fisher an der anderen Seite des Pools mit zwei Männern sprach. Etwa 200 Leute räkelten sich am Rand des Pools, als Banko bemerkte, daß Fisher aus seinem Schuh einen Goldbarren zog. Fünf Minuten später zog Fisher aus dem anderen Schuh Bankos Goldkette. Der Vertrag mit Doering und der *James Bay* war abgelaufen, und Fisher versuchte, die beiden Männer zu überzeugen, ein neues Schiff zum Treibsand hinauszuschicken. Banko schlenderte zu den drei Männern hinüber, und als er näher kam, brüllte Fisher: »Da kommt der Bursche, der das Zeug gefunden hat!«

»Als wir gingen«, sagte Banko später, »hatte er die Typen um den Finger gewickelt. Er machte mit ihnen gleich hier am Pool einen Vertrag!« Banko bat Fisher um ein Glied von der Kette, die er gefunden hatte, und Fisher versprach es ihm in die Hand. Am nächsten Tag brach Fisher die 350 Jahre alte spanische Goldkette auf und schenkte Banko ein Glied.

Doering und seine Taucher auf der *James Bay* hatten Töpferware, Arkebusen, Silbermünzen, Schwerter und einen großen Amethyst gefunden, dazu vier Goldbarren, einen zwei Pfund schweren Goldteller, einen Goldklumpen von einem Viertelpfund, eine kleinere, etwa 25 Zentimeter lange Goldkette und die von Banko, die zehn Pfund wog. Für ihre Arbeit erhielten Doering und seine Partner 100000 Dollar und fünf Prozent des Schatzes: einen kleinen Goldbarren und eine kleine Goldkette. Die Funde hielten Fishers Hoffnungen am Leben, doch nach zehn Jahren unermüdlicher Suche hatte er nur so viel von der *Atocha* gefunden, um nicht aufzugeben: Teile der Fracht und Stücke von Waffen, einige Münzen und Bronzekanonen, ein bißchen Gold und ein paar wertvolle Gegenstände ihrer reichen Passagiere. Bis er ihren Schatz fand, sollten noch sechs Jahre vergehen.

Obwohl John Doering sein Vorhaben an den Silver Shoals nie realisiert und Tommy von der Schatzsuche im seichten Wasser genug hatte, faszinierten ihn Doerings Pläne, sich an den Küsten von Dominica umzusehen: Dominica, eine der Inseln über dem Winde, war ein Gebirge mit steilen Abhängen, das sich mitten aus dem Meer erhob; ein paar hundert Meter vom Strand entfernt war der Ozean schon 60 bis 90 Meter tief. Die Suche würde mehr als eine Herausforderung sein; sie bräuchten bessere Magnetometer und für die Häfen vielleicht sogar ein kleines Tauchboot. Für Tommy wäre es eine Gelegenheit, neue Ideen im tieferen Wasser zu erproben. Doch bevor irgendwer irgendwas ausprobieren konnte, mußte Seaborne ein anderes Problem lösen.

Weil das Terrain der Insel im Meer so schnell abfiel, lag jedes erreichbare Wrack innerhalb der Drei-Seemeilen-Grenze von Dominica. Wenn Doering und Seaborne Ventures in diesen Gewässern arbeiten wollten, brauchten sie die Erlaubnis der Regierung. Doch die Regierungen wechselten so schnell, daß man behutsam vorgehen mußte, wenn man nicht eine Partei vor den Kopf stoßen wollte, während man der anderen um den Bart ging. Die Verhandlungen mit den Behörden von Dominica dauerten über ein Jahr, und während dieser Zeit mußte der Premierminister wegen des Vorwurfs der Bestechlichkeit zurücktreten; dann drängte das Volk den kommissarischen Premier aus dem Amt und wählte einen dritten. Während die politischen Stürme hierhin und dorthin wehten, fegte Hurrikan David mit 270 Kilometern pro Stunde über die Insel. Blechdächer segelten ins Meer, 38 Menschen starben, 2000 wurden verletzt, 60000 heimatlos; die einzige Straße auf der Insel wurde unpassierbar, und mindestens sechs Monate lang gab es weder Telefon noch Strom. In einem so rückständigen und armen Land bedeutete das, daß sie von der Insel keine Versorgung erwarten konnten, was für jedes Bergungsunternehmen lebenswichtig war.

Tommy begleitete die Verhandlungen und bemerkte, wie lang sie sich hinzogen, und er fügte seiner Liste der Schwierigkeiten bei der Suche nach historischen Schiffswracks im flachen Meer die Verzögerungen und Unwägbarkeiten hinzu, die unvermeidlich sind, wenn man mit instabilen Inselregierungen verhandelte.

Am 1. Februar 1980 kam die *James Bay* schließlich in Dominica an. Um den Hafen von Roseau schnell abzusuchen, setzten Tommy und Doering ein etwa drei Meter langes Ein-Mann-Tauchboot mit einem durchsichtigen Kugeldach ein. Bei einer der ersten Tauchfahrten ereignete sich ein Kurzschluß. Es brannte, und das Unterseeboot füllte sich mit beißendem Rauch. Tommy war damals im Boot und versuchte, eine Schraube zu lockern; er kam fast nicht mehr heraus. Bei einer unbemannten Testtauchfahrt lief das Boot mit Wasser voll, und sie verbrachten die ganze Nacht damit, es an die Oberfläche zurückzulocken. Derweil sprengten die Taucher zwei bis zweieinhalb Meter tiefe Löcher in den schwarzen Sand und holten Glasflaschen, Messingspitzen und Schiffszubehör, silberne Löffel, Olivenkrüge und Anker, Musketenkugeln und Tonpfeifen heraus – eine Menge Gegenstände von verschiedenen Schiffen, die zu verschiedenen Zeiten unter verschiedenen Flaggen gefahren waren. Sie fanden Wracks aus der Zeit vom 16. bis zum 19. Jahrhundert. Sie saugten den schwarzen Sand auf und stießen auf Kupfer- und Silbermünzen, Goldstücke aus England, Frankreich, Kanada, Jamaika, den Vereinigten Staaten und einer alten französischen Kolonie – eine Menge Sachen, aber nichts von Wert. Wie schon bei Fisher beobachtete Tommy, machte sich Notizen und stellte viele Fragen.

Eines Morgens beim Aufwachen hörte Tommy lautes Gebrüll und erfuhr, daß ein Taucher namens Bob den Stickstoffrausch oder die Druckluftkrankheit hatte und, auf einer Seite gelähmt, aus seiner Koje gefallen war. Seit Tagen hatte er im tiefen Wasser getaucht und sein Meßinstrument nicht aufmerksam beachtet. Bobs Tauchpartner war Rich Banko, der den Teller, den Barren und die Kette für Mel Fisher gefunden hatte. Banko beschrieb Tommy und Bob als »Todfeinde«, die immer aufeinander losgingen und sich stritten. »Bob ging ihm aus dem Weg und erzählte allen, daß Harvey ein Arschloch und ein Blödmann sei.« Banko selbst meinte, daß Tommy »der arroganteste Mistkerl war, den ich je getroffen habe, ein exzentrischer Erfinder, der ewig an einem besseren Metalldetektor herumbastelte«. Einmal hatte er gedroht, Tommy den Schädel einzuschlagen, weil dieser ihn und zwei andere Männer an einem Sonntag bei 32 Grad Hitze an einer verlassenen Schiffswerft ohne Essen, ohne Wasser und ohne Schatten zurückgelassen hatte und mit dem Kombi von Seaborne davongefahren war, um einem seiner dringenden Geschäfte zu folgen. Doch Banko hielt es für angebracht, daß sie jetzt alle hinter Bob standen, dem Taucher, der die Druckluftkrankheit hatte.

Die *James Bay* verfügte über eine Dekompressionskammer, die allerdings noch niemand benutzt hatte. Tommy, der immer die neueste technische Entwicklung im Auge behielt, hatte erfahren, daß ein medizinisches Forschungsteam der Marine in Panama City in Florida führend auf dem Gebiet der Taucherkrankheit war. »Das erste, was Harvey machte«, sagte Banko, »war, die Marine anzurufen, damit man ihm sagte, wie diese Dekompressionskammer in Betrieb zu nehmen sei. Er kümmerte sich um alles.«

Tommy rief Panama City über Funk an und kam mit den Experten der Marine überein, daß man Bob 50 Meter »hinunterjagen« sollte. Binnen einer Stunde hatte Tommy die Kammer richtig eingestellt; dann trugen sie Bob hinein, der fast zwei Tage darin blieb, während Tommy den Druck allmählich verringerte, um ihn langsam nach oben zu bringen. Bob kam in besserer Verfassung heraus, litt aber immer noch an Kopfschmerzen, Schwindel, Erschöpfung und der Lähmung am rechten Arm und Bein. Tommy befragte die Experten von der Marine, was man sonst noch tun könne, und sie erzählten ihm widerwillig davon, daß man nach letzten Erkenntnissen dem Opfer reinen Sauerstoff zufügte, der das Fortschreiten der Nervenschäden aufhalten sollte. Doch das war so neu, daß noch nicht einmal das Forschungsteam Ergebnisse vorweisen und die Verantwortung für dieses Verfahren übernehmen konnte.

Einige der Taucher waren ohnehin nicht von dieser Idee begeistert. Sie waren es gewohnt, die Taucherkrankheit genau nach den offiziellen Vorgaben der Marine zu behandeln, und weigerten sich zu kooperieren. Tommy setzte sich über ihren Widerstand hinweg und bat Doering, den ganzen Sauerstoff an Bord zur Verfügung zu stellen und zur Insel zu fahren, um dort vielleicht noch mehr aufzutreiben. Doering legte mit der *James Bay* vor dem kleinen Krankenhaus der Insel an, wo Banko eine Schwester fand, die mit Sauerstoff, der für vier oder fünf Stunden Behandlung ausreichte, an Bord kam. Außerdem überredete Banko den Besitzer einer Schweißwerkstatt, ihm seine ganzen Sauerstoffvorräte zu übergeben.

Tommy hatte immer noch zuwenig Sauerstoff, um die Kammer zu füllen, und bastelte ein tragbares Gerät, mit dem Bob atmen konnte. Die Gefahr war, daß Bob ohnmächtig wurde, wenn er reinen Sauerstoff einatmete; also beobachtete ihn Tommy durch das Bullauge und versuchte ihn über die Bordsprechanlage dazu zu bewegen, seinem Körper möglichst viel Sauerstoff zuzufügen. Die Behandlung zog sich 24 Stunden hin.

»Harvey setzte die Behandlung mit eiserner Faust durch«, sagte Banko. »Dafür bin ich ihm dankbar. Die Schwester war für den medizinischen Rat zuständig, und Harvey bediente die Kammer und sprach mit der Marine.« Anderntags flogen sie Bob nach Miami, wo man ihn weiter behandelte. Als er eine Woche später das Krankenhaus verließ, sagten die Ärzte, daß er nahezu vollständig geheilt sei. »Ich weiß nicht, ob es ihn umgebracht hätte«, sagte Banko, »aber er wäre sicher behindert geblieben, wenn es die Kammer und die neue Behandlungsmethode nicht gegeben hätte.«

Während des Frühlings bis zum Frühsommer 1980 suchten die

Taucher den Hafen von Roseau ab und danach den von Portsmouth, aber sie fanden nichts weiter als verstreute Gegenstände von geringem Wert. »Wir hätten besser weiter nördlich nach der Schatzflotte suchen sollen«, sagte Doering, »doch zu der Zeit, da wir uns dorthin hochgearbeitet und Spuren von der Flotte gefunden hatten, waren wir pleite und suchten gewissermaßen das Weite.«

Banko wußte, daß das Ende nah war. Seine Bosse wollten das Schiff nicht mehr fahren lassen, die Raketen nicht mehr einsetzen und knauserten mit dem Treibstoff. Tommy verließ das Schiff und kehrte nach Ohio zurück. Doering ließ Banko und drei andere mit dem kleineren Boot auf Dominica und steuerte mit der *James Bay* Guyana an, wo er verrottete Planken im Rumpf erneuern wollte. Doering sagte Banko, daß er in drei Wochen zurückkäme; doch da die Reparaturkosten sich auf fast 40000 Dollar beliefen, vergingen noch fast zwei Monate, bevor er Banko wieder anrief und ihm erzählte, daß sie in Guyana festlägen, weil sie die Rechnung nicht bezahlen konnten. Als sie endlich das Geld aufgetrieben hatten, um die *James Bay* vom Trockendock nach Dominica zurückzufahren, blieb nichts mehr übrig, um das Unternehmen zu finanzieren.

Tommy verbrachte jetzt nicht mehr viel Zeit in Key West. Er arbeitete wieder im ganzen Land an verschiedenen Projekten – Solarenergie, eine stufenlose Geschwindigkeitsübertragung, ein Amphibienbus – und verdiente eben genug, um zu essen und seine Telefonrechnungen zu bezahlen. Er trug immer noch die Notizen von seinen Sitzungen mit Don Glower mit sich herum und eine Liste der Probleme, die er lösen mußte, bevor er auf dem Meeresgrund zeitaufwendige und komplizierte Aufgaben übernehmen konnte. Stundenlang saß er in wissenschaftlichen Bibliotheken, vertiefte, was er und Glower besprochen hatten, und versuchte sich über einige Probleme Klarheit zu verschaffen. »Alles, was er anfaßt«, sagte Glower, »betrachtet er von vielen Seiten, um eine Lösung zu finden.«

Als Tommy die Schatzsucher an den Riffen im flachen Wasser beobachtet und sich über ihr unstrukturiertes Vorgehen verwundert hatte, hatte er gleichzeitig darüber nachgedacht, was man für technische Hilfsmittel bräuchte, um Wracks aus dem tiefen Ozean zu bergen. Denn wenn er in der Lage war, mehrere hundert Meter hinabzutauchen, vorsichtig durch die Überreste eines uralten Schiffs zu gleiten und den Schatz unbeschädigt an die Oberfläche zu bringen, dann konnte er fast alles auf dem Grund des Meeres tun: fischen, pflügen, graben, bohren, bergen, testen, forschen, sammeln – alles, was er mit Glower diskutiert hatte. Für alles galt es, dieselben Naturgewalten zu bezwingen.

Als Tommy erfuhr, daß sich große Bergbaugesellschaften zusammengetan hatten, um sich die Entwicklungskosten der ozeanischen Technologie zu teilen, wurde der Meeresbergbau zu einem der sieben bis vierzehn Projekte. Tiefseeboote hatten schon üppige Nester von Manganknollen fotografiert, die wie gebackene Kartoffeln über den Meeresboden verstreut waren; doch die Minengesellschaften brauchten eine bessere technische Ausrüstung, um die Knollen einigermaßen kostengünstig heraufzuholen. Er las, was immer er über ihre Arbeit finden konnte, und sprach mit mehreren Beteiligten am Telefon darüber.

Tommy verfolgte nach wie vor die Arbeit anderer und wunderte sich, warum sie nicht über längere Zeiträume hinweg bessere und entscheidendere Resultate erzielt hatten. Es schien eine Grenze zu geben, die niemand überschreiten konnte; Glower selbst hatte von der Grenze »des Möglichen« gesprochen. Seit der Tragödie der *Thresher* hatten das Militär und die Industrie Tauchboote produziert, die tiefer und tiefer hinabgingen und doch immer nur die gleichen simplen Dinge tun konnten: beobachten, fotografieren, filmen, ergreifen und hochholen.

Wo immer er war, auf Key West, in Texas oder Chicago, blieb Tommy in Kontakt mit Glower und besprach mit ihm, was er gesehen und gelernt hatte. Wenn Glower den Hörer abnahm und eine Stimme sagte: »Hier ist Tom«, dann wußte er, daß das Gespräch lang und aufregend sein würde.

Um diese Zeit notierte sich Tommy zwei Fragen: »Was für eine Art Technologie wird im Jahr 2000 verfügbar sein, um Schiffe in der Tiefsee zu finden und zu bergen?« Und: »Was hindert uns daran, es schon heute mit vertretbaren Kosten zu tun?« Immer wieder stellte er diese Fragen im Gespräch mit anderen Wissenschaftlern und Ingenieuren, bis er ein klareres Bild der vor ihm liegenden Probleme hatte. Hatte er diese erst einmal bestimmt, konnte er nach Wegen suchen, sie hier und heute zu lösen.

Bis 1980 hatte Tommy Dutzende von unveröffentlichten Abhandlungen über die Arbeit im tiefen Ozean gelesen und aus Telefonzellen und den Wohnungen von Freunden mit Wissenschaftlern und Ingenieuren im ganzen Land gesprochen. Er hatte mehrere Konzepte zu Papier gebracht, die von verschiedenen Ausgangspunkten aus verschiedene Richtungen verfolgten. Er kannte nicht alle Antworten, begriff aber schließlich die Tragweite der Fragen, und das war der Punkt: Niemand hatte bisher die Grenze »des Möglichen« überschreiten können, weil immer noch die falschen Fragen gestellt wurden.

Kurz vor Dunkelheit an Bord der
Central America –
Samstag, 12. September 1857

KAPITÄN HERNDON UNTERHIELT sich leise mit Thomas Badger und stimmte ihm zu, daß das Schiff untergehen würde. Herndon wiederholte, daß er sein Schiff nicht verlassen könne, solange sich noch ein Mensch an Bord befand. Wie zuvor behielten die beiden Kapitäne ihre Auffassung für sich und ermunterten die Männer, in ihren Bemühungen fortzufahren. Kapitän Herndon versicherte einem Passagier, daß der Dampfer bis zum Morgen durchhalten, der Sturm sich legen und die Brigg *Marine* und der Schoner, der vor kurzem ihr Heck umrundet hatte, sie alle retten würden. »Sie werden bei uns bleiben«, sagte er, »das haben sie mir versprochen.« In der Ferne, in Windrichtung, konnte er immer noch ihre Lichter sehen.

Herndon zog sich in seine Kajüte zurück, kam in voller Uniform wieder heraus und hatte den Ölschutz über dem Goldband an seiner Mütze abgenommen. Im Ruderhaus stützte er sich mit der linken Hand an die eiserne Reling und nahm eine Haltung ein, die unnatürlich heiter wirkte, als ob er am Abgrund gestanden und danach einen seltsamen Frieden gefunden hätte.

Kurz nachdem der Schoner bei Anbruch der Dämmerung an der Leeseite aufgetaucht war, hatte Herndon seinen Zweiten Offizier Frazer angewiesen, alle halbe Stunde eine Notrakete abzufeuern. Er befahl Frazer auch, bei ihm zu bleiben, bis er von Bord ging; sie beide würden das Schiff als letzte verlassen. Gerade als Frazer die erste Rakete abschoß, sahen sie vor dem Steuerbordbug das Rettungsboot des Bootsmanns John Black.

Viele von den Männern schöpften weiter Wasser aus, aber die Reihen hatten sich jetzt, wo die Frauen und Kinder sicher auf die *Marine* gebracht waren, gelichtet. Die Männer hörten, wie weiter

Wasser in den Laderaum eindrang. Als es dunkel wurde, spürten sie, wie das Schiff unter ihnen langsam in die Tiefe sank, und verließen die Eimerreihen, um sich Schwimmwesten zu holen und Stücke vom Schiff, an denen sie sich auf dem Ozean festhalten konnten.

Herndon befahl den Männern, die Aufbauten auseinanderzunehmen und auf dem Oberdeck zu stapeln, so daß sie sich beim Untergang des Schiffs auf dem Wasser verteilten, während die Männer um ihr Leben kämpften. Ein Mann riß die Tür aus dem Ruderhaus, andere nahmen die Planken aus dem Sturmdeck, um ein Floß zu bauen. Sie rissen Türen aus Kabinen, griffen sich die dicken Bretter aus den Zwischendeckskojen und trugen alles auf das Oberdeck.

Geschwächt von Hunger und Schlafmangel, erschöpft von der Arbeit und entmutigt durch den vergeblichen Kampf gegen das Schicksal, bemühten sich manche gar nicht mehr, sich eine Schwimmweste oder ein Brett zu sichern, sondern legten sich in eine Kabine und warteten auf den letzten Augenblick.

Ein Goldgräber der ersten Stunde, des Jahres 1849, fuhr ohne einen Pfennig nach Hause, zu einer Frau, die verrückt geworden war, als er sie vor acht Jahren verlassen hatte. Während der Himmel immer dunkler wurde und das Schiff tiefer und tiefer sank, stand sein Schlafgenosse im Zwischendeck und flehte ihn an, sich zu retten. »Als der kritische Moment kam«, sagte der Kumpel, »weigerte er sich, irgend etwas zu tun, um zu entkommen.«

Im selben Teil des Schiffs wie der Dichter Oliver Manlove waren zwei Brüder namens Horn untergebracht, die 1850 nach Kalifornien gegangen waren. Weil sie zusammen und sehr hart gearbeitet hatten, war es ihnen gelungen, Gold im Wert von 6000 Dollar zu schürfen, das sie in einem großen Reisebeutel aufbewahrt und abwechselnd die ganze Reise über bewacht hatten.

»Anson Horn weinte, als ich ihn sah«, schrieb Manlove. »Seine Zeit sei gekommen«, meinte er, »er würde seine Heimat, nach der er sich so sehr gesehnt hatte, nie mehr wiedersehen. Ich versuchte ihm Mut zu machen, aber er glaubte fest, daß sein Schicksal, daß unser aller Schicksal besiegelt sei und es keinen Zweck mehr hatte, dagegen anzukämpfen.«

Der Gedanke, der während der letzten zwei Tage oft zwischen Furcht und Erschöpfung hochgekommen war, drängte sich in jenen letzten Minuten förmlich auf: Sollte man das Gold mitnehmen oder zurücklassen? Die meisten Passagiere waren heimkehrende Goldgräber, die wenigstens ein paar tausend Dollar in Gold angesammelt hatten, die sie in Schatzgürteln, Reisetaschen und Geldbeuteln bei sich trugen. Aber Gold war schwer. Ein roter Ziegelstein wog etwa vier Pfund, ein Goldbarren von derselben Größe fast 50. Selbst in kleineren Mengen konnte Gold einen ungeübten Schwimmer nach unten ziehen oder einen guten schnell erschöpfen. Doch einige Männer hatten seit dem Sommer 1849 große Entbehrungen auf sich genommen, um den Inhalt ihrer Taschen und Beutel anzuhäufen.

Der Wahnsinn eines solchen Konflikts kam zum Ausdruck, als ein Mann eine Tasche aufriß und Goldstaub im Wert von 20 000 Dollar in der Hauptkabine ausstreute, als sei er ein Kobold und das Gold nur ein Haufen Sandkörner. Andere schnallten ihre Schatzgürtel ab, stülpten die Beutel um, öffneten die Reisetaschen und schleuderten die glänzenden Münzen und den Staub auf den Fußboden. »Mehrere hunderttausend Dollar wurden einfach weggeworfen«, sagte ein Passagier.

Badger holte einen Ranzen mit 825 20-Dollar-Goldstücken, die frisch aus der Münzanstalt von San Francisco kamen, aus seiner Kabine und leerte ihn auf dem Boden der Kapitänskajüte aus, wobei er den Männern zurief, sie könnten sich bedienen. Doch das tat niemand. Überall lagen unbeachtet Beutel mit Gold herum. Einige Männer standen wie betäubt oben an Deck und warfen Goldmünzen in den Wind.

300 oder 400 Männer warteten auf Deck, während andere in den unteren Kabinen und Fluren blieben. Es war schwarze Nacht, und die *Central America* lag jetzt so tief im Wasser, daß fast jede Welle über sie hinwegrollte. Millionen von Blasen rasten über das Schiff und platzten mit einem zischenden Geräusch auf, und von unten hörte man das Splittern und Krachen der Balken und Planken.

»Auf dem Schiff herrschten unbeschreibliche Panik und Verwirrung«, erinnerte sich ein Passagier. »Die Gebete der Frommen und Reuigen, die Flüche der wahnsinnig Gewordenen mischten sich mit dem Stöhnen und Schreien der Furchtsamen, und viele Männer gingen aufeinander los und kämpften verbissen um Gegenstände, mit denen sie sich über Wasser halten konnten.«

Badger riß ein langes, breites Brett von einer Koje, ging zum Heck des Schiffs, hielt sich an der Stütze des achterlichen Sonnensegels fest und bereitete sich darauf vor, so weit wie möglich zu springen, wenn das Schiff sank. »Zu der Zeit«, vermutete er, »befanden sich 200 oder 300 Menschen auf dem Achterdeck und erwarteten entsetzt den endgültigen Untergang.«

Kapitän Herndon stand auf dem Sturmdeck neben dem Ruderhaus und hielt seine Trompete in der Hand. Der Erste Offizier, der Zweite Offizier Frazer und Ansel Easton waren bei ihm. Als das Schiff so tief lag, daß das Wasser über Deck strömte, besorgte Frazer dem Kapitän eine Schwimmweste, und sie feuerten weitere Raketen ab. Manche verpufften auf Deck, andere zischten nur zur halben Schornsteinhöhe hoch. Um 7 Uhr 50 hievten sich der Kapitän und Frazer auf das Deck über dem Ruderhaus und schossen drei Raketen in die Wellen – ein Seenotsignal, das dem Schoner und der Brigg andeuten sollte, daß das Schiff jetzt unmittelbar vor dem Untergang stand.

Easton hatte sich weder eine Schwimmweste noch eine Planke gesichert, an der er sich festhalten konnte; doch als er dort neben dem Kapitän stand, kam sein Freund Robert Brown mit einer der besseren Korkschwimmwesten und gab sie ihm. Brown hatte zwei davon gefunden, eine für sich und die andere für Easton. Sobald Easton die Weste angelegt, seinen Mantel um die Schultern geworfen und am Hals zugeknöpft hatte, sagte der Kapitän zu ihm: »Gib mir deine Zigarre, Easton, für diese letzte Rakete«, und als Easton die Zigarre aus dem Mund nahm und sie dem Kapitän überreichte, brach eine gewaltige Welle über dem Schiff zusammen und ließ jede Planke erzittern, die noch an ihrem Platz war. Das Schiff stampfte nach vorn, Frazer blickte zur Seite und sah, daß das Wasser mit Männern getüpfelt war, die sich von dem sinkenden Schiff retten wollten. Doch die meisten blieben an Deck.

Dann schlug noch eine schwere See zu und ließ das Schiff nach achtern stampfen. Frazer sah eine Rakete vom Backbord-Radkasten schräg über den Ozean in den Wind schießen, ein alter Goldgräber brüllte: »Mein Gott, wir werden alle umkommen!«, und im Licht eines Blitzes erkannte ein Passagier das ganze Deck und Kapitän Herndon, der mit der Mütze in der Hand auf dem Ruderhaus stand. Binnen Sekunden krachte eine dritte fürchterliche Welle auf die *Central America*, fegte alles und jeden von Deck und schleuderte Frazer wie eine Puppe in die Mitte des Schiffs und dann über die Steuerbordseite.

Das Heck sank unter die Wellen, und der anmutig gewölbte Bug ragte in den dunklen Himmel, während das Schiff kämpfte und verzweifelt versuchte, sein stolzes Haupt über Wasser zu halten. Dann wirbelte der Dampfer unter den heiseren Schreien der Männer auf dem sich immer schneller drehenden Wasser herum, bis die rasenden Strudel die Männer tiefer und tiefer in die erstickende Dunkelheit hinabsaugten, ihnen die Rettungswesten vom Leib rissen und die Planken und Spiere aus den Händen schlugen. Der Druck preßte ihnen die Luft aus den Lungen, Salzwasser drang in Mund und Nase, die Körper krümmten sich, das Schiff explodierte, die Stücke wirbelten herum und verletzten sie; die Lungen füllten sich mit Salzwasser, die letzten Gedanken rasten ihnen durch den Kopf, bevor die endgültige Dunkelheit sie überkam. So sanken sie mit dem einstmals majestätischen Dampfer in die düstere Tiefsee hinab und waren längst gestorben, als das Schiff auf dem Meeresboden aufschlug.

Andere riß das wirbelnde Meer nach oben, wo sie mit verzweifeltem Keuchen auftauchten, nach Atem rangen und Salzwasser spuckten, bis die Wellen in der dunklen, stürmischen Nacht sie überrollten und erstickten; und plötzlich schossen die Spiere, die Lukendeckel, die Kabinentüren, die Planken, die schweren Hölzer des zerschlagenen Schiffs in die Luft, betäubten beim Niederfallen die Menschen, die die Strudel überlebt hatten, und brachten sie um. Innerhalb weniger Augenblicke war das Meer von Körpern in Schwimmwesten übersät, deren Arme und Beine ins Wasser hinabbaumelten, während die Köpfe mit ausgebreiteten Haaren, die wie Seegras aussahen, auf dem Wasser zu ruhen schienen.

»Als ich wieder an die Oberfläche kam, bot sich mir eine Szene des Grauens«, sagte ein Passagier. »Männer, die sich an Planken festhielten oder gar nichts hatten, wurden im weiten Umkreis auf dem Meer herumgetrieben. Es war, als ob lauter Korken auf dem Wasser schwammen. Ein unbeschreiblicher Anblick.«

Fast jeder Mann, der in den Mahlstrom gezogen wurde, verlor das Holzstück, an das er sich geklammert hatte. Manche fanden beim Auftauchen ein neues, das ihnen andere verzweifelte Männer aus den Händen rissen. Viele kämpften mit zerquetschten oder gebrochenen Gliedern im Wasser. Diejenigen, die nicht schwimmen konnten, griffen sich große Stücke vom Deck, die bald versanken, oder klammerten sich an die, die schwimmen konnten, und zogen sie mit sich in die Tiefe.

John Black erinnerte sich daran, wie er »die Köpfe der ertrinkenden Passagiere wie Amseln auf dem Wasser schaukeln sah«. Aus Furcht, von verzweifelten Männern zum Kentern gebracht zu werden, weigerte sich seine Mannschaft, näher heranzurudern.

Ein Mann griff sich eine Tür, doch drei andere rissen sie ihm aus der Hand. Dann trieb ein Koffer vorbei, und als er ihn packen wollte, fiel er auseinander. Eine Weile ritt er auf einem Mehlfaß, bis er ein passendes Brett fand. »Als ich die Wellen kommen hörte«, sagte er, »hoben sie mich hoch und rollten dann über mich hinweg.«

Das Klagen und Wimmern der Menschen, die von den Wellen auf und nieder getragen wurden, verhallte im Wind. Manche dachten, daß ihre Hilfeschreie die Brigg *Marine* erreichen könnten, die jedoch weit außer Rufweite war. Andere brüllten, weil sie verwundet waren oder nicht schwimmen konnten. Doch die Schreie erstarben bald, und die kämpfenden Körper hörten auf, sich zu bewegen.

»Binnen zehn Minuten«, sagte Thomas Badger, »waren 300 Menschen ertrunken.«

Davor hatte die rauhe See die Lebenden gegen die Toten und Sterbenden geworfen, die herzzerreißend um Hilfe schrien. Jeder packte seine Planke so fest, daß seine Hände erstarrten, hatte aber Angst, seinen Griff zu lockern, weil das Meer ihm das Brett entreißen konnte und er dann wie die anderen mit dem Gesicht nach unten im Wasser liegen würde. »Die Szene überstieg das menschliche Vorstellungsvermögen«, sagte Obed Harvey, »ein paar hundert Menschen stürzten in den endlosen Ozean und wurden ein Opfer der Wellen.«

In der Dunkelheit, die nur gelegentlich von Blitzen erhellt wurde, trieben sie dahin; und das wild bewegte Meer erstickte die

Hilferufe und die Schreie der Verzweiflung, riß sie auseinander, brachte sie im Wellental wieder zusammen und trennte sie auf dem Gipfel der nächsten Woge. Und im Licht eines jeden Blitzes entdeckten die Männer, daß ihre Gefährten weniger geworden waren und von den Wellen in der Dunkelheit auf einem schmalen Brett hierhin und dorthin gestoßen wurden, zu Tode erschöpft und verängstigt. Und allein inmitten der tobenden, gleichgültigen See.

»Ich schätze, daß ich ungefähr vier Stunden auf dem Wasser zubrachte«, erinnerte sich ein Überlebender, »und von den anderen abgetrieben war, als es völlig still wurde und ich meine Mutter sagen hörte: ›Johnny, hast du die Trauben deiner Schwester gegessen?‹ Daran hatte ich seit mindestens 20 Jahren nicht mehr gedacht. Meine Schwester war vor mehr als 30 Jahren an Schwindsucht gestorben, und als sie krank darniederlag – ich war etwa elf Jahre alt –, brachte ihr ein Nachbar ein paar Trauben aus seinem Treibhaus. Diese Trauben lagen nun in dem Zimmer, in dem ich mich befand, und ich Schuft aß sie alle auf. Als ich zu Bett gegangen war und Mutter die Trauben für meine Schwester nicht finden konnte, kam sie zu mir und sagte: ›Johnny, hast du die Trauben deiner Schwester gegessen?‹ Ich wollte meine Gemeinheit nicht noch verschlimmern und sagte die Wahrheit. Meine Mutter verprügelte mich nicht, sondern brach in Tränen aus und ging weg. Noch viele Jahre danach quälten mich Gewissensbisse, bis, wie ich bereits erwähnte, vor etwa 20 Jahren. Als ich vor Kälte erstarrt auf dem Ozean trieb und klar und deutlich die Stimme meiner Mutter hörte, war die Erinnerung plötzlich wieder da.« Der Mann hielt dies für ein Vorzeichen seines eigenen Todes.

Auf dem weiten Meer trieben die Männer in der Nacht umher, und die hohen Wellen hoben sie in den Sturm und ließen sie tief unter die nächste Wasserwand fallen. Auf dem Ozean schwammen viele Flöße aus zusammengebundenen Lukendeckeln oder Planken vom Schiff, die manchmal so überfüllt waren, daß sie unter die Oberfläche gedrückt wurden. Die See rollte über sie hinweg, und die Menschen schluckten das salzige Wasser, schnappten nach Luft und mußten sich übergeben. Häufig schlugen die Wellen die Bretter auseinander, schwemmten sie davon, und die Männer mußten ihnen im Dunkeln nachschwimmen, um sie wieder einzufangen. Doch einige hatten völlig verkrampfte Muskeln, so daß sie sich nirgendwo mehr festhalten konnten und unter Hilfeschreien versanken, während ihre Kameraden hilflos zusahen, weil sie sie nicht hochzuziehen vermochten. Andere ließen einfach los und glitten lautlos ins tiefe Meer.

Diejenigen, die allein waren, hatten nicht nur mit der Erschöpfung oder mit der wütenden See zu kämpfen. Die mächtigen Wellen hatten sie von den anderen weggerissen, so daß sie jetzt in der Dunkelheit an eine Planke oder eine Tür geklammert im Wasser hingen, vor Kälte zitterten und ganz allein waren. Und all ihre Furcht vor der tiefen See und dem Sturm, vor hohen Wellen und Dunkelheit wurde von der Angst vor der Einsamkeit übertroffen – der Angst, inmitten des Grauens »niemanden zu sehen oder zu hören«, wie ein Mann später sagte, »außer dem brüllenden Sturm oder den entfernten Schreien meiner Leidensgenossen«.

Der Mahlstrom hatte den Dichter Oliver Manlove tief hinabgezogen und ihm die Schwimmweste vom Leib gerissen. Als er wieder hochgekommen war und sich aus den Griffen der Ertrinkenden befreit hatte, schwamm er aus dem Strudel und traf auf einen Freund, der zwei Schwimmwesten hatte und ihm eine gab. Sie hatten sich beide Bretter vom Wrack gesichert; doch als sie auf der Meeresoberfläche dahintrieben, rissen sie die Wellen auseinander, und Manlove ritt mutterseelenallein auf den grausamen und gnadenlosen Wogen. »Ich wußte nicht, wo ich war, und wurde von der stürmischen See immer wieder begraben, bis ich fast am Ende meiner Kräfte war. Ich stürzte in ein Tal und wurde auf den Gipfel hochgehoben, bevor die nächste Welle über mir zusammenkrachte und ich den Atem anhalten mußte, bis sie sich ausgerollt hatte. Es war ein verzweifelter und, wie mir schien, hoffnungsloser Kampf ums Überleben. Die Nacht war mondlos, und ich konnte nur ein paar Stangen sehen. Doch ab und zu vernahm ich durch die Finsternis, die die tosenden Wellen einhüllte, den Ruf einer einsamen Stimme, den klagenden Schrei einer verlorenen Seele – denn für Hoffnung war an diesem Ort kein Raum mehr. Ich mußte bereit sein, wenn die Wellen über mir hereinbrachen, und die Luft anhalten, damit mich das Salzwasser nicht erstickte.«

Die Männer und das Treibgut waren bald im Umkreis von einer

Meile auf dem Ozean verteilt; und ihre Hoffnung, von Rettungsbooten aufgenommen zu werden, schwand dahin. Ungefähr eine Stunde nach Untergang des Dampfers erblickten einige in der Ferne, aus der der Wind kam, das Licht des Schoners *El Dorado*, das aber bald verschwand; und sie wandten sich dem Sturm entgegen, weil nur aus dieser Richtung Hilfe kommen konnte.

Gelegentlich rissen die windgepeitschten Wolken auf und ließen einen Blick auf die Sterne zu. Vielleicht deutete das darauf hin, nach vier Tagen endlich am Rand des Sturmtiefs angekommen zu sein. Es war zwar nicht sehr wahrscheinlich, aber ein schwacher Hoffnungsschimmer, daß ihnen der Morgen hell und ruhig dämmern würde, wenn sie es schafften, die Nacht zu überleben.

Die Männer, die um ihr Leben kämpften, fanden sogar noch Kraft, sich gegenseitig Trost und Zuversicht zu spenden. Von Trümmern im Wasser verwundet, klammerte sich der Komödiant Billy Birch mit mehreren anderen Männern an einen Lukendeckel. »Um sie aufzuheitern, machte er Seeungeheuer nach, erzählte in seiner besonderen Art lustige Geschichten und erwies sich somit, auf dieser unsicheren Barke auf dem Rücken liegend, blutend, von zornigen mitternächtlichen Wellen umhergetrieben, nicht nur als wahrer Philosoph, sondern auch als Helfer in der Not.«

Später in der Nacht hörten immer mehr Männer auf zu kämpfen und ergaben sich ihrem Schicksal. Kälte, Erschöpfung und die erbarmungslosen Wellen hatten ihnen den letzten Lebenswillen geraubt, und ihre Gefährten sahen hilflos zu, wie sie losließen, ohnmächtig wurden und in die Tiefe sanken. Flöße, die einmal sechs bis acht Männer getragen hatten, hielten jetzt nur noch drei oder vier über Wasser. Leichen in Schwimmwesten zogen vorüber.

Der Engländer John George trieb allein dahin und schrie sich aus Angst vor der Einsamkeit die Kehle heiser, um einen Menschen zu erreichen. In der Dunkelheit erspähte er einen Mann, der zwei Schwimmwesten trug und auf ihn zu driftete. Er brüllte und paddelte ihm entgegen, so gut er konnte. Der andere sagte nichts, kam aber immer näher, bis eine Welle sie zusammenbrachte und George feststellen mußte, daß er einem Toten ins Antlitz sah.

Ansel Easton erlebte viele Männer im Todeskampf und verabschiedete sich von einigen. Einmal hörte er, wie jemand im Dunkeln »Easton!« rief.

Die Stimme gehörte B. F. Parker, einem Kaufmann, den er aus San Francisco kannte und der, während er sich näherte, sagte: »Ich kann nur noch ein paar Minuten durchhalten. Ich friere entsetzlich und glaube, daß wir uns beide in weniger als einer Stunde im Himmel wiedersehen werden.«

Ansel versuchte ihm Mut zu machen und verschaffte ihm einen Platz auf seinem Brett, doch bald schon mußte er von dem Mann Abschied nehmen, den er nie wiedersehen sollte.

Bis zum letzten Augenblick hatte Ansel neben Kapitän Herndon auf dem Sturmdeck gestanden. Als Robert Brown ihm die Korkschwimmweste gebracht hatte, zog Ansel seinen langen Mantel aus, legte die Weste an, warf den Mantel über die Schulter und knöpfte ihn nur am Hals zu. Dann schlug die dritte Welle auf das Schiff, ein schwerer Arm packte ihn am Hals, und der Mahlstrom saugte ihn und den Ersten Offizier rasch nach unten in das dunkle Naß. Als er sich aus dem Griff des in Panik geratenen Ersten Offiziers befreien wollte, faßte er sich an die Kehle und machte den Knopf seines Mantels am Hals auf, so daß dieser mitsamt dem Ersten Offizier nach unten glitt. Dann schoß er nach oben und fand sich unter Hunderten von Männern wieder, die inmitten der Trümmer dahintrieben, während die unter Wasser abgefeuerten Raketen immer noch an der Oberfläche explodierten. Eine große Planke, die Vorderseite einer Koje, schwamm vorbei, und er packte sie.

Als die Sturmwellen ihn nach oben trugen, konnte er sich vom Wind abwenden und in der Ferne die Lichter der *Marine* sehen, der Brigg, die Addie und die anderen Frauen aufgenommen hatte. Der Gedanke, daß am Morgen von dort vielleicht ein Rettungsboot kommen konnte, tröstete ihn. Ab und zu rief er laut in die Dunkelheit hinein, und manchmal erhielt er auch eine Antwort. Er hatte keine Angst zu ertrinken; nur seine eigenen Gedanken kamen ihm seltsam vor: als ob er phantasierte und gleichzeitig hellwach wäre.

William Ede war drei Stunden umhergetrieben, als ihn die Einsamkeit so übermannte, daß er sogar lieber das sinkende Deck des

Dampfers unter den Füßen verspürt hätte. Er schrie: »Hallo! Hallo!«

Aus der Finsternis ertönte eine Stimme, nicht weit von ihm entfernt. »Ahoi! Ahoi!«

»Wer bist du?« brüllte Ede.

»Jack Lewis aus Pine Grove in Kalifornien«, kam die prompte Antwort.

Ede nannte seinen Namen und Heimatort, als Jack Lewis aus Pine Grove in Kalifornien plötzlich rief: »Wo wirst du die Nacht verbringen, Bill?«

»Das weiß Gott allein«, erwiderte Ede. »Wie steht's bei dir?«

»Alles unter Kontrolle, Partner«, sagte Jack in forschem Ton, und danach hörte Ede nichts mehr von ihm, noch sah er ihn jemals wieder.

Dr. Obed Harvey hatte in der Kapitänskajüte einen jungen Mann behandelt, der sich den Arm gebrochen und die Schulter verrenkt hatte, weil er vom Schiff gesprungen und zwischen dem Rettungsboot und dem Dampfer eingeklemmt worden war. Als dann das Wasser überall auf dem Schiff stark anstieg und die ersten schweren Brecher über die Reling gingen, trugen Harvey und zwei andere den jungen Mann auf das Sturmdeck, wo die nächsten zwei Wellen binnen Sekunden zusammenschlugen und die vier Männer in den Strudel hinabzogen. Harvey sollte die drei anderen nie wieder sehen. Als er auftauchte, fand er sich unter Hunderten wieder, die, von den Wellen hin und her geworfen, um ihr Leben kämpften.

»Mir fehlen die Worte, das traurige Schauspiel zu beschreiben«, berichtete Harvey später. »Auf dem Meer sicherte ich mir bald eine kleine Gittertür, die mir nicht besonders viel nützte. Als ich das Schiff verlassen hatte oder vielmehr das Schiff mich, hatte ich nur eine Hose und ein Hemd anbehalten; und trotz meiner Verletzung, die ich mir an Bord zugezogen hatte, war ich fest entschlossen, mich bis Tagesanbruch über Wasser zu halten. Auf dem Ozean erblickte ich einige Bekannte, mit denen ich ein paar Worte wechselte. Ich sah viele sterben und wurde oft von Ertrinkenden mit in die Tiefe gezogen. Die Wellen waren hoch und rollten über uns hinweg.«

Es war jetzt nach Mitternacht. Harvey schaukelte seit fünf

Stunden allein auf dem Meer, als ein Mann mit einem Stuhl an ihm vorübertrieb. Der Mann war erschöpft und legte seine Hand auf Obed Harveys Tür. Zuerst zögerte der Arzt, ihm Hilfe anzubieten, weil er befürchtete, daß sie beide untergehen würden, wenn der Mann sich auf die Tür hievte. Der Mann sagte, sein Name sei Frazer, und er habe eine junge Familie, die bei seinem Tod unversorgt in New York zurückbliebe. Da erkannte Harvey den jungen Mann als den Zweiten Offizier der *Central America*: »Ich sagte ihm, er solle von seinem Stuhl auf meine Tür kommen und gemeinsam mit mir untergehen oder überleben.«

Im Laderaum der *Marine* waren Sirupfässer zerbrochen und ausgelaufen, wodurch ekelerregende Dämpfe in die Hauptkabine hochzogen, die nicht viel größer war als eine normale Kabine auf dem Dampfer, etwa zweieinhalb mal zweieinhalb Meter, wie eine Frau schätzte. Dennoch drängten sich dort viele der 31 Frauen und alle 26 Kinder zusammen, von denen man die meisten in die sieben Kojen gesteckt hatte. Die Frauen, die nichts Trockenes hatten, was sie ihren Kindern hätten anziehen können, nahmen Laken und fertigten daraus Kleidung, und ihre Schwimmwesten wurden zu Kopfkissen. Sie selbst trugen die einzigen trockenen Kleider, die sie auf dem Schiff finden konnten: rote Hemden, Kolanis und andere Seemannskleidung.

Almira Kittredge hockte neben der Tür, ohne Schlaf zu finden, während die Wellen immer noch über den Bug brachen, das Deck überfluteten und sich durch den Türeingang in die Kabine ergossen. Stunde um Stunde saß sie bis zur Taille im Wasser, während draußen »die See wütete und das Schiff wie eine Feder im Sturm umhertrieb«. Und so verbrachten sie die Nacht, in der nur die Kinder hin und wieder einnickten.

Der Schlafplatz der Männer war eine kleine Ecke im achterlichen Laderaum, in dem Zucker und Tee lagerten; es war dort so stickig, daß sich fast alle 41 Männer, die man vom Dampfer gerettet hatte, oben an Deck versammelten, sich Betten aus den restlichen Segeln machten und trotz Hunger und Kälte zufrieden waren, am Leben zu sein.

Für Addie Easton und eine andere Frau, die beschlossen hatten, auf Deck zu schlafen, breitete Kapitän Burt ein Stück Segeltuch über einer Luke aus und deckte sie mit einem zweiten Segel zu. Doch wenn Addie ihre Augen schloß, sah und hörte sie im Geiste den verzweifelten Kampf der Ertrinkenden. »Ich machte mir Vorwürfe«, schrieb sie später, »daß ich nicht bei meinem Mann geblieben war.«

Wenn der Kapitän keinen Dienst hatte, setzte er sich neben sie und versuchte, ihr die Ängste um ihren Mann zu nehmen. »Die Freundlichkeit des Kapitäns werde ich nie vergessen«, fuhr sie fort. »Er ist ein kluger, aufrechter, warmherziger Kapitän aus den Nordstaaten, und obwohl er sich um jeden von uns zuvorkommend kümmerte, war er besonders nett zu mir … Er erzählte uns wundersame Rettungsgeschichten und endete mit den aufmunternden Worten: ›Etwas sagt mir, daß Sie Ihre Männer wiedersehen, wenn wir in den Hafen einlaufen.‹«

Später in dieser Nacht, als die See immer noch bewegt war, aber der Wind nachließ, steuerte Kapitän Burt die *Marine* langsam gen Norden, dorthin, wo der Dampfer plötzlich verschwunden war. Doch der Sturm hatte die Takelage der *Marine* so zerfetzt, daß sie unfähig war, Fahrt aufzunehmen. Kapitän Burts einzige Hoffnung war, daß das Meer die Wrackteile und die Überlebenden schneller zu ihm trieb, als er abdriftete. Aber sie sahen weder Überlebende noch Trümmer, nur das Licht eines Schoners in meilenweiter Entfernung.

Die Morgendämmerung offenbarte einen helleren Himmel und eine sanfter rollende See. Der Wind blies tüchtig, aber nicht mehr so heftig wie an den vergangenen Tagen. Während die *Marine* auf den Wellen ächzte und torkelte, frühstückten die Überlebenden harte Kekse und Tee, der in den fünf Tassen von Hand zu Hand ging. Kapitän Burt setzte weitere Segel und versuchte immer noch, das Schiff in die Richtung zu bringen, wo er die *Central America* am Abend zuvor zuletzt gesehen hatte. Doch auch nach stundenlanger Suche entdeckten sie immer noch keine Spuren des Unglücks, kein Anzeichen davon, daß sich am gestrigen Abend 500 Menschen an einen ehemals stolzen Dampfer mit mächtigen Masten und starken Maschinen geklammert hatten, während die wütende See ihn zerschmetterte und brüllend in den Abgrund zog. Die grauen Wellen rollten unaufhörlich und unaufhaltsam bis zum Horizont und tilgten alle Spuren des Unglücks, als ob es dort nie etwas anderes gegeben hätte und geben würde als ihre Naturgewalt. Gegen zwei Uhr nachmittags brach Kapitän Burt die Suche ab und konzentrierte sich darauf, daß seine hundert Passagiere genug zu essen und zu trinken hatten und nach Hause kamen. Er setzte alle Segel und machte sich auf den Weg nach Norfolk.

Columbus, Ohio – 1981

DAS BATTELLE MEMORIAL Institute entstand 1929 als private Stiftung und Forschungseinrichtung, die Aufträge von Regierung und Industrie übernahm. Eine der Bedingungen in Gordon Battelles Testament lautete, daß das Institut »Entdeckungen und Erfindungen« fördern solle.

Während des Zweiten Weltkriegs arbeiteten 500 Battelle-Wissenschaftler an der Entwicklung der Atombombe. In den vierziger und fünfziger Jahren verfeinerten die Forscher des Instituts die Erfindung von Chester Carlson, der ein primitives Verfahren entwickelt hatte, das sich in einer schmutzigen Holzkiste verbarg und 14 Handgriffe erforderte. Dann verkauften Battelle und Carlson das Verfahren an die kleine Firma Haloid, die sich 1961 den Namen Xerox gab. Mitte der sechziger Jahre schufen die Wissenschaftler von Battelle für das Finanzministerium die »Sandwichmünze«, indem sie Kupfernickelschichten an einen Kupferkern banden und so Silber bei der Münzherstellung überflüssig machten. Battelle-Leute entwickelten außerdem die isolierende Außenhaut, die die Raumschiffe der NASA vorm Verbrennen schützt, wenn sie wieder in die Erdatmosphäre eintreten.

Als er zwölf war, rannte Tommy Thompson eines Tages die Treppe hinunter und zeigte seiner Mutter einen Zeitungsartikel über Battelle. »Das ist ein naturwissenschaftliches Forschungsinstitut«, sagte er, »und genau so was möchte ich später machen.«

Der Hauptsitz von Battelle, die Heimat für 3000 Naturwissenschaftler und Ingenieure, lag in Columbus unmittelbar südlich vom Campus der Ohio State University. Don Frink leitete die Entwicklungsabteilung, die zu 60 Prozent für die Regierung, vorwiegend für das Verteidigungsministerium, arbeitete.

»Unsere Gruppe treibt die sonderbarsten Sachen«, sagte Frink, »im Weltraum oder unter der Erde, hinter den feindlichen Linien oder unter Wasser. Ein großer Teil der Arbeit besteht aus Meeresforschung, was noch einmaliger ist als die gewöhnliche Auftragsforschung.«

Jedes Jahr wählte Frink aus 200 Bewerbungen der besten Absolventen des Maschinenbaustudiums aus dem ganzen Land etwa 20 Leute zum Gespräch aus und machte fünf von ihnen ein Angebot. Vier davon nahmen die Stelle an. Frink suchte nach den jungen Ingenieuren, die in einer Werkstatt oder Fabrik gearbeitet hatten oder auf einer Farm aufgewachsen waren, wo der Traktor, der am Nachmittag kaputtgegangen war, bei Sonnenaufgang wieder auf dem Feld stehen mußte und man keine Zeit hatte, Teile zu bestellen, sondern mit dem, was man in der Scheune finden konnte, improvisieren mußte. Battelle-Ingenieure schwebten nicht auf den Wolken der Theorie, sondern nahmen sich die Sache vor und brachten sie wieder zum Laufen.

Im Frühjahr 1981 hatte Tommy seine Forschungsreisen durch das Land beendet und war nach Columbus zurückgekehrt. Er besorgte sich einen Termin bei Don Frink, und Frink gewann den Eindruck, daß der junge Mann intelligent, fleißig, ehrgeizig und ein guter Kollege war und somit seinen Vorstellungen einer neuen Generation von Ingenieuren entsprach. Battelle war ein großes Unternehmen und hatte seine Regeln und Vorschriften; doch Frink bemühte sich, eine Atmosphäre zu schaffen, in der die Seele eines Erfinders aufblühen konnte, und er bevorzugte Ingenieure mit Unternehmergeist. Aber er fragte sich auch, ob Tommy nicht zuviel davon besaß und plötzlich weggehen oder etwas Eigenes aufbauen würde, nachdem er ihn vorangebracht und viel Geld in ihn investiert hatte.

»Ich glaube, daß Sie im Geiste immer noch bei der Schatzsuche sind«, sagte er zu Tommy.

»Ich bin kein Schatzsucher«, erwiderte Tommy.

»Aber Sie haben die letzten fünf Jahre damit zugebracht. Sie werden ein paar Jahre hierbleiben und, wenn Sie das Fieber packt, wieder verschwinden.«

»Nein«, meinte Tommy, »ich wollte schon immer bei Ihnen arbeiten.«

Frink rief Tommys Professoren von der Ohio State an, die alle bestätigten, daß er zu Battelle passen würde. »Sein IQ muß turmhoch sein«, sagte Frink, »obwohl er vielleicht den Test nicht gut bestehen würde. Er hat nicht das beste Examen seines Jahrgangs gemacht, aber fast alle Professoren zutiefst beeindruckt. Sie sagten: ›Der Bursche bringt es noch weit, ich weiß nur nicht, wann und in welcher Richtung.‹ Er ging den Dingen immer auf den Grund.«

Eine Woche nach ihrer ersten Begegnung rief Tommy wieder an und bat um ein weiteres Gespräch, und diesmal lud Frink vier seiner Ingenieure dazu ein. Einer von ihnen war Don Hackman, ein Experte auf dem Gebiet ozeanographischer Ausrüstung. Tommy hatte über Hackman und seine Arbeit gelesen.

Hackman befragte die neuen Ingenieure so, daß nur jemand, der schon an Tiefseegeräten gearbeitet hatte, die Frage beantworten konnte. »Haben Sie Unterwassermaschinen entworfen?« fragte er. Und wenn sie ja sagten, wollte er wissen, was für Materialien sie gewöhnlich benutzten, und erwartete eine präzise Antwort. Alle jungen Ingenieure sagten, daß sie sich in einer Maschinenwerkstatt auskennen, doch Hackman wollte wissen, ob sie eine Vertikalfräse oder eine Horizontalfräse bevorzugten. »Mit solchen kleinen Fragen«, meinte Hackman, »findet man heraus, ob jemand wirklich daran gearbeitet hat.«

Tommy antwortete schnell. Als ihn Hackman nach der Wasserstrahlpumpe fragte, die er auf der *Arbutus* benutzt hatte, konnte Tommy nicht nur erklären, wie er die Aufhängung entworfen hatte, sondern auch, wie es war, darin zu stecken, wenn die Haut wie eine Fahne in der Turbulenz flatterte und einem die Maske vom Gesicht gerissen wurde. Er konnte aus erster Hand über die Risiken bemannter Unterseeboote berichten, über die Probleme mit Magnetometern und über die neueste Methode, die Taucherkrankheit in der Dekompressionskammer zu behandeln.

»Wenn Sie wirklich schon so etwas auf See gemacht haben«, sagte Frink, »werden Sie Hackman höllisch beeindrucken.« Was auch der Fall war. Alle stimmten dafür, Tom einzustellen.

Doch Frink zauderte immer noch. »Leute wie er sind nicht sonderlich teamfähig. Er ist ein äußerst kreativer, von seiner Arbeit fast besessener Mensch. Er hält sich nicht an feste Arbeitszeiten. Er schuftet bis zum Umfallen und macht die Leute kaputt.«

Frinks größte Sorge war, ob sich Tommy hundertprozentig für ihn einsetzen würde. Denn Frink brauchte seine Ingenieure, wie er zu sagen pflegte, »mit Leib und Seele, 24 Stunden am Tag, sieben Tage die Woche. Ihr Unterbewußtsein muß für Battelle arbeiten.« Und zurückblickend meinte er: »Ich habe mehr von Tommy bekommen, als ich erwartet hatte. Fünf Jahre blieb er hier.«

Doch während all dieser Überlegungen kam Frink nicht im Traum auf die Idee, daß er und Don Hackman über kurz oder lang für Tommy arbeiten sollten.

Auf einer seiner vielen Reisen von Key West nach Columbus hatte Tommy einen vielseitigen Burschen namens Bob Evans getroffen, der im Hauptfach Geologie studiert hatte. Bob war als klassischer Pianist ausgebildet, arbeitete als Jazzpianist und sammelte Informationen jeglicher Art. Er schien alles zu behalten, was er jemals gelesen hatte, und dachte und sprach so schnell, daß man das Gefühl hatte, ein Tonband würde schneller abgespielt, wenn man ihm zuhörte. Außerdem war er humorvoll, gütig und bescheiden.

Bob und seine Frau bewohnten eine Hälfte eines alten viktorianischen Doppelhauses in der Nähe der Universität, in der anderen lebten Freunde von Tommy. Tommy und Bob hatten sich 1978 während eines Schneesturms durch die verriegelte Verbindungstür der Haushälften im Keller kennengelernt, als Tommy bei seinen Freunden die Heizung hochstellen wollte. Eine halbe Stunde lang hatten sie sich durch die Tür unterhalten, ohne den anderen zu sehen. Als Bob hochkam, sagte er zu seiner Frau, er habe gerade »einen interessanten unsichtbaren Typen« kennengelernt.

In den darauffolgenden drei Jahren waren sich Tommy und Bob gelegentlich begegnet, wenn Tommy nach Columbus kam. Bob hatte sein Geologiestudium an der Ohio State abgeschlossen und arbeitete als Berater für die Ölindustrie in Ohio. Seit er nun wieder ständig in Columbus lebte, schaute Tommy auf seinem Motorroller oft bei Bob vorbei.

Bob liebte Gespräche. Er redete sich so in Rage, daß seine schulterlangen blonden Haare hin und her flogen und der über die Oberlippe hängende Schnurrbart zitterte. Während sie auf Bobs vorderer Veranda saßen, ölte Tommy seine Kehle mit Tequila, und Bob labte sich an philosophischeren Getränken wie Wild Turkey pur. Derart beflügelt, fochten sie die ganze Nacht über ihre Rededuelle aus und steigerten sich so hinein, daß sich die anwesenden Freunde manchmal die Ohren zuhielten. Sie sprachen über verrückte Sachen wie Diamantenminen in Kanada, Schatzfunde, die Indianer vergraben hatten, und Tempel der Maya, die sich angeblich vor der Küste von Yucatán unter Wasser befanden. »Bob und Harvey werden auf seltsame Weise zu einer Person, wenn sie zusammen sind«, sagte ein Freund, »sie wissen, in einer Art von Gedankenverschmelzung, was der andere denkt, und regen sich dabei schrecklich auf.«

Tommy erzählte Bob von der Arbeit mit Mel Fisher vor den Keys und mit John Doering vor den Küsten Dominicas. Mitten im Karibischen Meer lägen übereinandergestapelt Hunderte von alten Schiffswracks, sagte er zu Bob. Und es sei das eigentliche Problem, führte er weiter aus, daß man nicht wisse, wie man das Wrack, nach dem man suche, von allen anderen unterscheiden könne. Sie ruhten alle zerschmettert im relativ flachen Meer, das von Stürmen, Wellentürmen und Strömungen heimgesucht wurde, die die Schiffsteile wie ein Schneebesen durcheinanderquirlten. Tommy nannte das den »Schrottplatzeffekt«.

Und woher wisse man, fragte er Bob, daß das fragliche Wrack nicht schon geborgen ist? Schatzsucher hatten gewöhnlich die königlichen Akten in den spanischen Archiven durchforscht, und sofern sie nichts über eine Bergung gefunden hatten, nahmen sie an, daß sich der Schatz immer noch an der Unglücksstätte befände. Doch nicht jeder habe alles dem König gemeldet, erklärte Tom. Auf diesen Galeonen wurde geschmuggelt. Möglich war auch, daß jemand sechs Monate nach der Havarie vorbeigesegelt war, an den Gestaden einer Insel gestrandete Trümmer entdeckt hat, mit den Indianern verhandelt und nach dem Schiff getaucht war. »Eine Galeone hatte einen Tiefgang von viereinhalb Metern«, erzählte Tommy Bob, »deswegen liefen sie in der flachen See häufig auf Riffe. Und dem Menschen sieht es gar nicht ähnlich, Gold im Wasser von viereinhalb Meter Tiefe liegen zu lassen.« Die meisten Gegenstände, die Fisher gefunden hatte, lagen dreieinhalb Meter unter Wasser, und der einzige Grund,

warum spanische Taucher die *Atocha* 1622 nicht völlig ausge-
plündert hatten, war der weitaus stärkere zweite Sturm, der drei
Wochen später an der Unglücksstätte gewütet hatte.

Schatzsucher waren nicht Herr ihrer Lage, sondern allzuoft den
Launen des Wetters, der Geschichte politischer Herrscher und der
menschlichen Natur ausgesetzt, und darum scheiterten die meisten. Um Erfolg zu haben, brauchten sie einen besseren Überblick.
Sie mußten alles genau erforschen und die Risiken verringern.
Denn die Schätze lagen dort unten auf dem Meeresgrund. In den
drei Jahrhunderten nach Kolumbus' Reisen in die Neue Welt
hatte man ein gut Teil des Goldes und Silbers der Erde aus der
Neuen Welt in die Alte gebracht, und ein Viertel davon war während des Transports verlorengegangen. Doch die Aussichten, es
unter den zahllosen Wracks im flachen Karibischen Meer zu finden, meinte Tommy, wären zu gering. Schatzsuche sei dort sinnvoll, wo die Überreste nicht von Stürmen durchgerüttelt wurden,
wo die Schiffe nicht auf- und übereinander lagen, wo der Boden
hart und die Strömung langsam war und wo keine Regierung
irgendeinen Anspruch auf die geborgenen Güter erheben konnte.
Tommy kündigte Bob an, daß er historische Wracks aus der Tiefsee holen wolle.

Jeden Morgen erstattete Tommy der Entwicklungsabteilung
Bericht, wobei Don Frink bald an ihm eine Seite entdeckte, die er
gar nicht vermutet hatte: die Fähigkeit, anspruchsvolle Auftraggeber zu beeindrucken, wie den leitenden Beamten der Schiffs-
bergungsbehörde in Washington, der die Entwicklung und Produktion der Tauch- und Bergungsausrüstung für die Marine
überwachte; oder das Innenministerium, das am Meeresbergbau
interessiert war. »Tommy war ein Gewinn für das Institut«, sagte
Frink. »Er kann mit Leuten umgehen, beeindruckt die Klienten,
die gewöhnlich sehr gut informiert sind, durch seine Kenntnisse.
Er wirkt aufrichtig, ist ehrlich um die Kunden bemüht und hat das
Zeug, um ihnen wirklich weiterzuhelfen. Er ist energisch, tatkräftig, aktiv; man fühlt sich wohl in seiner Gesellschaft.«

Frink hatte Tommy ursprünglich als Entwicklungsingenieur
für die Ausrüstung der Marine eingestellt. Doch auf höherer
Ebene gab es noch eine wichtigere Aufgabe für ihn: die Suche
nach einem systematischen umfassenden Problemlösungsansatz.

Die Regierung der USA schien bereit, gewaltige Summen für die Gewinnung von Mineralien aus der Tiefsee auszugeben; also stellte Frink Tommy ab, um auf dem Gebiet des Meeresbergbaus zu forschen. An Tommys Arbeitsweise fielen Frink zwei Dinge auf: wie er sorgfältig, geradezu penibel seine Zeit einteilte und strikte Prioritätenlisten führte; und wie er Beobachtungen sammelte, integrierte, umsetzte und Unmengen von Details bedachte.

Tommy widmete sich vordringlich dem Problem der Durchführbarkeit des Bergbaus im tiefen Ozean. Er sprach mit Wissenschaftlern und Ingenieuren überall im Land und versuchte ein Konzept zu schaffen, das sowohl wirtschaftliche als auch Umweltfaktoren berücksichtigte. Er kam zu dem Schluß, daß Bergbau in der Tiefsee eine »völlig neue Technologie« benötige und daß diese Technologie zwar möglich war, aber so hohe Entwicklungs- und Betriebskosten verursachen würde, daß der Wert der Mineralien erheblich steigen müßte, wenn es sich lohnen sollte.

Tommy arbeitete zehn bis zwölf Stunden am Tag und verbrachte manchmal auch die Wochenenden bei Battelle – nur des Nachts dachte er weiter über Schiffe nach, die im tiefen Meer versunken waren. Dann wichen alle Probleme der Schiffsbergung vor dem größten zurück: dem der Technologie. »Und wenn ich mir vorstellen kann, wie ich das löse«, dachte er, »halte ich alle Fäden in der Hand und bin Herr der Lage.« Seine Forschung über Meeresbergbau hatte ihn auf weitere Ideen gebracht, wie man ein Wrack aus der Tiefsee heraufholen könnte. Obwohl der Wert der Mineralien erst gewaltig steigen müßte, um die Entwicklungskosten der Technologie des Meeresbergbaus aufzufangen, könnte ein einziges mit einer lohnenden Ladung gehobenes Schiff Investoren dazu bringen, ihm das notwendige Geld zu geben, um die technische Ausrüstung zu entwickeln, die die Grenze des Möglichen im tiefen Ozean überwinden würde.

Oft kamen ihm die Ideen nachts im Schlaf, oder er wachte plötzlich auf und grübelte über das Wenn und Aber. »Etwas fällt mir ein, ich denke darüber nach, auch wenn es drei Uhr morgens ist und ich um sechs oder sieben Uhr aufstehen muß. Doch wenn es mich überkommt, muß ich es einfach beachten und ernst nehmen, weil es sonst verlorengeht.«

Dann holte er seine Notizbücher heraus, die mit neuen und

alten Ideen vollgeschrieben waren, oder seine Notizen von den Telefongesprächen und spürte Verbindungen und Möglichkeiten nach.

Das erste Gerät für die Arbeit im tiefen Meer war die Taucherglocke, die im 17. Jahrhundert erfunden worden war, eine große Luftblase in einem Gehäuse. Sir Edmund Halley, der Entdecker des Kometen, schuf eine Taucherglocke mit Glasfenstern, die Luft durch Schläuche erhielt, die mit Luftfässern verbunden waren, die ins Wasser abgesenkt werden konnten. Mit dem Eindringen von Wasser in die Fässer wurde die Luft durch die Schläuche in den oberen Teil der Glocke gepreßt. Drei Männer konnten sich eine Stunde und 45 Minuten in einer Tiefe von 18 Metern aufhalten und die Waffen eines im Hafen gesunkenen Schiffs bergen, indem sie sie mit Seilen und Ketten sicherten und mit einem Flaschenzug hochziehen ließen. 300 Jahre später war die Technologie, die man in der Tiefsee einsetzte, gewaltig weiterentwickelt; doch die Arbeit, die dort verrichtet werden konnte, hatte sich nur wenig verändert.

Vor dem Jahr 1963, in dem das atomar angetriebene Unterseeboot *Thresher* gesunken war, hatten sich Wissenschaftler der Marine schon beim Pentagon für ein Tiefseetauchboot eingesetzt, das nicht nur viel tiefer als herkömmliche U-Boote tauchen konnte, sondern auch drei Menschen Platz bot, über große Aussichtsfenster, Kameras, einen mechanischen Greifer mit Fernbedienung verfügte und sich durch die Unterwasserlandschaft bewegen konnte. Obwohl die Wissenschaftler die Marine endlich überzeugen konnten, das Projekt zu finanzieren, wurde das Schiff als uneheliches Kind in der Militärflotte betrachtet – kein Unternehmer, der für die Marine arbeitete, wollte es bauen. Die Marine mußte sich an den Getreideproduzenten General Mills wenden, um das winzige Tauchboot, das man *Alvin* nennen sollte, zu bauen.

Zwei Wochen nach der Tragödie der *Thresher* rief der Marineminister eine Kommission ins Leben, die unter dem Namen Stephan-Ausschuß bekannt wurde. Die 58 Mitglieder brachten fast ein Jahr damit zu, die Arbeitskapazitäten des Militärs in der Tiefsee zu analysieren, zu empfehlen, welche technische Ausrüstung geeignet sei, um den Ozean zu erforschen und Gegenstände, die auf seinem Grund lagen, heraufzuholen. Drei Monate nachdem die Kommission ihren Bericht fertiggestellt hatte, wurde im Juni 1964 der Welt erstes manövrierfähiges Tiefseetauchboot in Anwesenheit zahlreicher hoher Marineoffiziere in strahlendweißen Uniformen getauft. Zwei Jahre später erhielt die *Alvin* ihre erste konkrete Bewährungsprobe bei der Entschärfung eines brisanten internationalen Zwischenfalls.

Ein B-52-Bomber der amerikanischen Luftwaffe war bei einem Routineeinsatz über dem Mittelmeer mit einem Tankflugzeug vor der spanischen Küste zusammengestoßen, und die glühenden Wrackteile hatten sich im Umkreis von 15 Quadratkilometern über Land und See verteilt. In dem B-52-Bomber hatten sich vier Wasserstoffbomben befunden, von denen jede eine siebzigmal stärkere Sprengkraft als die Bombe hatte, die über Hiroshima abgeworfen worden war – genug, um einen Großteil Spaniens und Portugals, Teile von Nordafrika und vielleicht ganz Südfrankreich zu verwüsten. Die Regierung fand drei der Bomben an Land, doch die vierte war mit dem Fallschirm ins Meer gefallen. Nachdem Taucher das flachere Wasser abgesucht und nichts gefunden hatten, setzte die Marine zwei Tiefseetauchboote ein, die neue *Aluminaut,* ein Ungetüm von 78 Tonnen für eine Tiefe von bis zu 2400 Meter, und die zwei Jahre alte *Alvin,* die 1800 Meter erreichen konnte. Der verantwortliche Admiral sprach »von der Nadel im Heuhaufen«, nach der man suchte, »und das im dunklen Ozean«.

Die *Alvin* tauchte zehnmal, bis die Mannschaft den Fallschirm in der Strömung in einer Tiefe von 840 Metern entdeckte. Und als das Mutterschiff Enterhaken hinabließ, damit die Piloten sie in die Fallschirmseide einhängen konnten, erinnerten die Versuche der ungelenken und schwankenden *Alvin* und des Mannes, der sie ungeschickt steuerte, einen Piloten »an einen betrunkenen Schweden, der versucht, Spaghetti mit Stäbchen zu essen«. Zweimal hakten sie die Bombe fest und bemühten sich, sie hochzuwinden; doch beide Male verloren sie sie und konnten sie nicht wiederfinden, einmal neun Tage lang. Nachdem sich der Fallschirm um die *Alvin* geschlungen hatte und fast ihr Leichentuch geworden wäre, setzte die Marine ihre neueste Errungenschaft ein, einen Unterwasserroboter namens CURV für *Cable-controlled*

Underwater Research Vessel, ein schweres Gerät mit Scheinwerfern, Kameras und Greifer. Doch auch die CURV konnte die Bombe nicht bergen. Wenn der Greifer sich bewegte, wurde der schlammige Boden aufgewühlt und blockierte über eine Viertelstunde die Kameras; dann blähte sich der Fallschirm plötzlich auf und wickelte CURV wie in eine Zwangsjacke ein. Der Roboter konnte sich nicht mehr bewegen. Schließlich holte die Mannschaft des Mutterschiffs den Roboter mitsamt Fallschirm und Bombe an die Oberfläche.

Die Marine hatte die innovativste Unterwassertechnologie der Welt eingesetzt, um die drohende politische Krise zu entschärfen, und keinerlei Kosten gescheut. Dennoch hatten sich die Suche und Bergung in einem eng begrenzten Gebiet fast drei Monate hingezogen und waren so mühsam, zermürbend und gefährlich gewesen, daß der letztliche Erfolg nur mit einer großen Portion Glück zu erklären war.

Als die *Thresher* gesunken war, begann die Marine mit der Entwicklung und Produktion einer Reihe von Unterwasserfahrzeugen, die bis auf den Grund der Tiefsee gehen konnten. Neben der *Alvin* und der *Aluminaut* ließ die Marine die *Sea Cliff* und die *Turtle* bauen, die größer und etwas schneller als die *Alvin* waren; die *Halibut*, ein Unterseeboot mit einem Bauch so groß wie ein Hangar, die unbemerkt unter der Oberfläche kreuzen konnte, während die Mannschaft Kabel und Kameras auf den Meeresgrund hinabließ; ein kleines atomgetriebenes U-Boot mit Scheinwerfern, Kameras und Sichtfenstern namens *NR-1*, das wochenlang unter Wasser bleiben und auf Rädern auf dem Boden fahren konnte; und die DSRVS oder *Deep Submergence Rescue Vehicles*, die sich in Tiefen bis zu 2000 Meter bewegen, ein untergegangenes U-Boot greifen und die Besatzung an die Meeresoberfläche zurückbringen konnten. Ursprünglich wurden die Kosten für ein DSRV auf drei Millionen Dollar geschätzt; schließlich baute die Marine in den frühen siebziger Jahren für 220 Millionen zwei davon.

Während des kalten Krieges in den sechziger und siebziger Jahren kam das Geld für diese Tiefseetauchboote nicht von der Marine, sondern von einer wirtschaftlich noch mächtigeren Organisation: dem Geheimdienst. Das bedeutendste Projekt war 1974 der *Glomar*

Explorer, ein Schiff von 180 Meter Länge, das Howard Hughes unter strengster Geheimhaltung und dem Vorwand der Erforschung der Tiefsee hatte bauen lassen. Es diente allerdings nur einem einzigen Zweck: einen riesigen mechanischen Greifer in eine Tiefe von 6000 Meter hinabzusenken und den Rumpf eines gesunkenen sowjetischen U-Boots heraufzuholen. Beim Versuch, den fast 60 Meter langen unteren Teil des Rumpfes an die Oberfläche zu hieven, ging der Greifer kaputt und verlor seine Beute. Das Projekt verschlang eine halbe Milliarde Dollar.

20 Jahre nach dem Untergang der *Thresher* gab es Tauchboote, die viel tiefer und länger unter Wasser bleiben konnten als Halleys Taucherglocke. Sie hatten Strömungen im Golfstrom gemessen, Muschelbänke lokalisiert, Torpedos und Raketen heraufgeholt, Manganvorkommen erforscht, die geologische Beschaffenheit des Meeresgrundes studiert und Bohrinseln vor den Küsten inspiziert. Doch trotz der computergestützten Steuerung, der Antriebssysteme, des Abluftaufbereiters, der Hydraulik, der Kunststoffe, der wasser- und luftdichten Verschlüsse, trotz der Sonargeräte und Kameras konnten diese neuen Tauchboote auch nicht viel mehr, als Gegenstände mit Enterhaken hochholen oder mit einem schwerfälligen Greifer packen und festhalten.

Ein Wrack aus der Tiefsee bergen konnte fast jeder Meeresingenieur: Er brauchte nur einen Baggerlöffel zur Unglücksstelle hinabzulassen und das gesunkene Schiff einfach hochzuholen. Doch dabei zerbrachen die Schiffsreste oder wurden zerquetscht; ihr archäologischer Wert wurde zerstört, der Schatz beschädigt und entwertet oder für immer versenkt. Mit historischen Schiffswracks mußte man sehr vorsichtig umgehen, wenn man den Schatz nicht noch tiefer vergraben wollte. Tommy dachte gar nicht daran, den Schiffsrumpf mit einem großen Greifer zu packen, ein Tau um ein Wrackteil zu schlingen oder einen Baggerlöffel hinabzulassen. Er wollte ein Wrack erforschen und dokumentieren, es dann behutsam wie bei einem Mikadospiel Stück für Stück auseinandernehmen, ohne die restlichen Teile zu beschädigen. Er wollte zerbrechliche Gegenstände an die Meeresoberfläche bringen und alles filmen und fotografieren, mit 35-Millimeter- und Videokameras, schwarzweiß, in Farbe und 3D. »Man muß behutsam und präzise arbeiten, wie ein Chirurg«, sagte Tommy einmal.

Im Geiste sah er eine vollautomatisierte Maschinenhalle vor sich, in der er mit Hilfe der neuesten Technologie arbeiten und alles überwachen konnte. Er sah Sägen, Greifer, Löffelbagger, Bohrer, Gebläse, Kameras und Beleuchtungsanlagen. Wenn man ihnen genug Zeit und Geld gab, konnten fähige Wissenschaftler und Ingenieure einen Roboter entwickeln und bauen, der vom Land aus all diese Funktionen übernahm – das war nicht das Hauptproblem. Das Geheimnis, wie all diese Geräte im tiefen Ozean zusammenwirken konnten, war im ursprünglichen Konzept und nicht in der fortgeschrittenen Technik zu suchen. Im Jahr 1983 gab es Tauchboote, die wie Haie, Kugeln, Heuschrecken, Schleppdampfer und kleine Luftschiffe aussahen – viele Formen mit vielen Funktionen –, doch nicht eine davon konnte auf dem Meeresgrund mehr ausrichten als Halley mit der Taucherglocke im 17. Jahrhundert. Die Probleme waren weiterhin ungelöst, aber nach zehn Jahren hatte Tommy sie zumindest gesichtet und klar ins Auge gefaßt.

Sie begannen an der Oberfläche: Man mußte das Tauchboot schließlich irgendwie vom Schiff ins Wasser bekommen. Doch schon Winde von nur zehn Knoten Geschwindigkeit verursachten einen Meter hohe Wellen, die an das Tauchboot klatschten, während man es ins Wasser absenken wollte. Diese meterhohe Wasserwand mit der geballten Kraft des Ozeans hinter sich konnte das Greifwerkzeug abreißen und sogar den Rumpf des Tauchboots zerschmettern. Beim ersten Probelauf des Prototyps der *Trieste*, dem in Frankreich gebauten Bathyskaph, mit dem man die *Thresher* gefunden hatte, herrschte nur leichter Seegang, der dennoch die mit Benzin gefüllte Flotationskammer zerstörte und fast 80 000 Liter Benzin ins Meer spritzte. Man konnte das Tauchboot bei Wellen, die über einen Meter hoch waren, nicht aussetzen oder zurückholen, wenn man nicht riskieren wollte, es zu verlieren. Und der Ozean war selten ganz ruhig.

Wenn man das Tauchboot unbeschädigt ins Wasser hinabgelassen hatte, hob und senkte sich das Mutterschiff an der Oberfläche schneller, als das Tauchboot nach unten sank, wodurch sich das Kabel abwechselnd straffte und lockerte. Die Belastung wurde dadurch plötzlich zehnmal stärker als das Gewicht des Tauchboots, so daß es passieren konnte, daß das Kabel riß und das Tauchboot verlorenging. Das Panzerkabel bestand aus elektromechanischen Drähten, die Signale an das Tauchschiff weiterleiteten und von dort zurück. Wenn es die ruckartige Belastung nicht zerriß, dann ermüdeten die Drähte, die, wenn das Kabel über den Flaschenzug lief, ständig gebogen wurden und an anderer Stelle durch das Gewicht des Boots wieder glattgezogen wurden. Ein Ersatzkabel zu beschaffen dauerte drei Monate, und ein zweites Kabel an Bord erforderte ein größeres Schiff, mehr Leute und dementsprechend mehr Geld.

Der Versuch, auf dem Meeresboden zu landen, war aus zwei Gründen riskant: Zum einen zog das schaukelnde Schiff ruckartig am Tauchboot – in einem Augenblick sah man auf den Boden, im nächsten sah man nichts mehr, im übernächsten landete die Kamera im Schlamm. Zum anderen verdrehte sich das Kabel, wenn etwas Schweres an ihm hing; und wenn das Gewicht auf dem Meeresgrund aufstieß, lockerte sich das verdrehte Kabel und verknotete sich wie eine Telefonschnur. Folglich kam es auch dann häufig zum Kabelbruch, wenn ein Panzerkabel, an dessen Ende ein Gewicht von mehreren tausend Pfund hing, abknickte und das Stampfen des Schiffs an der Oberfläche an diesen Knicken ruckartig zerrte – was bedeutete, daß man das Fahrzeug auf dem Meeresgrund lassen und für den Rest der Saison zum Strand zurückkehren mußte.

Zwar konnte man die Probleme mit der Ladung, die eine Belastung darstellte und Druck ausübte, das Kabel ermüdete, verdrehte und zerriß, vermeiden, wenn man die gesamte Ausrüstung an Bord des Tauchschiffs unterbrachte, auf Kommunikation verzichtete und die Besatzung nach Belieben herumfahren ließ, wie im Fall der *Alvin* oder der neueren *Trieste*. Aber das setzte Menschenleben aufs Spiel, also mußte jedes System Ersatzgeräte mit sich führen; Ingenieure beschäftigten sich zu 90 Prozent damit, diese Reservegeräte zu entwerfen, mit denen das Fahrzeug natürlich viel schwerer wurde. Oft mußte für das Tauchschiff ein ganzes Mutterschiff gebaut werden, was zig Millionen Dollar kostete. Da Tommys Versuch kein staatlicher Auftrag war und die nationale Sicherheit nicht auf dem Spiel stand, würde ihm kein unbegrenztes Budget zur Verfügung gestellt werden. Die Technik, die er entwickelte, mußte so billig wie möglich sein: ein paar Millionen für die Ausrüstung, ein paar weitere für das übrige Projekt.

Andere aus der Gemeinde der Tiefseeforscher hatten schon erkannt, wie begrenzt die Zukunft der bemannten Tauchboote war. Die Marine experimentierte mit »automatischen Fahrzeugen«, weil sie viel leichter und weniger gefährdet als die bemannten Schiffe waren und im voraus programmiert werden konnten, damit sie auf dem Meeresgrund einfache Aufgaben lösten. Die in Frankreich gebaute *Epaulard* war das erste Schiff dieser Art gewesen, das allerdings nur auf einem ebenen, bekannten Boden einsatzfähig war, weil es nicht auf das Gelände reagieren konnte; es vermochte zu filmen und zu fotografieren, aber keine Informationen live zurückzusenden, so daß die Ergebnisse erst bekannt wurden, wenn der Film an der Oberfläche entwickelt war. Wenn die Techniker dann etwas Interessantes auf den Fotos sahen, konnten sie es kaum mehr orten. Tommy wollte etwas, das an Ort und Stelle blieb, das er kontrollieren konnte und das ihm sagen würde, was im Augenblick vor sich ging, damit er an der Wasseroberfläche fundierte Entscheidungen treffen konnte.

Das eigentliche Problem bei jedem System, bemannt oder unbemannt, angeseilt oder nicht, war, daß man damit keine nennenswerten Arbeiten auf dem Grund des Ozeans durchführen konnte. Und das, weil niemand bislang in der Lage gewesen war, ein wesentliches Hindernis zu überwinden: Tauchboote waren instabil; wenn man sie unter Wasser »treiben« ließ, hatten sie ein beschränktes, unveränderliches Gleichgewichtszentrum; und ihre Manipulationen mußten extrem kurz sein, weil sich bei längeren das Zentrum verlagern und das Fahrzeug umkippen würde. Wenn man am Eßtisch sitzt und nach einer Schüssel mit Erbsen greift, spannt man unwillkürlich gewisse Muskeln an und verlagert seinen Schwerpunkt. Das konnten Tauchschiffe nicht tun. Wenn man ein Tauchboot wäre, würde man mit dem Gesicht auf den Teller fallen, sobald man mit der Hand die Schüssel anheben wollte. Selbst wenn ein Greifwerkzeug so kurz war, daß das Boot nicht kippen würde, konnte es nichts tun, das Kraft verlangte, ohne sich umzudrehen. Die *Alvin* wog 17 Tonnen, doch am Meeresgrund hatte sie keine Muskelkraft.

Tommy hatte ohnehin schon alle Systeme ausgeschlossen, die die Anwesenheit von Menschen auf dem Grund des Ozeans verlangten. Sie waren zu teuer, zu gefährlich, zu begrenzt in ihren Möglichkeiten. Die Lösung waren Unterwasserroboter, *Remote Operated Vehicles*, ferngesteuerte Unterseeboote oder ROVs. Die Ölindustrie hatte damit begonnen, sie anstelle von Tauchern zu verwenden, und das Militär setzte sie seit Jahren unter Wasser ein. 1982 gab es nur zehn dieser Roboter, die allesamt beim Hinablassen, Heraufholen und Landen auf dem Boden Probleme mit dem Kabel hatten; und keines, das Tommy kannte, konnte wirklich dort unten arbeiten. Doch das waren Schwierigkeiten, denen sich Tommy inzwischen gewachsen fühlte, weil das Geheimnis der Arbeit in der Tiefsee nicht, wie alle bisher gedacht hatten, in der Technik als solcher begründet war, sondern darin, daß man die vorhandene Technologie richtig kombinierte. Das Geheimnis waren das Konzept hinter dem System und das Zusammenwirken aller Subsysteme; und der Schlüssel, der die Tür zu diesem Geheimnis öffnen würde, lag in Tommys angeborenem unersättlichen Drang, zu begreifen, warum zwei plus zwei vier ergibt. Was Lehrer und Freunde wahnsinnig gemacht hatte, als er ein Junge war, sollte ihn als Mann in die Lage versetzen, die Grenzen der Arbeit im tiefen Ozean zu überschreiten, die Teile und Bruchstücke zu studieren, sie zu verstehen und dann dorthin vorzustoßen, wo andere aufgegeben hatten. Das Geheimnis lag in seiner naiven, manchmal arroganten Überzeugung, daß dieses Ziel auf absolut einfachem Weg zu erreichen war.

Bevor er irgend etwas auf dem Boden bewerkstelligen konnte, mußte Tommy das Wrack finden; das war eine weitere schwierige technische Aufgabe: die Fähigkeit, Dinge aufzuspüren, die in einer Tiefe von mehreren hundert Metern auf dem Meeresgrund lagen. Historische Dokumente konnten nur die ungefähre Stelle des Schiffbruchs rekonstruieren, wobei ein Irrtum im Umkreis von 50 Meilen möglich war. Um die Unglücksstätte mit Sicherheit ausfindig zu machen, mußte Tommy ein derart großes Gebiet untersuchen, daß er mit herkömmlichen Sonargeräten mehrere Sommer dazu brauchen würde.

Im Jahr 1977 hatten Ingenieure, die für das Bergbaukonsortium

im tiefen Ozean geforscht hatten, auch ein Vakuumgerät entwik-
kelt, das auf den Feldern, die sie absuchten, kartoffelgroße Manganknollen aufsaugen konnte. Nachdem sie den Vakuumsauger
über den Meeresgrund geschleppt hatten, waren die Techniker
noch einmal mit ihrem Unterwasserortungsgerät zurückgekehrt
und hatten inmitten des Manganfelds ein kleines weißes Band
entdeckt: einen Streifen, den das Vakuumgerät hinterlassen hatte,
das die Knollen aufsaugte. Das Wasser dort war 5400 Meter tief,
und jener weiße Streifen war nur zwei Meter breit. Und das
Signal, das von unten nach oben drang, war viel stärker als nötig,
so daß sie es nur lesen mußten und in einem Zug über drei Meilen
Meeresgrund absuchen konnten.

Drei Jahre später bekam das Lamont-Doherty Geological Institute der Columbia University eine Geldspende für den Bau der
SeaMARC I, eines Sonarprototypen. Er sollte von denselben Ingenieuren gebaut werden, die das Hochgeschwindigkeits-For-
schungssystem für das Bergbaukonsortium entworfen hatten.
Lamont-Doherty wollte mit dem Sonar Unterwassergebirge und
andere große geologische Formationen in der Tiefsee untersuchen. Tommy hatte sich mit dieser Technologie vertraut gemacht
und dachte, daß er sie mit einigen Verbesserungen einsetzen
konnte, um Schiffswracks im tiefen Meer aufzuspüren; doch die
SeaMARC war schon für die nächsten zwei Sommer ausgebucht.
Außerdem mußte Tommy feststellen, daß alle Informationen, die
er mit der SeaMARC über Wracks im tiefen Ozean sammelte, automatisch staatlichem Zugriff unterlagen, da Lamont-Doherty eine
öffentlich-rechtliche Einrichtung war.

In den fünf Jahren seiner Reisen und Telefongespräche hatte
Tommy ein weitverzweigtes Netz aus Wissenschaftlern, Ingenieuren und Meeresforschern aufgebaut. Im Jahr 1983 führte ihn
einer dieser Kontakte zu Mike Williamson, einem Geophysiker,
der mit dem technischen Team der Bergbaugesellschaft auf Man-
gansuche gegangen war. Williamson erinnerte sich noch an den
Tag, als sie auf jenen dünnen weißen Streifen gestoßen waren, der
durch ein Manganfeld führte. Er konnte kaum glauben, daß sie
etwas so Kleines in solcher Tiefe reflektieren konnten. Und das
innerhalb von drei Meilen breiten Suchbahnen. »Man konnte
wirklich den ganzen wertvollen Besitz abtasten«, dachte Wil-

liamson. Wenn er eines dieser Reflexionssysteme hätte, könnte er binnen kurzer Zeit große Gebiete in der Tiefsee absuchen, nicht nach Unterwassergebirgen oder Manganfeldern, sondern nach gesunkenen Flugzeugen, Flugschreibern, Bomben, Raketenteilen und – für die Ölgesellschaften – nach den genauen geologischen Beschaffenheiten. Das einzige, was ihn zurückhielt, war das Preisschild von einer Million Dollar.

Um das Jahr 1983 hatte Williamson eine Firma für ozeanographische Technik gegründet, sie verkauft und eine neue ins Leben gerufen; und er wollte immer noch das Sonar, das eine Million Dollar kostete. »Ich war mir sicher, eine Million Dollar auftreiben zu können«, sagte Williamson, »und dann würden wir eins bauen, damit losziehen und Großes tun.« Ungefähr zu dieser Zeit rief Tommy ihn an, machte ihm Mut, das Projekt weiterzuverfolgen, und bot ihm sogar an, ihm bei der Suche nach Geldgebern behilflich zu sein.

Für Williamson war Tommy Thompson ein Schatzsucher, und Williamson bewegte sich in anderen Kreisen, die ein Freund die »schwarze Gemeinde« nannte, dem Geheimdienst. »Williamson hat wirklich viel Einfluß«, sagte der Freund. »Innerhalb jener Gemeinde gilt er als wahres Genie.« Doch Williamson arbeitete nicht mit Schatzsuchern zusammen.

»Man kann sie mit einem Strohfeuer vergleichen«, meinte er, »viele Worte und kein Geld dahinter; auch Harvey schien uns von dieser Sorte zu sein. Wir waren an dem Projekt interessiert, aber sicher nicht bereit, uns von seiner Begeisterung mitreißen zu lassen, ohne wenigstens ein paar blaue Scheine zu sehen.«

Doch Tommy verfolgte Williamson auf die gleiche Weise, wie er schon andere gewonnen hatte, die die Regierung und große Gesellschaften berieten: Er pflegte den Kontakt und stellte intelligente Fragen. Und er wußte, daß Williamson ebenso am Bau der SeaMARC Ia interessiert war, wie er selbst alles daran setzte, Wracks im tiefen Ozean zu finden.

Bis zum Herbst 1983 hatte Tommy mit Williamson häufig telefoniert und sich mit ihm dreimal in Seattle getroffen, um über Tiefsee-Seitensichtsonare zu sprechen. Williamson erklärte ihm, wie er sich vorstellte, daß man die gegenwärtige SeaMARC-Technologie in ein effektiveres Seitensichtsonargerät verwandeln könnte, und Tommy erkannte, daß seine Ideen Hand und Fuß hatten. Das war eine neue Generation von Technologie, nach der er immer gesucht hatte; und plötzlich sah er all die Bestandteile deutlich vor Augen. »Mir wurde klar, daß diese Technik nicht erst im Jahr 2000 entwickelt werden würde, sondern daß wir sie mit viel Mühe und der richtigen Mannschaft hier und heute verwirklichen konnten. Ich beschloß, daß die Zeit dafür jetzt reif war.«

Tommy verwandte nun mehr und mehr freie Zeit darauf, Schiffe zu studieren, die im tiefen Ozean gesunken waren, wie die *Titanic*, die *Republic*, die *Andrea Doria*, die *San José*. In jedem Fall bewegten ihn die Fragen: Gab es genügend historische Dokumente, die bewiesen, daß das Schiff eine Ladung von erheblichem Wert an Bord hatte, als es sank, und die das Gebiet, in dem das Schiff untergegangen war, ungefähr bestimmbar machten? Lautete die Antwort auf diese Fragen ja, untersuchte er die Umweltbedingungen in jenem Teil des Meeres. Diese natürlichen Verhältnisse waren entscheidend. Wenn der Meeresboden aus tiefem Sediment bestand, läge das Wrack darin begraben, und das Sediment würde die Bergungsstätte schneller zuschütten, als er ausgraben konnte; waren die Strömungen stark, konnte er die Stelle nicht sorgfältig untersuchen und auch kein ROV mit Kameras hinunterschicken. Durch ein derart genaues Studium gesunkener Schiffe konnte er entscheiden, welches Wrack man mit höchster Wahrscheinlichkeit bergen konnte.

Eines der Schiffe, deren Schicksal er erforschte, war ein Schaufelraddampfer namens *S.S. Central America*. Seit Jahren hatte sich unter Schatzsuchern die Kunde verbreitet, daß das Wrack der *Central America* in einer Tiefe von 30 Metern vor Kap Hatteras lag. Schatzsucher, die kaum mehr als Atemgeräte besaßen, die man ohne Tauchanzug verwenden konnte, hielten diese Legende nur allzugern am Leben, weil sie ihre Geldquelle war. Sie hatten Millionen zusammengebracht, Investoren eine Karte der Marine aus dem Zweiten Weltkrieg gezeigt, auf der die ganzen Trümmer in der Nähe des Kaps verzeichnet waren, und an einer beliebigen Stelle *Central America* eingetragen. Eine Gruppe hatte in einer Tiefe von 27 Metern Wrackteile gefunden, Pfosten, die, wie ein Sprecher behauptete, auf ein Dampfschiff aus der Mitte des 19. Jahrhunderts hinwiesen. Nicht weit davon entfernt befanden sich, wie die Nachrichtenagentur UPI berichtete, Gebrauchsgegenstände, »die eine Firma in Florida prüfte, um zu entscheiden, ob sie von einem Dampfschiff stammten, das 1857 mit einer Ladung Gold gesunken war«. Im Frühjahr 1983 behauptete eine Illustrierte, daß es entgegen den Vermutungen einiger Schatzsucher, daß die *Central America* am östlichen Rand des Golfstroms in etwa 105 Faden oder 270 Meter Tiefe gesunken sei, gewichtigere Stimmen gab, die die Unglücksstätte am westlichen Rand und daher in einer Tiefe von nicht mehr als 20 Faden oder 36 Metern lokalisierten. »Letzteres könnte zutreffend sein«, schloß der Artikel. »Ein Schatzsuche-Unternehmen ließ vor kurzem verlautbaren, es habe die *Central America* in einer Wassertiefe von zehn Faden nahe Kap Hatteras gefunden.«

Aber Tommy hatte viele Zeitungsartikel von 1857 gelesen, die Informationen aus dem Bericht eines Offiziers ausgewertet und geschätzt, daß das Schiff an Kraft verloren hatte und in einem Umkreis von ungefähr 100 Meilen östlich und ungefähr 100 Meilen nördlich von Kap Romain an der Küste von Carolina untergegangen war.

Eines Abends nach der Arbeit schaute er auf dem Heimweg bei Bob vorbei. Wenn das Wrack dieses Schaufelraddampfers 100 Meilen vom Kap Romain entfernt lag, befände es sich inmitten eines geographischen Phänomens, das Blake Ridge genannt wurde. Tommy wollte wissen, wie der Boden dort draußen beschaffen war, weil ein weicher Boden aus sich rasch ansammelndem Sediment seine Suche komplizieren würde. Bob konnte ihm zwar nicht helfen, versprach aber, in der geologischen Bibliothek nachzuforschen.

Was Bob über die Blake Ridge herausfand, war so aufregend, daß er Tommy bei der Arbeit anrief und sich mit ihm noch am selben Abend bei sich zu Hause verabredete. »Harvey, das ist überhaupt kein Problem«, meinte er. Über der Blake Ridge, einer Bergkette unter Wasser, hatte die Strömung eine Geschwindigkeit von einem Zehntel Knoten, und meilenweit bestand der Boden aus hartem Gestein. »Ich denke, daß die Sedimentbildung dort nur einen Zentimeter in 1000 Jahren zunimmt!« frohlockte Bob.

Wenn er seinen Arbeitstag bei Battelle beendet hatte, schrieb Tommy ganze Notizbücher über Unterwassertechnologie voll, legte die Bedingungen für die Geschäftsaufnahme mit Lieferanten fest und korrespondierte mit mehreren historischen Archiven von Bibliotheken an der Ostküste. Seit Jahren hatte er schon Informationen über diverse Wracks in der Tiefsee gesammelt, deren Zahl inzwischen auf 40 angewachsen war. Er und Bob trafen sich nun häufiger und »verfeinerten«, wie sie es nannten, den Selektionsprozeß für die historischen Schiffswracks mit dem Ziel, ein Objekt zu finden, das sie möglichen Investoren präsentieren konnten. »Wir entwickelten während der Arbeit die generellen Auswahlkriterien der Projekte, dann untersuchten wir die Risiken, die mit jedem dieser Schiffe verbunden waren.«

Sie teilten die Gefahren in innere und äußere ein. Innere Risiken waren jene, die mit der Ausgrabungsstätte zusammenhingen: die Wahrscheinlichkeit früherer Bergung, Genauigkeit der historischen Dokumentation und die natürlichen Bedingungen in der Umgebung der Unglücksstelle. Alle Wracks im tiefen Ozean erhielten eine günstige Bewertung in der ersten Kategorie, die meisten auch in der zweiten; doch nur wenige konnten sich in der dritten Kategorie gut behaupten. Die Wracks mit der besten Gesamtbewertung wurden als »Schiffe, die mit niedrigem inneren Risiko zu bergen waren«, klassifiziert.

Danach schätzten sie die äußeren Risiken ein, jene Faktoren, die bei einer Bergung wesentlich waren: Arbeitsbedingungen, Sicherheitsverhältnisse vor Ort, die Frage der Rechtslage. War die Technologie vorhanden, um die Stelle zu erreichen, konnte man in jener Gegend für Sicherheit garantieren, gab es dort einen gewissen gesetzlichen Schutz?

Nachdem nur noch die Schiffe mit niedrigen inneren und äußeren Risiken übriggeblieben waren, unterzogen sie jedes Wrack einer letzten Prüfung: Gab es irgend etwas an Bord, das eine Bergung lohnend machte?

Die *Titanic* war ein 210 Meter langer Stahlkoloß, der gleichsam ein Loch in eine Sonarkarte brennen würde; selbst wenn sie in einem bergigen Gelände lag, konnten sie sie vermutlich aufspüren, und aufgrund der reichlich vorhandenen historischen Dokumente ließe sich das Suchgebiet gut eingrenzen. Doch die *Titanic* barg zwei unüberwindliche Risiken: Ihr stählerner Rumpf wäre nicht einmal mit den technischen Mitteln zu durchdringen, die Tommy vor Augen schwebten. Und wenn sie hineinkommen konnten, gab es dort nichts, was eine Bergung lohnend machte: vielleicht einige Schmuckstücke, Ringe, Armbänder und Halsketten, die in vielen kleinen Kabinen verstreut lagen, aber keinen an zentraler Stelle gelagerten Schatz – nichts, was potentielle Geldgeber reizen konnte.

»In Anbetracht des Risikos«, sagte Bob, »war die *Titanic* kein gutes Projekt.«

Andere Wracks im tiefen Meer stellten sie vor ähnliche Probleme. Um einige von ihnen hatten sich Mythen gebildet, die von tonnenweise Gold, das dort sicher aufbewahrt lag, erzählten. Aber historische Fakten, die diese Mythen stützen konnten, gab es nicht. Im Jahr 1909 war der britische White-Star-Luxusliner *Republic* 50 Meilen vor Nantucket gesunken, und jahrzehntelang hatten sich Gerüchte gehalten, daß er Millionen von Goldmünzen mit sich in die Tiefe genommen hätte. Doch offizielle Berichte suchte man vergebens. »Natürlich waren dort viele reiche Leute an Bord gewesen, aber welche Schätze befanden sich im Safe des Zahlmeisters? Das weiß bis heute niemand.«

Die *Andrea Doria,* ein italienischer Liniendampfer, von ihren Eignern als »Grande Dame der Seefahrt« gepriesen, stieß 1956 im dichten Nebel mit einem anderen Schiff zusammen und ging ebenfalls kurz vor Nantucket unter. Sie war ein 210 Meter langes schwimmendes Prachtstück. Ihre Wände waren mit kostbarem Holz getäfelt und mit von italienischen Künstlern entworfenen Keramikfliesen belegt; ihre Passagiere waren ebenfalls reich, aber wieder einmal entsprang der Mythos von einem Schatz an Bord bloßen Gerüchten.

Sicher war hingegen, daß die *San José* mit mehr als einer Milliarde Dollar auf Grund gegangen war, als 1708 eine Kanonenkugel britischer Kriegsschiffe ihr Munitionslager getroffen und sie versenkt hatte. Doch die *San José* lag vor der kolumbianischen Küste in trübem, stürmischem Gewässer.

Nachdem sie viele Wracks in der Tiefsee dem Auswahlprozeß unterzogen hatten, lag der Schaufelraddampfer *Central America* in jeder Kategorie an der Spitze. Er war in einer Zeit genauer Aufzeichnungen und verläßlicher Navigationsinstrumente gesunken. Zahlreiche Menschen hatten den Untergang erlebt und bezeugt, und fünf Schiffskapitäne hatten Koordinaten angegeben, die das Wrack in einer Gegend ansiedelten, wo die Sedimentbildung nur einen Zentimeter in 1000 Jahren zunahm. Die äußeren Risiken sahen ebenfalls recht günstig aus: Der Dampfer besaß einen hölzernen Rumpf, in den man leicht hineinkam, und mit seinen Dampfmaschinen und Heizkesseln genügend Eisen, um vom Sonar aufgespürt zu werden, selbst wenn ein Großteil davon verrostet oder verschwunden sein mochte. Und er war vor der Küste der Vereinigten Staaten gesunken, so daß sie nicht mit einer ausländischen Regierung verhandeln mußten und für die Sicherheit an der Bergungsstätte garantieren konnten.

»Die *Central America*«, so Bob, »bekam unter den Projekten, die den Auswahlprozeß durchliefen, bei weitem die beste Bewertung.«

Und ihre Goldfracht war belegt: Wenn man den 1857 gültigen Goldpreis von 20 Dollar pro Unze zugrunde legte, hatte die offiziell deklarierte kommerzielle Schiffsladung einen Wert zwischen 1,2 und 1,6 Millionen Dollar. Obwohl viele Unterlagen der *Central America*, einschließlich ihres Ladungsverzeichnisses, 1906 beim großen Feuer von San Francisco, das nach dem Erdbeben folgte, verbrannt waren, schätzten einige Berichte, daß das Gold, das die Passagiere bei sich getragen hatten, der Handelsfracht zumindest gleichkäme. Und das Verteidigungsministerium hatte kürzlich eine sagenhaft anmutende Geschichte bestätigt, die seit Jahren im Umlauf war: daß die *Central America* – von offizieller Seite angeordnet – eine geheime Fracht mitführte, die die wacklige Industrie der Nordstaaten stützen sollte. Nachdem darauf hingewiesen worden war, daß die Informationen über die Schiffsladung heute nicht mehr der Geheimhaltung unterlagen, wurde verifiziert, daß die *Central America* in ihrem Frachtraum zusätzlich 600 Kisten Goldbarren von je 50 Pfund oder 30000 Pfund in Gold liegen hatte.

Bei seinen historischen Forschungen hatte Tommy zweierlei Angaben von Koordinaten entdeckt, die dabei helfen konnten, die Unglücksstätte zu bestimmen. Die eine stammte von der *Ellen*, einer Bark, die am Tag nach dem Untergang der *Central America* in die Trümmer gesegelt war. Die andere war von der *El Dorado*, dem Schoner, der das Heck der *Central America* nur anderthalb Stunden vor ihrem Untergang ganz nah umrundet hatte. Das einzige Problem dabei war, daß die Koordinaten der *El Dorado* der Stelle nahekamen, an der das Schiff gesunken war, und die der *Ellen* die Gegend markierten, in die die Wrackteile während der folgenden zwölf Stunden abgetrieben waren. Doch die beiden Positionen lagen fast 60 Meilen auseinander, und so weit konnten die Trümmer selbst im Golfstrom nicht abgetrieben worden sein. Das Suchgebiet wäre einfach zu groß, wenn Tommy nicht weitere Koordinaten finden könnte, die entweder die der *El Dorado* oder die der *Ellen* bestätigen würden.

Durch Berichte in den Zeitungen aller bedeutenden Hafenstädte der Ostküste hatte Tommy erfahren, daß die *Ellen* am Tag nach dem Unglück mit der *Saxony*, einem Schiff, das auf dem Weg nach Savannah war, Kontakt aufgenommen hatte.

»Ein Gefühl sagte mir, daß irgend jemand, vielleicht ein Reporter, den Standort der *Saxony* und jene Koordinaten herausgefunden haben mußte.«

Tommy rief in der Stadtbücherei von Savannah an und fand eine Bibliothekarin, die ihm bei den Nachforschungen helfen wollte. Er schickte ihr einen Brief mit einem Scheck über fünf Dollar für Kopien und bat sie, die örtlichen Zeitungen vom 18. und 19. September 1857 durchzusehen. Die Bibliothekarin stieß auf einen Artikel über die Ankunft der *Saxony*, der allerdings kurz war und keine Koordinaten enthielt. Tommy wußte aus seinen eigenen Nachforschungen, daß es äußerst ungewöhnlich gewesen wäre, wenn der Kapitän der *Saxony* bei seiner Ankunft in Savannah dem Schiffsreporter keine Koordinaten durchgegeben hätte, weil das alle Schiffe getan hatten, die nach dem Hurrikan in einen Hafen an der Ostküste eingelaufen waren. Tommy rief die Bibliothekarin noch einmal an und bat sie zu überprüfen, ob vielleicht mehr als ein Artikel über die Ankunft der *Saxony* erschienen war oder ob derjenige, den sie gefunden hatte, auf einer anderen Seite weiterging.

Ein paar Tage später erhielt Tommy einen Brief, der auf den 18. Oktober 1983 datiert war:

»Lieber Mr. Thompson,
Ihre Hartnäckigkeit hat sich gelohnt. Als ich jetzt in der Ausgabe vom 19. September die Spalte mit dem Schiffsregister durchkämmte, stieß ich auf folgenden Eintrag, den ich Ihnen hiermit übersende …«

Als Bob das Blatt Papier sah, das Tommy in der Hand hielt, gewann er den Eindruck, daß die Bibliothekarin nicht sonderlich ausgelastet war. Es handelte sich um eine kaum entzifferbare Notiz auf der Kopie eines zerkratzten Mikrofilms, weiße Schrift auf schwarzem Grund, aus dem Schiffsregister in der *Savannah Daily Mornings News*. Doch die Koordinaten waren erkennbar, »Breite 31 Grad 40 Minuten, Länge 76 Grad 20 Minuten«, was bedeutete, daß die *Saxony* der *Ellen* mitgeteilt hatte, als sie sich nicht mehr als 15 Meilen von der Stelle entfernt befand, wo sich die *Ellen* nach dem Bericht ihres Kapitäns einige Stunden früher an diesem Tag durch die Wracktrümmer laviert hatte.

»Wir hatten nun eine dritte Angabe von Koordinaten vom Tag nach dem Unglück, die auf dieselbe Gegend im Ozean hinwies«, sagte Bob, »und die Daten der *Ellen* unterstützte. Die Existenz dieser beiden Koordinatenpaare in ungefährer Nähe reichte aus, um uns zu überzeugen, daß wir jetzt etwas Greifbares in der Hand hielten und nicht bloßen Gerüchten folgten.« Aber er konnte immer noch nicht erklären, warum diese Koordinaten 60 Meilen von denen der *El Dorado* entfernt lagen.

Tommy besaß inzwischen zahlreiche Berichte von Überlebenden und andere Dokumente, und er erkannte, daß es wahrscheinlich noch viele andere gab. Er hatte sogar eine Matrix gezeichnet und den Schiffsuntergang in Zeitabschnitte eingeteilt, so daß er die Chronologie der Ereignisse begreifen konnte. Doch weil das Studium der Technologie mehr und mehr Zeit erforderte und er sich außerdem noch um die Finanzierung kümmern mußte, gab er Bob all die Artikel und Briefe, die er gesammelt hatte, und die Matrix, an der er arbeitete, und bat ihn, die Rolle des Historikers zu übernehmen. »Er kannte sich auf allen möglichen Gebieten und in vielen Gegenden aus und hatte Sinn für jede Kleinigkeit«, sagte

Tommy, »was bei einem Projekt wie diesem entscheidend ist.« Im Herbst 1983 war Bobs geologische Beratertätigkeit ohnehin geschrumpft. Mit der Erdölindustrie ging es bergab, und es hielten sich hartnäckige Gerüchte, daß der Markt dabei war, zusammenzubrechen. »Ich hatte mehr Zeit zur Verfügung«, drückte Bob dies positiv aus.

Der Untergang der *Central America* sorgte im Amerika des 19. Jahrhunderts für große Schlagzeilen. Es war das schlimmste Unglück in der Geschichte der amerikanischen Schiffahrt, und mehrere Experten der damaligen Zeit führten die Panik von 1857 vor allem auf den Verlust der Goldfracht an Bord des Dampfers zurück. Die Passagiere und die Mannschaft der *Central America* waren aus allen 31 Staaten der jungen Union und vielen fremden Ländern angereist. Die Telegrafie hatte sich erst kurze Zeit zuvor an der ganzen Ostküste verbreitet, und die Nachricht von der Ankunft der ersten Überlebenden in Savannah floß sofort durch die Drähte bis nach Boston hinauf und nach New Orleans hinüber. An den Kais warteten die Reporter auf die ersten Geschichten der Überlebenden, die in den Häfen der Ostküste landeten, und wie noch nie zuvor stürzten sich die Journalisten auf die Berichte der Frauen. Wochenlang füllten Schilderungen aus erster Hand die Titelseiten und das Innere zahlreicher Blätter. Während die Überlebenden in ihre Heimatstädte zurückkehrten und offizielle Stellen das Schiffsunglück untersuchten, lebte die Geschichte noch monatelang in über 200 Zeitungen weiter.

Zwei bis drei Tage die Woche und mehrere Stunden am Tag saß Bob im Lesesaal der William-Oxley-Thompson-Bibliothek der Ohio State University inmitten der nackten Betonsäulen und der mit Mikrofilmrollen angefüllten Aktenschränke vor einem Lesegerät, starrte auf die Mikrofilme und bemühte sich, die Leitartikel in den alten Zeitungen zu entziffern: in *Frank Leslie's Illustrated*, der *New York News*, der *New York Times*, dem *New York Journal of Commerce*. Wenn er etwas Sachdienliches entdeckte, machte er eine Kopie, nahm sie mit nach Hause, studierte sie genau und trug die Information in die Matrix ein.

Er fand ein Wörterbuch maritimer Ausdrücke aus den zwanziger Jahren, das er ständig zu Rate zog; denn das Schiffslogbuch und die Berichte der Seeleute waren in einem Jargon abgefaßt, der sich manchmal wie eine fremde Sprache las: Bramsegel und Besanbaum, Besansegel und Poller, steife Brise, Kreuzmast, Trosse und Dragge. Bob mußte sich das übersetzen, um zu verstehen, welchen Schaden das Schiff genommen hatte, wohin der Wind es getrieben haben mochte und was der Sturm von Deck gerissen hatte.

Er las Dutzende von langatmigen Berichten und erforschte amerikanische Hurrikane der damaligen Zeit und den Großen Sturm von 1857. Er studierte die Blake Ridge. Er vertiefte sich in die Arbeiten von Matthew Fontaine Maury, dem Vater der Ozeanographie, der zufällig auch noch Kapitän Herndons Schwager war. Er weitete seine Nachforschungen auf den kalifornischen Goldrausch aus, das Land Panama, die Entstehung der Panamaroute, das politische Klima Amerikas um die Mitte des 19. Jahrhunderts und die Panik von 1857.

Bald konnte Bob lange Passagen aus den Berichten der Überlebenden auswendig hersagen. In seiner Vorstellung wurde die Reise der *Central America* lebendig, wie sie von Havanna aus mit 600 Menschen an Bord, die nach New York wollten, nordwärts dampfte; wie sich in der zweiten Nacht ein Sturm erhob, die Wellen anschwollen, der Maschinenraum leck schlug, das Wasser höher stieg, die Maschinen versagten, die Männer Eimerschlangen bildeten, die Frauen sich durch Tapferkeit auszeichneten, die *Marine* heranfuhr, die Besatzung Frauen und Kinder durch die rauhe See ruderte, Kapitän Herndon sich weigerte, sein Schiff zu verlassen, der Dampfer dem Sturm unterlag, viele Männer untergingen und noch mehr auf den Wrackresten in der dunklen Nacht auf dem schwarzen Meer umhertrieben. Er dachte an die Eastons, an Virginia Birch und George Ashby, an Frazer, den Zweiten Offizier, an Kapitän Badger, Kapitän Burt und Richter Monson. Er wollte sich ein Bild von ihnen machen, so als wären es Freunde von ihm. Er versuchte, in Kapitän Herndons Kopf zu kriechen.

Die Matrix setzte die Daten in Beziehung, und bald hatte sie ein solches Ausmaß, daß sie in Bobs Arbeitszimmer eine ganze Wand vom Fußboden bis zur Decke einnahm. Jeder Eintrag bedeutete einen besonderen Verweis auf den Sturm, den Zustand des Schiffs oder seinen Standort. Wenn Bob auf eine entscheidende Information stieß, ging er zur Matrix hinüber, trug sie mit Bleistift ein und vermerkte daneben eine schlichte Abkürzung für die Quelle. NYT stand für *New York Times,* PB war das *Philadelphia Bulletin,* CC der *Charleston Courier,* und danach folgten Datum, Seiten- und Spaltenangaben und der Name des Zeugen. Um zu verbergen, woher die Angaben stammten, schufen er und Tommy später einen Code, eine Reihe von neun Buchstaben und Zahlen, mit dem nur sie und niemand sonst die Quelle der Information ent- schlüsseln konnten.

»Auf diese Art hielten wir unsere Quellen geheim«, sagte Bob. »In diesem Punkt waren wir ganz besonders vorsichtig, weil wir wußten, daß es da draußen noch andere Leute gab, die sich Gedan- ken über die *Central America* machten.«

1979 hatte Tommy einen Anruf von einem Anwalt erhalten, der in einer bescheidenen Kanzlei in Columbus arbeitete. Robbie Hoffman, ein kleiner, witziger, freundlicher Mann, der unge- heuer schnell sprach und nicht viel älter als Tommy war, hatte einen Klienten, der an der Bergung der *Andrea Doria* interessiert war. Tommy hatte Robbie erklärt, daß die *Andrea Doria* kein loh- nendes Ziel sei, weil sie einen Stahlrumpf hatte und keine verläß- lichen Berichte die wild wuchernden Gerüchte von Juwelen und Münzen an Bord bestätigten. Robbie ließ den Klienten fallen, wollte aber gern mit Tommy zusammenarbeiten. »Er ist bril- lant«, sagte Robbie, »wirklich. Er strahlt es einfach aus. Er weiß, wovon er spricht, ist ungemein diszipliniert und hat Tonnen von Energie.«

Tommy und Robbie hatten darüber gesprochen, daß die Ber- gung von Wracks aus der Tiefsee eines Tages ein einträgliches Geschäft werden könnte. »Wenn der Tag gekommen ist und du eines hochholen willst«, hatte Robbie gesagt, »dann ruf mich an, weil ich dabei sein möchte.«

Im Lauf des Jahres 1983 verließ Robbie seine Kanzlei und machte sich selbständig. Tommy war inzwischen überzeugt davon, daß der Tag gekommen sei, an dem es technisch möglich war, ein Schiff im tiefen Ozean aufzuspüren und zu bergen, und daß er ein gutes Ziel im Auge hatte. Sein nächster Schritt war, seine Kontakte mit Lieferanten, Unternehmern und Fachleuten zu vertiefen, die ihn mit der richtigen Technologie versorgen konnten, und Wege ausfindig zu machen, das Projekt zu finanzieren. Er rief Robbie an und erinnerte ihn daran, daß er vor vier Jahren den Wunsch geäußert hatte, dabei zu sein, wenn es soweit war.

Tommy und Robbie frischten ihre Beziehung spätabends bei Robbie zu Hause bei einigen Bieren auf, und Tommy erläuterte Robbie, wie früher bereits Bob, seine Theorien über Wracks im tiefen Meer. Sie wurden dabei immer lauter und fragten sich, wie Tommy ohne Geld die Dienste von Fachleuten und die neueste Technik in Anspruch nehmen konnte und wie er Investoren für eine kostspielige und anscheinend unrealisierbare Idee gewinnen wollte. »Meine Aufgabe war es«, sagte Robbie, »da zu sein, ihm zuzuhören, wenn er darüber sprach, wie er seine Pläne realisieren wollte, und ihn darin zu bestärken, nicht aufzugeben.«

Robbie verglich Tommy mit Don Quijote, der gegen Windmühlenflügel kämpfte, und sah sich selbst als den Bauern, der hinter dem Esel herging. Schon bald besuchte Tommy Robbie jede Woche zwei- oder dreimal, manchmal auch am Wochenende, und arbeitete mit ihm an dem Projekt. Er schien es nicht aufdringlich zu finden, Abend für Abend kurz vor Mitternacht mit einem zahnlückigen Grinsen und einer Batterie Bier im Haus eines frischverheirateten Freundes aufzutauchen. Robbie fand es empörend, aber er akzeptierte sein Verhalten. »Harvey war so besessen, daß es manchmal schwer war, ihn zu ertragen«, meinte Robbie, »aber das ist bei genialen Menschen häufig so. Man muß ihnen vieles nachsehen.«

Während Robbies frisch angetraute Frau oft schon im Nebenzimmer schlief, arbeiteten Tommy und Robbie an Robbies Computer und entwarfen Briefe an wissenschaftliche Bibliotheken, Lieferanten, Unternehmer und mögliche Investoren. Tommy skizzierte, was er mitteilen wollte, Robbie faßte es in Worte, und Tommy ging es dann noch einmal Satz für Satz durch, um sicherzugehen, daß die Worte nicht nur den richtigen Inhalt vermittelten, sondern auch den richtigen Ton. Der Ton war entscheidend. Tommy versuchte sich in den Empfänger hineinzuversetzen und schrieb den Brief lieber noch einmal um, wenn er den Eindruck hatte, daß ein klarerer oder andeutenderer Wortlaut eine negative Antwort vermeiden oder eine positive befördern könnte; er bemühte sich, ihr Interesse zu wecken, aber nicht zuviel zu enthüllen.

»Ich saß vor diesem grünen Schirm«, erinnerte sich Robbie, »Harvey blickte mir über die Schulter, und die Briefe reihten sich, dutzendfach verbessert, aneinander. Er hatte eine unglaubliche Ausdauer. Nach der Arbeit bei Battelle ging er nach Hause und kam dann gegen elf Uhr bei mir vorbei, um bis zwei, drei Uhr morgens zu arbeiten. Die Dinge mußten doch erledigt werden.«

Mit Bob Evans als Resonanzboden der Forschung und Robbie Hoffman als Berater in geschäftlichen Angelegenheiten nahmen Tommys Ideen über Wracks in der Tiefsee die Gestalt eines Projekts an. Robbie verglich ihr Tun mit dem Axiom der Trägheit: Ein sich bewegender Körper tendiert dazu, seine Bewegung fortzusetzen: »Es baute sich alles immer mehr auf, und während es sich aufbaute, schien es schneller voranzugehen.«

Einer der Briefe, die Tommy in später Nacht schrieb, ging an die Verlagsabteilung der Scientology Church in Hollywood, ein anderer an einen Milliardär aus Südafrika und ein dritter an den Erben des Vermögens aus der Miller-Brauerei in Milwaukee – alles Kontakte, die Tommy durch Freunde und Bekannte gefunden hatte, und alle in der Lage, ihm die Millionen zur Verfügung zu stellen, die er brauchte, um nach der *Central America* zu suchen. Alle drei waren interessiert.

»Harv hatte mit seinem unnachahmlichen, unglaublichen Stil die Scientologen irgendwie dazu gebracht, uns den Flug zu bezahlen.«

Tommy konnte sich bei Battelle nur einen Tag freinehmen; folglich plante er, mit Robbie frühmorgens in Columbus aufzubrechen, nach Chicago zu fliegen, von dort aus mit einer anderen Maschine nach Los Angeles, sich mit den Leuten der L.-Ron-Hubbard-Verlagsabteilung der Scientology Church zu treffen und danach über Chicago zurückzufliegen, so daß sie kurz nach Mitternacht wieder in Columbus wären und er am nächsten Morgen bei Battelle arbeiten könnte.

»Das war etwas«, erinnerte sich Robbie, »das ich in meinem ganzen Leben nicht vergessen und Harvey nie verzeihen werde. Niemals.«

Ebenso wie dieser Marathontrip verdroß es Robbie, daß Tommy zu guter Letzt noch die Kühnheit besaß, die drei Typen in taubenblauen Hemden mit gestreiften Krawatten beim Abschied im Foyer daran zu erinnern, daß sie ihm noch die Rückfahrt im Taxi zum Flughafen schuldig waren, nachdem er sie zuvor dazu gebracht hatte, eine Geheimhaltungsvereinbarung zu unterzeichnen, die Verhandlung in drei Stunden ohne einen Happen Essen durchgezogen, ihr Interesse mit seinen Theorien und Forschungen über die *Central America* geweckt und sie aufgefordert hatte, die Suchphase des Projekts mit 1,6 Millionen zu unterstützen.

Doch auf diese Weise wollte Tommy herausfinden, wie ehrlich ihr Interesse gemeint war. »Wenn sie dir sagen, daß sie etwas tun werden, und sich nicht daran halten«, sagte Tommy, »sollte dir das zu denken geben.«

Tommy übergab die erste Taxiquittung dem Mann, der das Treffen vereinbart hatte, der Mann verdoppelte die Summe und reichte Tommy 60 Dollar in bar; doch Tommy beschloß später, diese Beziehung nicht weiterzuverfolgen.

Als nächstes flogen sie über Newark nach New York, um sich mit dem Milliardär zu treffen, der, umgeben von dunklen Antiquitäten, im Empfangszimmer seiner Suite saß und keine einzige Frage stellte. »Es erübrigte sich auch, Fragen zu stellen«, sagte Robbie. »Harv erläuterte sein Vorhaben auf vollendete Art und war zu jeder Zeit perfekt vorbereitet.« Der Milliardär hielt die Idee für realisierbar, wollte aber aufgrund von Liquiditätsmangel einiger seiner Gesellschaften nicht investieren, und damit war das Treffen beendet.

Als sie das Hotel verließen, gestand Tommy Robbie, daß er nicht genügend Geld hatte, um ein Taxi zum Flughafen von Newark zu bezahlen, und daß sie 15 Kreuzungen weiter bis zur Hafenbehörde laufen und einen Bus nehmen müßten. »Wieder ein Stück Lebenserfahrung«, sagte Tommy. Doch der Bus gab im Lincoln-Tunnel den Geist auf, und der Fahrer mußte einen Sattelschlepper auftreiben, der sie ans Tageslicht beförderte, wo Tommy und Robbie ausstiegen, zur nächsten Ausfahrt gingen und sich in einem Viertel wiederfanden, in dem niemand englisch sprach und Taxis gar nicht anhielten. »Ich war so verärgert, als wir schließlich am Flughafen ankamen«, sagte Robbie, »daß ich nur noch nach Hause gehen und mit diesem Projekt nichts mehr zu tun haben wollte.«

Der Erbe des Vermögens aus der Miller-Brauerei hieß Harry John. Er lebte mit Kapuzinermönchen in Milwaukee, wo er der De Rance Foundation vorstand, einer gemeinnützigen Gesellschaft, die Gelder für religiöse, mildtätige und pädagogische Zwecke vergab. Es war die größte katholische Wohltätigkeitsorganisation der Welt mit Geldmitteln über 100 Millionen Dollar. Harry John, der jetzt in den Sechzigern war, hatte die Stiftung 30 Jahre zuvor mit einem Stammkapital aus seinem Erbe ins Leben gerufen und sich als Treuhänder, Vorstandsvorsitzender, Präsident und oberster Verwaltungsbeamter, Schatzmeister und Chef der Finanzverwaltung eingesetzt. Unlängst hatte der exzentrische John, wie ein Bundesrichter wenig später herausfinden sollte, heimlich große Summen aus der Stiftung abgeschöpft, um seiner Leidenschaft zu frönen, untergegangene Schiffe aufzuspüren. In diesem Jahr hatte er für die Suche nach zwei Wracks knapp dreieinhalb Millionen Dollar herausgezogen und noch zweieinhalb Millionen von seinem eigenen Geld hinzugefügt. Jetzt war er hinter der *Central America* her.

John hatte bereits Schatzsuchern 300 000 Dollar bezahlt, um nach dem Schaufelraddampfer im flachen Meer von Kap Hatteras zu suchen. Telefonisch sagte Tommy zu John: »Geben Sie kein Geld mehr vor Kap Hatteras aus.« Jeder, der ein paar Artikel in alten New Yorker Zeitungen las, die in allen Bibliotheken der USA verfügbar sind, konnte feststellen, daß der Dampfer 100 Meilen weiter draußen über dem Blake Plateau untergegangen und wahrscheinlich sogar 200 Meilen entfernt auf die Blake Ridge niedergesunken war. Im Oktober 1983 flog Tommy nach Milwaukee und aß mit John und etwa zehn Mönchen zu Mittag, die allesamt mit gekreuzten Beinen auf dem Fußboden saßen und eine Schüssel Getreide verzehrten, wobei John in einer Kutte und mit Käppchen auf dem Kopf am Ende des zeremoniellen Teppichs thronte.

»Wie können wir es finden?« eröffnete John das Gespräch.

Tommy sagte: »Sie müssen das gesamte Problem analysieren. Sie brauchen einen Computer, müssen physikalische Berechnungen anstellen und eine Wahrscheinlichkeitskarte entwickeln. Es ist nicht so einfach wie ›X bezeichnet die Stelle‹. Sie müssen mehr in der Tiefe forschen.«

Bevor er noch etwas sagte, übergab er John einen Nichtoffenbarungsvertrag, doch John winkte ab: »Nun, das wird sich später irgendwer für mich ansehen.«

Tommy ging nun vorsichtiger ans Werk, als er beabsichtigt hatte. Er erzählte John, daß er vor allem eine neue Generation von Seitensichtsonargeräten bräuchte. »Die Columbia University hat das erste gebaut, die SeaMARC I. Es ist prototypisch; wenn man es an den richtigen Stellen verändert, könnte es funktionieren.« Er zeigte John eine Karte mit genügend Informationen, um zu beweisen, daß die *Central America* in der Tiefsee lag. Sie sprachen noch ein Weilchen miteinander, dann stand Tommy auf und ging ins Bad; doch als er zurückkehrte, hatten die Mönche seine Aktentasche geöffnet und das Kopiergerät in Gang gesetzt. Harry John sagte: »Wir dachten, es wäre am einfachsten, das Zeug zu kopieren, und wollten Sie nicht damit belästigen.«

Tommy schnappte sich die Papiere und stopfte sie wieder in die Aktentasche, während er vor sich hin murmelte, daß sich ihre Beziehung doch noch etwas entwickeln müsse, bevor er ihnen diese Informationen geben könne. Die entscheidenden Informationen, darunter die wichtigen Koordinaten, hatte er ohnehin in Columbus zurückgelassen.

Nach dem Treffen zeigte sich John weiterhin interessiert, und obwohl Tommy das Gefühl hatte, daß er dem Mann nicht trauen konnte, wollte er den Faden wegen einer schlechten Erfahrung nicht einfach abreißen lassen. Denn eine Hälfte seiner Lebensanschauung lautete: Halte dir immer alle Möglichkeiten offen. Wenn man ihn im Auge behielt und ihn richtig anleitete, könnte John das Geld für die Technologie zur Verfügung stellen, die Tommy entwickeln wollte, um die *Central America* zu finden und zu bergen – und das hieße auch, daß er Mike Williamson helfen konnte, die SeaMARC Ia zu bauen.

Tommy vereinbarte mit John und Williamson in Seattle ein Treffen, um mit ihnen über das neue Sonar zu sprechen. Dort erklärte Williamson John, wie die SeaMARC entwickelt wurde und wie sie seiner Vorstellung nach verändert und verbessert werden könnte, um die Vermessungen durchzuführen, die Tommy vorschwebten; danach stellte er ihnen die Ingenieure vor, die die erste SeaMARC gebaut hatten. Am Ende des Besuchs sprach John mit

Williamsons Steuerberater. »Zu diesem Zeitpunkt sah alles recht günstig aus«, erinnerte sich Williamson.

Nach ihrer Rückkehr aus Seattle telefonierte Tommy des öfteren mit John, und John erkundigte sich weiter darüber, wie man mit der SeaMARC die *Central America* finden könnte. Warum mußten sie ein neues Gerät bauen, wollte er wissen, wenn bereits eins existierte? Tommy erläuterte ihm, daß sich die SeaMARC im Besitz einer Universität befand und daß alle Sonardaten, die von ihnen aufgenommen wurden, nach einem Jahr der Allgemeinheit gehörten.

Drei Monate später hörte Tommy über Williamson und die Gerüchteküche der Tiefseegemeinde, daß Harry John von der Columbia University die Erlaubnis erhalten hatte, ihre SeaMARC I bei einer Suche in der Atlantikbucht vor den Carolinas zu benutzen. Als Tommy der Geschichte nachging, realisierte er, daß John ihn den ganzen Herbst über bis in den Winter hinein, kurz bevor er den Hafen verließ, ausgehorcht hatte. Dann war John im Februar in aller Eile aufs Meer hinausgefahren – zu einer Jahreszeit, in der niemand ohne zwingenden Grund im Atlantik arbeiten würde. Das Wetter war mit Sicherheit schlecht, bei stürmischer See machte die SeaMARC ruckartige Bewegungen, und John war seit zehn Tagen dort draußen und versuchte, in dem bewegten Ozean riesige Gebiete abzutasten und Daten zu sammeln, die ihm nach Tommys Auffassung überhaupt nichts nützen würden. John hatte den Hafen anscheinend überstürzt in Richtung der beiden Koordinaten verlassen, die Tommy vor fast zwei Jahren Kopfzerbrechen bereitet hatten: 31 Grad 25 Minuten Breite; 77 Grad 10 Minuten Länge. Das waren die Koordinaten der *El Dorado* in dem offiziellen Bericht, der 1857 vom Ausschuß der Versicherungen in New York herausgegeben worden war. Die *El-Dorado*-Koordinaten schnitten sich 60 Meilen von den anderen beiden Paaren entfernt, die Tommy entdeckt hatte, und er und Bob mußten sich den Unterschied irgendwie erklären. Tommy hatte Harry John geraten, die Suche systematisch anzugehen, Computer einzusetzen, Wahrscheinlichkeitskarten herzustellen, ein Suchgitternetz zu schaffen, ein weites Gebiet abzudecken und das Feld allmählich einzugrenzen: nicht nach einem X zu suchen, das die Stelle bezeichnete. Warum lagen diese Koordinaten so weit von den anderen entfernt? John hatte sich nicht die Zeit genommen, es herauszufinden, aber Tommy würde nicht lossegeln, bevor er es sich erklären konnte.

Weil John als potentieller Geldgeber wegfiel, setzte Tommy seine Gespräche mit Williamson fort und riet ihm, wenn irgend möglich, die SeaMARC IA bauen zu lassen. Für Tommy kam es nicht in Frage, die universitätseigene SeaMARC zu mieten, selbst wenn die Frequenzen geändert werden konnten; denn er wollte alles geheimhalten und brauchte daher jemand, der seine eigene SeaMARC bediente und dem er vertraute. Er konnte sich noch nicht an Verträge binden, doch er versprach Williamson, daß er ihn als erster beauftragen werde, wenn er die nötigen Mittel für das *Central-America*-Projekt zusammengebracht habe.

Die Gesellschaft – 1984

WENN TOMMYS LEBENSANSCHAUUNG einerseits darin bestand, sich alle Möglichkeiten offenzuhalten, dann lautete die andere Seite: Schaff dir so viele Möglichkeiten, wie du kannst. Vor seinen Gesprächen mit den Scientologen oder dem Milliardär und vor dem Treffen mit Harry John hatte Tommy die Finanzierung des Projekts bereits mit seinem alten Mentor Don Glower besprochen.

Glower war jetzt Dekan aller 15 technischen Institute am College of Engineering der Ohio State University, und seit Tommy nach Columbus zurückgekehrt war, um für Battelle zu arbeiten, hatte er Don in regelmäßigen Abständen darüber informiert, wie weit seine Forschung über die Arbeit in der Tiefsee inzwischen gediehen war. Unterdessen war er immer stärker zu der Überzeugung gelangt, daß die Bergung eines Schiffswracks aus dem tiefen Ozean das ideale Projekt war, um sich zu erproben; und er hatte Glower etwas über einige seiner möglichen Ziele erzählt. Dann, eines Tages zu Beginn des Jahres 1984, hatte er Glower angerufen und gesagt: »Ich glaube, ich habe unser Schiff gefunden.«

Tommy verabredete sich mit Glower in dessen Büro. Dort erzählte er ihm die Geschichte der *Central America*, daß die neue SeaMARC-Technologie es vielleicht möglich machte, sie zu finden, und wie er ein Fahrzeug entwerfen würde, das, auf den Meeresboden hinabgelassen, Untersuchungen anstellen, das Wrack vorsichtig auseinandernehmen und das Gold bergen könnte. Doch wen kann ich dazu bringen, das Projekt zu finanzieren? fragte er Glower. Seine Ideen hatte er weitestgehend entwickelt; was er jetzt brauchte, waren Geldgeber.

Glower hörte zu und rief dann Herb Lapes Büro am anderen

Ende des Flurs an. »Herb«, sagte er, »komm doch mal kurz zu mir rüber, ich möchte, daß du dir eine Geschichte anhörst.«

Herb Lape war der Verantwortliche für die privaten Geldmittel, die dem College of Engineering zuflossen, ein alter Freund Glowers, der Beziehungen hatte, über die Glower nicht verfügte. Er war in einem Vorort von Columbus namens Bexley aufgewachsen, in dem die Superreichen der Gemeinde wohnten. »Ich habe als Dekan der technischen Fakultät eine angesehene Stellung«, sagte Glower, »doch Herb ist mit den Einflußreichen befreundet. Deswegen habe ich Herb mit Tommy zusammengebracht.«

Glower teilte Lape mit, daß er gleich etwas hören würde, was verrückt klingen mochte, daß er, Glower, jedoch genug vom Ingenieurwesen und vom Ozean verstand, um beurteilen zu können, daß die Theorien begründet waren und daß über kurz oder lang jemand genau das tun würde, was dieser junge Mann hier und heute verwirklichen wollte.

Tommy erzählte Lape etwas über Wracks im tiefen Meer und warum diese Wracks denen im flachen Wasser vorzuziehen waren und er der Meinung sei, daß die Technologie vorhanden war, wenn sie nur jemand richtig kombinieren und einsetzen würde. Lape, der ein gewisses Maß an Enthusiasmus verströmen mußte, wenn er seine Geldgeber gewinnen wollte, hörte mit wachsender Ungläubigkeit zu und dachte, als Tommy seine Ideen ausgebreitet hatte: »Mein Gott, jetzt soll ich meine Freunde dazu bringen, sich das anzuhören! Das ist der größte Unsinn, den mir je ein Mensch erzählt hat!«

Glower schlug vor, Lape solle seine Freunde aus Bexley zum Mittagessen einladen, das er aus eigener Tasche bezahlen wollte. Lape rief seine vermögenden Bekannten an, von denen die meisten nur enerviert aufstöhnten. »Das ist ein kostenloses Essen«, sagte Lape. »Du mußt dir das anhören!« Die Ideen mochten vielleicht abstrus klingen, fügte er hinzu, doch der junge Mann, der sie vortragen würde, sei bei Battelle Ingenieur, von Don Glower wärmstens empfohlen, der auch bei dem Mittagessen anwesend sein würde.

Lape reservierte für den morgigen Tag einen kleinen Konferenzraum im Fawcett Center der Universität. Zuvor erzählte er Tommy, daß die Hauptperson bei dem Lunch aus zwei Gründen ein amtlich zugelassener Wirtschaftsprüfer namens Wayne Ashby sein würde: Zum einen wußte Ashby, wie man die ganze Sache mitsamt den Spenden organisieren konnte; zum anderen verfügte er über alle möglichen Arten von Beziehungen.

Der Raum füllte sich mit Glower, Lape und Tommy und neun potentiellen Investoren. Nach Glowers Schätzung besaßen die neun Investoren zusammen ein Vermögen von über einer Milliarde Dollar. Mit einer kurzen Empfehlung stellte er Tommy vor: Er kenne Tommy seit Jahren und wisse, daß er nicht der Typ sei, der einfach verschwinden würde. »Das könnt ihr Burschen natürlich nicht wissen, aber daß ich nicht verschwinden werde, ist immerhin sonnenklar. Tommy ist ehrlich und intelligent und wird mit Sicherheit sein Bestes geben. Wir wollen nur, daß ihr euch seine Geschichte anhört und euch entscheidet. Wir können euch nichts garantieren.«

Dann stand Tommy auf und sprach über die Geschichte der Schatzsuche und darüber, daß die überwiegende Mehrheit der gesunkenen Schiffe im flachen Meer liege und daß die Bergung dieser Wracks mit vielen Schwierigkeiten verbunden sei. Er zeigte Dias, die er aufgenommen hatte, als er für Mel Fisher in Key West gearbeitet hatte, und betonte die primitiven Methoden, nach denen Fisher bei seiner Suche vorgegangen war. Fisher hatte 14 Jahre nach der *Atocha* gesucht und dennoch nur Bruchstücke gefunden, die meilenweit im Ozean verstreut waren. Im tieferen Wasser war die Umwelt viel beständiger, die Verfälschung des Wracks unwahrscheinlich, und man konnte sicher sein, daß das Schiff noch nicht geborgen war. Das einzige, was die Leute davon abhielt, diese Wracks aus der Tiefsee zu holen, waren die technischen Probleme – und selbst diese schienen nun endlich lösbar zu sein.

Während Tommys Vortrag entschuldigte sich ein Mann und sagte im Weggehen: »Das ist alles sehr interessant, aber Wayne ist unser Wirtschaftsprüfer. Bevor wir irgend etwas unternehmen, wollen wir seinen Segen haben.«

Wie Lape Tommy gesagt hatte, war Wayne Ashby bei diesem Treffen die Schlüsselfigur. Er war der geschäftsführende Gesellschafter von 150 zugelassenen Wirtschaftsprüfern in der Columbus-Niederlassung der nationalen Wirtschaftsprüfungsgesellschaft Deloitte, Haskins & Sells. Er oder seine Firma machte die Buchhaltung und die Steuererklärungen für fast jeden in diesem Raum und viele andere Leute in der Umgebung von Columbus, deren Reingewinn vielleicht nicht Hunderte, aber sicher einige Millionen betrug. Er kannte praktisch jeden, der an einem Geschäft interessiert sein konnte, wie es Tommy vorschlug. Doch Ashby saß während des ganzen Vortrags, der eine Stunde dauerte, schweigend da und war, als er wegging, nur ein wenig neugierig geworden.

»Ich hatte den Eindruck gewonnen, daß er ein netter junger Mann sei, und dachte nicht weiter über die ganze Sache nach. Wir waren alle sehr beschäftigt und nach dem Treffen wahrscheinlich der einhelligen Meinung, daß alles zwar sehr interessant und informativ gewesen war, aber auch nicht mehr als das.«

Tommy wartete zwei Wochen, bis er Ashby wieder anrief. Als er Ashbys Sekretär an das Mittagessen erinnerte und daran, wer er war, nahm Ashby den Hörer ab, und sie unterhielten sich eine Weile über geschäftliche und finanzielle Angelegenheiten, wobei Tommy Ashby davon berichtete, welche Fortschritte er seit dem Essen gemacht hatte. Tommy, der während des ganzen Gesprächs besonnen vorgegangen und jede mögliche Reaktion Ashbys bedacht hatte, wußte, daß er seinen Bericht kurz und professionell halten mußte. Am Schluß sagte Tommy, daß er in zwei Wochen wieder anrufen würde, um Ashby erneut von seinen Fortschritten zu berichten. Und das tat er auch.

In diesem Gespräch befragte Tommy Ashby konkret zu einer möglichen Finanzierung und sagte am Ende, daß er sich in ein paar Wochen wieder melden würde. Immer wenn sie miteinander redeten, sagte Tommy am Schluß, daß er in ein oder zwei Wochen oder einem Monat wieder anrufen würde, und Ashby, der, nachdem er nach New York zurückgekehrt war, sehr viel zu tun hatte, erwiderte in der Regel, daß er sich freuen würde.

Was Ashby, obwohl er wenig Zeit hatte, nach dem Mittagessen der Investoren nicht ruhen ließ, war, über das Verhältnis von Risiko und Gewinn bei der Bergung nachzudenken – ein winziger Funken, der in ihm glühte und nicht verlöschen wollte. Es würde ein langer Kampf werden, die Chancen standen nicht gut, und sie würden es wahrscheinlich nie schaffen. Aber wenn es doch gelang, winkte ein hoher Lohn. Man konnte seinen Einsatz hundertfach herausholen, einen Gewinn von 10 000 Prozent. Dieser Gedanke ging ihm immer und immer wieder im Kopf herum.

»Es war ein Geschäft, das man normalerweise nirgendwo anders machen konnte«, sagte Ashby. »Und eine Investition, die in Columbus nicht so leicht angeboten wurde.« Das war ein zusätzlicher Anreiz: Tommy schlug ihm keine weitere Einkaufsmeile im Nordwesten der Stadt vor, keinen Apartmentkomplex, kein pharmazeutisches Unternehmen; er bot ihm die Gelegenheit, an einem bahnbrechenden Abenteuer teilzunehmen.

Jedesmal wenn Tommy anrief, konnte sich Ashby der Gedanken an diese reizvollen Möglichkeiten nicht erwehren, die nach dem Anruf allmählich wieder verblaßten. Doch wenn er das letzte Gespräch schon fast wieder vergessen hatte, rief Tommy erneut an, und Ashby beschäftigte sich wieder mit den verheißungsvollen Aussichten. Nach mehreren Telefongesprächen verabredete sich Tommy mit Ashby zum Mittagessen; danach rief Tommy nahezu jede Woche an, und sie trafen sich ab und zu. Allmählich gewöhnte sich Tommy daran, Ashby anzurufen und ihn über seine Fortschritte und Ideen, wie man das Projekt finanzieren könne, auf dem laufenden zu halten.

Je mehr er Tommy zuhörte, desto stärker war Ashby von seiner Intelligenz beeindruckt. Tommy schien wirklich zu wissen, wovon er redete, und er redete über etwas, was noch nie jemand zuvor getan hatte. Ashby hätte die ganze Idee als phantastisch abgetan, als eine allzu langwierige Geschichte, eine Aussicht auf Gewinn, die fast zu schön war, um wahr zu sein – wenn er von Tommy nicht so fasziniert gewesen wäre.

»Mein Vertrauen in ihn wuchs in dem Maße, wie ich Zeit mit ihm verbrachte, und sein Wissen war schlechthin beeindruckend. Manchmal wußte ich nicht, worüber er sprach, aber er wirkte überzeugend und glaubwürdig.«

Doch die Monate vergingen, Monate, in denen Ashby mit Tommy redete, Fragen beantwortete, Ratschläge gab und sich gelegentlich mit ihm traf. Während dieser Zeit kümmerte sich Tommy mit Ashbys tatkräftiger Unterstützung weiter um eine Finanzierung durch die Scientologen, den Milliardär und Harry John – alles ohne Erfolg. Doch Ashby wurde zunehmend klar, daß

Tommy schließlich einen Weg finden würde, sein Projekt zu finanzieren. Während er Tommy beobachtete, sein Engagement bemerkte und die enorme Energie, mit der er alles anpackte, faßte er ein solches Vertrauen zu Tommy, daß ihm die Vorstellung, daß Tommy auf dem Grund des tiefen Ozeans arbeiten könnte, nicht länger verrückt erschien, sondern nur noch sehr spekulativ.

In den folgenden Monaten sprach Ashby mit Tommy so häufig, daß er am Ende alles wußte, was er über Tommy und das Projekt wissen wollte. Durch weitere Gespräche konnte er nun nichts mehr erfahren, und er war ein vielbeschäftigter Mann. Eines Tages sagte er zu Tommy, als sie miteinander telefonierten: »Wir haben jetzt so lange so viel geredet, daß ich das Gefühl habe, mich entscheiden zu müssen, ob ich bei diesem Projekt dabei bin oder nicht – und darüber will ich jetzt nachdenken.« Ein paar Tage später rief er Tommy zurück und sagte: »Ich möchte mich an diesem Projekt beteiligen, was können wir tun?«

Inzwischen war es Frühsommer 1984 geworden. Tommy hatte drei Jahre lang bei Battelle gearbeitet und seine Stunden im Institut allmählich von 60 auf 50 und bis zu 40 in der Woche reduziert. Die Treffen mit Bob wegen der historischen Recherchen, die Telefongespräche mit Experten über technische Fragen und die mit Ashby, die Suche nach Investoren und die Überlegungen, wie man das Projekt organisieren könnte, erforderten mehr Stunden, als er sich jetzt an seinen Wochenenden und den Abenden bei Robbie abringen konnte. Er war sich sicher, daß Harry John die *Central America* nicht gefunden hatte, und Mike Williamson schien mehr denn je daran interessiert zu sein, die SeaMARC Ia zu bauen. Sosehr Tommy die Arbeit bei Battelle auch liebte, er war mit seinen Gedanken woanders.

Tommy vereinbarte ein Treffen mit Don Frink und erklärte ihm, daß er ein Projekt im Auge hätte, das er neben seinem Job bei Battelle verfolgen würde, und daß er die Bergung eines Wracks aus dem tiefen Ozean plante. Er konnte nun nicht mehr zehn bis zwölf Stunden am Tag arbeiten wie bisher. Er fragte Frink, ob er halbtags arbeiten oder auf eine Dreiviertelstelle verkürzen könne.

Frink nannte es »eine gemeinsam getragene Vereinbarung« und stimmte zu, daß Tommy sein Engagement aufteilte, sofern er eine bestimmte Anzahl von Stunden im Monat bei Battelle arbeitete.

Doch während der folgenden Monate sah Frink immer weniger von Tommy, und allmählich sanken Tommys Stunden auf das Minimum, das er ableisten mußte, um freigestellt zu sein und doch bei Battelle bleiben zu können. »Manchmal«, erinnerte sich Frink, »kam er um vier Uhr morgens an und hinterließ mir einen Zettel auf dem Schreibtisch: ›Habe dies und das erledigt. Das wäre dann alles für diesen Monat.‹«

Wayne Ashby teilte Tommy mit, daß sie fürs erste eine große Anwaltskanzlei in der Innenstadt gewinnen müßten, wenn sie die Seriosität des Projektes unterstreichen wollten. Um große Geldsummen von Investoren bei einer öffentlichen Ausschreibung zu erhalten, mußte sich Tommy an die strikten Vorschriften der Securities and Exchange Commission und der Ohio Securities Division halten und sämtliche Anträge sorgfältig begründet einreichen. Robbie Hoffman hatte Tommy bisher mit seinem freundschaftlichen juristischen Rat geholfen, doch wenn hochkarätige Leute, die Ashby im Sinn hatte, investieren sollten, brauchte Tommy einen Namen, den diese Leute kannten.

Einer der prominenten Anwälte in Columbus war Art Vorys von Vorys, Sater, Seymour and Pease, eine Kanzlei mit 265 Anwälten. Vorys war zusammen mit Wayne zu dem Mittagessen der Investoren gekommen und hatte es, ebenso wie Ashby, mit dem Gedanken verlassen, daß die vergangene Stunde interessant gewesen war. Seit damals hatte er wenig an Schiffswracks oder an Tommy gedacht, doch als Ashby ein paar Monate später anrief, war er einverstanden, daß sich einige seiner Anwälte für Spekulationsgeschäfte und Ashby mit zwei oder drei Wirtschaftsprüfern in einem Konferenzraum seiner Kanzlei trafen und darüber grübelten, wie sie ein Projekt strukturieren konnten, bei dem ein Wrack in der Tiefsee aufgespürt und geborgen werden sollte.

Tommys Präsentation verlief gut, bis Vorys fragte: »Wie weit unten ist das?«

»Nun«, meinte Tommy, »mindestens 2400 Meter.«

Vorys klappte die Kinnlade herunter. »2400 Meter!« Er dachte an die Zeit, als er mit einer Sauerstoffflasche auf den Bahamas getaucht war und ihm in einer Tiefe von neun Metern beide Trommelfelle geplatzt waren. »Was ist in 2400 Meter Tiefe denn überhaupt schon gemacht worden?«

»Nichts«, sagte Tommy.

»Das wird nie funktionieren!« sagte Vorys. »Das ist zu weit, zu tief.«

»Von diesem Moment an hatte er mich verloren«, erinnerte sich Vorys später, der 2400 Meter für »eine Tiefe hielt, in der man 100 Jahre nach einer Schiffshavarie absolut nichts mehr finden konnte«. Schon die technischen Einzelheiten machten ihm Sorgen. Wie konnte man ein Gerät in 2400 Meter Tiefe steuern, damit es eine Art von Greifarm eine Handbreit hierhin und eine Handbreit dorthin bewegte?

»Tommy hat nicht versucht, einem was vorzumachen«, sagte Vorys. »Er war immer sehr ernst und zurückhaltend und neigte nicht zu Übertreibungen. Aber ich kam nicht über diese 2400 Meter, 200 Meilen vor der Küste, hinweg!«

Einer der Wirtschaftsprüfer, die Ashby zu dem Treffen bei Vorys mitgebracht hatte, war Fred Dauterman, seit 25 Jahren Gewährsmann für Steuerangelegenheiten bei Deloitte. Wenn Klienten von Deloitte ihr Geld in steuerbegünstigte Investitionen stecken wollten, schickte Ashby sie zu Dauterman. Seit Jahren hatte Dauterman für das New York Tax Institute Artikel geschrieben und Modelle steuerbegünstigter Investitionen vorgestellt, besonders solche mit hohem Risiko wie Öl und Gas. Als Sachverständiger für Steuerfragen in der Firma hatte er schon ungefähr 5000 Geschäftsideen analysiert, und von diesen 5000 konnte er an zehn Fingern diejenigen abzählen, die sich als lohnende Investitionen erwiesen hatten.

Während Tommys Präsentation bei Vorys saß Dauterman einem befreundeten Wirtschaftsprüfer gegenüber und sah ihm vielsagend in die Augen, als Tommy mit seinem Vortrag begann. »Er und ich sahen uns an und dachten: ›Hmmmm, schon wieder so eine abenteuerliche Geschichte.‹« Doch als Tommy fertig war, dachte Dauterman, daß vielleicht doch nicht alles völlig hirnrissig war. Nach dem Treffen begab er sich zusammen mit Ashby in dessen Büro.

»Ashby«, sagte Dauterman, »das ist das verrückteste Geschäft, von dem ich je gehört habe, aber es ist so verrückt, daß vielleicht etwas daran sein könnte.«

Dauterman hielt Tommy zunächst für eine Art Provinzler, doch als er ihm zuhörte, wie er redete und mit den Fragen der anderen umging, war er bald sehr beeindruckt, wieviel dieser junge Mann wußte. »Je mehr Kontakt du mit Tommy hast, um so überzeugter wirst du davon, daß der Mann ein Genie ist. Er denkt auf einem anderen Niveau als die meisten Menschen.« Das war wichtig, weil ein Mann, der so ein Vorhaben leiten wollte, zwei Dinge in sich vereinen mußte, wovon das eine war, daß er genau wissen mußte, worüber er sprach.

Das zweite war, daß Tommy vertrauenswürdig wirken mußte. Diesbezüglich hatten sie Don Glowers Empfehlung und die Anstellung bei Battelle; dazu kam noch Ashbys eigenes Vertrauen in Tommy, das während ihrer Gespräche stetig gestiegen war. Glower hatte Ashby versichert, daß Tommys Ideen fundiert waren und daß er es eines Tages schaffen würde. Allmählich setzte sich in Ashby ein Gedanke fest: Es war durchaus vorstellbar, daß die einzige Sache, die zwischen Tommy Thompson und dem Meeresboden stand, das Geld war und daß er dieses Geld nur bekommen konnte, wenn er finanzkräftigen Investoren glaubwürdig erschien – und bei diesem Problem konnte Ashby ihm helfen.

Während der folgenden Wochen jonglierten Ashby und Dauterman mit Zahlen, diskutierten mit Tommy und kamen zu dem Schluß, daß die Chancen, das Projekt zu verwirklichen, nur eins zu zehn standen. Doch wenn Tommy die ganze Technologie zusammenbekam, um das Schiff zu finden und die wundervollen Dinge auf dem Meeresgrund zu tun, die ihm vorschwebten, konnte der Gewinn das Hundertfache des Einsatzes betragen.

Ashby sagte zu Dauterman: »Wenn du nach Las Vegas gehst und deine Chancen bei einer Wette mit gleichem Einsatz zehn zu eins stehen, wirst du nicht spielen, weil du verlieren wirst. Doch wenn das Hundertfache deines Einsatzes winkt, wirst du diese Wette in jedem Fall eingehen.«

»Es läßt dich nicht los, nicht wahr?« fragte Dauterman.

»Wenn ich es nicht auf die Beine stelle«, sagte Ashby, »werde ich gar nicht wetten *können*. Also muß Tommy aufs Meer hinausfahren.«

Art Vorys hatte ihnen einen Korb gegeben, und er würde sicher nicht der letzte sein; Ashby verstand ihn und hätte sich unter anderen Umständen genauso verhalten. Aber er glaubte inzwischen so fest daran, daß dieser junge Mann sein Vorhaben verwirklichen könnte, daß ihm eine innere Stimme riet, sich mit all seinem Einfluß und guten Ruf hinter das Projekt zu stellen – und das war in Columbus nicht wenig. »Alle hier vertrauen Wayne«, sagte Don Glower, »weil Wayne ein anständiger, ehrlicher Bursche ist.«

Aber bevor Ashby zu Freunden ging und sie um Geld bat, wollte er immer noch, daß eine große Anwaltskanzlei das Geschäft betreute und Tommy durch das Labyrinth der Vorschriften für Aktien und Wertpapiere begleitete, damit sich seine Idee seriös präsentierte. Art Vorys war bei dem Essen dabeigewesen, also war Ashby zuerst zu ihm gegangen. Nun wandte er sich an die zweite große Kanzlei der Stadt, Porter, Wright, Morris & Arthur – allen voran an Bill Arthur. In der Umgebung von Columbus war Arthur als Mr. Risikokapital bekannt, ein Anwalt, der Immobiliengeschäfte, die Suche nach Öl und Gas und zahllose neue Unternehmungen ermöglicht hatte. Er hatte sich schon mehr verrücktes Geschwätz angehört als irgend jemand sonst in der Stadt, daher war Tommys Vorschlag für ihn nichts Ungewöhnliches. Ungewöhnlich war nur, daß ihn Wayne Ashby anrief, noch bevor er Tommy kennengelernt hatte. Das weckte Arthurs Interesse an dem Geschäft.

»Vor Staunen blieb mir fast die Spucke weg«, sagte Arthur. »Wayne Ashby versuchte Leute dazu zu bewegen, sich an einem dieser riskanten Spekulationsgeschäfte zu beteiligen? Wayne ist Steuerberater! Er hat noch nie für etwas geworben! Er hat nicht einmal angedeutet, daß jemand in etwas investieren könne, von dem er gehört habe!«

Als Ashby Tommy mit Arthur bekannt machte, gab sich Arthur überraschend schnell zufrieden und stellte keine Fragen mehr. Die ganze Sache hörte sich plausibel an. Seine Firma vertrat Battelle, ein Institut, in dem seinem Eindruck nach »ein Haufen Verrückter an allen möglichen wunderbaren, aufregenden Dingen arbeitete«. Tommy war vom gleichen Schlag, und er hatte so sorgfältig wie nur möglich berechnet, daß man es schaffen konnte.

»Mit einem solchen Burschen und der aufregenden Aussicht, sein Geld hundertfach zurückzubekommen – wer hätte da nicht zugegriffen?«

Arthur erklärte sich einverstanden, daß seine Kanzlei das Vorhaben strukturierte, und übergab das Projekt an einen seinen jüngeren Partner, Curt Loveland, der versuchen sollte, dem Ganzen einen Rahmen zu geben, der mögliche Investoren überzeugen konnte. Loveland war nicht so schnell zu begeistern. Als Anwalt im Aktiengeschäft mußte er mißtrauisch sein, was sich nach jahrelanger Berufserfahrung nur noch gesteigert hatte. Loveland war überrascht, daß Bill Arthur ihn zu einem Gespräch über das Vorhaben geradezu drängte, doch nach einer Stunde mit Tommy hatte sich seine Einstellung verändert. »Nach dem ersten Treffen dachte ich: Mein Gott, der Mann könnte es schaffen! Und bei der zweiten Begegnung war ich überzeugt davon!«

Loveland zog einen weiteren Kollegen hinzu, Bill Kelly, der anfänglich die gleiche Reaktion zeigte. Er nahm an, daß Tommy ein verrückter Erfinder sei, bis er Tommys wohlüberlegte Rede hörte und in ihm das sah, was schon Don Frink in ihm erkannt hatte: einen aufrichtigen, intelligenten, sehr beschlagenen Menschen, in dessen Gegenwart man sich wohl fühlte. Wenn Tommy redete, klangen die Ideen plötzlich nicht mehr so verrückt.

Tommy, die Wirtschaftsprüfer und die Anwälte setzten sich nun zusammen und versuchten, dem Vorhaben eine Organisationsform zu geben, die einem Investor vernünftig erscheinen konnte. Doch ein solches Geschäft war für alle neu. Es unterschied sich vollkommen von Landbesitz oder Immobilien, die man ansehen, berühren und riechen konnte. Dauterman hatte so viele Geschäftsvorhaben betreut, daß er eine Checkliste besaß; wenn sich die einzelnen Punkte addierten, war die Investition gut, wenn nicht, war sie zu verwerfen. Und wenn er einen Fehler machte, konnte ihn mit der Zeit die Inflation retten.

Beim ersten Treffen in Ashbys Büro saßen sie alle am Tisch, tippten mit dem Stift auf ihre unbeschriebenen Schreibblocks und fragten sich: Wie sollte diese Sache aussehen? »Was dieses Angebot von allen anderen unterschied«, sagte Kelly, »war sein spekulativer Charakter.« Jemand, der Leute suchte, die ihr Kapital riskant anlegen wollten, hatte normalerweise einen neuen Computerbildschirm oder eine neue Software entwickelt und konnte etwas über die Marktsituation erzählen, über den Wettbewerb, was sein Produkt von denen der Konkurrenten unterschied, konnte die Produktionskosten und die Stückzahlen, die er in diesem und im nächsten Jahr verkaufen konnte, benennen. Das war es, was Investoren üblicherweise sehen wollten. Sie analysierten die Marktübersicht, die prospektierte Gewinneinschätzung – und entschieden sich dann. Ob es um Computer ging oder medizinische Technik, spielte keine Rolle. »Doch das hier«, sagte Kelly, »war, gelinde ausgedrückt, einzigartig.«

Bill Arthur hatte Ashby vorgeschlagen, zuerst nur wenig Kapital zu beschaffen, etwas Grundkapital, mit dem sie die Präsentationsmaterialien verbessern könnten und Tommy ein paar Monate Zeit gewänne, um das eigentliche Geld aufzutreiben, das er für die Suchphase brauchte. Loveland unterstützte Arthurs Standpunkt. »Man muß Schritt für Schritt vorgehen und darf nicht erwarten, am ersten Tag fünf Millionen Dollar zu bekommen, weil man dabei scheitern wird. Die Leute wollen dir ein bißchen geben und abwarten, wie du es einsetzt.« Aber sie rieten Tommy auch, die Anfangsphase nicht mit 100 000 Dollar zu veranschlagen, wenn er in Wirklichkeit 200 000 brauchte. Zu viele Firmengründungen scheiterten, weil sie zuwenig Kapital hatten.

Die Treffen zogen sich über den Winter bis zum Frühjahr 1985 hin; die Anwälte und Wirtschaftsprüfer waren beeindruckt davon, wie schnell Tommy juristische und wirtschaftliche Probleme begriff und wie sehr er darauf bedacht war, das Budget einzuhalten. Sie beschlossen, eine Aktiengesellschaft zu gründen und die Anteile Leuten mit beträchtlichem Vermögen persönlich anzubieten, und daß niemand, der mit dem Projekt zu tun hatte, im voraus bezahlt wurde. »Wir mußten den Personen, die wir ansprechen wollten«, meinte Dauterman, »sagen können: ›Seht her, wir bekommen keinen Pfennig, wir stecken unser Geld genauso in das Vorhaben wie ihr das eurige, also könnt ihr euch nicht beschweren.‹ Bei jedem anderen Geschäft auf der Welt gibt es jemanden, der für die Organisationsarbeit seinen Anteil verlangt. Hier gab es keine Kommissionen, und jeder Dollar floß in das Projekt.«

Sie teilten die Gelder in drei Phasen auf: die Anfangsphase, die Suchphase und die Bergungsphase. Für die Anfangsphase bestimmten sie zehn Prozent der Teilhaberschaft, 20 Einheiten zu je 10 000 Dollar, was bedeutete, daß sie 200 000 Dollar bekommen mußten, damit Tommy organisieren, Unternehmen für die technische Ausrüstung gewinnen, die sie belieferten, die Recherchen beenden, sich für die vergangenen Auslagen entschädigen und die Kosten abdecken konnte, die entstanden, wenn er die Gelder für die nächste Phase auftreiben wollte. Damit hatte Tommy die Möglichkeit, seinen Investoren zu beweisen, daß er nicht nur wissenschaftlich befähigt war, sondern auch eine Gesellschaft leiten und ihr Geld sinnvoll einsetzen konnte.

Für die Suchphase waren 25 Prozent der Gesellschaftsanteile vorgesehen, 50 Einheiten zu je 28 000 Dollar, also 1,4 Millionen Dollar, um eine Wahrscheinlichkeitskarte und eine Suchkarte zu erstellen, ein Schiff klarzumachen, die SeaMARC IA zu mieten, die Mike Williamson soeben gebaut hatte, und ihn und seine Techniker 40 bis 60 Tage auf See zu bezahlen, damit sie etwa 1400 Quadratmeilen im Meer absuchten, Wracks fanden, die die *Central America* sein konnten, und bewiesen, daß eins von ihnen das Goldschiff war.

In der letzten Phase würden sie einen Roboter auf den Meeresgrund hinablassen, um das Gelände zu untersuchen und den Schatz zu bergen – und dafür berechneten sie weitere 25 Prozent der Anteile, 50 Einheiten zu je 72 000 Dollar, was 3,6 Millionen Dollar ergab, die sie aufbringen mußten.

Das waren insgesamt 60 Prozent des Projekts. Die verbleibenden 40 Prozent gingen an Tommy und seine Mitarbeiter. Tommy erhielt aus zwei Gründen einen dicken Brocken: Zum einen war der mögliche Gewinn beträchtlich höher als bei einem gewöhnlichen Öl-, Gas- oder Grundstücksgeschäft, also gaben sich die Investoren mit weniger zufrieden. Zum anderen war Tommy der Schlüssel zum Erfolg des Unternehmens. Alles hing von Tommy ab, und sie mußten sicher sein, daß er genügend motiviert war. Die Anwälte, die Wirtschaftsprüfer und Tommy redeten monatelang über die Aufteilung, und am Ende waren alle zufrieden.

Das erste Angebot wurde im März 1985 ausgehängt: 20 Einheiten zu 10 000 Dollar das Stück, eine halbe Einheit für 5 000 Dollar. Ashby und Dauterman durften in ihrer Eigenschaft als Wirtschaftsprüfer nicht für eine Beteiligung an dem Projekt werben, doch als Privatpersonen konnten sie es ihren Freunden empfehlen.

Sie stellten eine Liste von Leuten zusammen, die es sich leisten konnten, Geld zu verlieren, und als sie sie nacheinander anriefen, hörten sich Dautermans Gespräche häufig wie folgt an: »Bill, hier ist Fred. Sitzt du gerade (Kichern)?« Dann erklärte Fred es Bill in drei Sätzen. Und Bill erwiderte: »Was soll ich tun?«

»Es erforderte einigen Mut, die Leute anzurufen«, sagte Dauterman, »und die Reaktionen waren manchmal recht seltsam.« Er sagte jedem: »Wenn du dein Geld dort investierst, verabschiedest du dich am besten gleich davon.« Dann fuhr er fort: »Doch der Gewinn könnte, wenn Thompson sich nicht irrt, astronomisch sein.«

Wenn Ashby Freunde besuchte oder gute Klienten anrief, von denen er glaubte, daß sie interessiert sein könnten, sagte er ihnen: »Es gibt da eine kleine, wahnsinnig spekulative Gelegenheit, die du sicher nicht verpassen willst, wie ich dich kenne.« Er sagte ihnen weiter, daß er einen jungen Mann mit einer Idee an der Hand habe, die sie unter Umständen reizen könnte, und fragte sie, ob sie sich mit ihm treffen und vielleicht eine kleine Summe investieren wollten. Sicher, die Idee war ein bißchen verrückt, und er hatte noch nie zuvor von so etwas gehört, aber, ja doch, er hatte seine 5000 Dollar schon zusammengekratzt. Genauso wie Fred Dauterman, Bill Arthur und verschiedene andere Honoratioren in und um Columbus.

Unter den ersten Personen, die Dauterman anrief, befand sich Art Cullman, ein Professor für Marketing an der Ohio State University, der Firmen im ganzen Land beriet. Dauterman erzählte Cullman die Geschichte in den üblichen drei Sätzen mitsamt dem Gekichere und Worten wie »wild« und »verrückt«. Dann fügte er hinzu: »Wayne und ich glauben, daß der Mann einiges auf dem Kasten hat. Er kommt von Battelle, ist Wissenschaftler und hat eine Idee, die wirklich aufregend klingt. Er meint, daß sich auf dem Schiff sehr viel Gold befindet.«

Cullman erklärte sich zu einem Treffen bereit, und was ihn dann am meisten beeindruckte, war die Art, wie Tommy sprach und zu ihm sagte: »Wir haben eine Vorstellung davon, wo es liegen könnte, aber das ist noch nicht abgesichert; wir recherchieren immer noch in historischen Zeitungen, um die Stelle genauer einzugrenzen zu können.« Cullman fragte, wie er die Unglücksstätte bestimmen wollte, und Tommy erzählte ihm von der SeaMARC und Mike Williamsons Mannschaft, woraufhin Cullman wissen wollte, ob er diese Sonarexperten schon unter Vertrag genommen habe. Tommy antwortete, daß er ziemlich sicher sei, sie bekommen zu können.

Obgleich Cullman viele Fragen stellte, hatte er keine Ahnung von Technik und verstand Tommys Antworten kaum. Als er fragte, was sie tun würden, wenn sie das Wrack gefunden hätten, erklärte ihm Tommy geduldig mehr über Tiefseeroboter, als Cullman wissen wollte. »Die Idee hörte sich gut an«, sagte Cullman, »aber ich verstand nicht allzuviel davon.«

Cullman rief Freunde bei Battelle an, die ihm versicherten, daß Tommy kein Windhund sei. Ferner telefonierte er mit Bill Arthur, der ihm sagte, daß der Typ eine verdammt aufregende Idee habe. Er sprach auch mit seiner Frau, die zuerst meinte: »Arthur, so etwas kannst du nicht machen, das kannst du dir nicht leisten.« Nachdem sie Tommy persönlich getroffen hatte, sagte sie jedoch: »Arthur, du kannst es dir nicht leisten, nicht mitzumachen, er ist zu vertrauenswürdig.« Sie gestand ihrem Mann, daß sie noch nie jemand kennengelernt hatte, der so glaubwürdig wirkte.

Cullman rief sogar Freunde in New York und Chicago an, die jedes Jahr mehr als 10 000 Dollar beim Kentucky Derby verpulverten. »Ich war verblüfft, wie viele Leute es gab, die mit Leichtigkeit 10 000 Dollar abschreiben konnten, ohne daß es sie im geringsten berührte.« Doch auch, wenn er sie erinnerte, wieviel Geld sie immer wieder zum Fenster hinauswarfen, sagten viele: »Ich weiß, doch mit so einer abenteuerlichen Sache möchte ich nichts zu tun haben.«

Cullman hingegen hatte mit Tommy gesprochen und war nicht der Meinung, daß die Idee so abenteuerlich war. Ihm gefiel die Vorstellung, jemanden mit solchen Qualifikationen zu unterstützen, jemanden, der entschlossen war, eine Grenze zu überwinden. Er sprach mit den übrigen Angehörigen seiner Familie, und sie waren einverstanden. Cullman gründete eine Familien-Investmentgesellschaft, ein Sechstel für ihn selbst, ein Sechstel für seine Frau und ein Sechstel für jedes seiner vier Kinder.

Damit war die Familie Cullman mit zwei Einheiten dabei.

Als Tommy im Büro des Unternehmers Buck Patton ankam, hatte Patton für ihn mehrere Seiten gezielter Fragen vorbereitet. Die erste Seite befaßte sich damit, wie Tommy das Risiko in fünf entscheidenden Bereichen einschätzte: Suche, historische Forschung, Sicherheit, Rechtslage und Arbeitsbedingungen. Patton sorgte sich besonders um die rechtlichen Verhältnisse und das Budget für die Arbeiten. Sie sprachen über Tommys wissenschaftliche Methoden, die SeaMarc, Informationslücken und Probleme mit dem Wetter. Patton stellte Fragen wie: »Was passiert, wenn ein Hurrikan aufzieht und du dein Bergungsboot verlierst?«

Patton hatte auch Bedenken, daß ein Wissenschaftler versuchte, ein Unternehmen zu leiten, das in der schwierigen Anfangsphase steckte und sehr hohe Anforderungen stellte. Er hatte eine kleine Beton- und Kiesfirma zu einem millionenschweren Unternehmen aufgebaut und noch weitere Gesellschaften begründet. Aller Anfang war schwer. Patton hatte erlebt, wie Unternehmer sich schwächten, weil sie sich zuviel vorgenommen hatten.

Vier Stunden lang quetschte er Tommy über jede Möglichkeit aus, die sich sein ausgeprägter Geschäftssinn erdenken konnte, und als ihm schließlich die Fragen ausgingen, wußte Tommy immer noch Antworten. Er warf Probleme auf, auf die Patton gar nicht gekommen war. Patton war beeindruckt. Er fand, daß Tommy »gebildet, zäh und entschlossen« war, »sorgfältig arbeitete und sich an die Tatsachen hielt. Er hatte einen starken Willen, das konnte man spüren.« Am Ende der vier Stunden fragte er Tommy, ob er es für wahrscheinlich hielt, das Wrack ausfindig zu machen, die rechtlichen Probleme zu überwinden und das Gold für die Investoren sicherzustellen.

»Er dachte ein Weilchen nach«, erinnerte sich Patton, »sah mir dann direkt in die Augen und sagte: zu 60 Prozent‹. Nichts hätte mich mehr überzeugen können.«

Zwei Wochen später kaufte Buck Patton zwei Einheiten und schickte der Gesellschaft einen Scheck über 20 000 Dollar.

Viele der Leute, die Tommy traf, dachten, daß er ein schlechter Verkäufer sei. Sie waren an die aalglatten Typen gewöhnt, die unentwegt redeten und alles in den prächtigsten Farben schilderten, die Verkäufer, Händler, Promoter. Und so einen erwarteten sie. Im Gegensatz dazu war Tommy so präzise und so darauf bedacht, Übertreibungen zu vermeiden, daß ihnen das Projekt fast langweilig vorkam. »Man konnte sich geradezu vorstellen, daß er ausrechnete, wieviel Treibstoff er verbrauchen würde«, sagte Jim Turner, der eine halbe Einheit für 5000 Dollar erwarb. Manchmal trieben potentielle Investoren Tommy sogar zu mehr Optimismus an. Andere rieten ihm, die Präsentation aufzumotzen, mehr Pep, mehr Feuer hineinzulegen und eine farbige Hochglanzbroschüre zu drucken – aber Tommy weigerte sich.

Manchmal verkauften sich die halben Einheiten zu nur 5000 Dollar leicht; die Investoren fragten Ashby bloß: »Machst du auch dabei mit?« Er sagte »ja«, sie sagten »okay« und schickten kurz darauf einen Scheck.

Obwohl viele angesehene Bürger nicht mitmachen wollten und andere, die Tommy fragte, dankend ablehnten, war Ashby über Tommys Leistung erstaunt: Drei von vier Leuten, die sich mit ihm trafen, schrieben einen Scheck über 5000, 10000 oder 20000 Dollar aus. »Es war wirklich interessant zu beobachten, wie Tommy an der Aufgabe wuchs«, sagte Ashby. »Er war 33 Jahre alt, als ich ihn kennenlernte und bald darauf einigen ziemlich bekannten Geschäftsleuten vorstellte. Das verunsicherte ihn am Anfang wirklich. Er war vorher nervös und hinterher aufgeregt, aber er wußte immer, wovon er sprach, und wirkte daher immer glaubwürdig.« Ashby erinnerte sich daran, daß er nach einem Treffen mit einem besonders wichtigen Investor zu Tommy sagte: »Tommy, das hast du phantastisch gemacht.« Da stand Tommy entrüstet auf und meinte: »Nun, ich hoffe, daß ich niemals ein Verkäufer werde«, woraufhin Ashby erwiderte: »Tommy, du bist einer.«

Es hatte etwas ungemein Faszinierendes an sich, wenn er einem im landumschlossenen Columbus gegenübersaß, seine Augen nicht von einem abwandte und erzählte, daß er sich vorstellen konnte, auf dem Grund der Tiefsee zu arbeiten – wo im übrigen noch nie jemand gearbeitet hat –, um eine Goldfracht von einem Schaufelraddampfer aus der Mitte des 19. Jahrhunderts zu bergen, und es gelang ihm, einem irgendwie davon zu überzeugen, daß er es schaffen würde, indem er von all den Dingen erzählte, die schiefgehen konnten.

Tommy befürchtete am meisten, daß sein Vorhaben, die *Central America* zu finden, jemandem aus der Tiefseegemeinde zu Ohren kommen könnte. Er wollte nicht, daß auch nur ein Mensch außerhalb seiner kleinen Gruppe und den Teilhabern, die jetzt anfingen zu investieren, überhaupt wußte, daß das Projekt existierte. Das war entscheidend. »Die Leute, die sich mit dem Ozean beschäftigten, bilden eine sehr exklusive Gemeinschaft«, sagte Tommy, »eine geschlossene Gesellschaft, und man muß wirklich höllisch aufpassen, wenn man in dieser Gemeinde ein Geheimnis bewahren will.«

Bei Battelle hatte Tommy schon frühzeitig eine Unbedenklichkeitsbescheinigung erhalten und an geheimen Aufträgen für das Verteidigungsministerium gearbeitet. Schließlich hatte man ihm die Berechtigung für den Top-secret-Bereich erteilt und dann die Spezialerlaubnis für alles, was noch geheimer als top-secret war. Er hatte die strengen Sicherheitsvorkehrungen aus nächster Nähe erlebt und verstand, wie sie gehandhabt wurden und warum sie nötig waren. Deswegen hatte er auch eigentlich nur einen einzigen großen Investor für das Projekt gewinnen wollen; denn dadurch wäre die Gefahr verringert worden, daß an die Tiefseegemeinde durchsickerte, daß er ein ernsthaftes Unternehmen startete, um den sagenhaften Schatz der *Central America* zu finden. Geheimhaltung war sein oberstes Ziel, »fast bis zur Grenze des Paranoiden«, erinnerte sich Fred Dauterman, »doch ich denke, es war gerechtfertigt.«

Für potentielle Investoren hatten Tommy und Bob einen Rohentwurf ausgearbeitet und drucken lassen. Robbie Hoffman hatte ihnen beim Schreiben geholfen, und obwohl die Dokumentation im Detail noch verbessert werden mußte, war sie Tommys erster Versuch, seine Theorien über die Bergung von Schiffswracks aus der Tiefsee in gebundener Form darzulegen. Tommy informierte den Leser nicht, wo die *Central America* zu finden war, doch er erzählte die Geschichte des Untergangs, belegte die Goldfracht und umriß in einer von technischen Ausdrücken überfrachteten Sprache die Schritte, die jeder unternehmen mußte, der das Schiff finden und bergen wollte. Gestempelt war der Entwurf überall mit den Worten »vertraulich« und »gesetzlich geschützt«.

Investoren bekamen diese Dokumentation erst zu Gesicht,

wenn sie sich schriftlich verpflichteten, niemandem außerhalb der Gesellschaft etwas von dem zu verraten, was sie zu sehen und zu hören bekamen. Bei jedem der zahlreichen Treffen ermahnte Tommy die Investoren, nicht über das Projekt zu reden. Wenn ein Investor Teilhaber wurde, schickte er ihm einen Brief und wiederholte darin, wie wichtig es war, den Mund zu halten. »Das Projekt wurde den Interessierten so angeboten, daß man ihnen alle Fragen beantwortete, aber nicht offenlegte, wie die Operation vor sich gehen würde.«

Gegen Ende März traf sich ein interessierter Investor mit Tommy, unterzeichnete die Schweigepflichterklärung, hörte sich die Präsentation an und nahm eine Kopie von Tommys Dokumentation mit. Er hatte in der Marine gedient und liebte das Meer. Eine Woche später rief er Ashby an und sagte: »Soeben ist Searle mit einem Mann namens Kutzleb bei mir vorbeigekommen.« Er wollte ein weiteres Treffen mit Tommy, zu dem er Searle und Kutzleb mitbringen würde, damit Tommy ihnen das *Central-America*-Projekt vorstellen konnte. Ashby hatte noch nie von Searle oder Kutzleb gehört, meinte aber, daß Tommy sich trotzdem mit ihnen treffen sollte. Tommy war empört.

Robert Kutzleb war der Besitzer von Steadfast Oceaneering und gehörte zu den führenden Lieferanten für Unterwassertechnik der Navy.

Kapitän »Bill« Searle war der ehemalige Verantwortliche bei der Marine der Vereinigten Staaten für Schiffsbergungen und beriet jetzt die Tiefseegemeinde auf der ganzen Welt. Nachdem die *Thresher* im Atlantik implodiert und 2500 Meter tief auf den Meeresgrund gestürzt war, hatte man ihm die Aufgabe übertragen, Dinge im tiefen Meer zu finden. Er war bei der Bergung der Wasserstoffbomben vor der spanischen Küste dabeigewesen und hatte südwestlich der Azoren nach dem atombetriebenen Unterseeboot *Scorpion* gesucht, als es explodiert und drei Kilometer tief ins Wasser gesunken war. Er kannte alle, die im tiefen Ozean arbeiteten, und jede Bergung, die je in der Tiefsee versucht worden war, im Detail. Er war in Princeton Zimmergenosse des interessierten Investors gewesen, und bevor dieser Tommy sein Geld gab, wollte er von seinem alten Freund hören, ob das Projekt Aussicht auf Erfolg hatte.

Tommy war es mit großer Mühe gelungen, eine kleine Gruppe schwer zu überzeugender, zynischer Selfmademen dazu zu bewegen, sein Projekt zu unterstützen. Nun kam ein Spezialist von außen, und Tommy wußte, was dieser Mann ihm sagen würde.

»Jeder außerhalb unserer Gruppe würde sagen, daß es unmöglich war. Das wußte ich, als ich zu dem Treffen ging. Und ich wußte, mit wem ich es zu tun hatte: einem der obersten Berater der Tiefseegemeinde, einem Guru auf dem Gebiet des Ozeans, einem prominenten Mann, dem ehemaligen Leiter der Bergungsabteilung der Marine, was die höchste Position im Bergungsgeschäft war. Die allerhöchste Position. Also mußte ich überlegen, wie ich darüber sprechen sollte, daß ich es nicht zerreden durfte und wie ich ihm entschieden entgegentreten konnte. Ich mußte seinen Background erkunden. Ich mußte ganze Datenbanken durchsuchen, um alles, was er getan hatte, rauszukriegen. All seine Erfahrungen. Was er wußte. Was er nicht wußte.«

Denn wenn Bill Searle und Bob Kutzleb Tommys bisherige Theorien und Vorschläge grundsätzlich in Frage stellten, konnte es passieren, daß die Gesellschaft, die gerade aufgeblüht war, austrocknen und zugrunde gehen würde.

Searle und Kutzleb gingen zuerst mit dem Investor im Columbus Club Mittag essen. Dann, um zwei Uhr nachmittags, trafen sie sich mit Tommy, Wayne Ashby und Robbie Hoffman in einem kleinen Raum oben im Club. Das Treffen war erst um Viertel nach fünf beendet.

Als Searle, Kutzleb und der Investor den Raum betraten, warf Ashby Tommy einen raschen Blick zu, weil einer der Berater ein zusammengerolltes Exemplar von Tommys Dokumentation in der Faust hielt. Tommy wurde erst rot im Gesicht und dann aschfahl. Der Investor hatte nicht nur die Schweigevereinbarung verletzt, indem er zwei Experten der Tiefsee eingeladen hatte, um Tommy auszufragen, sondern sie darüber hinaus gebeten, Tommys Bibel über die *Central America* kritisch zu überprüfen.

»Diese Kerle kamen mit Tommys kostbarem Geheimdokument vorbei«, erinnerte sich Ashby, »und Tommy erlitt fast einen Herzanfall.«

Der Investor stellte Searle und Kutzleb vor: »Zufällig habe ich zwei gute Freunde, die etwas von der Tiefsee verstehen, und ich dachte mir, daß es Ihnen nichts ausmacht, wenn …«

Tommy machte es etwas aus. Er erinnerte den Investor daran, daß er seine Schweigepflicht gebrochen hatte, indem er jemand außerhalb der Gesellschaft von dem Projekt erzählt und den Inhalt des Papiers Beratern der Tiefseegemeinde zugänglich gemacht hatte. Er sagte, daß er mit den Beratern nicht sprechen würde, bis sie sich schriftlich verpflichtet hätten zu schweigen, was sie ablehnten. Doch Tommy wiederholte, daß er ihnen seine Theorien erst dann erläutern würde, wenn sie unterschrieben hätten; und Searle und Kutzleb nahmen sich ein paar Minuten Zeit, um die beiden Seiten durchzulesen, und erklärten sich schließlich mit einer Haltung, die Robbie als Das-können-wir-eigentlich-ruhig-machen-da-wir-dir-sowieso-nichts-glauben bezeichnete, bereit zu unterschreiben, aber nur nachdem sie ein paar Änderungen vorgenommen hätten. Tommy sah ihnen zu, wie sie fast die Hälfte der Vereinbarung durchstrichen.

Als er Widerspruch erhob, sagten sie: »Wir sind im Bergungsgeschäft. Und wenn uns jemand anders fragt, ob wir dieses Schiff bergen können, würden wir wohl kaum ablehnen.«

Obwohl er vor diesem Treffen kein gutes Gefühl gehabt hatte, hätte sich Tommy nie vorstellen können, daß es so schlimm werden würde, und dabei hatte es gerade erst angefangen. »Sie besaßen unsere gesamten Informationen, den Kontakt zur Tiefseegemeinde, strichen die beiden Absätze heraus, die wirklich wichtig waren, weil sie ihnen jegliche Konkurrenz untersagten, und setzten dann ihre Unterschrift darunter. Als ob sie sagen wollten, okay, nun können wir ja weitermachen. Es war schrecklich, aber ich konnte jetzt nicht einfach rausgehen, das wäre alles andere als klug gewesen.«

Nachdem sie die eingeschränkte Schweigepflicht unterzeichnet hatten, zeigte Searle einen Film über die Tiefsee; dann sprachen er und Kutzleb über ihre Erfahrungen und gaben ihnen, wie Searle es nannte, »eine allgemeine Einführung in die Suche unter Wasser in diesen enormen Tiefen«. Sie meinten, daß dieser junge Mann das Schiff ausfindig machen könnte, wenn er gute Geräte und gute Leute hätte, woraufhin Searle ergänzte: »Und weil wir ihm die guten Geräte beschaffen können und gute Leute sind.«

Doch die Suche nach dem Schiff würde »nur den geringsten Teil der Kosten ausmachen«, sagte Searle. Als nächstes müßte er den Schatz bergen, was schier unmöglich war. »Zum einen«, sagte Searle, »würde es höllisch teuer werden«, und das war noch nicht einmal das Schlimmste. Searle war nicht nur Experte für Bergungen aus der Tiefsee, sondern auch für die *Central America*. Das Schiff und die Nachwirkungen seines Untergangs beschäftigten ihn schon lange, er forschte seit Jahren über diese Geschichte und sammelte alle Artikel, die darüber erschienen. In seinem Haus in Virginia stand eine riesige Kiste mit Material über die *Central America*, und er war inzwischen zu dem Schluß gekommen, daß man ohne die Hilfe der Bundesregierung und ohne ein besonderes nationales Interesse nicht an das Wrack herankommen könnte. Die Technologie, die das leisten würde, was dieser junge Mann sich vorgenommen hatte, gäbe es schlichtweg nicht. »So was ist noch niemand gelungen«, sagte Searle. Er und Kutzleb betonten, an jeder Bergung in solchen Tiefen beteiligt gewesen zu sein. »Das schloß Wasserstoffbomben, Flugzeuge, Raketen und nukleare Generatoren ein, die die NASA hochholte und von denen kein Mensch je etwas erfuhr«, erklärte er.

Tommy mußte nun versuchen, ihre Behauptungen zu widerlegen, ohne daß er seine Erkenntnisse über die Potentiale der Sea-MARC preisgab oder das, was er über die Beschaffenheit der Blake Ridge und die Möglichkeit, auf dem Meeresgrund zu arbeiten, herausgefunden hatte. Robbie bemerkte, daß das Gespräch eine ungute Wendung nahm, wenn Tommy den Mund aufmachte. Er brachte einen oder zwei Sätze heraus, und Searle oder Kutzleb sagte: »So geht das nicht.«

»Sie griffen ihn sofort an«, erinnerte sich Robbie, »egal, ob er über die Stelle sprach oder seine Vorstellungen von der Bergung, und das taten sie auf sarkastische Weise, als wollten sie sagen, du bist doch noch ein grüner Junge. Searle war vielleicht noch etwas zynischer als Kutzleb und sprach über den Altersunterschied und ihre reichen Erfahrungen bei der Bergung von Dingen aus der Tiefsee für die Marine. Wie konnte es Harv schaffen, wenn *sie* es sich nicht zutrauten?«

Sie führten aus, daß die *Central America* irgendwo unter dem Golfstrom lag und daß die Arbeit im Golfstrom wegen der Strömungen extrem schwierig war. Sie wiederholten ständig, daß eine Bergung unmöglich sei, selbst wenn er das Schiff fände. »Niemand ist bisher in solche Tiefen vorgestoßen«, sagten sie. »Wieso glauben Sie, daß Sie es schaffen können?«

Tommy hatte über all das nachgedacht und wußte auf alles eine Antwort, die er ihnen jedoch nicht geben konnte. »Es hatte mich Jahre gekostet, etwas über die Bodenbeschaffenheit und das Seitensichtsonar, das man benutzen konnte, herauszufinden. Diese Typen kannten nicht einmal die SeaMARC. Als alte Herren der Marine setzen sie eben auf die alte Ausrüstung.«

Er mußte seine Antworten vorsichtig formulieren, um ihren Angriffen zu begegnen, ohne zuviel zu verraten. Doch manchmal wurde er so gereizt und wütend, daß man ihn zu dieser Konfrontation gezwungen hatte, daß er sich kaum mehr in der Gewalt hatte. »Sie denken über das Problem zu allgemein nach, Sie denken nicht an …« Und dann mußte er sich zusammennehmen und sorgfältig überlegen, was er als nächstes sagen wollte und ob er es sagen sollte. Wayne Ashby hörte zu, der Investor hörte zu, und Wayne hatte bis heute so viel Vertrauen zu ihm bewiesen, daß er ihn nicht enttäuschen durfte. Und wer weiß, wie vielen Leuten der Investor erzählen würde, wie dieses Treffen verlaufen war. »Doch ich näherte mich schon dem Kern dessen, was ich zu der Zeit wußte, und ich wollte ihnen nicht verraten, wie man es anpacken kann.«

»Ich werde es nie vergessen«, sagte Robbie, »wie einer der Typen Harvey unterbrach und seine Theorie abspulte, während Harvey sich am Ende des Tisches niedersetzte: ›nein, nein, nein, nein, nein‹, sagte und den Kopf schüttelte, ›nein, nein und nochmals nein. Ihr Ehemaligen habt keine Vorstellung davon, was heute angesagt ist!‹«

Sie sagten: »Nun, und wie wollen Sie das nun machen?«

Und Tommy konnte den Investor denken hören: »Na, wie wollen *Sie* es machen?«

Da er jetzt antworten mußte, hielt er inne und sagte: »Wenn Sie die Schweigepflichterklärung unterzeichnen, so wie sie ursprünglich verfaßt war, werde ich es Ihnen sagen.«

Doch damit konnte er ihnen nicht mehr kommen, weil er sonst den Eindruck erweckt hätte, schwierigen Fragen auszuweichen.

Als er versuchte, ihnen die SeaMARC zu erklären, ohne allzuviel darüber zu verraten, wie man sie verändern konnte, um ein Holzschiff aufzuspüren, unterbrach ihn Searle mit den Worten: »Das Schiff liegt in felsigem Gelände auf den Klippen, so daß man mit diesem Gerät dort gar nicht arbeiten kann.« Tommy wußte, was er darauf antworten konnte, wollte sein Wissen aber nicht preisgeben, auch wenn es ihm geholfen hätte, das Streitgespräch zu gewinnen. Also erwiderte er bloß: »Sie gehen von anderen Voraussetzungen aus als ich. Ihre Einwände treffen nicht auf unsere Situation zu.«

Doch manchmal bedrängten sie ihn auch derart, daß er sagen mußte: »Nun, ich kann das nicht … Ich kann Ihnen das nicht erzählen.«

Als die Kontroverse in die zweite Stunde und dann die dritte überging, fiel es Ashby und Robbie auf, daß Kutzleb in einigen Punkten mit Tommy übereinzustimmen schien. Mehr als einmal warf Kutzleb ein, »Will, damit sind sie doch gerade beschäftigt«, wenn Searle sagte: »Junger Mann, das geht so nicht.«

»Nicht daß Kutzleb plötzlich besonders liebenswürdig war«, sagte Robbie. »Harvey gewann ihn mit den nackten Tatsachen, denen er sich nicht verschließen konnte.«

Obwohl Kutzleb mehr von dem, was Tommy sagte, zu verstehen schien, stellte er das meiste in Frage, besonders den finanziellen und zeitlichen Rahmen, der Tommy vorschwebte: ungefähr fünf Millionen Dollar und drei Jahre. Kutzleb nannte keine anderen Zahlen, er meinte nur, daß es länger dauern und mehr Geld erfordern würde, als Tommy sich vorstellte.

Ashby hatte von der technischen Seite wenig Ahnung, glaubte aber Tommy mehr als den Experten, je länger er der Debatte zuhörte. Kutzleb deutete an, daß man früher oder später einen Zugang zur Tiefsee finden würde, und das war nichts anderes als das, was Tommy die ganze Zeit gesagt hatte. Das Streitgespräch bestätigte, daß die *Central America* und ihr Gold wirklich existierten und daß sie dort gesunken war, wo Tommy es vermutete. »Das machte mich zuversichtlich«, sagte Ashby.

Doch während Ashby hörte, daß das Projekt machbar sei, hörte Robbie, daß die Experten sich entschieden hatten, daß Tommy es nicht bewältigen könnte und daß jeder, der es versuchte, zehn, vielleicht sogar 100 Millionen Dollar im Rücken brauchte.

Searle hielt hartnäckig daran fest, daß die Ausrüstung, selbst wenn man sie entwickeln könnte, »einen Haufen Geld« kosten würde. Er hatte es schließlich erlebt. Er hatte Geräte für die abenteuerliche Bergung der *Scorpion* entwickelt. Sein Rat an den Investor lautete: »Lassen Sie sich nicht von den Erfolgschancen bei der Suche verführen. Sie müssen die ganze gottverdammte Operation im Auge behalten, Suche und Bergung, und das letztere ist das eigentliche Problem. Wenn also jemand sagt, daß er fünf Millionen Dollar für die Suche nach den Trümmern aufbringen will, frag ihn, ob diese fünf Millionen auch die Bergung beinhalten oder nur ein reizvolles Foto oder eine Filmaufnahme vom Wrack auf dem Meeresgrund. Der Betrag ist nicht hoch genug, um eine Bergung zu ermöglichen. Wenn die Suche fünf Millionen kostet, geht es in Wahrheit um eine andere Größenordnung, das heißt 50 Millionen, wenn man auch nur die geringste Aussicht auf Erfolg haben will. Vielleicht um ganz andere Größenordnungen. Ich bin schon in ähnlichen Situationen wie dieser hier gewesen, wo es allerdings nicht um Gold ging. Die Objekte waren Waffen oder Gegenstände von großem nationalen Interesse und Wert.«

Searle verglich das Projekt, die *Central America* zu bergen, mit dem *Glomar-Explorer*-Projekt, dem streng geheimgehaltenen Versuch, 1974 das russische Unterseeboot zu bergen. Die Regierung hatte damals Hunderte Millionen Dollar in das Unternehmen gesteckt, und er schätzte, daß das *Central-America*-Projekt noch schwieriger sein würde, »weil du keine Ahnung hast, wo du suchen sollst«. Dann brachte er die ganze Sache auf den Punkt. »Angenommen, jemand hätte mich gefragt: Glaubst du, daß er es mit zehn Millionen Dollar schaffen kann? Ich würde seine Chancen mit einem Prozent bewerten. Sehr unwahrscheinlich, daß er Erfolg hat. Ich bin bei mehreren Operationen dabeigewesen, und wir haben ähnliche Dinge versucht, aber es ging nicht immer so glatt, obwohl wir die gesamte verdammte Staatskasse der Vereinigten Staaten hinter uns hatten!«

Trotz Searles und Kutzlebs Bedenken investierte Searles Freund in das Projekt, wenn auch weniger, als er geplant hatte. Binnen drei Monaten hatte Tommy 38 Teilhaber beisammen, die eine Gesamtsumme von 200 000 Dollar auf ihn gesetzt hatten. Ihr Vertrauensbeweis drückte aus: Wir mögen dich, wir vertrauen dir, deine Idee ist fundiert; hier hast du genügend Geld, um diese Idee zu einem Projekt zu formen, das wir alle sehen und hören und anfassen können. Jetzt mach dein Konzept fertig, beende deine historische Recherche, schließe Verträge mit deinen Lieferanten, berate dich mit deinem Experten über die theoretischen Probleme der Suche, halte Ausschau nach einem Schiff und sichere dir die SeaMARC. Dann komm zu uns zurück und zeig uns, was du erreicht hast, und wenn es uns gefällt, geben wir dir mehr Geld.

Vor der Küste von Carolina –
Mitternacht,
Samstag, 12. September 1857

GEGEN SECHS UHR abends stürzte ein Fregattvogel vom grauen Himmel, zischte über das Achterdeck und streifte Kapitän Anders Johnsens Schulter, der mit dem Steuermann und zwei Matrosen zusammenstand. Ein alter Seemannsaberglaube besagt, daß eine Begegnung mit Vögeln auf hoher See ein Vorbote kommenden Unheils sei, doch Johnsen ignorierte den Vogel. Der Vogel flatterte in die Takelage, schlug unaufhörlich mit den Flügeln, stieß wieder herab und kreiste um den Kopf des Kapitäns, der das später als »ein ungewöhnliches Manöver« bezeichnete. Er duckte sich, der Vogel sauste über das Deck, ging in Schräglage in die Kurve und flog auf sein Gesicht zu, und als er sich mit wild schlagenden Flügeln näherte, packte ihn der Kapitän an der Kehle.

Johnsen hatte noch nie so einen Vogel gesehen. Seine Federn waren eisengrau, sein Körper 45 Zentimeter lang, seine Flügelspannweite mehr als zweimal so lang. Der Schnabel war eine Waffe, 20 Zentimeter lang, mit Zähnen wie eine Bügelsäge bewehrt. Sie gruben sich in Johnsens rechten Daumen, dann biß das Geschöpf zwei Matrosen, die ihm die Beine zusammenbanden. Der Vogel stürzte sich auf jeden, der sich ihm näherte, bis Johnsen einem seiner Männer befahl, ihm den Kopf abzuhacken und den Körper über Bord zu werfen.

Der Bug der *Ellen* hob und senkte sich; das Meer war immer noch mit kleinen Wasserhügeln übersät, die vom rauhen Wind weiße Kämme trugen. Am 17. August hatte die norwegische Bark Belize verlassen, den Laderaum angefüllt mit Mahagonistämmen, und steuerte über das Karibische Meer auf die Floridastraße zu, um den Golfstrom zu erreichen, der sie fast den ganzen Weg nach

Falmouth in England begleiten sollte. Vom Sturm überrascht, war das Schiff voll Wasser gelaufen, hatte die meisten Wanten verloren und den Fockmast, der vom Deck gerissen worden war.

Als der Sturm am späten Samstag abflaute, versuchte Kapitän Johnsen, einen östlichen Kurs zu steuern, doch der Wind zwang ihn, in nordnordöstlicher Richtung zu fahren. Er hatte den neuen Kurs eine Weile beibehalten, bis der Sturmvogel in seinem Takelwerk auftauchte, und als der Vogel zum drittenmal um seinen Kopf flatterte, entschloß er sich, wieder den ursprünglichen Kurs zu fahren. Wie er später erklärte: »Ich sah das Erscheinen des Vogels als ein Omen an und einen Hinweis, die Richtung zu ändern. Demzufolge steuerte ich direkt gen Osten. Ich wäre nicht von meinem Kurs abgewichen, wenn der Vogel mein Schiff nicht heimgesucht hätte.«

Der Sturm nahm weiter ab, und das Schiff folgte bei rauher See und starkem Wind die nächsten Stunden mit allen Segeln seinem ursprünglichen Kurs und legte 20 Meilen in östlicher Richtung zurück. Gegen ein Uhr nachts, während der Steuermann an Deck war und der Rest der Mannschaft unten schlief, weckten sie seltsame Schreie in der Nähe des Schiffs auf, deutliche Schreie, aber vom Wind und Rauschen der See gedämpft. Johnsen stürmte nach oben. »Kurz darauf wurde ihm klar, was die gequälten Schreie, die von 100 menschlichen Stimmen zu kommen schienen, zu bedeuten hatten. Ich wußte sofort, daß wir uns in der Nähe eines Wracks befanden, und weckte jeden Mann an Bord auf. In weniger als einer Minute stellte ich fest, daß wir von Menschen, die im Wasser trieben, umgeben waren. In der dunklen Nacht konnte man sie nicht sehen, aber die Stimmen, die um Hilfe riefen, drangen mir aus allen Richtungen ins Ohr.«

Johnsen und seine Männer nahmen sich Seile und warfen sie über die Seite, und in wenigen Minuten hatten sie vier Männer aus dem Meer gerettet, von denen keiner mehr sprechen konnte. Kurz darauf zogen sie einen anderen Mann aus dem Ozean, der nach seiner Frau schrie und um etwas zu essen bat. Johnsen berichtete später: »Sie waren nicht in der Lage, mir zu erzählen, von welchem Schiff sie kamen oder was ihnen widerfahren war.« Aus der Dunkelheit klangen weitere Hilferufe, und Johnsen befahl seinen Männern, drei Rettungsringe loszubinden und sie ins Wasser zu werfen, so viele Seile wie möglich herunterzulassen und zusätzliche Laternen anzubringen, damit man das Schiff von allen Seiten sehen konnte.

Dr. Harvey und Frazer trieben immer noch zusammen auf dem Wasser umher, Frazer war völlig erschöpft, unterkühlt und todmüde. Als sie jedoch in der Ferne ein erleuchtetes Schiff erblickten, paddelten sie gemeinsam gegen die Strömung an, und Frazer hatte immer noch genügend Kraft in den Armen, um sich an einem Seil festzuhalten, während sie ihn aus dem Wasser holten. Die Seeleute warfen Harvey ein anderes Seil zu und hievten ihn bis auf die Höhe des Decks, wo seine verkrampften Hände losließen und er hinabstürzte. Dreimal fiel er ins Wasser zurück, zweimal wurde er unter das Schiff gedrückt, bis ihm die Mannschaft eine Leiter reichte. »An die«, erinnerte sich der Arzt, »ich mich mit letzter Verzweiflung irgendwie anklammerte, bis ich um ungefähr drei Uhr nachts an Bord gebracht wurde. Eine geraume Zeit lang waren wir ohnmächtig.«

Der Dichter Oliver Manlove wurde eine Stunde später heraufgeholt. Als er das Schiff zum erstenmal sah, glaubte er an eine Sinnestäuschung, denn es erschien ihm wie ein Stern, der plötzlich aus den Wellen auftauchte und einen Augenblick später verschwand. Dann stieg er wieder vor seinen Augen empor, und er erkannte, daß es sich um das Licht eines Schiffs handelte, dessen Bug auf ihn zusteuerte. Er brüllte, jemand warf ihm ein Seil zu, er packte es und spürte, wie er aus dem Wasser gehoben wurde, doch als er etwa zwei Meter über den Wellen schwebte, verlor er den Halt, fiel und geriet unter die Bark. Ruckartig brachte ihn seine Schwimmweste wieder nach oben, und die Matrosen zogen ihn an Deck, wo er kaum stehen konnte.

Stundenlang kreuzte Kapitän Johnsen zwischen dem Treibholz, einen Schlag nach dem anderen hart am Wind, und arbeitete sich mit dem Bug der *Ellen* luvwärts, dorthin, wo der Dampfer untergegangen war. Gegen vier Uhr morgens hatte er 24 Passagiere und Besatzungsmitglieder der *Central America* gerettet. Von diesen konnten nur zwei aufstehen, sprechen und bei der Rettung der übrigen Überlebenden helfen: der Kapitän der Handelsmarine Thomas Badger, der Johnsen über das Schiffsunglück aufgeklärt hatte, und Ansel Easton.

Easton hatte die *Ellen* erst erblickt, als sie plötzlich vor ihm aus dem Nichts aufgetaucht war. Er packte das Seil, das man ihm zuwarf, und kletterte an Deck, wo die Mannschaft ihm trockene Kleider anbot, und er blieb dort, um anderen Überlebenden zu helfen. Ab und zu trat er ans Dollbord und rief den Namen von Freunden in die Dunkelheit hinein, die mit dem Schiff untergegangen waren. Am häufigsten brüllte er »Brown!«, denn Robert Brown war sein engster Freund an Bord des Dampfers gewesen, derjenige, der ihm auf dem Sturmdeck eine gute Korkschwimmweste gebracht hatte, kurz bevor das Schiff sank. Er sagte zu Kapitän Johnsen, daß er einen Freund hatte, den er retten wollte, und daß er ihm alles Geld der Welt geben würde, wenn er an Ort und Stelle bliebe und versuchte, seinen Freund zu finden. Johnsen lehnte eine Bezahlung ab, sagte aber, daß er bleiben würde, bis der letzte Überlebende gerettet wäre.

Bei Tagesanbruch fuhren sie immer noch kreuz und quer durch die Trümmer, als sie auf einen einzelnen Mann und dann auf zwei stießen, die zusammen dahintrieben. Weitere Stunden vergingen, in denen sie niemand fanden. Der Wind und die See hatten sich während der Nacht allmählich beruhigt, die Sonne stieg höher, und am Vormittag wurde es schon heiß. Johnsen meinte, sie hätten nun so viele Überlebende wie möglich gerettet, und sollten auf den nächsten Hafen zusteuern. Easton überredete ihn, noch ein letztes Mal durch die Unglücksstätte zu kreuzen, und erst, wenn sie niemand mehr gefunden hätten, an Land zu segeln. Johnsen zog noch eine Runde durch das Gebiet, während Easton an der Reling stand und nach Brown rief.

Gegen drei Uhr morgens hatte Kapitän Johnsen zwei Männer auf einem Lukendeckel erspäht, doch bevor er näher heranfahren konnte, waren sie verschwunden. Jetzt, sechs Stunden später, sahen sie denselben Deckel, und Johnsen konnte nah genug herankommen, damit ein Matrose den Männern ein Seil zuwarf, das sie packten, aber nicht festhalten konnten. Johnsen mußte noch zweimal wenden, bis der Lukendeckel an ihnen vorbeidriftete und es ihnen gelang, die zwei Männer an Deck zu ziehen. Einer hieß John Dement. Der andere Robert Brown.

Bis Sonntag mittag hielten sie nach Überlebenden Ausschau, doch die Wrackteile waren jetzt verschwunden, und es gab kein

Anzeichen mehr für einen Hurrikan oder eine Tragödie in den sanften Wellen, die von einer leichten Brise bewegt wurden. Johnsen berichtete später: »Als der Morgen voranschritt und wir uns in beträchtlicher Entfernung von der Stelle befanden, an der der Dampfer gesunken war, unternahm ich noch einmal einen Versuch. Das war auf 76 Grad 13 Minuten Länge, 31 Grad 55 Minuten Breite. Ich hatte die Stätte um acht Uhr morgens beobachtet und dann wieder gegen Mittag. Ich sah den Schoner, von dem die *Central America* gesprochen hatte, bevor sie unterging, und glaube nicht, daß er irgendwelche Passagiere aufgenommen hat. Nachdem ich alle Personen, die ich entdecken konnte, gerettet hatte, segelte ich nach Norfolk.«

Es war einer der stärksten Stürme der letzten Zeit. Ein kleinerer Dampfer, die *Southerner*, fuhr in Seenot den Hafen von Charleston an; ihr Schornstein, ihre Radkästen und ihre Rettungsboote waren von den Wellen fortgerissen, Teile ihrer Fracht über Bord gespült, und im Laderaum stand das Wasser mannhoch. Der Sturm hatte der *Southerner* so sehr zugesetzt, daß man sie notdürftig zusammenflickte, damit sie ohne Passagiere und Fracht nach New York zurücksegeln konnte, um dort abgewrackt zu werden. Die *Columbia*, die sich auf dem Weg von New York nach Charleston befand, geriet ungefähr an den Frying Pan Shoals in den Orkan, 40 Meilen von der Mündung des Cape Fear River entfernt, und ein Besatzungsmitglied sprach von »dem wütendsten Hurrikan, den wir je gesehen hatten oder uns hätten vorstellen können. Er peitschte die gewaltigen Wellen aus dem offenen Meer vor sich her und sprühte mit der Kraft seiner Blitze und seiner rasenden Geschwindigkeit Gischt und Schaum über sie hinweg.« Der Herausgeber des *Charleston Daily Courier* schrieb, daß der Sturm »eine fast beispiellose Wildheit und Gewalt« entfaltete.

An Land erreichte die Kunde von der Tragödie weder die Schifffahrtsgesellschaft noch die Bürgerschaft, es gab keine Nachricht von der Rettung oder den letzten Augenblicken an Bord; man hatte nur von New Orleans nach New York telegrafiert, daß die *Central America* sicher in Havanna angekommen war und unter Volldampf am 8. September den Hafen verlassen hatte.

Eine Stunde nachdem die *Central America* aus Havanna ausgelaufen war, hatte ein anderer kleinerer Dampfer, die *Empire City*,

Havanna in Richtung New York verlassen. Bei Sonnenuntergang des ersten Tages konnte der Kapitän der *Empire City*, John McGowan, immer noch Rauch aus dem Schornstein des größeren Dampfers im Norden sehen. Doch am nächsten und übernächsten Tag fiel die *Empire City* weiter zurück. Als der Sturm seinen Höhepunkt erreicht hatte, waren die Wellen über die Decks der *Empire City* gebrochen und hatten die vorderen Aufbauten und den Radkasten an der Steuerbordseite weggefegt. Der Wind hatte alle Segel zerfetzt, Wasser war durch die Kabinen geflutet, die Kohle war ausgegangen, McGowan hatte jeden Stuhl, jeden Tisch und alles Bewegliche verbrannt, sogar das Ruderhaus, um den Dampfer zu befeuern, und das Schiff stampfte und schlingerte so stark, daß die Bolzen brachen, mit denen die Dampfkessel befestigt waren. Doch sie war nicht mit Wasser vollgelaufen und in einem Wellental versunken. Sie hatte sich immer noch über Wasser gehalten und sich in den Hafen von Norfolk geschleppt. Innerhalb der nächsten Woche wurde sie repariert und neu ausgerüstet, und McGowan erhielt den Befehl, auf den Schiffahrtsweg der Dampfer zurückzufahren, um die *Central America* zu suchen.

Bevor er am 18. September am frühen Freitag morgen aus Norfolk auslief, hielt McGowan in seiner Kajüte an Bord der *Empire City* ein Schläfchen, als ihn lautes Klopfen an seiner Tür weckte.

»Wer ist da?« brüllte er.

Eine Stimme rief: »Easton«.

Kapitän McGowan kannte Ansel Easton, weil Ansel die Dampfschiffahrtslinien mit Inventar und Möbeln versorgte und oft mit den Dampfern nach Osten zurückfuhr. An dem Morgen, als die beiden Schiffe in Havanna vor Anker lagen, war McGowan an Bord gekommen, um den Eastons zu ihrer Hochzeit zu gratulieren.

McGowan sprang aus dem Bett, riß die Tür auf und erblickte Ansel mit vier anderen erschöpft wirkenden Männern, deren Kleider von den Stunden im salzigen Wasser und den Tagen in der heißen Sonne steif und schmutzig waren.

»Mein Gott«, rief er, »wo kommen Sie denn her?«

Die Männer drängten in McGowans Kajüte, ohne sich hinzusetzen, und berichteten ihm vom Untergang des Schiffs und ihrer Rettung durch die Mannschaft der Bark *Ellen*, und daß sie erst gestern vor Kap Henry gelandet waren. In der Chesapeake Bay hatte Easton ein Lotsenboot herbeigerufen und den Kapitän dafür bezahlt, daß er sie von der *Ellen*, die immer noch durch die Bucht geschleppt wurde, übernahm und nach Norfolk brachte. Als Ansel die *Empire City* vor Anker liegend erspäht hatte, hatte er das Lotsenboot angehalten, um McGowan nach der *Marine* zu befragen. Ansel hatte die Brigg nicht mehr gesehen, seit er auf dem Meer dahingetrieben war, und dachte, daß er leewärts ihre entfernten Lichter entdeckt hätte. Als McGowan ihm versicherte, daß er nichts über ihr Schicksal wußte, kehrten Ansel und die anderen Männer auf das Lotsenboot zurück, um ihre Reise nach Norfolk fortzusetzen.

Während andere Schiffe den Sturm abwetterten und sich in den Häfen an der Ostküste meldeten, steckte die *Marine* von Dienstag bis Donnerstag in einer Flaute. Der Sturm, der die Decks der *Central America* verwüstet und sie in den Untergang getrieben hatte, der ihre Segel in Fetzen gerissen und die Kämme der aufwogenden Wellen geköpft hatte, war erst zu einem frischen und dann zu einem leichten Wind abgeflaut, bevor er sich ganz legte und nur noch eine brütende, heimtückische Stille zurückließ.

Während die *Marine* in der Flaute festsaß, starb die Stewardeß Lucy Dawson. Beim Versuch, in ein Rettungsboot zu gelangen, war sie dreimal ins Wasser gefallen und zwischen Boot und Dampfer eingequetscht worden. Manche sagten, sie sei vor Schreck gestorben, andere meinten, es sei das Fieber gewesen. Sie war die einzige Frau, die nicht überlebte.

Am Mittwoch nahmen sie Kontakt mit der *Euphrasia* auf, einer Brigg auf dem Weg nach New Orleans, deren Kapitän ihnen kostenlos zwei Fässer Schiffszwieback, zwei Fässer Kartoffeln, drei Schinken, sechs Hühner, Käse, Wasser und etwas Kaffee, Tee und Zucker gab. Dann bot er an, alle Passagiere zu übernehmen, die nach New Orleans wollten.

Am Freitag morgen, dem sechsten Tag, stellten sie nach dem Erwachen fest, daß sie sich in Sichtweite des Leuchtturms von Kap Henry an der Öffnung der Chesapeake Bay vor Norfolk befanden. Doch sie waren immer noch 16 Meilen vom Hafen entfernt, und die mitgenommene Brigg war ohne Wind kaum bewegungsfähig. Der

Kapitän eines Schleppers, der von ihrem Unglück gehört hatte, wollte sie auf Gedeih und Verderb dem Wind überlassen, wenn sie ihm nicht seine 500 Dollar für das Abschleppen nach Norfolk bezahlten. Kapitän Burt erklärte, daß sie bei dem Sturm und dem Durcheinander, das entstand, als sie die Rettungsboote beluden, alles Geld auf dem sinkenden Schiff gelassen hatten. Die meisten hatten alles verloren, was sie besaßen, und Kapitän Burt konnte sie nur noch für einen Tag mit Lebensmitteln und Wasser versorgen. Doch der Kapitän des Schleppers wollte seinen Lohn haben, bevor er das Schiff übernahm, woraufhin die Passagiere schließlich 300 Dollar zusammenkratzten, die der Kapitän akzeptierte.

Fast eine Woche war vergangen, seit die Lichter der *Central America* plötzlich in der Ferne und Dunkelheit verschwanden und der Bootsmann Black mit der Nachricht zurückkehrte, daß sie mitsamt den Männern an Bord untergegangen war. Die Passagiere, die sich auf die *Marine* hatten retten können, hatten seit dem Unglück nichts mehr vom Schicksal der Männer gehört, die auf dem Dampfer zurückgeblieben waren.

Als die *Marine* Kap Henry umrundete und in die Chesapeake Bay geschleppt wurde, kam ein Hafenlotse an Bord, um sie sicher über die Bucht zu den Kaimauern von Norfolk zu geleiten. Er brachte ihnen die ersten Nachrichten: 49 Überlebende von der *Central America* waren an diesem Morgen mit einem Barkschiff in Norfolk angekommen. Das bedeutete, daß nur einer von zehn Männern, die auf dem Schiff geblieben waren, überlebt hatte, und der Lotse konnte keine Namen nennen.

»Ich wurde sehr traurig und niedergeschlagen und war kaum mehr fähig zu sprechen«, schrieb Addie Easton, »denn ich wußte, daß bald großes Glück oder tiefe Verzweiflung über mich kommen würde.«

Kapitän McGowan befahl den Heizern und den Kohlenträgern, die Feuer der *Empire City* zu schüren, und dirigierte sie in die Bucht. Er kannte das Schicksal der *Central America*, aber niemand wußte, was mit der Brigg *Marine* geschehen war. Binnen einer Stunde traf er auf die *Ellen* und die übrigen 45 Männer, die den Untergang überlebt hatten. Nachdem er die meisten von ihnen auf sein Schiff gebracht hatte, damit sie ihre Reise nach New York fortsetzen konnten, fuhr er über die Chesapeake Bay.

Gegen Mittag, als er sich der Öffnung bei Kap Henry näherte, erspähten die Männer die *Marine* im Schlepptau des Dampfers und sahen, wie sehr sie vom Sturm mitgenommen war. Auch viele Frauen auf der *Marine* erkannten die *Empire City*, und als sich die beiden Schiffe einander näherten, stellten sie fest, daß die Männer, die an der Reling standen, die Überlebenden waren, die sie auf der *Central America* zurückgelassen hatten. Der Zahlmeister der *Empire City* blickte auf die unteren Decks der *Marine* hinab und sah, daß »sie voller Elendsgestalten waren, die verzweifelt die Hände rangen und abwechselnd hysterisch weinten und lachten«.

Ein Schiffsreporter beobachtete, wie erregt die Frauen nach oben blickten und die Gesichter der Männer absuchten, die jetzt die Reling der *Empire City* säumten. »Wie sie in quälender Furcht und Hoffnung angespannt die Gesichter betrachteten, Freude oder Kummer zeigten, wenn sie jemanden erkannten oder enttäuscht wurden – dieses Schauspiel war herzzerreißend.« Zwei Dutzend Frauen hatten ihre Männer zurückgelassen, doch nur zwei von ihnen erkannten ein Gesicht unter den ausgemergelten bärtigen Gestalten wieder. Mary Segur fand ihren Mann Benjamin, Mrs. O'Connor ihren siebzehnjährigen Sohn Henry.

McGowan ging an Bord der *Marine*, wo er »von den armen Frauen, die sich auf ihn stürzten, als er das Deck erreichte, umarmt, abgeküßt und fast erdrückt wurde.« Zuallererst erkundigte er sich nach Mrs. Easton.

»Ihr Mann wartet in Norfolk auf Sie!« überbrachte er die frohe Botschaft.

»Ich wußte kaum, was ich in den nächsten Augenblicken tat«, schrieb Addie später. »Einige Frauen umarmten und küßten mich, während der Kapitän und die anderen Gentlemen, selbst die rauhbeinigen Seeleute, mir herzlich die Hand schüttelten und mir gratulierten, daß mein lieber Mann in Sicherheit war. Als der Kapitän an Bord kam, nahm er mich an der Hand, und wir beide waren so gerührt, daß wir ein paar Minuten nicht sprechen konnten. Dann sagte er: ›Setzen wir uns doch, damit ich Ihnen alles erzählen kann. Er ist gerettet und so gesund und munter wie eh und je, er macht sich nur große Sorgen um Sie.‹«

McGowan übergab die meisten Passagiere, die von der *Marine* gerettet worden waren, der *Empire City*, und nachdem er 800 Dollar zusammengebracht hatte, die er Kapitän Burt überreichte, setzten sie die letzte Etappe ihrer Reise nach New York fort. Die Passagiere, die an Bord der *Marine* zurückblieben, darunter Addie Easton, überquerten hinter dem Lotsenboot die Chesapeake Bay. Kurz nach Anbruch der Dunkelheit erreichten sie die Quarantänestation in der Hampton Road, danach wurden sie von Männern in kleinen Booten mehrere Kilometer vom Hafen zur Stadt gefahren. Von dort aus machte sich »die verlorene kleine Prozession«, wie Addie es nannte, auf den Weg zum National Hotel, Norfolks erster Adresse. Addie trug noch dasselbe Nachtkleid und die Decke, in der Ansel und Robert Brown sie vor fast einer Woche in das Rettungsboot gebracht hatten, das sie auf die *Marine* bringen sollte. Die Nachricht von dem Unglück hatte inzwischen die Stadt erreicht, und im Schein der Gaslaternen erkannten die Bürger die Überlebenden der Katastrophe, die sich durch die Straßen schleppten. »Eine Menschenmenge«, schrieb Addie, »folgte uns zum Hotel.«

Im Hotel angekommen, hielt Addie sofort nach Ansel Ausschau, doch er befand sich nicht unter denen, die sich versammelt hatten, um die Überlebenden zu begrüßen. Er hatte erfahren, daß die *Marine* unter Quarantäne stand, hatte in seiner Ungeduld, Addie zu finden, mit Kapitän Johnsen umgehend das Hotel verlassen, war mit ihm in einem kleinen Boot zur Brigg hinübergerudert und in der Dunkelheit unwissentlich an Addie vorbeigeglitten. Es dauerte eine Stunde, bis Ansel zum Hotel zurückkehrte und in der riesigen Empfangshalle seine Braut wiederfand, als sie mit anderen Frauen, dem Besitzer und den Zimmermädchen zusammenstand, die sich um sie kümmerten und zu denen sich Bürger gesellten, die mit Entsetzen den Geschichten der Überlebenden lauschten. Addie und Ansel umarmten sich wortlos, und niemand weiß, was ihnen in diesen Momenten durch den Kopf ging.

»Unsere Begegnung will ich überspringen«, schrieb Addie. »Wir weinten vor Glück und vor Schmerz und konnten mehrere Nächte nicht schlafen, so deutlich standen uns noch die Szenen vor Augen, die wir erlebt hatten. Meine Uhr, mein schöner Ring, die Hochzeitsgeschenke und viele andere Dinge, die mir am Herzen lagen, waren verloren. Obwohl ich sie nie wiedersehen werde, habe ich immer noch das Glück der Erinnerung an sie und meinen geliebten Mann, den kostbarsten Edelstein von allen.«

Am Freitag morgen hatte die Nachricht telegrafisch die Straßen von New York erreicht. Die *New York Times* verkündete in großen Lettern:

CENTRAL AMERICA GESUNKEN

FÜNFHUNDERTFÜNFUNDSECHZIG TOTE

NUR SECHZIG WURDEN GERETTET

Als die *Empire City* am Sonntag morgen in New York ankam, gingen fast 100 Überlebende von Bord. Seit zwei Tagen hatten die Bürger von New York Artikel über das Unglück gelesen, die aus Savannah, Charleston und Norfolk telegrafiert worden waren. Hunderte von Menschen hatten sich am Freitag und Samstag abend beim Telegrafenamt angestellt, um mehr über den Schiffsuntergang zu erfahren. Im Foyer eines Hotels erinnerte die Überlebende Jane Harris Reporter an das, was geschehen war. »Die Damen, die Sie hier versammelt sehen, waren alle Passagiere auf der *Central America*. Wir sind nicht mehr in so guter Verfassung wie beim Antritt unserer Reise. Wir haben viel durchgemacht, und unser Leidensweg ist noch nicht beendet. Viele dieser Frauen sind zu Witwen geworden und viele der kleinen Kinder zu Waisen, als jener Dampfer unterging.«

Von den nahezu 600 Menschen an Bord der *Central America* wurden 149 gerettet: 30 Frauen, 26 Kinder und 44 Männer, die von der *Marine* übernommen worden waren, und 49, die sich an Bord der Bark *Ellen* befanden. Außer den Eastons und Mary und Benjamin Segur trafen sich Thomas Badger und seine Frau Jane auf einem Bahnhof in Baltimore; und Billy und Virginia Birch fanden sich in New York wieder.

Doch die Geschichten glücklicher Wiedervereinigung waren in der Minderzahl. Mary Swan, der Kapitän Herndon versprochen hatte, sie sicher nach New York zu bringen, kam dort mit einem noch nicht einmal zweijährigen Kind an, während ihr Mann auf See umgekommen war. Als die *Empire City* in New York anlegte, brach sie in Tränen aus. »Wohin soll ich nur gehen? Ich habe keine Freunde, weder in New York noch sonstwo, jetzt, da mein Mann gestorben ist.«

Winifred Fallon, siebzehn Jahre alt, war mit ihrem Vater und einem jüngeren Bruder im April nach Kalifornien gegangen, nachdem ihre Mutter gestorben war. Vier Monate später kehrten sie mit dem Dampfer nach Osten zurück. »Wir retteten nur unser nacktes Leben«, sagte sie zu einem Reporter. »Ich habe von meinem Vater nichts mehr gehört, seit ich ihn am Samstag verließ. Ich besitze keinen Cent mehr – nichts außer einem Schal und einem Kleid.«

Mehrere der Interviewten sagen: »Ich habe alles außer meinem Leben verloren.«

Ansel und Addie Easton begaben sich ins Metropolitan Hotel, wo Addie in einem ausführlichen Brief schilderte, was ihnen zugestoßen war, seit sie von San Francisco aus in See gestochen waren. Die Familie hatte sie eine Woche lang in New York erwartet, einen Tag lang ihren Tod betrauert und am nächsten von Ansel in Norfolk die Botschaft erhalten, daß sie beide überlebt hatten.

»Die Freude war riesengroß, als wir ankamen«, schrieb Addie. »Eine Woche lang erhielten wir Anrufe und Glückwünsche. Immer waren Menschen um uns, die uns als wahre Weltwunder betrachteten. Wenn ich in ein Geschäft gehe, höre ich sie flüstern: ›Da ist Mrs. Easton.‹ Jetzt muß ich Schluß machen, ohne auf die Einzelheiten nach unserer Ankunft einzugehen. Ich habe so viel zu tun und so viel Zeit mit diesem Brief verbracht, daß ich nicht einmal mehr meinem Bruder Edgar schreiben kann. Bitte lest den Brief meiner Schwester Fannie vor und schickt ihn weiter an meinen lieben Bruder. Es fiel mir sehr schwer, mich an diese harte Zeit zu erinnern, und ich kann es nicht noch einmal niederschreiben.«

Mit diesen Worten beendete Addie Easton ihren Bericht über das Unglück in einem Brief an ihre Freundin Jenny Page in San Francisco. Später kehrten die Eastons in ihre Heimat in Kalifornien zurück, wo Addie nach dem Bürgerkrieg einen Sohn und eine Tochter bekam. Elf Jahre nach dem Untergang des Dampfers wurde Ansel von seinem geliebten Rennpferd Black Hawk abgeworfen und starb an seinen Verletzungen. Er war damals 49 Jahre alt. Als ihre Tochter Jenny bei der Geburt ihres dritten Kindes starb, zog Addie die drei Enkel groß. Sie wurde 86 Jahre alt. In der Sammlung der San Mateo County Historical Association befindet sich noch heute der kleine blaue Zettel, den Ansel an Addie schrieb, als sie sich an Bord der Brigg *Marine* befand und die *Central America* unter seinen Füßen im Meer versank.

Die Überlebenden und Opfer der Tragödie der *Central America* stammten aus zwölf fremden Ländern und allen 31 Staaten der USA. Nachdem die Nachricht Charleston erreicht hatte, erschienen die Unglücksmeldungen innerhalb von Stunden auf den Titelseiten aller größeren Zeitungen im ganzen Land, von New Orleans bis Boston und bis tief ins Landesinnere. An den nächsten drei Tagen trafen die Reporter auf Rettungsschiffe, die in Savannah, Norfolk und New York landeten. Die Zeitungen konnten das öffentliche Interesse an den gespenstischen Einzelheiten des Untergangs kaum befriedigen. Viele schrieben über den Vorfall in einer einzigen Ausgabe mehr als 10 000 Worte voller Leid und Kummer; einige druckten Holzschnitte mit den Szenen des Unglücks ab, wie sie die Überlebenden beschrieben hatten. Fast 60 Überlebende sprachen mit den Reportern, und viele von ihnen mehr als einmal. Alles in allem brachten 212 Zeitungen über 1500 Artikel über den Untergang des Dampfschiffs heraus, vom ersten Bericht bis zur offiziellen Untersuchung der Ursachen der Tragödie.

Die *New York Times* schrieb später: »Das ganze Ausmaß ihres Unglücks hat in den Annalen des Ozeans durchaus Parallelen, aber ... noch nie ist eine so entsetzliche Geschichte so anschaulich erzählt worden und an die Kamine im Land gedrungen.« Kapitän Burt von der Brigg *Marine* und Kapitän Johnsen von der Bark *Ellen* wurden mit Lobeshymnen überschüttet. »Kapitän Burts Verhalten war äußerst edelmütig«, schrieb ein Reporter des *Daily Evening Bulletin* in Philadelphia. »Als beherzter Seemann und Gentleman kam er mit seiner angeschlagenen Brigg denjenigen zu Hilfe, die in größerer Gefahr und Not waren als er selbst.« Für seine Bemühungen erhielt Kapitän Johnsen von Präsident James Buchanan ein goldenes Taschenchronometer.

Doch am meisten pries man den Kapitän, der nicht zurückgekommen war. Ein Überlebender berichtete, daß er im Augenblick des Untergangs Kapitän Herndon mit seiner Trompete in der Hand auf dem Ruderhaus stehen sah. Dann verschwand Herndon in den Wellen, und niemand hat ihn jemals wiedergesehen. Überall betrauerte man seinen Verlust. Die *New York Times* schrieb über die »Besonnenheit, Tapferkeit und Ausdauer eines wahrlich mutigen Mannes«. *Frank Leslie's Illustrated* meinte: »Zweifellos wird der Name des Kapitäns unter all den Helden, die auf dem offenen Meer kämpften, immer in bester Erinnerung bleiben.« In England bemerkte die *Liverpool Post*, daß Kapitän Herndon »das schönste Beispiel von Ritterlichkeit und Edelmut« sei; in der Tat spreche das Verhalten jedes Mannes, jeder Frau und jedes Kindes an Bord der *Central America* »eindeutig für den noblen Charakter der Amerikaner. Ihr Land sollte stolz auf sie sein.«

Kapitän Herndons Cousin und Schwager, der Vater der modernen Ozeanographie, Matthew Fontaine Maury, rühmte Herndon in einem Brief an den Marineminister. Er wollte, daß die Welt erfuhr, daß ein Mann eisern auf seinem Posten ausgeharrt hatte und seinem Eid treu geblieben war, den er an einem ruhigen, sonnigen Tag geschworen hatte, dem Eid, daß er sein Schiff auch bei allergrößter Gefahr nicht verlassen würde. »Schreie erklangen auf dem Meer«, schrieb Maury, »aber nicht aus seinem Mund. Die Wellen schlugen über ihm zusammen, und der letzte Vorhang schloß sich vor einer der größten und bewegendsten Tragödien, die sich auf dem Ozean je abgespielt hatten … Stets an andere denkend und nicht an sich selbst, beschloß er sein Leben in Würde; noch im Tod bewies er einen Heldenmut, der in die Annalen des Ozeans eingehen wird.«

Diese Worte sind in ein Granitmonument eingemeißelt, das die Marine der Vereinigten Staaten in Annapolis im Jahr 1860 zu Ehren von Kapitän Herndon errichtete. Es ist bis heute das einzige Denkmal an der Akademie der us-Marine, das an heroisches Verhalten in Friedenszeiten erinnert.

Columbus, Ohio – Herbst 1984

DIE MATRIX AN der Wand in Bob Evans' Haus, die die Daten in Beziehung setzte, hatte mittlerweile eine Ausdehnung von 3,5 mal 3,5 Meter. 59 Überlebende und Schiffskapitäne hatten 1857 ihre Geschichte der Presse erzählt, und 33 von ihnen hatten Hinweise gegeben, die helfen konnten, die Unglücksstätte zu finden. Diese 33 Namen waren waagrecht auf dem Arbeitsblatt verteilt. Senkrecht hatte Evans Zeitblöcke von jeweils drei Stunden eingetragen. Sie begannen mit Dienstag mittag, als die *Central America* aus dem Hafen von Havanna ausgelaufen war, und reichten bis Sonntag um Mitternacht, als die *Ellen* schon einen halben Tag in Richtung Norfolk gefahren war.

Außer einem gründlichen Verständnis der Vorgänge interessierten Bob drei Bereiche: Koordinaten oder Entfernungen und der Zeitpunkt, zu dem sie notiert worden waren; die Windgeschwindigkeit und die Windrichtung, die Höhe und Richtung der Wellen; der Zustand des Schiffs. Wann immer ein Zeuge einen dieser Faktoren erwähnte, trug Bob es in die entsprechende Zelle unter dem Namen des Zeugen ein. Dahinter steckte die Idee, so viele mündliche Informationen wie möglich auf physikalische Daten zurückzuführen.

Nachdem er die Quellen in den Bibliotheken der Ohio State University durchforscht hatte, suchte Bob die Library of Congress auf, danach die Nationalarchive, das Smithsonian und das Army Office für Militärgeschichte. Er schrieb an Bibliothekare ·und besuchte sie in Stadt- und Staatsbibliotheken, in New York, Norfolk, Savannah, Boston, Philadelphia, Charleston, San Francisco und Sacramento. Er nahm Kontakt zum Webb Institute of Naval Architecture auf, dem Mariner's Museum und dem Museum in

Mystic Seaport. Er studierte die Akten der Versicherungsgesellschaft. Alles, was die Position des sinkenden Schiffs betraf, kam auf die Matrix. Der Rest spielte sich in Bobs Kopf ab, wo ein Film der Ereignisse entstand; und wenn neue Informationen hinzukamen, schrieb er das Drehbuch um, bis er seine Augen schließen konnte und sah, wie das Schiff vom Sturm hin und her geworfen wurde, die Frauen und Kinder sich im Salon zusammenkauerten, die Männer in den Reihen die Eimer weiterreichten und das Wasser im Laderaum höher stieg.

»Ich vertiefte mich in diese Sache, weil wir alle Daten brauchten, die die Unglücksstelle eingrenzen konnten. Wir waren auch am Schicksal der Menschen interessiert, aber auf der Matrix trug ich zum Beispiel ein, daß Freitag morgen um zehn Uhr die Segel in Fetzen gerissen wurden, was Rückschlüsse auf die Windstärke und die Höhe der Wellen möglich machte und darauf, wie weit das Schiff an einer bestimmten Stelle gesunken war, als das Wasser das untere Deck erreichte und die Kessel überflutete.«

Ein Zeuge mochte dasselbe beschreiben wie ein anderer, nur mit der zeitlichen Differenz von zwei Stunden, über die sich Bob seine Gedanken machte. Welcher Bericht schien zutreffender zu sein? Hatte einer der Zeugen einen besonderen Grund, sich an die korrekte Zeit zu erinnern? Hatten beide Zeugen andere Vorkommnisse folgerichtig und genau geschildert?

Auf der Matrix stand in der Freitagmorgenzelle: »Das Schiff legte sich auf die rechte Seite; wir hörten die Balken krachen.«

»Das ist ein interessanter Kommentar von Virginia«, notierte Bob. »Keiner der Männer hat es so anschaulich geschildert. In diesem Augenblick ›hörte sie die Balken krachen‹ oder hatte zumindest den Eindruck, daß das geschah. Sie sagt nur Freitag morgen, also wählte ich einen mittleren Wert und trug es in die Neun-Uhr-Zelle ein. Und J. A. Foster hatte um elf Uhr bemerkt, daß das Schiff so stark auf der Seite lag, daß es zu kentern drohte. Er bemerkte es, als es so war, sprach aber nicht über den Vorgang. Man sieht also, daß er eine andere Art von Information gibt. Doch interessant ist, daß Virginia von dem Vorgang spricht; wahrscheinlich hat sie das Ganze besonders intensiv erlebt, wer weiß, vielleicht ist sie ausgerutscht und gefallen und hat die Bewegung dadurch wahrgenommen.«

Ein anderer Passagier hatte berichtet, daß »der Sturm« zu dem Zeitpunkt, wo sie Havanna verließen, »mit unverminderter Kraft wütete,« doch Virginia Birch sagte: »Um neun Uhr war das Wetter schön.« Sie fuhr fort: »Am Mittwoch um drei Uhr blies der Wind mit zunehmender Stärke.«

»Die Matrix, auf der die Daten zusammengestellt wurden, war deshalb so bedeutend«, sagte Bob, weil sich die Aussagen teilweise decken und teilweise widersprechen. Jener Mann hielt sich vielleicht in seiner Koje auf, als sie ausliefen, während die Damen draußen auf dem Sturmdeck standen und das Schauspiel genossen. Dann sagt Virginia: ›Am Donnerstag verbrachten wir einen weiteren schrecklichen Tag, das Schiff stampfte und schlingerte fürchterlich‹, und wieder ein anderer Passagier berichtet: ›Der Sturm erhob sich am Donnerstag abend und nahm bis Samstag morgen immer mehr zu.‹ Bevor man nicht alle 33 Aussagen nebeneinandergestellt hat, kann man nur schwer beurteilen, was der Wahrheit am nächsten kommt.«

Bob bemühte sich sehr, aus den subjektiven und unwissenschaftlichen Beobachtungen objektive Daten herauszufiltern. Er fand Dutzende von Hinweisen, die helfen konnten zu bestimmen, wann und wie hoch das Wasser im Schiff anstieg; wie stark der Wind am zweiten, dritten und vierten Tag nach der Abfahrt aus Havanna blies; wann der Fockmast abgehackt, der Treibanker ausgeworfen oder das Besansegel zerfetzt und vom Mast abgerissen wurde. Er stopfte seinen Kopf mit Tausenden von Einzelheiten voll und zog ständig Verbindungslinien. Während er die Berichte las, ging er auf und ab, starrte auf die Matrix, schätzte die Informationen ein, stellte sich die Szenen vor, ging erneut auf und ab, dachte darüber nach, wie eine Szene mit der anderen verbunden war, und versuchte, sich einen Reim darauf zu machen, wieso ein Beobachter sagte, zu einer bestimmten Zeit habe ein schwerer Sturm getobt, während ein anderer meinte, daß nur ein mäßiger Wind wehte. Oder daß einige Zeugen die *Marine* kurz nach der Mittagszeit gesehen haben wollten, andere hingegen um zwölf, zwei oder drei Uhr. Er machte sich klar, daß nicht alle 600 Personen auf dem Schiff zur selben Zeit am selben Ort sein und dasselbe Ereignis bezeugen konnten. Einige hielten sich in ihren Kabinen auf, andere im Zwischendeck, manche waren an Deck, wieder andere unten, und als der Sturm seinen Höhepunkt erreichte, schöpften die meisten von ihnen Wasser aus. Und darüber grübelte er besonders, während er die Geschichten überprüfte.

»Viele Berichte stammten von Männern, die 30 Stunden Wasser geschöpft hatten und dann acht oder zehn Stunden auf dem Ozean umhergetrieben waren, ohne Hoffnung auf Rettung, bei Nacht, inmitten der hohen Wellen, den Tod vor Augen. Zu guter Letzt wurden sie von diesem seltsamen fremden Schiff aufgenommen, dessen Kapitän einen starken deutsch-schwedisch-norwegischen Akzent hatte und ihnen irgendeine Geschichte von einem mysteriösen Vogel erzählte, der ihn zu der Unglücksstätte geführt habe.«

Die Koordinaten stellten die wertvollste Information dar. Deshalb wurden sie am genauesten überprüft. Wenn Bob auf eine Koordinate stieß, nahm er die Quelle in Augenschein und stellte sich die Umstände vor, bei denen sie niedergeschrieben worden war. Die meisten Koordinaten von der *Central America* wurden notiert, als das Schiff von Havanna die Ostküste aufwärts fuhr, und die von anderen Kapitänen stammten von den Rettungsversuchen in der Nähe oder späteren Begegnungen mit Überlebenden. Doch zwei Koordinaten gaben ihm nach wie vor Rätsel auf, dieselben Koordinaten, auf die Tommy schon in dem offiziellen Bericht der New Yorker Versicherungsgesellschaft gestoßen war. Die Männer, die den Bericht verfaßten, hatten sie vom Kapitän der *El Dorado* erhalten und sie in ihren Bericht aufgenommen, weil dieser damit die Stelle bezeichnete, an der er der *Central America* nur 90 Minuten vor ihrem Untergang begegnet war. Sie lagen zu weit entfernt von den beiden Koordinatenpaaren, die andere Schiffe übermittelt hatten. Es waren dieselben Koordinaten, auf die sich Harry John bei seiner erfolglosen Suche nach dem Dampfer anderthalb Jahre zuvor verlassen hatte. Bob, der sich dieses Koordinatenpaar immer noch nicht erklären konnte, wollte erst mehr darüber herausfinden, bevor er es benutzte. Bei näherem Durchsehen der Dokumente kam er folgender Geschichte auf die Spur:

Beim Einlaufen in den Hafen von Boston hatte es um den Kapitän der *El Dorado* einen Skandal gegeben: Anderthalb Stunden vor dem Untergang der *Central America* war er ihr so nah gekommen, daß man ihn hören konnte, als er über das Wasser rief, und Kapitän Herndon hatte ihn gebeten, bis zum Morgen beizuliegen; doch der Kapitän der *El Dorado* hatte nicht einmal einen der verzweifelten Männer aus dem Wasser gerettet. Ein solches Verhalten während der schwersten Schiffskatastrophe in der amerikanischen Geschichte erregte den öffentlichen Zorn. Als die *El Dorado* den Hafen erreichte, sprach der Kapitän nur kurz mit den Reportern und verschwand dann. Während er sich versteckte, mußte der Erste Maat die Fragen der Journalisten beantworten und legte schließlich das Logbuch des Schiffs vor, das mehrere Koordinaten verzeichnete, darunter auch die der Unglücksstelle: 31 Grad 25 Minuten Nord, 77 Grad 10 Minuten West, dieselben Angaben, die auch im offiziellen Bericht erschienen.

Doch Bob traute diesen Koordinaten nicht: »Ich bin mir sicher, daß niemand außer mir, der sich diese Zahlen ansah, jemals an ihrer Richtigkeit gezweifelt hat: 31 Grad 25 Minuten Breite und 77 Grad 10 Minuten Länge, das waren sehr genaue Koordinaten, auf volle fünf Minuten auf- und abgerundet.« Und das war der Punkt: Sie waren zu genau.

Bob studierte das Logbuch der *El Dorado* und stellte fest, daß alle anderen Koordinaten nur die Breite vermerkten: wie weit das Schiff vom Äquator nordwärts gefahren war. Die Breite war leicht zu bestimmen, etwas, das ein Kapitän allein durch vertraute Landmarken an der Küste oder durch »Koppeln«, die Berechnung nach Kurs und Geschwindigkeit, ermitteln konnte – ein sechster Sinn, den Seeleute auf dem Meer entwickeln, der sie in die Lage versetzt, von der Oberfläche die Windgeschwindigkeit abzulesen – den Faktor, der das Verhalten ihres Schiffs auf vergleichbaren Meeren bestimmt hatte –, die Entfernung von Hafen zu Hafen zu berücksichtigen und die Breite, die sie tags zuvor durch Anpeilen des Himmelsmeridians ermittelt hatten. Dadurch konnten sie ihren Standort innerhalb von fünf Meilen bestimmen.

Aber die Länge, die Position des Schiffs östlich oder westlich des Nullmeridians, war so schwer zu ermitteln, daß das englische Parlament 1714 den *Longitude Act* verabschiedete, nach dem derjenige 20000 Pfund (damals etwa soviel wert wie eine Million Dollar heute) erhalten sollte, der einen Weg fand, die Länge innerhalb von einem halben Grad oder 30 Meilen zu bestimmen. »Die geographische Länge herauszufinden« bedeutete gleichsam, das Unmögliche zu versuchen. Nach 40 Jahren unermüdlicher Arbeit hatte sich John Harrison endlich einen Anspruch auf einen Teil des Geldes erworben, mit einem Chronometer oder einer Uhr, die so kompliziert war, daß ein berühmter Uhrmacher zwei Jahre brauchte, um sie nachzubauen. Auch Mitte des 19. Jahrhunderts konnten sich die meisten Seeleute kein Chronometer leisten, und es erforderte schon die Erfahrung eines Kapitän Herndon, um die Länge mit Chronometer und Sextanten zu berechnen. Folglich gaben Kapitäne, die an der Ostküste der Vereinigten Staaten entlangfuhren, oft nur die Breite an. Im Logbuch der *El Dorado* fand Bob viele Einträge wie diesen: »starker Sturm aus Nordnordost, nördliche Breite 29 Grad 50 Minuten.« Nur einmal, als sich die *El Dorado* der Küste von Florida näherte und der Kapitän eine Landmarke ausmachen konnte, trug er Länge und Breite ein.

»Bevor er an der *Central America* vorbeisegelte«, dachte Bob, »inmitten des Sturms, zu einem Zeitpunkt, wo sie keine Koordinaten erhalten haben konnten, gibt er diese extrem genauen Daten an.« Wie konnte der Kapitän der *El Dorado* um 18.30 Uhr überhaupt irgend etwas ablesen? Selbst wenn der Wind sanft und das Wasser glasklar gewesen wäre, hätte er die Höhe eines Sterns oder der Sonne mit seinem Sextanten kaum bestimmen können. »Das schien mir seltsam zu sein«, sagte Bob.

Er ging noch einmal jeden Bericht durch, der die Begegnung der beiden Schiffe betraf, und stellte fest, daß es irgendwie verwirrend war, wie die Geschichte erzählt wurde. In den meisten Berichten stand, daß Kapitän Herndon »unsere Situation« gebrüllt hatte; nur ein Artikel in der *New York Tribune* behauptete, Herndon habe dem anderen Kapitän »unsere Position« zugerufen. Bob vermutete, daß die beiden Ausdrücke im Englischen der Mitte des 19. Jahrhunderts synonym gebraucht werden konnten und daß es durchaus möglich war, daß die Verfasser der anderen Berichte die Sprache des Seemanns im Mund einiger Zeugen falsch ausgelegt hatten. In jedem Fall nährte diese Differenz Bobs zunehmenden Verdacht, daß der Kapitän der *El Dorado* jene Koordinaten von jemand anders bekommen hatte.

Er stellte sich die Szene vor: Über 500 Männer drängten sich an Deck der *Central America*, der Dampfer sinkt, der Sturm fegt über das Wasser, ein anderes Schiff fährt auf sie zu und umrundet ihr Heck, Kapitän Herndon brüllt durch sein Megaphon, 500 verzweifelte Männer schreien um Hilfe, Kapitän Herndon will, daß der andere Kapitän zumindest weiß, wo er ist, und irgendwie hüpfen die Zahlen von der *Central America* über das Wasser zur *El Dorado*, wo sie der andere Kapitän oder sein Maat aufschreiben wird.

»Sie müssen sie von Herndon bekommen haben«, meinte Bob. Und das beantwortete auch die Frage, wie jene genauen Koordinaten unter die unvollständigen Koordinaten im Logbuch der *El Dorado* geraten waren. Doch damit entstand ein weiteres Problem: Hatte Herndon die Koordinaten um sechs Uhr abends auf einem stampfenden und schlingernden Deck inmitten eines Hurrikans, umgeben von 500 Menschen, die ein nasses Grab erwartete, bestimmen können? Wenn nicht, woher hatte sie Herndon? Und die Antwort auf diese Frage konnte sie zu der Stelle führen, an der das Schiff gesunken war.

Bei seinen Nachforschungen hatte Bob Hinweise auf den *New York Herald* gefunden, die bedeutendste Zeitung jener Tage. In der Bibliothek der Ohio State University gab es den *Herald* nicht, doch im Frühjahr 1985 fuhr Bob nach New York, um sich mit seinem Bruder zu treffen und nach den Quellen zu suchen, die in Columbus nicht verfügbar waren. Im *Herald* fand er Dutzende von Artikeln und las sie immer wieder gründlich durch. Bei manchen handelte es sich um wortgetreue Berichte, die er aus anderen Zeitungen kannte, andere boten neue Informationen, wie das Interview mit Richter Monson, das am 27. September 1857 erschienen war. Der folgende Absatz stammt aus dem ersten Drittel:

»Am Freitag nachmittag kam Kapitän Herndon in meine Kabine und fragte, ob er seine Instrumente aus seiner Kajüte auf dem Oberdeck zu mir bringen könne. Es bestehe die Möglichkeit, sagte er, daß seine Räume wegen ihrer exponierten Lage weggespült würden und damit auch seine Instrumente. Ich erfüllte ihm natürlich seine Bitte, und die Instrumente wurden dementsprechend nach unten gebracht.«

Bob erschien das einleuchtend. Die Kabine des Kapitäns auf dem Hauptdeck bestand aus fünf Zentimeter dickem Holz, und am Freitag nachmittag hatte der Sturm seinen Höhepunkt erreicht. Schon hatte er ein Rettungsboot aus den Davits gerissen, es über Deck gefegt und gegen das Deckhaus geschleudert. Bald konnte auch das Deckhaus zusammenbrechen und fortgeschwemmt werden, zusammen mit den wichtigsten Dingen, die Kapitän Herndon in seiner Unterkunft aufbewahrte: seine Navigationsinstrumente. Bob las langsam weiter und versuchte sich die Szene vor Augen zu führen:

»Kurz nach Tagesanbruch am Samstag morgen klarte der Himmel etwas auf, was die Passagiere und die Mannschaft in helle Begeisterung versetzte. Der Sturm, so glaubten sie, hatte seinen Höhepunkt überschritten. Kapitän Herndon verkündete den Männern an den Pumpen, daß der Sturm seiner Meinung nach nachgelassen habe und daß der Dampfer gerettet werden könne, wenn sie bis zum Mittag weiter Wasser ausschöpften. Das gleiche sagte er allen Passagieren, die sich in der Hauptkabine versammelt hatten.«

Monson berichtete weiterhin, daß die Worte des Kapitäns den Männern an den Pumpen Mut machten und die Herzen der Damen mit jubelnder Freude erfüllten, daß die Männer mit frischer Kraft weiter arbeiteten und für ein paar Stunden das Wasser zurückdrängten, das in den Laderaum strömte. Doch bald, so Monson, war der Sturm mit noch größerer Wildheit zurückgekehrt. Dann folgte ein eigentümlicher Absatz:

»Samstag morgen, gegen acht Uhr, kam Kapitän Herndon in meine Kabine. Ich kannte ihn seit langem, hatte am Tisch meinen Platz zu seiner Linken und war am Abend zuvor nach der Abreise aus Havanna sein Whistpartner gewesen. Der Kapitän sagte zu mir, daß es keine Hoffnung für uns gäbe, wenn sich der Sturm nicht bald legen oder irgendein Schiff in Sicht kommen würde. Ich vermute, daß ich die einzige Person an Bord war, der er diese Tatsache mitteilte. Der Kapitän war vollkommen ruhig und deutete an, daß er damit den Passagieren und der Mannschaft bis zum letzten Augenblick Mut machen wollte.«

Der Artikel lag als Mikrofilmkopie vor, Weiß auf Dunkelgrau, die Buchstaben waren etwas dick, ein paar Worte unlesbar. Bob mußte jeden Absatz mehrmals lesen und mühsam entziffern, und als er diesen letzten Absatz zum vierten oder fünften Mal las, fragte er sich: »Ging der Kapitän eigentlich nur dorthin, um seine Sorgen loszuwerden und mit Richter Monson zu reden?« Das schien ihm unwahrscheinlich. Er hatte ein Schiff voller Menschen, die erschöpft und in Panik waren, und er wäre nicht in Richter Monsons Kabine gegangen, hätte er nicht einen guten Grund gehabt; daß er dem Richter sein Herz ausschütten wollte, war nicht genug.

Bob wußte, daß der Kapitän am Freitag nachmittag seine Navigationsinstrumente in Monsons Kabine gebracht hatte, und die einzige vernünftige Erklärung für seine Rückkehr am nächsten Morgen war, daß er seine Instrumente zurückholen wollte. Doch das warf eine weitere Frage auf: Wozu brauchte Herndon seine Navigationsinstrumente früh am Samstag morgen inmitten eines Sturms? Seeleute peilten den Himmelsmeridian um die Mittagszeit an, und nur an Tagen, an denen sie die Sonne sehen konnten. Doch im vorigen Absatz hatte Monson eine weitere Beobachtung vermerkt, die von den Berichten mehrerer anderer Passagiere gestützt wurde.

An jenem Morgen hatte sich der Sturm gelegt und der Himmel aufgehellt; es schien, als ob sich der Hurrikan endlich verzogen hätte, und zum ersten Mal seit nahezu vier Tagen konnten die Passagiere und die Mannschaft sehen, wie sich die Sonne am östlichen Horizont erhob. »Alle wurden froh und munter«, malte Bob sich aus, »und dachten, ja, nun haben wir das Schlimmste überstanden und werden sicher alle gerettet«, und während er sich den hellen Himmel und die aufgehende Sonne vorstellte, fiel ihm etwas ein, das er ein Jahr zuvor im *Philadelphia Ledger* gelesen hatte.

Bei seiner Ankunft in Norfolk hatte der norwegische Kapitän der *Ellen* geschildert, wie er 49 Passagiere gerettet hatte, doch im Zug nach Philadelphia erzählte Johnsen Reportern dieselbe Geschichte mit einem entscheidenden Unterschied. Diesmal fragte ihn jemand, wo er die Überlebenden aufgelesen hatte, und er erwiderte: »Als der Morgen voranschritt und wir uns in einer beträchtlichen Entfernung von der Stelle befanden, wo der Dampfer gesunken war, wendete ich und fuhr noch einmal dorthin zurück. Unsere Position war 76 Grad 13 Minuten Länge, 31 Grad 55 Minuten Breite. Ich bestimmte sie um acht Uhr morgens und wieder um die Mittagszeit.«

Gegen Mittag konnte man den Himmelsmeridian zu Hilfe nehmen. Doch Bob hatte sich gewundert, wie man um acht Uhr morgens Koordinaten erhalten konnte. Vielleicht durch »Koppeln«? Hatte Johnsen die Windstärke, die Höhe der Wellen, die Stellung der Segel und die Stunden, die er im Zickzackkurs gefahren war, genommen und daraus einfach die ungefähre Lage abgeschätzt? Waren es, wie Bob es nannte, über den Daumen gepeilte Koordinaten? Unwahrscheinlich, dachte Bob, weil man die Länge nur bestimmen konnte, wenn man die Gestirne zu Hilfe nahm. Doch was für astronomische Berechnungen konnte man um acht Uhr morgens anstellen?

Bob spürte eine Ephemeride, ein »Nautisches Jahrbuch«, aus der Mitte des 19. Jahrhunderts auf, und als er die Tabellen las, die die Position jedes Gestirns verzeichneten, erkannte er, daß Johnsen die Koordinaten nicht über den Daumen gepeilt hatte. Der Ephemeride zufolge hatte es am Sonntag morgen kurz nach acht Uhr eine Konstellation am Himmel gegeben, die Johnsen mit seinem Sextanten angepeilt hatte. Als sich Bob in Richter Monsons Bericht vertiefte, erinnerte er sich an die Geschichte, und plötzlich ergab alles einen Sinn: Dieselbe Konstellation hatte sich auch am Samstag morgen kurz nach sieben Uhr gezeigt. Nachdem er die Gestirne angepeilt hatte, um die Koordinate zu bestimmen, hatte Herndon seine Navigationsinstrumente vermutlich in Monsons Kabine gebracht, und da hat ihn Monson gesehen. Und es handelte sich um dieselben Koordinaten, die Herndon fast zwölf Stunden später dem Kapitän der *El Dorado* zugerufen hatte, die letzte bekanntgewordene Position des Dampfers.

»Es war ein überwältigender Augenblick«, sagte Bob, »als mir klar wurde: DAS IST ES! Ich erinnere mich, daß ich Harv davon erzählte. Ich weiß noch, wie aufgeregt ich darüber sprach und wie ich mich fühlte, als ich erkannte, daß ich auf eine Schlüsselinformation gestoßen war!«

Bob führte Tommy die Situation vor Augen, als Herndon versuchte, sein Schiff zu retten. Er hatte die Sonne vier Tage lang nicht mehr gesehen und wußte nicht, wo er sich befand. Er war auch ein bedeutender Forscher und hatte seit drei Jahren mit seinem Schwager Matthew Fontaine Maury im Magazin der Marine, wo die Karten und Instrumente aufbewahrt wurden, zusammengearbeitet und für Maury astronomische Berechnungen aufgezeichnet. Er kannte sich aus mit Wind- und Strömungskarten und den neuesten Methoden der Navigation.

»Und als der unerschrockene und tapfere Mann, der er war«, sagte Bob, »hätte er wohl kaum eine Gelegenheit versäumt, seine Position herauszufinden.«

Vielleicht befand er sich ja ganz nah an der Küste, und wenn das der Fall war, gab es für sie mehr Hoffnung auf Rettung. Monson hat nicht erwähnt, daß Herndon seine Instrumente bei sich trug, sondern nur, daß der Kapitän bedrückt und ein wenig erregt war.

»Nun«, sagte Bob, »weißt du, warum er bedrückt war? Er hatte soeben herausgefunden, daß sie sich 200 Meilen von der Küste entfernt befanden! Wahrscheinlich hatte er gehofft, daß sie sich in der Nähe einer Schiffahrtsroute befänden, daß sie der Golfstrom vielleicht weiter nordwärts getrieben hätte. Doch wenn Kapitän Herndon eine Möglichkeit gesehen hätte, seine Breite und Länge zu bestimmen, hätte er sie am Schopf gepackt, folglich sagte ich mir, daß es so und nicht anders gewesen sein muß.«

Der Hurrikan, der bereits drei Tage gewütet hatte, war asymmetrisch gewesen, und sein Auge hatte die *Central America* an jenem frühen Samstagmorgen überquert. Nach der kurzen Pause hatte der Wind wieder zugenommen, und die Wellen hatten sich über dem Schiff aufgetürmt, das vom Sturm weiter aufs offene Meer hinausgetrieben wurde. Doch für eine kurze Zeit waren an jenem Morgen die Wolken aufgerissen, die Sonne hatte am östlichen Horizont geschienen, und Kapitän Herndon hatte direkt über sich die bleiche Scheibe des Mondes gesehen, der seinen Meridian erklomm.

Die Koordinaten, die die Versicherungsgesellschaft von der *El Dorado* übernommen und die Herndon über die Wellen gebrüllt hatte, hatte Herndon fast zwölf Stunden zuvor während der windstillen Phase des Wirbelsturms herausgefunden; in jenen zwölf Stunden war die *Central America* jedoch von der Stelle, an der sich die beiden Schiffe kurz vor ihrem Untergang begegnet waren, abgedriftet, und die *Ellen* hatte am folgenden Tag die Wrackteile gesehen und die Koordinaten übermittelt. Nun konnte sich Bob endlich die eigentümlichen Koordinaten erklären, die sich in das gesamte Geschehen und die Daten der anderen Schiffe einfügten.

Am Anfang des Zweiten Weltkriegs glitten U-Boote des deutschen Wolfsrudels lautlos in den Golfstrom an der Ostküste der Vereinigten Staaten, um amerikanische Konvois zu torpedieren, die den Atlantik überqueren wollten. Das deutsche Oberkommando steuerte die Jagd von Deutschland aus und sandte seine Befehle per Funk über den Atlantik. Die U-Boot-Kommandanten funkten ihre Position nach Deutschland zurück. In verschlüsselter Form strahlten die starken Funksignale der Unterseeboote ihre Nachrichten in alle Richtungen aus. Um diese Signale abzufangen, entwickelten die Vereinigten Staaten und Großbritannien ein Netz von Fernmeldeaufklärungsstationen von Kap Hatteras an der Ostküste der Vereinigten Staaten bis Neufundland, um Grönland und Island herum, nach Irland und England hinüber, nach Nordafrika und von dort aus schräg hinüber nach Südamerika und über das Karibische Meer nach Florida hoch. Häufig fing zumindest ein Außenposten die Meldung ab, die der U-Boot-Kommandant nach Deutschland zurücksandte, aber man konnte die Richtung, aus der das Signal kam, nur schätzen. Auf eine Karte übertragen, sah es so aus, als ob von dem Außenposten ein Strahl ausging und sich V-förmig spreizte, und irgendwo innerhalb dieses V lag das U-Boot. Wenn nur ein Außenposten die Meldung abfing, konnte der Techniker nicht die Stelle ausmachen, an der sich das U-Boot befand, sondern nur die Richtung, aus der es kam; doch manchmal verfolgten zwei Stationen dasselbe Signal, und die V-förmigen Strahlen überschnitten sich. Damit hatten sie dann ein größeres, quasi viereckiges Stück vom Ozean eingegrenzt und wußten, daß das U-Boot, das das Signal ausgesandt hatte, irgendwo innerhalb dieses Fleckens lag.

Die deutschen U-Boote hatten begrenzte Treibstoffvorräte an Bord und wurden von qualmenden und stinkenden Dieselmotoren angetrieben. Die Kommandanten warfen die Maschinen nur an und tauchten unter, wenn sie Jagd auf ein feindliches Objekt machten. Die übrige Zeit sparten sie Treibstoff und ließen den Rauch abziehen, indem sie sich auf der Oberfläche treiben ließen, wo die Flugzeuge der U-Boot-Abwehr sie aus der Luft entdecken konnten, wenn die Piloten wußten, wo sie suchen sollten. Doch der Ozean war groß und das U-Boot klein, und Wind und Wellen bewegten das Fahrzeug, so daß die Wahrscheinlichkeit, daß es sich immer noch in dem Teil des Vierecks befand, aus dem die beiden Funkstationen das Signal erhalten hatten, nicht allzu groß war. Und da das Flugzeug nur für fünf oder sechs Stunden Treibstoff hatte, mußte der Pilot seine Suche auf das Gebiet konzentrieren, in dem sich das U-Boot mit höchster Wahrscheinlichkeit bewegte. Doch wie bestimmte er dieses Gebiet, und wie lange suchte er, bevor er sich einer anderen Gegend zuwandte, in der er das Unterseeboot vermuten und mit größerer Wahrscheinlichkeit innerhalb jener fünf Stunden finden konnte?

Um die zahlreichen wissenschaftlichen Probleme in der ersten Phase des Krieges zu lösen, stellte die Marine eine Elitetruppe aus Physikern, Mathematikern und Chemikern zusammen, die die Operationen berechnen sollten. Die wichtigste Aufgabe, die es zu lösen galt, war die Vernichtung der deutschen U-Boote. Einer der ersten Berichte, den die Gruppe 1942 vorlegte, war ein Rohentwurf mit dem Titel »Suchtheorie«, der mathematische Optimierungstechniken auf unterschiedliche Wind- und Strömungsverhältnisse des Meeres anwandte, um vorherzusagen, ob ein U-Boot an einer bestimmten Stelle auftauchte. Dazu entwickelten sie eine Formel, nach der ein Pilot berechnen konnte, wie intensiv er ein Gebiet absuchen sollte. Dann zog die Marine einen bekannten Mathematiker namens Bernard Koopman hinzu, der, auf den Forschungsergebnissen aufbauend, eine kohärente Theorie ausbilden sollte, und binnen eines Jahres stützte sich die Marine auf Koopmans Theorien, um deutsche U-Boote zu versenken. Koopmans Abschlußbericht *Search and Screening* sollte noch bis nach dem Ende des Krieges geheime Verschlußsache bleiben.

Einer der Briefe, die Tommy im Jahr 1984 spätabends in Robbies Haus verfaßte, war an Dr. Lawrence Stone von Wagner Associates im kalifornischen Sunnyvale gerichtet. Stone hatte das Antioch College in Yellow Springs mit einem Bachelor of Science verlassen und die Purdue University mit einem Master of Science und einem philosophischen Doktorgrad in Wahrscheinlichkeitstheorie. Seit Koopmans Tod galt Stone als *die* Autorität auf dem

Gebiet der Suchtheorie. 1975 hatte er für die Marine der Vereinigten Staaten die Studie *Theory of Optimum Search* verfaßt, die bis heute ein Standardwerk auf dem Gebiet der Suchtheorie darstellt.

Während des Zweiten Weltkriegs hatte Koopman einen Rechenschieber und geometrische Kurven benutzt, um seine Formeln zu entwickeln. Als Stone 1967 Koopmans Forschungsergebnisse präzisierte, stand ihm im Gegensatz zu Koopman ein Computer zur Verfügung, der Daten viel schneller und intensiver verarbeiten konnte, als es sich sein Vorgänger jemals hätte vorstellen können. Während Stone in der Suchtheorie Fortschritte machte, setzte sein Kollege Tony Richardson Computer ein, um die Theorien auf ein Koordinatensystem zu übertragen. Richardson hatte mit der Marine während der Bergung der Wasserstoffbombe zusammengearbeitet, die bei dem Zusammenstoß eines B-52-Bombers mit einem KC-135-Tankflugzeug vor der spanischen Küste ins Mittelmeer gefallen war. Zwei Jahre später hatten Stone und Richardson die erfolgreiche Suche nach dem Marine-U-Boot *Scorpion* geleitet. Danach hatten die beiden Männer eine Methode entwickelt, nach der die Küstenwache Personen aufspüren konnte, die auf hoher See verschollen waren. Sie gingen nach ähnlichen Prinzipien vor wie bei der Suche nach der *Scorpion*, nur handelte es sich jetzt um bewegliche Ziele, so daß sie, wenn die Suche am ersten Tag erfolglos verlief, Wind und Strömung neu berechnen und am nächsten Tag weitermachen mußten. Obwohl die Personen oft schon seit Wochen im Pazifik vermißt wurden, gelang es manchmal, sie nach dieser Methode zu finden, und die Küstenwache verdankte Stone und Richardson einige aufsehenerregende Erfolge. Danach entwickelten sie computergestützte Suchsysteme für die Marine, um russische Unterseeboote auf Spähdienst aufzuspüren. In den letzten zehn Jahren war Stone als leitender Wissenschaftler beim Office of Naval Research auf dem Gebiet der Suchtheorie beschäftigt.

Tommy wußte von Stones Arbeiten und hatte sich schon seit einiger Zeit gefragt, ob er mit den Methoden, die Stone einsetzte, um feindliche U-Boote aufzuspüren und auf See vermißte Personen zu retten, auch ein Schiff finden könnte, das vor langer Zeit gesunken war und jetzt auf dem Meeresgrund lag. In seinem Brief von 1984 bat er Stone um einige Informationen zu seinem Werdegang. Tommy drückte sich vage aus, er deutete einfach an, daß er Stones Dienste vielleicht gebrauchen könne. Als Stone Tommy das Gewünschte zusandte, rief Tommy an, und sie blieben das nächste Jahr über in telefonischem Kontakt, wodurch Tommy von Stone mehr über Suchtheorie erfuhr, bis er ihm schließlich enthüllte, daß er ein gesunkenes Schiff finden wollte. Dann plante Stone, im Frühsommer 1985 am zwanzigjährigen Collegejubiläum in Yellow Springs in Ohio teilzunehmen, nur 75 Kilometer westlich von Columbus. »Ich rief Tom an«, sagte Stone, »und schlug ihm vor, sich dort mit mir zu treffen.«

Stone besorgte einen Unterrichtsraum mit Arbeitstischen und Tafel. Als Tommy und Bob dort ankamen, machte Stone einen kleinen Fehler, der ihm allerdings nur einmal und nie wieder unterlaufen sollte. Tommy hatte das Ziel seiner Suche nur als ein Schiffswrack beschrieben, doch Stone wußte, daß niemand so viel Zeit und Geld aufwenden würde, wenn sich in dem Wrack nicht etwas Wertvolles befände; also nahm er an, daß das Schiff mit einem beträchtlichen Schatz an Bord gesunken war. Zu Beginn ihres Gesprächs nannte er Tommy daher einen »Schatzsucher«.

»Er wurde ärgerlich«, erinnerte sich Stone, »und korrigierte mich ziemlich barsch, so daß ich diesen Ausdruck zukünftig aus meinem Wortschatz strich.«

Tommy war freundlich, sprach jedoch langsam und überlegt und paßte auf, daß er nur die Informationen weitergab, die Stone brauchte, um beurteilen zu können, ob seine Methode für diese Art von Suche tauglich war. Damit Stone ihnen half, mußte er ihm die wichtigsten Informationen geben, die zugleich die geheimsten waren, die sie besaßen; und bevor er damit herausrückte, wollte Tommy sich im klaren sein, wie weit er Stone vertrauen konnte.

Zuerst mußte Stone eine Schweigeverpflichtung unterzeichnen, dann erklärte ihm Tommy genauer, daß ein Schiff während eines Hurrikans gesunken war und daß etwa 60 Überlebende ihre Geschichte der Presse erzählt hatten. Auf der Grundlage dieser Berichte hätten sie eine Matrix erstellt und sie in Zeitabschnitte unterteilt. Er wollte wissen, ob Stone mit Hilfe seiner Suchtheorie eine Wahrscheinlichkeitskarte entwickeln konnte, die die Gebiete markierte, auf die sie ihre Sonarsuche konzentrieren sollten.

Beim Zuhören beeindruckte Stone vor allem Tommys systematische Vorgehensweise. »Er ging die ganze Sache mit streng wissenschaftlichen Methoden an. Er war nicht in erster Linie am Geld interessiert. Das wurde deutlich und hat sich auch durch sein weiteres Verhalten bestätigt.«

Doch Stone war nach wie vor skeptisch, ob sie ihre Informationen wirklich gut verarbeitet hatten und ob er die Aussagen in mathematische Berechnungen umwandeln könnte. In seiner oberflächlichen Erklärung wies Tommy nur auf die historischen Daten hin, die Bob aus den alten Artikeln gewonnen hatte. Dann entfaltete Bob einen Teil der Matrix, das Original mit handschriftlichen Eintragungen, das dort ausradiert und mit Korrekturen versehen war, wo die Information in die falsche Zeitspalte geraten war oder Bob bessere Daten zu demselben Ereignis gefunden hatte. Bob sagte, daß die Matrix eine Arbeitskopie sei und daß er Stone bei Bedarf einen besseren Entwurf auf einem Spreadsheet schicken würde.

Stone las die Matrix gründlich durch und fragte, wie viele Berichte es gab. Bob erwiderte, daß 59 Überlebende und Kapitäne anderer Schiffe vor Reportern an der Küste ihre Aussagen gemacht hatten. Von denen habe er 33 ausgewählt, die Informationen über das Wetter, den Zustand oder die Position des Schiffs zu verschiedenen Zeiten anboten – Angaben, die ihm helfen konnten, die Unglücksstätte zu finden. »Zuerst konnte ich nicht viel damit anfangen, bis ich mich hinsetzte und es sorgfältig durchlas«, sagte Stone, »und dann wurde mir klar, wie unglaublich gewissenhaft er gearbeitet hatte.«

Bob teilte Stone mit, daß sie die Koordinaten des Schiffs kurz vor seinem Untergang aus den historischen Berichten gewonnen hatten, und wollte von ihm wissen, wie er diese Information nutzen konnte. Stone kritzelte auf der Tafel herum und erklärte die Grundzüge der Suchtheorie. »Man muß sich einfach alle Ungewißheiten und alles Wissen vor Augen führen und bestimmen, ob es aus objektiven oder subjektiven Quellen stammt.« Der zweite Schritt hieß, die Zahlen in einer analytisch korrekten Art zu kombinieren, um mögliche Zielorte einzugrenzen. Stone sagte zu Bob, daß er mit der letzten bekannten Position und einer Reihe von Variablen wie Wind und Strömung beginnen und mit Hilfe eines

Computers berechnen würde, wie weit sich der Dampfer entfernt haben konnte.

Bob meinte: »Gut, hier habe ich noch eine Information. Wir wissen, daß die Überlebenden etwas später von einem anderen Schiff aufgenommen wurden und daß das Schiff seine Position ungefähr abschätzte. Wie würden Sie diese Information einsetzen?«

Damals, als Stone und Tony Richardson für die Küstenwache auf See vermißte Personen suchten, hatte sich Richardson verschiedene Wege ausgedacht, die vorhandenen Daten zu nutzen. »Ich zog also ein Notizbuch aus meiner hinteren Hosentasche«, sagte Stone, »und erläuterte, wie wir die Zeit zurückdrehen konnten.« Das war eine mögliche Lösung: Er würde die Koordinaten des Rettungsschiffs nehmen und den Ablauf des Geschehens bis zur Unglücksstelle zurückverfolgen.

Am Ende des Treffens hatte Stone nur noch einen Vorbehalt. »Tommy hatte Mühe, das Geld zusammenzubekommen, und ich fragte mich: ›Angenommen, ich mache mir all die Arbeit, und er zahlt die Rechnung nicht? Dann kann ich ihn nicht einmal verklagen. Schließlich hat er kaum Sicherheiten, oder?‹ Doch wenn Tommy sich bereit erklärte, für die ersten Analysen im voraus zu bezahlen, war Stone zuversichtlich, daß er aus ihren historischen Informationen eine Wahrscheinlichkeitskarte entwickeln konnte, die ihnen bei der Suche nach dem Wrack helfen konnte.

In der Zwischenzeit meldeten die Anwälte Kelly und Loveland die Gründung einer Aktiengesellschaft beim zuständigen Richter der Franklin County an, der von ihnen verlangte, die Namen der Teilhaber offenzulegen; und kaum daß sie sich eingetragen hatten, sah eine Reporterin der Wochenzeitung *Business First*, die regelmäßig die neuen Einträge überprüfte, die Namensliste der angesehenen Bürger von Columbus und rief wegen eines Interviews an. Eigentlich wollte Tommy nicht mit ihr sprechen, aber noch weniger den Eindruck erwecken, der Sache auszuweichen. Alles, was ihm übrigblieb, war, sie vom Romantischen und Sensationellen auf das Feld der Wissenschaft zu locken. »Ich bin im Grunde Wissenschaftler«, sagte er ihr. »Wir versuchen, Kenntnisse aus vielen Disziplinen zu vereinen – historische Forschung, Meerestechnologie, Geophysik, Tiefseebiologie und Sonartechnik.« Am 24. Juni 1985 erschien auf der ersten Seite die Schlagzeile, die Tommy befürchtet hatte: »Schatzsuche zieht prominente Geschäftsleute in ihren Bann.« Obgleich der Artikel kein Wort über die *Central America* verlor, enthüllte er viel mehr über das Projekt, als Tommy lieb war, und die drei Investoren, die zitiert wurden, benutzten Worte wie »gewagte Spekulation«, »Spiel mit hohem Einsatz« und »gesunkener Schatz« – der prahlerische Ton, den Tommy stets hatte vermeiden wollen. Einer verglich das Projekt mit den *Jägern des verlorenen Schatzes* und sagte, daß es »streng geheim« sei.

Das war Tommys erste Berührung mit den Medien, und er erkannte, wie schnell in der Öffentlichkeit ein schiefes Bild von dem Projekt entstehen konnte, wenn er den Informationsfluß nicht unter Kontrolle bekam. Wenn die Medien mit »Visionen von hohen Segelschiffen, kühnen Seeräubern und Schatzkarten« in der Öffentlichkeit Stimmung machten, wie zu Beginn des Artikels, dann würden alle das Projekt als Schatzsuche ansehen, und er stünde vor den gleichen Problemen, die die Schatzsucher zu Fall gebracht hatten. Tommy brauchte jemand, der ihm half, die ernsten und wissenschaftlichen Aspekte des Projekts zu vermitteln; er brauchte jemand, der ihm half, mit Investoren und Lieferanten, Historikern, Archäologen und Technikern umzugehen; er brauchte jemand, der in der Lage war, all die Theorien über Wracks in der Tiefsee, die Bob, Robbie und er in ihrem Rohentwurf dargelegt hatten, zu einer verständlichen, umfassenden Dokumentation für den intelligenten Durchschnittsinvestor zu verarbeiten. Er brauchte einen Autor, der Ideen vermitteln konnte, jemand, der die Medien kannte, jemand, dem er vertrauen konnte. Jemand wie seinen alten Freund Barry Schatz.

Nach Tommys Abreise aus Key West im Jahr 1979 hatte sich Barry sechs Monate lang in Mexiko und Mittelamerika herumgetrieben. Einem befreundeten Journalisten hatte er aus San Cristóbal geschrieben: »Hier stecke ich nun auf der 2100 Meter hohen Ebene der Sierra Madre, besuche blutrünstige Stierkämpfe und versinke in Schlamm, Blut und Bier.« Er hatte einen längeren Magazinbeitrag über Haiti und Quebec veröffentlicht, einige Kurzgeschichten geschrieben und sich an einen Roman gewagt.

Nachdem er sechs Monate herumgereist war, kehrte er nach Florida zurück, diesmal nach Gainesville, wo er an der University of Florida seinen Abschluß in »creative writing« machte. Danach wollte er eigentlich Jura studieren, schrieb sich aber statt dessen für lateinamerikanische Literatur ein. Er arbeitete jetzt halbtags als Lektor für Universitätsverlage in Florida und setzte in der übrigen Zeit sein Studium fort.

In den letzten drei Jahren hatte Tommy Barry ab und zu angerufen, um ihm von seiner Arbeit bei Battelle zu erzählen, ebenso wie in groben Zügen von seinem Vorhaben, einen Schatz aus der Tiefsee zu bergen. Als er Ende Juni 1985 wieder einmal anrief, sagte er zu Barry, daß er die ersten Gelder für das Tiefseeprojekt zusammengebracht habe, und fragte ihn, ob er nach Columbus kommen könne. »Harvey braucht Leute, die ihm beim Denken helfen«, sagte Barry, »also rief er an und fragte, ob ich ihm bei der Pressearbeit helfen würde.« Tommy betonte, daß er keine Garantien geben könne. »Es ist ein spannendes Projekt«, sagte er, »ein Projekt, an das ich glaube.« Er bot Barry einen geringen Lohn an und gab zu bedenken, daß in sechs Monaten auch alles vorbei sein konnte. Barry machte das nichts aus; die Idee reizte ihn, und nach vier Jahren Gainesville war er bereit, seine Zelte woanders aufzuschlagen.

Als Barry in Columbus ankam, stellte ihm Tommy seinen neuen Freund und Vertrauten vor; doch selbst Barry mit seiner unkonventionellen Ader war auf Bob Evans nicht vorbereitet. »Er war so desorganisiert, daß man sich nur wundern konnte«, sagte Barry. »Er hatte ein hervorragendes Gedächtnis, aber Schwierigkeiten, seine Schuhe zu finden.«

Bob war von Barry sofort eingenommen. »Es war von Anfang an eine dynamische, sehr produktive Beziehung«, meinte er, »ich hatte gleich das Gefühl, daß er ein Gewinn für das Projekt war.«

In den nächsten zwei Wochen arbeitete Barry zwölf bis sechzehn Stunden am Tag und versuchte, das technische Kauderwelsch des ursprünglichen Entwurfs zu entwirren und einen konkreten Schlachtplan des Projekts vorzustellen. Dann nahmen sich Tommy, Barry und Bob jeden Satz vor und klopften ihn auf Nuancen hin ab. Die Worte mußten informativ, aber nicht allzu enthüllend sein, klar, aber nicht zu schlicht; sie sollten die technische Seite betonen, doch nicht in ihr aufgehen; Zuversicht, aber nicht Gewißheit ausdrücken; abenteuerlich, aber nicht angeberisch klingen und andeuten, daß das Projekt ein gewagtes, aber keineswegs aussichtsloses Unterfangen sei.

»Wir hatten Investoren davon überzeugt, genügend Geld aufzubringen, um herauszufinden, ob sich unser Vorhaben in der Wirklichkeit bewährte«, sagte Bob. »Also schufen wir jetzt den Plan, nach dem man erfolgversprechend vorgehen konnte. Alle Konzepte mußten überarbeitet und in Worte gefaßt werden.«

Sie bedienten sich einer nüchternen Sprache; dies hier war keine Schatzsuche, sondern ein wissenschaftliches Projekt, logisch und gründlich. Sie wollten das Papier nicht einsetzen, um Gelder zu bekommen, sondern an jene verteilen, die schon investiert hatten und sich davon überzeugen wollten, daß sie sich an einem soliden Unternehmen beteiligt hatten. Tommy wollte mit der Dokumentation vor allem klarstellen, daß es nicht bloß ein glücklicher Zufall war, wenn man etwas Wertvolles auf dem Grund des Meeres finden würde. »Das war unser Thema«, sagte Tommy. »Wie sollte so ein Projekt beginnen, damit es kein Fehlschlag wurde?« Das Thema durchzog die ganze Abhandlung: Indem sie das Risiko gründlich und methodisch einschätzten, konnten sie die Mittel und den Zeitaufwand bestimmen, um die schwierigsten Probleme zu lösen, wodurch ihnen mit größter Wahrscheinlichkeit Erfolg beschieden war.

Tag und Nacht zerbrachen sie sich die Köpfe, schrieben und korrigierten, erstellten Graphiken und Karten, reduzierten drei Absätze auf einen und schufen so ein gut lesbares Dokument. Es war ihr methodisch durchdachtes Manifest, mit Risikoanalysen und Ablaufdiagrammen. Das Papier schwoll an zu einer »multidisziplinären Annäherung an die Probleme der Bergung historischer Schiffswracks«, oder wie Tommy, Bob und Barry es nannten: »Das blaue Buch«. Gegenüber Teilhabern und bei geschäftlichen Verhandlungen nannten sie ihre Gesellschaft »Recovery Limited«; doch in der Öffentlichkeit verwendeten sie den Namen »Columbus-America Discovery Group«.

Mit einem Teil des Anfangskapitals hatte Tommy ein altes, dreistöckiges viktorianisches Backsteingebäude in der Neil Avenue gemietet, einer baumbestandenen Straße, die von einer Reihe viktorianischer Häuser gesäumt war. Das Haus besaß unten zwei herrschaftliche Gesellschaftsräume, Bleiglasfenster und in jedem Zimmer einen Kamin. Eine mit Ornamenten verzierte Eichenholztreppe führte in den zweiten Stock und weiter ins Dachgeschoß, wo der ehemalige Besitzer für den Sonntagnachmittagstee einen Tanzsaal eingerichtet hatte. Tommy benutzte das Haus, in dem Barry auch wohnte, als Büro, als einen Ort zum Arbeiten und um sich mit Investoren zu treffen. Nachdem sie das Blaue Buch beendet hatten, fanden sich Tommy, Barry und Bob Dienstag abends und manchmal auch an anderen Abenden im Eßzimmer ein, um das Projekt zu besprechen. Sie nannten diese Treffen »Tafelrunden«.

Die Tafelrunden begannen um sieben Uhr und dauerten oft bis weit nach Mitternacht. Sie waren das intellektuelle Herzstück des Projekts, eine Gelegenheit für die drei Männer, sich ihren Träumen hinzugeben. Um besser nachdenken zu können, blieb Bob bei seinem Wild Turkey pur, und Barry schlürfte mit Tommy warmen Tequila. Tommy hatte manchmal eine Tagesordnung vorbereitet, doch meistens schweiften ihre Gedanken schon ab, bevor er die Hälfte der Punkte abgehakt hatte. Statt daß er sie zur Tagesordnung zurückrief, begrüßte Tommy die assoziativen Exkurse. Er wollte eine Atmosphäre wie bei Battelle haben, nur mit weniger Bürokratie und mehr persönlicher Motivation. »Damit man wirklich zum Kern der Sache vordringt«, sagte Tommy, »und Kraft schöpft, um Erfolg zu haben. Und der Schlüssel dafür ist, Leute zu finden, die es lieben, auf diese Art zu denken.«

Barry kam als Journalist und leidenschaftlicher Forschungsreisender zu den Tafelrunden, den Kopf voller lateinamerikanischer Autoren wie Borges und Paz, mit dem Gaumen eines Gourmets und dem für Details geschulten Auge eines Schriftstellers – von Jugend an Tommys Denkweise gewohnt, zu einem neuen Abenteuer bereit. Bob spielte inzwischen Keyboard in einer Bluesband, die von einem Strafentlassenen geleitet wurde; er besaß ein beträchtliches Wissen über fossilienhaltige Schichten vom Paläozoikum bis zum Känozoikum, Erfahrungen mit komplizierten Variationen der Synkopierung von Jazz bis Rhythm and Blues, ein fast fotografisches Gedächtnis, die Liebe zur historischen Spurensuche und eine wissenschaftliche Ausbildung.

Tommy brachte die Perspektive eines Ingenieurs und Erfinders mit und genügend Wissen, um die Leiter von streng geheimen Regierungsprojekten zu beeindrucken, den Instinkt, Risiken genau einzuschätzen, eine Obsession für Experimente und einen Geist, der noch immer auf dem Schrottplatz der Ideen nach Ersatzteilen suchte, die man zusammenbauen könnte, um etwas völlig Neues zu schaffen.

»Uns wurde allmählich bewußt«, sagte Bob, »daß die Ideen und Ergebnisse um so besser sind, je mehr Köpfe mit verschiedenen Denkansätzen sich mit einem bestimmten Thema beschäftigen.«

Niemand mußte befürchten, sich mit dem zu blamieren, was er vor den anderen sagte. Ideen wurden nicht als gute und schlechte bewertet, sondern nur als solche, mit denen man arbeiten konnte, und solche, die keinen Erfolg versprachen. Auch wenn eine Idee aus mehreren Gründen nicht erfolgversprechend erschien, konnte ein Teil von ihr sinnvoll sein. Doch man konnte den brauchbaren Anteil nur verwenden, wenn die Idee ausgesprochen wurde, und Tommy hatte schon oft erlebt, daß Worte, Blicke oder Gesten jemand davon abhalten konnten, neue und kreative Ansätze zu entwickeln. »Die Menschen brauchen eine Atmosphäre, in der sie Stellung beziehen können, ohne befürchten zu müssen, wegen ihres Standpunkts verachtet zu werden«, sagte Tommy. »Für den Arbeitsprozeß ist es wichtig, daß man anderen gegenüber sensibel ist, aber sich nicht zu nachgiebig verhält.«

Bob war manchmal so aufgeregt, daß er von einem Punkt zum anderen hüpfte, bis er so weit vom ursprünglichen Thema entfernt war, daß er innehalten und zum Anfang zurückfinden mußte. Er konnte in einem Atemzug davon reden, daß der Präsident der Vereinigten Staaten, James Buchanan, in Gegenwart von Königin Viktoria gern zwanglos gekleidet erschien, als er Gesandter am Hof von St. James war, und davon, daß die Regierung der Vereinigten Staaten insgeheim große Mengen Gold aus Kalifornien gen Osten verschiffte, Ladungen, die nicht in den Frachtbriefen auftauchten. Doch Tommy und Barry ließen ihn gewähren, weil man nicht wissen konnte, wozu es gut war. Tommys Grundsatz lautete: Sei am Anfang nicht zu kategorisch; strebe nicht nach Antworten, bevor die Fragen aufblühen können; beschränke dich nicht nur auf die nächstliegende Aufgabe. Halte Bob nicht davon ab, kleine Histörchen auszugraben, weil sie mit der Suche nach der Unglücksstelle nichts zu tun haben. »Die meisten Menschen schweifen gelegentlich gern ab«, sagte Tommy, »und kommen dann wieder auf den Punkt, und wenn man sie nicht gewähren läßt, verbaut man sich viele Einsichten.«

Also ließen sie Bob seinen Gedanken nachgehen, und Barry saß Abend für Abend in der Tafelrunde und hörte zu, wie Bob sich in seinen Abschweifungen verlor, bis er den Wert dieser Geschichten erkannte. »Eines Abends dämmerte es mir«, sagte Barry, »daß diese Geschichten nicht nur Bob persönlich faszinierten, sondern auch für uns nützlich sein konnten.«

Dadurch, daß sie Bob weit über die Fakten, die ihnen helfen mochten, das Schiff zu finden, hinausgehen ließen, erkannten Barry und Tommy die Bedeutung der Geschichte und ihren Wert für das Projekt. Hier ging es um eine entscheidende historische Periode des Landes, und nur wenige Menschen hatten je von der *Central America* gehört. Tommy bestärkte Bob darin, mehr über den kalifornischen Goldrausch herauszufinden, über das Aufblühen der Stadt San Francisco und ihrer Münzanstalt, das politische Klima im entfernten Osten und die Persönlichkeiten an Bord des Schiffs. Diese Informationen würden ihnen vermutlich nicht helfen, die Stelle zu finden, an der der Dampfer gesunken war, aber sie konnten durch sie die Bedeutung ihres Unternehmens besser verstehen und die ganze Suche intensiver erleben.

Während sie sich Abend für Abend trafen, um zu reden und zu träumen, schätzte Barry die Geisteshaltung immer mehr, die Tommy bei Battelle gelernt und seit langer Zeit kultiviert hatte, »diesem wundervollen Forschungsinstitut, das sich zur Aufgabe gemacht hatte, mit streng wissenschaftlichen Methoden das bislang Unerreichte möglich zu machen«.

Die Arbeit auf dem Grund der Tiefsee war nicht unmöglich, sondern wurde nur für unmöglich gehalten, und das war, wie Tommy gelernt hatte, der entscheidende Unterschied: Andere Leute sprachen vom Unmöglichen, nicht weil es unmöglich war, sondern weil niemand versuchte, es anzupacken. Er hatte alle bisher gültigen Annahmen kritisch überprüft, festgestellt, daß viele von ihnen nicht mehr gültig waren, und Wege gefunden, sie zu durchbrechen. Bob hatte mit Tommy seit Jahren über das Projekt geredet, doch erst jetzt fing er an, es als »eine Reihe von Grenzen, die nicht wirklich existieren«, zu betrachten.

Die Erkenntnis, daß das Unmögliche nicht wirklich unmöglich war, öffnete das Tor zu einer neuen Welt des Denkens, der Welt, in der Tommy lebte. Die Idee, die *Central America* zu finden und ihren »Schatz« zu bergen, wurde schnell zur kühnen Metapher für die Möglichkeit des Unmöglichen: Wir finden das Schiff, wir bergen das Gold; was können wir auf dem Weg dahin lernen?

»Wir glaubten«, sagte Tommy, »daß sich während dieses Projekts Grenzen öffnen konnten. Wir konnten Erfolg haben, wir würden unser Bestes geben. In der Zwischenzeit konnten wir uns mit all diesen anderen Dingen beschäftigen.«

Während Bob, Barry und Tommy träumten und Theorien entwarfen, fand Mel Fisher schließlich am 20. Juli 1985 den Rumpf der *Atocha*, 16 bis 21 Jahre nach Beginn seiner Suche, je nachdem, wann man das Anfangsjahr ansetzte. Und bis auf den Tag genau war ein Jahrzehnt vergangen, seit sein Sohn und die beiden anderen ertrunken waren. Den größten Teil dieses Jahrzehnts hatte er damit zugebracht, die Gegend abzusuchen, in der sein Sohn die neun bronzenen Kanonen gefunden hatte. »Uns kam es vor, als seien wir zig Millionen Jahre dort unten gewesen«, sagte Tom Ford aus Fishers Bergungscrew. »Wir strahlten den Sand weg und gruben, wir suchten hier und dort und ließen uns dabei von unserem Gefühl leiten. Wir schufteten bis zur Erschöpfung.« Schließlich warf ein anderer Sohn Fishers neun Meilen südöstlich der Kanonen den Anker genau über dem Schatz aus, um einen weiteren Tag zu tauchen, und als er zwei Taucher in eine Tiefe von 16 Meter hinunterschickte, fanden sie 32 schwarze Klumpen Silbermünzen und 900 große Silberbarren, einige kleine Goldbarren und etwa 400 Smaragde, alles in einem korallenüberkrusteten Riff verborgen, an dem es von Krebsen wimmelte.

Fishers Traum endete mit dem Fund des Schatzes der *Nuestra Señora de Atocha*. All die Jahre über hatte er sich ständig mit anderen Schatzsuchern, dem Staat Florida und dem Bundesfinanzamt herumstreiten müssen, sich den Zorn der Gläubiger zugezogen und unter dem Tod fünf junger Menschen gelitten. Und er mußte immer noch mit Protesten von Archäologen und

Umweltschützern und Prozessen von seiten der Investoren rechnen.

Tommy, Bob und Barry hätten genauso vorgehen können. Nichts hielt sie davon ab, das Wrack der *Central America* zu finden, das Gold mit einem Muscheleimer heraufzuholen, es einzuschmelzen, als Barren zu verkaufen, den Gewinn unter den Investoren aufzuteilen und sich auf die Suche nach einem neuen Wrack zu begeben. Am Anfang hatten einige Investoren genau diese Arbeitsweise vorgeschlagen, wie »ein Dieb in der Nacht« zu operieren, wie Barry es nannte. Doch das war kein verantwortungsvolles Vorgehen, von dem andere etwas lernen konnten.

Barry kam immer wieder gern auf den Unterschied zwischen Kolumbus und Heinrich dem Seefahrer zu sprechen, eine Idee, die ihm bei der Lektüre von Daniel Boorstins *Entdeckungen* gekommen war. Kolumbus entdeckte zufällig; der Infant Heinrich verfolgte bewußt ein Ziel, das noch nie jemand erreicht hatte.

»Kolumbus' Vorgehensweise war viel riskanter«, erläuterte Barry, »und er hat ja nicht einmal bemerkt, was er entdeckt hatte.« Kolumbus fand den Weg zum Gold und gab sich damit zufrieden. Heinrich hatte auch von Gold gehört, vor der Westküste Afrikas. Er benutzte das Gold als Anziehungspunkt, doch sein Ziel war es, einen Seeweg nach Indien und dem Fernen Osten zu finden, um dort Handelsverbindungen aufzubauen. Er schärfte seinen Seefahrern ein, an die Westküste Afrikas zu fahren und das Gold zu finden, aber auf ihrer Reise auch alles über die Route, die Winde, die Jahreszeiten, die Menschen und die Naturreichtümer in Erfahrung zu bringen. Langfristig betrachtet, hatten diese Informationen den größeren Wert. »Das zeichnet unternehmerische Weitsicht aus«, sagte Barry. »Die Suche nach der *Central America* war für uns kein Selbstzweck, sondern ein Mittel, um etwas über die Arbeitsbedingungen in der Tiefsee zu lernen und die dortigen Bodenschätze zu entdecken. Es war nur ein Anfang. Harvey hatte schon frühzeitig darüber nachgedacht.«

Die Tafelrunden zogen sich über den Sommer und Herbst bis in den Winter 1986 hinein; zahllose Ideen blühten auf, gediehen, wurden erforscht und erweitert, verbessert und präzisiert, bis sie schließlich ausgereift waren. Sie hatten mögliche Ausfallmodi antizipiert und Pläne ausgearbeitet, um ihnen entgegenzuwirken; sie hatten Erfolgsmodi in Betracht gezogen und dann Wege ersonnen, um ihre Wahrscheinlichkeit zu erhöhen. Während das Projekt Fortschritte machte, mußten sie nur noch darauf achten, keine Möglichkeit außer acht zu lassen.

»Was mich faszinierte, passierte auf dem Papier«, sagte Barry. »Es hatte nichts mit dem Gold zu tun, sondern damit, zu entdecken, wie man etwas entdeckt.«

Um ausreichend Geld für die Anfangsphase zu bekommen, hatte Tommy zwischen 20 und 40 Investoren gesucht, die sich von 5000 beziehungsweise 10000 Dollar trennten. Jetzt brauchte er 50 bis 100 Investoren, die jeweils 14000 beziehungsweise 28000 Dollar aufbrachten, damit die 1,4 Millionen Dollar für die Suche mit der SeaMARC zusammenkamen. Zum Glück gab es in diesem Sommer drei Ereignisse, die das *Central-America*-Projekt noch attraktiver erscheinen ließen: Fisher fand die *Atocha*; ein Tiefseeunternehmen holte die Flugdatenschreiber des Flugs 182 der Air India aus der Boeing 747, die in der Luft explodiert und 1980 Meter tief in den Nordatlantik gestürzt war; und Bob Ballard und seine Mannschaft orteten die *Titanic* mit einem Tiefsee-Echolot und erspähten einen ihrer Kessel.

»Es war so, als ob all diese Dinge, von denen Tommy immer geredet hatte, Wirklichkeit wurden«, sagte Ashby. »Das hatte einen sehr positiven Einfluß auf die Leute, mit denen Tommy sprach.« Von den 38 Teilhabern der Anfangsphase beteiligten sich bis auf ein halbes Dutzend alle an der Suchphase.

Ein neuer potentieller Investor, dem Ashby Tommy in der zweiten Runde vorstellte, war ein ehemaliger Marineoffizier namens Mike Ford. Ford hatte sich auf Kreuzern und Zerstörern herumgetrieben und verwaltete nun Pensionsfonds und Vermögen als Treuhänder. Als Tommy das Projekt vorstellte und von seiner Erfahrung bei Battelle sprach, erkannte Ford, wieviel für Tommy auf dem Spiel stand. »Man verläßt die heiligen Hallen von Battelle nicht einfach so«, sagte Ford. »Battelle ist wie eine Papstwürde. Wenn man einmal dort gewesen ist und hinterher auf dem Bauch landet, wirft einer dieser Fehlschlag auf den Stand der Examenszeit zurück.« Ford fand Gefallen an dem Unternehmen; er wollte, daß Tommy seinen Hals voll in die Schlinge steckte.

Ford hatte U-Boote gejagt und wußte, wie leicht man eins aus dem Auge verlieren kann, selbst wenn man weiß, wo es sich bewegt. Er hatte eine klare Vorstellung von der Weite des Ozeans und den Problemen, etwas zu suchen, was nur 90 Meter lang war. Er kannte auch Mel Fishers Geschichte und die Risiken, in eine Schatzsuche zu investieren – doch das hier war etwas anderes. »Fisher wurstelte in denselben Gewässern herum und konnte es am Ende kaum glauben, daß er seinen Schatz gefunden hatte«, sagte Ford. »In meinen Augen war das reiner Zufall. Aber hier lagen die Dinge anders.«

Ford mochte Tommy und war gespannt darauf, was amerikanische Erfindungsgabe alles zuwege bringen konnte. Zum ersten ging der junge Mann äußerst methodisch vor; zweitens hatte er im Gegensatz zu den meisten Wissenschaftlern einen Traum; drittens konnte er die Menschen mühelos überzeugen. »Manchmal«, sagte Ford, »huschte ein Lächeln über sein Gesicht, und dieses Lächeln gab dir das Gefühl, daß du es mit jemand Besonderem zu tun hast. Er lebte mit dieser Sache tagein, tagaus.« Ford hatte in viele Gesellschaften investiert, aber noch nie einen solchen Mann an der Spitze erlebt. Er überzeugte einen Freund davon zu investieren, kaufte selber eine halbe Einheit für 14000 Dollar und legte zu guter Letzt noch zehnmal soviel an.

Gegen Ende des Jahres 1985 hatten fast 100 Investoren Geld in die Suchphase investiert, und Tommy hatte 1,4 Millionen Dollar zur Verfügung, um die *Central America* zu finden. Tommy, Bob und Barry hatten sie schon in Gedanken und auf dem Papier gefunden; jetzt galt es, sie in der tiefen, blauen See aufzuspüren.

Zwei Wochen nachdem sich Larry Stone mit Tommy und Bob im Antioch College verabredet hatte, unterzeichnete er eine weitere Schweigeverpflichtung, und Tommy schickte ihm einen Scheck über 10000 Dollar, damit er die erste Datenanalyse beginne. Dann sandte Bob Larry Stone vier Dinge zu: die Matrix auf dem gesamten Spreadsheet mit allen Daten, angeordnet in Zeitspalten von jeweils drei Stunden; eine Karte, die die letzte Reise der *Central America* anhand vollständiger Koordinaten aufzeichnete; einen dreiseitigen historischen Abriß, der mit der Abreise der *Central America* aus Havanna begann und in chronologischer Folge die Hauptereignisse festhielt: wann der Sturm ausbrach, die Maschinen aufgaben und die *Marine* ankam; und eine Windtabelle, die stündlich die Richtung und Geschwindigkeit des Windes einschätzte, von dem Augenblick an, wo der Dampfer an Maschinenkraft verlor, bis zum Tag nach dem Untergang, an dem Kapitän Johnsen von der *Ellen* die Suche nach Überlebenden abbrach.

Bob hatte die Windtabelle nach Informationen erstellt, die er aus den Beobachtungen der Überlebenden gewonnen hatte. Die Berichte der Seeleute, des Zweiten Offiziers, des Maschinisten und anderer Kapitäne, waren am verläßlichsten. Wenn ein Seemann einen bestimmten Begriff benutzte, maß er ihm eine besondere Bedeutung bei. Als Kapitän Badger notierte, daß sie nun in »einen echten Hurrikan« geraten wären, hatte er die Meeresoberfläche beobachtet und wußte, daß der Sturm mit einer Stärke von über 65 Knoten tobte.

»Es gibt ein ganzes Spektrum genauer Begriffe«, sagte Bob. »Und wenn eine Landratte sagt, daß eine ›leichte Brise‹ wehte, heißt das einfach, daß schönes Wetter herrschte. Doch eine ›frische Brise‹ ist zum Beispiel etwas anderes als eine ›leichte Brise‹. Für einen Seemann bedeutet eine ›frische Brise‹ einen Wind von 20 Knoten.« In die Windtabelle nahm Bob auch die Anzahl der Segel auf, von Stunde zu Stunde, bis zum Freitag morgen, als der Wind das Gaffelsegel zerfetzte. Dann schätzte er die Kraft des Windes ein, die erst auf die drei nackten Masten und die Takelage und dann auf die zwei Masten einwirkte, nachdem sie den Fockmast abgehackt hatten. Er versuchte einfach alles zu bestimmen, was er konnte.

Stone hatte für viele Personen, Schiffe und andere Dinge, die auf See verlorengegangen waren, Suchanalysen erstellt, aber niemals hatte jemand wie Bob Evans die Daten so gründlich für ihn vorbereitet; Stone hatte immer alle Widersprüche allein herausfinden müssen, und manchmal hatte er eine Woche gebraucht, nur um das Problem zu verstehen. Doch Bob hatte das für ihn bereits erledigt. »Bob Evans schien eine Vorliebe für historische Nachforschungen zu haben«, sagte Stone. »Ich sah alles mehr von der technischen Seite, und er kam dann mit seiner Fülle von interessanten Einzelheiten an, die uns weiterhalfen. Das machte die Analyse viel, viel leichter. Er hatte unglaublich sorgfältig und gründlich gearbeitet; ich war tief beeindruckt.«

Um den zeitlichen Ablauf zu verstehen und sich die Ereignisse und Szenarien vorstellen zu können, las Stone Bobs knappe Schilderung des Untergangs zweimal durch und studierte die Karte, die Matrix und die Windtabelle. Für eine erste Analyse stellte er ungefähre Karten von jedem der drei Szenarien her, die sie ausgewählt hatten: eine um die Koordinaten der *Ellen* herum, eine um die Koordinaten der *Central America* und eine um die der *Marine*. Er benutzte alle Informationen, die Bob ihm gegeben hatte, wandelte sie nach mathematischen Prinzipien um und berechnete jedes Szenarium separat, indem er alle Zahlen in einen Computer eingab, der die Ungewißheiten absorbierte, indem er Reihen von Zufallszahlen produzierte. Dann modellierte er jedes Szenarium zehntausendmal. Dadurch erhielt er eine Streuung von möglichen Zielpunkten, an denen das Schiff liegen konnte. Über die Streuung zeichnete er ein Gitter aus Zellen, die jeweils zwei Quadratmeilen darstellten, zählte die Anzahl der Punkte zusammen, die in jede Zelle fielen, und teilte sie durch 10 000, und so gewann er die Wahrscheinlichkeit, daß die *Central America* innerhalb einer bestimmten Zelle von zwei Quadratmeilen lag. Doch als er alle Szenarien kartographisch erfaßt hatte, war er nicht zufrieden mit dem, was er sah. Er schickte Dias von den Karten an Tommy, so daß Tommy eine über die andere schieben konnte, um das Problem zu erkennen: Die drei Szenarien paßten nicht so zusammen, wie sie sollten, was bedeutete, daß die Informationen auf irgendeine Weise inkonsistent waren. Ein Stück des Puzzles der Suchkarte fehlte immer noch.

Vor der Küste von Carolina –
Sonntag, 13. September 1857

ALS SIE IM Laderaum oben die Balken krachen und unter dem Speisesalon das Wasser rauschen hörten, verließen ein Heizer namens Alexander Grant und neun andere Männer die Eimer-reihen und die Pumpen, hackten einen großen Teil des Sturm-decks ab und banden die Bretter mit Seilen zusammen. Dann eilte Grant nach unten, um weitere Rettungswesten zu holen; doch er spürte, wie der große Dampfer plötzlich in einer gewaltigen Welle schlingerte, und als er wieder an Deck war, hatten seine Kamera-den das Rettungsfloß schon vom Bug leewärts zu Wasser gelas-sen. Grant schien dieses Floß die einzige Rettung zu sein. Er sprang ins Wasser, tauchte neben dem Floß wieder auf und schnitt mit seinem Dolch das letzte Seil durch, das das Floß mit dem Dampfer verband. Die Wellen hoben das Floß hoch, ließen es wie-der hinabfallen und zogen es weg, während sich zehn Männer an die Taue klammerten. Kurz darauf traf die dritte Welle den Dampf-fer, der mit Brausen, Tosen, Krachen und Zischen unterging und die Menschen mit den Trümmern in die Tiefe zog. Doch die Wel-len hatten das Floß mit den zehn Männern gerade noch dem Mahlstrom entrissen.

Sieben von ihnen waren Besatzungsmitglieder, meist Kohlen-träger oder Heizer wie Grant; die anderen drei waren Passagiere. Die Männer drückten mit ihrem Gewicht das Floß aus den schma-len Brettern über einen halben Meter unter die Wasseroberfläche. Sie konnten nicht aufrecht sitzen, sondern mußten sich auf den Bauch legen, die Füße ins Wasser baumeln lassen und sich mit den Händen an den Tauen festhalten, mit denen sie die Planken zusammengebunden hatten. Das Floß hob und senkte sich mit den Wellen, und die Männer schluckten das salzige Wasser. Während der ganzen Nacht beteten sie, daß der Schoner oder die Brigg plötzlich in ihrer Nähe auftauchen würde, die Crew ihre Rufe vernähme und starke Arme sie vom Floß zögen. Doch beide Schiffe blieben in weiter Entfernung, und alles, was sie hörten, waren die Schreie ihrer Gefährten.

Grant hatte schon drei Schiffskatastrophen überlebt. Bei einer hatte der Sturm so heftig gewütet, daß die Masten gebrochen und aufs Deck gekracht waren und den Maat verletzt hatten. Und nur Augenblicke, nachdem die Mannschaft 100 Meilen von Boston entfernt von einem vorüberfahrenden Schiff aufgenommen worden war, hatten die Wellen die Brigg verschlungen. Bei einem anderen Unglück war er mit einem Schiffskameraden auf einem Lukendeckel im eisigen Nordatlantik umhergetrieben, wobei er bis zur Hüfte im Wasser stand, sich an einem Seil festhielt, und dreimal waren Segel auf sie zu gekommen. Zuerst hatten sie die Stenge erblickt, dann das Großsegel und dann den Rumpf, und sie hatten die Schiffe gesegnet und wollten sich gerade bemerkbar machen, als sich plötzlich der Wind drehte, die Mannschaft die Segel übergehen ließ und den Kurs änderte. Drei Tage und zwei Nächte hatten sie ohne Essen und Trinken im kalten Wasser gestanden, während die rauhen Neufundlandwinde den Nordatlantik aufwühlten. Und dann, am dritten Tag gegen Mittag, erblickten sie noch ein Segel, das wieder auf sie zukam und mit jeder Minute größer wurde; doch die Wellen waren hoch und ihre Beine steif vor Kälte, und Grant hatte das bewegte Meer schon ein paarmal von seinem Lukendeckel gerissen. Als das Schiff nur noch ein, zwei Meilen weit weg war, sahen sie an der Rahnock eine Fahne hochgehen, und das Schiff kam auf sie zu und rettete sie kurz vor Anbruch der Dunkelheit aus dem Meer.

»Damals dachte ich«, sagte Grant, »ich hätte so viel durchgemacht, wie ein Mensch nur ertragen kann.«

Beim dritten Schiffbruch, den Grant erlebte, fuhr sein Segelschiff vor einer Insel der Bahamas auf ein Riff. Unter der Crew dieses Bootes befand sich ein Schwarzer namens George Dawson, der auch als Zwischendeckspassagier an Bord der *Central America* war, als sie unterging. Am Sonntag bei Tagesanbruch schwamm ein schwarzer Mann mit einer Schwimmweste und Brettern unter jedem Arm auf das Floß zu, auf dem sich Grant und die anderen

Überlebenden aufhielten. Es handelte sich um George Dawson. Da das Floß bereits überfüllt war und unter der Wasseroberfläche dahintrieb, wollten ihn die Männer nicht hinauflassen, warfen ihm aber eines der Seile zu, an das er sich klammern konnte. Also packte Dawson das Tau und trieb neben dem Floß her.

Beim Untergang der *Central America* hatte es Dawson kopfüber in den Strudel gezogen, doch mit Hilfe seiner Schwimmweste war er rasch wieder aufgetaucht. Ein Mann, der nicht schwimmen konnte, hatte ihn am Hals gepackt, und nur indem er untertauchte, hatte sich Dawson aus dem Griff des Ertrinkenden befreien können. Dann hatte er drei Bretter gefunden, sich das größte unter den einen Arm und die zwei kleineren unter den anderen geklemmt und war so lange geschwommen, bis er spät in der Nacht die Lichter einer Bark sah, die gegen den Wind kreuzte. Die Bark war nur 30 Meter weit entfernt gewesen, und Dawson hatte um Hilfe gerufen, aber niemand hatte seine Schreie gehört.

Kurz nachdem Dawson das Floß am frühen Sonntag morgen erreicht hatte, sahen die Männer die Bark in einer Entfernung von vier oder fünf Meilen, zu weit für ein Signal. Sie beobachteten sie, bis sie am Vormittag auf Nimmerwiedersehen verschwand. Die Männer waren nun seit über zwölf Stunden im Wasser. Die See war glatter geworden, die Wolken hatten sich gelichtet, und die Sonne schien; aber die Schiffbrüchigen waren durstig und erschöpft. Viele nickten ein und mußten geweckt werden, doch den anderen fehlte die Kraft, ihre Kameraden zu stützen oder an dem Floß festzubinden. Am späten Morgen setzte bei einigen der Wahnsinn ein. Sie lallten etwas von kühlen, sprudelnden Quellen und üppigen Festessen genau vor ihrer Nase, und während sie sich ihren Halluzinationen hingaben, warfen sie fast das Floß um. Kurz vor Mittag tauchte ein Mann seinen Kopf ins Wasser, trank gierig davon, redete eine Weile irres Zeug, rollte sich vom Floß und ertrank vor den Augen der anderen. Als der Abend anbrach, waren drei weitere so erschöpft, daß sie ertranken und auf das Meer hinaustrieben.

Dawson, der sich immer noch an seinem Tau festhielt, ließ nun, da vier der zehn Männer ertrunken waren, seine Bretter los und hievte sich auf das Floß. Während der Nacht starben trotz der Aufrufe Grants, den Schlaf zu bekämpfen und kein Meerwasser zu trinken, vier weitere Männer. Am Montag morgen waren nur noch Grant, Dawson und ein dritter übrig.

Das Floß war jetzt ganz leicht, das Wasser nur ein paar Zentimeter tief, so daß sie niederknien, sich aneinanderklammern und versuchen konnten zu schlafen. An jenem Abend kurz vor Anbruch der Dunkelheit lasen die drei Männer einen Schiffbrüchigen auf, der allein auf dem Wasser trieb. Am folgenden Tag, dem Dienstag, packte den neuen Mann erst die Verzweiflung, dann der Wahnsinn, und er fing ebenfalls an zu halluzinieren. Er sagte, daß er sich jetzt etwas zu essen und zu trinken aus der Speisekammer und der Messe holen würde. Der Steward persönlich hätte ihm gesagt, er könne Wasser haben, wenn er herunterkäme. Dann begann einer der anderen Männer genauso wirres Zeug zu reden, als ob der Wahnsinn ansteckend wäre, und alle beide stritten sich jetzt mit dem imaginären Steward über das Essen und das Wasser herum. Dawson und Grant versuchten sie zu beruhigen und wieder zur Vernunft zu bringen, doch gegen Abend waren die beiden Männer derart irrsinnig geworden, daß sie plötzlich vom Floß sprangen und zusammen in die Dunkelheit hinausschwammen.

Dawson und Grant, die nun allein auf dem Floß waren, hatten fünf Tage lang nichts zu essen und vier Tage nichts zu trinken bekommen. Die kleinen Fische, die ab und zu zwischen den Balken herumschwammen, waren zu schnell, als daß die Männer sie hätten erwischen können. Doch am Mittwoch sprang ein Fisch, der mehrere Pfund wog, auf das Floß, und bevor er ins Wasser zurückgleiten konnte, packte ihn Dawson am Schwanz und schlug ihn mit dem Kopf gegen das Holz, bis er zitterte und starb. Grant schnitt ihn mit dem Messer auf und verteilte die Stücke an seinen Gefährten, doch das Fleisch war so zäh und ungenießbar, daß sie es trotz des nagenden Hungers nicht kauen konnten. Nach einem Tag in der Sonne war das Fleisch zarter geworden, und sie zwangen sich, kleine Portionen davon zu essen.

Am Donnerstag sah ein Mann, der auf einer Planke trieb, das Floß und paddelte langsam in ihre Richtung. Als die Planke gegen das Floß stieß, halfen Grant und Dawson dem Mann hinauf. Er hatte viereinhalb Tage mutterseelenallein auf dem Meer verbracht, und ein paar Stunden nach seiner Ankunft drehte auch er plötzlich durch. Grant und Dawson versuchten ihn zu trösten und aufzurichten, aber er hatte so viel durchgemacht, daß er sie nicht zu hören schien, sich ins Wasser legte und ins Meer abrutschte.

Niemand weiß, ob dieser Mann James Birch war; gewiß ist nur, daß James Birch, der ehemalige Präsident der kalifornischen Postkutschengesellschaft, der Mann, der die erste transkontinentale Postkutschenlinie begründet hatte, irgendwann mit Dawson auf dem Floß gewesen ist. Eine Stunde vor dem Untergang hatte Dr. Obed Harvey mit Birch gesprochen, und Birch hatte ihm gesagt, daß er für sich kaum Hoffnung auf Rettung sähe. Er trug einen langen, schweren Mantel und schien bedrückt, aber gefaßt zu sein. Ansel Easton hatte ihn schließlich davon überzeugen können, den Mantel gegen eine Schwimmweste auszutauschen, und als das Schiff unterging, landete Birch entweder auf dem Floß mit den zehn Männern oder einer stabilen Planke. Er hatte nur eine kleine silberne Babytasse bei sich, die er drei Wochen zuvor in San Francisco mit an Bord der *Sonora* genommen hatte. Ein Freund hatte sie zur Geburt von Birchs Sohn Frank geschenkt, was mit reichverzierter Schrift eingraviert war.

Birchs Postkutschen hielten auch in Oroville, wo Dawson in einem Hotel arbeitete, und vielleicht hatten sie sich bei einem der regelmäßigen Aufenthalte kennengelernt. Vielleicht aber begann und endete ihre Bekanntschaft auch in jener Nacht, in der Birch Dawson jedenfalls zu irgendeinem Zeitpunkt die Bedeutung der silbernen Tasse erklärte und ihn bat, sie im Fall seines Überlebens Birchs Sohn in Massachusetts zu überbringen. Dann verlor Birch entweder das Bewußtsein und glitt ins Meer, oder er wurde irrsinnig und schwamm davon, ohne daß ihn der geschwächte Dawson und die anderen hätten retten können.

Jetzt begann auch Dawson Anfälle von Verzweiflung zu verspüren, in denen er Grant zurief: »Um Gottes willen, können Sie nicht irgendwo irgendwas sehen?« Um Dawson zu beruhigen, stand Grant auf, suchte den Horizont ab und erblickte in der Ferne ein Rettungsboot mit einem aufgerichteten Ruder, an dem ein Mantel flatterte.

John Tice, der Zweite Maschinist an Bord der *Central America*, hatte keine Zeit gefunden, sich eine Schwimmweste zu sichern, bevor der Dampfer unterging. Als die erste der letzten Wellen zuschlug und das Heck schnell nach unten sank, riß sich Tice ein etwa drei Meter langes und zwei Fingerbreit dickes Brett ab, sprang, so weit er nur konnte, ins Meer und paddelte wie verrückt, um vom Schiff wegzukommen. Er hatte sich etwa zwölf Meter vom Heck entfernt, als er sah, wie die Wellen über dem Bug zusammenschlugen. Als sich der Dampfer langsam drehte, befand sich Tice außerhalb des Wirbels. Das letzte, was er von dem Schiff sah, war Kapitän Herndon, der auf dem Sturmdeck stand. Dann verschwand der Dampfer, die See begann zu brodeln, und Trümmer des Wracks schossen an die Wasseroberfläche hoch.

Tice legte sich bäuchlings mitten auf das Brett und paddelte mit dem Wind. In der Ferne sah er Lichter, auf die er zwei Stunden lang zu paddelte, bis sie verschwanden. Nach zwei weiteren Stunden sah er wieder Lichter eines Schiffs, die diesmal allerdings viel näher waren. Im Schein der Lichter konnte er die schwarze Silhouette eines Rumpfes ausmachen, der direkt auf ihn zusteuerte, aber den Kurs änderte, als er nur noch eine Viertelmeile entfernt war. Zuerst verschwand der Rumpf, dann die Lichter, wie bei dem ersten Schiff. Während der Nacht traf Tice auf sieben andere Männer, die allesamt auf Wrackteilen im Wasser trieben, und sie sprachen mit ihm, aber er konnte sich später an keinen Namen mehr erinnern.

Am nächsten Tag war die See zwar immer noch bewegt, doch der Sturm hatte sich gelegt, und die Sonne brach durch die aufgelockerte Wolkendecke. Wieder einmal erblickte er in einiger Entfernung die Bark, und als die Sonne im Osten höher stieg, näherte sich die Bark dem westlichen Horizont. Um sieben Uhr wurde es schon heiß, und die Bark war nicht mehr zu entdecken. Tice trieb allein in der Dünung und sah nichts außer Wasser und Himmel und die Planke vor seinen Augen. Gelegentlich gerieten Trümmer des Wracks in Sicht, und einmal sah er eine Schwimmweste auf dem Kamm einer Welle tanzen und dann verschwinden. In der stockfinsteren Sonntagnacht überwältigte ihn mehrmals die Müdigkeit, und er fiel in einen tiefen Schlaf, bis er plötzlich aufschreckte und spürte, wie seine Hände an der Seite der Planke fast erfroren waren. Beim Erwachen war er verstört und wußte zuerst gar nicht, wo er sich befand, und dann umfing ihn die tiefe Einsamkeit so bedrohlich, daß er nach einer Weile den Schlaf bekämpfte. Den ganzen Montag und die darauffolgende Nacht trieb er auf dem Meer umher.

Er war schon über 60 Stunden im Wasser gewesen, als er am Dienstag morgen etwas in der Ferne erspähte, das wie ein kleines Boot aussah. Er preßte sich flach auf die Planke und schwamm mit den Händen im Wasser. Inzwischen blies der Wind nur noch schwach, und die See war fast glatt. Dennoch paddelte er mehr als drei Stunden lang; die Entfernung schrumpfte auf drei Meilen, zwei Meilen und eine Meile, bis er das Objekt erkennen konnte. Es war eines der Rettungsboote der *Central America*, das sanft auf dem Ozean schaukelte und offenbar leer war. Tice paddelte an die Seite und hielt sich eine ganze Weile am Dollbord fest, bis er genügend Kraft geschöpft hatte, um sich ins Boot zu hieven. Das Wasser stand schon bis zur Hälfte der Spanten hoch, aber im Wasser fand er drei Riemen, eine rostige Pfanne, einen zerfressenen Eimer, drei alte Mäntel und eine Öljacke. Tice schöpfte das Wasser aus, wickelte einen Mantel um einen Riemen und befestigte das Signal am Bug. In dem Boot konnte er schlafen, ohne daß er befürchten mußte, fortgespült zu werden; doch er hatte immer noch nichts zu essen und zu trinken.

Er hielt weiter Ausschau nach größeren Schiffen, sah aber nur kleine Teile des Wracks, die auf dem Meer trieben. Einmal erspähte er in den Wellen eine Korbflasche. In der Hoffnung, daß die Flasche etwas zum Trinken enthielt, ruderte er näher und mußte feststellen, daß der Korken lose und in der Flasche nur ein bißchen Salzwasser war. In jener Nacht schlief er unruhig, und am nächsten Tag sah er wieder nichts außer seinem kleinen Boot, dem Himmel, dem Meer und der heißen Sonne, die auf ihn niederbrannte.

Am späten Donnerstag morgen erblickte Tice ein weiteres Trümmerteil, diesmal größer als die meisten Stücke, die bisher vorübergetrieben waren. Wieder ruderte er näher und erkannte ein Floß mit zwei oder drei Männern. Er ruderte weiter auf das Floß zu.

Grant hatte das Boot schon aus einer Entfernung von drei Meilen erspäht. Jetzt näherte es sich so langsam, daß weder Dawson noch er sagen konnte, ob jemand darin saß. Grant zog sich bis auf die Unterwäsche aus; Dawson half ihm, sich eine Schwimmweste um die Taille zu binden, und Grant ließ sich ins Wasser gleiten und paddelte zu dem Boot, das jetzt etwa eine Meile weit weg war. Tice sah, wie jemand das Floß verließ, ruderte kräftig auf den Schwimmer zu und erreichte ihn binnen einer Stunde. Er half Grant ins Boot hinein, und danach ruderten die beiden zum Floß und zogen Dawson von den Brettern. Während er mit Dawson beschäftigt war, bemerkte Tice, daß sich ein Leichnam in den Tauen verfangen hatte.

In den ersten gemeinsamen Minuten erzählten sich die Männer stammelnd und stockend ihre Erlebnisse seit dem Untergang des Dampfers. Dann streifte sich Dawson mit letzter Kraft die Kleider ab, damit sie trocknen konnten. Tice riet ihnen beiden, sich ein nasses Taschentuch um den Kopf zu binden. Danach verfielen sie wieder in Schweigen; sie waren so schwach und ausgetrocknet, daß sie sich nur noch ab und zu murmelnd fragen konnten, ob es für sie noch Rettung gab. Selbst wenn sie noch kräftig genug gewesen wären, um zu rudern, hätten sie nicht gewußt, in welche Richtung. Sie sahen nur das Meer und den Himmel, hatten keine Ahnung, wie weit sie von der Küste entfernt waren, und konnten sich nur nach dem Stand der Sonne richten. Also ließen sie sich von Wind und Wellen treiben, Tag und Nacht; die Sonne verbrannte sie, während sie den leeren Horizont absuchten, die Nacht schenkte ihnen keinen erholsamen Schlaf.

Eine Woche war jetzt vergangen, seit der Dampfer gesunken war. Und immer noch kein Essen, kein Wasser, kein Segel. Auf ihrer Haut hatten sich Geschwüre gebildet, und einige davon waren aufgeplatzt und hatten schlimme Wunden auf ihren Armen und Rücken hinterlassen. Sie spürten den Hunger nicht mehr; ihre Lippen waren ausgetrocknet, hart und gesprungen, ihre Zungen ausgedörrt und angeschwollen. Dann erblickten sie am späten Sonntag morgen im Nordosten das Segel eines Schoners, der sich anscheinend auf dem Kurs nach Süden befand. Sie nahmen die Ruder und versuchten, auf den Schoner zuzusteuern, dessen Segel sich im Winde blähten; doch als sie sich auf zwei Meilen genähert hatten, wurde die Entfernung zwischen dem Schiff und ihrem kleinen Boot immer größer. Der Schoner hielt seinen Kurs und war binnen der nächsten zwei Stunden über den Horizont gesegelt.

In jener Nacht lag Dawson auf dem Boden des Bootes und wünschte sich den Tod. Dann gerieten sie am nächsten Tag zum erstenmal seit dem Hurrikan in einen Regenschauer. Sie öffneten den Mund, fingen die Tropfen auf und saugten die Feuchtigkeit aus ihren Kleidern. Sie füllten die kleine silberne Tasse und sammelten einen Viertelliter in dem Eimer und der Pfanne; aber sie waren so ausgetrocknet, daß sie sich nur wenig Linderung verschafft hatten, als der Regen aufhörte.

Die drei Männer konnten ihre Glieder kaum bewegen. Sie saßen mit dem Kopf auf den Knien da, trieben dahin und wünschten sich zu sterben. Doch als der Regen nachgelassen hatte, erspähte einer von ihnen in einer Entfernung von wenigen Meilen eine Brigg, die vor einer leichten Brise herlief. Obwohl sie befürchteten, daß es sich nur um eine Erscheinung handeln könnte, die sich ihrer Erschöpfung verdankte, oder ein wirkliches Schiff, das wieder davonsegeln würde, schöpften sie erneut Hoffnung, und die Brigg kam langsam näher. Dann sahen sie, wie sie ihre Toppsegel losmachte und ihren Bugspriet direkt auf sie zu schwenkte.

Grant und Dawson saßen nebeneinander, griffen sich mit ihren aufgesprungenen Händen jeweils einen Riemen und versuchten, von Hoffnung beseelt, zur Brigg zu rudern. Doch Dawson konnte nicht mehr. Als er es noch einmal versuchte, verließen ihn wieder die Kräfte. Dann raffte er sich ein drittes Mal auf, der Kapitän der Brigg rief ihnen etwas über das Wasser zu, und kurz darauf lagen sie längsseits an der *Mary* aus Greenock in Schottland, die vor kurzem aus dem kubanischen Cárdenas mit einer Ladung Zucker und Sirup ausgelaufen war und sich auf der Heimreise nach Cork befand. Einem Seemann war Dawsons weißes Hemd aufgefallen.

Die Matrosen hievten die drei Männer an Bord und paßten auf, daß ihre ausgemergelten Körper nicht an das Holz schlugen. Dann trugen sie die drei über das Deck in die Kabine, wo der Kapitän sie zuerst mit einem Glas warmem, mit Zucker gesüßtem Rotwein erfrischte. Als sie den süßen Wein getrunken hatten, baten sie um Wasser, das ihnen der Kapitän aus gutem Grund verwehrte. Nachdem sie sich ein Weilchen ausgeruht hatten, gab er ihnen etwas dünnen Haferschleim in kleinen Portionen, woraufhin sie erneut vergeblich um Wasser bettelten. Während der kommenden Tage gab ihnen der Kapitän etwas mehr zu essen und kleine Schlucke Wasser zu trinken. Langsam brachte er sie so mit Wasser und Haferschleim wieder ins Leben zurück.

Nach einer Woche traf der Kapitän der *Mary* auf die Bark *Laura*, die nach New York unterwegs war und die drei Männer übernahm, um sie sicher an ihr ursprüngliches Ziel zu bringen. Als Grant, Dawson und Tice am 5. Oktober in der Stadt ankamen, wurden sie von Presseleuten gejagt, die Interviews verlangten und ihre neugierigen Leser mit Schilderungen des körperlichen Zustands der Schiffbrüchigen füttern wollten. *Frank Leslie's Illustrated* schrieb, daß ihr Leid »in der Geschichte der Schiffskatastrophen beispiellos« sei. Selbst nach zwei Wochen Pflege und Genesung waren ihre Wangen immer noch eingefallen, ihre Körper abgezehrt und mit großen Geschwüren bedeckt. Von ihren Händen schälte sich immer noch das Fleisch. Eine Zeitschrift schrieb über Grant: »Sein großes, männliches Gesicht war bleich und fast nur noch Haut und Knochen, und seine schwarzen, vernarbten Lippen sahen aus, als ob er sie in seiner Qual zerkaut hätte. Doch die entsetzlichsten Spuren hatte das Unglück in seinen Augen hinterlassen. Von Natur aus groß, waren sie jetzt unnatürlich geweitet und hatten einen starren, angespannten, schlaflosen Ausdruck, als ob sie immer noch vom Floß aus den trostlosen Horizont nach einem gütigen Segel absuchten.«

»Ich spreche nicht gern über das, was wir durchgemacht haben«, sagte Grant dem Reporter mit einer heiseren und hohlen Stimme. »Sie waren alle so gut wie tot.«

Ein Journalist der *New York Times* schrieb, daß die drei Männer von der Menge »fast erdrückt« wurden und nicht einmal die Hälfte der Fragen beantworten konnten, mit denen man sie bestürmte. »Der farbige Mann, Dawson«, bemerkte der Reporter, war »über die außergewöhnliche Aufmerksamkeit, die man ihm zollte, sichtlich ungehalten, bahnte sich einen Weg durch die Menge und schleppte sich von dannen.«

Die *Mary* hatte die drei Männer am Montag nachmittag um vier Uhr gerettet, acht Tage und 20 Stunden, nachdem der Untergang der *Central America* sie Wind und Wellen überlassen hatte. Der Kapitän der *Mary* hielt die Koordinaten zur Zeit ihrer Rettung fest: 36 Grad 40 Minuten Breite, 76 Grad 00 Minuten Länge.

Das bedeutete, daß Grant, Dawson und Tice seit dem Untergang fast 500 Meilen gen Nordosten gedriftet waren.

Als er wieder auf den Beinen war, löste George Dawson, der entweder in New York weilte oder nach Swansea in Massachusetts gefahren war, sein Versprechen ein, das er einem Sterbenden gegeben hatte: Er übergab James Birchs Frau und seinem jungen Sohn Frank die silberne Tasse. Birchs Frau fügte eine Gravur hinzu: »Gerettet vom Dampfer *Central America*. Untergegangen am 12. September 1857.« Die Tasse kann heute im Hearst Mining Building der Universität von Kalifornien in Berkeley besichtigt werden.

Bob war bei seinen Nachforschungen schon früh auf diese außergewöhnliche Geschichte gestoßen und hatte trotz der spannenden Schilderung des Überlebenskampfes der Männer sofort den wissenschaftlichen Wert der Erzählungen erkannt. Bald darauf hatte er sich an der Universität von Miami mit einem Golfstromexperten getroffen. Indem er die Geschichte als fiktive ausgab, andere Koordinaten benutzte und ein vergleichbares Szenarium konstruierte, stellte er dem Fachmann folgende Frage: Wenn etwas von diesem Punkt auf dem Ozean in einem bestimmten Zeitraum zu jenem abdriftete, befände es sich dann im Golfstrom? »Und dieser antwortete«, so Bob nach einer Pause, »ja, ganz bestimmt.«

Obwohl sich der Kurs und die Breite des Golfstroms von Zeit zu Zeit ändern, grenzte diese Information die Unglücksstätte erheblich ein, und Tommy hütete sie wie seinen Augapfel und machte sie nicht einmal Larry Stone zugänglich. Doch als Stones Wahrscheinlichkeitskarten sich nicht deckten, riet Tommy Stone, alles noch einmal neu zu berechnen und für die ganze Zeit eine Strömung von drei Knoten in nordöstlicher Richtung anzunehmen. Er wollte sehen, ob das einen Unterschied machte. »Und was für einen«, sagte Stone. »Als wir das eingaben, paßten die Karten ziemlich gut zusammen. Das war ermutigend. Es bedeutete, daß sich die Informationen, die wir aus diesen drei unabhängigen Quellen gewonnen hatten, jetzt widerspruchsfrei zusammenfügten.

HINAB IN DIE TIEFSEE

Tiefseeroboter *Nemo*
© Columbus-America Discovery Group

200 Meilen vor der Küste
North Carolinas – Juni 1986

Unter einem von Blitzen zerrissenen Himmel peitschte ein Sturm mit 40 Knoten Windgeschwindigkeit das Meer zu Wellenbergen auf. Ein um das andere Mal schoß der stählerne Bug der *Pine River* in die Höhe und krachte dann mit voller Wucht wieder zurück auf die Wasseroberfläche. Bei jedem Aufprall erbebte das Schiff vom Bug bis zum Heck. Wenn das Achterschiff abfiel, schoß die See über die Heckgillung, überflutete das flache Deck und brach sich an den Wänden des Kontrollraums, in dem die Sonartechniker fieberhaft nach dem Fehler im SeaMARC-System suchten. Wenn sie aufschauten, konnten sie durch ein in die stählerne Außenhaut eingelassenes kleines Fenster die Wasserwand sehen, die vom Heck her auf sie zu rollte.

»Manchmal«, erinnerte sich der Sonartechniker John Lettow, »sah es so aus, als stünde der Ozean zehn Fuß hoch auf dem Deck – und wir darunter.«

Die *Pine River* war eine flachkielige Baggerschute, die normalerweise Bohrschlamm von und Nachschub zu den Ölbohrinseln vor der Küste Louisianas transportierte. Tommy hatte sie in einer Werft im texanischen Orange entdeckt, als er zusammen mit Don Craft, einem ehemaligen Kommandeur der Navy, nach einem geeigneten Schiff suchte. Craft hatte die Navy nach 30 Jahren Dienst mit einem Seekapitänspatent verlassen. Damit war er befugt, Schiffe jeder Größe und Leistung auf jedem Meer der Welt zu führen. Tommy hatte Craft, der damals als Berater für Offshore-Operationen tätig war, Ende 1984 angesprochen, weil er als ehemaliger Navy-Kommandeur wußte, was für ein Schiff und welche Ausrüstung man benötigte, um eine SeaMARC-Erkundung in der Tiefsee 200 Meilen vor der Küste durchzuführen.

Clark war zunächst mißtrauisch gewesen. Doch nachdem Tommy ihm sein Honorar per Scheck zugeschickt und die Bank den Scheck eingelöst hatte, traf er sich mit Tommy in Houston. Vier Tage lang klapperten die beiden jede Werft zwischen Orange, Jennings und Lafayette und von Cameron über Patterson bis nach Houma ab, die Schaufenster, in denen die Offshore-Bedarfslieferanten ihre verrosteten Baggerschuten zum Chartern feilboten. Wonach sie suchten, war ein Schiff, das sie aus dem Schlamm herausziehen, sandstrahlen, überholen und für eine Tiefseeforschungsreise auf dem Atlantik ausrüsten konnten.

Die ersten eineinhalb Tage fragte Craft sich, ob Tommy die Absicht hatte, jemals wieder mit dem Reden aufzuhören. »Er bohrte mir Löcher in den Bauch mit Fragen nach jeder gottverdammten Einzelheit, die man sich vorstellen kann«, berichtete Craft, »nach Schiffen, Unterwasserrobotern, Arbeitstechniken, Ausrüstungen, Reedereien, danach, wie man im Golf für gewöhnlich arbeitete, wie die Seeleute hier die Dinge zu tun pflegten und mit welchen Problemen sie sich herumschlugen. Und das geschlagene vier Tage lang.«

In Orange stießen sie schließlich auf die *Pine River*, die Tommy besonders gefiel, weil sie ein Hubschrauberdeck besaß. Unter dem Hubschrauberdeck befanden sich ein brauchbarer Kontrollraum, eine kleine Werkstatt und ein Lagerraum, Dinge, die Craft für das Schiff einnahmen, auch wenn es mit 50 Metern etwas kürzer war, als er es sich vorgestellt hatte.

Craft ließ den Großteil der beim letzten Charter eingebauten Ausrüstung herausreißen und das Schiff vor der Überführung gründlich säubern. Nach der Überprüfung der Tanks schätzte er den Treibstoffvorrat an Bord auf 230 000 Liter. Als er Orange verließ, hatte er die *Pine River* für den Zeitraum vom 14. Mai bis Ende Juli gechartert. Acht Tage später traf er in Jacksonville ein, installierte den Schleppunkt und die Winsch, schweißte einen umgebauten Ladekran für das Aussetzen und Wiedereinholen des 1200 Pfund schweren SeaMARC auf das Deck, heizte die Kombüse ein, füllte die Kühlschränke und die Speisekammer auf und wartete dann auf die Ankunft von Mike Williamson und seinen Sonartechnikern.

Insgesamt lebten auf dem Schiff 22 Mann. Sechs Männer aus dem Mississippidelta kümmerten sich darum, daß das Schiff sauber war, die Maschinen liefen und der Kurs stimmte. Für die Kombüse wurde ein Koch angeheuert. Die elektronischen Aufzeichnungsgeräte im Kontrollraum waren rund um die Uhr von Williamson und seiner elfköpfigen Sonarcrew besetzt. Bob blieb, mit dem Spitznamen »Info-Bob« versehen, in Columbus zurück, um das Team auf See mit zusätzlichen Informationen zu versorgen. Barry, damit betraut, die Suche per Fotoapparat und Videokamera zu dokumentieren, ging Tommy bei der Korrespondenz mit den Gesellschaftern zur Hand und war darüber hinaus für die Bord-Land-Kommunikation – und damit für die Versorgung mit Nachschub, Ersatzteilen und Informationen – zuständig. Formell betrachtet war Tommy Williamsons Kunde, und als Kunde wurde von ihm erwartet, daß er zusah und zuhörte. Aber er hatte fast eineinhalb Millionen Dollar seiner Gesellschafter in das Projekt investiert, und er würde Williamson die SeaMARC-Suche ebensowenig allein durchführen lassen, wie er Larry Stone bei der Berechnung der Wahrscheinlichkeitskarte allein gelassen hatte.

Das ganze Frühjahr über hatte Tommy immer wieder Stone angerufen und die Annahmen in Frage gestellt, auf denen die Karte basierte. »Wie kritisch ist diese Annahme?« fragte er Stone ein ums andere Mal. »Können wir dazu noch bessere Daten erhalten? Läßt sich das Modell noch präzisieren? Was, wenn der Hurrikan, in dem die *Central America* unterging, mit 110 und nicht mit 78 Knoten blies? Wie würde sich das auf die Stelle auswirken, an der das Schiff schließlich sank?«

»Tommy ging einfach alles, was er in die Hand nahm, mit größter Sorgfalt und Detailversessenheit an«, kommentierte Stone. »Immer wieder nahm er einzelne Teile der Analyse unter die Lupe, suchte nach Fehlern, versuchte zu erkennen, wo die Schwachstellen lagen und ob und wie man sie beheben konnte, bevor wir ausliefen.«

Tommy wollte, daß der umgehauene Mast, der ausgeworfene Anker, das Schleppsegel, alles, was die Abdrift der *Central America* beeinflußt haben könnte, in die Rechnung mit einbezogen wurde. Als das getan war, verlangte er von Stone, die Annahmen zu den Wind- und Strömungsverhältnissen zum Zeitpunkt des

Unglücks nochmals zu überprüfen. Dann wollte er, daß Stone die Genauigkeit der damals eingesetzten Sextanten und Chronometer in Erfahrung brachte und sich dazu mit Experten auf diesem Gebiet in Verbindung setzte. Ruf sie einfach an, sagte er, sie werden mit dir reden. Stone hielt sich an den Ratschlag – und war überrascht, wie gut es funktionierte. »In diesem Land braucht man nur drei oder vier Telefonanrufe, um einen Experten für ein x-beliebiges Thema an die Strippe zu bekommen«, berichtete Stone, »und genau dazu forderte er mich immer wieder auf.«

Ein ehemaliger Offizier der Küstenwache sagte ihnen, daß die Abweichung der mit Sextanten und Chronometern aus dem 19. Jahrhundert durchgeführten Astronavigation nicht mehr als vier Seemeilen betrug. Ein Meeresforscher der University of Miami half ihnen bei der Frage nach den vor Ort herrschenden Strömungsverhältnissen weiter; ein Meteorologe der Naval Postgraduate School erstellte mit dem Computer ein Modell, um die Auswirkungen des Hurrikans auf diese Strömungen abzuschätzen; und ein Professor der Florida Atlantic University kalkulierte den Leewegfaktor, also die Geschwindigkeit, mit der derselbe Hurrikan einen mit Wasser vollgelaufenen Schiffsrumpf abtreiben würde.

Doch Tommy bestand auf noch besseren Schätzwerten der Modellparameter; mit Hilfe von Sensitivitätsanalysen wollte er untersuchen, wie sich in Abhängigkeit von unterschiedlichen Schätzwerten die Wahrscheinlichkeitsverteilungen veränderten. »Tommy erinnerte mich an eine Bulldogge«, sagte Stone. »Er hatte sich in das Problem verbissen. Immer wieder nahm er es sich vor, stellte unsere Annahmen in Frage, pflückte sie auseinander, versuchte, Lösungen zu finden – und zwang mich, das gleiche zu tun.«

Die letzte Annahme, die Tommy überprüfen wollte, betraf die Zuverlässigkeit der von den Kapitänen angegebenen Koordinaten für jedes der drei Szenarien, die Stone benutzt hatte. Nachdem er, Bob und Stone die Sache durchdiskutiert hatten, gewichteten sie das *Ellen*-Szenario mit 72 Prozent, das *Central-America*-Szenario mit 23 und das *Marine*-Szenario mit fünf Prozent Wahrscheinlichkeit. Sie wiesen den *Ellen*-Koordinaten ein so hohes Gewicht zu, weil Kapitän Johnsen seine Positionsbestimmung nach dem

Sturm vorgenommen und im Logbuch der *Ellen* eingetragen hatte. Herndons Koordinaten von der *Central America* waren, abgesehen davon, daß über die Quelle noch immer Ungewißheit herrschte, inmitten eines Sturmes mündlich weitergegeben worden. Und Burt, der Kapitän der *Marine*, hatte seine Position geschätzt. Nachdem jedes Szenario gewichtet war, rechneten sie die Wahrscheinlichkeitskarte neu. Stone war von der neuen Karte sehr angetan.

»Alles sah konsistent aus. Ich war sehr zufrieden mit mir, und ich glaube, daß das Ergebnis auch Tommy neues Vertrauen in die Wahrscheinlichkeitskarten einflößte. Immerhin schienen wir in der Lage zu sein, die meisten Widersprüche aufzulösen und auf irgendeine Weise die Karten zu einem sich ergänzenden und überschneidenden Ganzen zusammenzufügen. Natürlich enthielten sie Unsicherheiten, aber die Überschneidungen paßten gut zusammen.«

Die Wahrscheinlichkeitskarte, die Stone Tommy schließlich vorlegte, war sehr übersichtlich und präzise; die zahllosen kleinen Zellen, in denen kleine Zahlen standen, repräsentierten jeweils ein Planquadrat mit einer Kantenlänge von zwei Meilen. Am Ende jeder Linie, aus denen das Raster bestand, hatte Stone die Länge beziehungsweise die Breite bis auf die nächste Minute genau eingetragen. Die Zahlen in den einzelnen Zellen, die zwischen 0 bis 73 betrugen, gaben die Wahrscheinlichkeit in Promille an, daß die *Central America* an dieser Stelle auf dem Meeresboden lag. In der Zelle mit dem Höchstwert 73 lag die Wahrscheinlichkeit, daß das Wrack sich in ihr befand, bei 7,3 Prozent; das Schiff konnte zwar auch in einer der zahlreichen Zellen liegen, in denen eine Null stand, doch die Wahrscheinlichkeit, daß dem so war, betrug weniger als ein Promille.

Gemeinsam mit einem Kollegen hatte Mike Williamson auf der Grundlage von Stones Wahrscheinlichkeitskarte, von topographischen und meteorologischen Faktoren sowie der Geschwindigkeit und Richtung der vorherrschenden Strömungen eine Suchkarte erstellt, die effizienteste Methode, die Suchbahnen so zu legen, daß sie durch die Zellen mit den höchsten Wahrscheinlichkeiten verliefen. Darüber hinaus hatten sie jede Suchbahn separat auf einem Rastergitter mit detaillierten Koordinatenangaben und exakten Fahrtrichtungen abgebildet. Doch wie sie bereits in den ersten paar Tagen auf See feststellten, hielten sich die Strömungen so gut wie nie an die Karten, arbeitete die elektronische Ausrüstung zu keinem Zeitpunkt fehlerfrei und lag das Meer niemals glatt und ruhig.

Sie hatten Jacksonville am 3. Juni kurz nach Mitternacht verlassen, und die *Pine River* kämpfte sich durch immer höhere Wellen und einen immer heftigeren Wind. Am Morgen des 4. Juni erreichten sie bei starkem Seegang den Startpunkt der ersten Suchbahn, 200 Meilen vor der Küste, und nahmen die Suche nach der *Central America* auf. Doch bereits zwei Stunden später mußten sie die Suche abbrechen und die SeaMARC an Bord holen: Die Navigationsanlage war ausgefallen. Solange sie die Position der SeaMARC nicht bestimmen konnten, hatten sie auch keine Möglichkeit, die Lage eines Wracks am Meeresboden zu bestimmen, sollten sie auf eines stoßen – und das war schließlich der Grund, warum sie überhaupt hier draußen waren. Am Abend des Tages lagen die Innereien der SeaMARC ausgebreitet auf Tischen im Kontrollraum, während sich draußen das Wetter weiter verschlechterte.

»Es war ein Hurrikan«, sagte Lettow, »der zu einem Sturm heruntergestuft wurde, als er den Bereich des Golfstroms verließ. Dennoch mußte sich die *Pine River* durch Sturmseen kämpfen, über denen Blitze durch den Himmel zuckten.« In der Nacht zum 6. Juni bescherte ihnen das Auge des tropischen Sturms Andrew eine Viertelstunde ruhige See und klaren Himmel, bevor der Wind und der Seegang wieder an Stärke zunahmen und auf die *Pine River* einstürmten, deren Achterdeck, so der Eintrag im Logbuch, »häufig unter Wasser« stand.

Die Techniker nutzten die Zeit, um die SeaMARC auf Herz und Nieren durchzuchecken, konnten sich aber noch nicht einmal auf die Art des Problems einigen. »Was fehlt, ist ein Logik-Gate; wir müssen das Gate einsetzen«, schlug einer vor. »Das System hat bereits funktioniert, und zwar ohne das Gate«, widersprach ein zweiter. »Meiner Meinung nach hat der gesamte Logikprozeß eine Macke.«

Der dritte wollte den ersten über Bord werfen, weil er den zweiten, der vielleicht eine Lösung hatte, aus dem Konzept brachte.

»Stunde um Stunde, Tag um Tag, immer das gleiche Theater«, klagte der Techniker Will Watson hinterher. Die Männer nahmen sich eine Steckkarte des Computers nach der anderen vor und eliminierten ein paar zusätzliche Probleme – nur um dann zu entdecken, daß bei einem vorherigen Einsatz das System neu verdrahtet und die Karten in einer anderen Anordnung eingebaut worden waren. Doch selbst nachdem sie das System wieder entsprechend dem Originalschaltplan verbunden hatten, weigerte sich der Schlitten, die Signale von der Bordkontrolle zu verarbeiten. Schließlich entdeckten sie, daß der Schaltplan selbst fehlerhaft war.

Andrew zog vorüber, und der Wind ließ nach, aber die See war immer noch aufgewühlt und rauh. Am Nachmittag des 7. Juni bauten die Techniker die SeaMARC wieder zusammen und setzten sie wieder aus, doch kaum war der Tiefschleppsonar im Wasser, traten neue Schwierigkeiten auf. Die Rede war von »durchgebrannten Bufferchips« auf dem »Tone-Burst-Generator« und einem Masseschluß in einem »24-pin-Burton«; so kryptisch diese Ausdrücke klangen, die Botschaft war unmißverständlich: Ein Problem nach dem nächsten, und jedesmal etwas anderes. Sie zogen den Sonarschlitten aus dem Wasser und nahmen ihn erneut auseinander.

Tommy war immer da, sah den Technikern bei der Arbeit zu, versuchte, ihnen zu helfen, und die Stunden und Tage vergingen. »Mike versuchte, die Techniker ihre Arbeit tun zu lassen«, sagte Tommy. »Ich sprach mit den Technikern und tat, was ich konnte, um ihnen bei der Arbeit mit der Systemlogik und der Fehlerdiagnose zu helfen, und sie fingen an, mich zu akzeptieren. Mike sagte immer: ›Du kriegst es schon hin, keine Sorge‹, aber wenn ich mit den Technikern am Tisch saß, hörte ich laufend Sätze wie: ›Wir haben keine Ahnung von diesem Teil des Schaltkreises. Wenn wir weitermachen, riskieren wir, etwas kaputt zu machen und das Ding nie mehr zum Laufen zu bekommen.‹«

In einer dieser Nächte stand Tommy vor den Tischen im Kontrollraum, auf denen Bauteile der SeaMARC verteilt lagen, und hörte den Technikern zu, wie sie einem gerade neu aufgetretenen Problem auf die Spur zu kommen versuchten. Er fühlte, wie das Schiff in der schweren See hin und her rollte, dachte zurück an eine ganze Woche, in der Enttäuschung auf Enttäuschung gefolgt war, daran, daß sie nichts erreicht hatten, seit sie in See gestochen waren, und sagte, gerade laut genug, daß Will Watson ihn hören konnte: »Genau das habe ich befürchtet.«

Die Techniker wußten mehr über Elektronik und Sonarsysteme als Tommy, aber sie hatten ihr Wissen nie dazu benutzt, das Wrack eines Schiffs mit Holzrumpf aufzuspüren, das in mehr als 2400 Meter Tiefe auf dem Meeresboden ruhte. Niemand hatte das. Genausowenig hatten sie den Großteil ihres Lebens darauf verwandt, nach innovativen Wegen zur Lösung von Problemen zu suchen. »Wenn sie vor einem Problem standen, schlugen sie einen Weg ein und gingen den bis zum Ende. Schlug das fehl, sagten sie, ›okay, das hat also nicht funktioniert. Was machen wir jetzt?‹, und dann versuchten sie es mit dem nächsten Weg.«

Tommy arbeitete anders. Zum Beispiel fragte er die Techniker, wie lange sie brauchten, bis sie die SeaMARC auseinandergebaut und das Problem identifiziert hätten. Jemand nannte ihm einen ungefähren Zeitraum, und Tommy wollte wissen, was sie tun würden, sollte dieser Ansatz fehlschlagen.

»Nun, dann werden wir eben das und das versuchen«, kam dann als Antwort.

Worauf Tommy nachhakte, ob sie das nicht sofort tun könnten? »Wir haben acht Stunden Zeit, und nicht alle können an der Sonarsonde arbeiten. Kann sich nicht jemand ans Telefon hängen? Gibt es Informationen, die wir einholen können? Schaltkreise, die wir ordern können? Wenn ja, was für Schaltkreise? Was spricht dagegen, diese Schaltkreise jetzt sofort anzufordern?«

Sollten die Techniker, die an dem Problem arbeiteten, nach acht Stunden feststellen, daß sie falsch lagen, wären wenigstens die anderen auf ihrem alternativen Pfad ein gutes Stück vorangekommen. Und falls sie doch Erfolg hatten, könnte man immer noch die Bestellung stornieren oder die gelieferten Teile wieder zurückschicken. Falls der Lieferant ihnen dafür ein paar Dollar in Rechnung stellte, wen kümmerte es? Tommy gab Tag für Tag 20000 Dollar für die besten Sonarexperten der Welt aus, doch solange die SeaMARC nicht funktionierte, konnten sie keinen Meter Meeresboden abtasten.

Am Nachmittag des 8. Juni setzten sie die SeaMARC wieder aus und arbeiteten sich weiter auf Suchbahn 1 voran. Das Wetter hatte sich leicht beruhigt, nachdem Andrews Auge vor zwei Tagen vorbeigezogen war, fing jetzt aber wieder an, schlechter zu werden. Bei bis zu zwei Meter hohen Wellen und einem Wind von 20 Knoten mußte die *Pine River* gegen starke Seitenströmungen und die schwere See ankämpfen, um nicht von der in der Karte eingezeichneten Suchbahn abzuweichen. Einmal schlug ein Blitz so nahe am Schiff ins Wasser, daß ein Teil des Kabels, über das die Signale von der SeaMARC übertragen wurden, verschmorte.

Lettow, von Tommy nach seiner Meinung gefragt, hielt mit seiner Meinung nicht hinter dem Berg zurück: »Meiner Ansicht nach hätten wir vor drei Tagen an die Küste zurückfahren und uns ein paar Bier genehmigen sollen, statt hier draußen herumzupfuschen.«

Die erste Suchbahn beschrieb einen Kurs, der die *Pine River* durch Planquadrate mit einer Gesamtwahrscheinlichkeit von 25 Prozent führte. Anders gesagt, auf dieser ersten Route standen die Chancen, daß sie die *Central America* zu Gesicht bekamen, bei eins zu vier. Danach würden sie wenden, der zweiten Suchbahn folgen, die sich zur Hälfte mit der ersten Bahn überlappte und einen neuen Bodenstreifen von rund eineinhalb Meilen Breite abdeckte, dann wieder wenden und auf Suchbahn 3 einschwenken. Zusammengenommen repräsentierten die Suchfelder der ersten drei Bahnen eine Wahrscheinlichkeit von fast 50 Prozent.

Doch schon ein paar Stunden, nachdem sie zum zweiten Mal auf Bahn 1 unterwegs waren, drückte der starke Seitenwind den Bug der *Pine River* vom Kurs ab. Bei dem Versuch, sie wieder auf Kurs zu bringen, schlug der Kapitän das Ruder so weit ein, daß es fast quer zum Rumpf stand. Dieses Manöver bremste das Schiff ab, und die SeaMARC begann, an Höhe zu verlieren. Um zu verhindern, daß die SeaMARC auf den Meeresboden aufprallte, holte der Pilot Seil ein. Dieses zusätzliche Gewicht bremste das Schiff weiter ab, was es noch schwieriger machte, auf den vorgesehenen Kurs zurückzukehren, und den Kapitän dazu zwang, noch mehr Ruder zu legen.

Die SeaMARC kam ins Trudeln, wurde mal schneller, mal langsamer, stieg in die Höhe, sackte ab und verließ immer wieder die Suchbahn, was bedeutete, daß in dem ersten Suchlauf durch die Zellen mit der höchsten Wahrscheinlichkeit Lücken blieben. Tommy eilte zwischen dem Kontrollraum und der Brücke hin und her und versuchte den beiden Teams klarzumachen, daß sie intensiver miteinander kommunizieren mußten. »Das löste zwar gewisse Spannungen aus«, sagte Tommy, »aber mir blieb keine andere Wahl.«

Womöglich, so fürchtete Tommy, lag die *Central America* in einer der Zellen mit hohen Wahrscheinlichkeitswerten auf der ersten Suchbahn, in denen die SeaMARC keine Bilder geliefert hatte, oder waren alle von der Arbeit so erschöpft und von dem starken Seegang so mitgenommen, daß keiner wissen würde, wo sie sich befanden, sollte die SeaMARC ein großes Ziel erfassen. Kurz gesagt, Tommy befürchtete, daß sie über die *Central America* mit ihren gewaltigen Schaufelrädern und dem ganzen Gold in ihrem Rumpf hinweggleiten und keiner etwas merken würde.

»Manchmal ging ich mitten in der Nacht in den Kontrollraum«, sagte er, »und die Leute an den Druckern schliefen alle.«

Wer Mike Wiliamsons Dienste in Anspruch nahm, wollte, daß er ihm etwas aus der Tiefe des Ozeans heraufholte. Üblicherweise sagten seine Auftraggeber ihm, wo er es ihrer Meinung nach finden würde, und ließen ihn dann loslegen. Das war es, was er von seinen Kunden erwartete, nicht mehr. Nach Tommys Ansicht dagegen bestand seine Aufgabe als Kunde darin, »lenkend einzugreifen«, wenn er das Gefühl hatte, daß Williamsons Team das Problem nicht richtig erkannte, und er bedrängte Williamson, alles neu zu überdenken. Er zögerte auch nicht, ihn mitten in der Nacht aus seiner Koje herauszuholen. Als die Techniker ratlos vor dem defekten Sonar standen und herumrätselten, griff Tommy zum Satellitentelefon und rief, für zehn Dollar die Minute, den Konstrukteur der SeaMARC an.

Don Craft war schon mehrmals als Kapitän mit Williamson auf See gewesen. Er wußte, wenn Williamson und sein Team an Bord kamen, brauchte man sich um die Arbeit mit dem Sonar keine Sorgen zu machen. »Mike Williamson«, sagte Craft, »ist ein erstklassiger Sonarexperte.« Nach langen Jahren der Arbeit mit den besten Sonartechnikern verfügte Williamson über ein handverlesenes Team.»Wir kamen mit einem Team auf das Schiff, das wir für das beste der Welt hielten«, sagte er.

Doch Tommy dachte anders, dachte an die 100 Gesellschafter, die viel Geld darauf gewettet hatten, daß er wußte, wie man ein Schiffswrack in einer Tiefe findet, in der noch niemand zuvor gearbeitet hatte – und es von da unten auch heraufholt. Mit der SeaMARC ein Bild des Wracks einzufangen war der erste Test, und ihm standen genau 40 Tage zur Verfügung, dieses Bild zu liefern. Elf davon waren bereits verstrichen; das Wetter hatte ihnen einen Strich durch die Rechnung gemacht, dazu waren Probleme mit dem Zugseil und der Navigation gekommen, ganz zu schweigen von den Fehlfunktionen der SeaMARC. Alles, was sie bislang vorzuweisen hatten, waren die Aufzeichnungen einer Suchbahn von einem Tiefschleppsonar, der immer wieder vom Kurs abkam.

Ted Brockett, der den Schlitten für die SeaMARC entworfen hatte, verstand Tommys Bedenken, sympathisierte aber mit Williamson.»Harvey hatte immer seinen Finger drauf«, sagte Brockett.»Wenn etwas nicht richtig lief, kam er mit seinem Taschenrechner und einem Bleistift, berechnete irgendwelche Formeln und entwarf eine Lösung. Er mischte sich einfach in *alles* ein, und so verbrachte ich ein gut Teil meiner Zeit damit, verletzte Egos zu besänftigen und die beiden einigermaßen ruhig zu halten. Fäuste flogen zwar keine, aber die Diskussionen konnten ziemlich hitzig werden; auf einem kleinen Schiff, wo man sich nicht aus dem Weg gehen kann, schaukeln sich solche Dinge leicht hoch.«

Auf See funktioniert niemand hundertprozentig. Williamson drückte es so aus: Nimm irgend jemanden, der an Land gute Arbeit leistet, verfrachte ihn auf ein kleines Schiff auf hoher See, und seine Produktivität sinkt garantiert um 90 Prozent. Schiffe von der Größe der *Pine River* schlingern und stampfen. Sie werden von laut wummernden Dieselmotoren angetrieben, die die Luft mit Abgasen verpesten und die Benommenheit, die von dem ständigen Schwanken ausgelöst wird, noch weiter verschlimmern. Wer sagt, daß er noch nie seekrank war, lügt. Und so war es auch auf der *Pine River*: Die Seekrankheit setzte ein paar Leute ganz und etliche andere halb außer Gefecht, und sie ging bei allen auf Kosten ihrer Leistungsfähigkeit. Jeder an Bord hatte irgendwo da draußen eine Welle, auf der sein Name geschrieben stand. Ein

Sturm wie Andrew erzeugte genügend Wellen mit genügend unterschiedlichen Frequenzen, um jeden an Bord seinen Magen spüren zu lassen. Wenn man vier Nächte nacheinander kaum ein Auge zugetan hat, wenn die Dieselmotoren unter Deck wummern und den Rumpf zum Vibrieren bringen, wenn das, worauf du deinen Fuß setzt, glatter Stahlboden ist, der sich dazu auch noch ständig auf und ab und hin und her bewegt, wenn sich der gesamte verfügbare Platz auf die Hälfte eines Fußballfeldes beschränkt und man diese paar Quadratmeter mit über 20 Mann teilen muß, von denen man die Hälfte noch nie zuvor gesehen hat, und wenn man dann versucht, seine Arbeit in Übereinstimmung mit der goldenen Seemannsregel auszuführen – mit beiden Füßen auf Deck stehen und sich mit einer Hand an irgend etwas festhalten –, dann kommt man an einen Punkt, an dem man bestimmte Dinge einfach nicht mehr tolerieren kann.

»Kleine, unbedeutende Dinge«, wie Williamson anmerkte. »Beispielsweise die Art, wie jemand seine Schuhe bindet.«

Besondere Bedeutung gewinnt auf See das Essen; es bekommt einen fast sakralen, auf jeden Fall aber symbolischen Stellenwert. Wenn das Meer tobt und der Regen peitscht, wenn die Arbeit an Bord jeden zu Tode langweilt, wenn jeder sich x-mal die Knie und den Kopf an irgendeinem Stahlträger angeschlagen hat und wenn die kleinen, persönlichen Eigenarten jedes einzelnen Crewmitglieds die Nerven aller anderen wie Stahlsaiten gespannt hat, ist Essen das einzige, was das Leben an Bord erträglich macht. Der Koch hält die Moral des Schiffs in seinen Händen.

Auf der *Pine River* war das Essen zuerst schlecht, und dann, als der Sturm nachließ, das Meer sich beruhigte und sie endlich ihre Suchbahnen fahren konnten, gingen ihnen die Vorräte aus. Dazu zitterten die Hände des Kochs so heftig, daß er kaum eine Schöpfkelle, geschweige denn die Moral des Schiffs hochhalten konnte.

Charlie war kein schlechter Koch, man konnte sogar sagen, daß er ganz passables Essen auf den Tisch brachte. Allerdings war er ein ehemaliger Armeekoch, der in Korea in Kriegsgefangenschaft geraten war und immer noch so kochte, als sei er der Küchenmeister eines Gefangenenlagers. Einer der Techniker ernährte sich strikt vegetarisch, und die meisten anderen versuchten wenigstens, in Form zu bleiben. Sie achteten auf eine ausgewogene Ernährung und verlangten viel Fisch, Früchte und Gemüse. Charlie war ein kleiner Mann, reizbar bis cholerisch, und alles, was er auf den Tisch brachte, war fritiert. Einer der Techniker behauptete einmal, Charlie könne noch nicht einmal einen Schokoeisbecher ohne Bratfett zubereiten. Dreimal täglich wurde in der Kombüse Essen serviert, und ebensooft mußten sie Charlies Launenhaftigkeit ertragen. Grüßte er einen in einem Moment noch freundlich – »Hallo, wie geht's, wie steht's?« –, dann schien er im nächsten drauf und dran, einem den Kopf von den Schultern zu reißen. Craft wußte, daß Charlie auf dem Schiff mehrere Flaschen seines hochprozentigen Fusels verborgen hatte, konnte aber weder die Verstecke ausfindig machen noch ihn auf frischer Tat ertappen.

»Charlie war den ganzen Tag über leicht betrunken«, sagte Craft. »Er trank gerade so viel, daß er es durch den Tag schaffte. Na ja, hin und wieder auch ein bißchen mehr als das, und dann war er absolut hilflos.«

Zehn Tage nach Beginn der Suche gingen Charlie die Steaks aus, und er fing an, fritierte Hähnchen zu servieren. Drei Tage nacheinander gab es zum Abendessen nur Backhähnchen. »Die Leute kriegten Pickel und alle möglichen anderen Sachen«, erzählte Tommy. »Es war unerträglich.« Schließlich gingen die Techniker auf die Barrikaden: Sie kündigten an, ab sofort kein fritiertes Hähnchen mehr auf dem Tisch sehen zu wollen. Als Charlie das hörte, servierte er zu jeder Mahlzeit Backhähnchen, selbst zum Frühstück. Schließlich warf jemand einen Blick in den Kühlraum und entdeckte, daß darin bis auf 28 Kartons tiefgefrorene Hähnchen gähnende Leere herrschte.

»Kein Mehl zum Brotbacken«, sagte Craft, »kein Müsli, kein Saft, keine Cola, kein Fleisch. Nur Hähnchen.«

Mit Hilfe einer getürkten Proviantliste an Bord hatte Charlie Craft und den Nicor-Hafenmeister hinters Licht geführt und nur so viel Essen geladen, um die Crew so lange durchzufüttern, wie er auf See zu bleiben gedachte, was ungefähr 14 Tage war.

Als ein paar Techniker ihn zur Rede stellen wollten, verriegelte Charlie die Tür zu seiner Kabine und weigerte sich, wieder herauszukommen. An Bord machten Gerüchte die Runde, das Schiff würde in den Hafen zurückkehren und Nachschub laden. Aber

Tommy rechnete ihnen vor, daß sie das nochmals sechs Tage kosten würde. Das konnten sie sich nicht leisten. Williamson stimmte ihm zu und sagte der Crew, der Auftrag werde zu Ende geführt, selbst wenn das hieße, daß sie sich von Trockenzwieback ernähren müßten. Tommy setzte sich mit Bob in Wilmington in Verbindung und bat ihn, ein Schiff mit Proviant und einem neuen Koch zu ihnen herauszuschicken. Doch das einzige Schiff, das Bob für die Fahrt 200 Meilen aufs Meer hinaus auftreiben konnte, war ein Krabbenfischer namens *Joe Christmas*.

Als Tommy, Bob und Barry ihre Tafelrunden abhielten und von Wegen geträumt hatten, wie sie das Unmögliche möglich machen könnten, hatten sie zahllose Schwierigkeiten vorausgesehen. Sie hatten sich damit auseinandergesetzt, warum andere gescheitert waren, hatten die Hürden bedacht, die ihr eigenes Projekt zu Fall bringen könnten, und sich dann daran gemacht, die Risiken zu minimieren. Das Wetter konnte ihnen einen Strich durch die Rechnung machen oder Probleme mit Lieferanten, und es war auch denkbar, daß ein Konkurrent auf den Plan treten würde. Aber nicht einmal in ihren wildesten Alpträumen war ihnen etwas wie die *Joe Christmas* erschienen.

Als bekannt wurde, daß ein Krabbenfischer, der eine Höchstgeschwindigkeit von fünf Knoten hatte, losgeschickt worden war, um sie mit neuem Proviant zu versorgen, verlegten sich die Techniker Ted Brockett und Will Watson aufs Angeln. Mit einem Seebarsch als Köder fingen sie eine Goldmakrele, aber das reichte natürlich nicht, um alle satt zu kriegen. An Bord gab es immer noch nichts zu essen – das heißt außer Hähnchen. Dann verfiel jemand auf den Gedanken, mit Hilfe eines Hähnchens einen der Haie zu fangen, die unablässig um die *Pine River* kreisten. Den Haken, den John Lettow aus einem Edelstahlstab fabrizierte, befestigten sie an einem Kabel, banden ein ganzes Hähnchen daran und warfen den Köder über Bord.

»Das Hähnchen zog eine Schleppe von Fett hinter sich her«, erinnerte sich Tommy. »Im nächsten Augenblick kam ein Hai angeschossen und schnappte nach dem Hähnchen. Dann drehte er sich zur Seite, öffnete sein Maul, ließ das Hähnchen fahren und schwamm davon. Haie verschlingen selbst Abfalltonnen, jeder an Bord wußte das, nicht aber diese Hähnchen.«

Während die Crew Jagd auf Haie machte, schipperte irgendwo zwischen Charleston und der *Pine River* die inzwischen bereits einen Tag überfällige *Joe Christmas* durch den Atlantik. Der Kapitän des Krabbenfischers und sein Maat waren betrunken und steuerten einen Kurs, der ein volles Grad von dem eigentlichen Kurs abwich und sie rund 60 Meilen östlich der *Pine River* auf Schlangenlinien durch den Atlantik führte. Schließlich sah sich Tommy gezwungen, einen Piloten anzuheuern, der die *Joe Christmas* von der Luft aus aufspürte und wieder auf den rechten Kurs brachte.

Als die Techniker den Krabbenfischer sahen, konnten sie nicht glauben, daß der Kapitän sich mit diesem Pott auf das offene Meer hinausgewagt hatte. Die *Joe Christmas*, die vom Bug bis zum Heck gerade einmal zwölf Meter maß, war darauf ausgelegt, in Buchten und Häfen nach Muscheln und Krabben zu fischen. Neben verrottenden Fischresten häuften sich Krabben- und Hummerschalen auf Deck, das seinem Aussehen nach zu urteilen seit etlichen Monaten nicht mehr abgespritzt oder gar geschrubbt worden war. Tommy roch die *Joe Christmas* schon, als sie noch eine halbe Meile von ihnen entfernt war. »Dieser Kahn stank bis zum Himmel«, sagte Tommy. »Der Mief machte uns alle krank.«

Charlie, der Koch, scherte sich nicht darum, wonach die *Joe Christmas* roch. Sie hatten kaum eine Leine auf den Krabbenfischer geworfen, als er auch schon an Bord ging und sich unter das Deck verzog. Keiner der Männer auf der *Pine River* sah ihn jemals wieder.

Die *Pine River* befand sich gerade in der Mitte einer Suchbahn und konnte nicht beidrehen. Tommy und Craft schlugen vor, den Proviant herüberzuschaffen, während die beiden Schiffe langsam auf gleicher Höhe nebeneinanderher fuhren. Doch so betrunken und froh darüber, es lebend bis zur *Pine River* geschafft zu haben, wie der Kapitän der *Joe Christmas* war, überstieg das Manöver seine Fähigkeiten. Die Techniker mußten die Suche unterbrechen, die momentane Position festhalten, 2700 Meter Kabel und die SeaMarc einholen und warten, bis der Proviant verladen war.

Binnen einer Stunde hatten sie die Kisten und Paletten voller Nahrungsmittel mit dem Kran auf die *Pine River* gehievt. Während alle darauf warteten, daß der Kapitän der *Joe Christmas* ablegte, schlug dessen Stimmung von übersprudelnder Erleichterung, noch am Leben zu sein, in schiere Angst davor um, sich im Dunkeln auf den Rückweg machen zu müssen. Er ging auf Funk und fing an zu schreien, sein Schiff würde sinken, daß in der Bilge Wasser stehe und seine Pumpe nicht schnell genug pumpte, um das einströmende Wasser wieder hinauszuschaffen. Ein Ingenieur der *Pine River* ersetzte die altersschwache Pumpe an Bord der *Joe Christmas* durch eine Regelpumpe, und kurz darauf war das Wasser verschwunden.

Die Vorräte und der neue Koch waren seit Stunden an Bord, doch der Kapitän der *Joe Christmas* wollte immer noch nicht ablegen. Über Funk gab er lauthals seinem Mißtrauen gegenüber der neuen Pumpe Ausdruck, meinte, daß immer noch von irgendwoher Wasser eindrang und ihm außerdem sein Ruder Probleme bereitete.

»Es war, als läge ein Fluch auf uns«, meinte Tommy. Einerseits konnten sie den Kapitän in seinem alkoholgeschwängerten Zustand unmöglich allein auf offener See zurücklassen. Andererseits mußten sie so schnell wie möglich die Suche wiederaufnehmen. Wenn sie jetzt nicht die Leinen kappten, wie sollten sie dann die verlorene Zeit wieder aufholen?

Kurz vor Mitternacht nahmen sie die *Joe Christmas* in Schlepp und kehrten auf die Suchbahn zurück. Am Nachmittag des nächstes Tages, inzwischen schrieb man bereits den 18. Juni, erreichten sie endlich die Stelle, an der sie die Suche abgebrochen hatten. Die nächsten beiden Tage fuhren sie ihre Suchbahnen ab und überwachten die EPC-Drucker, die jetzt fehlerfrei zu funktionieren schienen – mit einem nach Fisch stinkenden Krabbenfischer im Schlepptau, dessen Kapitän und Maat im Dauerrausch lagen und sich der Gesellschaft des gleichermaßen berauschten Exkochs der *Pine River* erfreuten. »Wie zu erwarten war, dauerte es nicht lange, bis die da drüben sich heftig in die Haare gerieten«, erinnerte sich Watson. Zuerst schrien sie sich gegenseitig an, dann schalteten sie das Funkgerät an und brüllten Obszönitäten ins Mikrofon.

Schließlich ließ der Kapitän der *Joe Christmas* wissen, daß er Diabetiker sei. Er hatte nicht damit gerechnet, so lange auf See bleiben zu müssen, und sein Vorrat an Insulin ging zur Neige. Ohne seine Insulinspritzen konnte er in ein Koma fallen und sterben. Tommy, der es vorzog, nicht daran zu denken, was die Sache seine Gesellschafter kosten würde, alarmierte per Funk die Küstenwache, die einen Lear Jet losschickte, der eine Bilgenpumpe, eine Kühlbox mit Insulinampullen und Spritzen über dem Schiff abwarf.

Das Gebiet, in dem sich der 33. Längen- und der 77. Breitengrad kreuzen, ist ein einsames Fleckchen Ozean; es gibt nicht viel zu sehen, abgesehen von einem gelegentlichen Frachter, der von irgendwo nach irgendwo unterwegs ist. Ganze Tage vergingen, ohne daß die Männer an Bord der *Pine River* auch nur ein einziges Schiff erblickten. Keine Vögel, nur immer wieder Haie und gelegentlich eine mit silbrig glänzenden Körpern durchs Wasser ziehende Delphinschule. Sonst nichts. Auch der Meeresboden brachte keine Abwechslung; Meile um Meile nichts als endloser Sedimentboden.

Am Nachmittag, nachdem der Lear Jet der Küstenwache die Pumpe und das Insulin abgeworfen hatte, war John Lettow auf der Tagwache, beobachtete die vier EPC-Drucker und las nebenbei noch ein Buch. Ein kurzer Blick auf die Drucker, ein paar Sätze lesen, ein kurzer Blick auf die Drucker, wieder ein paar Sätze lesen, ein rhythmisches Springen der Augen vom Buch zu den Apparaten und wieder zurück. »Man synkopiert mit der Maschinerie«, umschrieb er diese Vorgehensweise.

An diesem Nachmittag hatte er sich in ein neues Buch vertieft, Tom Clancys *Jagd auf Roter Oktober.* »Clancy beschreibt dieses ausgetüftelte System zum Aufspüren der Sonarsignale von U-Booten«, erinnerte sich Lettow, »mit dem die Navy Jagd auf fremde U-Boote macht, und spricht dann über die Zunahme der russischen U-Boot-Aktivitäten vor der amerikanischen Küste, während *Roter Oktober* versucht, sich in unsere Küstengewässer einzuschleichen.«

Als er hier angelangt war, blickte Lettow von dem Buch hoch auf die Drucker, und genau an der Stelle, wo der Nadelträgerriemen hin und her fuhr, tauchten kleine schwarze Rauchwölkchen auf dem Papier auf. Irgend etwas jagte so viel Energie in die Drucker, daß sie geschwärztes Papier ausspuckten.

Lettow reduzierte den Verstärkungsfaktor, um die Schwärzung

zu unterbinden, dann drückte er auf den Knopf der Gegensprechanlage. »Brücke, haben wir Gewitter am Horizont?«

»Nein«, kam die Antwort von der Brücke.

»Sind Schiffe in der Nähe?«

»Nein.«

»Planscht da draußen Meeresfauna rum?«

»Nein.«

»Wenn das so ist«, sagte Lettow, »dann haben wir ein Problem mit dem Sonar.« Was immer die Quelle des Signals war, es zerstörte die Daten auf dieser Suchbahn.

Große Schwärme knackender Shrimps können das Papier schwärzen. Lettow hatte das selbst schon miterlebt. Fielen mehr als zwei Zentimeter Regen pro Stunde, konnte das gleiche passieren. Aber weder das eine noch das andere kam hier als Ursache in Frage.

Fünf Minuten später erschienen zwei Zerstörer am Horizont, und kurz darauf tauchte ganz in der Nähe ein Atom-U-Boot auf – eine U-Boot-Jagdgruppe auf Manöver, die direkt auf die *Pine River* zuhielt. Die Mannschaft rannte auf Deck hinaus und begaffte die Kriegsschiffe. Gleichzeitig ging Lettow auf, was das Papier geschwärzt hatte. Die Militärs hatten das von der SeaMARC ausgestrahlte Sonarsignal empfangen, aber seine Kennung nicht entziffern können – was kaum verwunderlich war, da es sich dabei um einen Prototyp handelte. Aus welchem Grund auch immer, jedenfalls hatten sie die von der SeaMARC hochgeschickten Sonarsignale gelöscht und große Lücken in die Suchbahn gerissen. Die *Pine River* zog immer noch die *Joe Christmas* hinter sich her, und sollte die Navy ihre Manöver in der Nachbarschaft fortsetzen, würde Tommy noch mehr Zeit verlieren.

Don Craft versuchte per Funk den Befehlshaber des Kampfverbands zu erreichen. Da er selbst in seiner aktiven Zeit einen Kampfverband befehligt hatte, kannte er das Prozedere. Doch obgleich er zuerst einen Offizier, dann einen anderen erreichte, wurde er nicht mit dem Kommandeur verbunden. Unterdessen fuhr einer der Zerstörer weniger als eine Viertelmeile vor der *Pine River* her, und jedesmal, wenn sein Radarstrahl die *Pine River* erfaßte, gaben die Computer im Kontrollraum seltsame Geräusche von sich, und die Monitore fielen aus.

Craft schnappte sich das Satellitentelefon und rief den Wachoffizier auf der Mayport-Marinebasis bei Jacksonville an. Craft erklärte ihm, daß sie gerade dabei waren, eine Sonarerkundung durchzuführen und daß die Kriegsschiffe, die in dem Gebiet ein Manöver abhielten, ihren Sonarempfang störten. Ob die Navy nicht die Übungen etwas weiter entfernt fortsetzen könnte? Der Offizier sagte, er werde sehen, was sich tun ließe, machte ihm aber keine allzu großen Hoffnungen. Als er sich nicht mehr meldete, rief Craft noch einmal an und erhielt eine negative Antwort; der Befehlshaber des Kampfverbands beabsichtige, das Manöver wie vorgesehen durchzuführen. Abgesehen davon interessiere Crafts Untersuchung die Navy nicht sonderlich, falls es sich bei dem, was sie da draußen trieben, tatsächlich um eine Sonarerkundung handelte, was der Offizier aber nicht so recht glauben mochte.

Craft erinnerte ihn an einen Passus in den einschlägigen Gesetzestexten, nach der die Navy Schadenersatz leisten mußte, wenn bei einem Manöver eines ihrer Schiffe Hummerkörbe zerstörte, die außerhalb der ausgewiesenen Schiffahrtsrouten aufgestellt waren. Das gleiche, fuhr er fort, gelte für Fischnetze und andere kommerzielle Operationen. Craft wies den Offizier darauf hin, daß ihr Tagessatz bei über 20 000 Dollar lag und ein großes wissenschaftliches Interesse an den Untersuchungsdaten bestehe, dessen Wert sich in Geld gar nicht abschätzen ließ. Er würde, wiederholte er, es sehr begrüßen, sollte die Navy die Situation nochmals überdenken. Der Mann am anderen Ende der Leitung sagte, er werde die entsprechenden Stellen informieren, warnte ihn aber davor, sich allzu große Hoffnungen zu machen.

Langsam ging Craft die Geduld aus. Er dankte dem jungen Offizier und fügte dann hinzu: »Übrigens, vor nicht allzulanger Zeit hatten wir an der Westküste ein ähnliches Problem, und am Ende mußte die Navy 250 000 Dollar Schadenersatz bezahlen. Nur, damit wir wissen, an wen wir uns im Falle eines Falles wenden müssen, wie heißt der Befehlshaber hier draußen?«

Der Offizier informierte Craft, daß die Namen von Dienststellen, vor allem der des Befehlshabers eines Kampfverbandes, nicht bekanntgegeben werden dürften, versprach aber, sich mit ihm in Verbindung zu setzen. Drei Stunden später verschwand die U-Boot-Jagdgruppe am Horizont.

Aber sie hatten immer noch die *Joe Christmas* im Schlepptau. Inzwischen war ihnen klar geworden, daß ihr Kapitän nicht die Absicht hatte, in absehbarer Zeit wieder zu verschwinden. Er hatte eine neue Pumpe, einen frischen Vorrat an Insulin, ausreichend Schnaps, nichts zu tun und zwei Kumpel an Bord, die die Dinge genauso sahen wie er selbst. Das einzige, was ihn wurmte, war, daß die Küstenwache die Zigaretten vergessen hatte, die er zusammen mit dem Insulin geordert hatte.

Also funkte Tommy wieder einmal die Küstenwache an, die sich bereit erklärte, einen Kutter herauszuschicken, der die *Joe Christmas* nach Charleston schleppen sollte. Eineinhalb Tage später um drei Uhr morgens traf der Kutter ein, und das letzte, was die Crew der *Pine River* von dem Kapitän der *Joe Christmas* hörte, war: »Donnerwetter! Seht euch diese blauen Lichter an, Leute! Wo kommt ihr denn her?« Dann nahm der Kutter den Krabbenfischer in Schlepp und schipperte zurück nach Charleston.

Tommy blieben noch 20 Tage, um die *Central America* zu finden.

Nachdem das Wetter aufgeklart war und der Seegang und der Wind nachgelassen hatten, die SeaMARC kalibriert und die beiden Crews aufeinander eingespielt waren, konnten sie die Suche endlich fortsetzen.

»Den Rasen mähen« nannten sie es: mit ein oder zwei Knoten dahintuckern, hin und her, und dabei überlappende Bahnen abfahren, damit man auch ja nichts übersah. 30 Meilen in die eine Richtung, dann fünf Stunden für das Wendemanöver, auf die zweieinhalb Kilometer entfernt verlaufende neue Bahn einschwenken, und dann 30 Meilen in die andere Richtung. Die SeaMARC schwebte ein paar hundert Meter über dem Meeresboden, wobei ihre Mikrofone unablässig Sonarsignale aufzeichneten, Klangwellen, die von einem Objekt irgendwo innerhalb einer Reichweite von fünf Kilometern ausgesandt wurden.

Der Kontrollraum am Ende des hinteren Decks war bis zur Decke angefüllt mit elektronischen Geräten, Druckern und Computern. Williamson hatte zwei Schichten eingeteilt, die Tagschicht von Mittag bis Mitternacht und die Nachtschicht von Mitternacht bis Mittag. Jede Schicht war mit einem Piloten besetzt, der die Höhe der SeaMARC anpaßte, indem er von der Winde Kabel abließ oder einholte; einem Navigator, der die Navigationscomputer des Schiffs überwachte; einem Sonaroperator, der die ausgedruckten Diagramme kontrollierte; einem SeaMARC-Techniker, der jede Veränderung der Einstellungen aufzeichnete; und einem Schichtführer, der darauf achten mußte, daß keiner sich so sehr auf seine Aufgabe konzentrierte, daß die SeaMARC gegen einen Berg unter Wasser prallte oder auf dem Meeresboden aufschlug. Das war früher immer wieder passiert.

Während die SeaMARC 2400 Meter unter der Wasseroberfläche lautlos über den Meeresboden glitt, zeichneten vier Grafikrecorder, die aussahen wie überdimensionierte IBM-Selectric-Schreibmaschinen, unablässig die eingehenden Daten auf. Wie der Keilriemen eines Autos surrten die Nadelträgerriemen zwischen zwei kleinen Spulen hin und her, während die winzigen Metallnadeln alle vier Sekunden eine schwache graue Linie auf das Papier zeichneten. Der Raum roch nach Ozon, und die Drucker im Kontrollraum waren mit schwarzem Staub bedeckt, Graphit von der Spezialbeschichtung des Kohlepapiers, die von den Nadeln weggebrannt wurde.

Wurde ein Objekt auf dem Meeresboden erfaßt, erhöhte sich die Anschlagzahl der Nadeln, und auf dem Papier erschienen dunkle Flecken. Der Techniker, der für die Überwachung der Drucker zuständig war, informierte daraufhin den Navigator, daß ein Objekt erfaßt worden war, und notierte den genauen Zeitpunkt der Erfassung im Logbuch und am Rand des Ausdrucks. Irgend jemand holte dann ein Lineal und versuchte, die Länge des Objekts zu messen, während das Papier sich langsam weiterbewegte und die Nadeln weiter alle vier Sekunden eine neue Linie einbrannten. Mit jedem neuen Strich nahm das Objekt Gestalt an, bevor die Linien wieder kürzer wurden und die Nadeln schließlich nur noch eine schmale graue Linie auf das Papier zeichneten.

War die SeaMARC am Ziel vorbeigeglitten, funkten sie die Brücke an und ließen sich die aktuelle Fahrtgeschwindigkeit durchgeben, plotteten die Position des Schiffs, überprüften die Schwebehöhe der SeaMARC, kontrollierten den Verstärkungsfaktor des Signals, lasen von der Windenanzeige ab, wie viele Meter

Kabel sie draußen hatten, und trugen dann alle Angaben in die Logbücher ein, damit sie später zurückkehren und die Stelle genauer unter die Lupe nehmen konnten.

»Zielpositionsangaben sind so lange nicht aussagekräftig, wie sie nicht wiederholbar sind«, merkte Craft dazu an. »Man muß zu exakt derselben Position zurückkehren können: Ist diese Bedingung nicht erfüllt, hat man nichts davon, wenn man ein Ziel sieht.«

Die SeaMARC übermittelte weit mehr Daten an die Oberfläche, als sich in Graustufen auf dem Papier abbilden ließ. Da diese zusätzlichen Informationen helfen konnten, die *Central America* von anderen Schiffswracks zu unterscheiden, kam es Tommy darauf an, diese Daten wenigstens teilweise zu erschließen.

Dazu wurden die vom Tiefschleppsonar eingehenden Signale parallel von Computern verarbeitet, Farbgrafiken der Ziele ausgedruckt und die Daten zur späteren Nachbearbeitung auf optische Datenträger gespeichert. Daraus ergab sich die Möglichkeit, die gespeicherten Bilder nachträglich zu manipulieren. Zusätzlich erlaubte das verwendete Programm, vier Bilder parallel auf dem Schirm darzustellen und jedes getrennt zu bearbeiten, beispielsweise eines in Graustufen darzustellen und bei den anderen die Farbintensität und die Skalierung zu verändern, woraus sich schließen ließ, daß *dieses* Ziel das gesuchte Objekt sein könnte.

Auf der optischen Speicherplatte konnte ein Graubild, das auf dem Papierstreifen nicht größer als ein Daumen war, auf die Größe eines Kopfes aufgeblasen werden. Weiter konnte jedem einzelnen Pixel – kaum so groß wie eine Nadelspitze – entsprechend einer Dichteskala eine bestimmte Farbe zugewiesen und diese Farbe dann nochmals in 256 Intensitätsstufen aufgefächert werden, woraus sich beispielsweise ableiten ließ, aus welchem Material das analysierte Objekt bestand. Hatte man die Abbildung des Ziels erst einmal vergrößert, eingefärbt, angereichert, intensiviert und auf andere Arten bearbeitet, sah das, was auf dem Drukkerpapier noch an einen Daumenabdruck erinnert hatte, auf dem Computerbildschirm zum Beispiel wie ein Dampfschiff mit Schaufelrädern aus.

Will Watson hatte Dienst, als auf den Ausdrucken das erste große Ziel erschien, eine Anomalie auf dem Meeresboden, die zumindest von ihrer Größe her die *Central America* sein konnte. Tommy befand sich gerade im Kontrollraum, und Watson rief ihn sofort zu sich.

»Harvey war beeindruckt«, erinnerte sich Watson. »Man konnte geradezu sehen, wie seine Augen aufleuchteten. Das war der ersehnte Beweis, daß die SeaMARC in der Tat einen alten Holzrumpf auf dem Meeresboden aufspüren konnte.«

Zwölf Stunden lang sah eine Schicht zu, wie die Drucker lange Papierbahnen vollschrieben; dann wurde gewechselt, und das zweite Team tat für die nächsten zwölf Stunden das gleiche. Zehn- bis zwanzigmal am Tag druckten die Nadeln das Schwarzweißbild einer Anomalie aus, irgendeines Objekts, das sich von den Sedimenten auf dem Meeresboden abhob. Die meisten davon konnten schnell identifiziert werden: Frachtcontainer, die sich bei einem Sturm losgerissen hatten, ein deutsches U-Boot, das im Zweiten Weltkrieg versenkt worden war, Segel- und Fischerboote, Haufen von Fässern, die in Beton gegossen und mit radioaktiven Abfällen gefüllt waren. »Da unten liegt eine Menge Schrott«, kommentierte Williamson die Funde. Alle zwei oder drei Tage erfaßte die SeaMARC ein Objekt, das ungefähr die richtige Größe und ungefähr die richtige Dichte hatte, um in die engere Auswahl aufgenommen zu werden.

Williamson, der als Schichtführer der Nachtwache Dienst tat, verglich ihre Arbeit mit dem Fliegen eines Helikopters; der Pilot mußte versuchen, einen gleichmäßigen Abstand vom Meeresboden zu halten, mußte pausenlos mit der Winde jonglieren, Kabel geben, Kabel einholen, den Einfluß unterseeischer Strömungen und minimaler Schwankungen in der Geschwindigkeit des Schiffs ausgleichen, mußte den Idealpunkt finden, an dem das Wasser, das gegen den langen Bogen des Kabels preßte, den Sonarschlitten weder ansteigen noch absinken ließ, den Punkt, an dem die SeaMARC in einer konstanten Tiefe genau geradeaus dahinglitt. Williamson machte das schon lange, und es langweilte ihn nie.

Craft dagegen wurde die Zeit schnell lang. »Wenn der Schlitten im Wasser ist und alles funktioniert, wie es soll«, sagte er, »hokken die Leute der Wache im Kontrollraum und sehen zu, wie die

Drucker eine Papierrolle nach der anderen ausspucken. Wenn ein Ziel erfaßt wird, dann ist das ein großes Ereignis.«

Die glückliche Schicht war diejenige, die Dienst hatte, wenn sie das Ende einer Suchbahn erreichten und die *Pine River* wenden mußte. Dieses Manöver nahm fünf bis sechs Stunden in Anspruch, und die Techniker im Kontrollraum hatten nichts zu tun, bis das Schiff auf die nächste Bahn einschwenkte. Wurde ein Wendepunkt tagsüber erreicht, dann setzten sie ihre Sonnenbrillen auf, gingen hoch zum »Steel Beach«, dem Helikopterdeck über dem Achterdeck, und ließen sich die Sonne auf den Bauch brennen.

Die Techniker kamen zwar recht gut miteinander aus, doch nach einiger Zeit spürte Williamson eine subtile Veränderung an Bord. Nach ein paar Wochen auf See waren bei allen die Nerven bis zum Zerreißen gespannt. Watson zufolge hing das mit dem Verlust an Kontrolle zusammen, der sich auf einem Schiff zwangsläufig ergab. An Land hatte man alles unter Kontrolle; auf See ging alles seinen eigenen Weg, und man konnte ihm nicht entkommen – nicht dem Wetter, den Problemen mit den Geräten, dem Mangel an Schlaf, dem schlechten Essen, der Langeweile, den Gedanken an Frau oder Freundin. Das ging so weit, daß man in einen anderen Geisteszustand geriet, einen Geisteszustand, in dem eine normalerweise umgängliche Person mißtrauisch, ungeduldig und manchmal sogar paranoid wurde. Kehrte man später wieder an Land zurück und bekam sein Leben langsam wieder in den Griff, mochte man nicht glauben, daß man sich jemals so sehr über so unbedeutende Dinge hatte ereifern können.

An einem Nachmittag, die *Pine River* war seit drei oder vier Wochen auf See, saßen ein paar Techniker gerade im Kontrollraum und sahen zu, wie die Papierrollen aus den Druckern herausquollen, während die meisten anderen sich auf dem Helideck sonnten oder fischten, als plötzlich laute Hilferufe vom Achterdeck erschollen.

Lettow und noch zwei andere rannten sofort vom Kontrollraum auf das Deck, wo ein offensichtlich ratloser Techniker einen zwei Meter langen Weißhai am Haken hatte, der wie wild an der Leine zerrte und das Wasser zu hohen Fontänen aufpeitschte. Lettow half ihm, so viel Leine einzuholen, daß sie eine Schleife um einen

Poller legen konnten. Dann griff der Techniker nach einem anderthalb Meter langen Landungshaken aus Aluminium, stach damit nach dem Hai und traf ihn ins Auge. Mit einer heftigen Schwanzbewegung stieg der Hai aus dem Wasser und biß einen Meter vom Landungshaken ab. Der Techniker machte einen gewaltigen Satz nach hinten und starrte fassungslos auf den Aluminiumstummel in seiner Hand. Während Lettow und die anderen mit großen Augen und offenem Mund zusahen, zog er eine Kleinkaliberpistole aus seiner Jacke und fing an, das Magazin auf den Hai zu verfeuern.

»Keiner von uns hätte sich auf der Reise sonderlich sicher gefühlt«, sagte Lettow, »hätten wir gewußt, daß der Mann eine Waffe bei sich trug.«

Mit einem Fleischerhaken in seinem Rachen, einem ausgestochenen Auge und mehreren Schußwunden starrte der Hai sie mit seinem unverletzten Auge einen Moment lang an, ruckte einmal kräftig mit dem Kopf, zerriß die Leine und schwamm davon.

Craft tobte, als er von dem Vorfall erfuhr. Er hatte drei Regeln, wenn er auf See fuhr: keine Drogen, keinen Alkohol, keine Waffen. Ausnahms- und bedingungslos. Er hatte diese Regeln eine Stunde vor dem Ablegen vor versammelter Mannschaft wiederholt, und er hatte sie gewarnt, daß er sich *nicht* an juristische Formalien halten werde, daß er Spinde durchsuchen werde, sollte er auch nur den leisesten Verdacht haben, daß jemand gegen diese Regeln verstieß. Sollte er fündig werden, kündigte er an, werde er die Drogen, den Alkohol oder die Waffen konfiszieren und ihren Besitzer im nächsten Hafen von Bord jagen. Außerdem war Craft sowieso schon sauer, weil Charlie, der Koch, es verstanden hatte, seinen Schnaps vor ihm zu verstecken.

»Als ich von der Sache mit der Pistole gehört hatte, knöpfte ich mir den Techniker sofort vor«, sagte Craft. »Ich war immer schon davon überzeugt, daß Disziplinarmaßnahmen unverzüglich erfolgen müssen.« Er drohte dem Techniker an, ihn über Bord zu werfen, sollte er es wagen, eine zweite solche Nummer aufzuführen. »Der Mann war offensichtlich von Sinnen«, meinte Craft. Hätten sie in den nächsten Tagen in einem Hafen angelegt, er hätte den Techniker mitsamt seinem Wissen von Bord gejagt. Aber sie lagen in ihrem Zeitplan bereits so weit zurück, daß sie sich einen Abstecher an Land nicht erlauben konnten, wollten sie nicht nochmals zwei oder drei Tage verlieren.

Die Pistole blieb von da an unter Verschluß; später entdeckten sie, daß derselbe Mann Eis am Stiel hortete. Obwohl er pro Schicht fünf oder sechs davon aß, behauptete er, nur zwei gehabt zu haben, und legte zudem in den Kühlräumen auf dem ganzen Schiff geheime Eiskremlager an. Als sie ihn zur Rede stellten, behauptete er, daß es seine seien. Watson nahm sie ihm weg und verteilte sie an die anderen Techniker. Die Temperatur an Deck war auf über 32 Grad Celsius gestiegen, und da es nicht viel an Bord gab, worauf man sich freuen konnte, zählte ein Eis am Stiel zu den wenigen Dingen, die das Leben ein wenig erträglicher machten.

Wenn Williamson zur Nachtschicht antrat, überprüfte er zunächst die Daten der Tagschicht. Williamson war für seinen Scharfblick berühmt. Er erkannte Dinge auf einem Sonarausdruck, die sonst niemand sah. Er ging die Ausdrucke durch und nannte den Technikern immer wieder Ziele, die sie ihm auf den Computermonitor spielten, wo er damit herumexperimentierte: vergrößern, filtern, die Farben verändern und so weiter. Die Ausdrucke, aus denen sie die ungefähre Länge und Breite des Objektes ablesen und Rückschlüsse auf die Materialeigenschaften ziehen konnten, bildeten nach wie vor die erste Auswahlstufe. Mit Hilfe der Computertechnologie jedoch konnten sie Informationen über ein Objekt erschließen, die bislang unzugänglich waren.

Schließlich ließ der Wind nach, die See beruhigte sich, und die *Pine River* schwankte leicht im sanften Wellengang, während sie nach Vorgabe der Suchkarte den »Rasen mähten«. Sie hatten zwar erst die Hälfte der Suchbahnen abgefahren; doch da diese Bahnen die Zellen mit den höchsten Wahrscheinlichkeiten abdeckten, hatten sie bereits 84 Prozent der Gesamtwahrscheinlichkeit abgesucht und dabei Bilder von Hunderten von Anomalien gespeichert. Die meisten davon verwarf Williamson, weil sie bereits auf den ersten Blick zu kurz waren. Das gleiche galt auch für die meisten der größeren Ziele, die entweder zu rund, zu schwer oder ganz offensichtlich geologischen Ursprungs waren. Die paar restlichen Objekte, von denen jedes potentiell die *Central*

America sein konnte, bildeten die, wie Williamson sagte, »Hitliste« der Ziele. Innerhalb dieser Hitparade ordnete Williamson die einzelnen Objekte nach dem Grad ihrer Übereinstimmung mit den Modellen, die Tommy auf der Grundlage von Annahmen entwickelt hatte, wie das Wrack der *Central America* nach 130 Jahren am Grund des Atlantiks aussehen könnte. Der Spitzenreiter war ein Ziel, dessen Ausdruck sofort Williamsons Aufmerksamkeit erregt hatte: eine Anomalie, die mit etwas Phantasie an einen Seitenraddampfer erinnerte, der aufrecht auf dem Meeresboden saß und mittschiffs einen dunklen, buckelförmigen Schatten aufwies, der an Schaufelräder denken ließ. Williamson taufte dieses Ziel auf dem Namen »Sidewheel«, Seitenrad.

Sie hatten inzwischen so viele Ziele in den Zellen mit hoher Wahrscheinlichkeit gefunden, daß Williamson es für das beste hielt, den Suchdurchlauf abzubrechen, die SeaMARC auf eine geringere Höhe abzulassen, die Breite der Suchbahn von 5000 auf 1000 Meter zu verengen und die meistversprechenden Ziele – insbesondere Sidewheel – einer genaueren Inspektion zu unterziehen. Bei einem Suchfeld von fünf Kilometer Breite ließ sich lediglich sagen, daß etwas Großes auf dem Meeresboden lag und sich von seiner Umgebung abhob; bei einem Kilometer würden selbst die auf Schallwellen basierenden Wiedergaben fast wie eine Fotografie aussehen.

Williamson war sich der Ironie bewußt, daß ausgerechnet er für ein solches Vorgehen eintrat: Üblicherweise war er derjenige, der darauf bestand, alle Suchbahnen abzufahren, bevor man sich einzelnen Objekten widmete. Es bestand immer die Gefahr, daß ein Ziel nicht das war, wonach man suchte, egal wie vielversprechend die Sonarausdrucke aussahen.

»Wir hatten Harvey gegenüber mehrfach betont«, sagte Williamson, »daß wir den Suchplan einhalten würden, daß der Suchplan die Bibel für diese Fahrt sein und wir unter keinen Umständen davon abweichen würden.«

Nun war er selbst derjenige, der dafür plädierte, den Suchplan ad acta zu legen. Und er hatte gute Gründe dafür. Das Meer hatte sich weitgehend beruhigt, Bedingungen also, wie sie für einen 1000-Meter-Scan Voraussetzung waren, während 5000-Meter-Scans auch bei rauherem Seegang gefahren werden konnten.

»Meiner Auffassung nach sollten wir das gute Wetter ausnutzen und die Dinge tun, bei denen wir gutes Wetter brauchten. Wenn das Wetter wieder umschlug, könnten wir uns dann den Aufgaben widmen, die weniger wetterabhängig waren.« Alles, was sie dazu tun mußten, war, die SeaMARC tiefer hinabzulassen und an Deck ein paar Schalter umzulegen, um ihn auf Hochauflösungsmodus umzustellen.

Tommy sah eine andere Ironie in Williamsons Vorschlag: Der weltbeste Sonartechniker, der Mann, der ihm einmal vorgeworfen hatte, nichts weiter als ein Schatzsucher zu sein, schien jetzt selbst dem zum Opfer zu fallen, was Tommy das »Schatzsuchersyndrom« nannte. Die SeaMARC hatte alle Zellen passiert, in denen hohe Wahrscheinlichkeitswerte standen, und genau am Kreuzungspunkt vier solcher Zellen hatten sie Sidewheel erfaßt, ein dunkles, bleistiftförmiges Ziel mit kleinen Buckeln in der Mitte. So verlockend der Gedanke war, daß sie die *Central America* bereits lokalisiert hatten und das Wrack jetzt nur noch darauf wartete, von ihnen näher in Augenschein genommen zu werden, war es Tommy wichtiger, nicht in das Denkmuster des Schatzsuchers hineinzurutschen, der nur auf ein aussichtsreiches Objekt zu stoßen brauchte und schon glaubte, am Ziel seiner Träume angelangt zu sein.

Williamson führte an, daß sie mehr als 80 Prozent der Wahrscheinlichkeitskarte abgesucht und mehrere heiße Ziele erfaßt hatten, schifförmige Objekte von rund 90 Meter Länge, eines davon sogar mit einem Buckel in der Mitte. Was, so fragte er, sprach dagegen, diese Ziele mit höherer Auflösung aufzuzeichnen und auf Sidewheel vielleicht sogar eine Kamera hinabzulassen? Er wollte Tommy nicht nur endlose Papierrollen und stapelweise Disketten liefern, sondern auch Fotos. Falls Sidewheel die *Central America* war, dann hätten sie es geschafft, dann könnte er sich um andere Kunden kümmern und Tommy nächstes Jahr mit einem Tauchroboter zurückkommen und das Schiff heben.

Tommy dachte anders. Wenn Sidewheel *nicht* die *Central America* war, wenn sie ihre Zeit damit vergeudeten, einen Hochauflösungs-Sonarscan davon aufzuzeichnen, und wenn sie dann nächstes Jahr mit einem Roboter zur Bergung zurückkamen, während Williamson gerade irgendwo mit seiner SeaMARC Jagd auf

Flugschreiber oder abgestürzte Bomber machte und er entdeckte, daß es *nicht* die *Central America* ist, was dann? Also erklärte er Williamson, er habe die Sonarcrew dafür bezahlt, die gesamte Wahrscheinlichkeitskarte abzusuchen. Und genau darauf bestand er auch, unabhängig davon, wie groß die Wahrscheinlichkeit war, daß eines der bereits erfaßten Ziele die *Central America* war.

Tommy wollte die Karte komplett erfassen, jedes einzelne Ziel analysieren, die Ergebnisse miteinander vergleichen und dann eine Rangfolge der Objekte erstellen, von denen Hochauflösungs-Sonarscans aufgenommen werden sollten. Williamson und seine Crew waren die besten Sonartechniker, die man für Geld kaufen konnte, und das wußte Tommy auch. Niemand zuvor hatte einen Tiefsee-Sonarscan eines Schiffs mit Holzrumpf durchgeführt und dann eine Kamera nach unten geschickt, um zu sehen, wie das Ding tatsächlich aussah. Allein schon das Gerede darüber, wie sehr Sidewheel an einen Raddampfer erinnerte, ließ auf Tommys Stirn Runzeln erscheinen. »Sie konnten sich so in Begeisterung reden, daß sie überzeugt waren, die *Central America* bereits lokalisiert zu haben. Ich wollte sichergehen, daß wir nicht dem Größenwahn zum Opfer fielen. Natürlich waren wir von den bislang vorliegenden Ergebnissen extrem angetan, aber man muß aufpassen, daß man nicht gleich alles, was einigermaßen gut aussieht, für den großen Preis hält.«

Tommy, der bei der Planung der Suchphase von 60 Tagen auf See ausgegangen war, hatte die SeaMARC von Anfang Juni bis Ende Juli gemietet. Dann, im Mai, hatte er einen Anruf von Williamson erhalten: Die National Oceanographic and Atmospheric Administration habe angefragt, ob die SeaMARC im Juli frei sei, und nun wollte er von Tommy wissen, ob er die Suche auf 40 Tage beschränken könne. Der NOAA-Auftrag war wichtig für Williamsons junges Unternehmen, und so stimmte Tommy einem neuen Arrangement zu. »Wir nutzen die Zeit einfach für die Analyse«, antwortete er Williamson, »und fangen am 6. August mit den restlichen 20 Tagen an.«

Doch nach der Hälfte der Zeit auf See trafen immer wieder Telefaxe von der Erdölgesellschaft Amoco auf dem Schiff ein, die das System im August mieten wollte. Offensichtlich verhandelte Williamson per Fax mit der Amoco über einen Auftrag. »Aus den

Faxausdrucken ging hervor«, sagte Tommy, »daß Williamson plante, Amoco zuzusagen und unsere Option, die Suche im August fortzusetzen, verfallen zu lassen.«

»In diesem Geschäft gibt es Ölgesellschaften, Ölgesellschaften und Ölgesellschaften«, verteidigte sich Williamson gegenüber Barry. »Glaubst du, die rufen dich jemals wieder an, wenn du einmal nicht zur Stelle bist?« Außerdem, und das war ein Punkt, auf den Williamson wieder und wieder verwies, hatten sie die *Central America* ja bereits lokalisiert. Tommy blockiere aus purer Halsstarrigkeit die SeaMARC mit seinem Wunsch, sich die Option offenzuhalten, *eventuell* die restlichen 20 Tage die Zellen mit einer Wahrscheinlichkeit von unter einem Promille zu durchforsten. Schließlich wies er darauf hin, daß das gesamte Projekt scheitern könne, sollte er später diese 20 Tage benötigen, um die Wahrscheinlichkeitskarte komplett abzufahren, und sie nicht bekommen.

In dieser Phase ließ Tommy den Kapitän jeden Tag das Radargerät für ein paar Stunden abschalten, schnappte sich zwei Gartenstühle und setzte sich mit Williamson auf die Laufbrücke, wo sie versuchten, ihre Differenzen beizulegen. Die Techniker erinnerten sich noch gut daran, daß Williamson von diesen Treffen meist mit zusammengepreßten Lippen zurückkam und oft so frustriert war, daß er noch nicht einmal sagen wollte, worüber sie gesprochen hatten. Williamson war nicht nur ein absoluter Profi, sondern auch ein umgänglicher, liebenswürdiger Mann, »ein Offizier und Gentleman«, wie einer seiner Leute ihn einmal beschrieb. Doch Tommy brachte es fertig, ihn mitten im Kontrollraum, auf dem Achterdeck oder auf der Brücke mit offenem Mund, vor Wut zitternd und mit zorngeschwellten Adern auf der Stirn stehen zu lassen. »Rot vor Zorn wie eine Tomate«, erinnerte sich der Navigator Alan Scott.

Tommy hatte einfach diese Art, langsam mit den Augen zu blinzeln, wobei seine langen Wimpern diese Langsamkeit noch zusätzlich betonten, und – ohne dabei unnachgiebig zu wirken, seine Stimme zu erheben oder mit den Händen herumzugestikulieren – zu sagen: »Nein, so werden wir es nicht machen.« Und irgend etwas in der Art, wie seine Augen hinter diesen langsam blinzelnden Wimpern blickten, an der Art, wie er seine Worte betonte, machte einem unmißverständlich klar, daß es daran nichts mehr zu rütteln gab. Und wenn der gesunde Menschenverstand tausendmal etwas anderes sagte, es kümmerte ihn nicht; der gesunde Menschenverstand war etwas, was er hinter sich gelassen hatte, er arbeitete mit einem größeren, umfassenderen Bild, einem Bild, über das er andere Wahrheiten wußte.

Williamson hatte ein Rudergerät mit an Bord gebracht. Nach seinen Auseinandersetzungen mit Tommy stürmte er oft wilde Flüche murmelnd in den Kontrollraum, hängte sich an das Satellitentelefon und verhandelte mit Amoco (wobei er es im Laufe der Zeit auf eine Telefonrechnung von stolzen 6000 Dollar brachte), bevor er sich wie jemand, der versucht, einen Dämon aus seinem Körper auszutreiben, das Rudergerät vornahm.

Zehn der zwölf Techniker an Bord teilten Williamsons Sicht der Dinge. Lettow beispielsweise meinte, daß es, wenn man nach der *Titanic* suchte, doch vollkommen unsinnig sei, die Suche fortzusetzen, wenn man ein Ziel identifiziert hatte, welches der *Titanic* genau entsprach.

Alan Scott und Will Watson dagegen waren der Meinung, daß sie, da Tommy die Rechnung bezahlte und seine Haltung nicht vollkommen unvernünftig war, zunächst das gesamte Gebiet mit breiten Suchbahnen abfahren sollten. »Der Punkt war«, gestand Watson ein, »daß wir das Ziel so früh gefunden hatten, daß wir uns vorkamen, als seien wir im Garten Eden und versuchten, nicht vom Apfel abzubeißen. Es verlangte einiges an Disziplin.«

Unterdessen vermaßen die Techniker Stück für Stück das Sonarbild von Sidewheel, das sie auf dem Computer gespeichert hatten, machten Polaroidaufnahmen davon und extrahierten nach und nach immer mehr Informationen über das Objekt. »Wir waren sehr zufrieden«, sagte Watson. »Sidewheel sah definitiv wie ein Holzschiff aus, und wir konnten sogar die Schaufelräder erkennen.«

Während der Konflikt über die Augustoption weiterköchelte, willigte Tommy plötzlich ein, über jedem dieser meistversprechenden Ziele einen Hochauflösungs-Sonarscan durchzuführen. Der Grund war aber nicht, daß Williamson darauf bestanden oder einer der Techniker ihn davon überzeugt hätte. Tommy hatte ausgerechnet, wieviel Zeit sie noch benötigten, um die noch ausstehenden breiten Suchbahnen abzuschließen, und festgestellt, daß das in der verbleibenden Zeit noch problemlos möglich war, vorausgesetzt natürlich, die SeaMARC fiel nicht noch einmal aus und das Wetter spielte ihnen nicht übler mit, als es das bisher getan hatte.

Am 24. Juni reduzierten sie die Breite der Suchbahn, stellten die Drucker neu ein und fingen an, die Ziele der Hitparade im Hochauflösungsmodus aufzuzeichnen. Das gab den Technikern etwas in die Hand, womit sie spielen konnten: größere, detailliertere und schärfere Abbildungen von Schiffswracks, die 2000 bis 3000 Meter unter ihnen auf dem Meeresboden lagen.

Der Ablauf war immer der gleiche. Jede Schicht kalkulierte auf der Basis der Navigationsdaten die Lage des nächsten Objekts und steuerte es so an, daß der Sonarschlitten in einer Höhe von 300 Metern über Grund in einem Winkel von 90 Grad über das Ziel hinwegglitt. Der Navigator der Nachtschicht machte sich einen Spaß daraus, die Annäherung an die Ziele wie ein Sportreporter zu kommentieren. »Das half uns, uns zu konzentrieren«, sagte Watson.

Am Ende des zweiten Tages hatten sie, bei einem Durchschnitt von sechs bis acht Stunden pro Objekt, mehrere Ziele, darunter auch Sidewheel, angesteuert und im Hochauflösungsmodus aufgezeichnet. Tommy entrollte Pläne und Darstellungen der *Central America*, von deren Existenz keiner der Techniker etwas gewußt hatte, und zum ersten Mal sahen sie im Detail, wie der Raddampfer aussah, nach dem sie suchten. Nachdem sie die einzelnen Bauteile des Schiffs vermessen und die Dimensionen mit denen der hochaufgelösten Aufzeichnungen verglichen hatten, waren immer noch mehrere Ziele im Rennen.

»Bei manchen Wracks konnten wir einzelne Rippen erkennen, die aus dem Meeresboden herausragten«, sagte Williamson, »und zusammen die Form des Rumpfes nachbildeten und sogar einen Schatten warfen.« Jedesmal, wenn sie eine Nahaufnahme von einem vielversprechenden Ziel erfaßten, analysierten Williamson und die Techniker gemeinsam die Bilder mit Tommy. Aber egal, wie gut ein Ziel aussah, Tommy bestand darauf, die Suche fortzusetzen.

Als Williamson die am Computer aufbereiteten Bilder der ersten Hochauflösungs-Sonarscans sah, plädierte er dafür, die Sonarsuche abzubrechen und sofort eine Unterwasserkamera zu Sidewheel hinunterzulassen. Tommy dagegen beharrte darauf, das gute Wetter auszunutzen und wenigstens einen Hochauflösungs-Sonarscan der restlichen aussichtsreichen Ziele zu fahren, auch wenn einige davon in Zellen mit niedrigen Wahrscheinlichkeitswerten in der Südwestecke der Suchkarte lagen, rund 40 Meilen von ihrer derzeitigen Position entfernt. Williamson wand ein, daß dies ein langer Weg sei und sie zu einem Zeitpunkt, da die Zeit schon sehr knapp wurde, mindestens einen Tag kosten würde. Er war nicht der einzige, der Tommy bedrängte, jetzt sofort eine Kamera auf Sidewheel hinunterzulassen.

»Daß wir einen Seitenraddampfer gefunden hatten, daran bestand für uns kein Zweifel«, sagte Watson. »Scotty hatte bei der Bildverarbeitung hervorragende Arbeit geleistet, und man konnte auf dem Bild sogar ein Schaufelrad erkennen.« Auch Alan Scott, der Tommys Forderung unterstützte, zunächst von allen guten Zielen Hochauflösungs-Sonarscans anzufertigen, bestritt die immense Verlockung von Sidewheel nicht. »Wenn man sich das Ziel auf dem Bildschirm betrachtete, sah es so aus, als ob das Rad Speichen hätte«, sagte er. Doch Tommy ließ sich nicht umstimmen und bestand darauf, die 40 Seemeilen in die Südwestecke der Suchkarte zu fahren und das Tiefschleppsonar im Hochauflösungsmodus über die restlichen Ziele zu ziehen.

Am 25. Juni um Mitternacht befand sich die *Pine River* auf dem neuen Kurs, und am Vormittag des 26. Juni hatten sie den Hochauflösungs-Sonarscan eines weiteren Ziels im Kasten. Um die Mittagszeit befanden sie sich auf einer neuen, fast genau in westlicher Richtung verlaufenden Suchbahn. Beim ersten Scan sahen sie nichts außer blankem Meeresboden. »Kein Glück gehabt«, notierte Williamson lakonisch im Logbuch der Schicht. Beim zweiten Scan tauchte nach einer knappen Viertelstunde etwas auf, das wie eine Felsmasse oder Sanddünen aussah. Ein Stückchen weiter, rund 200 Meter auf der Steuerbordseite, erfaßte die Sea-MARC ein Objekt, aber die aufgefangenen Signale waren schwach und wurden dazu noch von Umgebungsgeräuschen überlagert. Was die Drucker anzeigten, wies noch nicht einmal ansatzweise

Ähnlichkeiten mit den Sonaraufnahmen auf, die sie von Side-wheel und den anderen Zielen erhalten hatten und auf denen man die Umrisse eines Schiffsrumpfes ausmachen konnte. Der Navigator schrieb auf den Ausdruck: »Kontakt 200 Meter Steuerbord – Geo?«

Hier stießen sie genau auf das Problem, das Bob Evans ihnen prophezeit hatte, sollte die *Central America* näher an Land in flacherem Wasser gesunken sein: ein Überfluß an den flachen Meeresboden überragenden Objekten, die die Sonarsignale eines möglicherweise vorhandenen Schiffswracks überlagern würden. Schon als sie das Gebiet ein paar Tage zuvor auf einer breiten Suchbahn überfahren hatten, hatten sie nicht feststellen können, was für die von diesem Ziel ausgehenden harten Signale verantwortlich war. Dann, als sie sich an diesem Tag dem Ende der Suchbahn näherten, registrierte der Sonarschlitten eine weitere Anomalie, dieses Mal an der nördlichen Grenze des Suchstreifens. Sie wendeten, ließen sich 800 Meter nach Norden treiben und nahmen das Ziel zum drittenmal ins Visier.

Zunächst sahen sie weitere Objekte, die geologischen Ursprungs zu sein schienen. Plötzlich aber spuckten die Drucker ein Bild aus, das einer der Anwesenden später als »echten Knüller« bezeichnete. Der Navigator notierte auf dem Ausdruck: »Kontakt 150 Meter Steuerbord.« Doch als die Techniker das Ziel vermaßen, schien es vielleicht gerade einmal 30 Meter lang zu sein. Jemand vermutete, es könnte sich um einen Schiffscontainer handeln, doch dafür war es zu lang. Was immer es war, offensichtlich handelte es sich dabei um die Anomalie, die sie bei ihrem ersten Suchlauf erfaßt hatten. Sie war groß und hell, aber nicht groß genug und möglicherweise auch zu hart für ein Holzschiff.

Craft war von der größeren Anomalie fasziniert, die die Sonartechniker bei ihrem ersten Hochauflösungs-Suchlauf aufgezeichnet und neben der der Navigator »Geo?«, das Kürzel für eine geologische Formation, notiert hatte. Am nächsten Morgen holte er Tommy aus seiner Kajüte und sagte ihm, daß er nochmals einen Blick auf »Geo« werfen würde. Tommy folgte ihm in den Kontrollraum, und was er da auf dem Ausdruck sah, gefiel ihm noch mehr als Craft. Seiner Ansicht nach handelte es sich bei »Geo« um ein Schiff.

Tommy hatte inzwischen mindestens einen Hochauflösungs-Sonarscan von jedem der wichtigen Ziele, und die Techniker drängten, zu Sidewheel zurückzukehren. »Wir hatten keine Lust, den gesamten Golfstrom abzusuchen«, sagte Lettow, »nur um den Meeresboden zu kartografieren und jedes Schiffswrack da draußen zu finden.«

Doch Tommy wollte das Suchgebiet entlang der südlichen Grenze abschließen und bestand darauf, den Suchstreifen wieder auf 5000 Meter auszudehnen, eine Schleife nach Osten zu fahren und einen letzten Ost-West-Suchlauf durchzuführen. Dann ließ er sie, immer noch mit der aktivierten SeaMARC im Schlepp, entlang der westlichen Grenze des Suchgebiets hochfahren. Sieben lange Stunden saßen die Techniker vor den Druckern und starrten auf die Papierrollen.

Schließlich, am späten Nachmittag des 28. Juni, nahmen sie Kurs auf Sidewheel. Sie scannten das Ziel ein zweites Mal im Hochauflösungsmodus, bevor sie bei der dritten Überfahrt die Breite des Suchstreifens auf 500 Meter verringerten. Sie wendeten, scannten Sidewheel ein viertes Mal, dann ein fünftes und schließlich ein sechstes Mal. Je näher sie herangingen und je genauer sie fokussierten, desto mehr glich die Abbildung einer Fotografie der *Central America.* »Allem Anschein nach weist dieses Ziel die Eigenschaften des gesuchten Objekts auf«, notierte Williamson in seinem Logbuch. Wenn Tommy ihn doch nur beweisen lassen würde, daß es die *Central America* war, dann wären alle glücklich: Tommy, die Techniker und er selbst, da er dann endlich den Amoco-Auftrag in Angriff nehmen könnte. Aber Tommy weigerte sich immer noch, eine Kamera zu dem Wrack hinunterzulassen.

Der Kameraschlitten verfügte über keine Unterwassernavigationsinstrumente, und im Golfstrom konnte die *Pine River* ihre Position nicht halten. Der einzige Weg, wie sie die Kamera an das Wrack heranbringen konnten, bestand darin, den Schlitten am Kabel hinunterzulassen und auf kurzen Suchbahnen quasi im Blindflug hin und her zu ziehen. Im Prinzip also dasselbe System, nach dem sie mit der SeaMARC den Meeresboden absuchten, abgesehen davon, daß sie die Kamera näher als zehn Meter an das Objekt heranbringen mußten, um etwas sehen zu können. Die

Methode verlangte viel Geduld und zuviel Glück. Tommy hatte keine Zeit für Geduld, und Glück war etwas, worauf er sich nicht verlassen durfte. Obgleich er sich auf Drängen der Techniker zur Aufnahme einer weiteren Serie von Hochauflösungs-Sonarscans Sidewheels breitschlagen ließ, bestand er darauf, im Anschluß daran die noch nicht abgesuchten Sektoren der Suchkarte unter die Lupe zu nehmen.

Um die Objektivität der Techniker so wenig wie möglich zu beeinträchtigen, hatte Tommy ihnen anfangs bewußt nur wenig über die *Central America* gesagt. Doch nachdem sie mit Tommy und Williamson mehrere der erfaßten Ziele bewertet hatten, konnten sie eine Reihe von Kriterien identifizieren, die ein Objekt aufweisen mußte, wollte es in die engere Auswahl kommen: Es mußte rund 90 Meter lang und etwa 15 Meter breit sein; drei Masten, zwei Schaufelräder und einen Kesselschornstein besitzen; und es mußte aus Holz sein, obwohl auch 750 Tonnen rostendes Eisen und rund 200 Tonnen Kohle an dem Fundort verstreut liegen konnten.

Je näher sie den Tiefschleppsonar an Sidewheel heranbrachten, aus je mehr unterschiedlichen Winkeln – inzwischen hatten sie neun Überfahrten vorgenommen – sie das Wrack erfaßten, um so klarer traten die verschwommenen Umrisse hervor, um so eindeutiger erkannten sie in den sich überlagernden Bildern ein Schiff.

Sie scannten das Wrack direkt querab, sie scannten es aus einem Winkel von 40 Grad (was ihnen den Blick auf einen großen Hohlraum im Innern des Wracks eröffnete), und sie reduzierten die Wellenlänge des Sonarsignals, um eine noch höhere Auflösung zu erreichen.

»Im Prinzip schossen wir Polaroids, legten sie nebeneinander und fingen an, wilde Spekulationen anzustellen. Wir vergaßen alles andere um uns herum. ›Sag mal, hast du heute schon was gegessen?‹ ›Nein, ich werde morgen was essen, laß uns erst das hier versuchen, und dann noch das.‹ Wir betrachteten Sidewheel aus 100 verschiedenen Perspektiven auf 100 verschiedenen Farbpaletten unter 100 verschiedenen Aspekten und hatten immer noch nicht genug. Um die Sachen auszuprobieren, die wir ausprobieren wollten, hätte jeder von uns acht Paar Hände gebraucht.«

In den Schatten der Sonarbilder erkannten sie mittschiffs einen gewaltigen Buckel, wahrscheinlich das Gehäuse eines der beiden Schaufelräder, und sie sahen zwei große Masten. Das irritierte Williamson, der die Baupläne der *Central America* studiert hatte und wußte, daß sie drei Masten gehabt hatte. Tommy erklärte ihm, daß die Besatzung der *Central America* während des Sturms den Fockmast gefällt hatte, um die Steuerbordkrängung des Schiffs zu verringern.

Noch eine Sache machte Williamson zu schaffen: Egal, wie sie maßen, von seinen Abmessungen her konnte das Wrack unter ihnen nicht die *Central America* sein – es war zu klein. Die Techniker überlegten sich, aus welchen Gründen das Wrack eines 84 Meter langen Schiffs kürzer erscheinen konnte, als das Schiff gewesen war. Schließlich waren es die Bilder selbst, die ihnen einen ersten Hinweis gaben. Der Bug war schwer beschädigt; offensichtlich war das Schiff mit hoher Geschwindigkeit frontal auf dem Meeresboden aufgeprallt. Als sie dann noch erfuhren, daß viele der auf dem Schiff zurückgelassenen 500 Männer Teile der Schiffsaufbauten demontiert hatten, um daraus Flöße zu bauen, schien der Fall klar: Beim Aufprall auf den Grund hatte sich das ausgeschlachtete Schiff wie eine Ziehharmonika zusammengefaltet.

Kurz nach Mitternacht des 30. Juni versuchten sie, einen zweiten Hochauflösungs-Sonarscan eines anderen guten Ziels in der Nähe von Sidewheel zu machen, doch nach noch nicht einmal einer halben Stunde zwang das Wetter sie, die Suchbahn zu verlassen. Sie wendeten und schwenkten erneut auf die Bahn ein, und im dritten Lauf erfaßten sie steuerbords in nur 75 Meter Entfernung das Ziel. Williamson analysierte den Ausdruck und die Computerergebnisse, und noch bevor sie die Linie abgefahren hatten, schrieb er in sein Logbuch: »S/wheel immer noch Favorit.«

Also kehrten sie zu einem weiteren Suchlauf zu Sidewheel zurück, nachdem, wie es in Williamsons Logbuch hieß, das »Suchteam die Aussetzung von Transpondern für Kameraläufe« empfohlen hatte. Williamson bereitete bereits die Kameras vor, als Tommy intervenierte. Eine halbe Stunde später hatten sie die Reichweite der SeaMARC wieder auf volle 5000 Meter eingestellt

und steuerten, »entgegen ausdrücklicher Empfehlung der Sonarexperten«, wie Williamson festhielt, eine Suchlinie am östlichen
Rand des Suchgebiets an. Tommy war fest entschlossen, einen
Blick in jede Zelle mit einem Wahrscheinlichkeitswert über null
zu werfen; weiter westlich lagen mehrere Zellen mit Wahrscheinlichkeitswerten zwischen 2 und 8 und im Osten etliche mit Werten zwischen 1 und 7 Promille; die Wahrscheinlichkeit, daß sich
das Wrack der *Central America* in diesen Zellen fand, war also
verschwindend gering.

Entsprechend wütend reagierte Williamson, wie Brockett sich
erinnerte. »Schau her«, sagte Williamson zu Tommy, »ich ver-
diene mit dieser Tätigkeit meinen Lebensunterhalt. Ich weiß, was
ich tue, ich bin ein Experte. Dort draußen verschwenden wir nur
unsere Zeit. Um nächstes Jahr effektiv arbeiten zu können,
brauchst du detaillierte Informationen über die bereits identifizierten Ziele.« »Nein«, beharrte Tommy auf seiner Position.
»Wir müssen einen Blick in die Zellen mit niedrigen Wahrscheinlichkeitswerten werfen und die Suche abschließen.«

Nach rund zehn Stunden auf der nächsten Suchbahn im östlichen Areal erfaßten sie ein weiteres Ziel, das groß und hart genug
war, um von Williamson – unter der Bezeichnung »Galaxy« – mit
in die Hitparade aufgenommen zu werden.

Obwohl die Chance, daß sie auf der letzten östlichen Suchbahn
auf die *Central America* stießen, gerade einmal 3 aus 1000 betrug,
wollte Tommy sie abfahren. Und nicht nur das, er bestand sogar
darauf, die Bahn um 19 Kilometer zu verlängern. »Damit führte
der Kurs durch einen Haufen Zellen mit einer unendlich kleinen
oder gar keiner Wahrscheinlichkeit«, erinnerte sich Williamson.
»Es kam darüber zwar zu einem heftigen Streit, aber Harvey sagte
einfach: ›Ihr verlängert die Bahn, Punkt, aus!‹«

Zehn Stunden lang zogen sie den Sonarschlitten entlang dieser
östlichen Linie über den Meeresboden, während eine nachfolgende See und eine starke nordöstliche Strömung unablässig
drohten, die *Pine River* vom Kurs abzubringen. »Hoffe, wir haben
das gute Wetter/ruhige See nicht verschwendet, die wir für
Kamera/Videoläufe auf S/wheel – unserer Meinung unser Ziel
(die *C. A.*) – brauchen«, trug Williamson in das Logbuch ein. »Die
Empfehlung des Suchteams lautet erneut: zu ›Sidewheel‹ zurück-

kehren, LBS-Transponder aussetzen, das Akustikgitter kalibrieren und anhand von Video- und Fotoaufnahmen das Ziel als den 84-Meter-Raddampfer zu identifizieren, für dessen Lokalisierung wir engagiert wurden.«

Doch nun wollte Tommy einen Hochauflösungs-Sonarscan von Galaxy, der Anomalie, die sie am Tag zuvor erfaßt hatten. Williamson hatte sich bereits die ersten Aufzeichnungen von Galaxy vorgenommen und war zu dem Schluß gekommen, daß es sich dabei auf keinen Fall um einen Raddampfer aus dem 19. Jahrhundert handeln konnte. »Harvey Thompson besteht darauf, als nächstes einen Verifizierungslauf über das Ziel ›Galaxy‹ durchzuführen, bei dem es sich allem Anschein nach um ein Schiff mit Stahlrumpf und dazugehörigen Trümmern handelt.«

Im ersten Anlauf hatten sie das Ziel in weniger als vier Minuten erfaßt und den Lauf in zehn Minuten abgeschlossen; allerdings lieferten nur die Drucker Daten, nicht die Rechner. Sie engten den Suchstreifen von einem auf einen halben Kilometer ein, scannten das Ziel erneut, wendeten und scannten es ein drittes und letztes Mal. Damit hatte Tommy mindestens ein und in vielen Fällen sogar zwei oder drei Hochauflösungs-Sonarscans von allen Zielen der Hitliste. Seiner Kalkulation zufolge hatten sie nun einen so großen Teil der Suchkarte abgegrast, daß die drei oder vier Tage, die ihnen noch blieben, besser genutzt wären, wenn sie die meistversprechenden Ziele nochmals, und zwar mit einer noch höheren Auflösung, scannen oder eine Kamera zu Sidewheel hinunterlassen würden. Er gab Order, Kurs auf Sidewheel zu nehmen, um die Transponder für die Kameraläufe am Boden zu verankern.

»Endlich hatten wir uns durchgesetzt«, sagte Lettow, »und konnten uns daranmachen, die Videokamera zum Wrack hinunterzulassen.«

Das Sonnenlicht dringt bis zu einer Tiefe von rund 200 Metern vor, unterhalb davon herrscht vollkommene Dunkelheit. Die Sea-MARC schwebte durch dieses Reich der Finsternis, sandte Schallwellen in Richtung Meeresboden aus und zeichnete auf, wie sie vom Meeresboden reflektiert wurden. Diese Daten wurden dann in Informationen umgewandelt, die das menschliche Auge sehen konnte: Unregelmäßigkeiten auf den EPC-Ausdrucken, Pixel in einem Farbmosaik auf dem Computerbildschirm. Egal, wie nahe sie an ein Objekt herangingen und wie sehr sie die Auflösung verstärkten, alles, was sie sahen, waren umgewandelte Schallwellen, nicht das Objekt, von dem sie zurückgestrahlt wurden. Und genau das war das Frustrierende an dem Verfahren: Sie konnten das Objekt selbst nicht sehen.

Am 4. Juli holten sie die SeaMARC ein und deponierten sie auf Deck. Die nächsten beiden Tage verbrachten sie damit, ein Unterwassernavigationsgitter einzurichten, reparierten das Kabel und bereiteten die Videoanlage vor. Dann setzten sie die SeaMARC nochmals aus und fuhren sechs weitere Scans über Sidewheel, bis sie überzeugt waren, das Wrack auch mit einer Kamera aufspüren zu können. Am frühen Morgen des 7. Juli ließen sie den Kameraschlitten ins Wasser. Um fünf Uhr morgens schwebte der Kameraschlitten in der Dunkelheit 2700 Meter unter ihnen über den Meeresboden.

Sie hatten den hydrodynamischen Schlitten mit Scheinwerfern, einer Videokamera sowie einer Einzelbildkamera bestückt. Allerdings waren die Kameras stationär, starr nach unten gerichtet. Weder verfügte der Schlitten über eine Steuerungseinheit, noch konnten die Kameras geschwenkt oder ihr Neigungswinkel verändert werden. Sie konnten also nur hoffen, daß ihre Positionsdaten korrekt waren, daß sie die Fundstelle wiederfinden würden und daß, wenn sie die Kameras darüber hinwegzogen, plötzlich die Überreste eines Schiffs ins Sichtfeld kamen.

Williamson nannte diese Suchmethode »Brownsche Bewegung«, ein der Physik entliehener Begriff, mit dem die Zufallsbewegung von gasförmigen Partikeln beschrieben wird. Tommy bevorzugte den Begriff »Spaghettisuche«.

Während der Kapitän der *Pine River* eine vorgegebene konstante Geschwindigkeit hielt, saßen sie im Kontrollraum und beobachteten den Fernsehmonitor. Sie hatten die Sonarrecorder und den Rest der SeaMARC-Ausrüstung abgeschaltet – kein Verstärker, der eingestellt, keine Navigationsangaben, die aufgezeichnet, keine Messungen, die durchgeführt werden mußten, nur ein Filmlogbuch, das geführt, und ein Monitor, der beobachtet werden mußte, und ein Pilot, der darauf wartete, den Kameraschlitten im Schlepp der *Pine River* abzusenken oder hochzuholen.

Um Details erkennen zu können, mußte die Kamera mindestens bis auf sechs Meter – oder, noch besser, drei Meter – an das Ziel herangebracht werden. Was weiter als neun Meter entfernt war, blieb unsichtbar. Den Blick auf den Monitor gerichtet, gab der Pilot Kabel von der Winde, wenn das Schiff sich in der Dünung hob, und holte Kabel ein, wenn es sich wieder senkte. Es war wichtig, daß der Kameraschlitten eine konstante Höhe über dem Meeresboden einhielt. Stieg er mehr als neun Meter über den Meeresboden an, war auf dem Monitor nichts als Hintergrundrauschen zu sehen – »als ob man nach Sendeschluß in einen Fernseher schaut«, sagte Lettow. Um die Kamera wieder auf die Arbeitshöhe zu bringen, mußte er vorsichtig Kabel geben, wobei jedoch beständig die Gefahr bestand, daß er des Guten zuviel tat und der Schlitten über den Boden schrammte. Lettow verglich die Arbeit des Piloten mit einem Videospiel, bei dem der Einsatz mehrere tausend Dollar betrug.

Die erste Überfahrt verlief enttäuschend. Sie saßen zwei Stunden vor den Monitoren und sahen nichts als weißes Gegriesel. Beim zweiten Lauf erblickten sie kurz den Meeresboden und filmten die kreuz und quer laufenden Spuren von Seegurken, doch am Ende des Durchlaufs entdeckten sie, daß der Videorecorder nicht richtig funktionierte und alles, was sie bislang aufgezeichnet hatten, gelöscht worden war. Sie unternahmen einen dritten Durchlauf, und wieder sahen sie nur für einen kurzen Moment den Meeresboden. Obwohl die horizontale Kontrolle über den Schlitten gut zu sein schien, taten sich die Piloten schwer, innerhalb des engen Neun-Meter-Bereichs zu bleiben, ohne die Ausrüstung zu gefährden. Bereits einmal hatte einer der Piloten den Schlitten auf Grund gesetzt, wobei der Rahmen verzogen worden war. Während das Meer zusehends unruhiger wurde, starteten sie ihre vierte Überfahrt über das Wrack. Als sie immer noch nichts sahen, wendeten sie, nahmen ihre Startposition wieder ein und kamen überein, ihre Methode zu ändern. Dieses Mal wollten sie sich einfach über Sidewheel treiben und die Kamera fast direkt unter dem Schiff hängen lassen.

Sie holten den Kameraschlitten ein, hängten ihn an ein Stück Roheisen und ließen ihn über die Seite hinab. Da die *Pine River* nicht reglos über dem Ziel verharren konnte, versuchten sie, das

Schiff so auszurichten, daß der Wind und die Strömung es langsam über das Wrack treiben würden. »Eine sehr frustrierende Sache«, sagte Williamson, »weil man nur das sieht, was die Vorsehung einem ins Blickfeld bringt.«

Nach noch nicht einmal einer Stunde sahen sie eine Ankerkette auf dem Monitor, riesige Eisenglieder im Sand, die sich in der Dunkelheit verloren. Als nächstes flackerte etwas über den Schirm, was an einen Haufen Holzbalken erinnerte. Nachdem sie das Objekt überfahren hatten, wiederholten sie die Prozedur, und zwei Stunden später tauchte erneut etwas auf dem Monitor auf. Und nochmals eine weitere Stunde danach. Dann sahen sie etwas, was sie für Trümmer hielten, und ein paar Minuten später ein Objekt, das an einen Mast erinnerte. Doch kein einziges Mal konnten sie sicher sagen, was sie sahen oder wo genau an der Fundstelle sie sich befanden.

Jedesmal, wenn sie meinten, das Wrack auf dem Schirm zu haben, schoß der Pilot mit der Einzelbildkamera so viele Aufnahmen wie nur möglich, doch jedesmal, wenn er auf den Auslöser drückte, verschwand das Bild auf dem Videoschirm oder wurde von statischem Rauschen überlagert. Als sie den Kameraschlitten einholten, um einen neuen Film und ein neues Videoband einzulegen und die Batterien zu ersetzen, stellten sie fest, daß von den 400 Einzelaufnahmen, die sie gemacht hatten, nur rund 100 belichtet worden waren – und davon waren wegen eines Defekts des Filmtransportmechanismus die meisten entweder unter- oder doppelt und dreifach belichtet.

Nachdem sie den Schlitten wieder hinabgelassen hatten, erschien auf dem Monitor sofort der Meeresboden, doch vom Wrack war weit und breit keine Spur zu sehen. Sie ließen sich treiben, bis sie sicher waren, das Wrack passiert zu haben, nahmen ihre Startposition wieder ein und ließen sich, mit ebensowenig Erfolg, erneut über das Gebiet treiben. Den Sonagrammen zufolge lag das Wrack auf einem Gebiet, das etwas größer als ein Fußballfeld war, und sie trieben fast im senkrechten Winkel über diese Fläche weg. Warum also sahen sie nichts auf dem Monitor?

Lettow schlief bereits, als in der zweiten Nacht nach Aussetzung des Kameraschlittens Watson in seine Kabine stürmte und ihn aufweckte. »Du mußt sofort raufkommen«, meinte Watson,

»diese Leute kriegen es einfach nicht auf die Reihe.« Die Stimmung im Kontrollraum hatte sich so weit zugespitzt, daß Watson und der Pilot der Nachtschicht begonnen hatten, aufeinander herumzuhacken, sich darüber stritten, warum sie das Wrack nicht fanden, und an der Arbeit des anderen herummäkelten. Schließlich hatte der Pilot sie alle zur Hölle gewünscht und einfach sitzengelassen.

Lettow zog sich an, ging in den Kontrollraum hoch und nahm den Platz des Piloten ein, während Tommy und die restlichen Techniker sich unterhielten und den Seegurkenspuren zusahen, die über den Monitor zogen. Der Anblick erinnerte Lettow an einen ausgetrockneten Wüstensee, den Motorräder in jeder nur erdenklichen Richtung durchfahren hatten. »Wie stehen die Chancen, inmitten dieser zahllosen Seegurkenspuren eine Ankerkette auszumachen und dann auch noch das daran hängende Wrack zu finden?« verlieh er irgendwann, als die anderen schon längere Zeit nichts mehr gesagt hatten, seiner Skepsis Ausdruck. Fünf Herzschläge später erschien, groß und dunkel und direkt im Zentrum des Monitors, die Ankerkette. Sofort drückte Lettow auf den Auslöser der Einzelbildkamera.

»Jesus Maria!« rief er. »Seht euch das an!«

Alle, auch Tommy, starrten gebannt auf den Monitor. Die Kamera folgte der Kette rund 30 Meter, und dann sahen sie den Bug. Um das Wrack nicht zu rammen, hatte Lettow bereits angefangen, den Schlitten hochzuziehen. Als der Kameraschlitten über die Seitenwand des Schiffs glitt, gab er wieder Kabel.

»Hol ihn da raus!« schrie die Hälfte der Techniker im Raum fast gleichzeitig. »Hol ihn sofort da raus, sonst verheddert er sich noch!«

Ihre Ermahnungen waren überflüssig, Lettow war bereits wieder dabei, Kabel einzuholen. Obwohl der Schlitten an Höhe gewann, erblickten sie über einen Ausschnitt des Decks hinweg einen Teil der Aufbauten und etwas, was wie von einem Mast herabhängende Takelagefetzen aussah. Die Kamera glitt weiter über das Wrack hinweg. Offensichtlich war das Deck eingebrochen, und Lettow meinte, Ladung im Frachtraum erkannt zu haben. Gleich darauf kam das Heck ins Blickfeld. Das Dollbord war größtenteils verrottet, nur hier und da ragten Pfähle in die Höhe, was die Techniker, die Angst hatten, ihr Kamerasystem zu verlieren, wieder nervös machte, und erneut brüllten sie Watson an, den Schlitten nach oben zu ziehen.

»Ich ließ den Schlitten darüber hinwegschweben«, berichtete Lettow, »und auf dem Monitor erschien wieder der endlose Meeresboden. Die ganze Szene hatte weniger als eine Minute gedauert.«

Lettow fing an zu singen: »Chain, chain, chain …«

Die anderen Techniker hoben ihre Hände und stimmten in das Lied mit ein: »… chain of foo-ools.«

Keiner kannte den Rest des Songs, aber das machte nichts. Dann, als ob sie gerade dahintergekommen wären, wie ein Zauberer Kaninchen aus einem Hut hervorzaubert, fragte einer der Techniker: »Wie stehen die Chancen«, hier warf er einen kurzen Blick auf den Monitor, »eine Maschine zu sehen?«

Dann, der nächste: »Wäre es nicht schön, ein … Schaufelrad zu sehen?«

Und der dritte: »Wie wäre es mit … einer Schatztruhe?«

»Der Anblick des Wracks hatte uns beflügelt«, erinnerte sich Lettow. »Irgendwie gerieten wir alle ins Phantasieren.«

Doch der Zauber wirkte nicht mehr. Seit sie vor zwei Tagen mit den Kameraläufen angefangen hatten, hatte sich das Wetter kontinuierlich verschlechtert; der Wind legte ständig zu, und die See ging immer höher. Davon abgesehen war die Kamera ungenügend, das Licht war ungenügend, selbst die *Pine River* war ungenügend. Jeder konnte das sehen. Sie hatten das Äußerste erreicht, was sie aus diesem Sommer herausholen konnten.

»Vor allem aber hatten wir keinen Tauchroboter, der in solche Tiefen vorstoßen konnte«, erklärte Craft. »Besser gesagt, *niemand* hatte einen Tauchroboter, der in solche Tiefen vorstoßen konnte.« Genau das war die nächste Herausforderung, vor der Tommy stand: einen ROV, einen Tauchroboter, bauen, der in einer solchen Tiefe arbeiten konnte. Hatte er damit Erfolg, dann konnte er nächsten Sommer mit einem Schiff, das seine Position halten konnte, einer steuerbaren Kameraplattform und einem hochgenauen Navigationssystem zurückkehren. Mit dieser Ausrüstung wären sie nicht länger darauf angewiesen, sich einfach durch das Zielgebiet treiben zu lassen und auf ihr Glück zu hoffen, sondern könnten die Kamera direkt auf das Wrack hinunterlassen und den Schlitten bei Bedarf ein paar Meter in diese oder die andere Richtung lenken.

Tommy beschloß, die Option, die er im August auf die Sea-MARC noch hatte, nicht wahrzunehmen, damit Williamson den Amoco-Auftrag annehmen konnte. Er hätte zwar gerne noch mehr Hochauflösungs-Sonarscans von den anderen aussichtsreichen Zielen aufgenommen, aber immerhin hatte er zumindest einen Hochauflösungs-Sonarscan von jeder wichtigen Anomalie. Er hatte über 90 Prozent einer großen und aufwendig errechneten Suchkarte abgefahren, und zwei Teams der besten Sonartechniker der Welt waren zuversichtlich, daß sie die *Central America* gefunden hatten. Als nächstes wollte er die Sonarausdrucke, die Computerbilder, die Einzelaufnahmen und die Videobänder analysieren, die Ergebnisse an seine Gesellschafter weitergeben und dann versuchen, Geld für die Verifikations- und Bergungsphase aufzutreiben. Gleichzeitig plante er, ein existierendes Unterwasserfahrzeug umzubauen oder ein neues zu konstruieren, mit deren Hilfe er alle Arbeiten ausführen konnte, die zur Untersuchung des Wracks der *Central America*, zur Verifikation ihrer Identität und zur Hebung des Goldes notwendig waren – ohne dabei historische oder wissenschaftlich wichtige Hinweise zu vernichten. Gegenwärtig verfügten sie noch über keine Möglichkeit, die Fundstelle korrekt zu untersuchen, das Wrack zu dokumentieren und zu konservieren, geschweige denn, das Gold zu heben. Davon abgesehen gab es sowieso keinen Ort, wo es sicherer aufgehoben wäre als 2500 Meter unter der Wasseroberfläche irgendwo weit draußen im Atlantik.

Tommy und Barry baten die Techniker, darüber abzustimmen, für wie wahrscheinlich sie es hielten, daß Sidewheel die *Central America* war. Jeder sollte seine Meinung auf ein Stück Papier schreiben, es zusammenfalten und in einen Hut werfen. Tommy und Barry selbst stimmten nicht ab, auch wenn Barry eingestand, daß selbst er Sidewheel für einen sehr guten Kandidaten hielt. »Es hatte eine schöne Kontur. Es war, wie die *Central America*, sehr schlank, sehr lang und bleistiftförmig. Und dann war da noch diese auffällige halbmondförmige Erhebung direkt unter den Dollbords in der Mitte des Schiffs.«

Wie die Auszählung der abgegebenen Stimmen ergab, schätzten die Techniker die Chance, daß Sidewheel tatsächlich die *Central America* war, auf 90 Prozent.

»Das war verdammt gut«, sagte Tommy, »aber immer noch nicht gut genug, um aus dem Häuschen zu geraten.«

Am 9. Juli, um sieben Uhr morgens, holten sie den Depressor und den Kameraschlitten hoch, sicherten sie an Deck, holten die Filme aus den Kameras und drehten den Bug der *Pine River* in Richtung Küste.

Columbus, Ohio – Herbst 1986

Die Aufmerksamkeit und Erregung, mit der die Öffentlichkeit alles verfolgte, was sich in der Welt unterhalb der Wasseroberfläche abspielte, erreichte im Sommer 1986, während Tommy unbeachtet von der Außenwelt nach der *Central America* suchte, einen neuen Höhepunkt. George Bass vom texanischen A&M Institut für Unterwasserarchäologie hatte aus dem Wrack eines Schiffes, das vor 340 Jahren unweit der türkischen Küste gesunken war, verzierte Goldanhänger, Waffen und erhebliche Mengen an Bronze, Zinn und Glas geborgen. Zur gleichen Zeit holte Mel Fisher noch mehr Kostbarkeiten aus dem Bauch der *Atocha*: über 3000 Smaragde, außerdem Silbermünzen und -barren, verzierte Reliquien und feinste Goldgußarbeiten. Und weniger als eine Meile vor Cape Cod hatte Barry Clifford damit begonnen, die Beute des Piratenschiffs *Wydah* zu bergen.

Im selben Sommer versteigerte das Auktionshaus Christie's die Nanking-Ladung, 150 000 einfache Porzellanobjekte, die Michael Hatcher vom Grund des Südchinesischen Meeres geborgen hatte, wo sie, in hölzerne Teekisten verpackt, seit 1747 geruht hatten. Bei einer Vorabschau gelangten über 20 000 der Antiquitäten in Amsterdam zur Ausstellung, und fünf Tage lang drängten sich zwischen 500 und 1000 Bieter in dem Auktionsraum. Jedes Stück fand einen Käufer. So groß war die Begeisterung über die dem Meer entrissenen Schätze, daß einige Posten für mehr als das Zehnfache des Schätzwertes unter den Hammer kamen.

Doch was die Phantasie der Öffentlichkeit in diesem Sommer am meisten erregte, war Bob Ballards Rückkehr zur Königin der Tiefsee, zur *R. M. S. Titanic*. Nach insgesamt zwölf Tagen in 3800 Meter Tiefe kehrten Ballard und seine Crew mit rund 60 Stunden

Videofilm und Tausenden von Fotografien von dem berühmtesten Wrack der Welt heim, von dem jedermann gedacht hatte, daß es für immer in den zerklüfteten Tiefen des Nordatlantiks verschollen sei. Ballards Fotografien und Filmaufnahmen eröffneten einen dramatischen Blick auf die *Titanic* in all ihrer vergänglichen Pracht und weckten Erinnerungen an eine längst vergangene Zeit.

Bis zum Spätherbst des Jahres hatte Tommy die SeaMARC-Aufnahmen ausgewertet und die Sonagramme der Schlüsselziele analysiert. Er rief Larry Stone an, um ihm für die Arbeit an der Wahrscheinlichkeitskarte zu danken und ihn darüber zu informieren, daß die *Central America* zwar nicht in der Zelle mit dem höchsten Wahrscheinlichkeitswert lag, aber in einer der Zellen mit einem sehr hohen, und daß sie, wie es aussah, das Wrack bereits auf der zweiten Suchbahn entdeckt hatten.

Tommy stand nun vor der Aufgabe, 3,6 Millionen Dollar für die Verifikations- und Bergungsphase aufzutreiben. Im November schickte er seinen Gesellschaftern einen Brief, mit dem er sie für den 13. Dezember zu einem Treffen im Great Southern Hotel in Columbus einlud. Mit dem Versprechen, bei dem Treffen Sonarfarbaufnahmen des Zielwracks zu präsentieren, die »zeigen, wie das Schiff nach 129 Jahren auf dem Meeresboden aussieht«, stachelte er ihre Neugier an und sorgte für ihr zahlreiches Erscheinen.

Bei dem Treffen präsentierte Tommy Farbdias der interessantesten Objekte. Er beendete die Vorführung mit einer Reihe von Hochauflösungs-Sonarscans von Sidewheel, anhand derer er erläuterte, wie die Sonartechniker die Farben der Sonagramme interpretierten. Buck Patton versuchte, die Begeisterung zu dämpfen, und hakte mehrmals mit kritischen Fragen nach. »Doch da war dieser anscheinend eindeutige Zielpunkt«, erinnerte er sich, »und nicht zu vergessen das Schaufelrad. Tommy hatte es zentimetergenau vermessen und mit den Originalaufnahmen verglichen. Und dann überzeugte das Votum der Techniker, die sich zu 90 Prozent sicher waren, die *Central America* gefunden zu haben. Es war eine großartige Präsentation, und wir alle gingen hinaus mit dem Gefühl: Wir haben es geschafft!«

Noch nicht einmal einen Monat später hatte Tommy schon

41,5 der 50 Bergungsphasen-Anteilsscheine zu 72 000 Dollar das Stück verkauft, und zwar ausnahmslos an Gesellschafter, die bereits in die Suchphase investiert hatten. Die Gesellschafter waren jetzt zuversichtlich, wenn nicht sogar begeistert. Doch Tommy riet wie immer zur Zurückhaltung. Im Postskriptum zu einem Brief ermahnte er sie erneut, nichts nach außen dringen zu lassen; ihre bisherige Verschwiegenheit habe ihnen nur Nutzen gebracht und es ihm erlaubt, ohne den Druck von potentiellen Konkurrenten oder unerwünschter öffentlicher Aufmerksamkeit alle Optionen in Betracht zu ziehen. »Diese Freiheit«, schrieb er, »wird bei den Vorbereitungen zu den Bergungsarbeiten wichtiger als jemals zuvor sein.«

Harry John war auf der Suche nach der *Central America* schon in tiefere Gewässer vorgestoßen, und Tommy konnte problemlos ein halbes Dutzend weiterer Männer anführen, die nach der *Central America* gesucht hatten und immer noch hinter dem Wrack her waren. »Sollten diese Leute Wind von unseren Plänen bekommen«, warnte er, »dann besteht die reale Gefahr, daß einer von ihnen vor Ort auftaucht und versucht, uns das Leben schwerzumachen.« In dem Schreiben, mit dem er um finanzielle Beteiligung an der Bergungsphase warb, erwähnte er die Möglichkeit, daß Konkurrenten auf den Plan treten könnten, und entwarf für diese Situation einen Notfallplan, den er E-Plan (für Emergency-Plan) nannte. »Ich ging damit, daß ich das gegenüber den Gesellschaftern überhaupt ansprach, ein erhebliches Risiko ein, denn sie wurden dadurch verunsichert«, erklärte er. »Aber lange bevor der erste Cent für die Bergungsphase einging, war mir schon klar, daß die *Central America* mit so viel Gold an Bord nicht auf ewig unentdeckt bleiben würde.«

Tommy beauftragte Ted Brockett, der im vorigen Sommer Williamsons Crew angehört hatte, sich in der Szene umzuhören und seine Fühler nach Tiefsee-Bergungssystemen der »nächsten Generation« auszustrecken, sich nach den Miet- oder Lieferfristen, ihren technischen Fähigkeiten, ihren Grenzen und den Kosten zu erkundigen.

Brockett war eine gute Wahl; er kannte die Szene in- und auswendig. 1978 hatte er bei der Entwicklung der Bergungstauchboote für Inco USA mitgearbeitet, die auf 6000 Meter hinuntergingen und 2000 Tonnen Manganknollen an die Wasseroberfläche holten, dem ersten erfolgreichen Tiefsee-Erzförderungsprojekt überhaupt. Später, 1985, hatte er für Bob Ballard den Kameraschlitten *Argo* entworfen, der zum Einsatz kam, als Ballard 1985 die ersten Bilder von der *Titanic* schoß. Außerdem hatte er den Schlitten für Williamsons SeaMARC IA entworfen und darüber hinaus in Zusammenarbeit mit mehreren der Meeresingenieure, die er jetzt wieder würde ansprechen müssen, eine ganze Reihe weiterer Tiefsee-Bergungssysteme entwickelt und gebaut. Er verfügte also über beste Kontakte, was einerseits ein Vorteil, andererseits aber auch ein Nachteil war, da er keinerlei Aufmerksamkeit erregen durfte.

Die Tiefsee war eine so menschenfeindliche Umgebung, und dorthin zu kommen kostete so viel, daß niemand das ohne einen wirklich triftigen Grund auf sich nahm. In der Hälfte der Fälle war der Grund top-secret, daß heißt, er fiel unter die nationalen Sicherheitsinteressen der Vereinigten Staaten. In den anderen Fällen handelte es sich um fast ebenso geheime privatwirtschaftliche Projekte. Jeder in der Szene hütete ein paar kleine Geheimnisse. Wenn man sich traf, unterhielt man sich miteinander wie alte Freunde und versuchte, sich gegenseitig auszuhorchen. Da jeder unablässig in Erfahrung zu bringen suchte, was die anderen wußten, hörte man sich sehr genau zu. Das zwang einen, sehr vorsichtig in seiner Wortwahl zu sein. Der Kreis war so klein und inzestuös, die Geräte so rar und spezialisiert, daß schon ein einziges zu konkretes Wort reichte, und der Zuhörer konnte sich ausrechnen, was man und wo man es plante. Die Tiefe war der ausschlaggebende Punkt. Je tiefer man ging, desto höher wurde der Druck; je größer der Druck war, desto stärker mußten die Dichtungen sein, damit kein Salzwasser die Elektronik lahmlegen konnte. Die Bestellung von Anlagegehäusen beispielsweise, die bis zu einer bestimmten Tiefe ausgelegt waren, gab dem Eingeweihten einen wichtigen Hinweis. Und die Kabel zur Steuerung eines Tauchfahrzeugs waren so spezialisiert und teuer, daß niemand mehr orderte, als er unbedingt benötigte; arbeitete man in 1200 Meter tiefem Wasser, so brauchte man 1500 Meter Kabel. Weniger reichte nicht, mehr konnte man sich nicht leisten.

Auch Scheinwerfer und Auftriebstanks gab es, je nach Tiefe des Zielgebiets, in unterschiedlichen Ausführungen. Und selbst der Formschaum, mit dem in Tauchfahrzeugen Hohlräume ausgeschäumt wurden, enthielt winzige Glaskugeln, die nach Tiefentauglichkeit abgestuft waren. Forderte man einen bestimmten Schaum an, gab man damit die maximale Arbeitstiefe seines Tauchfahrzeugs preis. Allein diese Angabe genügte Leuten, die sich in dem Metier auskannten, um 90 Prozent aller Möglichkeiten auszuschließen.

Nur ganz bestimmte Bereiche des Ozeans sind über 1200 Meter tief. Erkundigte man sich nicht nach dem Betrieb eines Gerätes mit 220-Volt-Strom oder nach der Verfügbarkeit von Ersatzteilen in asiatischen oder europäischen Ländern, dann blieben eigentlich nur noch die beiden us-Küsten übrig. War nichts von Bedeutung in dieser bestimmten Tiefe vor der einen Küste bekannt, so lenkte das die Aufmerksamkeit automatisch auf die andere. An der Ostküste fällt der Kontinentalschelf so gleichmäßig ab, daß man allein anhand der Tiefe die Entfernung der Arbeitsstätte von der Küste bestimmen kann. Dann fing das Gerede an. Wenn Brockett etwa Erkundigungen über eine tiefseetaugliche Bergungsausrüstung einholte und dabei andeutete, daß er sich Sorgen mache, ob die Dichtungen Tiefen zwischen 2400 und 3000 Metern aushielten, und wenn irgend etwas sonst in seinem Verhalten oder dem, was er sagte, ausländische Einsatzorte ausschloß, dann würden in der Szene schnell Gerüchte über eine Bergungsoperation in etwa 2400 Meter Tiefe vor der Ostküste die Runde machen.

»Mehr Andeutungen braucht man gar nicht zu machen, um den Leuten einen Wink zu geben, was los ist«, sagte Tommy, »und allen, die an der *Central America* interessiert sind, ein klares Signal zu senden, daß sie sich besser möglichst schnell auf die Socken machen.«

Um potentielle Konkurrenten in die Irre zu führen, einigten sich Tommy und Brockett auf »unscharfe Parameter«, technische Mindestanforderungen, die zwar spezifisch genug waren, damit die Ingenieure die richtigen Probleme lösten, aber auch nicht so genau, daß ihnen konkrete Anhaltspunkte über das Projekt zu entnehmen waren. Wenn Brockett mit Ingenieuren sprach, sah das ungefähr folgendermaßen aus: »Wir untersuchen die Möglichkeit von Erkundungs- und Bergungsarbeiten in verschiedenen Wassertiefen, und wir müssen in der Lage sein, alle Arbeiten mit einem einzigen Tauchfahrzeug auszuführen. Wir wollen nicht in 1200 Meter Tiefe mit einem anderen Tauchfahrzeug operieren müssen als in 3000 Meter. Hinsichtlich der Kostenkalkulation sollte berücksichtigt werden, daß es sowohl vor der West- wie auch der Ostküste einsetzbar sein muß. Sollten Sie irgendwelche Probleme bei Einsätzen in Übersee erwarten, so quantifizieren Sie diese bitte.«

Er kontaktierte die fünf größten Hersteller von Tiefseeausrüstungen und traf sich mit Ingenieuren von Florida über Südkalifornien bis hin nach Vancouver. Dabei ging es ihm darum, herauszufinden, welche Firma auf der Grundlage von Tommys Ideen ein Bergungssystem für einen Einsatz in 3000 Meter Tiefe bauen konnte – oder über ein solches bereits verfügte. In dieser Hinsicht war Tommy flexibel. Mit keinem Wort ging Brockett auf seinen Auftraggeber, die Natur des Projekts, das Zielobjekt, den Fundort oder die genaue Arbeitstiefe ein. Er sprach einfach über die Probleme der Tiefseebergung im allgemeinen.

Die Treffen verliefen üblicherweise glatt, bis die erste heikle Frage über das Projekt gestellt wurde und Brockett eingestehen mußte, daß er darüber wirklich nicht reden dürfte. Kaum hatte er das gesagt, setzten seine Gegenüber ein breites Grinsen auf und fingen erst recht an, weiterzubohren.

»An diesem Punkt wurden die Leute fast verrückt vor Neugier«, sagte Brockett, »und legten es in erster Linie darauf an, etwas aus mir herauszukriegen.«

Zwei der Firmen hatten schon so oft mit dem Militär zusammengearbeitet, daß die Verhandlungen sehr formal, ohne Nachfragen und vor allem ohne jedes Grinsen abliefen. Bei zwei weiteren Firmen hatte Brockett es mit Ingenieuren zu tun, die er gut kannte und die sich bestens in Tiefseeangelegenheiten auskannten. Es drängte ihn, sich mit ihnen offen auseinanderzusetzen, aber diese Leute waren auf dem Gebiet besser informiert als die meisten, kannten die Namen der berühmten historischen Wracks, hatten zum Teil sogar schon versucht, sie zu heben, und sehnten sich danach, im gleichen Geschäft wie Tommy tätig zu sein. Sobald Brockett das Problem in unscharfen Parametern formulierte, grinsten sie und bohrten weiter – »okay, Brockett, wir wissen, daß etwas im Busch ist« –, und Brockett grinste zurück und versuchte, ihnen ihr Wissen zu entlocken, ohne selbst etwas preiszugeben. Doch das war gar nicht so einfach.

»Wenn dir jemand am Tisch gegenübersitzt und über das ganze Gesicht grinst«, sagte er, »dann ist es verdammt schwer, seine Fragen mit unbewegtem Gesicht zu beantworten und sich keine Blöße zu geben.«

Irgendwann stieß Brockett auf die perfekte Tarnung: Bob Ballard und die *Titanic*. Sobald er Anforderungen wie »und muß in der Lage sein, unterschiedlichste Objekte aus großen Tiefen zu bergen« formulierte, fingen die Ingenieure an, Fragen über den Luxusliner zu stellen. Dann brauchte er nur noch zu sagen, Leute, ich darf wirklich nichts über den Namen des Klienten oder das Projekt rauslassen, und alle waren überzeugt, daß es in der Tat um die *Titanic* ging.

Während Brockett sich in der Szene umhörte, arbeitete Tommy an Entwürfen für ein eigenes Unterwasserfahrzeug. Unter anderem kontaktierte er einen Techniker namens John Moore, der in der Kleinstadt Bellingham lebte, rund 160 Kilometer nördlich von Seattle, ein Spezialist für ferngesteuerte Tauchroboter, genannt ROVS.

Würde man irgend jemanden in der globalen Offshore-Gemeinde von der Nordsee bis zum Golf von Mexiko nach dem besten ROV-Techniker im Geschäft fragen, die Antwort wäre immer die gleiche: John Moore. Und würde man dieselben Leute nach dem launenhaftesten und streitsüchtigsten Typen fragen, der ihnen jemals über den Weg gelaufen ist, würden sie denselben Namen nennen.

»Ich bin ziemlich unbeherrscht«, sagte Moore von sich, »war ich schon immer und werde ich wahrscheinlich auch bleiben. Ich bin fest davon überzeugt, daß die Welt größtenteils von Idioten bevölkert ist.«

Von seinem Aussehen her erinnerte Moore – knapp 1,90 Meter groß, schwarzes, hinten schulterlanges Haar, leuchtend blaue Augen über einem über die Lippen hängenden dichten Schnauzer – an einen Sheriff aus einem Western, in dem ein paar Gesetzlose ansonsten friedliebende und gesetzestreue Bürger terrorisieren. Er hatte ein paar Semester an einem kleinen State College im Osten Washingtons herumstudiert und sich dann ein paar weitere Semester an der Seattle University eingeschrieben, bevor er das Studium endgültig aufgab. »Meine Hauptfächer an der Uni waren Drogen und Mädchen, und das brachte nicht allzuviel«, erzählte er. Anschließend folgten zwei Jahre bei der Küstenwache, eine Arbeit, die ihn bald frustrierte. »Mir gefiel es einfach nicht, Befehle von Leuten anzunehmen, die nur Stroh im Kopf hatten.«

Doch die Zeit bei der Küstenwache erweckte in ihm den Wunsch, mehr von der Welt zu sehen. Kurz nachdem er der Küstenwache den Rücken gekehrt hatte, kaufte er sich eine Fahrkarte nach London. Dort angekommen, marschierte er direkt in das Büro von Subsea, einer amerikanischen Tiefseetauchgesellschaft, wo man ihm sagte, er solle sich am nächsten Tag in Stiefeln und Overall wieder melden. Moore blieb zehn Jahre bei Subsea. Zu der Zeit sahen bereits einige der weitsichtigeren Köpfe in der Tiefseeszene das Ende der Ära bemannter Unterwasserfahrzeuge und das Aufkommen des Zeitalters von Tiefseerobotern kommen, darunter auch Moores Boß, und in seinem zweiten Jahr bei der Gesellschaft schickte er ihn nach London, um ihn in einem neuen Feld, in ferngesteuerten Tauchrobotern, ausbilden zu lassen. Moore entwickelte ein solches Geschick im Umgang mit diesen neuen ROVs, daß er schließlich anfing, selbst Unterwasserroboter zu entwickeln und zu bauen, und damit Dinge anstellte, die fachkundige Kiefer der Reihe nach fassungslos nach unten klappen ließen.

Don Craft hatte Moore einmal zwei Stunden lang dabei zugesehen, wie er mit einem Tauchroboter einen sehr kleinen Gegenstand in einem unmöglichen Winkel durch ein sehr kleines Loch manövrierte, während er auf das zweidimensionale Bild auf einem Monitor starrte und daraus auf die dreidimensionalen Verhältnisse auf dem Meeresboden mehrere tausend Meter unter ihm schloß. »Gottverdammt!« war alles, was Craft dazu einfiel.

Moore vollbrachte so verrückte Sachen mit seinen Tauchrobotern, daß so gut wie jeder in der Tiefseegemeinde eine Geschichte über ihn zu erzählen hatte. Mike Williamson etwa arbeitete mit ihm einmal an einem Projekt in 1500 Meter tiefem Wasser. Eines

Tages, Moore saß im Kontrollraum am Monitor, gab es ein Problem mit dem Tauchroboter, und niemand konnte herausfinden, was los war. Schließlich stürmte Moore aus dem Raum an Deck, lehnte sich über die Reling und zupfte mit den Fingerspitzen an dem Steuerkabel des Tauchfahrzeugs herum.

»Er stand mit geschlossenen Augen da«, erzählte Williamson, »das Kabel in den Fingern, und fühlte, wie der Roboter eine Meile unter ihm reagierte. Dann, ohne auch nur einen Blick auf den Sonarschirm oder den Videomonitor zu werfen, rief er dem Piloten im Kontrollraum neue Kursangaben zu. Ich war sprachlos.«

Nach Jahren des Entwerfens und Konstruierens von Tauchrobotern beschloß Moore, daß ihm das Gehalt eines ROV-Technikers nicht mehr ausreichte. Also kündigte er bei Subsea und setzte seinen Boß davon in Kenntnis, daß er ab sofort als freier Berater tätig sei. »Man konnte den Aufschrei um die halbe Welt hören«, erinnerte sich Craft. »Was die technische Seite betrifft, gibt es kaum jemanden, der ihm das Wasser reichen kann, so viel steht fest. Man müßte schon zu den größten ROV-Betreibergesellschaften gehen, um jemanden zu finden, der ihm auch nur nahekommt. Und jemanden zu finden, der in so vielen Bereichen so gut ist wie Moore, ist ein Ding der Unmöglichkeit.«

Tommy hatte bei seinen Nachforschungen von John Moore gehört, und nach dem Ruf zu urteilen, der ihm vorauseilte, glaubte er, daß Moore genau der Mann war, der ihm beim Entwurf und beim Bau des Unterwasserroboters helfen könnte, von dem er träumte. »Wir mußten das Unmögliche möglich machen«, sagte Tommy einmal, »und deshalb habe ich mir lauter Verrückte ausgesucht.«

Im Herbst 1986 rief Tommy Moore an und sprach über zwei Stunden mit ihm. Er sagte Moore, daß er ein aller Wahrscheinlichkeit nach weitgehend intaktes Wrack aus der Tiefsee bergen wolle, und sie unterhielten sich darüber, wie man es auseinanderbauen mußte, um sich Zugang zu verschaffen. Im Dezember hatte Tommy Moore unter Vertrag, und in den folgenden drei Monaten telefonierten sie mehrmals pro Woche miteinander, manchmal mehrere Stunden lang.

Die meisten Leute, die zu Moore kamen, sagten: Hier, das ist das Problem, das Sie für uns lösen sollen. Tommy dagegen sagte:

Laß uns über alle Probleme reden, die möglicherweise auftreten, und dann laß uns für jedes einige Dutzend Lösungen austüfteln und bewerten.» Wir beschäftigten uns ausgiebigst mit der Methodologie und mit Betriebsproblemen«, sagte Moore.» Wir fragten uns laufend: Was könnte passieren, wenn wir die Sache so, und was, wenn wir sie so angehen?«

Moore erklärte Tommy, die großen Kostenfaktoren würden das Kabel, der Antrieb und die Gehäuse sein. Er bestätigte, daß ein akkubetriebener Tauchroboter an einem simplen Koaxialkabel die billigste Methode wäre, auf den Meeresboden zu kommen. Obwohl Koaxialkabel von der Leistung her begrenzt waren, könnten sie mit günstigen Standardkomponenten die Übertragungsfähigkeit des Kabels vergrößern. Teure Gehäuse zum Schutz der Instrumente auf dem Meeresboden seien überflüssig; Glaskuppeln würden es auch tun. Statt den Roboter über das Kabel mit Strom zu versorgen, könnte man Akkumulatorenbänke auf das Gerät montieren. Die meisten Leute würden zwar ein anderes Design wählen, aber so könnte es auch gehen. Das war genau die Art Denken, die Tommy gefiel: Können wir es, indem wir den ganzen Ansatz neu überdenken, einfacher und billiger machen?

In den späten sechziger Jahren konstruierte die US-Navy eine bemannte Unterwasserstation namens *Sea Lab*, und sie beauftragte Don Hackman vom Battelle Institute, eine Maschinenkammer für das Labor zu bauen, die trotz des extremen Wasserdrucks und der Korrosion wie eine Maschinenhalle an Land funktionierte. Als Hackman fertig war, konnte er unter Wasser alles tun, was auch über Wasser möglich war, und verfügte über robuste, korrosionsbeständige und einfach zu handhabende Werkzeuge, angefangen von Säulenbohrmaschinen, Fräsen und Metallschleifern über Sandpapierschleifmaschinen und Schlagschraubern bis hin zu Schweißbrennern.

Mitte der achtziger Jahre arbeitete Hackman bereits seit fast 25 Jahren als Ingenieur für Battelle. 1981 hatte er zusammen mit anderen das für Wissenschaftler und Ingenieure gedachte Standardwerk *Unterwasserwerkzeuge* veröffentlicht. Obwohl er hauptsächlich medizinische Werkzeuge und Automatisierungsanlagen für industrielle Anwendungen entwarf und bei Battelle als Chefentwickler insgesamt mehr als ein Dutzend Sonderprojekte geleitet hatte, eilte ihm vor allem der Ruf des weltweit besten Entwicklers für Unterwasserwerkzeuge voraus.

Hackman, in seinen späten Vierzigern, hatte immer noch volles, dunkelbraunes Haar. Seine Augen waren ebenfalls braun und sahen, umrahmt vom braunen Plastikgestell einer überdimensionierten Brille, klein aus. Bei Battelle war Hackman für seinen oft dreckigen, sexistischen oder rassistischen Witze bekannt. Politische oder sonstige Korrektheit interessierte ihn nicht.

Hackman war einer der Ingenieure, die Tommy bei seinem Vorstellungsgespräch bei Battelle über seine Tiefseekenntnisse ausgequetscht und dann Don Frank gedrängt hatten, ihn einzustellen. In den dreieinhalb Jahren, die Tommy bei Battelle war, hatte sein Büro neben Hackmans gelegen, und so waren sie sich oft über den Weg gelaufen. Hin und wieder hatten sie auch an gemeinsamen Projekten gearbeitet, beispielsweise beim Entwurf neuartiger Abgaskrümmer für Schiffsmaschinen oder beim Bau eines Simulators für Torpedotests.

Tommy hatte Hackman bei der Arbeit erlebt, und ihm gefiel seine Art des Denkens. In seinem Buch betonte Hackman, daß der Fortschritt in der Entwicklung von Unterwasserwerkzeugen »evolutionär«, nicht »revolutionär« verlaufen sei und daß dies ein Problem darstelle: Kann ein Taucher mit seinen dicken Handschuhen den kleinen Bohrfutterschlüssel eines Unterwasserbohrers nicht drehen, dann, so Hackman, sollte man nicht einfach den Futterschlüssel größer machen, sondern das System insgesamt überdenken. Tommy unterhielt sich oft mit Hackman über neue Systeme, die im Unterwasserbereich Einsatz finden könnten, und nach und nach, so stellte Hackman fest, konzentrierten sich seine Fragen über die Arbeit in der Tiefsee auf das Aufspüren und Bergen von Schiffswracks.

Wenn Tommy über die Arbeit in der Tiefsee sprach, beschränkte sich Hackman meistens auf das Zuhören. Er hatte für Ölgesellschaften und die Navy an Projekten gearbeitet, die dem ähnelten, über das Tommy sprach, und er betrachtete seine Arbeit als »echte Herausforderung«. Daß Hackman bei Battelle 20 Patente hielt, lag vor allem daran, daß er Dinge ausprobierte, über die sich sonst noch niemand Gedanken gemacht hatte. Aber als

Tommy ihm einige seiner Ideen präsentierte, schüttelte selbst er den Kopf.

»Seit ich ihn das erste Mal traf«, sagte Hackman, »kam er immer wieder mit vollkommen abstrusen Ideen an. Wissen Sie, was ich antworte, wenn jemand kommt und zu mir sagt: ›Ich will zwei Meilen runtergehen und einen Schatz heben. Kannst du mir dabei helfen?‹ Ich sage: ›Du, ich habe Wichtigeres zu tun. Mein Auto muß mal wieder geputzt und mein Rasen gemäht werden.‹«

Hackman hatte Tommy, der unbezahlten Urlaub von Battelle genommen hatte, seit mehreren Monaten nicht mehr gesehen, als er ihn im Herbst 1986 nach der Suchfahrt mit der SeaMARC anrief und um ein Gespräch bat. Hackman sagte zu, bestand aber auf einem Treffen außerhalb seiner offiziellen Arbeitszeit.

Tommy berichtete Hackman bei diesem Treffen in dessen Büro, daß er ein Schiff gefunden habe und daß einige unaufschiebbare Arbeiten anlägen. Er sei bereit, einen Vertrag abzuschließen. Er zeigte Hackman ein paar der Sonagramme und gab ihm zwei Informationen über das Wrack – daß es ein Schiff mit Holzrumpf sei und in weniger als 3000 Meter Tiefe läge. »Nachdem er mir gesagt hatte, daß er etwas gefunden habe, war ich schon mehr interessiert«, erinnerte sich Hackman, »zwar immer noch sehr skeptisch, aber bereit, ihm ein Ohr zu leihen. Ich sagte ihm, daß er mich noch nicht überzeugt habe, aber daß er es gerne versuchen dürfe.«

Bei Battelle war es Praxis, daß Ingenieure externe Projekte übernehmen konnten, solange sie die entsprechenden Anträge stellten und darlegten, wie sie und Battelle von der dabei gewonnenen Erfahrung profitieren konnten. Tommy hatte das berücksichtigt. Nach dem Gespräch mit Hackman traf er sich mit seinem alten Chef bei Battelle, Don Frink, und setzte ihm auseinander, inwiefern die an dem Projekt beteiligten Battelle-Ingenieure aus der Entwicklung eines Tiefseeroboters Nutzen ziehen und ihr Wissen über die Arbeit im Tiefseebereich ausbauen könnten, ohne daß es Battelle auch nur einen Cent kosten würde. Als Tommy fertig war, nickte Frink zustimmend. »Meine Leute konnten von einer Zusammenarbeit mit Tommy nur gewinnen«, sagte Frink, »und das gleiche galt für unsere Kunden.« Er genehmigte die Anträge der Ingenieure, die direkt für Tommy arbeiten wollten, während Tommy sich verpflichtete, mit einem Teil der Projekt-arbeiten Frinks Abteilung bei Battelle zu beauftragen.

Mit einem Vertrag über eine Studie für die Einsatzmöglichkeit von Tiefseewerkzeugen zum Durchschneiden von Schiffsdecks in der Hand kehrte Tommy zu Hackman zurück. »Sobald jemand Geld auf den Tisch legt«, sagte Hackman, »nehme ich die Sache ernst.«

Von allem, was Hackman von Tommy an technischen Angaben für die Studie wissen mußte, war die Arbeitstiefe der erste, der wichtigste Faktor. Tiefe bedeutet Druck, Tiefe bedeutet spezielle Umgangsweise mit Werkzeug. »Erstens«, erklärte er Tommy, »muß ich die Arbeitstiefe so genau wie möglich kennen. Zweitens muß ich wissen, wie weit der Einsatzort ungefähr vom nächsten Hafen entfernt liegt. Drittens, wie sieht das Meer aus? Ist es wie die Nordsee, oder ist es eher ruhig? Außerdem ist wichtig, woraus das Objekt besteht. In was muß ich Löcher schneiden oder hinein-kommen? Und schließlich, wie groß sind die Gegenstände, die geborgen werden sollen?«

Hackman verglich die Arbeit in der Tiefsee mit der im Welt-raum, nur daß die Arbeit am Meeresboden in vielerlei Hinsicht schwieriger ist. Zum einen greift Salzwasser Werkzeuge an, zum anderen gibt es das Problem des immensen Überdrucks, der bei-spielsweise 1963 dem Atom-U-Boot *Thresher* zum Verhängnis geworden war. Nachdem ein Meerwasserrohr geborsten und das eindringende Wasser die Elektronik lahmgelegt hatte, war es zu einer Notabschaltung des Reaktors gekommen. Ohne die Mög-lichkeit, Fahrt zu machen, sank die *Thresher* unaufhaltsam ab, und als das U-Boot eine Tiefe von 600 Metern unterschritt, wurde der fünf Zentimeter dicke Stahlmantel von dem auf ihm lastenden Wasserdruck zerquetscht wie eine leere Bierdose in der Hand eines Betrunkenen. Trotz des Drucks mußten Dichtungen halten, Kugellager rollen, Gelenke sich beugen und Hydraulikflüssig-keiten flüssig bleiben.

Hackman machte sich daran, Werkzeuge zu entwerfen, mit denen Tommy in einer Tiefe irgendwo zwischen 2400 und 2700 Metern unter der Oberfläche des Atlantiks einen Raddampf-fer mit Decksbalken aus Eiche und Planken aus Kiefernholz öffnen und Ladung daraus hervorholen konnte. Alles, was Tommy nun noch brauchte, war ein Tauchfahrzeug, mit dem er die Werkzeuge auf den Meeresboden bringen konnte.

Im Januar, während John Moore in Bellingham an dem Unterwasserroboter und Don Hackman in Columbus an den Werkzeugen arbeiteten, kamen Tommy Gerüchte aus der Szene zu Ohren, daß jemand anderes eine Suchexpedition zur Auffindung der *Central America* vorbereitete.

Nach drei Monaten Pendelverkehr zwischen Ost- und Westküste und zahllosen Gesprächen mit Tiefseeingenieuren hatte Brockett fünf Vorschläge von Tauchroboter-Herstellern eingeholt, die Tommy sorgfältig bewertete. Nicht einer der Hersteller bot etwas wirklich Neues, und einige der Konstruktionsvorschläge umfaßten Ausrüstungen, die Tommy schlichtweg für Spielzeug hielt. »Es ist immer wieder erstaunlich, wenn ich das, was die Leute vermeintlich können, mit dem vergleiche, was sie meines Wissens wirklich tun können«, kommentierte Tommy.

Brockett war der gleichen Ansicht. Nicht, daß die Hersteller falsche Behauptungen aufgestellt hätten, aber es klang so, als ob alles »ein Kinderspiel« sei, wie Brockett es ausdrückte.

Einige Ingenieure empfahlen Brockett ein bemanntes U-Boot und wiesen dabei darauf hin, was Ballard letzten Sommer mit der *Alvin* bei der *Titanic* erreicht hatte. Die kontinuierlich modernisierte und für immer größere Tiefen ausgerüstete *Alvin* war zwischenzeitlich 22 Jahre alt. Die Navy hatte bislang über 50 Millionen Dollar in das Tauchboot investiert, und die Betriebskosten für die *Alvin* und ihr Trägerschiff beliefen sich auf fast 30 000 Dollar täglich. Trotz Ballards Erfolg war die *Alvin* immer noch genauso langsam, von ihren Einsatzmöglichkeiten her begrenzt und teuer, wie Tommy sie bereits vor ein paar Jahren beurteilt hatte. Ballard hatte von außen nur kleine Sektionen der *Titanic* filmen und fotografieren und den kleinen Tauchroboter *Jason Jr.* an einem drei bis vier Meter langen Kabel zu Filmaufnahmen ins Innere schicken können.

Ballard selbst hatte ein paar Monate zuvor einem Journalisten gegenüber eingestanden: »Die Bildübertragung befindet sich immer noch auf dem Stand der Gründerzeit, wir arbeiten immer noch mit Schwarzweiß-Fernsehkameras … Wenn ich Sie noch in zehn Jahren in *Alvin* reinsetze, werden Sie enttäuscht sein. Sie haben einfach nicht die freie Sicht, die ein Roboter Ihnen geben kann. Sie sehen aus einem winzigen Bullauge hinaus. Im Vergleich zu einer Robotertauchfahrt wird eine Tauchfahrt mit *Alvin* ungefähr so sein, als würden Sie mit einer Taschenlampe in der Hand und Scheuklappen an den Augen auf dem Boden einer Höhle herumkrabbeln …«

Das fortschrittlichste bemannte Tauchboot der Navy, die *Sea Cliff*, war zwar größer und schneller als die *Alvin* und verfügte über Greifarme, doch diese waren so steif und schwerfällig, daß man damit noch nicht einmal ein bestimmtes Wrackteil aus einem Trümmerfeld heraussuchen konnte. Und selbst wenn man dieses Kunststück hinbrachte, würden die Greifzangen das Objekt aller Wahrscheinlichkeit nach zerquetschen. Die beiden Tauchboote waren das Beste, was es auf dem Feld der bemannten Tauchboote gab, und dennoch konnten sie weder auf dem Grund aufsetzen noch mit dem Feingefühl arbeiten, das Tommy verlangte. Abgesehen davon gehörte *Alvin* dem Woods Hole Oceanographic Institute und die *Sea Cliff* der Navy, Tommy hätte sie also gar nicht einsetzen können, selbst wenn er es gewollt hätte. Doch dem war nicht so. Er hatte beide schon vor Jahren als ungenügend ausgeschlossen, und seine Vorbehalte waren in der Zwischenzeit eher noch größer geworden. »Uns war klar, daß weder die *Alvin* noch die *Sea Cliff* für Bergungsarbeiten im größeren Maßstab geeignet waren«, sagte er, »ganz zu schweigen von den damit verbundenen Kosten und der Tatsache, daß jeder Tauchgang mit einem bemannten U-Boot Menschen in Lebensgefahr brachte.«

Im vorangegangenen Sommer hatten die beiden Tauchroboter *Scarab I* und *Scarab II* in 1980 Meter Tiefe das Wrack eines Flugzeugs der Air India gefilmt, den Stimmen- und den Datenrecorder aus dem Cockpit und mehr als 20 weitere Wrackteile geborgen. Das war bis dahin die größte Tiefe, in der ROVS jemals gearbeitet hatten; allerdings hatten die *Scarabs* nur das Wrack gefilmt, ihr Beitrag zur Bergung hatte sich darauf beschränkt, entweder ein Wrackteil zu greifen, das dann über eine Winde nach oben gezogen, oder ein Zugseil um ein Objekt zu legen, das dann von einem Kran hochgeholt wurde. Was Tommy vorhatte, war viel komplexer und sollte außerdem in fast 600 Meter tieferem Wasser statt-finden.

Tommy hatte mit Hackman gesprochen, mit Moore, hatte sich ausführlich mit Systemen zur Ausführung von Arbeiten in der Tiefsee beschäftigt, und er bezweifelte, daß die Hersteller das zu liefern in der Lage waren, was sie Brockett zugesichert hatten. Er fing an, in dem für ihn typischen Ausfallmodus zu denken: Was, wenn sie den Mund zu voll genommen haben und ihre Zusagen nicht einhalten können? Was, wenn wir ein Schiff mieten und eine Technikercrew für einen Sommer anheuern, rausfahren, die Uhr anfängt zu ticken, die Investoren, die nochmals 3,6 Millionen Dollar in das Projekt gesteckt haben, Ergebnisse sehen wollen, und wir feststellen, daß der Tauchroboter nichts taugt? Tommy hielt das Risiko einfach für zu hoch.

Zusätzlich plagten ihn Sorgen wegen der Geheimhaltung: Wie konnte er den Informationsfluß kontrollieren, wenn er jemand anders mit dem Bau des Schlüsselelements des Projekts beauf-tragte? Schließlich befürchtete er, daß die Hersteller allzu leicht in Versuchung geraten könnten, das Geld für den Auftrag einzustek-ken, ohne die Sache mit vollem Einsatz und wirklichem Engage-ment anzugehen. Er konnte sich ebensowenig alte oder einge-schränkt taugliche Geräte wie überkommene Denkweisen leisten. Was er brauchte, waren Leute, die das Projekt mit Hingabe, Loya-lität, Begeisterung und einer Vision vor Augen in Angriff nah-men; kurz gesagt eine Organisation wie die, die er bereits hatte, eine Gruppe von Verrückten, die bereit waren, alles in Frage zu stellen und die Dinge in einem anderen Licht zu betrachten.

Nichtsdestotrotz sprach Brockett weiter mit Leuten aus der Tiefseeszene, wobei es ihm vor allem darum ging, die Kosten auf ein vernünftiges Maß zu senken, und Brockett hatte in der Tat einen vielversprechenden Ansatz gefunden, eine Kombination von zwei existierenden Tauchfahrzeugen, ausgerüstet mit ver-stärkten Gehäusen und einem neuen Auftriebssystem. Er hatte mit allen in der Branche gesprochen, die sich in diesen Dingen auskannten, und er war überzeugt, daß seine Idee funktionieren würde. »Dann rief mich eines Tages völlig überraschend Harvey an und sagte: ›Vergiß das alles, wir werden unser eigenes Fahr-zeug bauen. Wir fangen bei Null an, ganz am Anfang, mit einem weißen Blatt Papier. Und ich will, daß wir am 1. Juli im Wasser sind.‹« Brockett mochte seinen Ohren nicht trauen. »Das muß so im Februar oder März gewesen sein«, sagte er. »Es ist vollkommen unmöglich, von Null anzufangen und innerhalb von ein paar Monaten einen kompletten Tauchroboter zu entwerfen und zu bauen. Man bekommt noch nicht einmal ein Kabel innerhalb von sechs Monaten.«

Doch Tommy war zu dem Schluß gekommen, daß niemand mehr über die Arbeit auf dem Grund der Tiefsee wußte als er. Und das war alles, was er wissen mußte.

Seit Jahren hatte Tommy in seinem Kopf und auf Skizzenblöcken über dem Entwurf eines Unterwasserroboters gebrütet. »Ich hatte schon viele der Sachen durchdacht, die für die Art von Arbeit notwendig waren, die wir am Meeresboden ausführen mußten. Und ich hatte in meinem Kopf schon eine recht gute Vorstellung davon, wie das alles aussehen sollte.« Seit sich Tommy mit dem Bau eines Tauchroboters beschäftigte, hatten ihn viele Leute aus der Szene immer wieder gewarnt, daß er sich in eine undurchführbare Sache verrenne, daß sie es selbst schon vergeblich versucht oder Leute gekannt hätten, die damit Schiffbruch erlitten hätten. Aber Tommy kehrte bei allem, was er anpackte, gerne zu dem Punkt zurück, an dem die technologische Entwicklung eine bestimmte Richtung eingeschlagen und sich alles Denken ausschließlich in diese eine Richtung orientiert hatte. Es gefiel ihm, zu diesen Abzweigungen zurückzukehren und einen neuerlichen Blick auf die Landschaft zu werfen. Wer weiß, vielleicht hatte damals ja jemand etwas Wichtiges übersehen.

Die Meereswissenschaft und -technik hatten Ende der vierziger Jahre eine dieser entscheidenden Weggabelungen erreicht, in der Zeit zwischen den abenteuerlichen Vorstößen eines amerikanischen Wissenschaftlers namens William Beebe in die Tiefsee und den noch tieferen Tauchgängen des Schweizer Physikers Auguste Piccard. Beebe war 1934 vor den Bermudas in einer hohlen Stahlkugel bis in eine Tiefe von 900 Metern vorgedrungen. Diese Bathysphäre, wie Beebe seine Schöpfung nannte, hing an einem dünnen Kabel, und jedes Rollen und Auf und Ab des Schiffs übertrugen sich ungedämpft auf die Kugel. Es war sicherlich nicht bequem in der Kugel, aber es war das erste Mal, daß ein Mensch in die pechschwarze Finsternis der Tiefsee vordrang.

Beebe hatte die Bathysphäre entwickelt, weil er sich nicht damit zufriedengeben wollte, das Leben in der Tiefsee nur anhand der mit Netzen hochgezogenen oder am Strand angespülten Lebensformen zu studieren. Er wollte es in seiner ursprünglichen Umwelt erleben. Was er dann in der Dunkelheit der Tiefsee sah, übertraf seine kühnsten Erwartungen: In bunten Farben leuchtende und unglaublich filigran konstruierte Tiefseekreaturen zogen vor dem Bullauge der Stahlkugel ihre Bahnen durch das Wasser. Eines der Wesen, die er erblickte, war größer als die im Durchmesser anderthalb Meter große Bathysphäre, ein Fisch mit leuchtenden Zahnreihen, dessen Körper in einem schillernden blauen Licht strahlte. Allerdings konnte Beebe weder direkt in diese unfaßbare Welt eingreifen, noch konnte er den Meeresboden inspizieren. Alles, was er tun konnte, war, in seiner Kugel zu sitzen und die unbekannte Welt da draußen mit staunenden Augen zu beobachten. Hätte er versucht, auf dem Boden aufzusetzen, wäre die mit einem Kabel an dem Schiff hängende und mit seinen Auf- und Abbewegungen mitgehende Bathysphäre immer wieder auf den Boden aufgeschlagen.

Piccard verstand, daß, wer immer die Tiefsee erforschen wollte, ein Tauchfahrzeug brauchte, das nicht über ein Kabel mit einem sich im Seegang bewegenden Schiff verbunden war. Er bezeichnete das von ihm entwickelte autonome Tauchfahrzeug »Bathyskaph« und taufte es auf den Namen *Trieste*. Er stattete die *Trieste* mit einem komplexen Trimmsystem aus, das es dem Tauchboot ermöglichte, unabhängig von einem Kabel auf- und abzusteigen. Über der Observationskugel befand sich ein Tank mit fast 90000 Liter Diesel, der leichter als Seewasser ist und das Gewicht der Stahlkammer ausglich; dadurch besaß die *Trieste* neutralen Auftrieb, so daß sie weder sank noch aufstieg. Zum Tauchen füllte er die beiden Ballasttanks mit Meerwasser; zum Wiederaufstieg konnte er neun Tonnen magnetischer Eisenkugeln abwerfen. 1953, bei dem ersten Tauchgang der *Trieste* vor der Küste von Neapel, tauchten Piccard und sein Sohn auf fast 3000 Meter Tiefe hinab.

Begeistert von den Piccards und ihrem Erfolg, überzeugten Wissenschaftler der Navy im Sommer 1957 das Office of Naval

Research (ONR), die *Trieste* für 15 Tieftauchfahrten im Mittelmeer zu mieten. Die Navy war von dem Tauchboot so angetan, daß sie es schließlich erwarb. Um in noch größere Tiefen vorstoßen zu können, entwickelte das ONR ein Nachfolgemodell mit noch dickerer Außenhaut und kaum zehn Zentimeter breiten Sichtluken. Im Januar 1960 tauchten Piccards Sohn und ein Angehöriger der Navy mit der neuen *Trieste* zum tiefsten Punkt der Erde, der Challengertiefe im Marianengraben vor den Philippinen, 10 916 Meter unter der Wasseroberfläche. Doch im darauffolgenden Jahr, und trotz vehementer Proteste seitens der Wissenschaftler, stellte die Navy auf einen Schlag ihr komplettes Tiefseeforschungsprogramm ein, und die *Trieste* wurde eingemottet, bis 1963 die *Thresher* sank.

Seit dem Stapellauf der *Trieste* hatten Meeresingenieure einfachere Methoden für den neutralen Auftrieb entwickelt und dabei einen Weg vorgezeichnet, der direkt zur *Alvin*, zur *Sea Cliff* und zu ähnlichen Tauchbooten führte. Doch obwohl Piccards Meisterleistung fast 40 Jahre zurücklag, konnten diese Tauchboote nur wenig mehr tun als die *Trieste*. Der Weg hatte, wie Tommy es empfand, in eine Sackgasse geführt. Natürlich statteten die Techniker die Tauchboote mit immer mehr Gerätschaften aus und verbesserten einzelne Teilsysteme, aber das System als Ganzes wurde niemals in Frage gestellt.

Tommy ging zurück zu dieser Weggabelung und nahm die Grundannahmen Piccards und derer, die ihm gefolgt waren, nochmals unter die Lupe. Mit Ausnahme einer kleinen Gruppe vorprogrammierter Tauchfahrzeuge wurden alle ROVs über ein mit einem Trägerschiff verbundenes Kabel gesteuert. Das Zerren des am Schiff befestigten Kabels wurde üblicherweise durch eine Kombination von Auf- und Abtriebssystemen ausgeglichen, doch eine ganze Reihe anderer Probleme, vor allem hinsichtlich der Einsatzfähigkeit und des Aktionsradius am Meeresboden, blieb ungelöst. Genau das waren die Probleme, die Tommy identifiziert und analysiert hatte, und nach Jahren des Nachdenkens war er überzeugt, sie lösen zu können. Wohlweislich hütete er sich, gegenüber irgend jemand das ganze radikale Ausmaß seines Ansatzes zu enthüllen, sondern beschränkte sich darauf, ihn quasi stückchenweise zu servieren, damit andere kreative Köpfe wie

Hackman und Moore ihm helfen konnten, klar definierte Einzelaspekte in Angriff zu nehmen.

Regel Nummer eins bei der Planung von Unterwasser-ROV-Arbeitssystemen lautet: Mach soviel du kannst an Deck; laß alles oben – Computer, Steuereinheiten, Stromversorgung – und schick es über ein Koaxialkabel nach unten. Ein normales Koaxialkabel für Tauchroboter hat einen Querschnitt von rund sechs Zentimetern, und üblicherweise werden darüber hinaus noch einige dünnere Kabel benötigt. Hier lag eines der größten Probleme Tommys: Allein das Hauptkabel kostete rund 85 Dollar pro Meter, und auch die dünneren Kabel konnten mit 17 Dollar pro Meter nicht gerade billig genannt werden. Rechnete man die Entwicklungskosten hinzu, mußte man allein für die Kabel und Isolierung leicht eine Million Dollar hinblättern. Und je mehr Kabel man hatte, um so größer mußten Winde und Kran sein und um so stärker der Schleppunkt; das wiederum setzte ein größeres Schiff mit einer größeren Mannschaft voraus.

Ein Prinzip von Tommys Konzept, das von den meisten Meeresingenieuren geteilt wurde, lautete, alles so einfach wie möglich zu machen. Aber Tommy drängte auch in Bereichen auf einfache Lösungen, wo andere entweder nicht daran gedacht oder aber es versucht und aufgegeben hatten. Sein erster Schritt bestand darin, die gesamte Steuerung und Energieversorgung des Tauchroboters über ein einziges, möglichst dünnes Koaxialkabel laufen zu lassen. Da das Kabel von allen Ausrüstungsgegenständen am ehesten durch Verwindungen, übermäßigen Zug oder Scheuerstellen verwundbar war, mußte es möglichst billig und leicht ersetzbar sein. »Wir nahmen uns die Komponente vor, die am meisten der Abnutzung ausgesetzt war, machten sie technisch so einfach wie möglich und plazierten die komplexen Systeme an beiden Enden«, erläuterte Tommy das Prinzip.

Das Problem war, daß dünne Koaxialkabel nicht ausreichend Kapazität besaßen, um neben der Stromversorgung des Tauchroboters auch noch die Übertragung der Steuer- und Datensignale zu leisten. Genau deshalb hatte das bislang auch noch niemand gemacht. Die Menge der gleichzeitig durch das dünne Kabel hinauf- und hinabrasenden Signale konnte zu einer Überhitzung des Kabels und zu Kurzschlüssen an den Empfangs- und Sendeeinheiten führen. »Vor ein paar Jahren nahmen viele Leute dieses Problem ins Visier«, sagte Don Craft, »aber keiner schaffte es, es in den Griff zu bekommen.«

Tommy telefonierte den ganzen Winter immer wieder mit John Moore und anderen Ingenieuren und versuchte durch »Gedankenexperimente« Ansätze zu entwickeln, wie sich alles über ein einziges Kabel übertragen ließ. »Ein Gedankenexperiment liefert die konzeptuelle Struktur für das zu lösende Problem«, erklärte Tommy das Prinzip. »Ändere ich diese Variable, dann passiert dies; ändere ich jene Variable, dann das.« Ein großes Unternehmen würde einen Prototyp bauen und im Labor testen, aber Tommy hatte dazu weder die Zeit noch das Geld. Also baute er seine Prototypen im Kopf und testete sie, indem er sie mit jemand anderem Punkt für Punkt durchsprach. »Die entscheidende Sache dabei ist«, sagte Tommy, »daß solche Gedankenexperimente das Problem vereinfachen.«

Er hatte vor, die Stromquelle direkt auf den Tauchroboter zu bauen, was ihn der Notwendigkeit enthob, Strom über das Kabel nach unten zu schicken. Das war zwar schon zuvor gemacht worden, aber die verfügbare Akkuleistung war für seine Zwecke zu gering. Tommy fragte laut, ob es nicht möglich sei, den Stromverbrauch zu minimieren, und eine Reihe weiterer Gedankenexperimente folgte. Moore trieb ein paar Ingenieure auf, die eine Kontrolleinheit zur Steuerung des Signalflusses durch Kabel entwickelt hatten. Als er ihnen sagte, wie viele Daten sie nach unten schicken mußten, meinten die Ingenieure, sie hätten mit solchen Datenmengen noch nie gearbeitet, würden es aber einfach mal versuchen und dann sehen, was dabei herauskäme. Sie zerbrachen sich den Kopf über eine Methode, die Signale auf unterschiedlichen Frequenzen zu senden und die Datenpakete Bruchteile von Sekunden versetzt, ein Paket nach dem anderen, zu verschicken.

Nach Wochen intensiven Gedankenaustausches mit Tommy und Beratungen mit den Ingenieuren war Moore überzeugt, über ein einziges Koaxialkabel die Stromversorgung des Tauchfahrzeugs und den gesamten Datentransfer abwickeln zu können. Daraufhin rief Tommy Hackman an und bat ihn, seine Lieferanten abzuklappern und zu fragen, bis wann und zu welchem Preis sie ein 25 Millimeter starkes und 3600 Meter langes Koaxialkabel liefern konnten.

Hackman klemmte sich ans Telefon. Bei seinem zweiten Anruf antwortete der Hersteller: »Ich habe hier 3900 Meter Koaxialkabel in einer Stärke von 19 Millimetern herumliegen.« Ein Kunde hatte das Kabel vor zwei, drei Jahren bestellt und dann nicht bezahlen können, und der Mann wollte es unbedingt loswerden. »Ich gebe es Ihnen für 3,30 Dollar pro Meter«, bot er Hackman an, 80 Prozent unter dem normalen Preis. Hackman rief Tommy an und informierte ihn über das Angebot. Tommy setzte sich mit Moore in Verbindung und fragte ihn, ob er alles, worüber sie gesprochen hatten, auch mit einem 19 Millimeter starken Kabel hinbekommen würde. Moore meinte, daß er das wahrscheinlich schon könne. Tommy gab Hackman grünes Licht, und für 13 000 Dollar wechselte das Kabel den Besitzer.

Tommy und Hackman waren den ganzen Winter über und bis ins Frühjahr hinein während der Woche so eingespannt, daß sie sich oft sonntags am frühen Morgen im Blacklid Woods Metropolitan Park trafen, einem Naturlehrpark, wo sie vollkommen ungestört waren. In diesem Park stand, inmitten von Joggingpfaden und Wanderwegen, eine kleine Beobachtungshütte, von der aus man durch große Rauchglasfenster den angrenzenden See und das Tierleben beobachten konnte und an deren Wänden Bilder von in den umgebenden Wäldern heimischen Tieren hingen. Wenn, was oft und insbesondere an kalten Tagen der Fall war, an denen noch Schnee in den kahlen Wäldern ringsum lag, niemand in der Beobachtungshütte war, breiteten sie Hackmans Konstruktionszeichnungen auf dem Boden aus und sprachen darüber. Kamen dann doch ein paar Leute, warfen hin und wieder die kleineren Kinder neugierige Blicke auf die Zeichnungen von Robotergelenken und -armen, aber größtenteils ignorierten die Besucher diese beiden seltsamen Gestalten, die da auf dem Boden saßen und über Dinge wie Drehmoment, Beugungswinkel und Zugfestigkeit diskutierten.

Tommy hatte Hackman nur zwei Richtlinien für den Entwurf vorgegeben: Erstens, der Tauchroboter mußte von jedem beliebigen Schiff aus einsetzbar sein; ein spezielles Trägerschiff kam nicht in Frage. Zweitens bestand er auf der Verwendung von gängigen Bauteilen, nichts, was speziell angefertigt werden mußte und später schwierig zu ersetzen sein würde.

»Wir wollen keine nagelneue Harke bauen, uns reicht eine ganz gewöhnliche Gartenharke«, führte Tommy als Beispiel an. »Wir sind nicht die Navy, die sich für 20000 Dollar eine Harke aus rostfreiem Stahl schweißen läßt. Uns macht es nichts aus, praktisch zu denken.«

Tommy wußte, daß die *Central America* mit dicken Eichenbalken und schweren Kiefernplanken gebaut worden war, und um Hackman eine Vorstellung von den Dimensionen zu vermitteln, gab er ihm eine Kopie der Konstruktionspläne des Schiffs. Allerdings konnte Tommy nicht wissen, ob das Schiff noch weitgehend intakt war oder ob es durchgefault und eingefallen war. Auf einigen der Sonagramme, vor allem denen von Sidewheel, waren lange Schatten erkennbar, die darauf hinwiesen, daß die Masten noch standen und der Rumpf noch intakt war. Auf anderen Aufnahmen zeigten sich nur kurze Schatten, was darauf hindeutete, daß der Rumpf nicht mehr als ein paar Fuß über den Sand hinausragte.

Einige Biologen warnten Tommy, daß er vielleicht Ungeziefer oder Schiffsbohrmuscheln auf dem Meeresboden antreffen würde. Andere meinten, die Fundstelle sei so tief, das Wasser so kalt und der Druck so groß, daß dort unten keine Schiffswürmer leben könnten; das Schiff, 12 Meter hoch, 15 Meter breit und 84 Meter lang, sollte weitgehend intakt sein. Sie würden also »Augen« brauchen, um in den Speisesalon hineinzusehen, in dem sich die Frauen mit den Kindern versammelt hatten, bevor sie sich die Gangway hinunterwagten, durch die die Männer die Wassereimer nach oben gereicht hatten, oder um einen Blick in das Büro des Zahlmeisters zu werfen, der das Gold der Passagiere aufbewahrt hatte. Hackmans ursprüngliche Entwürfe waren Miniatur-ROVs, fliegende Augäpfel wie Ballards *Jason Jr.*, die mit einer Fernsehkamera ausgestattet innerhalb des Rumpfes umherschwimmen konnten.

Nach der Untersuchung und Dokumentation des Wracks würden sie zugängliche Objekte einsammeln und sich langsam in das Innere des Schiffs vorarbeiten müssen. Dabei müßten sie sich vorsichtig durch die Decks hindurcharbeiten und, da die *Central America* mindestens 200 Tonnen Kohle im Bunker geladen hatte, dabei nach Hackmans Erwartung erhebliche Mengen Kohle bewegen. Hin und wieder präsentierte er Tommy Pläne für eine Kettensäge, einen Greifer oder eine Schaufel, wies aber zugleich darauf hin, daß es keine Tauchfahrzeuge gab, auf denen man diese Geräte installieren konnte. Aber Hackman hatte gelernt, Probleme auf Tommys Art anzugehen, und er arbeitete weiter, auch wenn etwas anfangs nicht funktionierte. »Tommy wollte eine ganze Menge verrückter Dinge von uns«, sagte er einmal, »aber einige dieser Dinge haben uns später sehr geholfen.«

Ende Februar 1987 kam die Märzausgabe des *Life*-Magazins in die Zeitschriftenläden. Auf dem Titelbild sah man ein Paar in die Höhe gereckte Hände, die Handgelenke mit Goldketten umwikkelt, die Handflächen und ausgestreckten Finger mit Gold- und Silbermünzen und Smaragden so groß wie Murmeln bedeckt. Die Hände gehörten Mel Fisher, und der Schatz stammte von der *Atocha*. Die Schlagzeile zu dem Bild lautete: »Auf der Suche nach verlorenen Schätzen: Die acht großen Geheimnisse der beiden Amerikas.« Im Heftinneren konnte man auf einem eineinhalb Seiten großen Foto Fisher beneiden, der – in Badehose, einen exotischen Drink in der Hand, Goldketten um den Hals und ein breites Grinsen im Gesicht – in einer Hängematte lag, unter der sich ein Haufen riesiger Silberbarren, Goldketten, fingergroßer Goldbarren und anderer Gegenstände aus massivem Gold auftürmte. Daneben standen die Worte: »Dieser Glückspilz hat seinen Schatz gefunden, aber andere warten noch.«

In dem dazugehörigen Artikel erzählte die Journalistin Linda Gomez von der *San Jose*, die seit ihrem Untergang 1708 mit einem milliardenschweren Schatz an Bord in gefährlichen Gewässern vor Kolumbien auf dem Meeresboden ruht. Sie schrieb über die »Lost Dutchman«-Mine in Arizona, die »Money Pit« auf Oak Island vor Neuschottland, die geheime Begräbnisstätte in der peruanischen Stadt Chan Chan aus der Zeit vor den Inkas und die Schatzfunde auf der Kokosinsel vor Costa Rica. Die Nummer zwei auf der Liste der acht noch zu hebenden Schätze war überschrieben mit »Das traurigste Kapitel des Goldrausches«, und in einem kurzen Absatz berichtete Gomez über den Untergang der *Central America*. Auf einer großen Beilage sah man das Bild eines Mannes aus Charleston namens Lee Spence, ein bärtiger Geselle mit einem rundlichen, sympathischen Gesicht. Daneben stand, daß Spence bereits mehrere Schiffe aus der Bürgerkriegszeit auf dem Meeresboden lokalisiert habe und seit fünfzehn Jahren die Geschichte der *Central America* recherchierte.

»Spence glaubt entdeckt zu haben, wo die *Central America* liegt«, hieß es da weiter, »und ist zuversichtlich, in den nächsten zwei Jahren die Konkurrenz in dem Wettlauf um den Schatz an Bord des Wracks ausstechen zu können. ›Alle Teile des Puzzles sind bekannt‹«, zitierte die Journalistin den Schatzsucher. »›Von jetzt ab ist es ein Wettlauf bis zum Ziel.‹«

Praktisch in jeder Zuschrift, die Gomez aufgrund des Artikels erhielt, ging es um Spence und die *Central America*. 15 Leser, daran interessiert, in eine Suchexpedition zu investieren, baten die Journalistin um Spence' Telefonnummer oder Adresse. Eine Woche nach Erscheinen des Artikels flog Spence nach New York, wo ihn Jane Pauly für die *Today Show* über seine Pläne zur Bergung des Goldes von dem sagenumwobenen Raddampfer interviewte.

Tommys Gesellschafter, von denen viele zwischen 50 000 und 100 000 Dollar in das Projekt investiert hatten, reagierten äußerst nervös. »Wir hatten geglaubt, daß niemand sonst über das Schiff Bescheid wußte!« klagte beispielsweise Jim Turner. Um die Gesellschafter zu beruhigen, schrieb ihnen Tommy am 7. März einen Brief, in dem er auf den Artikel einging. Seit Monaten hatte er Spence' Aktivitäten verfolgt und wußte, daß der Mann aus Charleston noch immer auf der Suche nach Investoren war. »Wir werden Spence weiter überwachen«, schrieb er, »wie auch mehrere andere Gruppen, die noch nicht an die Öffentlichkeit getreten sind, aber von ihrem Potential her ernsthafte Kokurrenten darstellen.«

Keiner mochte glauben, daß eine andere Gruppe ihnen ins Handwerk pfuschen könnte, aber Tommy, der immer auch das Unmögliche mit in die Rechnung einbezog, begann Pläne für den Fall auszuarbeiten, daß es doch dazu kam. Von Anfang an hatte er die Gesellschafter gewarnt, daß irgendwann Konkurrenten auf den Plan treten könnten. Vorsorglich hatte er eine entsprechende Passage in das Angebot zum Erwerb eines Projektanteils aufgenommen und die Gesellschafter seitdem auch immer wieder an die Notwendigkeit erinnert, absolutes Stillschweigen über die Sache zu bewahren. Bereits lange vorher hatte er in der Szene nach Hinweisen darauf Ausschau gehalten, daß jemand anderes eine Suchexpedition zur Lokalisierung der *Central America* plante. Um ganz sicherzugehen, daß er als erster zum Zug kam, hatte er sogar einen Notfallplan entwickelt, damit er, sollte sich die Notwendigkeit dazu ergeben, so rasch wie möglich zur Fundstätte hinausfahren konnte.

Nachdem Tommy im Januar die ersten Gerüchte über Konkurrenten zu Ohren gekommen waren, hatte er kurz mit dem Gedanken gespielt, den Emergency-Plan zu aktivieren und, koste es, was es wolle, sofort in See zu stechen, sobald um den 1. Juni das Wetter dies möglich machte. Angesichts der drastisch verkürzten Vorlaufzeit würden sie nur einen einfacheren und weniger leistungsfähigen Tauchroboter bauen können, und zwar ohne jede Chance, ihn zu testen. Gleichzeitig müßten sie die Produktionstermine aller anderen Komponenten vorziehen und mehr Zeit als geplant auf See verbringen, was die Gesellschafter nochmals eine Million Dollar kosten würde. Das war viel Geld, und Tommy wußte nicht, ob die Gesellschafter bereit wären, diese zusätzliche finanzielle Belastung zu tragen. Von den über 100 Teilhabern standen 20 in enger Verbindung zu Tommy und verfolgten den Fortgang der Dinge sehr genau. Sie waren Unternehmer, größtenteils Selfmademillionäre, die wußten, daß Probleme nie ausgeschlossen werden konnten und jedes lohnenswerte Geschäft mit gewissen Risiken einherging. Konkurrenz schreckte sie nicht ab. Tommy wußte, daß er mit ihnen vernünftig reden konnte, und so setzte er, als der *Life*-Artikel erschien, ein Treffen mit dieser Gruppe an.

Die Zusammenkunft fand in Buck Pattons Büro statt, und Patton beschrieb die Diskussion später als »sehr gefühlsgeladen«. Tommy hatte den Notfallplan in der Hinterhand, aber er wußte nicht, ob die Gesellschafter dazu bereit waren. Seiner Einschätzung nach bestand eine fünfprozentige Wahrscheinlichkeit, daß jemand anders eine Suchexpedition auf die Beine stellte, das Wrack lokalisierte und vor August Ansprüche anmeldete, dem Monat, in dem er selbst mit der Bergung beginnen wollte. Das war die Entscheidung, vor die er bei diesem Treffen die Gesellschafter stellte: Investieren wir eine weitere Million Dollar, um das Projekt schneller voranzutreiben, zehren wir unsere Reserven auf und versuchen, die anderen Gesellschafter zu einem Nachschuß zu bewegen, weil mit einer Wahrscheinlichkeit von eins zu zwanzig jemand anders vor uns die *Central America* lokalisiert und einwandfrei identifiziert, womit er unseren rechtlichen Anspruch untergraben und die Gesellschafter um ihren Einsatz bringen würde?

Jim Turner war sich nach Tommys Ausführungen nicht sicher, ob er um die Genehmigung bat, das Budget überschreiten zu dürfen, oder ob er einfach den Widerstand gegen einen solchen Schritt ausloten wollte.

»Tommy verstand es immer hervorragend, die einzelnen Positionen darzulegen, ohne auch nur den geringsten Hinweis darauf zu geben, wo er selbst stand«, sagte Turner. »Meiner Meinung nach fragte er: ›Soll ich weitermachen?‹ Ich antwortete: ›Was stellen Sie noch Fragen? Lassen Sie uns in die Gänge kommen, und zwar schnell!‹« Turner war sowieso schon die ganze Zeit über davon ausgegangen, daß Tommy früher oder später einen Nachschuß würde beantragen müssen.

»Aber für ihn war das eine Sache des Stolzes«, sagte Turner. »Er wollte das Schiff nicht nur hochholen, sondern er wollte es auch innerhalb des Budgets hochholen.«

Noch vor einem Jahr hätte das Auftauchen eines ernsthaften Konkurrenten dem Projekt den Todesstoß versetzt. Aber inzwischen hatten sie, wie es aussah, ein Bild des Schiffs vorliegen, und die Suche war, wie Tommy immer wieder betont hatte, der heikelste Teil der Operation gewesen. Das größte Risiko jetzt war, daß jemand anders das Schiff ebenfalls mit dem Sonar erfassen und seerechtliche Ansprüche darauf anmelden würde, was hieße, daß die Gesellschafter mit ein paar hübschen Sonagrammen und sonst nichts in der Hand dastünden. Als Tommy das Problem auf den Punkt gebracht hatte, nämlich eine Zusatzinvestition von einer Million Dollar gegenüber einer fünfprozentigen Wahrscheinlichkeit eines Fehlschlags, warf Patton ein: »Tommy, die Sache ist die, wenn diese Wahrscheinlichkeit Realität wird, bleiben uns 100 Prozent von nichts.«

»Aber eine Million Dollar«, meinte Tommy, »ist eine Million Dollar.«

»Bei einem Projekt dieser Größenordnung«, erwiderte Patton, »ist das nicht mehr als eine Versicherungspolice zum Schutz gegen den Katastrophenfall. Wenn wir dieses Geld nicht investieren, setzen wir nicht nur acht Jahre Ihres Lebens und Ihren großen Traum, sondern auch die Träume vieler Investoren aufs Spiel.«

Die Versammlung, die sich über einen halben Tag hinzog, mündete in eine heftige Debatte, bei der sich Patton leidenschaftlich für die zusätzliche Investition einsetzte, unterstützt von den fast ebenso leidenschaftlich argumentierenden Gesellschaftern Jim Turner und Bill Arthur. Auch die beiden Anwälte, Kelly und Loveland, teilten diese Meinung: Investieren wir jetzt eine Million Dollar, holen wir ein Wrackteil herauf, gehen damit zum Gericht und melden unsere Ansprüche an, dann stehen wir auf der sicheren Seite und haben unser größtes Risiko eliminiert! Alles andere, betonten sie, wäre idiotisch.

Tommy hatte gehört, was er hören wollte. Die Gesellschafter standen zu ihm, selbst wenn sie erneut in ihre Taschen greifen mußten, um die Fundstelle abzusichern. Vor allem aber mußte er jetzt sein Trumpf-As nicht ausspielen, um Spence abzuwehren, sondern konnte es für spätere und potentiell ernsthaftere Bedrohungen auf der Hand behalten. Die Gerüchte, die Tommy zu Ohren gekommen waren, betrafen einen weit ernster zu nehmenden Kontrahenten als den Selfmade-Unterwasserarchäologen aus Charleston.

Kurz nach dem Treffen wurde Tommy ein weiteres Gerücht zugetragen, dem zufolge außer Spence noch jemand eine Expedition zur Lokalisierung und Bergung der *Central America* vorbereitete. Doch das Gerücht war so vage und über so viele Ecken zu ihm gekommen, daß er sich nicht sicher war, ob er es ernst nehmen sollte und wer dahinter stecken konnte. Da die Quellen hauptsächlich Leute aus der Branche und neue Lieferanten waren, zu denen er gerade erst eine Beziehung aufbaute, mußte er entsprechend große Vorsicht walten lassen: Informationen können in zwei Richtungen fließen. Wer immer Tommy anvertraute, daß jemand versuchte, eine große Winde zu mieten, konnte auch derjenige sein, der der anderen Seite Informationen über Tommy zukommen ließ. »Da unser Hauptprodukt Informationen sind«, sagte Tommy, »verlangt der Umgang mit Gerüchten und Zuträgern sehr viel Feingefühl.«

Und dann gab es noch etwas, worüber Tommy sich den Kopf zerbrach: Hörte er vielleicht Gerüchte über sich selbst? War er der vermeintliche Konkurrent? Stand er kurz davor, eine Million Dollar in einen Wettlauf gegen sich selbst zu investieren? Das war eine Möglichkeit, die er berücksichtigen mußte, auch wenn er von Anfang an, noch bevor die ersten Gerüchte aufgekommen waren, sehr sorgsam darauf geachtet hatte, nichts durchsickern zu lassen, was auf ihn, die amerikanische Ostküste oder die *Central America* hindeutete. Er hatte mit Brockett zusammen die unscharfen Parameter formuliert, und er wußte genau, welche Informationen Brockett herausgelassen hatte. Von daher war er sich so gut wie sicher, daß das, was er jetzt hörte, nicht sein Echo war, das von der Branche zu ihm zurückgeworfen wurde.

Das erste Mal, als Brockett mit von ihm – durchdacht, wie er meinte – konstruierten Unterwasserwerkzeugen auf See fuhr, kehrte er mit einem zurück, das zerschmettert war. Bei zwei weiteren war die Halterung abgebrochen, und ein viertes blieb auf dem Meeresboden. Auf See, war ihm damals klargeworden, wird nichts vorsichtig vom Deck aufgehoben und ebenso vorsichtig ins Wasser gelassen. »Die Werkzeuge schwingen an Haltekabeln herum und schlagen gegen das Schiff«, erklärte er, »sie krachen gegen den Kran und fallen auf das Deck.«

Diese ernüchternde Erfahrung hatte ihn gelehrt, es idiotensicher zu machen: Laß die Feinheiten weg, die ganze High-Tech-Raffinesse, mach es so simpel wie nur möglich; nur was idiotensicher ist, kann auf See bestehen.

»Das war der Leitsatz, dem wir bei der Entwicklung des Tauchfahrzeugrahmens für Harvey folgten«, sagte er. »Er mußte einfach, und er mußte idiotensicher sein.«

Brocketts Aufgabe war es, einen Rahmen zu konstruieren, an dem die Entwurfsingenieure ihre ganzen Ideen verwirklichen konnten, und je länger er Tommy zuhörte und über das Tauchfahrzeug nachdachte, um so klarer wurde ihm, daß der Schlüssel zu seinem Design in der größtmöglichen Flexibilität lag. An einem Tag mußte es als langer, schlanker Kameraschlitten passiv hinter dem Schiff hergezogen werden können, am nächsten stark und kompakt genug sein, um auf dem Meeresboden sitzen und in dem Trümmerfeld arbeiten zu können; es sollte Porzellantassen und Goldmünzen ebenso greifen können wie einen 1000 Pfund schweren Anker, mußte Gegenstände in einen Korb setzen oder Leinen darumschlingen und sie nach oben bringen können. Und am übernächsten Tag mußte es klein genug sein, um durch eine enge Luke in das Innere gleiten und dort nach Gold suchen zu können.

Wochenlang hatte Brockett nachgedacht und Skizzen gezeichnet, und jedesmal wurde das Modell einfacher und der Entwurf klarer, bis er etwas auf dem Papier hatte, was wie ein Gebilde aus einem Konstruktionsbaukasten für Kinder aussah: einzelne Rahmenmodule, die sich nach Belieben mit ein paar Schrauben zusammenbauen ließen. »Es war sehr primitiv«, sagte Brockett, »und absolut häßlich, das will ich gar nicht abstreiten. Aber das Design erlaubte es, das Fahrzeug nach Gutdünken umzubauen, es lang und dünn oder kurz und dick zu machen, an einem Tag Strahlruder aufzumontieren und sie am nächsten Tag wieder abzuschrauben.«

Brockett war gerade dabei, seine Skizzen in technische Zeichnungen umzusetzen und auf dem Papier alle Elemente des ebenso flexiblen wie unansehnlichen Unterwasserwunders anzuordnen, als Tommy ihn am 20. März anrief. Ihm waren neue Gerüchte zu Ohren gekommen – und er hatte entschieden, auf den Notfallplan umzuschalten.

Die Gerüchte waren zwar noch nicht mehr als ebendas, und Tommy hatte nicht einmal einen Namen, aber er hatte dieselbe Geschichte von drei unabhängigen Quellen erfahren, Leuten aus der Branche, die ihn anriefen und beispielsweise berichteten, daß jemand auf der Suche nach der Ausrüstung für einen Job vor der Ostküste sei, darunter einer Winde für 5100 Meter Kabel, an dessen Ende, wie Tommy genau wußte, nur eine Sache hängen konnte: ein Tiefschleppsonar. Irgendwann sah es sogar so aus, als ob zwei Gruppen parallel Suchexpeditionen vor der Ostküste planten und Leute ausschickten, die bestimmte Ausrüstungen oder besondere Fähigkeiten suchten und Experten anheuerten, die sich mit Suchoperationen in solchen Tiefen auskannten.

»Nachdem mir die ersten Gerüchte zu Ohren gekommen waren, suchte ich nach einer dritten unabhängigen Quelle«, sagte Tommy, »und fand sie schließlich um den 20. März herum. Aber keiner, den ich gut kannte, hatte mit den Leuten gesprochen, die angeblich eine Suchfahrt vorbereiteten. Ich war also nicht in der Lage, das Gerücht zu verifizieren. Außerdem sagten alle um mich herum, daß es unmöglich sei, daß wir auf keinen Fall so früh rausfahren könnten. Aber das Risiko war einfach zu groß, und so beschloß ich, möglichst schnell in See zu stechen.«

Tommy befürchtete weniger, daß jemand anders noch in diesem Sommer die *Central America* finden und bergen würde. Aber sollte ein anderer Schatzsucher es schaffen, vor August eine Expedition zu starten, drohten ihm zwei Probleme: Erstens, sollte der Konkurrent Sidewheel lokalisieren und abbilden, konnte das die Rechtslage komplizieren und dazu führen, daß die Columbus-America die Kontrolle über die Fundstelle verlor oder den Fund mit dem Konkurrenten teilen mußte. Zweitens, wenn der Wettbewerber eine durchschnittliche Schatzjägergruppe war, würde sie aller Wahrscheinlichkeit nach öffentlich behaupten, die *Central America* gefunden zu haben, um Investoren an Bord zu locken – und das könnte Tommys Gesellschafter von einem weiteren finanziellen Engagement abhalten.

Ursprünglich hatte er geplant, nach Fertigstellung des Tauchroboters gegen Ende Juli zu der Fundstelle hinauszufahren. Damit wären ihm noch der August und September geblieben, um das Wrack positiv als die *Central America* zu identifizieren, die Fundstelle zu dokumentieren sowie einen Teil des Goldes zu bergen. Nun mußte er den Gesellschaftern seinen Entschluß mitteilen, das von ihm und seinen Ingenieuren entworfene Tauchfahrzeug vorerst nicht fertigzubauen, und daß sie die Hoffnung, bereits in diesem Sommer nennenswerte Mengen an Gold an die Oberfläche zu holen, abschreiben konnten. Jetzt ging es nur noch darum, innerhalb von zwei Monaten, konkret bis zum 1. Juni, auf den Atlantik hinauszukommen.

Tommy konnte, so hatten ihm seine Anwälte erklärt, erst dann mit Aussicht auf Erfolg seinen Anspruch auf den Sidewheel-Fundort anmelden, wenn er einen Gegenstand aus dem Wrack vor einem Gericht präsentierte. Diese eine Anforderung wurde nun zum alles entscheidenden Kriterium für die Entwicklung des, wie Tommy es nannte, Emergency-Tauchfahrzeugs. Nicht die Suche nach Gold, noch nicht einmal die Erkundung des Wracks hatten jetzt höchste Priorität, sondern das Auffinden und Bergen eines dem Wrack zuweisbaren Gegenstandes – und seine Präsentation vor Gericht.

Brockett hatte Tommy bereits gewarnt, daß der Versuch, ganz gleich was für eine Art von Tauchfahrzeug vor Ende des Sommers fertigzustellen, ein zum Scheitern verurteiltes Unterfangen sei. Und jetzt wollte Tommy bis Mai ein funktionstüchtiges Tauchfahrzeug. Brockett strapazierte seine guten Beziehungen zu den Herstellern bis zur Grenze. »Ich weiß, daß ich Unmögliches verlange«, sagte er ihnen, »aber hier ist die Konstruktionszeichnung, liefern Sie bitte bis übermorgen.« Auf der Suche nach Anbietern, die die Komponenten schneller liefern und zusammenbauen konnten, flog Moore zu einer Tauchroboter-Messe nach San Diego, doch alles, was er von den Anbietern zu hören bekam, war »frühestens in neunzig Tagen«.

Hackman erinnerte sich später, daß Tommy in dieser Zeit zu ihm kam und wissen wollte, wie lange er für den Bau eines einfachen Tauchfahrzeugs benötigte, das auf 2400 Meter Tiefe tauchen, die Fundstelle wiederfinden und einen identifizierbaren Gegenstand bergen könnte. Mehr sagte Tommy nicht. Hackman antwortete: »Zwei Jahre.«

Im April, nach mehreren Wochen am Telefon und Faxgerät, hatte Don Craft in Louisiana endlich eine neue Baggerschute aufgetrieben, die *Nicor Navigator*. Nach Beschreibung eines Crewmitglieds ähnelte die *Nicor Navigator*, 20 Meter länger als die *Pine River*, einem »gigantischen, überlangen Schlepper«. Ihr Deckhaus saß auf dem Bug, und von dort bis zum Heck verlief ein flaches, offenes Deck. Auf diesem weit offenen Deck mußte Craft den Leitstand für die Techniker aufbauen, ein Laboratorium für Bob Evans, eine Kommunikationszentrale für Tommy und Barry, Unterkünfte für die Techniker, Lagerräume und Werkstätten.

Außerdem mußte er auf dem Deck eine Winde, einen Kran, einen Aussetzarm, eine Rampe, die »Star Fix«-Satellitennavigationsanlage sowie ein dynamisches Positionierungssystem installieren.

Ein Grund, der das Arbeiten in der Tiefsee so erschwerte, war die Unmöglichkeit, das Trägerschiff fest an einem Ort zu verankern. Ankerketten müssen im Schnitt fünfmal länger als die Tiefe am Ankerort sein. Um ein 70 Meter langes Schiff an einem Punkt zu fixieren, benötigt man vier oder fünf Anker. Man würde also mindestens vier Ankerketten von jeweils 3000 Meter Länge benötigen, um in 600 Meter tiefem Wasser die Position zu halten – vorausgesetzt, man wüßte, wie man die Anker setzen muß, um das Schiff genau auf der Position zu halten, an der man arbeiten will.

Deshalb hatten dynamische Positionierungssysteme (DFS) eine zentrale Bedeutung für alle Arbeiten in der Tiefsee gewonnen: Mit Hilfe einer ausgeklügelten Kombination von Navigationssystemen, zwischengeschalteten Computern und zwei oder drei starken Steuerschrauben können Schiffe trotz Wind, Strömung und Seegang kontinuierlich ihre Abweichung von einer definierten Position korrigieren. Solche Systeme werden auf Supertankern beim Anlegen benutzt, und die Tiefseeforscher sorgen damit dafür, daß das Mutterschiff eine feste Position an der Oberfläche hält, während das Tauchfahrzeug unter Wasser an der Arbeit ist.

Die Kostenvoranschläge für die Aufrüstung der *Nicor Navigator* mit einem dynamischen Positionierungssystem, die Craft von vier größeren Herstellern solcher Systeme einholte, lagen zwischen 750 000 und 2,5 Millionen Dollar. Craft war sich sicher, daß er das gleiche für erheblich weniger Geld tun könnte, aber jeder Experte, mit dem er sprach, sagte ihm, daß das nicht möglich sei. Beim Herumschlendern auf einer Bootsmesse in New Orleans entdeckte er das Robertson-DP-System, das seiner Auffassung nach ideal für die *Nicor Navigator* geeignet war. Er ließ Hackman die notwendigen Konstruktionsdaten zusammenstellen und schickte sie ins norwegische Konstruktionsbüro der Firma. Die Robertson-Ingenieure stellten das System zusammen, flogen nach Louisiana und installierten das System – und das in weniger als einem Monat und für gerade einmal 130 000 Dollar.

In New Orleans heuerte Craft einen, wie er es ausdrückte,

»Mordskerl von einem Vorarbeiter« zur Leitung des Umbaus der *Nicor Navigator* an. Er sagte dem Mann, daß alles perfekt, dabei aber möglichst schnell über die Bühne gehen mußte. Fünf Tage nach Beginn des Chartervertrags am 5. Mai fuhren sie mit der *Nicor Navigator* hinaus in das Mündungsgebiet des Mississippi und testeten das neue DP-System eineinhalb Tage lang. Alles lief glatt, und die *Navigator* hielt ihre Position. Drei Tage später nahm der Kapitän Kurs auf die Florida Keys. Noch mal dreieinhalb Tage später legte die *Navigator* in der »Atlantic Marine«-Werft am St. Johns River rund 15 Kilometer außerhalb von Jacksonville an, wo das Navigations- und das DP-System vollends verdrahtet, der Sockel für den Kran und der Kran selbst aufgebaut, eine neue Winde eingebaut, der Aussetzarm und die Blocker montiert sowie fünf riesige Schiffscontainer steuer- und backbords auf dem Deck befestigt wurden.

Moore bestellte in Seattle eine Lastzugladung Aluminiumbleche und elektronische Bauteile, während aus Columbus fast täglich weitere Frachtcontainer eintrafen. Am 18. Mai, Moore und die anderen Techniker bauten in der Werft bereits das Tauchfahrzeug zusammen, trafen Tommy, Bob und Barry vor Ort ein. Inzwischen waren auch zwei neue Mitglieder zum Technikerteam hinzugestoßen. Mit dem einen, Alan Scott, einem Softwarezauberer und ausgewiesenen Experten für Unterwasserakustik, hatte Tommy schon auf der Suchfahrt im vorigen Sommer eng zusammengearbeitet. Der 37 Jahre alte Scott, der an der Katholischen Universität in Washington einen Magister in Unterwasserakustik gemacht und danach zehn Jahre als Zivilangestellter für die Navy gearbeitet hatte, sollte als Navigator mitfahren. Seine Aufgabe war es, die Navigations- und DP-Computer dazu zu bringen, miteinander zu kommunizieren, damit er zum einen den Kapitän auf die gewünschte Position im Atlantik lotsen und zum anderen Moore auf dem Meeresboden zum Schiffswrack leiten konnte.

Scotty, wie er allgemein genannt wurde, war eine Ausnahmeerscheinung auf dem Schiff. Während alle anderen auf See ihr Äußeres vernachlässigten, sich nicht rasierten und ihre Haut vom Salzwasser und von der Sonne verbrannt war und sich in ihren T-Shirts immer mehr kleine Löcher zeigten, sah Scotty immer frisch aus, vom gestärkten Hemd bis hin zu der messerscharfen

Bügelfalte in seinen Jeans. Sein Äußeres entsprach seiner Art zu denken. Craft, der Scotty ebenfalls von anderen Tiefseeprojekten her kannte, sprach voller Begeisterung über die intellektuellen Fähigkeiten seines jüngeren Kollegen. »Ich saß mit am Tisch, als Scotty und ein anderer Techniker über irgendein sehr spezielles Thema diskutierten«, berichtete Craft. »Ich folgte dem Austausch zehn Minuten lang sehr, sehr aufmerksam, aber ich verstand nicht ein Wort von dem, worüber die beiden sprachen.« Craft hatte auch schon miterlebt, wie Scotty zusammen mit einem Kollegen auf hoher See zwei PCs auseinanderbaute, hier und da herumschraubte, sie dann wieder zusammenbaute und anschließend damit Dinge tat, die bis dahin für unmöglich gehalten wurden. Dabei zählte für Craft nicht einmal so sehr, wie gut sich jemand mit Computern auskannte. »Wichtig ist, daß hier jeder für sich selbst sorgen kann und dazu beiträgt, das Schiff am Laufen zu halten«, erklärte er. »Kann er das nicht, dann kostet er mehr Nerven, als sein ganzes Fachwissen wert ist.« Aus genau diesem Grund respektierte Craft Scotty nicht nur wegen seiner technischen Fähigkeiten, sondern auch als Crewmitglied an Bord. Scotty, der in seiner Freizeit viel joggte, war zwar hager, besaß aber eine erstaunliche Körperkraft und packte an Deck mit an wie ein gestandener Seemann. »Man könnte fast meinen«, sagte Craft, »er sei als Matrose auf die Welt gekommen.«

Das zweite neue Mitglied im Team war John Doering, ein alter Bekannter Tommys aus den Tagen der *James Bay*. Tommy, Barry, Bob und die anderen Techniker betrachteten die Suche nach der *Central America* als ein Abenteuer der Ideen und Technologien; für Doering dagegen war es nicht mehr als eine Schatzjagd. »Ich schäme mich nicht dafür, als Schatzjäger bezeichnet zu werden«, verkündete Doering. »Das ist es, was ich bin und was ich tue.«

Tommy hatte Doering aus zwei Gründen ins Team geholt: Erstens kannte er sich mit der Bedienung des Krans aus. Und zweitens besaß er als gelernter Zeichner ein gutes Auge für Unterwassergegenstände – er konnte aus dem Aussehen schlickverkrusteter, verbogener, verrosteter und zerborstener Wrackteile darauf schließen, was es einstmals gewesen war, und Zeichnungen von ihrem einstigen Zustand anfertigen.

Ein paar Tage nach Tommy traf Don Hackman als letzter aus dem Technikerteam in Jacksonville ein, wie üblich in kurzer Hose und einem hellblauen Hemd.

Im Laufe der nächsten Woche verluden die Techniker die einzelnen Bauteile des Navigationssystems auf das Schiff, rollten 3900 Meter Kabel auf die Winde, richteten das Laboratorium, die Werkstatt und die Kommunikationszentrale ein und installierten die Computer und Monitore im Leitstand. Bob stopfte den Laborcontainer mit Geräten und Nachschlagewerken zur Untersuchung, Bestimmung und Katalogisierung von Sedimentproben und Holzfragmenten von der Fundstelle voll. Doering und Hackman funktionierten einen der Duschräume in eine Dunkelkammer um, damit alles Filmmaterial an Ort und Stelle entwickelt und analysiert werden konnte. Scotty arbeitete daran, das »Star Fix«-Navigationssystem und das Robertson-DP aufeinander einzustimmen. Barry half Tommy, Briefe an die Gesellschafter zu verfassen, und hielt ständigen Kontakt zu ihrer New Yorker Werbefirma. Tommy schien nicht mehr vom Telefon loszukommen.

Moore und die restlichen Techniker saßen umringt von ungeöffneten Kartons voller elektronischer Bauteile und Stapeln von Aluminiumwürfeln auf dem Werftgelände. Sie hatten kein abgeschlossenes Lagerhaus, in dem sie das Tauchfahrzeug in aller Ruhe zusammenbauen, keine kontrollierte Umgebung, in der sie es testen konnten. Die Montage des Rahmens, das Verlegen der Kabel und Schläuche, der Anschluß sämtlicher elektronischer und hydraulischer Komponenten erfolgte auf dem offenen Werftgelände, auf dem Pier und – auf dem Weg zur Fundstätte – auf dem Achterdeck der *Navigator*. Testen würden sie das Tauchfahrzeug erst auf hoher See können. Inmitten eines ständigen Kommens und Gehens von Schweißern, Mechanikern, Schreinern und Elektrikern arbeiteten die Techniker an der Montage des Tauchfahrzeugs.

»Es ging drunter und drüber«, sagte Brockett hinterher. »Ich kam mir vor wie im Irrenhaus.«

Inmitten dieses Durcheinanders tauchte jeden Morgen ein liebenswürdiger und zuvorkommender älterer Herr bei dem Schiff auf und ließ sich von allen Arbeitsgruppen eine Liste aushändigen. Dieser Herr war Bob Hodgdon, der Logistikexperte des

Teams und bekannt dafür, daß er auch die ausgefallensten Dinge auftreiben konnte. Craft kannte ihn von früheren gemeinsamen, streng geheimen Regierungsprojekten. Irgendwann danach hatte Hodgdon beschlossen, sein Glück als freischaffender Logistik-experte zu versuchen, weil er es haßte, lange Hosen zu tragen.

Hodgdon war eine Woche vor allen anderen auf der Werft ein-getroffen und tat, was er auch damals getan hatte, als er die logisti-sche Betreuung eines geheimen CIA-Projekts zur Bergung eines gesunkenen russischen U-Boots übernommen hatte: Er ging die Gelben Seiten des örtlichen Telefonbuches danach durch, was vor Ort an Material und Dienstleistungen erhältlich war, besuchte Händler und Betriebe, um festzustellen, was sie tun und was sie liefern konnten – von Werkstätten, Schweißereien, Schiffsaus-rüstern über Baumärkte und Elektrohandlungen bis hin zu Super-märkten. Seit Beginn der Arbeiten auf der Werft kam er jeden Morgen vorbei, sammelte die Bestellisten ein und kehrte ein paar Stunden später mit einem Lieferwagen voller Schweißdrähte, Schraubenschlüssel, Hämmer, Transistoren, Widerstände, Kon-densatoren, Schalter, Computerchips, Schrauben, Drähte unter-schiedlichster Stärke, Filter, Schwimmer, Verbindungsschläuche, Rohrschneider, Kühlwasserschläuche und so weiter zurück – und füllte das Schiff nach und nach mit allem, was auf See möglicher-weise gebraucht wurde.

Noch während der Mobilisierungsphase des Notfallplans, die sich bis Ende Mai hinzog, flogen die Columbus-America-Anwälte nach Jacksonville und trafen sich mit Tommy. Einziger Tagesord-nungspunkt: Sollten sie einen seerechtlichen Anspruch auf die Fundstätte bei Gericht einreichen, ja oder nein? Wenn sie es taten, mußten sie die Koordinaten der Fundstelle offenlegen. Wenn nicht, riskierten sie, daß jemand anders das Schiff fand und vor ihnen Ansprüche geltend machte.

Tommy hatte sich bereits unmittelbar nach der Rückkehr von der Suchfahrt im vergangenen Sommer mit Kelly und Loveland zusammengesetzt und die rechtlichen Aspekte der Sache durchge-sprochen. Die beiden Anwälte hatten Tommy erklärt, wie man einen rechtsgültigen Anspruch stellt und wo er einen auf dem Gebiet des Seerechts erfahrenen Experten finden könne. Bevor ein

Gericht Tommys Ansprüche auf die *Central America* bestätigen würde, mußte das Gericht feststellen, daß das Wrack innerhalb seiner Jurisdiktion lag. Aber, und das war ein Problem, auf das Kelly und Loveland immer wieder verwiesen, damit die *Central America* unter die Jurisdiktion des Gerichts fiel, mußte Tommy sie in den Gerichtssaal bringen. Das war, natürlich, nicht möglich, weshalb die einschlägigen Gesetze auch ein gewisses Maß an Fiktion zuließen: Als ausreichend wurde auch die Vorlage eines Gegenstandes von dem Schiff anerkannt, beispielsweise eines Stützbalkens, eines Ankers, einer Schiffsglocke oder auch eines Teils der Ladung. Nachdem dann ein Marshal der Bundesbehörde den Gegenstand unter Beschlagnahme genommen hatte, konnte das Gericht seine Jurisdiktion über die Fundstelle feststellen und die *Central America* Tommy zusprechen. Allerdings gab es auch dabei einen Haken: Die Fundstelle mußte innerhalb einer Zone von drei Meilen von der Küste liegen, sprich innerhalb der geographischen Grenze des Gerichtsbezirks. Doch die *Central America* ruhte am Rand der Ausschließlichen Wirtschaftszone der Vereinigten Staaten, fast 200 Meilen von der Küste entfernt. Bislang hatte noch niemand versucht, ein historisches Wrack in den Tiefseegewässern außerhalb der Dreimeilenzone zu heben. Niemand konnte also mit Bestimmtheit sagen, was passieren würde, sollte Tommy einen zur Ausstattung des Schiffs gehörigen Gegenstand vor Gericht präsentieren.

Nachdem Kelly und Loveland sich eine Weile mit dem Problem auseinandergesetzt hatten, empfahlen sie, den Anspruch am Gerichtssitz des Eastern District von Virginia in Norfolk einzubringen. Abgesehen davon, daß der dortige Gerichtshof mehrere Entscheidungen gefällt hatte, die ihren Anspruch zu stützen schienen, gab es in Norfolk einen gut ausgerüsteten Hafen mit umfangreichen Schiffswartungseinrichtungen. Und darüber hinaus existierten auch historische Verbindungen zwischen der Stadt und der *Central America*: Die meisten Überlebenden des Unglücks waren nach ihrer Rettung in Norfolk an Land gegangen.

Als nächstes wälzten Kelly und Loveland den *Martindale Hubbel*, ein nach Bundesstaaten gegliedertes Verzeichnis von Anwälten, und suchten die Biographien von auf Seerecht spezialisierten Anwälten heraus, die in Virginia praktizierten. Sie brauchten jemand mit Erfahrung, aber keinen altgedienten, polternden Verhandlungsanwalt, der es gewohnt war, Richter mit Präzedenzfällen schwindlig zu reden. In ihrer Sache gab es keinen wirklichen Präzedenzfall. Ihr Fall war einzigartig. Sie brauchten jemanden, der in der Lage war, die zukünftige Entwicklung der Rechtsprechung in fünf Bereichen der Jurisprudenz vorherzusehen – Internationales Recht, Seerecht, Internationales Privatrecht, Verfahrensrecht und Eigentumsrecht –, und in Worte fassen konnte, wie sich diese Entwicklung auf die Jurisdiktion über Schiffswracks in internationalen Gewässern auswirken würde. Jemand, der es verstand, das Denken des Richters von dem einzigen Fixpunkt in dieser Sache, der Dreimeilenzone, loszueisen, die juristische Tragweite dieser Vorschrift logisch und unparteiisch vor ihm auszubreiten und dabei ganz vorsichtig den Blick auf eine neue Perspektive zu lenken. Jemand mit einem kreativen juristischen Geist, rhetorisch gewandt, schnell von Begriff, jemand, der Aufrichtigkeit und Fairneß ausstrahlte und Einfühlungsvermögen besaß. Kurz gesagt, sie brauchte einen Seerechtsexperten, der einen Bundesrichter davon überzeugen konnte, etwas zu tun, was noch kein Bundesrichter vor ihm getan hatte: seine Jurisdiktion über ein Schiffswrack festzustellen, das 200 Meilen vor der Küste der Vereinigten Staaten auf dem Meeresboden lag.

Hätten Kelly und Loveland die Möglichkeit gehabt, sich einen für ihre Zwecke perfekten Anwalt zu erschaffen, es hätte kein besserer werden können, als sie ihn in der Person des Seerechtsspezialisten Rick Robol schließlich erhielten, einem kleinen, drahtigen Mann mit einer Himmelfahrtsnase und einem spitzbübischen Lächeln im Gesicht.

Robol war zwar erst 34 Jahre alt, praktizierte aber bereits seit acht Jahren als Seerechtsanwalt in Norfolk. Er hatte sein Studium an der University of Virginia als bester seines Jahrgangs abgeschlossen und ein Fulbright-Stipendium zum Studium des Internationalen Rechts und der vergleichenden Regierungswissenschaften in Italien erhalten. Von Italien aus war Robol nach Harvard gegangen, wo er seinen Doktor der Rechtswissenschaften erwarb. In Virginia hatte er der angesehenen »Phi Beta Kappa«-Studentenorganisation angehört, in Harvard war er zum »Moot Court National Oralist« gekürt worden und hatte es bis zum geschäftsführenden Chefredakteur des *Harvard International Law Journal* gebracht. Nach der Universität war er eine Zeitlang als Assistent des Leitenden Richters des Eastern District von Virginia in Norfolk tätig gewesen, ebendem Gerichtshof, vor den Kelly und Loveland den Fall der *Central America* bringen wollten. Noch in seiner Zeit in Harvard hatte Robol den Addison-Brown-Preis für eine Abhandlung über die Jurisdiktion auf dem Gebiet des Seerechts gewonnen. In dieser fast zehn Jahre zuvor verfaßten Abhandlung hatte er die Notwendigkeit für Bundesgerichte behandelt, ihre Jurisdiktion über die Dreimeilenzone hinaus in internationale Gewässer auszudehnen.

Im Herbst 1986 flog Robol nach Columbus, wo er sich mit Loveland, Kelly und Tommy traf. Wayne Ashby, der ebenfalls an der Zusammenkunft teilnahm, war der einzige, der Vorbehalte gegenüber Robol äußerte. Während des Gesprächs beugte er sich zu Loveland hinüber und flüsterte: »Dieser Typ ist zu jung.«

Worauf Loveland ebenfalls im Flüsterton erwiderte: »Nun, immerhin ist er älter als Tommy.«

Robol bestätigte, daß der Gerichtshof des Eastern District von Virginia die beste Wahl darstellte. Das Gericht galt im ganzen Land als »Expreßdienst«: Wartefristen von bis zu fünf Jahren bis zur ersten Anhörung, woanders nicht unüblich, kannte man dort nicht. Außerdem waren die dortigen Richter nicht nur in Seerechtsfragen sehr erfahren, sondern hatten in ihren bisherigen Entscheidungen im allgemeinen die Position unterstützt, die Columbus-America vertrat. Robols Ansicht nach stellte Tommys Fall den nächsten und evolutionären Schritt nach vorn auf dem Feld der Seegerichtsbarkeit dar: Wenn die wirtschaftliche Ausbeutung der Tiefsee voranschreiten sollte, dann mußte das Gesetzeswesen mit dieser Entwicklung Schritt halten; sollte kein heilloses Chaos ausbrechen, mußte irgend jemand die Gerichtsbarkeit über die Aktivitäten auf hoher See übernehmen. Alles, was Robol zu tun hatte, war, dem Gericht diesen gewaltigen Sprung als einen kleinen, geradezu zwangsläufigen Schritt zu verkaufen.

Eine weitere Frage, die sie diskutierten, betraf die Sonarbilder von Sidewheel. Wäre es möglich, daß Robol das Gericht dazu bringen konnte, allein aufgrund der Sonarbilder seine Jurisdiktion über das Wrack festzustellen und Tommys Ansprüche als rechtlich verbindlich zu verifizieren? Robol war zwar überzeugt, daß dies eines Tages möglich sein würde, beurteilte die aktuellen Erfolgsaussichten eines solchen Schrittes jedoch als verschwindend gering. Seiner Meinung nach wäre es kontraproduktiv, den Richter davon zu überzeugen zu suchen, daß ein Sonarbild eines Wracks von seiner rechtlichen Aussagekraft her einem Gegenstand von demselben Schiff entsprach, und schon gar nicht, wenn dieses Schiff außerhalb der Dreimeilenzone auf dem Meeresboden lag.

»Wenn Sie das verbriefte Recht zur Bergung des Wracks zugesprochen bekommen wollen, müssen Sie dem Gericht einen Gegenstand von dem Schiff präsentieren«, bekräftigte er gegenüber Tommy. Und selbst in diesem Fall wollte er nicht ausschließen, daß das Gericht lediglich seine Jurisdiktion über den konkreten Gegenstand, nicht aber über das Wrack als solches feststellen würde. »Wir hatten keine Ahnung, wie sich das Gericht entscheiden würde«, sagte Robol später. »Ob das Gericht seine Jurisdiktion über das Wrack feststellen und sie jenseits der Dreimeilenzone anwenden würde, war vollkommen offen. Doch genau dieser prinzipielle Schritt vorwärts auf dem Gebiet des Seerechts war für uns von ausschlaggebender Bedeutung.«

Obgleich das Einreichen eines Anspruchs auf das Wrack bedeutete, daß sie auch ihre Koordinaten einreichen mußten, hielten sie es für vorteilhafter, schon frühzeitig vor Gericht gehört zu werden und unter anderem den Anspruch bei einem Gericht ihrer Wahl einzureichen. Um möglichst wenige Informationen nach außen dringen zu lassen, beschlossen sie, zwei separate Anträge einzureichen: einen allgemein gehaltenen Antrag für die Öffentlichkeit und einen vollständigen Antrag inklusive der Koordinaten ausschließlich zur Einsicht des Gerichts.

Bei einem Treffen der Gruppe unmittelbar vor Auslaufen der *Navigator* nahm Robol nochmals Tommy ins Gebet. Er wußte, daß die Bedrohung durch Konkurrenten Tommy gezwungen hatte, den Notfallplan zu aktivieren, und daß sein Tauchfahrzeug noch nicht mehr als ein Haufen von in Schachteln verpackten Einzelteilen auf dem Achterdeck der *Navigator* war. Aber, schärfte er Tommy ein, die Bergung eines Gegenstandes war von so zentraler

Bedeutung, daß er sich, selbst wenn andere Schatzjäger an der Fundstelle auftauchen oder gar versuchen sollten, ihn zu behindern und es zu einer »offenen Konfrontation« käme, so lange weigern müßte, vor Gericht einen Antrag auf Feststellung der Jurisdiktion über das Wrack einzureichen, bis Tommy ihm einen Gegenstand von der *Central America* präsentierte.

Wie unter amerikanischem Seerecht üblich, verklagte Robol das Wrack selbst: *Columbus-America Discovery Group gegen das nicht identifizierte, aufgelaufene und aufgegebene Segelschiff, seine Maschinen, Takel, Ausrüstung, Zubehör, Ladung und so weiter, liegend in einem Kreis mit einem Radius von zehn Meilen, dessen Mittelpunkt die Koordinaten 31 Grad 52 Minuten nördlicher Breite und 76 Grad 21 Minuten westlicher Länge bilden.*

Robol reichte die Klage am 26. Mai vor dem Gericht des Eastern District von Virginia in Norfolk ein. Noch in derselben Nacht lief die *Navigator* aus dem Hafen von Jacksonville aus.

An Bord der *Nicor Navigator* – Frühsommer 1987

Bill Burlingham maß gerade einmal 1,62 Meter, schien aber mindestens einsneunzig groß zu sein. Selbst wenn man direkt vor ihm stand und auf ihn hinuntersah, überkam einen das eigenartige Gefühl, man müsse zu ihm aufschauen. Das vielleicht Auffälligste an ihm waren sein ausgeprägter Stiernacken, sein gewaltiger Brustkorb und seine muskelbepackten Arme, die ihn zusammen mit seinen strahlend blauen Augen, seinem zerzausten blonden Haar und seinem üppig sprießenden rötlichblonden Bart zu einer Erscheinung machten, die man nicht so schnell vergaß.

Obwohl er erst 33 Jahre alt war, fuhr er schon seit zwölf Jahren als Kapitän zur See. Man sah ihn selten ohne ein Buch oder eine Zeitschrift, und sein Kopf steckte so voller abstruser Fakten und Details, daß er als einziger an Bord Bob Evans beim Trivial Pursuit das Wasser reichen konnte. Er war ein »Zupacker«, wie einer seiner Männer sagte, ein Kapitän, der Seite an Seite mit seinen Leuten arbeitete, eine Eigenschaft, die ihn Tommy sehr sympathisch machte. Tommy gefiel auch, daß Burlingham einen starken eigenen Willen besaß, dabei aber keineswegs verbohrt war.

Burlingham, der sein Kapitänspatent an der New York Maritime Academy erworben und zuvor bereits mit Williamson und Brockett im Auftrag der Regierung an Tiefseeprojekten gearbeitet hatte, war einer der Männer, die Craft in seiner Liste von Leuten stehen hatte, die für das Projekt in Frage kamen. Als der Eigner der *Nicor Navigator* forderte, einen Nicor-Kapitän mitfahren zu lassen, hatte Tommy keine Einwände, bestand aber darauf, daß Bill Burlingham das Kommando führte.

Mit zehn Knoten dampfte die *Navigator* durch die Nacht, und ein kühler Wind ließ die Männer an Bord den salzigen Duft des Atlantiks schmecken. Unter dem grellen Licht der Scheinwerfer hasteten die Techniker zwischen dem Werkstattcontainer und den beiden Aluminiumwürfeln hin und her, die Brockett für die ersten Sonaraufnahmen und Kameraläufe zusammengeschraubt hatte. Bis weit in die Nacht hinein dröhnte laute Musik aus den Schiffslautsprechern, begleitet vom feuchten Zischen der Gischt, die über den Bug spritzte.

Bei Sonnenaufgang erreichten sie das tiefblaue Band des Golfstroms. Auch wenn hin und wieder der Wind auffrischte und Regenschauer niedergingen, hielt sich bei einer von Südosten kommenden starken Dünung das Wetter den Tag über und die ganze folgende Nacht hindurch, während die *Navigator* auf eine Tiefseezone rund 120 Meilen vor der Küste zusteuerte, wo die Techniker den Kran testen wollten.

Doch als sie am nächsten Morgen an der Teststelle ankamen, hatten sie zunächst Probleme mit der Steuerung des Kranauslegers. Dann brauchten sie sechs Stunden, um die 1050 Meter ausgegebenen Kabels wieder einzuholen, fünfeinhalb Stunden länger als geplant. Um acht Uhr abends gab Burlingham den Befehl, wieder Kurs auf Jacksonville zu nehmen.

Drei Tage später, am Abend des 31. Mai, verließ die *Navigator* zum zweiten Mal den Hafen von Jacksonville, wieder mit Kurs auf die Teststelle. Dieses Mal ließ sich der Kran problemlos steuern, und auch die Winde holte das Kabel mit zufriedenstellender Geschwindigkeit ein. Doch während Hackman zusah, wie sich das Kabel auf die Trommel spulte, fing es plötzlich an, über Kreuz zu laufen. Die Trommel lief ungleichmäßig voll, und Hackman begriff, daß das Gewicht des Kabels die Stahltrommel eingedrückt hatte. In der ganzen Zeit, die er als Ingenieur aufs Meer fuhr, hatte er so etwas noch nicht erlebt. Ohne Winde zum Spannen des Kabels konnten sie ihre Arbeiten nicht fortsetzen.

Und so nahmen sie ein zweites Mal mit gedrückter Stimmung Kurs zurück auf Jacksonville. Die Trommel zu ersetzen würde eine teure Angelegenheit werden. Außerdem mußten sie mit einer Lieferzeit von drei bis vier Monaten rechnen. Doch nach einigen Überlegungen war Hackman davon überzeugt, das Problem innerhalb von ein paar Tagen und für ein paar Cent lösen zu können, mit zwei Halbzylindern aus Stahl, die über die alte Trommel geschweißt wurden. Das war typisch für Battelle: Gib mir einen Farmerjungen, der mir heute nacht mit einem Kleiderbügel einen Traktor repariert und ihn bis zum Sonnenaufgang wieder auf dem Acker stehen hat. Gegen sieben Uhr abends am 3. Juni lag die *Navigator* wieder in der »Atlantic Marine«-Werft im Dock, und Hackman machte sich mit der Werftcrew sofort daran, die Winde zu reparieren, eine Arbeit, die sich die ganze Nacht und den folgenden Tag hinzog.

Am Morgen nach der Rückkehr der *Navigator* charterte Tommy ein Flugzeug für einen Überwachungsflug über den Atlantik. Sollte irgend jemand in ihrem Suchgebiet aufkreuzen, während sie im Hafen festlagen, wollte er zumindest darüber informiert sein. Bob Evans flog mit den Piloten mit und funkte ihnen laufend die Koordinaten durch, bis sie das gesamte Suchgebiet abgeflogen hatten. Sie kehrten nach Einbruch der Dunkelheit zurück, ohne ein Schiff im Zielgebiet angetroffen zu haben.

Um Mitternacht des zweiten Tages fingen sie an, das Kabel wieder auf die reparierte Winde aufzuwickeln. Um 3.30 Uhr am 5. Juni war das Kabel auf der Winde, und die Trommel schien zu halten. Burlingham machte das Schiff klar zum Auslaufen, und das dritte Mal in zehn Tagen geleitete ein Lotse die *Navigator* den Fluß von Jacksonville hinunter auf das offene Meer.

Um 6.15 Uhr erreichte die *Navigator* im Licht der aufgehenden Sonne und bei ruhiger See das offene Meer. Tommy wies Burlingham an, Kurs auf die zweite Teststelle zu nehmen. Jeden Tag, den sie seit der ersten Ausfahrt aus Jacksonville vor zehn Tagen auf See gewesen waren, hatte Tommy ständig mit einer Mitteilung Burlinghams gerechnet, daß die Brücke ein anderes Schiff auf dem Radarschirm habe, und zwar keines, das mit zehn bis fünfzehn Knoten vorbeizog und ganz offensichtlich auf dem Weg irgendwohin war, sondern eines, das mit ein oder zwei Knoten langsam dahintuckerte und die Signale eines Schiffs mit einem Objekt im Schlepp gehißt hatte.

Auf dem Achterdeck türmten sich Stapel geschweißter Aluminiumwürfel und eine Vielzahl ungeöffneter Kartons und Kisten voller diverser elektronischer Geräte und Computerbauteile, darunter Kameras, Sonargeräte und Transponder; Schaltschränke standen neben Fässern mit Hydrauliköl und aufgestapelten Trägerarmen: das Material, die Bestandteile eines Tauchroboters, von dem sie hofften, daß er tiefer als jeder andere Tauchroboter vor ihm hinabtauchen und ein Teil von Sidewheel heraufholen würde.

Moore und Brockett standen früh auf und machten sich wieder an ihre Arbeit auf dem Achterdeck. Hackman, der nach 30 Stunden ununterbrochener Arbeit an der Windentrommel völlig erschöpft war, schlief bis spät in den Morgen. Als er schließlich auf das Achterdeck kam und sah, wie Moore und Brockett zwischen den Kisten an dem Tauchfahrzeug bastelten, fing er an sich zu fragen, warum zum Teufel er sich drei Wochen von Battelle hatte freistellen lassen. »Da stand ich und tat etwas, was ich niemals im Leben hatte tun wollen: mit etwas auf See zu fahren, was noch nicht getestet worden war. Unser Tauchfahrzeug hatte nicht nur keinen Testlauf bestanden, es war nicht einmal zusammengebaut. Das, davon war ich überzeugt, konnte einfach nicht funktionieren – und war auch gefährlich. Die Tiefsee ist eine extrem lebensfeindliche Umgebung, zu viele Dinge können da unten schiefgehen. Komplexe Dinge wie ein Tauchfahrzeug oder elektronische Regelsysteme lassen sich auf einem schwankenden Schiff nicht zusammenbauen, und man kann auch nicht Dinge, die noch nie einen Tropfen Wasser abbekommen haben, in einer solchen Tiefe testen. Das macht man nicht, niemals.«

Tommy hatte die *Navigator* unter anderem deshalb Kurs auf die zweite Teststelle nehmen lassen, weil sie nahe genug am Sidewheel-Gebiet lag, um es direkt auf dem Radarschirm überwachen zu können. So waren sie in der Lage, ihre Ausrüstung zusammenzubauen und zu testen und gleichzeitig ein Auge auf ihr Zielgebiet zu haben. Sollte sich ein anderes Schiff dem Gebiet nähern, bliebe ihnen damit genug Zeit, Sidewheel anzusteuern und die Stelle abzusichern. Doch auf halbem Weg überlegte Tommy es sich anders und wies den Kapitän an, Kurs auf eine andere, dritte Teststelle zu nehmen, die in Sichtweite des Zielgebiets lag. Damit konnten sie sogar mit eigenen Augen kontrollieren, ob ein anderes Schiff die Fundstelle ansteuerte.

Je mehr Tommy im Vorfeld der Expedition über seine Wettbewerber in Erfahrung gebracht hatte, um so eiliger hatte er es, und um so einfacher gestaltete er das Tauchfahrzeug. »Sollte uns die Zeit ausgehen«, überlegte er, »müssen wir vom Emergency-ROV zum E²-ROV und, wenn das nicht ausreicht, zum E⁴-ROV umschalten.« Genau so kam es dann auch.

Am 5. Juni, nachdem die Techniker fast Tag und Nacht durchgearbeitet hatten, stand das fertige »E⁴«-Tauchfahrzeug auf dem Achterdeck, die drastisch vereinfachte Ausführung einer drastisch vereinfachten Version des ausgereiften Tauchroboters, der in Tommys Kopf parkte: ein simpler Tauchschlitten mit nicht mehr als einer Videokamera und einem Nahbereichssonar, die noch nicht einmal gleichzeitig betrieben werden konnten.

Vom Morgen des 6. Juni bis zum Morgen des 10. Juni testeten sie die dynamischen Positionierungs- und die Navigationssysteme sowie die auf den Schlitten montierten Systeme. Insgesamt siebenmal ließen sie den Schlitten zu Wasser und holten ihn wieder ein. Der Kran ließ sich nun problemlos steuern, die Winde holte das Kabel gleichmäßig ein, und Hackmans verstärkte Trommel hielt dem Druck von 3900 Metern Stahlkabel immer noch stand. Nach Abschluß der Testläufe verlegten sie ihr Operationsgebiet zu der ein paar Meilen entfernten Sidewheel-Position und fingen mit der Suche nach der *Central America* an.

Am Nachmittag des 12. Juni gab Scotty die Startkoordinaten und den Kurs der ersten Suchbahn an Burlingham durch. Der Kapitän steuerte die *Navigator* zum Startpunkt und schaltete auf DP-Modus um. Dort angekommen, setzten sie den Schlitten aus. Als er eineinhalb Stunden später seine »Flug«-Tiefe erreichte, fingen sie mit der ersten Suchbahn an.

Im Leitstand war es dank der für die Computer notwendigen Klimaanlage angenehm kühl und, mit Ausnahme der flackernden Computerbildschirme und des bläulichen Glühens des Mesotech-Sonarschirms, dunkel. Nach Scottys Angaben gab Burlingham alle zwei Minuten neue DP-Koordinaten in das System ein, um das Schiff mit einer Geschwindigkeit von einem halben Knoten auf dem vorgegebenen Kurs zu halten. Fast 2700 Meter unter ihnen glitt der Schlitten durch die Schwärze der Tiefsee, während der Mesotech-Sonar pausenlos Daten nach oben schickte.

Ohne eine Anomalie entdeckt zu haben, erreichten sie eine Stunde später das Ende der Suchbahn. Scotty rief Burlingham über das Intercom an und teilte ihm die Koordinaten der zweiten

Suchbahn mit. Eine Dreiviertelstunde später hatte Burlingham das Schiff gewendet, schwenkte auf einen leicht versetzten Kurs ein und fuhr die zweite Suchbahn ab.

Nach einer weiteren Stunde erreichten sie, wiederum ohne einen Kontakt hergestellt zu haben, das Ende der zweiten Suchbahn. Als Burlingham das Schiff für eine dritte Suchfahrt wendete, verließen Tommy und Barry den Leitstand und gingen in den Funkraum. Während Scotty die Navigationsdaten überwachte, beobachteten Bob, Doering, Brockett und Hackman den Sonarschirm. Moore saß mit den Händen an den Kontrollknüppeln der Windensteuerung und achtete darauf, daß der Schlitten in einer konstanten Höhe von ein paar Metern über dem Meeresboden »flog«. Auch die dritte Suchbahn verlief erfolglos.

Gegen Abend holte Moore den Schlitten einige hundert Meter ein, und die Techniker zogen sich zum Abendessen in die Kombüse zurück. Bei ihrer Rückkehr in den Leitstand saß Scotty bereits wieder am Intercom und gab neue Koordinaten an Burlingham durch. Da sie das Gebiet mehrfach überfahren und immer noch nichts gefunden hatten, beschlossen sie, die Suchbahnen um eine halbe Meile über das Zielgebiet hinaus zu verlängern.

Gegen Mitternacht, Tommy und Barry saßen immer noch im Funkraum, hörten sie Scottys Stimme über das Intercom. »Wir haben hier möglicherweise ein Wrack auf dem Schirm«, sagte er.

Als Tommy und Barry vor mehreren Stunden den Leitstand verlassen hatten, war die Stimmung sehr gedrückt gewesen. Als sie jetzt eintraten, führten sich Hackman, Brockett und Moore auf, als hätten sie gerade einen Bungeejump von einer Hängebrücke hinter sich. Sie hatten das Wrack gesehen, und nicht nur das: In der Nahaufnahme auf dem Mesotech-Sonarschirm hatte es noch mehr Ähnlichkeit mit einem Raddampfer.

»Wir haben das Wrack gerade passiert, es liegt höchstens 80 Meter weit draußen«, rief Brockett Tommy zu.

»Unmittelbar bevor du hereingekommen bist«, fügte Hackman hinzu. »Eine perfekte Bootsform, spitz zulaufend an beiden Enden und alles, einfach perfekt.«

Bob erklärte Tommy, daß sie Burlingham angewiesen hätten, die *Navigator* zu wenden und dieselbe Suchbahn zurückzufahren, aber bevor er weiterreden konnte, erschien auf dem Sonarschirm schon wieder ein hartes Ziel. Gebannt starrten sie auf den Monitor über Moores Kopf.

»Es kommt genauso herein wie beim ersten Mal«, sagte Hackman.

»Ja, genauso kam es herein«, bestätigte Moore, »genau bei 80 Metern.«

Alle Augen waren auf den blau schimmernden Bildschirm gerichtet, während das Sonar die Dunkelheit durchsuchte und weiße, unregelmäßig geformte Flecken aufzeichnete, die von rechts nach links wanderten und sich in zwei gebogene, aber weitgehend parallele Linien aufteilten.

»Jetzt kann man die Form des Schiffs erkennen«, rief Hackman. Moore klatschte vor Begeisterung in die Hände.

Brockett drängte sich an den Sonarschirm und deutete mit einem Stift auf eine leichte Erhöhung genau mittschiffs. »Hier«, rief er, »das ist mir vorher nicht aufgefallen. Das sieht aus wie ein Teil eines Schaufelrades.«

»Das sieht nicht nur so aus wie ein Schaufelrad, sondern das ist eines«, schrie Hackman. »Daran kann gar kein Zweifel bestehen. Im nächsten Durchlauf werden wir den Mast sehen.«

Tommy betrachtete immer noch die kleine Ausbuchtung, von der Brockett glaubte, daß es ein Schaufelrad sei. »Wo soll das Schaufelrad sein?« fragte er mit skeptischer Stimme. Sein Finger berührte den Schirm. »Hier?« Dann wandte er sich an Hackman. »Wo siehst du einen Mast? Meinst du das Ding hier?« Wieder tippte er auf den Schirm.

»Genau«, antwortete Hackman. »Bei der ersten Überfahrt ...«

»Das steht viel zu gerade für einen Mast«, fiel ihm Tommy ins Wort.

Das Sonar zeichnete unbeirrt weiße Flecken auf den Schirm, die sich jetzt zum Heck des Schiffs hin verengten. Brockett zeigte sich überrascht, wie sehr das Bild auf dem Schirm der SeaMARC-Aufnahme vom vergangenen Jahr glich. »Wahrscheinlich hat Moore den Winter über eine Mesotech-Aufzeichnung angefertigt, die den SeaMARC-Sonarbildern entspricht«, sagte er mit unüberhörbarem Schalk in der Stimme, »und nur auf eine Gelegenheit gewartet, sie auf den Schirm zu bringen.«

Alle, auch Moore, brachen in lautes Lachen aus.

Mitternacht war schon lange vorbei. Sie beschlossen, am näch-sten Tag zurückzukehren, die Position des Wracks genauer zu bestimmen und dann die Kamera hinunterlassen. Sie holten den Schlitten ein und schlossen die Akkus an die Ladegeräte an, bevor sie, es war inzwischen kurz vor drei Uhr morgens, völlig über-müdet in ihre Kojen fielen. Die *Central America* hatte sich seit 130 Jahren nicht vom Fleck gerührt und würde das wohl auch in dieser Nacht nicht tun.

In Jacksonville hatte Bob Hodgdon die *Seaward Explorer* gechar-tert, um weitere Teile für das Tauchfahrzeug hinauszubringen, Don Hackman an Bord zu nehmen und zwei neue Crewmitglieder abzusetzen. Am frühen Nachmittag des nächsten Tages kam das Versorgungsschiff längsseits, Hackman setzte über, und die zwei neuen Helfer, Bryan Anderson und Tod Steele, gingen an Bord der *Navigator*.

»Ich sagte Tod, daß seine Aufgabe vor allem darin bestand, sich um Old Dad zu kümmern«, erzählte Craft, »dafür zu sorgen, daß ich nicht ins Schwitzen kam! Aber mein Gott, der Junge sah aus, als hätte ihm jemand einen Fuß ins Gesicht gestellt.«

Tod sah so aus, seit die *Seaward Explorer* Cape Fear hinter sich gelassen hatte. Kaum hatte das Schiff das Kap umrundet, als die See auch schon heftiger wurde und die ersten Brecher gegen den Rumpf schlugen. Genug, um jemand, der das ständige Auf und ruckartige Ab nicht gewohnt war, mit den Händen vor dem Mund an die nächste Reling flüchten zu lassen. Bryan Anderson dagegen wirkte wie das blühende Leben. Mit seinen 29 Jahren hatte er an mehreren Hochseeregatten auf den Bermudas teilgenommen. Dabei war die See mehrmals so hoch gegangen, daß die Boote in den Wellentälern keinen Wind mehr in die Segel bekamen und ins Schlingern gerieten. Tod war 20 Jahre alt und hatte den Ozean noch nie im Leben gesehen.

Tommy hatte zwei zusätzliche Männer an Bord gebraucht, die an Deck mit Hand anlegten und unter anderem dabei hal-fen, das Tauchfahrzeug ins Wasser zu lassen und wieder an Bord zu holen. Sein Problem war, daß er nicht einfach irgend jemanden anwerben konnte. Er mußte zwei Leute finden, die er kannte und die bereit waren, herauszukommen, ohne vorher zu wissen, was sie tun oder wie lange genau sie weg bleiben würden.

Bryan Anderson, mit dem sich Barry an der University of Florida angefreundet hatte, war ihnen als erstes eingefallen. Bryan, der mit einem Abschluß in freier Kunst mit Schwerpunkt Zeichnen vom College abgegangen war, arbeitete als Mechaniker an einer Tankstelle. Barry hatte ihn vorgeschlagen, weil er manuell sehr geschickt war, sich mit Maschinen auskannte und über Hochsee-Erfahrung verfügte. Außerdem strahlte Bryan eine ansteckende Ruhe aus, war zurückhaltend und besaß Sinn für Humor – Eigenschaften, die ihn zum perfekten Schiffskameraden machten.

Barry sagte ihm, daß in Wilmington ein Versorgungsschiff mit Ersatzteilen und Verpflegung bereit war, zu einem 200 Meilen vor der Küste liegenden Schiff zu fahren, wo ein Job, wie es ihn »nur einmal im Leben gibt«, auf ihn warte. Wenn er es bis zum nächsten Tag nach Wilmington schaffen würde, könnte er mit dem Versorgungsboot herauskommen. Bryan kündigte bei der Tankstelle, stopfte ein paar T-Shirts und Shorts in seinen Seesack, schnappte sich die Bluesgitarre seines Großvaters und flog nach Wilmington, wo er am Flughafen von Bob Hodgdon und Tod Steele abgeholt wurde.

Tod, aufgewachsen in der Stahlstadt Youngstown in Ohio, war ein höflicher junger Mann und der Bruder von Paula, die im Büro der Columbus-America Discovery Group für Lohnzahlungen, Rechnungen, Versicherungsfragen und den Schriftverkehr mit den Gesellschaftern zuständig war. Tod hatte gerade sein zweites Jahr an der Ohio State University beendet und besuchte seine Schwester in Columbus, als Tommy auf der Suche nach einem Decksgehilfen anrief. Tod war sofort Feuer und Flamme.

»Natürlich habe ich Zeit«, antwortete er Tommy. »Was soll ich einpacken?«

»Ein zweites Paar Schuhe«, erwiderte Tommy. »Du wirst nasse Füße bekommen.«

Tod blieben vier Stunden, bis der nächste Flug von Columbus nach Wilmington ging. Hastig räumte er seine Sachen aus seinem Zimmer im Studentenwohnheim aus, warf sie bei seiner Schwester auf den Boden im Wohnzimmer, stopfte ein paar Klamotten in einen kleinen Seesack und ließ sich von Paula zum Flughafen fahren.

Der erste Teil der Fahrt mit der *Seaward Explorer* von Wilmington bis zur Mündung des Cape Fear River verlief angenehm, und Tod fand es großartig, an Bord eines Schiffs zu sein. An der Mündung ging die *Seaward Explorer* auf einen östlichen Kurs, und Tod sah zum ersten Mal in seinem Leben das offene Meer. Kurz darauf ging die Sonne unter, und als sie wenig später den Leuchtturm bei den Frying-Pan-Sandbänken passierten und sich gerade dem Abendessen widmeten – Schweinebraten und gemischter Salat mit Sardellendressing –, machten sich bei ihm die ersten Symptome von Seekrankheit bemerkbar.

Sie mochten nette Jungs sein, Tod und Bryan, aber sie entsprachen nicht gerade dem, was Craft sich unter einem Matrosen vorstellte. Er wollte Männer, die dieselbe Sprache sprachen wie er und ein Speigatt von einer Lippenklüse unterscheiden konnten. Aber nicht Craft, sondern Tommy stellte das Team zusammen, und für Tommy zählten andere Kriterien als Hochsee-Erfahrung: Erstens, er mußte jedem in seinem Team hundertprozentig vertrauen können – keine Fremden. Zweitens bevorzugte er Männer, die einen eigenen Kopf hatten, ohne hitzköpfig zu sein; für Hitzköpfe war kein Schiff groß genug. Auch wenn er sich kaum mit technischen Fragen an Tod oder Bryan wenden würde, wollte Tommy, daß auch die Matrosen ihren Kopf benutzten und sich nicht scheuten, ihre Meinung zu äußern. Vor allem aber kam es ihm darauf an, daß sie bereit waren, bis zum Umfallen – und manchmal auch darüber hinaus – zu arbeiten und sich die Hände dreckig zu machen.

Das also war Crafts Deckcrew: Bryan Anderson, ein Hochseesegler, der zuerst einmal alles vergessen mußte, was er über das Segeln wußte, da Sportsegler sich aus Gründen, die Craft unbekannt waren, einer vollkommen anderen nautischen Sprache bedienten, als sie in der Navy und der Handelsmarine benutzt wurde. John Doering, ein 49 Jahre alter Schatzsucher, dessen Vorstellung von einer Seefahrt, wie Craft mutmaßte, darin bestand, morgens mit einem Erdnußbuttersandwich im Beutel aus dem Hafen auszulaufen und noch vor Einbruch der Nacht wieder im Hafen zu liegen. Und schließlich Tod Steele, der seinen ersten

Trip auf hoher See damit eingeläutet hatte, eine Ladung Schweinebraten und Sardellen ins Meer zu würgen.

Was Bryan betraf, so mußte Craft ihm den Segler austreiben und den Seemann einbleuen. Zum Glück verstand Bryan nicht nur mit Werkzeugen und Maschinen umzugehen, sondern besaß auch eine rasche Auffassungsgabe. Craft beobachtete ihn genau, und da Bryan darauf brannte, etwas Neues zu lernen, machte er kaum Fehler.

Doering dagegen war kein Kind mehr, das Bestätigung suchte. Er war ein Schatzsucher, der sich nicht so schnell aus der Ruhe bringen ließ; er kam mit jedermann zurecht und sah keinen Anlaß, sich das Leben schwerer zu machen, als es ohnehin schon war. Als Craft ihm das erste Mal befahl, eine Kiste mit dem Kran von hier nach dort zu transportieren, sprang er in das Führerhaus, warf den Kran an und ließ den Ausleger schwungvoll kreisen, bis er über der Kiste stand. Genauso machte er es, als er die Kiste dann am Haken hatte. »Wenn du das mit einem 5000 Pfund schweren Tauchfahrzeug machst, das Schiff sich in der Dünung um drei bis vier Grad senkt und vielleicht auch noch ein bißchen stampft, dann hast du ein Problem«, warnte ihn Craft und wies ihn an, das nächste Mal drei Schlingen und ein Rückhalteseil anzulegen, bevor er eine Kiste hochzog. »Warum sollte ich so was tun?« gab Doering zurück. Das war nicht die Art Antwort, die Craft hören wollte. Wenn Craft sagte, mach es so und so, dann wollte er nur eine Antwort hören: »In Ordnung. Soll ich es immer so machen?«

Tod war bei weitem der Jüngste an Bord. Nachdem Craft ihn angeblafft hatte, dafür zu sorgen, daß Old Dad niemals ins Schwitzen kommt, fragte er Tod, ob er sich mit Seilen auskenne. Tod verneinte, und Craft bedeutete ihm, sich zu setzen. Die nächsten zwei Stunden erklärte er ihm die Evolution von Seilen. Er zeigte ihm ein halbes Dutzend verschiedener Seile, erläuterte ihre jeweiligen Eigenschaften und wozu sie benutzt wurden. Craft lehrte ihn ein Dutzend guter Knoten zu knüpfen und führte ihn in die Kunst des Spleißens ein. Dabei stellte sich Tod so geschickt an, daß er bald einer der drei Männer an Bord war, die ein Auge am Ende eines Nylonseils einspleißen konnten. Und nach zwei Wochen hing Tod mit dem Kopf nach unten am Schleppunkt von der Heckgillung über dem Wasser und knüpfte mit einer Hand einen einfachen Palstek.

Als Craft seine neue Crew das erste Mal den Aussetzvorgang von Anfang bis Ende durchexerzieren ließ, brauchten sie 15 Minuten, bis das Tauchfahrzeug vom Deck im Wasser und vom Haken war. Eine Woche später schafften sie es in zwei Minuten.

Am Spätnachmittag des Tages, als Tod und Bryan eintrafen, sollte der mit der Videokamera bestückte Schlitten erneut eingesetzt und zum Wrack hinuntergelassen werden. Wegen eines Problems mit dem Kran saß der Schlitten bis zum frühen Abend an Deck fest, und als sie den Schaden endlich behoben hatten, schlug das Wetter um. Craft riet von einem Start ab, aber Tommy sah darin eine Gelegenheit, mehr über das Aussetzen des Tauchschlittens in kritischen Wettersituationen zu lernen. »Ich hielt das für eine ausgemachte Dummheit«, sagte Craft, »und gab das Harvey auch mit deutlichen Worten zu verstehen.«

In Crafts 40 Jahren auf See war unter seinem Kommando kein Matrose jemals ernsthaft zu Schaden gekommen. Er hatte Respekt vor dem Wetter; bahnte sich ein Wetterumschwung an, mußte er einschätzen können, wann ein Aussetzvorgang abzubrechen war oder ob man ihn erst gar nicht unternahm. Verkalkulierte er sich, lief er Gefahr, dafür einen Preis zu zahlen, unter Umständen sogar einen sehr hohen. »Harvey glaubt, daß ein kluger Kopf immer einen Weg findet, sein Vorhaben durchzuziehen«, klagte Craft. »Was das betrifft, hat er einen Haufen Scheiße im Kopf, und das habe ich ihm auch nicht nur einmal unter die Nase gerieben.«

Wenn der Wind mit mehr als 25 Knoten blies und drei Meter hohe Wellen gegen den Rumpf schlugen, tat man nach Crafts Auffassung besser daran, nach drinnen zu gehen und sich mit Ausbesserungsarbeiten zu beschäftigen. Tommy dagegen begrüßte das als willkommene Gelegenheit, das Gerät zu testen, zu sehen, wie sich das Tauchfahrzeug verhielt, wenn es unter Randbedingungen zu Wasser gelassen wurde, um daraus etwas für spätere ähnliche Situationen zu lernen: »Wahrscheinlich gab es schon Momente, in denen ich Don bedrängte und sagte: ›Ja,

Don, wir haben Wellen. Aber laß uns doch sehen, wie sich das aus-
wirkt, was das für uns bedeutet.‹ Don ist kein echter Forschertyp.
Ich dagegen betrachtete viel von dem, was wir taten, als For-
schungsarbeit. Vielleicht mochte der eine oder andere die Sache
für wirklich riskant halten, aber mir ging es darum, die Grenzen
auszutesten, zu lernen, was möglich war. So bin ich nun einmal.«

Nach einem hitzigen Wortgefecht mit Tommy auf dem Achterdeck ließ Craft das Tauchfahrzeug kurz nach 20 Uhr ins Wasser,
doch es war gerade einmal zwei Stunden unten, als Tommy eingestand, daß es wohl besser sei, es wieder hochzuholen. Seegang und
Wind hatten an Stärke weiter zugenommen. Außerdem hatte das
Wetterfax eine weitere Verschlechterung angekündigt, und sie
brauchten mindestens zwei Stunden, bis das Tauchfahrzeug wieder an Deck war. Als sie es schließlich aus dem Wasser zogen, gingen die Wellen fast dreieinhalb Meter hoch, und der Wind blies
mit 30 Knoten.

Die nächsten drei Tage brachten Winde mit bis zu 20 Knoten
und eine unruhige See mit Wellen von bis zu zwei Meter Höhe.
Die Techniker nutzten die Zwangspause, um an dem Tauchfahrzeug weiterzuarbeiten. Wegen des starken Seegangs mußten sie
ihre Werkzeuge nach Gebrauch in Plastiktüten verstauen, die
Bauteile an Deck verschnüren und Kleinteile in Thermoskannen
stecken, die sie mit Isolierband am Schlittenrahmen befestigten,
damit sie nicht davonrollten. Immer wieder spülten Wellen über
das niedrige Freibord und ließen sie bis zu den Knöcheln im Wasser stehen. Trotz der widrigen Bedingungen schafften sie es, die
Kapazität des Tauchfahrzeugs so weit zu vergrößern, daß sich
Sonar und Videokamera parallel betreiben ließen. Sie konnten
sich nun mit Hilfe des Sonars so weit an das Wrack heranarbeiten,
daß sie es auf den Videobildschirm bekamen.

Am Vormittag des 17. Juni lag das Meer bei einer leichten Brise
bis auf eine leichte Dünung weitgehend ruhig da. Als nach einem
glatt verlaufenen Aussetzmanöver das Tauchfahrzeug gerade in
der Tiefe verschwand und das Kabel von der Winde spulte, hörten
sie plötzlich das Dröhnen eines einmotorigen Flugzeugs, und
alle Mann eilten an Deck. In dem Flugzeug saß Steve Gross, ihr
Pilot, und er hatte die erste Abwurfsendung der Saison für sie an
Bord.

Die Maschine kam aus Wilmington, vom »Festland«, und darin lag, so lächerlich das klingen mochte, etwas Besonderes für die Männer an Bord der *Navigator*. Sie konnten den Piloten zwar nur durch die Cockpitscheibe des Flugzeugs sehen, und auch das nur aus einer Entfernung von 100 Metern, aber in diesem gottverlassenen Stückchen Meer auf dem Atlantik stellte er ihre einzige konkrete Verbindung zur Außenwelt dar, und jedesmal, wenn er am Himmel auftauchte, fühlten sich die Techniker »ihrem Zuhause ein bißchen näher«.

Steve Gross war sozusagen die Hauptverbindung zwischen der Landunterstützung und dem Schiff. Ein Versorgungsschiff brauchte bis zu 20 Stunden für den Weg hinaus zur *Navigator*, Gross schaffte es in zwei. Und da ein Tag auf See Tommy 25 000 Dollar kostete, zählte im Notfall jede Stunde.

Gross war 65 und flog seit 46 Jahren. Im Zweiten Weltkrieg hatte er Navy-Piloten ausgebildet, nach dem Krieg Maschinenbau und Elektrotechnik an der University of Washington studiert und anschließend bei Boeing im elektrotechnischen Bereich, in der Radarentwicklung und zuletzt in der Systemanalyse gearbeitet. Als Pilot war er ein nach dem Daumen peilender Draufgänger, die Art von Flieger, denen man zutraut, daß sie mitten im Flug die Kanzelhaube ihres Doppeldeckers aufklappen und mit einem Schraubenzieher zwischen den Zähnen auf dem Rumpf nach hinten krabbeln, weil das verfluchte Seitenruder für ihren Geschmack mal wieder ein wenig zuviel Spiel hat.

Tommy hatte Gross eine weiß, orange und schwarz lackierte Republic RC-3 Sea Bee mit 42 Jahren auf dem Buckel gekauft, ein einmotoriges Wasserflugzeug, das von der Form her an eine Heuschrecke erinnerte – das Heck tief nach unten gezogen, die Tragfläche über dem Cockpit und schräg hinter und ebenfalls über dem Cockpit der Propeller. Die Sea Bee flog noch immer mit ihrem ersten Motor, und keiner, der sich mit Flugzeugen auskannte, schien sonderlich darauf erpicht zu sein, mit Gross den Platz zu tauschen. Der Chefmechaniker auf dem Flugplatz von Wilmington wagte einmal laut zu fragen, wie Gross es mit derart großen Schwimmern durch das Tor des Hangars schaffe, worauf Gross mit der spitzen Bemerkung konterte, daß sich die Urteilsfähigkeit des Chefmechanikers möglicherweise umgekehrt proportional zu der Größe der Schwimmer an seiner Sea Bee verhalte.

Gross hielt sich seit einer Woche in Wilmington auf Abruf bereit, als Tommy Hodgdon anrief und sagte, daß sie auf dem Schiff schnellstmöglich ein paar elektronische Bauteile benötigten. Das Problem dabei war, daß Wasserflugzeuge zum einen nicht auf dem offenen Meer landen können und zum anderen die Fenster nicht herunterzukurbeln oder aufzuschieben sind. Doch irgendwie mußte Gross den Beutel, in dem die Bauteile verpackt waren, aus dem Cockpit bekommen. Er beschloß, den Beutel mit dem Fuß durch die Tür ins Meer hinauszustoßen, wo die Schiffsbesatzung ihn dann mit dem Schlauchboot auflesen konnte. Alles, was er tun mußte, war, die Sea Bee möglichst tief herunterzuziehen, beide Hände am Steuerknüppel zu halten und bei einer Geschwindigkeit von 140 Stundenkilometern die Tür mit seinem Körper so weit gegen den Fahrtwind aufzustemmen, daß er den Beutel mit dem Fuß hinausschieben konnte.

Bryan und Tod tuckerten mit dem kleinen Schlauchboot hinaus und warteten auf den Abwurf, während sie von mehreren Weißhaien umkreist wurden. Gespannt verfolgten sie mit, wie die Sea Bee bis auf sieben Meter herunterkam. Dann, als sie fast auf gleicher Höhe mit dem Schlauchboot war, öffnete sich die Tür einen Spalt, und ein großer Beutel wurde herausgedrückt. Kaum war der Beutel in der Luft, wurde er in die Höhe gesaugt, von dem Propeller erfaßt und zerfetzt. Ein paar Sekunden später regneten Dutzende von in luftgepolsterten Plastikbeuteln verpackte Computerteile ins Meer.

Tod und Bryan verbrachten die nächste Stunde damit, das Meer nach den kleinen Päckchen abzusuchen; glücklicherweise waren die Teile in Sets verpackt gewesen, von denen sie die meisten schließlich auch fanden. Trotz des Mißgeschicks hatte Gross' Flug Tommy einen ganzen Tag Zeitersparnis gebracht. Die Sea Bee hatte sich bereits mit ihrem ersten Flug bezahlt gemacht.

Während die Techniker noch den über ihnen kreisenden Gross beobachteten, erreichte das neu aufgerüstete Tauchfahrzeug den Meeresboden. Damit war alles bereit, die Suche nach dem Wrack fortzusetzen. Doch als Moore die Sonar- und Kamerasysteme aktivierte, blieb der Mesotech-Sonar stumm. Knapp zwei Stunden zuvor, bei zwei Routinechecks in einer Tiefe von 30 Metern, hatte das Gerät noch einwandfrei funktioniert. Jetzt blieb ihnen nur die Videokamera. Wer sich ausschließlich mit einer Kamera, die in der Dunkelheit der Tiefsee nur sechs Meter weit sehen kann, auf die Suche nach einem auf dem Meeresboden liegenden Wrack macht, muß schon an Wunder glauben, wie Tommy im vorigen Sommer erfahren hatte. Mike Williamson verglich das einmal damit, auf dem Empire State Building stehend mittels Zahnseide einen auf der Straße liegenden Schuh an den Haken nehmen zu wollen. Doch statt mehrere Stunden darauf zu verwenden, den Schlitten wieder hochzuziehen, das Sonargerät zu reparieren und den Schlitten erneut auszusetzen, setzten sie den Suchlauf allein mit der Videokamera fort. Von 14 bis 22 Uhr fuhren sie kurze Suchbahnen über das Zielgebiet, doch alles, was sie zu Gesicht bekamen, waren die Schleifspuren im Sediment, wo der Kameraschlitten im vorigen Sommer über den Meeresboden geschrammt war. Als der Schlitten gegen Mitternacht wieder an Deck war, fingen die Techniker sofort an, das Mesotech-Sonar auseinanderzubauen. Bei idealem Wetter, einem leichten Wind und ruhiger See, hatten sie keine Zeit zu verschenken.

In den nächsten zwei Tagen, das Mesotech-Sonar verweigerte noch immer den Dienst, fuhren sie neun weitere Suchbahnen mit der Videokamera ab, ohne auch nur eine Spur von dem Wrack zu erblicken. Obwohl sie wußten, daß das Schiff fast direkt unter ihrem Rumpf auf dem Meeresboden liegen mußte und es jeden Moment auf den Monitoren auftauchen konnte, wirkte das monotone weiße Licht der Kamerascheinwerfer, das von dem öden Meeresboden reflektiert wurde, schnell einschläfernd. Das galt insbesondere für Doering; immer wieder nickte er ein. Die anderen ließen ihn in Ruhe, bis sein Schnarchen so laut wurde, daß sie sich nicht mehr konzentrieren konnten. Das einzige nennenswerte Ereignis in dieser Zeit war der Versuch Steve Gross', mit seiner Sea Bee neben dem Schiff zu wassern, was damit endete, daß die Frontscheibe des Flugzeugs aus dem Rahmen sprang.

Kein einigermaßen intelligenter Pilot mit mindestens zehn Minuten Flugerfahrung würde auch nur eine Sekunde in Erwägung ziehen, mit einem kleinen Wasserflugzeug 200 Meilen vor der Küste im offenen Meer zu wassern. Aber Tommy hatte Gross gesagt, daß die Moral auf der *Navigator* an einem Tiefpunkt angelangt sei und die Leute verzweifelt auf Post vom Festland warteten, und Gross hatte sich bereit erklärt, den Postsack zu ihnen hinauszufliegen. Aus der Luft sah die Meeresoberfläche so spiegelglatt wie die eines Waldsees aus. Auch in einer Höhe von 20 und sogar noch von drei Metern war Gross überzeugt, daß er problemlos wassern könnte. Doch als er auf unter zwei Meter herunterkam, sah er eine große Welle auf sich zukommen. Es schien, als ob das Meer unter ihm plötzlich anschwoll. Er wollte das Flugzeug noch hochziehen, aber dazu war es zu spät. Die Sea Bee setzte so hart auf der Wasseroberfläche auf, daß sich der Metallrahmen um das Cockpit herum verzog und die Windschutzscheibe aus dem Rahmen sprang.

Tommy half Gross, die Windschutzscheibe wieder einzubauen und die Gummidichtung wieder in die Nut zu drücken, bevor er schnell wieder abhob, ehe der Seegang noch stärker wurde. Vom Schiff aus sahen sie die Spuren, die die Schwimmer ins Wasser zeichneten, und dann eine kurze Folge von Gischtspritzern. »Es ging sehr schnell«, sagte Gross, »nur ein kurzes Nicken und der Schwanz kurz im Wasser, schon war ich wieder in der Luft.« Die Männer auf der *Navigator* stießen laute Jubelrufe aus. Gross zog einen Kreis über dem Schiff, wackelte kurz mit den Flügeln und brachte die Sea Bee dann auf einen westlichen Kurs, ein rasch kleiner werdender Punkt am Horizont.

Inzwischen war eine Woche vergangen, seit sie am Tag vor Hackmans Abreise das Schiff auf dem Sonarschirm gehabt hatten. Von dieser Woche hatten sie drei Tage an das schlechte Wetter und den Großteil der übrigen vier an Geräteprobleme verloren. In den 24 Stunden, die sie mit der Videokamera den Grund abgesucht hatten, hatten sie nicht einmal einen kurzen Blick auf das Wrack erhascht.

Am frühen Nachmittag des 21. Juni zog die *Navigator* mit einer Geschwindigkeit von einem Viertelknoten den Schlitten hinter sich her, von dem nach wie vor nur die Videokamera Signale hochschickte. Um 14.15 Uhr informierte Burlingham über das Intercom den Leitstand, daß die *Seaward Explorer* mit Ersatzteilen, Verpflegung, Tiefkühlkost und 60 000 Liter Diesel eingetroffen sei und darauf warte, längsseits gehen und die Ladung löschen zu können. Scotty bat den Kapitän der *Seaward Explorer,* erst dann an der *Navigator* festzumachen, wenn sie die Suchbahn abgeschlossen hatten und das Wendemanöver einleiteten.

Eine halbe Stunde später rief Burlingham erneut im Leitstand an und kündigte an, daß die *Seaward Explorer* jetzt längsseits kommen würde. Genau in diesem Moment wurde der grelle Schein der weißen Sedimente durch graue Schatten mit klar definierten Linien und Konturen unterbrochen, und gleich darauf, fast wie eine Gespenstererscheinung, glitt das Wrack in ihr Sichtfeld.

»Sag der Brücke, sie sollen das Manöver abbrechen und auf Abstand bleiben«, brüllte Moore Scotty zu.

Scotty rief sofort auf der Brücke an: »Wir haben Kontakt! Können Sie das Andocken aufschieben?«

Doch Burlingham hatte die Brücke schon verlassen, und die Crew der *Seaward Explorer* war bereits dabei, Seile herüberzuwerfen und ihr Schiff an der *Navigator* festzumachen.

Im Inneren des Leitstands sahen die Techniker zu, wie das Heck des Wracks über die Monitore glitt. Scotty versuchte, möglichst viele akustische Positionsdaten zu erhalten, aber er brauchte volle 20 oder 30 Sekunden Stille, was nicht möglich war, solange die Steuerschrauben immer wieder aufheulten. 30 Sekunden verstrichen, dann eine Minute. Plötzlich fühlten sie einen heftigen Schlag, der Leitstand ruckte, und das Wrack war von den Monitoren verschwunden. Einmal mehr starrten sie auf das blanke Weiß des Meeresbodens.

Nach dem heftigen Schlag und dem Ruck brach kurzzeitig Chaos im Leitstand aus, und alle schrien wild durcheinander, bis sie noch einmal einen Schlag spürten und ihnen klar wurde, daß die *Navigator* jetzt mit der *Seaward Explorer* verbunden war und die beiden Schiffsrümpfe im Seegang aneinanderprallten. Nachdem Moore den Schlitten rund 100 Meter hochgeholt hatte, verließen alle bis auf Scotty den Leitstand, um beim Umladen der Ersatzteile und Lebensmittel mitzuhelfen. Scotty saß tief über einen Stapel Ausdrucke an der Navigationsstation gebeugt und versuchte die Position des Schiffs zum Zeitpunkt des Kontakts mit dem Wrack zu ermitteln. Doch die Zahlen ergaben einfach keinen

Sinn. »Scotty ist normalerweise ein recht entspannter Typ, den nichts so schnell erschüttert«, sagte Brockett, »aber dieses Mal sah man ihm an, daß er auf hundertachtzig war.«

Ungefähr einmal pro Stunde steckte Moore, Brockett oder Bob Evans den Kopf durch die Tür, um zu sehen, ob Scotty schon etwas erreicht hatte. Und jedesmal lautete seine Antwort: »Nein.« Bob blieb höflich, Brocketts Ton wurde zunehmend gereizter, und Moore geriet schließlich so in Rage, daß er sich gar nicht mehr blicken ließ. Ihm wollte nicht in den Kopf, daß es Scotty mit einem der fortschrittlichsten Navigationssysteme, die es auf dem Markt gab, nicht fertigbrachte, ihre Position zu ermitteln. »Mein Gott, das kann doch nicht so schwer sein«, blaffte er Scotty bei seinem letzten Besuch an. Moore konnte nicht wissen, daß die Daten, die Scotty zur Berechnung ihrer Position vorliegen hatte, unbrauchbar waren. Der Grund war, wie sich später herausstellen sollte, ein Softwarefehler. Genau das vermutete zwar auch Scotty, wollte sich aber, bevor er etwas sagte, erst ganz sicher sein.

Um 17.30 Uhr hatte die *Seaward Explorer* 60 000 Liter Diesel zur *Navigator* hinübergepumpt und legte ab. Der Schlitten hing immer noch in rund 100 Meter Höhe über dem Meeresgrund, während die Crew auf positive Neuigkeiten von Scotty wartete. Doch auch als die Nacht hereinbrach, hatte er immer noch nicht die genaue Position des Schlittens zu dem Zeitpunkt berechnen können, als das Heck des Schiffs auf ihren Monitoren erschienen war. Um Mitternacht gaben sie auf und zogen den Schlitten aus dem Wasser.

Am nächsten Morgen schmiß Scotty als erstes die von der Navigationssoftware ermittelten fehlerhaften Positionsangaben weg und machte sich daran, unter Verwendung aller verläßlichen Daten, die ihm zur Verfügung standen – die Position des Schiffs, die ungefähre Entfernung des Schlittens vom Schiff, einige Abstände, die er selbst ermittelt hatte –, ein neues Navigationsraster zu berechnen. Gegen Mittag war er sich sicher genug, die ungefähre Position des Schlittens zum Zeitpunkt des Kontakts ermittelt zu haben, um die anderen zu benachrichtigen, die sich sofort daranmachten, den Schlitten wieder auszusetzen.

Drei Stunden lang standen sie mehr oder weniger über der

Stelle, an der Scotty das Wrack vermutete. Die Videokamera lieferte einwandfreie Bilder, und selbst das Mesotech-Sonar schien wieder zu funktionieren. Das eine um das andere Mal zogen sie den Schlitten hin und her, zuerst ein paar Meter in die eine und dann ein paar Meter in die andere Richtung, aber weder auf den Videomonitoren noch auf dem Sonarschirm war irgend etwas zu sehen. Dann, schon spät am Nachmittag, tauchte auf dem Sonarschirm ein Objekt auf. Über das Intercom alarmierte Scotty Tommy, und während die gesamte Technikercrew auf die Monitore starrte, lotste er Burlingham näher und näher an das Ziel heran, bis auf dem weißen Sediment des Meeresbodens einmal mehr graue Schatten auftauchten und schließlich das Heck des Wracks ins Sichtfeld der Kameras glitt. Fünf Minuten lang hatten sie das Schiff auf den Monitoren, bevor sie den Kontakt erneut verloren. Aber Scotty wußte nun genau, wo das Wrack lag. Er ließ Burlingham wenden, den Bug der *Navigator* nach Nordwesten ausrichten und diesen Kurs beibehalten.

Bob hatte sich die gesamten 36 Stunden Videofilm angesehen, die von der Sonarcrew im vergangenen Sommer aufgenommen worden waren, und die zwei Minuten, in denen Sidewheel zu sehen war, einer gründlichen Analyse unterzogen. Doch selbst in diesen zwei Minuten war das Licht so schwach gewesen, daß er abgesehen von ein paar Schiffsbalken und einer Ankerkette nichts identifizieren konnte. Was er über die Fundstelle wußte, basierte auf einer Reihe von hochaufgelösten SeaMARC-Aufnahmen. Auf einer dieser Aufnahmen befand sich genau mittschiffs des Wracks eine Erhöhung, die von ihrer Form her an einen Radkasten und ein Schaufelrad erinnerte.

Unmittelbar vor dieser Erhöhung ragte etwas in die Höhe, was der Hauptmast sein konnte, und achtern schien ein weiterer Mast zu stehen, der Besanmast. Und wenn man das Bild wirklich genau betrachtete, so genau, wie Bob es getan hatte, meinte man sogar die Speichen des Schaufelrads zu erkennen. Das war, wonach sie gesucht hatten.

Nach einer Stunde auf dem neuen Kurs hatten sie das Heck des Wracks erneut auf den Monitoren, allerdings dieses Mal aus einem ganz anderen Winkel, da Scotty Burlingham einen Kurs angegeben hatte, der den vorigen Kurs fast im rechten Winkel schnitt. Als sie Kontakt hatten, stoppte Burlingham die Maschinen und drehte bei. Als die *Navigator* praktisch reglos über dem Wrack stand, tauchte Moore mit dem Kameraschlitten über die Steuerbordwand hinweg in den Rumpf hinein. Die nächsten 14 Minuten folgten sie dem Rumpf in einer langsamen Bewegung vom Heck bis vor zum Bug.

Obwohl das Licht nicht ausreichte, größere Einheiten des Schiffs auf einmal auszumachen, traten kleinere Sektionen deutlich hervor. Während der Kameraschlitten zentimeterweise auf den Bug zuschwebte, glitt eine Sektion des Schiffs nach der anderen aus der Dunkelheit in den Brennpunkt der Scheinwerfer, präsentierte sich kurze Zeit deutlich in der hell erleuchteten Mitte der Monitore und verschwand dann wieder im Dunkel der Tiefsee. Sie konnten die Spanten des Rumpfes sehen und kurz darauf ein langes, in Schlingen den Rumpfboden bedeckendes Kabel. Während die Videokamera langsam über das Kabel schwebte, glitten die von dem Kabel geworfenen Schatten über die Spanten. Eine ganze Zeit lang sahen sie nichts außer noch mehr Spanten und Kabelschlingen, jede neue Szene fast eine exakte Kopie der letzten. Dann entdeckte Bob in den Sedimenten direkt außerhalb des Rumpfes zwei Objekte, die wie Flaschen aussahen. Ein Stückchen weiter bugwärts lag eine Ankerkette, die sich über den Meeresgrund wand und im Dunkel verlor. Dann starrten sie wieder auf Spanten und Kabel. Nur eine Sektion hob sich von den anderen ab; an dieser Stelle waren die Spanten verkohlt, so, als ob ein Teil des Rumpfes vor dem Versinken des Schiffs gebrannt hätte. Da in den Berichten vom Untergang der *Central America* keine Rede von einem Feuer gewesen war, konnten sie sich das nicht erklären.

Keiner sagte etwas, aber alle fragten sich, warum die Fundstelle so aufgeräumt aussah, warum Moore den Schlitten ohne Probleme in das Innere steuern und die Steuerbordwand entlangfahren konnte? Wo waren die Decks, die Aufbauten, die Treppen, die Kabinen? Vielleicht hatten sich die Wissenschaftler geirrt, vielleicht setzte sich der Abbauprozeß selbst in diesen Tiefen fort. Konnte es sein, daß alles bis auf den Rumpf zerfallen war und sich im Meerwasser aufgelöst hatte?

Nach einigen Minuten näherten sie sich der Mitte des Schiffs. Wenn das hier tatsächlich das Wrack der *Central America* war, dann mußten sie jetzt Überreste eines Schaufelrades oder Radkastens oder doch zumindest Teile der Antriebswellen und der Dampfmaschinen sehen, doch alles, was die Kamera übermittelte, waren Bilder eines leeren Rumpfes, von noch mehr Spanten und einigen Planken. Wo waren die Schaufelräder, wo die Kessel, wo die Masten? Und, vor allem, was war mit den mehr als 200 Tonnen Kohle in den Bunkern der *Central America* geschehen? Weder im Innern noch außerhalb entdeckten sie auch nur ein Stückchen Kohle. Aber Kohle zerfiel nicht. Selbst wenn die Aufbauten und die Eisenteile der Schaufelräder und Maschinen vom Meerwasser zerfressen worden sein sollten, die Kohle, ganze Berge von Kohle, mußte noch da sein. Doch sie sahen nichts, nur den leergefegten Rumpf eines alten Holzschiffs.

»Man sah bis auf die Bilge hinunter«, sagte Tommy. »Der Blick konnte ungehindert schweifen, aber es gab nichts, absolut gar nichts zu sehen.« Er wußte es, noch bevor sie den gesamten Rumpf abgefahren hatten. »Schon beim ersten genaueren Blick auf das Wrack hatte ich das Gefühl, daß das nicht die *Central America* war. Die Trümmer fehlten. Wir sahen keine Ladung, keine Maschinen, keine Metallbeschläge, keinen Müll.«

Auf einem Dampfschiff wie der *Central America* wogen allein die Beschläge, die Bolzen, Schrauben, Klammern und Nägel, die die Maschinen und Kessel zusammenhielten, an die 100 Tonnen. Selbst wenn die Maschinen und Kessel nicht mehr da waren, die Fundstelle hätte mit Trümmern übersät sein müssen. Doch da war nichts. Außer dem Kabel, das sich durch die Bilge wand, herrschte im Rumpf gähnende Leere. »In dem Wrack eines Passagierschiffs sollte man erwarten, einen Haufen Dinge zu finden«, sagte Tommy, »Geschirr, persönliche Habe der Passagiere – Sie wissen schon, Zeugs eben. Man konnte fast den Eindruck gewinnen, als habe das Schiff nur Baumwolle geladen gehabt, über die sich die Krabben und Schiffsbohrmuscheln hergemacht hatten.«

Es war das erste Mal, daß jemand das Sonagramm eines in der Tiefsee liegenden Schiffsrumpfes aus Holz vor Ort recherchierte; das erste Mal, daß jemand nach unten ging, das Wrack in Augenschein nahm und das, was er zu Gesicht bekam, mit dem Sonagramm des Wracks verglich. Doch das, was in dem Sonagramm von Sidewheel nicht nur Williamson und seine Crew so beeindruckt hatte, sondern auch Bob Evans und alle anderen, die Sonarbilder des Wracks gesehen hatten, fehlte.

»Laßt uns von hier verschwinden«, sagte Tommy, noch bevor sie den Bug erreicht hatten.

Keiner konnte sich den Buckel in der Mitte des Schiffs erklären, der auf dem Sonagramm einem Schaufelrad so ähnlich gesehen hatte. Da der Rumpf teilweise eingebrochen und leicht auf die Seite geneigt war, spekulierten sie, ob der Zerfallsprozeß nicht möglicherweise eine mondförmige Struktur hinterlassen hatte, die auf dem Sonagramm als Buckel registriert worden war und sie in die Irre geführt hatte. Die dünnen, geraden Linien auf den Sonarbildern, die sie als Masten interpretiert hatten, korrespondierten, wie sie jetzt erkannten, mit Ankerketten, die sich auf dem Meeresboden vom Rumpf weg in der Dunkelheit verloren.

Die Hoffnungen und Erwartungen, daß Sidewheel ihr Ziel, die *Central America*, sei, hatten sich über Monate hinweg aufgebaut. Als die Techniker zum ersten Mal die Kontur des Ziels erkannten, wischte das mit einem Schlag die Frustration hinweg, die sich nach der erzwungenen Untätigkeit der Schlechtwetterperioden, dem Ausfall des Mesotech-Sonars, den Navigationsproblemen und ihrer Unfähigkeit, das Ziel zuverlässig zu orten, in der Crew breitgemacht hatte. Nachdem so viele Leute sich selbst und andere erfolgreich davon überzeugt hatten, daß die Sidewheel-Sonagramme ohne jeden Zweifel einen 84 Meter langen Raddampfer zeigten, versetzte ihnen die Einsicht, daß ihr Goldschatz irgendwo anders in den Tiefen des Atlantiks lag, einen um so herberen Schlag.

Da jeden Moment mit einem Konkurrenten zu rechnen war und sie keine Ahnung hatten, welches der anderen im letzten Sommer identifizierten Ziele dann die *Central America* sein könnte, konnten sie es sich nicht leisten, noch mehr Zeit an Sidewheel zu verschwenden. Nachdem die Kamera am Bug vorbeigeglitten war und sie das Schiff komplett auf Band hatten, brach Tommy den Tauchgang ab. Bis sie das Wrack der *Central America* gefunden hatten, konnten sie Sidewheel zwar als Testobjekt zum Ausbau ihrer Datenbank über Tiefsee-Holzwracks benutzen und daran den Umgang mit ihrem Tauchfahrzeug üben, aber das leere und zerfallene Wrack unter ihren Füßen, da war Tommy sich jetzt hundertprozentig sicher, stammte von einem Segelschiff, auf dem vor seinem Untergang wahrscheinlich ein Brand ausgebrochen war.

Tommy hatte im Vorfeld natürlich die Möglichkeit berücksichtigt, daß Mike Williamson mit seiner Analyse der Sonagramme falsch lag. Williamson war der Beste auf seinem Gebiet, aber da vor ihm noch niemand ein Sonarbild von einem auf dem Grund der Tiefsee liegenden Holzschiff gemacht hatte, gab es nichts, womit er das Sonagramm hätte vergleichen können. Wenn seine Schlußfolgerung zutraf, dann war alles in Ordnung. Was aber, wenn Sidewheel nicht die *Central America* war? Sie hatten unter Verwendung der fortschrittlichsten Methoden, die es auf dem Markt gab, eine umfassende Wahrscheinlichkeitskarte erstellt und über 94 Prozent davon abgesucht, daß heißt, sie hatten mit einer Wahrscheinlichkeit von 94 Prozent ein Sonarbild der *Central America* in ihrer Datenbank. Selbst für jemanden, der so extrem risikoscheu war wie Tommy, stellte das eine überwältigend hohe Wahrscheinlichkeit dar. Die *Central America* mußte sich irgendwo in ihrer Datenbank befinden.

Tommy beauftragte Bob Evans und John Doering, sich nochmals die wichtigsten Ziele auf der optischen Speicherplatte vorzunehmen. Sie fingen mit den Schwarzweißbildern an, verglichen sie mit den Schwarzweißbildern von Sidewheel und dem, was sie jetzt auf dem Meeresboden angetroffen hatten. Dann experimentierten sie mit den Farbaufnahmen herum und versuchten, ihnen neue Hinweise zu entlocken. Anschließend analysierten sie mehrere andere Anomalien, und als sie diese mit dem Sonagramm von Sidewheel verglichen, fiel ihnen auf, daß alle Aufnahmen in eine von zwei Kategorien fielen: Entweder war eine sehr helle, raketenförmige Form zu sehen, was auf einen Metallrumpf hindeutete, oder aber eine weichere, weniger klare Reflexion – vermutlich von einem aus Holz gebauten älteren Segelschiff. Schließlich kamen sie zu einem Sonagramm mit der Aufschrift »Galaxy«.

Sie hatten Galaxy im vorigen Sommer nur entdeckt, weil Tommy darauf bestanden hatte, keine weiteren Hochauflösungs-Sonarscans von Sidewheel mehr aufzunehmen, sondern die Suche durch die Zellen mit einer geringeren Wahrscheinlichkeit weiter östlich abzuschließen. Obwohl Williamson Galaxy aufgrund des Sonagramms als ein »Schiff mit Stahlrumpf und dazugehörigem Trümmerfeld« deklariert hatte, war Tommy erst dann bereit gewesen, zu Sidewheel zurückzukehren, nachdem sie die Fundstelle insgesamt dreimal mit dem Nahbereichssonar gescannt hatten. Vor allem das wie eine Galaxie spiralförmig den Rumpf umgebende Trümmerfeld hatte es ihm angetan – und ihn zu der Bezeichnung »Galaxy« inspiriert. Galaxy war das letzte Wrack, das sie im vergangenen Sommer gefunden hatten.

Bob und Doering saßen im Leitstand und verfolgten mit, wie die Software Galaxy im Schwarzweißmodus auf den Bildschirm zeichnete; noch bevor das Bild komplett geladen war, wollten sie kaum glauben, was ihnen da vom Bildschirm entgegenstarrte. Fast der gesamte Monitor war von einer unheimlichen Erscheinung erfüllt: einem Totenkopf mit eingesunkenen Wangenknochen und großen, schwarzen Augenlöchern.

»Kennen Sie diese Zeichnung, die, wenn man sie aus einiger Entfernung betrachtet, wie ein Totenkopf aussieht, dann aber, wenn man näher rangeht, wie eine Frau, die vor einem Spiegel sitzt und sich die Haare kämmt?« fragte Doering. »Wir hatten auf dem Monitor ein ganz ähnliches Bild: einen Totenschädel und einen Arm, der den Totenschädel am Kopf zu kratzen schien.«

Das eigentliche Objekt im Zentrum, der Rumpf, war umgeben von zwei ringförmigen Trümmerfeldern. Das Schiff mußte sich auf dem Weg nach unten um die eigene Achse gedreht haben und dabei Teile seiner Aufbauten und Ladung verloren haben, die dann spiralförmig um das Wrack herum verteilt auf dem Meeresboden zu liegen kamen. Der Arm, der zur Schädeldecke hinaufreichte, war ein Teil dieses Spiralringes.

Nachdem sie Sidewheel mit eigenen Augen gesehen hatten, wußten sie mehr darüber, wie man Sonarbilder interpretierte, und erkannten schnell, daß bei Galaxy eine Vielzahl von harten Objekten im Zentrum lag, umgeben von einem Trümmerfeld von Tausenden kleiner, sehr heller Reflexionen, die den Schädel formten und von denen sie glaubten, daß es sich dabei um Kohlebrokken handeln könnte.

»Je länger Bob und ich darüber redeten, um so mehr waren wir davon überzeugt, daß Galaxy alle Merkmale der *Central America* aufwies«, sagte Doering.

Sie zeigten Tommy das Sonagramm, dem gleichfalls sofort der Totenschädel auffiel und der von der Fundstelle angetan war, weil sie sich deutlich von allen anderen abhob. Was er da auf dem Bild vor sich sah, war massiv und lang genug, um die *Central America* sein zu können. Und vor allem war das Objekt von einem großen Trümmerfeld umgeben, was, wie sie jetzt wußten, auf Sidewheel und andere Anomalien nicht zutraf. Nachdem Tommy das Sonagramm mit denen von anderen Fundstellen verglichen und nochmals mit Bob gesprochen hatte, veranschlagte er die Wahrscheinlichkeit, daß Galaxy die *Central America* war, auf mindestens 50 Prozent.

In den nächsten zwei Tagen arbeiteten sich Bob und Doering weiter durch die Sonagramme, während der Rest der Crew das Tauchfahrzeug testete und die *Seaward Explorer* ein weiteres Mal Teile und Diesel zur *Navigator* brachte. Das Wetter war gut und das Meer bis auf eine leichte Dünung ruhig.

Am 25. Juni beschloß Tommy, keine weiteren Tauchgänge durchzuführen, bis sie das Fahrzeug mit zusätzlichen Kameras zur Video- und Einzelbildaufnahme, mit Strahlrudern zur besseren Manövrierbarkeit sowie einem Greifwerkzeug zur Bergung ausgerüstet hatten. Sobald das E^4-Fahrzeug zum E^2-Fahrzeug aufgerüstet war, wollte er an Sidewheel den Umgang mit den Strahlrudern und dem Greifarm testen. Erst dann, so sein Plan, würden sie zu Galaxy fahren, das Wrack untersuchen, einen Gegenstand bergen und vor Gericht ihren Anspruch anmelden.

Die nächsten fünf Tage waren sie vollauf mit der Aufrüstung des Tauchfahrzeugs und der Steuersysteme beschäftigt. Scotty vergrub sich mit einem Haufen Mikroprozessoren und einem Lötkolben im Leitstand. Moore und Brockett nahmen den Kameraschlitten auseinander, schraubten neue Aluminiummodule an den Rahmen und verlegten die für die zusätzlichen Geräte notwendigen Stromkabel, Hydraulik- und Datenleitungen. Da das Wetter nahezu optimal war – es herrschten fast kein Wind und kaum Seegang –, konnten sie mit beiden Händen arbeiten. Am 27. zog eine kurze Sturmfront mit Winden von bis zu 40 Knoten und Wellen von bis zu drei Meter Höhe durch, doch das Wetter beruhigte sich schnell wieder und bescherte ihnen für die nächsten drei Tage einen beständigen Wind mit zehn Knoten und Wellen von rund einem Meter Höhe. Jeden Tag arbeiteten sie bis spät in die Nacht hinein an dem Tauchfahrzeug, und mit jedem Tag wurde es größer, schwerer und leistungsfähiger. Dann, kurz vor Mitternacht am 30. Juni, in einer sternklaren Nacht, tauchte am nordöstlichen Rand des Horizonts ein Leuchten auf, das sich langsam voranbewegte.

Der Radar der *Navigator* hatte das Objekt, ein Schiff in knapp 16 Meilen Entfernung, schon drei Stunden zuvor erfaßt. Burlingham schätzte die Geschwindigkeit des anderen Schiffs auf ein bis zwei Knoten. »Hier draußen fährt man nicht mit zwei Knoten«, erklärte Burlingham. »Dafür gibt es keinen Grund.« Im Normalfall machten Frachter und Tanker auf dem offenen Meer zehn bis fünfzehn Knoten auf einem konstanten Kurs, der entweder mit einer der gängigen Schiffsrouten über den Atlantik korrespondierte oder, wenn man ihn in einer geraden Linie nach Westen verlängerte, in irgendeinem Hafen an der amerikanischen Ostküste endete. Der Kurs, den dieses Schiff steuerte, führte nirgendwohin.

Was zuerst ein schwacher Schein gewesen war, wurde immer größer und heller, wie ein Mond, der sich langsam über den Horizont schob. Tommy lag in seiner Schlafkoje, als Burlingham ihn aufweckte. »Da draußen ist etwas, das wie eine Stadt aussieht«, sagte Burlingham, »und ich glaube nicht, daß es ein Frachter ist.«

Craft, der auf der Brücke stand und das andere Schiff mit dem Fernglas beobachtete, konnte inzwischen den Mast sehen. An der Spitze leuchtete ein großer, roter Kreis, gefolgt von einem weißen und nochmals einem roten Kreis – das Nachtsignal für eingeschränkte Manövrierfähigkeit. Wer immer dort unterwegs war, er hatte ein anderes Fahrzeug im Schlepp. Aber Craft konnte keines der Positionslichter ausmachen, die für einen Oberflächenschlepp vorgeschrieben waren. Was immer im Schlepptau war, war getaucht, und wenn jemand hier draußen etwas unter Wasser hinter sich herzog, konnte das nur eins sein: ein Tiefschlepp-Seitensichtsonar.

Tommy mußte nicht länger rätseln, ob oder wie oder wann ein Konkurrent auf den Plan treten würde – er war da. Aber Tommy verfügte über einen Vorteil: Er wußte, daß die anderen da waren, aber sie wußten nicht, wer er war; auf ihrem Radar war die *Navigator* nur irgendein vorüberziehendes Schiff. Und diesen Vorteil machte er sich zunutze. Er beschloß, außerhalb der Reichweite des anderen Radars zu bleiben und immer wieder nur kurz näherzukommen, um die aktuelle Position und den Kurs festzustellen. Außerdem mußte er Rick Robol benachrichtigen. Die Analyse der Sonarbilder mußte forciert, das Tauchfahrzeug so schnell wie möglich fertiggestellt und getestet werden – und vor allem mußten sie sich so lange von Galaxy fernhalten, bis sie bereit zum Tauchen waren. Solange Burlingham die *Navigator* unterhalb des Radarhorizonts hielt, konnten sie auf dem anderen Schiff nicht feststellen, wer sie waren oder was sie hier taten. Es war eine Art Versteckspiel, von dem die andere Crew nicht einmal wußte, daß es stattfand.

Diese Nacht über und den gesamten nächsten Tag hielt Burlingham die *Navigator* knapp außerhalb der Reichweite des Radars; in regelmäßigen Abständen führte er die *Navigator* näher heran, um das andere Schiff auf den Schirm zu bekommen, bevor er schnell wieder abfiel. Das andere Schiff bewegte sich langsam fort, hin und wieder scheinbar willkürlich, ein Zeichen dafür, daß sie noch am Beginn ihrer Suche standen, daß die Schiffscrew und die Techniker sich erst noch aufeinander und auf die wechselnden Strömungsverhältnisse einspielen mußten. Tommy war sich noch nicht sicher, in welche Richtung ihre Suchbahnen führen würden, fand es aber verdächtig, daß sie ihre Suche nur ein paar Meilen entfernt von den Koordinaten aufnahmen, die Robol vor Gericht eingereicht hatte. Er hoffte, daß sie einige Tage mit Sidewheel beschäftigt sein und ihm damit Zeit geben würden, sein Tauchfahrzeug auf Galaxy hinunterzulassen und einen Gegenstand zu bergen.

Am nächsten Morgen, das andere Schiff hatte inzwischen damit angefangen, lange Suchbahnen zu fahren, ließ Tommy Steve Gross mit dem Auftrag herausfliegen, im Abstand von zwei Stunden die Koordinaten des Schiffs zu nehmen und seinen Kurs zu bestimmen. Als er die Daten von Gross' zweiter Messung erhielt und die Brücke den Kurs ausplottete, ging ihm auf, daß das Schiff, sollte es seinen aktuellen Kurs beibehalten, nicht auf Sidewheel, sondern auf Galaxy zuhielt.

Tommy beobachtete das andere Schiff auf dem Radarschirm. Noch war es mehrere Meilen von Galaxy entfernt, rückte der Fundstelle aber beständig näher. Neben Burlingham und Craft waren auch Barry, Bob und Brockett auf der Brücke. Hatte Tommy noch am Tag davor größten Wert darauf gelegt, sich vor dem anderen Schiff zu verstecken, so war jetzt etwas anderes wichtiger: Auf keinen Fall durften die anderen Galaxy erreichen. Er befahl Burlingham, einen Kurs einzuschlagen, der den des anderen Schiffs kreuzte. »Harvey war sehr bedacht darauf, nichts Illegales zu tun oder gar das Schiff zu gefährden«, erinnerte sich Brockett, »aber mindestens genauso entschlossen war er, die anderen von Galaxy fernzuhalten.«

Die *Navigator* verringerte den Abstand rasch, und eine Stunde später tauchte das andere Schiff auf ihrer Steuerbordseite auf. Durch das Fernglas studierte Craft die ausgeprägten Linien des Schiffs. Vom Bug zog sich beidseits ein breiter Streifen über den weißgestrichenen Rumpf nach hinten, der zunächst einen Bogen nach oben beschrieb und dann unter der Wasserlinie verschwand. Craft konnte zwar die Farbe des Streifens nicht ausmachen, erkannte aber die Linienführung wieder.

»Das ist die *Liberty Star*«, verkündete er. »Ihr Heimathafen ist Cape Canaveral.«

Vier Jahre zuvor hatte er, aus beruflichem Interesse, die *Liberty Star* inspiziert, die zusammen mit ihrem Schwesterschiff, der *Freedom Star*, für Morton Thiokol gebaut worden war. Beide Schiffe waren in Cape Canaveral stationiert, und beide wurden üblicherweise zur Bergung von ins Meer gefallenen Booster-Stufen der Space-Shuttle-Trägerraketen eingesetzt. Stand gerade kein Start auf dem Programm, konnten sie auch für kommerzielle Einsätze gechartert werden. Um herauszufinden, was die *Liberty Star* an Ausrüstung mit sich führte, wollte Tommy nun vor allem aus der Nähe einen Blick auf ihr Achterdeck werfen.

Inzwischen war der Abstand zwischen beiden Schiffen auf acht Meilen zusammengeschmolzen; die *Navigator* steuerte einen südwestlichen Kurs, auf dem sie den Kurs der *Liberty Star*, die in südsüdwestlicher Richtung unterwegs war, kreuzen mußte. Sobald sie auf ein bis zwei Meilen an sie herangekommen waren, gab es nichts, was Burlingham tun konnte, um den Kapitän der *Liberty Star* zu einer Abweichung von seinem Kurs zu zwingen. Burlingham bereitete es schon Unbehagen, daß sein Bug auf ein anderes Schiff gerichtet war, selbst wenn sich das noch acht Meilen von ihm entfernt befand. Auf der anderen Brücke, wo sie die *Navigator* seit mindestens einer halben Stunde auf dem Radarschirm hatten, mußte man inzwischen auch festgestellt haben, daß sie einen Kurs steuerte, der den der *Liberty Star* in ungefähr einer Stunde kreuzte.

Kurz darauf meldete sich auch schon der Kapitän der *Liberty Star* auf dem Rufkanal: »Hier ist das Motorschiff *Liberty Star* für das nicht identifizierte Nicor-Arbeitsschiff auf meiner Backbordseite. Bitte melden.« Er hatte den breiten, orangefarbenen Streifen der Nicor Company um das Ruderhaus erkannt.

Tommy bedeutete Burlingham, nicht zu reagieren. Von seinen Anwälten wußte er, daß die Gesetze nicht klar regelten, was passierte, wenn ein Eindringling versuchte, ein bereits von einer anderen Partei lokalisiertes Schiff zu bergen. Beachtete der Eindringling bestimmte Regeln, war es nicht ausgeschlossen, daß das Gericht den Anspruch auf beide Parteien aufteilte. So weit wollte es Tommy erst gar nicht kommen lassen. Auch wenn sein Tauchfahrzeug noch nicht einsatzbereit war, mußte er sich vor die *Liberty Star* manövrieren und an der Galaxy-Fundstelle festsetzen.

Der andere Kapitän rief sie erneut, nur daß er sie dieses Mal als das »nicht identifizierte Arbeitsschiff mit grauem Rumpf auf meiner Backbordseite« ansprach.

Es gab kein Gesetz, das sie zur Antwort verpflichtete. Aber das, was Craft die »Grundregel des gesunden Menschenverstands zum Schutz des eigenen Hinterns« nannte, schrieb vor, daß man den anderen Kapitän wissen ließ, was man vorhatte, damit er einen nicht unabsichtlich gefährdete. »Es gehört sich einfach, eine solche Anfrage auf zivilisierte, höfliche und inhaltlich korrekte Weise zu beantworten«, sagte Craft.

Sie kamen überein, das Reden Craft zu überlassen. Er war älter und, mit seinen 40 Jahren auf See, erfahrener als jeder andere auf der Brücke der *Navigator*. Aber bevor Craft zum Funkgerät griff, bestand Tommy darauf, jede mögliche Wendung, die das Gespräch nehmen konnte, im voraus durchzuspielen. Er wollte Craft klarmachen, wie wichtig es war, daß er der anderen Seite keine Hinweise auf den Zweck ihrer Anwesenheit gab, ohne dabei jedoch ausweichend zu wirken. Vielleicht fragt er dies, vielleicht fragt er das. Was wirst du darauf antworten?

Tommy wollte sein Gegenüber herausfordern, zum Widerspruch anregen, ihm seine besten Gedanken entlocken und dann aus den unterschiedlichen Perspektiven die beste Strategie entwickeln. Craft nannte es Chaos. »Bevor man nicht selbst im Ruderhaus eines Schiffs gestanden und diesen angeblichen Entscheidungsfindungsprozeß – oder wie immer Harvey, Barry und Bob das nennen – mit eigenen Augen und Ohren miterlebt hat, weiß man nicht, was wirkliches, echtes Chaos ist.«

Wieder forderte der Kapitän der *Liberty Star* sie auf, sich zu melden. Die *Navigator*, die rund zehn Knoten machte, kam der mit eineinhalb Knoten dahinschleichenden *Liberty Star* immer näher und war kurz davor, an ihr vorbeizuziehen. Tommy rief zum Achterdeck hinunter und befahl Bryan und Tod, das Tauchfahrzeug mit Planen abzudecken und die Planen so zu arrangieren, daß man die Form des Tauchfahrzeugs nicht ausmachen konnte. Und Burlingham wies er an, niemanden auf der *Liberty Star* mehr von der *Navigator* sehen zu lassen als ihren Bug.

Schließlich nahm Craft, neben dem Tommy mit Stift und Block stand, um ihm Notizen aufschreiben zu können, das Mikrofon des Funkgeräts zur Hand: »Hier ist das Forschungsschiff *Nicor Navigator*, Whiskey, Yankee, Quebec, 7-4-5-8, für das Motorschiff *Liberty Star*. Bitte wechseln Sie auf Kanal 8.«

Als sie die Frequenz gewechselt und damit den Rufkanal verlassen hatten, sagte Craft: »Hallo, Skipper. Sie versuchen, mit uns in Kontakt zu treten. Was kann ich für Sie tun?«

»Wir ziehen ein Tiefschleppsystem hinter uns her«, kam die Antwort, gefolgt vom Kurs der *Liberty Star*. »Wir haben Sie seit einiger Zeit auf dem Schirm und fragen uns, was Sie vorhaben.«

»Wir planen nicht, Ihren Kurs hinter Ihnen zu kreuzen«, erwiderte Craft, »und haben verstanden, daß Sie Gerät im Schlepptau haben.«

Als der Kapitän der *Liberty Star* ihnen seinen Kurs durchgegeben hatte, hatte er etwas bestätigt, worauf man auf der Brücke der *Navigator* eben gerade erst aufmerksam geworden war. Entweder hatte die *Liberty Star* ihren Kurs geändert, oder aber ihnen war bei der Berechnung des Kurses der *Liberty Star* ein kleiner Fehler unterlaufen. So oder so befand sie sich jetzt auf einem Kurs, der sie so weit westlich an Galaxy vorbeiführen würde, daß die Fundstelle nicht mehr von ihrem Tiefschleppsonar erfaßt werden konnte.

Selbst nach seinem eigenen Verständnis der Grundregel des gesunden Menschenverstands hatte Craft dem Kapitän der *Liberty Star* alle notwendigen Angaben übermittelt, die er benötigte, um seine Fahrt ungefährdet fortsetzen zu können. Doch dann meldete sich die *Liberty Star* nochmals. »Sagt mal, Jungs, kommt ihr aus Florida oder Charleston oder oben von Norfolk?«

Tommy kritzelte hektisch Antwortvorschläge für Craft hin, der jedoch ein Gesicht machte, als würden ihn diese Zettel nur aus dem Konzept bringen. Nach einer kurzen Pause drückte er die Sendetaste.

»Hey, Skipper, benötigen Sie Hilfe? Gibt es etwas, über das wir uns unterhalten müssen?«

»Nein, alles in Ordnung, Kapitän. Hier ist das Motorschiff *Liberty Star*. Ende und aus.«

Burlingham hielt seinen Bug auf die *Liberty Star* gerichtet, nahm aber Geschwindigkeit zurück und ließ sie ihre Suchbahn fortsetzen. Craft schrieb in sein Logbuch: »*Liberty Star* ausgerüstet für Tiefseeforschung. Hat möglicherweise ein Tiefsee-ROV an Bord.«

Tommy wollte so viel wie möglich über die *Liberty Star* in Erfahrung bringen: ihre Geschwindigkeit, ihren Kurs, die Länge ihrer Suchbahnen, wie lange sie brauchte, um zu wenden und auf eine neue Bahn einzuschwenken. Um vorhersagen zu können, wohin sie fuhr, mußte er herausfinden, über welche Koordinaten sich ihr Suchgebiet erstreckte, aber gleichzeitig mußte auch jeder weitere Kontakt vermieden werden, um ihre Crew nicht unnötig mißtrauisch zu machen. Sein größter Vorteil bestand jetzt darin, daß er wußte, hinter was sie her waren, sie aber so gut wie nichts über seine Mission wußten.

Am nächsten Tag hielten sie eine Position, in der Galaxy innerhalb der Reichweite ihres Radars lag. Doch sobald es dunkel wurde, löschten sie die Deckbeleuchtung, verdunkelten die Fenster und machten sich auf die Jagd nach der *Liberty Star*. Noch bevor sie sie auf dem Radarschirm hatten, konnten sie ihre Lichter sehen, die weit in den klaren Nachthimmel hinein leuchteten. Die abgedunkelte *Navigator* schlich sich an den Rand des Radarhorizonts der *Liberty Star* heran, Burlingham notierte ihren Kurs und fiel sofort wieder ab. Dieses Spiel wiederholten sie die ganze Nacht über. Selbst wenn die andere Brücke etwas auf ihrem Radar sah, konnte das nicht mehr als ein Stecknadelkopf am äußersten Rand des Bildschirms sein. »Wir hielten uns so dicht an der maximalen Reichweite ihres Radars auf, daß sie uns auf keinen Fall bei jedem Überstrich sahen«, sagte Tommy. »Wenn überhaupt, dann erhielten sie ein inkonsistentes Signal.« Die andere Crew hatte also keine Ahnung, daß dasselbe Schiff, dem sie am Tag zuvor begegnet waren, ihnen jetzt knapp außerhalb ihrer Radarreichweite hinterherschlich.

Die Militärs würden Tommys Vorgehen vielleicht als eine Taktik aus dem Handbuch für elektronische Kriegführung beschreiben. Für Craft war es »ein kindisches und langweiliges Cowboy- und-Indianer-Spiel, bei dem nicht mit Schreckschußpistolen, sondern mit Radarschirmen gekämpft wurde«. Craft war hier draußen, um seinen Job zu machen, und den wollte er so effektiv und sicher erledigen, wie er es in einem vertretbaren Zeitrahmen tun konnte. »Es interessierte mich nicht die Bohne, wer sich sonst noch hier draußen herumtrieb und nach einem Wrack suchte«, erklärte er. »Es gab soundsoviele Stellen, an denen die *Central America* liegen konnte, und je früher wir die alle abgeklappert hatten, um so eher war Harvey in der Lage, vor Gericht seinen Anspruch auf das Wrack geltend zu machen. Was in seinem Kopf vorging, ist mir bis heute ein Rätsel.«

Im Gegensatz zu Tommy hatte Craft noch nie in einer Kanzlei gesessen und stundenlang mit Anwälten darüber gesprochen, was getan werden mußte, um die Fundstelle gegen Eindringlinge zu schützen. Genausowenig hatte er mit Dutzenden von Investoren Einzel- oder Zweiergespräche geführt und ihnen sein Wort gegeben, ihr Geld gut anzulegen. Und er hatte auch nicht zehn Jahre seines Lebens damit verbracht, auszutüfteln, wie er an die *Central America* herankommen konnte. Viele staunten über Tommys Handlungsweise, bis sie mehr über die Fakten wußten, die bei jeder Entscheidung in seinem Kopf präsent waren.

Ein entscheidender Faktor war, daß ihr Tauchfahrzeug noch nicht einsatzbereit war. Zu dem Wrack fahren und an Ort und Stelle das Fahrzeug fertigstellen hieße, den anderen ihr Ziel zu offenbaren – und zwar ohne jede legale Möglichkeit, ihren Anspruch auf das Wrack abzusichern. Nach allem, was sie bislang in Erfahrung gebracht hatten, ging Tommy davon aus, daß die Suchbahnen der *Liberty Star* zwischen 25 und 35 Meilen lang waren. Folglich würde die *Liberty Star* auf jeder Suchbahn aus der Reichweite ihres Radars hinausfahren und für einen bis einein-halb Tage unsichtbar bleiben. Mit diesem Wissen verfügte er über einen wichtigen Vorteil. Wenn er wußte, wo sie sich befand, wel-chen Kurs sie steuerte und wie schnell sie war, konnte er auch ausrechnen, wieviel Zeit ihm blieb, um zur Galaxy-Fundstelle zu fahren, das Tauchfahrzeug hinunterzulassen, das Wrack zu untersuchen, das Tauchfahrzeug wieder herauszuholen und hin-ter dem Horizont zu verschwinden, ehe die *Liberty Star* zurück-kehrte.

Am 2. Juli erreichte die *Liberty Star* das südliche Ende ihrer Suchbahn, wendete und fuhr, immer noch westlich von Galaxy, nach Norden. Am nächsten Tag instruierte Tommy Gross, wieder herauszufliegen, die Position und den Kurs der *Liberty Star* fest-zustellen und dann mit einem Teleobjektiv möglichst viele Fotos von ihr zu schießen und den Film über der *Navigator* abzuwerfen. Gross' Aufnahmen bestätigten, was Craft bereits zwei Tage zuvor durch das Fernglas erkannt zu haben glaubte: Auf dem Achter-deck stand irgend etwas unter einer Persenning, und es war groß genug, um ein Tiefsee-ROV zu sein. Wer immer die *Liberty Star* gechartet hatte, war nicht nur darauf vorbereitet, Suchbahnen abzufahren und mit dem Sonar den Meeresboden zu scannen, sondern auch zu allem, was interessant aussah, einen Unterwas-serroboter hinunterzulassen.

Tommy hätte schon längst mit einem Gegenstand vom Wrack vor Gericht erscheinen und sich aller dieser Sorgen entledigen können, hätte er sich auf einen Vorschlag eingelassen, den Hackman ihm vor seiner Abfahrt vor drei Wochen halb im Scherz unterbreitet hatte, nämlich den einer Fälschung.

»Bei allem, was ich mache, ziehe ich immer alle Möglichkeiten in Betracht«, erklärte Hackman, »und Betrügen ist immer auch eine Option. Also habe ich, mehr im Scherz, vorgeschlagen, ein Stück Treibholz aus dem Meer zu fischen, es vor einem Tauchgang an das Tauchfahrzeug zu binden und später wieder mit hochzuziehen. Das könnten wir dann dem Richter auf den Tisch legen und sagen: ›Wir haben das Wrack gefunden. Hier ist ein Stück davon.‹ Darauf antwortete Tommy: ›Das ist ein sehr interessanter Vorschlag. Aber dieses Projekt wird auf so große Beachtung stoßen, daß wir praktisch keine Chance haben, mit so etwas durchzukommen.‹ Wir waren da draußen mutterseelenallein, niemand hätte jemals etwas von unserem kleinen Trick erfahren. Aber Tommy verliert niemals das große Bild aus dem Auge, und deshalb würde er sich auch nie auf ein solches Risiko einlassen. Wahrscheinlich bin ich nach Tommy, Barry und Bob derjenige, der am meisten über das Projekt weiß, und ich habe Tommy noch nichts tun sehen, was auch nur im entferntesten zweifelhaft, unmoralisch oder gar illegal ist.«

Tommy hielt sich an die Regeln, aber er verbrachte auch schlaflose Nächte, um jede einzelne Regel und Vorschrift zu analysieren, zu sezieren, die Teile zu prüfen und auf, wie er es etwas euphemistisch nannte, innovative Auslegungsmöglichkeiten abzuklopfen. »Wer Erfolg haben und dabei seine Integrität wahren will, muß eben schlauer als die anderen sein«, sagte er, »muß eine Sache von jedem nur möglichen Blickwinkel aus betrachten und alle Möglichkeiten durchdenken.«

Inzwischen überwachten sie seit drei Tagen die Bewegungen der *Liberty Star*. Tommy hatte sich in den Funkraum zurückgezogen und die Plotterausdrucke analysiert, und was er sah, ließ bei ihm die Alarmglocken schrillen. Wenn die *Liberty Star* ihre jetzige Suchbahn abgeschlossen hatte, auf die ein Stück nach Osten versetzte Suchbahn eingeschwenkt war und ihre Fahrt zurück in südliche Richtung antrat, war es nur noch eine Frage der Zeit, bis sie den westlichen Rand der Galaxy-Fundstelle erreichte. Damit blieb Tommy keine Wahl: Die *Navigator* mußte zur Fundstelle fahren und reglos über dem Wrack verharren – ein regloser Blip auf dem Radarschirm der *Liberty Star*. Damit würde der offene Kampf beginnen.

Seit nach der ersten Sichtung der *Liberty Star* Ted Brockett, auf den ein anderer Job wartete, mit einem Versorgungsschiff an Land zurückgekehrt war, fehlten ihnen ein erfahrener Kopf und zwei geschickte Hände. Doch der Rest der Crew arbeitete mit verbissener Entschlossenheit Tag und Nacht an dem Tauchfahrzeug, einmal sogar 36 Stunden am Stück. Eine kurze Schlafpause gönnte sich nur, wer sich absolut nicht mehr auf den Beinen halten konnte.

Das Tauchfahrzeug hatte sich von einem hilflosen Wesen, das kaum hören und sehen konnte, zu einem ausgereiften Tiefseeroboter gemausert, ausgerüstet mit fünf Kameras als Augen, einem Sonar als Ohren, einer Telemetrieeinheit zum Sprechen, Strahlrudern zur Fortbewegung, einem Arm zum Greifen, einem Computer als Gehirn, einer massiven Akkumulatorenbank als Herz und Hunderten von Metern Hydraulikschläuchen und Kabeln, die als Arterien und Nervenbahnen alles miteinander verbanden. Doch als sie das System das erste Mal an Deck testeten, brannten mehrere Sicherungen durch, stürzte der Computer ab, und der Greifarm hing lahm herunter. Am Abend des 3. Juli war das Tauchfahrzeug immer noch nicht voll einsatzbereit. Aber irgendwann am nächsten Tag würde die *Liberty Star* Galaxy passieren. Die einzige Chance, das zu verhindern, bestand darin, vor ihr dort zu sein.

In dieser Nacht versenkten sie im grellen Schein der Deckbeleuchtung drei Akustiktransponder um die Fundstätte, die Eckpunkte des Unterwasser-Navigationsgitters, mit dessen Hilfe Scotty später die Position und den Kurs des Tauchfahrzeugs auf dem Grund berechnen konnte. Um zwei Uhr morgens hatte Scotty das Transpondernetz installiert und so weit eingemessen, daß er einigermaßen genaue Abstände berechnen konnte. Acht Minuten später ließen sie das Tauchfahrzeug ins Wasser.

Kurz nach 3.30 Uhr erreichte das Tauchfahrzeug den Grund und schickte Bilder von dem weißen Sedimentboden nach oben. Eine halbe Stunde später fingen sie an, auf zehn Meter langen

Bahnen im Zickzackkurs nach dem Wrack zu suchen. Eine Stunde lang blieben die Monitore leer, dann glitt die Kamera über mysteriöse, über drei Meter messende Ringe hinweg, die von Seegurken auf dem Boden hinterlassen worden waren. Fünf Minuten später hatten sie die Ringe hinter sich gelassen, und wieder war auf den Monitoren nur der weiße Sedimentboden zu sehen.

Während das Tauchfahrzeug 2400 Meter unter ihnen durch das Wasser schwebte, warteten Tommy, Barry und Bob zusammen mit Craft und Burlingham auf die *Liberty Star*. Es konnte sich nur noch um Stunden handeln, bis sie in einer Entfernung von zwölf bis fünfzehn Meilen aus nordwestlicher Richtung auf dem Radar erscheinen mußte, und zwar auf einem Kurs, der direkt über Galaxy hinwegführte. Dieses Mal wollte sich Tommy nicht aus Angst vor einem Kontakt hinter den Horizont zurückziehen: Robol hatte Tommy gesagt, daß nach dem Seerecht derjenige, der einen Anspruch auf ein Wrack erhob, über ihm verharren mußte. Tommy konnte der Crew erlauben, sich auszuruhen, oder Ausbesserungsarbeiten an der Ausrüstung vornehmen lassen. Eines aber durfte er auf keinen Fall tun, wollte er nicht riskieren, seinen Anspruch zu verlieren: die *Navigator* von der Fundstelle abziehen. Aus diesem Grund forderte Tommy an diesem Morgen Burlingham auf, für den Fall, daß die *Liberty Star* die Galaxy-Fundstelle überfahren wollte, nicht von der Stelle zu weichen und sie, wenn nötig, sogar abzudrängen. Doch Burlingham erwiderte, daß er das unter keinen Umständen tun werde.

Burlingham folgte seinem Gesetz, der internationalen Seestraßenordnung. Führte der Kurs eines anderen Schiffs mit Ausrüstung im Schlepptau über die Fundstelle, verbaten ihm diese Regeln, reglos über dem Wrack zu verharren, *solange er selbst nichts im Wasser hatte*. Sobald die Akkus des Tauchfahrzeugs sich entladen hatten, würden sie es aus dem Wasser holen müssen, und in dem Moment, in dem es auf dem Deck aufsetzte, wurde die *Navigator* das »ausweichpflichtige« und die *Liberty Star* das »Wegerecht«-Schiff. Damit blieb Burlingham keine Wahl: Er mußte den Weg freimachen. Die Regeln scherten sich nicht darum, ob er seine Crew gerade ausruhen oder die Ausrüstung ausbessern ließ – oder ob das Ausweichmanöver eine Bergungsoperation beeinträchtigte. Sollte das Tauchfahrzeug nicht am

Ende eines Kabels im Wasser sein, beharrte Burlingham, würde er der *Liberty Star* erlauben, über Galaxy hinwegzufahren.

Tommy holte Robol ans Telefon, damit er Burlingham die juristischen Feinheiten des Problems auseinandersetzte. Doch der Kapitän hielt nicht viel von Anwälten, die irgendwo an Land hinter ihren Schreibtischen saßen, während er 200 Meilen vor der Küste auf der Brücke eines Schiffs stand, ein Schiff mit Wegerecht und einem ihm unbekannten Kapitän am Ruder auf sie zusteuerte und er die Verantwortung für das Leben von 20 Männern trug. Die Regel war eindeutig: Wenn er, der Kapitän eines ausweichpflichtigen Schiffs, auf dem Kurs eines in seiner Manövrierfähigkeit eingeschränkten Schiffs lag, mußte er den Weg freigeben. Tat er das nicht, setzte er sein Kapitänspatent aufs Spiel, müßte vielleicht eine Geldstrafe bezahlen oder würde womöglich sogar zu einer Haftstrafe verurteilt. Er, der Kapitän, nicht der Anwalt. Burlingham brauchte niemanden, der ihm den Sachverhalt in einfachen Worten erklärte; er war ebenso intelligent wie Robol. Der einzige Unterschied war, daß er auf das College gegangen war, um Kapitän zu werden, nicht Anwalt oder Ingenieur. Und er würde sich von keinem Anwalt oder Ingenieur dazu überreden lassen, auf See etwas zu tun, von dem er wußte, daß es gegen die Seestraßenordnung verstieß.

Als sich abzeichnete, daß Burlingham nicht so einfach nachgeben würde, war Tommy sofort klar, daß er um jeden Preis den Ausbruch eines offenen Konfliktes an Bord verhindern mußte. »Man kann nicht einfach sagen: ›Burlingham, zum Teufel mit Ihrem Kapitänspatent. Was hat Ihr Patent mit der Sache zu tun?‹« sagte Tommy. »Auf so etwas muß man Rücksicht nehmen.« Andererseits rückte die *Liberty Star* unaufhörlich näher, und er konnte sich nicht allzuviel Feingefühl leisten.

Wenn Burlingham entschlossen war, der Konfrontation mit einem anderen Schiff aus dem Weg zu gehen, blieb ihnen nur eine Möglichkeit, die *Liberty Star* daran zu hindern, ihren Tiefschleppsonar über Galaxy zu ziehen: Sie mußten den anderen Kapitän irgendwie dazu bringen, einen Bogen um ihr Operationsgebiet zu machen. Und die einzige Möglichkeit, ihn soweit zu bringen, bestand darin, ihm gegenüber die eigene Position stärker darzustellen, als sie es tatsächlich war, dabei aber nicht von der Wahrheit abzuweichen. Tommy setzte sich mit Burlingham an einen Tisch und arbeitete ein Szenario aus: was Burlingham sagen, wie die *Liberty Star* wahrscheinlich darauf reagieren würde, was Burlingham dann erwidern würde, und so weiter.

Burlingham war bereit, Tommy zuzuhören, machte ihm aber nochmals unmißverständlich klar, daß er auf keinen Fall bereit war, den anderen Kapitän zu belügen. Wenn Tommy Erklärungen vorformulierte, die manches ungesagt ließen oder etwas implizierten, was nicht gegeben war, dann konnte Burlingham damit leben, aber lügen, nein, das würde er nicht.

Tommy verlangte von Burlingham nicht zu lügen; er bat ihn nur, der anderen Brücke nichts zu sagen; nicht, ob sie Ausrüstung im Wasser hatten, nicht, was für Geräte sie mitführten, und schon gar nicht, was sie damit vorhatten. Er wollte keine Informationen weitergeben, die ihr Mißtrauen noch mehr schürten, als es ihre bloße Anwesenheit ohnehin tun mußte.

Was folgte, war ein Frage-und-Antwort-Spiel zwischen Burlingham und Tommy. Wann immer Tommy eine nichtssagende Antwort auf eine Frage einfiel, die die *Liberty Star* unter Garantie stellen würde, wandte er sich an Burlingham und fragte ihn, ob er es so machen könne. Meistens erhielt er ein klares »Nein« als Antwort – woraufhin er sich eine neue Formulierung überlegte, die er Burlingham wiederum zur Beurteilung präsentierte.

Hin und wieder beharrte Tommy auf seiner Version und versuchte, Burlingham unter Druck zu setzen. Dabei gerieten die beiden einige Male so heftig aneinander, daß Tommy für ein paar Minuten von der Brücke verschwinden mußte.

»Burlingham befand sich in einer schwierigen Lage«, gab Tommy später zu. »Die Seestraßenordnung ist nicht dazu da, um sie für ein Katz-und-Maus-Spiel zu mißbrauchen. Aber nur mit einem Katz-und-Maus-Spiel konnten wir verhindern, geradewegs über den Haufen gefahren zu werden.«

Eines war allen klar: Sie würden etwas sagen müssen, denn in knapp drei Stunden wäre auf dem Radarschirm der *Liberty Star* ein anderes Schiff zu sehen, und zwar ein Schiff, das reglos mitten auf seiner Suchbahn saß. Wenn es erst soweit wäre, würde der Kapitän ans Funkgerät gehen und sie fragen, warum zum Teufel sie mitten auf seinem Kurs saßen, und Burlingham würde ihm antworten müssen. Genau das wollte Tommy vermeiden. Es gehörte zu seiner Strategie, daß sie die Offensive ergriffen, daß sie den Kontakt aufnahmen, daß sie diejenigen waren, die Forderungen stellten. Vor allem aber mußten sie ihre Meinungsverschiedenheiten beilegen und sich auf eine gemeinsame Vorgehensweise einigen, bevor Burlingham, der als einziger reden sollte, die *Liberty Star* anfunkte.

Noch während sie auf der Brücke Strategiesitzungen abhielten, erschien die *Liberty Star* in einer Entfernung von zwölf Meilen in nordwestlicher Richtung auf dem Radarschirm. Die *Navigator* hatte noch immer das Tauchfahrzeug im Schlepptau und suchte den Meeresboden nach dem Wrack ab, aber nach inzwischen fünf Stunden unter Wasser gingen die Akkus zur Neige. Außerdem waren die Männer, die die ganze Nacht durchgearbeitet hatten, vollkommen erschöpft. Um 9.30 Uhr brachen sie die Operation ab und fingen an, das Fahrzeug nach oben zu ziehen. Auf diesem ersten Tauchgang hinunter zur Galaxy-Fundstelle hatten sie, abgesehen von den rätselhaften Seegurkenringen, nichts zu Gesicht bekommen.

Um 12.30 Uhr, der Abstand zwischen der *Navigator* und der *Liberty Star* betrug nur noch fünf Meilen, schickte Burlingham einen *Sécurité*-Ruf in den Äther, eine Meldung, die an alle Schiffe innerhalb der Reichweite ihres Funkgeräts gerichtet war, obwohl er und Tommy natürlich wußten, daß das einzige Schiff innerhalb dieser Zone die *Liberty Star* war.

»Sécurité, Sécurité, Sécurité«, rief Burlingham in das Mikrofon. »Forschungsschiff *Nicor Navigator*, Whiskey, Yankee, Quebec 7-4-5-8. Wir sind ein Forschungsschiff mit grauem Rumpf und arbeiten in einem Gebiet, das von folgenden Koordinaten begrenzt wird: Breite 31 Grad 43 Minuten und 31 Grad 40 Minuten nördlich, Länge 76 Grad 22 Minuten und 76 Grad 18 Minuten westlich. Wir bitten alle passierenden Schiffe, sich von diesem Gebiet fernzuhalten.« Die Koordinaten umschrieben ein Gebiet mit einer Nord-Süd-Kantenlänge von drei und einer Ost-West-Kantenlänge von etwas über drei Meilen.

Ein paar Minuten später antwortete die *Liberty Star*: »*Nicor Navigator*, hier *Liberty Star*. Wir sind ein Forschungsschiff nördlich von Ihnen. Wir führen Sonarerkundungen durch und werden Sie voraussichtlich mit einem Abstand von ungefähr einer Meile passieren. Ist das in Ordnung? Ende.«

Selbst wenn die *Liberty Star* einen Abstand von einer Meile zu ihnen wahrte, drang sie damit immer noch in das angegebene Gebiet ein. Das Risiko, daß die zweieinhalb Meilen hinter und unter ihr fliegende Sonarsonde das Wrack erfaßte, war zu groß.

»Auf keinen Fall«, sagte Tommy zu Burlingham. »Wir haben Ausrüstung im Wasser.« Das Tauchfahrzeug mochte an Deck sein, erklärte Tommy, aber sie hatten drei Transponder im Wasser, die das Unterwasser-Navigationsgitter bildeten und an auf dem Grund liegenden Gewichten verankert waren. Die Transponder schwebten zwar in einer Höhe von nicht mehr als 15 Meter über dem Meeresboden, und das Tiefschleppsonar der *Liberty Star* flog wahrscheinlich in einer Höhe von 90 Meter über den Grund. Dennoch waren die Transponder *Ausrüstung im Wasser*, beharrte Tommy gegenüber Burlingham. Sie waren nur nicht mit dem Schiff verbunden.

»Hier *Nicor Navigator*«, meldete sich Burlingham zurück. »Bitte passieren Sie uns jenseits der Koordinaten, die ich gerade eben über Funk durchgegeben habe. Wir haben an verschiedenen Punkten Ausrüstung im Wasser, und wir würden es sehr begrüßen, wenn Sie sich außerhalb unseres Operationsgebietes halten würden.« Dann wiederholte er die Koordinaten. Burlingham hatte sich kaum abgemeldet, als sie bemerkten, daß ihnen ein schwerer Fehler unterlaufen war. Sie hatten nicht gefragt, auf welcher Seite ihres abgesteckten Areals die *Liberty Star* sie passieren wollte. Sollte sie östlich an ihm vorbeifahren, stand zu befürchten, daß die stark westliche Strömung die Sonarsonde in ihr Suchgebiet und über die Fundstelle trieb.

»Skipper, hier nochmals *Nicor Navigator*«, meldete sich Burlingham bei der *Liberty Star* zurück. »Ich wollte Sie fragen, ob es Ihnen möglich ist, uns westlich unserer Position zu passieren?«

Der Kapitän antwortete, daß er zuerst einen Blick in seine Karten werfen müsse, bevor er diese Frage beantworten könne.

Wer immer die *Liberty Star* gechartert hatte, hatte dem Kapitän vermutlich nicht mitgeteilt, wonach er suchte. Alles, was der andere Kapitän wußte, war, daß die Sonartechniker Bodenscans durchführten und daß sie die gesamte Atlantische Bucht für sich allein hatten – zumindest bis vor einer halben Stunde. Wahrscheinlich konnte der Kapitän auf der anderen Brücke es noch gar nicht glauben, daß er hier in diesem gottverlassenen Winkel des Atlantiks in einen Konflikt geriet.

Ohne sich nochmals zu melden, steuerte die *Liberty Star* unbeirrt auf die Nordwestecke der Box zu. Noch vier Meilen, dann zwei, dann eineinhalb.

»Wenn sie nicht abdrehen, mache ich den Weg frei«, warnte Burlingham Tommy, der neben ihm auf der Brücke stand und auf das Meer hinausstarrte. »Ihre Prioritäten sind mir egal, ich werde uns nicht in eine Situation bringen, die eine Kollision heraufbeschwören könnte.«

Tommy sah ihn an, dann sagte er: »Gibt es noch irgend etwas, was wir sagen könnten?«

Die Frage brachte auf den Punkt, was Burlingham an Tommy störte – er suchte immer nach Ausnahmen. Für Burlingham war die Seestraßenordnung unmißverständlich: Das Tauchfahrzeug stand auf Deck und wurde aufgeladen, die Techniker lagen in ihren Kojen. Sie hatten nichts im Wasser, also waren sie ausweichpflichtig. Aber Tommy ließ nicht locker. »Könnten wir nicht sagen, daß wir gerade dabei sind, Ausrüstung zu Wasser zu lassen? Oder daß wir sie in 15 Minuten im Wasser haben werden?« Ließ die Seestraßenordnung, bohrte er weiter, nicht Raum für legale Manöver, die Burlingham ausführen könnte, bevor die *Liberty Star* in die Box eindrang? »Betrachten Sie es als eine Art Schachspiel auf hoher See«, erklärte Tommy.

Diese Vorstellung gefiel Burlingham. Er würde weder betrügen noch lügen, aber er konnte versuchen, sie auszutricksen. In bestimmten genau umrissenen Situationen ließ die Seestraßenordnung ihm tatsächlich einen gewissen Spielraum, innerhalb dessen er sein Schiff so positionieren konnte, daß die *Liberty Star* das ausweichpflichtige Schiff wurde. »Trotzdem stellte es mich vor eine ziemliche Herausforderung«, erzählte Burlingham, »das zu tun, was Harvey von mir wollte, ohne dabei die Regeln über Gebühr zu beugen.«

Er rief die Brücke der *Liberty Star*. »Sir«, begrüßte er den anderen Skipper so höflich wie möglich, »ich wollte mich erkundigen, welche Absichten Sie hinsichtlich Ihres Kurses außerhalb unseres Operationsgebietes verfolgen. Unsere momentanen Tätigkeiten machen unter Umständen plötzliche und unvorhersagbare Positionsveränderungen unsererseits notwendig. Falls Sie in unser Operationsgebiet eindringen, können wir eine *In-extremis*-Situation nicht ausschließen. Ende.« Dieser direkt der Seestraßenordnung entnommene Begriff bezeichnete eine Situation, in der sich zwei Schiffe so nahe kamen, daß die unmittelbare Gefahr einer Kollision bestand. »Hätte ich auf der anderen Brücke gestanden«, meinte Burlingham später, »hätte ich das wahrscheinlich als eine kaum verhüllte Drohung aufgefaßt.«

Dieses Mal meldete sich der Kapitän der *Liberty Star* sehr viel schneller zurück. »Wir werden unseren aktuellen Kurs noch eine kurze Zeit beibehalten«, gab er bekannt. »Sobald wir den nördlichen Rand der von Ihnen bezeichneten Zone erreichen, schwenken wir nach Süden und passieren Sie auf unserer Backbordseite. Ende.«

Das klang gut, aber er hatte immer noch nicht bestätigt, ob er die *Navigator* »in einem Abstand von ungefähr einer Meile« oder »außerhalb des Operationsgebietes« zu passieren beabsichtigte, was ein erheblicher Unterschied war, denn ihr Abschnitt war über drei Meilen breit. »Er wird versuchen, so weit wie möglich in das Gebiet einzudringen«, prophezeite Tommy.

»Roger«, meldete sich Burlingham zurück. »Ich will nur sichergehen, daß ich Sie richtig verstanden habe: Wenn Sie den Rand unseres Operationsgebietes erreichen, werden Sie auf einen Kurs von 180 einschwenken und der westlichen Grenze unseres Operationsgebietes folgen, ist das korrekt? Ende.«

»Wir beabsichtigen, Sie schätzungsweise eine Meile auf unserer Backbordseite zu passieren, was ungefähr der westlichen Grenze Ihres Gebietes entsprechen sollte.« Das war immer noch eine ausweichende Antwort, doch dann stellte er eine Frage, die Burlingham sehr gelegen kam. »Haben Sie derzeit am Meeresboden befestigte Bojen im Wasser? Ende.«

Das von der *Liberty Star* gezogene Tiefschleppsonar flog zwar zu hoch, um den drei 8000 Dollar teuren Transpondern gefährlich zu werden, die Scotty installiert hatte. Doch der Kapitän fragte nicht nach, in welcher Tiefe die Bojen hingen.

»Ich denke, wir sollten das bestätigen«, sagte Tommy.

»Hier *Nicor Navigator*«, kam Burlingham zurück. »Positiv, wir haben derzeit am Grund verankerte Objekte im Wasser. Ende.«

»Verstanden«, meldete sich die *Liberty Star*. »Befinden sich alle diese Objekte innerhalb der Koordinaten der Box, die Sie mir genannt haben? Ende.«

»Roger, Skipper. Alle Objekte befinden sich innerhalb des bezeichneten Operationsgebietes«, bestätigte Burlingham, bevor er nochmals nachhakte: »Sie sagen, daß Sie einem Kurs entlang der westlichen Begrenzung unseres Operationsgebietes folgen werden. Ist das korrekt? Ende.«

»Das ist korrekt.«

Die *Liberty Star* befand sich inzwischen nur noch eine Meile von der nordwestlichen Ecke der Box entfernt. Seit dem Auftauchen des Schiffs auf dem Radarschirm vermaß Bob alle 15 Minuten seine Position.

Tommy rief vom Funkraum aus Rick Robol an. Der Container glühte in der Julihitze. Obwohl sie mehrere Ventilatoren hinter dem Satellitentelefon aufgestellt hatten, setzte die Hitze der empfindlichen Elektronik zu, und Robols Stimme ging immer wieder im Rauschen der Leitung unter. Soweit Tommy Robols Ausführungen folgen konnte, hielt er das, was sich um die Fundstelle herum abspielte, keineswegs für ein Anzeichen einer unmittelbar bevorstehenden Krise. Der Anwalt bestand nach wie vor auf einem Gegenstand von dem Wrack, bevor er vor Gericht Tommys Anspruch auf das Schiff anmeldete. Tommy konnte Robols Argumentation nicht nachvollziehen. Die *Liberty Star* steuere mit einem Tiefschleppsonar direkt auf Galaxy zu, und es war keineswegs gesagt, daß ihr Kapitän außerhalb der Box blieb. Wenn Robol tatsächlich meinte, daß dies keine unmittelbar bevorstehende Krise war, dann wollte Tommy wenigstens einen Tip von ihm, wie sie ihren Anspruch auf das Wrack gegenüber der *Liberty Star* möglichst massiv geltend machen konnten.

»Nun, wir könnten sagen, wir hätten juristische Schritte eingeleitet«, antwortete Robol. Tommy gefiel der Klang dieses Begriffes; die Aussage entsprach der Wahrheit, war aber vieldeutig genug, um den Kapitän der *Liberty Star* zumindest ins Grübeln zu bringen. Er notierte den Ausdruck für Burlingham. Aber Robol hatte noch mehr auf Lager. »Und wir könnten sagen, daß wir einem Schiff in Seenot beistehen.«

Auch diese Formulierung entstammte direkt dem Gesetzbuch. Wenn jemand ein in Seenot geratenes Schiff entdeckte und versuchte, es zu bergen, wurde das »ein Schiff in Seetransportgefahr oder aus Seenot retten« genannt, wobei es unerheblich war, ob das Schiff gerade am Sinken oder schon gesunken war. Wer ein Schiff in Seenot zu bergen versuchte, versuchte damit, wertvolle Güter den Klauen der See zu entreißen und wieder für den Handel verfügbar zu machen. Ein Kapitän würde diesen Ausdruck wohl kaum so interpretieren, aber das war nun einmal, was im Gesetzestext geschrieben stand, und genau das war das Schöne daran. Barry, der Tommys Gespräch mitverfolgte, erklärte: »Indem wir einerseits die korrekte juristische Terminologie benutzten und andererseits keinen Millimeter von der Wahrheit abwichen, schickten wir ihnen ein Signal, das sie in die Irre führen mußte.«

Tommy und Barry kehrten auf die Brücke zurück, um mit Burlingham durchzusprechen, was genau er sagen sollte. Doch der Kapitän reagierte skeptisch. Manches von dem, was er der *Liberty Star* mitgeteilt hatte, ließ sich seiner Meinung nach bereits als versteckte Drohung auslegen. Tommy setzte ihm auseinander, daß der Ausdruck »ein Schiff in Seetransportgefahr oder aus Seenot retten« der korrekte juristische Fachausdruck war und verschiedenes bedeuten konnte: zum einen, daß ein Schiff im Untergehen war und seine Ladung und Ausrüstung gerettet werden mußte, zum anderen aber eben auch, daß ein Schiff schon vor langer Zeit gesunken war und unter dem Einfluß des aggressiven Salzwassers und dem Druck der Wassermassen immer weiter zerfiel.

Schließlich ließ sich Burlingham überzeugen und willigte ein, sich an das von Tommy ausgearbeitete Manuskript zu halten.

Inzwischen hatte die *Liberty Star* die nordwestliche Ecke der Box erreicht und änderte ihren Kurs zuerst nach Steuerbord, bevor sie wieder auf einen südlichen Kurs einschwenkte. Tommy fürchtete, daß der Kapitän eine kurze Strecke der westlichen Grenze ihres abgesteckten Gebiets folgen würde, um dann unvermittelt in östliche Richtung in die Box hinein auszuscheren und damit die Sonarsonde so tief in ihr Arbeitsgebiet hineinzuschwingen, daß sie die Fundstelle erfassen konnte. Er gab Burlingham ein Zeichen, und der Kapitän der *Navigator* rief zum dritten Mal an diesem Morgen die *Liberty Star*.

»Kapitän, ich möchte Sie auf etwas hinweisen«, sagte er, »und vielleicht wäre es am besten, wenn Sie einen Stift zur Hand nehmen und mitschreiben.« Nach einer kurzen Pause fing er an, den vorbereiteten Text mit langsamer Stimme vorzulesen: »Wir haben am US-Bezirksgericht des Eastern District von Virginia juristische Schritte eingeleitet. Wir sind momentan dabei, ein in Seenot befindliches Schiff zu bergen. Wir weisen Sie darauf hin, daß jede Handlung Ihrerseits, die unsere Bergungsoperation beeinträchtigt oder gefährdet, dazu führen könnte, daß Sie wegen Mißachtung des Gerichts verurteilt werden. Ich bin besorgt um die Sicherheit Ihres und unseres Schiffs.«

Burlingham wiederholte die Erklärung zweimal, bis der Kapitän der *Liberty Star* mit den Worten: »Haben verstanden. Ende und aus« den Erhalt der Nachricht bestätigte und die Verbindung beendete. Aber bereits ein paar Minuten später meldete er sich wieder zurück und fragte nach dem »Rechtssubjekt« an Bord der *Nicor Navigator*, dem Zeitpunkt, an dem sie ihre »juristischen Schritte« eingeleitet hatten, dem Namen des in Seenot befindlichen Schiffs und der voraussichtlichen Dauer der Bergungsoperation.

»Als Kapitän und Kollege fühle ich mich persönlich betroffen«, fuhr er fort. »Sollte sich ein Schiff in Seenot befinden, würde die Küstenwache es zweifellos begrüßen, wenn diese Information an uns weitergeleitet wird, damit wir Sie bei den Rettungsmaßnahmen nach Kräften unterstützen können. Ende.«

Burlingham entging der Sarkasmus in der Stimme des anderen nicht; er konnte sich gut vorstellen, wie der Kapitän der *Liberty Star* mit einem breiten Grinsen im Gesicht in das Funkgerät sprach. »Roger«, antwortete Burlingham, »wie Sie sicherlich wissen, ist ›Seenot‹ ein mit Vorrang behafteter juristischer Ausdruck. Wir melden uns in Kürze wieder, um Ihre Fragen zu beantworten.«

Als Burlingham die *Liberty Star* kurz darauf wieder anrief, identifizierte er das »Rechtssubjekt« als die »Columbus-America Deep Search Inc.«, die am 26. Mai 1987 vor dem Gerichtshof in Norfolk ihren Anspruch eingebracht hatte. Bei dem Schiff in Seenot handele es sich um ein »nicht identifiziertes, aufgelaufenes und aufgegebenes Segelschiff«. Auf die Frage nach der Dauer der Bergungsoperation antwortete Burlingham, man habe »erste Bergungsmaßnahmen eingeleitet. Die momentane Operation«, fuhr er fort, »zielt zum Teil darauf ab, einen umfassenden Gesamtplan zu formulieren. Die exakten Zeitpunkte und Zeiträume werden im Verlauf der Bergungsaktion vor Gericht eingereicht.« Nach einer kurzen Pause setzte er hinzu: »Könnten Sie uns sagen, welches Rechtssubjekt an Bord Ihres Schiffs ist?«

»Bleiben Sie dran«, sagte der Kapitän. Kaum eine Minute später meldete er sich wieder: »Unsere Antwort auf Ihre letzte Frage lautet: die Kuratoren der Columbia University. Ende und aus.«

Die *Liberty Star* folgte dem westlichen Rand des Operationsgebietes, wobei sie nach Bobs Berechnungen dreimal kurz hineinfuhr. Am frühen Nachmittag erreichte sie die südwestliche Ecke des Operationsgebietes, änderte ihren Kurs von genau südlich auf südwestlich und fuhr bis zum frühen Abend in dieser Richtung. Dann folgte sie einem zunächst ostnordöstlichen, später genau nördlichen und schließlich nordwestlichen Kurs, der sie in einem großen Bogen um die Box herumführte, bevor sie wieder auf südlichem Kurs auf das bezeichnete Areal zusteuerte. Um 22.30 Uhr an diesem Abend passierte sie die südwestliche Ecke der Box in einer Entfernung von einer halben Meile und ging dann auf einen nordwestlichen Kurs, den sie beibehielt, bis sie am nächsten Morgen vom Radarschirm der *Navigator* verschwand.

In dieser Nacht, während sich die *Liberty Star* in nordwestliche Richtung von ihnen entfernte, arbeiteten Moore und Scotty noch lange an dem Tauchfahrzeug. Um 8.15 Uhr am Morgen des 5. Juli ließen sie es zum zweiten Mal auf Galaxy hinunter. In einer Tiefe von einigen hundert Metern stoppte Moore das Fahrzeug für einen Systemtest. Die Scheinwerfer und die Kameras funktionierten, und auch der Mesotech-Sonar arbeitete wieder, aber die Strahlruder waren zu schwach, um das Tauchfahrzeug auf dem Grund aufzusetzen, und die Gelenke des Greifarms noch zu schwergängig, um damit etwas greifen zu können. Moore entschied sich dennoch, den Tauchgang fortzusetzen, da sie sowieso zuerst das Wrack finden mußten, bevor sie sich daranmachen konnten, einen Gegenstand zu bergen.

Gegen 10 Uhr befanden sie sich auf der ersten Suchbahn, obwohl Scotty noch dabei war, das Transpondernetz einzumessen. Eineinhalb Stunden lang ließ er Moore das Tauchfahrzeug in jeweils mehreren Meter langen Zickzackbewegungen über den Meeresboden steuern. Kurz vor Mittag erblickten sie auf den Schwarzweißmonitoren kleine Trümmerstücke, auch wenn der Abstand zu groß und das Licht zu schwach war, um feststellen zu können, was genau sie da vor Augen hatten. Immerhin konnten sie erkennen, daß es, was immer es auch sein mochte, eindeutig keine Seegurkenringe oder geologische Formationen waren. Nach dem Mittagessen ließ Moore das Tauchfahrzeug tiefer hinab, und sie fuhren eine zweite und eine dritte Suchbahn. Es war kurz nach 17 Uhr, als sie endlich das sahen, wonach sie gesucht hatten, was Bob und Doering auf den mit zahllosen kleinen Reflexionen gespickten Sonarbildern zu erkennen geglaubt und was Tommy bei Sidewheel vom ersten Moment an vermißt hatte: Kohle.

Da die Kameras nur einen sieben Meter breiten Streifen des Bodens erfaßten, konnten sie nicht sagen, wieviel Kohle auf dem Trümmerfeld verstreut lag, aber daß es sich um eine erhebliche Menge handelte, daran konnte kein Zweifel bestehen. Die Fundstelle war groß, viel größer als Sidewheel, und über und über mit Trümmern bedeckt – und entsprach damit viel eher dem, was Tommy zu finden gehofft hatte. »Wir mußten uns nicht lange umsehen«, sagte er, »um zu wissen, daß die Chancen gut standen, hier auf die *Central America* zu stoßen.«

Gegen 18.30 Uhr beendeten sie den Tauchgang. Sie fingen gerade an, das Fahrzeug hochzuholen, als die *Liberty Star* in einer Entfernung von 16,5 Meilen auf dem Radarschirm ungefähr dort auftauchte, wo sie am Morgen verschwunden war. Mit einer Geschwindigkeit von 1,6 bis 1,8 Knoten folgte sie einem südöstlichen Kurs, der, wenn man ihn verlängerte, ein paar Meilen südwestlich ihres Gebietes vorbeiführte. Tommy reagierte sofort. Er ließ Craft das Tauchfahrzeug so schnell wie möglich hochholen und wies ihn dann an, die Akkus gerade so lange zu laden, daß sie es wieder hinablassen konnten. Danach sollte er sich für einen Tauchgang bereithalten.

Während die *Liberty Star* immer näher kam, machte sich Moore daran, die Gelenke am Greifarm neu einzustellen und zu schmieren. In einer Tiefe von 2400 Metern herrschte ein zweihundertmal größerer Druck als an der Wasseroberfläche, und die Umgebungstemperatur betrug nicht 30 Grad, sondern nur drei Grad. Es war keine Seltenheit, daß Gelenke, die an Deck glatt und leicht liefen, in großen Tiefen hakten oder blockierten. Das Spiel jedes Gelenks wurde über drei winzige Justierschrauben im Steuergehäuse eingestellt; selbst unter normalen Umständen hätte Moore mehrere Testtauchfahrten benötigt, bis die Gelenke das richtige Spiel aufwiesen. Aber das waren keine normalen Umstände: Moore konnte keine Testfahrten durchführen, und ihm blieben nur ein paar Stunden. Er beschloß, das Hydrauliköl gegen ein dünnflüssigeres Öl auszuwechseln, und versuchte, die Schrauben so einzustellen, daß der Greifer unter Wasser wenigstens den Ellbogen ausstrecken und die Greifzangen schließen konnte. Als Notbehelf montierten Bryan und Tod eine Vorrichtung, die an Bord allgemein als Krabbenfalle bezeichnet wurde, ein knapp ein Meter breiter Metallkorb, der an der Unterseite des Tauchfahrzeugs hing. Sollte Moore den Greifarm nicht aktivieren können, würde er versuchen, mit der Krabbenfalle über den Boden zu scharren, und hoffen, daß etwas darin hängenblieb. Bis sie ein Objekt von dem 2400 Meter unter ihnen liegenden Wrack hochholten, hatten sie wenig mehr rechtliche Ansprüche auf das Wrack als die Schatzsucher an Bord der *Liberty Star*.

Um 2.40 Uhr am Morgen des 6. Juli, sechs Stunden nachdem Doering das Tauchfahrzeug mit dem Kran an Deck gehievt hatte, nahm er es wieder an den Haken und ließ es zu Wasser. Die *Liberty Star* befand sich inzwischen vier Meilen westlich ihres Gebietes und kam stetig auf sie zu. Während sich das Tauchfahrzeug dem Boden näherte, standen Tommy, Barry, Burlingham und Craft auf der Brücke und verfolgten den Kurs der *Liberty Star*.

Als sie im zweiten Tauchgang auf das große Galaxy-Trümmerfeld stießen, schoß ihnen erstmals der Gedanke durch den Kopf, dem Gericht ein Stück Kohle vorzulegen. Bob hielt es für ein ideales erstes Objekt; zum einen wußte jeder, daß Dampfer damals mit Kohle angetrieben wurden, zum anderen hatte sie einen, wenn auch geringen, fest definierten Wert. Tommy besprach die Sache mit Robol, der Bob zustimmte. Von einem juristischen Standpunkt aus betrachtet konnte ein Stück Kohle von einem alten Dampfschiff durchaus als stellvertretend für das Schiff gelten. Außerdem lag dort unten eine immense Menge an Kohle aufgehäuft, ein Stoff, der weder wertvoll noch empfindlich war. Da das Tauchfahrzeug nur über eine notdürftig improvisierte Schaufel und einen unzuverlässigen Greifarm verfügte, der eine Druckkraft von bis zu 10000 Pfund ausüben konnte, hielt es Bob nicht für ratsam, das System an einer zerbrechlichen Teetasse zu testen.

Dieses Mal dauerte es nach dem ersten Bodenkontakt nur zwei Stunden, bis Scotty sie an die Fundstelle herangelotst und sie das Trümmerfeld wieder auf den Bildschirmen hatten. Da die Strahlruder noch immer nicht arbeiteten, konnte Moore das Tauchfahrzeug, das jetzt knapp einen Meter über dem Boden schwebte, nicht aufsetzen lassen. Ihm blieb also nur eine Möglichkeit: Er mußte die Zangen des Greifarms geöffnet halten und versuchen, quasi im Vorbeiflug einen Kohlebrocken zu ergreifen. Als sie über das Trümmerfeld glitten, sah er zweimal größere Kohlehaufen, und reflexartig lenkte er das Tauchfahrzeug in die Haufen und versuchte, beim Auftreffen die Greifer zu schließen. Doch beide Male mußte Moore, nachdem sich die vor den Kameras aufgewirbelten Sedimentwolken wieder gesetzt hatten, feststellen, daß die Greifer sich nicht geschlossen hatten. Ob sich etwas in der Krabbenfalle verfangen hatte, ließ sich nicht sagen.

In den nächsten zwei Stunden blieben die Monitore leer. Doch dann schob sich plötzlich ein Kohlehaufen ins Bild, aus dem einzelne Rohrstücke, vielleicht von den Dampfmaschinen, herausragten. Moore schätzte die Höhe des Haufens auf zwei Meter. Scotty wies Burlingham über das Intercom an, den Kurs leicht zu ändern und die Geschwindigkeit zu erhöhen. Gespannt wartete Moore, bis der Haufen kaum mehr als einen Meter entfernt war, dann senkte er das Tauchfahrzeug so schnell und hart ab, wie es ging. Sofort blockierte aufgewirbeltes Sediment die Sicht, und ohne etwas zu sehen, versuchte er, die Greifer zu schließen.

Es war inzwischen fast 10 Uhr morgens. Keiner der Männer hatte in der Nacht ein Auge zugetan, und die vier Techniker im Leitstand saßen mit brennenden Augen vor den Bildschirmen, auf die sie seit sechs Stunden ununterbrochen starrten. Moore konnte jetzt sehen, daß sich die Greifer auch dieses Mal nicht geschlossen hatten, hoffte aber, daß ein oder zwei Stücke Kohle in der Krabbenfalle hängengeblieben waren.

Um 13 Uhr informierte Bob Tommy im Funkcontainer, daß sie bereit waren, das Tauchfahrzeug heraufzuholen, aber Tommy sagte, sie sollten es in einem sicheren Abstand vom Meeresboden halten und über der Fundstelle bleiben. In der Zwischenzeit hatte die *Liberty Star* ihren südöstlichen Kurs verlassen und aus irgendeinem Grund auf einen genau südlichen Kurs eingeschwenkt, auf dem sie jetzt mit stark gedrosselter Geschwindigkeit unterwegs war. Tommy hatte keine Ahnung, was ihr Kapitän vorhatte, aber er wollte das Tauchfahrzeug im Wasser haben, um Burlingham einen juristischen Vorteil zu verschaffen.

Eine Stunde später schwenkte die *Liberty Star* unvermittelt nach Osten und dann nach Norden um und hielt mit stark erhöhter Geschwindigkeit auf ihr Operationsgebiet zu. Als sie – wiederum eine Stunde später – einen Punkt weniger als eine Meile südwestlich des Gebietes erreichte, setzte sich Tommy wieder mit Robol in Verbindung.

Unterdessen funkte Burlingham, der wissen wollte, worauf die andere Seite aus war, bei eingeschaltetem Tonbandgerät die *Liberty Star* an und wies sie darauf hin, daß sie sich ihrem zuvor bereits bezeichneten Operationsgebiet näherten. Die knappe Antwort von der anderen Brücke lautete, daß man sich nicht innerhalb dieser Zone befinde und auch keine Absicht habe, in sie einzufahren. Burlingham erinnerte den Kapitän der *Liberty Star* daran, daß die *Navigator* Ausrüstung im Wasser habe. Sollte die *Liberty Star* nicht ausreichend Abstand halten, fuhr er fort, könne nicht ausgeschlossen werden, daß sich die von der *Navigator* und der *Liberty Star* geschleppten Ausrüstungen ineinander verhaken und verlorengehen könnten, was nicht nur die Schiffe, sondern auch die Menschen an Bord gefährden würde.

Ohne nochmals zu antworten, setzte die *Liberty Star* ihren Weg fort. Als sie die südwestliche Ecke des Gebietes erreichte, drosselte sie ihre Fahrt auf unter drei Knoten. Dort wurde sie bereits von der *Navigator* erwartet, die in einer halben Meile Distanz zu ihr stand und ihren Bug auf das andere Schiff ausgerichtet hielt. Während die *Liberty Star* entlang der westlichen Grenze des Gebietes langsam nach Norden fuhr, hielt Burlingham die *Navigator* mit Hilfe des dynamischen Positionierungssystems quasi im Krabbengang auf gleicher Höhe mit der *Liberty Star*.

»Ich bin mir sicher, daß sie sich auf der Brücke der *Liberty Star* vor Erstaunen über das, was wir da taten, die Augen rieben«, sagte Burlingham. »Als Bergungsschiff für Space-Shuttle-Raketenstufen war die *Liberty Star* vom Kiel bis zum Mast auf höchste Technik getrimmt. Die *Navigator* dagegen war nichts als eine Baggerschute.« Doch das war nur Tarnung; die *Navigator* konnte dank ihres dynamischen Positionierungssystems nicht nur reglos auf einer Stelle verharren und sich zentimeterweise nach links oder rechts bewegen, auch ihr Navigationssystem war dem der *Liberty Star* haushoch überlegen: Die *Liberty Star* navigierte mit einem System, das mit einer Ungenauigkeit von 70 Metern ihre tatsächliche Position anzeigte; Burlingham konnte seine Position bis auf fünf Meter genau bestimmen.

Als die *Liberty Star* die nordwestliche Ecke passiert hatte, bog sie unvermittelt nach Südosten auf einen Kurs ab, der mitten durch die Box führte. Doch wieder stand die *Navigator* bereit, und dem Kapitän der *Liberty Star* blieb nichts anderes übrig, als, kaum daß er die Grenze überquert hatte, eine volle Wende auszuführen. Eine kurze Zeit lang fuhr die *Liberty Star* nordwärts, bevor sie scharf nach Osten umschwenkte und ihre Fahrt entlang dem nördlichen Rand fortsetzte.

»Eigentlich hätten wir einfach über der Fundstelle sitzen bleiben, weiter unsere Arbeit tun und die anderen in die Box eindringen lassen sollen, genau so, wie es das Gericht gern gesehen hätte«, sagte Tommy. »Aber das war ein Risiko, das wir schlichtweg nicht eingehen konnten.«

Sollte es den Schatzsuchern an Bord der *Liberty Star* gelingen, ihren Kapitän dazu zu überreden, die Seestraßenordnung nur so weit außer acht zu lassen, daß sie ihr Tiefschleppsonar über die Galaxy-Fundstätte bringen konnten, dann stand zu befürchten, daß sie vom Gericht einen Teilanspruch auf das Gold an Bord der *Central America* zugesprochen bekamen. »Natürlich hätten sie gegen die Seestraßenordnung verstoßen«, sagte Tommy, »aber trotzdem hätten sie genausoviel wie wir über die Fundstätte gewußt.«

Da sie bislang keine Zeit gehabt hatten, das Tauchfahrzeug an Deck zu holen, wußten sie immer noch nicht, ob sich irgend etwas in der Krabbenfalle verfangen hatte. Doch dann, um 14 Uhr, näherte sich die *Liberty Star* der nordwestlichen Ecke des Gebietes, wo sie, wovon Tommy ausging, wenden würde. Während des Wendemanövers, überlegte er, könnte Burlingham die *Navigator* reglos auf dem Wasser halten und damit Craft Gelegenheit geben, das Tauchfahrzeug an Deck zu holen und die Krabbenfalle in Augenschein zu nehmen.

Als die *Liberty Star* das Wendemanöver einleitete, wies Craft Tod und Bryan an, mit Messern und Marlpfriemen auf den Ausleger hinauszugehen und sich darauf vorzubereiten, das Tauchfahrzeug vom Kabel ab- und an den Kranhaken anzuhängen. Dann ließ er seinen erhobenen Zeigefinger kreisen, womit er Doering das Signal gab, das Kabel vollends einzuholen. Das Tauchfahrzeug durchbrach die Wasseroberfläche und drückte gegen die Traktorreifen am Ende des Kranauslegers. Als Tod und Bryan es stabilisiert hatten, hob Doering den Ausleger an. Unter herabströmenden Wasserkaskaden tauchte das Fahrzeug langsam mit immer noch ausgestreckten und – wie sie bereits wußten – leeren Greifern aus dem Wasser. Als es Augenhöhe erreichte und das abfließende Wasser bis auf ein paar Tropfen versiegt war, konnten sie die Krabbenfalle unter dem Fahrzeug sehen. Zu ihrer Enttäuschung war sie jedoch ebenfalls leer. Falls sich bei dem Sturzflug in den Kohlehaufen etwas in der Krabbenfalle verfangen hatte, so war es irgendwann herausgespült worden, entweder während das Tauchfahrzeug untätig am Kabel gehangen hatte oder während des 2400 Meter langen Aufstiegs. Keiner war sonderlich überrascht, aber gehofft hatten sie alle.

Die Sonne stand noch hoch an einem wolkenlosen Himmel, und

entsprechend heiß war es an Deck. Die *Liberty Star* hatte ihre Wende abgeschlossen und befand sich jetzt auf südlichem Kurs. Doering schwang das Tauchfahrzeug gerade über die Reling, als das Sonnenlicht plötzlich von etwas anderem als nur den Wassertropfen widergespiegelt wurde. Doering, dem das Funkeln als erstem auffiel, reagierte sofort. Noch bevor das Fahrzeug auf dem Deck aufsetzte, schrie er den Umstehenden zu: »Da hängt was!« Eingekeilt in eine Ecke des unteren Aluminiumrahmens hing ein mehr als faustgroßes, schwarzschimmerndes Objekt. Kaum war das Tauchfahrzeug auf dem Deck, griff einer der Techniker in den Rahmen und beförderte ein fast zwölf Zentimeter großes Stück Anthrazitkohle hervor.

»Wie es dieser in einem Aluminiumrahmen verkeilte Kohlebrocken trotz der Vibrationen und der Erschütterungen beim Herausziehen aus dem Wasser bis ganz nach oben schaffen konnte, ohne herauszufallen, weiß ich nicht«, zeigte sich Doering erstaunt. »Aber er hat es geschafft.«

Bob ließ das Rückhalteseil fallen, das er bis dahin gehalten hatte, und untersuchte den Kohlebrocken. Angesichts der weißen Kalkröhren von Röhrenwürmern, die die Oberfläche bedeckten, konnte kein Zweifel daran bestehen, daß die Kohle von einem untergegangenen Schiff stammte.

Nachdem die *Liberty Star* die Ostgrenze des Areals abgefahren hatte, schwenkte sie nun nach Westen und folgte der südlichen Begrenzung – immer begleitet von der *Navigator*, die weiterhin ihren Bug auf das andere Schiff hielt. Am Spätnachmittag hatte sie das gesamte Gebiet umfahren, ging wieder auf ihren ursprünglichen südöstlichen Kurs und verschwand später am Abend vom Radarschirm der *Navigator*.

Keiner von ihnen konnte sich erklären, wie es der in einer Ecke des Aluminiumrahmens eingeklemmte Kohlebrocken nach oben geschafft hatte, aber das kümmerte auch keinen. Alles, was zählte, war, daß sie einen Gegenstand von dem Schiff in Händen hielten, den der zuständige US-Marshal »verhaften« und anhand dessen der Richter ihren Anspruch auf die Fundstätte rechtskräftig bestätigen konnte. Erst dann wären sie vor der *Liberty Star* sicher. Doch das Gericht befand sich in Norfolk, 300 Meilen weit weg, und da die *Liberty Star* das Wrack wie ein hungriger Hai umkreiste, durften sie sich nicht von der Stelle rühren. Mit einem Versorgungsboot würde es zwei Tage dauern, bis der Kohlebrocken in Norfolk eintraf. Auch die Sea Bee schied aus; nach dem fast fatalen ersten Wasserungsmanöver war es ausgeschlossen, daß Steve Gross es noch einmal versuchen würde. Doch dann kam Tommy die rettende Idee. »Ich wußte, daß ich Gross um etwas reichlich Verrücktes bat«, gab Tommy zu. Er wollte, daß Gross zur *Navigator* herauskam und sich den Kohlebrocken sozusagen im Vorbeifliegen schnappte.

Über das immer noch stark rauschende Satellitentelefon erklärte Tommy Gross in Wilmington den Plan. Die Idee war einfach: Alles, was Gross tun mußte, war, sein Leben bei einem Manöver aufs Spiel zu setzen, das die nationale Flugaufsichtsbehörde über territorialen Gewässern streng verboten hatte. Tommy hatte vor, den Brocken an einem Seil aufzuhängen und das Seil zwischen dem Heck des Schiffs und dem ausgesetzten Schlauchboot aufzuspannen. Gross sollte dann die Sea Bee auf einen Kurs parallel zum Heck der *Navigator* bringen, bis auf einen oder zwei Meter über das Wasser heruntergehen, die Geschwindigkeit so weit wie möglich drosseln und in dichtem Vorbeiflug am Heck des Schiffs vorbei den Kohlebrocken mit einem an einem 30 Meter langen Schleppseil befestigten Enterhaken aufnehmen.

Gross fand die Idee gar nicht so schlecht, fragte sich aber, was er zurück an Land mit dem Ding tun sollte, das da an einem langen Seil vom Schwanz der Sea Bee herunterhing. Eine Landung auf dem Flughafen von Wilmington war ausgeschlossen. Selbst wenn das Päckchen den unausweichlichen Parforceritt mit 160 Kilometern pro Stunde über den rauhen Asphalt der Landebahn einigermaßen heil überstehen sollte, konnte er schlecht mitten auf dem Rollfeld aus dem Cockpit klettern und es an der Schnur zu sich heranziehen. Gross sah sofort, daß es nur eine Möglichkeit gab: Er mußte auf dem Cape Fear River wassern. Allerdings war der Fluß an vielen Stellen kaum tiefer als zehn Zentimeter. Um auf dem Cape Fear River landen zu können, mußte er die Karten konsultieren und genau wissen, wo er sich befand. Dazu aber mußte er sehen können, wo er sich befand, das hieß, eine Landung war nur möglich, solange es noch hell war.

Zu dieser Jahreszeit wurde es in Wilmington gegen 19.45 Uhr dunkel. Doch er brauchte mehr als nur das letzte, schwache Tageslicht, um sich über dem Fluß orientieren zu können. Das hieß, Gross mußte bis allerspätestens 19.30 Uhr über dem Fluß sein, um eine geeignete Stelle zum Wassern ausfindig machen zu können. Es war jetzt 15.30 Uhr, und er saß in kurzer Hose in seinem Zimmer im Cricket Inn am Telefon. Wenn er sofort zum Flughafen aufbrach, konnte er mit der Sea Bee bestenfalls um 16 Uhr in der Luft sein. Er fing an, Zahlen zu überschlagen: »Mal sehen, wenn ich um vier in der Luft bin, kann ich etwa um sechs bei der *Navigator* draußen sein. Rechnen wir eine Stunde, bis ich das Päckchen am Haken habe, dann bin ich gegen neun zurück. Das ist zu spät, um noch auf dem Cape Fear River zu wassern.« Wider besseres Wissen versprach er Tommy, einen Versuch zu wagen. Sie sollten dafür sorgen, daß alles bereit war, wenn er eintraf, damit die Sache möglichst schnell über die Bühne ging. Um genau 16.09 Uhr hob die Sea Bee mit Steve Gross am Knüppel vom Flughafen Wilmington ab. Knapp zwei Stunden später, um 18.05 Uhr, erreichte er die *Navigator*.

Um sich eine zweite Chance offenzuhalten, wenn der erste Versuch fehlschlagen und das Päckchen auf den Meeresgrund sinken sollte, beschlossen Tommy und Bob, den über ein Kilo schweren Kohlebrocken in zwei Hälften zu zerschneiden. Als Bob sich in der Werkstatt mit der Säge an den Brocken heranmachte, zeigte sich, daß er so hart war, daß nur eine Metallsäge durch das Material schnitt. Es dauerte schließlich eine geschlagene Stunde, bis er den Brocken durch hatte. Dann packte er Styroporchips in einen großen Kunststoffbecher mit Schraubverschluß, in dem sich einmal Mayonnaise befunden hatte, ließ eine der Hälften hineingleiten und füllte den Becher mit Styroporchips auf. Das, so hoffte er, würde den Becher über Wasser halten, sollte er Gross vom Haken gleiten. Anschließend umwickelte er den Becher mit mehreren Lagen Isolierband, in das er ein Gestänge einarbeitete, an dem das ganze Paket an der 60 Meter langen Nylonschnur aufgehängt werden konnte, die sie zwischen dem Heck und dem Schlauchboot spannen wollte, das 30 Meter hinter dem Heck lag, wobei der obere Abschnitt straff gespannt sein mußte, damit Gross mit dem Enterhaken die Schlaufe erfassen konnte.

Gross, der sich noch in einer Höhe von 1200 Metern befand und sah, wie im Osten das Licht schwächer wurde, fing an, sich ernsthaft Sorgen zu machen, ob er es rechtzeitig zurück zum Fluß schaffen würde. Unterdessen ließen Tod und Bryan das Schlauchboot vom Achterdeck der *Navigator* zu Wasser, während Bob den Plastikbecher an dem Nylonseil befestigte. Dann fixierte Doering das eine Ende der Schlaufe mit einem Stück Angelleine am Ausleger des Krans und fuhr den Ausleger aus, bis er so weit wie eben nur möglich über dem Deck aufragte.

Als Gross kurz nach 18 Uhr über der *Navigator* ankam, erklärte ihm Tommy über das Handfunkgerät, wie das Manöver ablaufen sollte. Dann reichte er das Funkgerät an Scotty und stieg mit einem vier Meter langen PVC-Rohr, mit dem sie das andere Ende der Schlaufe hochhalten wollten, zu Tod und Bryan in das Schlauchboot. Wie immer folgten Weißhaie dem Schlauchboot hinaus und umkreisten es, zwei Meter lange Biester, nicht besonders aggressiv, aber unberechenbar und als Menschenhaie bekannt. Nachdem sie ihre Position eingenommen hatten, stand Tommy auf und versuchte, mit dem ausgestreckten PVC-Rohr den oberen Teil der Nylonschnur so straff wie möglich anzuziehen, was gar nicht so einfach war, vor allem, da das Schlauchboot in der mehr als einen Meter hoch gehenden See heftig hin und her schwankte. Bob fragte sich, wie es mit dem Projekt weitergehen würde, sollte eine unerwartete Welle Tommy ins Meer schleudern und die Haie sich über ihn hermachen. Tommy dagegen hatte kein Auge für die Haie, er war mit einem drängenderen Problem befaßt: Das Nylonseil hatte sich verdreht, und er schwang das Rohr in großen Kreisbewegungen umher, um es wieder zu entwirren.

Gross hatte inzwischen die Fangleine mit dem Enterhaken abgelassen, der jetzt gut 30 Meter hinter dem Flugzeug in der Luft schwebte. Er flog einmal am Heck vorbei, damit Scotty sehen konnte, wie der Haken in der Luft lag, und signalisierte, daß er für das Übernahmemanöver bereit sei. Aber Tommy bedeutete ihm durch Handzeichen, noch zu warten. Gross wurde unruhig. Wenn er nicht auf dem Fluß wassern konnte, konnte er sich die Mühe sparen, das Päckchen an den Haken zu nehmen. Als seine Uhr 18.30 Uhr anzeigte – das Limit, das er sich gesetzt hatte –, funkte er Scotty an. »Entweder wir machen es jetzt«, sagte er, »oder wir müssen die Sache abblasen.«

Tommy stand immer noch im Schlauchboot und versuchte, das Seil zu entwirren. »Scotty, ich muß jetzt zurückfliegen«, schrie Gross in das Funkgerät. »Sagen Sie Tommy, daß ich morgen zurückkomme.« Er wollte gerade abdrehen, als ihm ein Gedanke durch den Kopf schoß: Warum nicht versuchen, das Päckchen trotz der in sich verschlungenen Leine an den Haken zu nehmen? Er beschloß, genau einen Versuch zu wagen.

Gross kreiste noch einmal, dann steuerte er im Tiefflug auf die Stelle zwischen dem Heck und dem Schlauchboot zu. Burlingham hielt die *Navigator* so reglos wie möglich. Gleichzeitig gab Bryan im Schlauchboot leicht Gas, um das Seil gespannt zu halten, während Tommy das Plastikrohr in die Höhe streckte. Als der Enterhaken das Seil erfaßte, fing es an, unter der plötzlichen Spannung zu sirren, bis die schwächeren Angelleinen an beiden Fixpunkten rissen. Gross hielt die Sea Bee im Tiefflug. Das Päckchen wirbelte an über 30 Meter Schleppseil und einer ebenso langen Nylonseilschlaufe durch die Luft. Gleich darauf verlor es an Höhe und schlug auf eine Welle auf, dann noch eine und noch eine. Gross spürte einen heftigen Ruck, hörte das Seil sirren und dann einen Knall. Das Seil war gerissen. Das Paket hüpfte noch eine Viertelmeile über das Meer, bevor es im Wasser liegen blieb.

Bryan raste sofort mit Höchstgeschwindigkeit hinter der Sea Bee her, und nach kurzem Suchen fanden sie das immer noch in Isolierband eingewickelte Päckchen auf dem Wasser treibend. Gross verfluchte seine Dummheit und schwor sich, beim nächsten Mal die Sea Bee steil in die Höhe zu ziehen, sobald er die Schlaufe im Haken hatte. Allerdings würde es an diesem Tag kein nächstes Mal gebe.

Nach einem ereignislosen Heimflug traf Gross um 23 Uhr in seinem Zimmer im Cricket Inn ein, stellte den Wecker auf 3 Uhr und legte sich ins Bett. Am nächsten Morgen fuhr er direkt zum Flughafen, tankte die Sea Bee auf und meldete seinen Flug an. Um 3.52 Uhr war er wieder in der Luft, und die erste Stunde flog er durch pechschwarze Nacht.

Über Nacht hatte sich das Meer beruhigt. Als Gross kurz vor 6 Uhr die *Navigator* erreichte, bewegte sich das Schlauchboot in der schwachen Dünung nur noch leicht auf und ab. Tommy war gerade dabei, die Nylonschlaufe mit einem Stück Angelschnur an dem PVC-Rohr festzuknoten.

Gross flog einmal am Heck vorbei, um zu prüfen, ob der Haken richtig in der Luft lag, kreiste einmal über der *Navigator*, drückte die Sea Bee nach unten und hielt in einer Höhe von knapp über drei Metern auf die Mitte der Nylonschlaufe zu. Dieses Mal spannte sich das Seil gerade über das Wasser. Kaum hatte der Enterhaken die Schlaufe erfaßt, zog Gross den Steuerknüppel nach hinten, und die Maschine stieg steil nach oben, noch bevor das Seil unter der steigenden Spannung anfing zu sirren. Als die Angelleinen rissen, hatte er schon einiges an Höhe gewonnen. Sobald er sich versichert hatte, daß das Päckchen mit dem aus über 2400 Meter Tiefe vom Meeresboden geborgenen Kohlebrokken an der Leine hinter dem Flugzeug hing, nahm er Kurs auf die Küste.

Alle an Bord der *Navigator* hatten Gross' artistisches Manöver mit angehaltenem Atem mitverfolgt. In den letzten vier Monaten hatten ihre gesamten Anstrengungen nur einem einzigen Ziel gegolten: ein Objekt von der *Central America* zu bergen. Nun endlich befand sich dieses Objekt – ein banales Stück Kohle – auf dem Weg nach Norfolk, um dort vor Gericht präsentiert zu werden. Kein Wunder, daß alle auf der *Navigator* in lauten Jubel ausbrachen und sich gegenseitig voller Begeisterung auf die Schultern klopften, als Gross die Sea Bee mit dem Kohlebrocken am Haken nach oben zog und nach Westen davonflog.

Zwei Stunden später setzte Gross auf dem Cape Fear River auf. Das Päckchen hinter ihm hüpfte und sprang über das Wasser, bis er die Sea Bee stoppte. Gross öffnete die Tür, zog mit einem Bootshaken das Päckchen heran und fischte es aus dem Wasser. Dann kletterte er zurück ins Cockpit, warf das Päckchen auf den Rücksitz und flog weiter nach Wilmington. Nachdem er die Maschine aufgetankt hatte, brach er sofort nach Norfolk auf, wo Robol bereits auf ihn wartete.

Tommy hatte den Anwalt vom Schiff aus informiert, daß ein Gegenstand von dem Wrack unterwegs nach Norfolk sei. Als das Gericht an diesem Morgen seine Pforten öffnete, stand Robol mit einer vom Richter zu unterzeichnenden gerichtlichen Verfügung vor der Tür, die den zuständigen US-Marshal anwies, das Objekt und das dadurch repräsentierte Schiff zu »verhaften«, sobald es im Gericht eintraf. Gleichzeitig reichte er einen Zusatz zu seiner ursprünglichen Klageschrift ein, der die Sidewheel-Koordinaten durch die der Galaxy-Fundstätte ersetzte.

Am Flughafen überreichte Gross Robol das Päckchen, der unverzüglich nach Norfolk zurückfuhr und kurz nach Mittag wieder am Gericht eintraf. Robol trug den immer noch in Isolierband eingewickelten Mayonnaisebecher in das Büro des Marshal und sah zu, wie er das Isolierband abwickelte, in den Becher hineingriff und das mit weißen Kalkröhren überzogene Stück Kohle daraus hervorzog. Sichtlich amüsiert meinte er zu Robol: »Das ist das erste Mal in meinem Leben, daß ich einen Kohlebrocken verhafte.«

Noch am selben Nachmittag überprüfte der Richter die von Robol eingereichten Papiere, darunter auch den Haftbefehl und die ergänzte Klageschrift. Der Richter war sich zwar nicht sicher, ob sich seine Zuständigkeit auf eine Fundstätte jenseits der Dreimeilenzone erstreckte, doch falls niemand den Anspruch der Columbus-America Group auf das Wrack und damit seine Jurisdiktion über die Fundstelle in Frage stellte, würde das nicht zum Problem werden. Bis dahin stellte er seine Jurisdiktion über die Angelegenheit fest und gewährte der Columbus-America Discovery Group die vollen Bergungsrechte über die Fundstätte.

Das Gericht hatte ihnen zwar die Bergungsrechte über das Schiff zuerkannt. Doch Tommy konnte das nicht beweisen, da das Satellitentelefon wieder einmal ausgefallen war und Robol ihnen deshalb keine Kopie der gerichtlichen Verfügung zufaxen konnte. »Wir mußten die *Liberty Star* aufhalten«, sagte Tommy. »Aber ohne die Verfügung hatte ich keine Chance, Burlingham davon zu überzeugen, daß er nicht Gefahr lief, sein Patent zu verlieren, und daß ich nicht nur Phantasiegeschichten erfand.«

Als die *Liberty Star* den nördlichen Rand des Gebietes erreichte, rief Burlingham ihren Kapitän und forderte ihn auf, sich vom Operationsgebiet der *Navigator* fernzuhalten. Wie schon zuvor, erwiderte der Kapitän der *Liberty Star*, daß sie weder in das Operationsgebiet einfahren noch die *Navigator* behindern würden. Am Nachmittag gelang es Robol endlich, ihnen eine Kopie der gerichtlichen Verfügung auf das Schiff zu faxen. Burlingham nahm erneut Kontakt zum Kapitän der *Liberty Star* auf und las ihm den Text vor, wobei er einzelne Teile des Haftbefehls und der richterlichen Verfügung, die Columbus-America zum bevollmächtigten Treuhänder des Schiffs und aller von dem Schiff geborgenen Objekte ernannte, besonders hervorhob. Der Kapitän bestätigte einen klaren Empfang der Nachricht und meldete sich ab, ohne noch etwas hinzuzufügen.

Am nächsten Morgen, es war der 9. Juli, schloß die *Liberty Star* eine weitere lange Suchbahn ab, rückte rund eine Meile nach Osten und ging dann auf einen Kurs, der direkt durch die östliche Hälfte des Operationsgebietes der *Navigator* führte. Ihr Kapitän funkte Burlingham an und verlas folgende Erklärung:

»Heute, 9.32 Uhr östlicher Standardzeit, liegt uns weder ein Beleg noch eine Unterrichtung über einen Beschluß oder eine einstweilige Verfügung eines Gerichtshofs mit zuständiger Gerichtsbarkeit vor, die unser Recht auf freie Bewegung in den Hochseegebieten des Atlantischen Ozeans begrenzt. Nichts in den gestern oder an einem der vorangegangenen Tage vorgebrachten Einreichungen beschränkt unser Recht darauf, unsere Forschungs- und Suchoperationen uneingeschränkt fortzusetzen.«

Offensichtlich hatte die Gruppe an Bord der *Liberty Star* zwischenzeitlich ihre Anwälte konsultiert. »Folglich«, fuhr der Kapitän fort, »setzen wir Sie hiermit davon in Kenntnis, daß wir auf eine Suchbahn eingeschwenkt haben, die durch das von Ihnen spezifizierte Areal führt, und fordern Sie auf, alles zu unterlassen, was unsere Fahrt auf diesem Kurs behindern könnte. Wir schleppen ein hydrographisches Tiefschlepp-Suchsystem an einem 3900 Meter langen Kabel in einer ungefähren Höhe von 100 Metern über dem Boden und fahren mit einer Geschwindigkeit von näherungsweise 1,6 Meilen über Grund. Wir werden nicht in der Lage sein, plötzliche Kurs- oder Geschwindigkeitsänderungen vorzunehmen, außerdem halten wir es für angebracht, darauf hinzuweisen, daß der Kurs des Schiffs unter Umständen beträchtlich von der Suchbahn abweichen kann.«

Robol hatte von Anfang an auf eine einstweilige Verfügung gedrängt, die es Dritten untersagte, bei Androhung von juristischen Sanktionen in das Operationsgebiet einzudringen. Doch kein Richter erläßt eine einstweilige Verfügung, solange nicht unmittelbare Bedrohung für das Leben von jemandem oder sein Eigentum besteht. Die Ankündigung der *Liberty Star* war genau das, worauf er gewartet hatte – eine unmittelbare Bedrohung.

Tommy beauftragte Craft, das Tauchfahrzeug wie geplant sofort zu Wasser zu lassen. Dann rief er Robol an, mit dem zusammen er eine eidesstattliche Erklärung für den Richter aufsetzte. Sie stellten der Erklärung die knappe Ankündigung der *Liberty Star* voran und schrieben dann weiter: »Die *R/V Nicor Navigator* führt momentan Unterwasserbergungsarbeiten mit einem ferngesteuerten Bergungssystem in einer Tiefe von ungefähr 2700 Metern und an einer Leine von ungefähr 3300 Metern durch. Die *Nicor Navigator* hat die Tagsignale Ball, Rhombus, Ball gesetzt und ist aufgrund dieser Unterwasseroperationen nur eingeschränkt manövrierfähig. Während wir dies schreiben, 11.30 Uhr östlicher Standardzeit, befindet sich die *R/V Liberty Star* in einem Abstand von 7800 Metern auf einem Kurs von genau 332 Grad. Auf ihrem gegenwärtigen Kurs steht zu erwarten, daß sie oder das an ihr befestigte Gerät in einem Abstand von schätzungsweise 200 Metern die *Nicor Navigator* oder das an ihr befestigte Gerät in einer Zeit von 150 Minuten passieren wird. Das stellt eine direkte Bedrohung und Behinderung unserer Unterwasserbergungsarbeiten dar.«

Barry unterschrieb die auf 9. Juli 1987, 12 Uhr, datierte Erklärung und faxte sie direkt an Richter Richard B. Kellam im Bundesgerichtsgebäude in Norfolk. Um 13.30 Uhr erließ Kellam eine auf zehn Tage befristete einstweilige Verfügung zu ihren Gunsten, die Robol sofort an Tommy faxte. Die *Liberty Star* hatte in den vergangenen drei Stunden unverändert auf sie zu gehalten, und als das Fax eintraf, passierte sie gerade den nördlichen Rand des bezeichneten Gebietes.

Tommy zeigte Burlingham das Fax, der sofort die *Liberty Star* anfunkte. Als der Kapitän sich meldete, verlas Burlingham die von Richter Kellam aufgesetzte Verfügung, wiederholte die Koordinaten der vier Eckpunkte der Box und schloß mit den Worten: »Sie werden hiermit davon in Kenntnis gesetzt, daß Sie und alle durch Sie vertretenen Parteien wegen Mißachtung eines Gerichtsbefehls

Sanktionen und Strafen zu gewärtigen haben, sollten Sie nicht unverzüglich das durch die Koordinaten bezeichnete Gebiet verlassen.«

Entgegen ihren Erwartungen drehte die *Liberty Star* nicht ab, sondern hielt ihren Kurs bei. Tommy schickte per Telex eine Kopie der Verfügung an die *Liberty Star*, ohne dadurch jedoch eine Reaktion auszulösen. Schließlich funkte Burlingham sie nochmals an und kündigte an, zwei Mann im Schlauchboot hinüberzuschicken, die das Dokument persönlich überreichen sollten, aber der Kapitän lehnte es ab, die beiden an Bord kommen zu lassen.

Burlingham, der die *Navigator* bereits mit dem Heck zur *Liberty Star* gedreht hatte, stellte auf DP-Modus um und verharrte reglos auf halber Strecke zwischen der Mitte und der östlichen Begrenzung ihrer Box. Das Tauchfahrzeug war immer noch unter Wasser, und am Mast der *Navigator* hing das Tagsignal Ball, Rhombus, Ball eines Schiffs mit eingeschränkter Manövrierfähigkeit. Damit stand die *Navigator* auf einer Stufe mit der *Liberty Star*, und wenn zwei Schiffe gleichermaßen beschränkt waren, galt nach der Seestraßenordnung das überholende Schiff als das ausweichpflichtige Schiff. »Ich hatte sie in der Zwickmühle«, sagte Burlingham. »Entweder sie drehten ab, oder sie kreuzten hinter dem Heck der *Navigator*, was sie aber nicht durften, da ich Gerät im Schlepp hatte.«

Als die *Liberty Star* näher kam, machte Burlingham kleine Fahrt in südwestliche Richtung. Die *Liberty Star* korrigierte ihren Kurs in westliche Richtung, um nicht hinter der *Navigator* durchzukreuzen. Burlingham blieb weiter auf südwestlichem Kurs, doch dieses Mal hielt die *Liberty Star* auch ihren Kurs. Erst als die beiden Schiffe nur noch 700 Meter auseinander waren, drehte sie weiter nach Westen ab und verließ schließlich das Areal.

Ein paar Minuten später funkte der Kapitän der *Liberty Star* Burlingham an und verlas eine knappe Erklärung, nach der die einstweilige Verfügung nicht rechtskräftig sei, da die erforderlichen 100 000 Dollar Kaution nicht hinterlegt worden seien. Selbst wenn eine rechtskräftige einstweilige Verfügung bestünde, fuhr er fort, müßte diese entweder ihren Anwälten in Boston oder ihm, dem Kapitän der *Liberty Star*, von einem US-Marshal auf See vorgelegt werden. Des weiteren, so der Kapitän, hätten die Rechtssubjekte an Bord der *Nicor Navigator* »unbegründete Ansprüche vorgebracht und versteckte Drohungen hinsichtlich der Unversehrtheit der *Liberty Star*, ihrer Unterwasserausrüstung und ihrer Besatzung geäußert«. Aus diesem Grund werde die *Liberty Star* nicht mehr auf Funksprüche der *Nicor Navigator* antworten und den weiteren Kontakt zwischen den beiden Schiffen strikt nach der Seestraßenordnung führen.

Um 17 Uhr hatte Robol die Kaution in Höhe von 100 000 Dollar hinterlegt, und Tommy bat Burlingham, die *Liberty Star* zu rufen und Dr. William Ryan auf die Brücke zu bestellen. Ryan hatte vor drei Jahren die Sonarerkundung bei Harry Johns »X-marks-the-spot«-Suchexpedition geleitet. Wenn die Columbia University an dieser Sache beteiligt war, dann war Ryan als Leiter des Lamont-Doherty-Tiefseesonarforschungsteams der Universität unter Garantie an Bord der *Liberty Star*. Und so war es auch. Nachdem Ryan sich gemeldet hatte, las Burlingham eine weitere, ausführliche Erklärung vor:

»Wir setzen Sie hiermit davon in Kenntnis, daß das Bezirksgericht der Vereinigten Staaten für den Eastern District von Virginia seine Gerichtsbarkeit über das aufgelaufene und aufgegebene Segelschiff innerhalb der Grenzen unseres Operationsgebietes festgestellt hat und daß ein Haftbefehl unter Seerecht erlassen wurde. Darüber hinaus ist die Columbus-America Discovery Group rechtskräftig als bevollmächtigter Treuhänder des US-Marshal eingesetzt worden. Daraus folgt, daß Columbus-America, gemeinsam mit dem Führer des Forschungsschiffes *Nicor Navigator*, per Gesetz ermächtigt ist, als bevollmächtigter Treuhänder des US-Marshal zu handeln … In dieser Eigenschaft fordern wir Sie auf, Ihr Schiff, die *Liberty Star*, Ihr Tiefschleppsonar, Ihre Bergungsgeräte und sämtliche anderen im Wasser befindlichen Gegenstände außerhalb unseres Operationsgebietes zu belassen. Sollten Sie diese Aufforderung mißachten, werden wir nicht zögern, unsere Pflichten als bevollmächtigter Treuhänder des US-Marshal voll zu erfüllen und die vom Gericht erlassene Verfügung zu erzwingen, unter Einsatz aller nach dem Seerecht und nach internationalem Recht erforderlichen und zulässigen Maßnahmen.«

Burlingham informierte Ryan, daß die Kaution hinterlegt und die Verfügung rechtskräftig sei. »Ich schlage vor«, schloß er seine Ausführungen, »daß Sie sich mit Ihrem Anwalt in Verbindung setzen.« Dann wandte er sich an Tommy und sagte bei ausgeschaltetem Funkgerät: »Ich hoffe nur, daß das nicht gelogen war.« Kurz darauf meldete sich der Kapitän der *Liberty Star* zurück und erklärte, er werde sich in dieser Nacht vom Operationsgebiet fernhalten.

Um den Druck auf die *Liberty Star* zu erhöhen, stellte Robol vor dem Gericht in Norfolk einen Antrag, die Gründe darlegen zu dürfen, warum die *Liberty Star* und ihre Besatzung aufgrund der Behinderung der andauernden Bergungsarbeiten von Columbus-America der Mißachtung des Gerichts für schuldig befunden werden sollte. Gleichzeitig beantragte er eine einstweilige Verfügung gegen die *Liberty Star* sowie, da der Kapitän als Rechtssubjekte an Bord seines Schiffs die »Kuratoren der Columbia University« genannt hatte, gegen sämtliche Kuratoren der Universität. »Das brachte etwas Wind in die Sache«, erzählte Tommy grinsend. »Das Gericht lud jeden einzelnen Kurator vor.« Die Anhörung wurde auf den 15. Juli festgesetzt.

Einen Tag nachdem ihnen die neue einstweilige Verfügung zugestellt worden war, ließ Craft das Tauchfahrzeug wieder ins Wasser. Da inzwischen die Strahlruder funktionierten, konnten sie auf dem Boden aufsetzen, und Moore hatte die Greifarme so weit justiert, daß er sie ausstrecken und einzelne Objekte einsammeln konnte. Wenn auch plump und unfähig im Vergleich zu dem Fahrzeug, das den Winter über in Tommys Kopf Gestalt angenommen hatte, läutete dieser Tauchgang doch eine neue Ära in der Geschichte der Tiefseetechnologie ein. In einer Tiefe von 2700 Metern filmten sie mit Videokameras und schossen Dutzende von Stereofotos. Moore holte mehrere Holzteile, einige weitere Kohlebrocken und eine Schlickprobe hoch. Insgesamt viermal versuchte er, Balken oder Gegenstände aus Eisen zu ergreifen, doch sie waren so morsch oder korrodiert, daß sie sofort zerfielen, wenn die Greifzangen sich schlossen.

Das Schiff befand sich in einem verheerenden Zustand. Aus

dem zerfallenen Wrack, auf dem nur noch einzelne Sektionen des Decks intakt schienen, ragten mehrere Balken in die Höhe; sie sahen einen Teil des Rumpfes und etwas, was sie für ein Stück des Bugs hielten. Im großen und ganzen jedoch war das Trümmerfeld mit Kohle bedeckt.

Während die Techniker das Trümmerfeld durchforsteten, bereiteten sich Tommy und Barry auf ihren Abstecher nach Norfolk vor. Tommy mußte vor Gericht aussagen, aber solange die *Liberty Star* noch in der Nähe war, durfte die *Navigator* die Fundstätte nicht verlassen. Der einzige »Kapitän«, den Hodgdon auftreiben konnte, war ein Teenager, der von der Idee begeistert war, mit dem Fischerboot seines Vaters und zwei Kumpels, die Hodgdon als »kiffende Hippie-Kids« beschrieb, die 200 Meilen zur *Navigator* hinauszufahren und Tommy und Barry abzuholen. Als sie am Abend des 13. Juli an der *Navigator* festmachten, stellte sich heraus, daß auch Tommys Schwager Milt Butterworth mit an Bord war. Milt und Tommys Schwester Sandee waren vor einiger Zeit von Chicago nach Columbia umgezogen, wo Milt als professioneller Fotograf und Videofilmer Kurse an der University of South Carolina gab. Tommy hatte ihn gebeten herauszukommen, um die Techniker bei der Dokumentation der Fundstätte zu unterstützen. Nachdem er an Bord der *Navigator* geklettert war, stiegen Tommy und Barry in das kleine Fischerboot um. Um 21.45 Uhr legten sie von der *Navigator* ab.

Das Boot stank durchdringend nach Fisch und war heillos verdreckt. Als Tommy unter Deck die Betten inspizierte, wurde er das ungute Gefühl nicht los, daß sie völlig verlaust waren. Schlimmer noch, Tommy stand kein Telefon zur Verfügung, um mit Robol, seinen Lieferanten oder der Crew auf der *Navigator* zu sprechen. Er und Barry verzogen sich unter Deck und unterhielten sich eine Weile über die bevorstehende Anhörung, waren aber eigentlich viel zu müde. Also versuchten sie zu schlafen, aber in der aufgewühlten See stieg das Boot immer wieder in die Höhe und krachte so heftig auf die nächste Welle, daß der ganze Rumpf erzitterte. Derweil rauchte die Crew oben im Ruderhaus ein bißchen Gras, dann banden sie das Ruder mit einem Seil fest, um das Boot auf Kurs zu halten, und streckten sich auf dem Boden zum Schlafen aus.

Nach 22 langen und unruhigen Stunden, in denen weder Tommy noch Barry viel Schlaf fanden, liefen sie im Hafen von Wilmington ein. Dort wurden sie bereits von Hodgdon und Gross erwartet, die mit ihnen durch prasselnden Regen zu einem kleinen Flughafen südlich der Stadt fuhren. Da Gross mit der Sea Bee in Wilmington bleiben mußte, um das Gebiet um die Fundstätte aus der Luft zu überwachen, hatte Hodgdon eine einmotorige Cessna gechartert. Tommy und Barry hatten kaum auf den Rücksitzen Platz genommen, als der Pilot die Maschine durch den Regen auf die Startbahn steuerte und sie gerade noch in die Luft brachte, ehe der Tower wegen der schlechten Wetterbedingungen den Flugbetrieb einstellte. Tommy mußte am nächsten Morgen um 9 Uhr vor Gericht erscheinen, wo er von den Anwälten der Gegenpartei einem Kreuzverhör unterzogen werden würde. Er mußte unbedingt mit Robol, Kelly und Loveland reden, bevor er in den Zeugenstand trat.

Als sich Kelly und Loveland in Columbus durch sämtliche Gerichtsverhandlungen geackert hatten, die sich mit der Bergung von Wracks befaßten, hatten sie auch die Namen der Anwälte aufgeschrieben, die in diesen Fällen die Plädoyers geführt hatten. Dabei war ihnen ein Name immer wieder begegnet: David Paul Horan. Horan, der als freiberuflicher Anwalt in Key West tätig war, hatte Meeresbiologie studiert, und wenn es eine Sache gab, die er mehr liebte, als vor Gericht einen Fall zu vertreten, dann Tauchen. Er war so in das Tauchen vernarrt, daß ihm ein Klient eine Wetterfahne für das Dach seines Büros schenkte, auf der man, wenn Wind ging, den Satz »Der Anwalt ist da« und bei Windstille »Der Anwalt ist tauchen gegangen« lesen konnte. Horan hatte Mel Fishers Klage gegen den Staat Florida bis zum Obersten Gerichtshof in Washington durchgefochten – und gewonnen. In den sieben Jahren seiner Tätigkeit als Anwalt hatte er nicht eine Anhörung, eine Verhandlung oder eine Berufungsverhandlung verloren. Sie heuerten Horan als ihre »Schrotflinte« neben Robol an.

Als Tommy und Barry in Robols Büro eintrafen, wo sie von Horan, Kelly und Loveland erwartet wurden, war es bereits weit nach Mitternacht. Sie machten sich sofort an die Arbeit. Robol erklärte Tommy, daß er der einzige Zeuge sei, den sie für Columbus-America aufrufen würden. Obwohl sie vorhatten, ihn ausschließlich zu den Geschehnissen auf See zu befragen, war die Zeit für Beratungen jetzt zu knapp. Ebensowenig konnten sie bestimmte Aussagen einüben oder die möglichen Fallen durchspielen, die die Anwälte der anderen Seite ihm zweifellos stellen würden. Was sie durchgehen wollten, war einzig und allein das, was sich auf See abgespielt hatte. Als Tommy mit seiner Geschichte fertig war, dämmerte es draußen bereits.

Wenn die Geschichte auch den Anwälten half, die sich zuspitzende Konfrontation nachzuvollziehen, die sich draußen auf dem Meer abgespielt hatte, so ließen die Unterwasseraufnahmen, die Tommy ihnen vorlegte, die Konfrontation wieder in den Hintergrund treten. Die Bilder entführten sie in eine Welt, in der sich seit Tausenden von Jahren nichts verändert hatte, bis dieses Schiff auf den Meeresboden gesunken war. Und danach hatte sich seit über einem Jahrhundert wieder nichts verändert. In dieser Welt gab es keine Konfrontation, keine Fristen, keine Gerichtstermine, keine Zeit und kein Licht, nur die vollkommene Nacht der Tiefsee, in der das Wrack langsam vor sich hin moderte.

»Es muß so gegen zwei Uhr morgens gewesen sein, als ich das Wrack zum ersten Mal sah«, erinnerte sich Kelly. »Tommy unterbrach seinen Redefluß, sagte ›Seht euch diese Dias an‹ und schob sie in das Stereoskop. Was wir sahen, waren zwar bloß ein paar Spanten des Schiffsrumpfes, die in die Dunkelheit ragten, aber es hatte etwas Gespenstisches an sich. Man konnte ein paar Holzbalken sehen und dann einen Jungfernblock direkt vor der Kameralinse. Von anderen Bildern starrten uns seltsam aussehende Fische an. Dann kam ein Dia von einem makellos weißen Ding – weiß der Teufel, was das war, eine Lebensform, die wahrscheinlich bis dahin noch nie zuvor jemand gesehen hatte, reinstes Weiß, das einfach so vorbeischwimmt.«

Nicht die Kuratoren der Columbia University saßen im Korridor, als sie ein paar Stunden später im Gericht eintrafen, sondern Tommys eigentlicher Kontrahent: ein bekannter Schatzsucher namens Burt Webber, der an diesem Morgen vor allem durch die für ihn typische Safarijacke und eine überdimensionale, in Gold und Silber gehaltene Taucheruhr am Handgelenk auffiel. Der 45jährige Webber war 1978 zu einigem Ruhm und einem kleinen Vermögen gekommen, als er John Doering und Seaborne Ventures im Wettrennen um die Bergung der an den Silver Shoals nördlich der Dominikanischen Republik gesunkenen *Concepción* schlug. Webber war der eigentliche Kopf des Unternehmens, der Schatzsucher an Bord der *Liberty Star*, der die Expedition – mit finanzieller Unterstützung der Investorengruppe Boston Salvage Consultants – organisiert hatte. Nach eigenen Angaben hatte er schon vor drei Jahren an einem die *Central America* betreffenden Projekt mitgearbeitet und die Sache seitdem »beharrlich weiterverfolgt«.

Den Vorsitz über die Anhörung führte Richard B. Kellam, leitender Richter des Bundesbezirksgerichts in Norfolk, der mit seinen 78 Jahren auf eine zwanzigjährige Erfahrung als Bundesrichter zurückblicken konnte. Wenn jemand wußte, wie man mit Anwälten umging, dann Kellam, der dafür bekannt war, Anwälten, die ihm seiner Meinung nach Zeit stahlen, ohne viel Federlesens das Wort zu entziehen.

»Guten Morgen, Gentlemen«, begrüßte sie Kellam, als er den Saal betrat. »Alle bereit für die Anhörung?« Noch nicht einmal eine Minute war vergangen, als Webbers Anwälte auch schon in Frage stellten, daß Kellam überhaupt befugt war, sich irgend etwas anzuhören, was über ein Wrack gesagt wurde, das 200 Meilen vor der Küste und damit weit außerhalb der territorialen Gewässer der Vereinigten Staaten lag. Sollte Columbus-America belegen können, daß sie im Besitz eines Objekts von dem Schiff war, beschied Kellam ihnen knapp, dann unterlag das Schiff auch seiner Gerichtsbarkeit, zumindest lange genug, um sich anzuhören, was die streitenden Parteien zu der Sache zu sagen hatten. Nachdem das geklärt war, forderte er Robol auf, seinen ersten Zeugen aufzurufen.

Kelly und Loveland hatten für Tommy einen grauen Anzug, ein weißes Hemd und eine graue Krawatte aufgetrieben, nur Schuhe, die ihm paßten, hatten sie nicht gefunden. Und so trat Tommy in grauem Anzug, weißem Hemd und den ausgelatschten braunen Turnschuhen, die er trug, seit sie in See gestochen waren, in den Zeugenstand.

Robol gefiel dieses Detail. Die Turnschuhe erweckten den Eindruck, als sei Tommy ein etwas zerstreuter Wissenschaftler, dem wichtigere Dinge als ein perfektes Äußeres durch den Kopf gingen. Tommy begann seine Aussage damit, seine Tätigkeit bei Battelle zu beschreiben, wie er schon früh angefangen hatte, sich für Schiffswracks mit Holzrumpf zu interessieren, und erläuterte die Forschungs- und Bergungstechnologien, die er und sein Team entwickelt hatten. Anschließend legte Robol dem Richter mehrere Serien von Aufnahmen des Wracks vor, die Tommy ausführlich kommentierte. Auf den ersten Bildern waren ein Teil des Rumpfes und die zum Aufziehen der Segel dienenden Blöcke zu sehen. Die nächsten Aufnahmen stammten von der Randzone der Kernfundstätte und zeigten mehrere in unterschiedlichen Stadien der Auflösung befindliche Objekte. Auf dem dritten Satz Bilder erkannte man eiserne Faßreifen mit dem Greifarm des Tauchfahrzeugs im Vordergrund.

»Hier sehen Sie den Bugbereich des Wracks«, sagte Tommy, als Robol den vierten Satz Bilder präsentierte. »Besonders auffällig bei all diesen Aufnahmen ist natürlich die massive Anhäufung von Anthrazitkohle, die, wie schon der erste Augenschein belegt, den Hauptbestandteil dieses Trümmerfeldes ausmacht.«

Im Anschluß führte Robol dem Richter Videoaufnahmen von Moores Bergungsoperation vor, die ebenfalls von Tommy erläutert wurden. Auf dem Bildschirm sah man, wie der Greifarm mit ruckartigen Bewegungen ein Stück Kohle ergriff und vor die Linse der Videokamera führte. Trotz der schlechten Qualität der Aufnahme erkannte man deutlich, daß etwas aus dem Kohlebrocken herauswuchs, eine schwammartige, kaum fünf Zentimeter große und äußerst fragil erscheinende Lebensform.

»Weiß Gott, was das sein soll«, sagte Horan später. »Es erinnerte mich an einen tulpenförmigen Champagnerkelch, nur daß es von reinstem Weiß war und aus einer gallertartigen Substanz zu bestehen schien. Aber diese kleine weiße Tulpe haute sie vom Hocker.«

»Die Bedeutung dieses besonderen Kohlestücks liegt darin«, erklärte Tommy, »daß auf ihm ein stielloser Organismus wächst, der, wie Sie sehen, in diesen Tiefen leben kann. Wir haben ihn gekühlt, und bislang scheint er zu überleben.«

Auf dem Tisch vor Tommy stand eine mit gekühltem Salzwasser gefüllte große Flasche. In der Flasche lag ein Kohlebrocken, und auf ihm saß, wie ein Stundenglas im Wasser schwebend, die champagnerkelchförmige Lebensform aus dem Videofilm.

»Woher stammt dieses Stück Kohle?« fragte Robol.

»Vom Fundort des Wracks, von dem Sie eben Videoaufnahmen gesehen haben und das Gegenstand dieser Anhörung ist.«

Im Kreuzverhör durch den Anwalt, der die Boston Salvage Consultants vertrat, bestätigte Tommy, daß sein primäres Interesse der *Central America* galt und daß die *Central America* vermutlich eine erhebliche Menge Gold an Bord hatte. Danach befragt, gab er zu Protokoll, daß sie bislang nur wenige Objekte aus dem Trümmerfeld geborgen hätten. Als er bestätigte, den ersten Gegenstand am 6. Juli 1987 an die Wasseroberfläche geholt zu haben, wollte der gegnerische Anwalt wissen, ob sie das an diesem Tag nur aus dem Grund getan hätten, um einen Gerichtsbeschluß zu erwirken.

»Ich denke, das kann man so sagen«, stimmte Tommy zu. »Der Umstand, daß sich ein anderes Forschungsschiff in der Nähe aufhielt, hat die Sache zweifellos beschleunigt.«

Als nächstes fragte der Anwalt ihn nach der Fundstätte, und Tommy beschrieb die Größe des zusammenhängenden Kerns und die Trümmerfahnen, die sich bis zu 200 Meter vom Wrack entfernten. Er gab zu, daß sie das Schiff noch nicht identifiziert hatten, jedoch zum gegenwärtigen Zeitpunkt über die technischen Mittel verfügten, weitere Gegenstände von dem Wrack zu bergen. Aufgefordert, sich zu der Konfrontation mit der *Liberty Star* zu äußern, gab er zu Protokoll, daß seiner Ansicht nach im Verlauf der Konfrontation zu keinem Zeitpunkt Lebensgefahr für die Beteiligten bestanden habe. Damit war Tommys Aussage beendet, und er verließ den Zeugenstand.

Als Richter Kellam Robol bat, seinen nächsten Zeugen aufzurufen, überraschte Horan die andere Seite, indem er John O'Brien, seines Zeichens Präsident der Boston Salvage, als Zeugen der Gegenpartei in den Stand rief. Wie Webber waren O'Brien, den Loveland als einen »klassischen Vertretertyp und damit perfekten Kontrast zu Tommy« beschrieb, und einige seiner gegenwärtigen Partner an Harry Johns erfolgloser Suche nach der *Central America* drei Jahre zuvor beteiligt gewesen.

Horan ging sofort zur Attacke über, kaum daß O'Brien im Zeugenstand Platz genommen hatte. Warum wohl, so fragte er sich laut, war die *Liberty Star* einen Monat nach der *Nicor Navigator* in See gestochen und direkt auf den Zehnmeilenradius zugesteuert, dessen Koordinaten Columbus-America in ihrer Klageschrift genannt hatte? O'Brien erwiderte, daß er bislang nichts von einer Klage von Columbus-America gewußt und den Namen Columbus-America überhaupt das erste Mal gehört habe, als er ein Telex von der *Liberty Star* erhielt, in dem ihr Kapitän über das Zusammentreffen mit der *Nicor Navigator* berichtete.

»Haben Sie irgendwelche Wracks lokalisiert?« wollte Horan wissen.

»Wir haben Sonaraufnahmen, die mehrere Anomalien dokumentieren«, antwortete O'Brien. »Da wir bislang noch keine Kameraaufnahmen dieser Anomalien gemacht haben, wissen wir allerdings nicht, ob es sich dabei um Wracks handelt.«

»Angenommen, daß Ihnen das von diesem Gericht nicht untersagt wird«, setzte Horan nach, »planen Sie, innerhalb des momentan durch eine einstweilige Verfügung gesperrten Gebietes aktiv zu werden?«

O'Briens Anwalt erhob Einspruch gegen diese Frage, doch Horan erklärte dem Richter, daß keine Notwendigkeit für den Erlaß einer einstweiligen Verfügung bestehe, sollte die Boston Salvage sich verpflichten, nicht in das fragliche Gebiet einzudringen. Kellam wies den Einspruch zurück.

Horan wiederholte seine Frage. »Sir«, erwiderte O'Brien bemüht beherrscht, »unser Suchgebiet umfaßt ein trapezförmiges Gebiet von 700 Quadratmeilen, innerhalb dessen sich die vom Kläger genannten Koordinaten befinden. Wir haben unsere Erkundungsfahrten bislang dreimal unterbrochen. Wir haben das fragliche Gebiet nicht überfahren, weil das Gericht uns dazu aufgefordert hat. Falls das Gericht diese Aufforderung zurücknimmt, werden wir unsere geplanten Erkundungsfahrten fortsetzen.«

»Welche Absichten verfolgen Sie hinsichtlich des Wracks innerhalb der derzeit gesperrten Zone, von dem Sie heute Fotografien und Videoaufnahmen gesehen haben?«

»Diese Frage kann ich Ihnen nicht beantworten. Alles, was ich bislang gesehen habe, sind ein paar Fotografien, die mir nicht unbedingt etwas sagen. Solange ich nicht sicher bin, um welches Schiff es sich dabei handelt, weiß ich nicht, ob ich daran interessiert bin, es zu bergen. Außerdem bin ich mir nicht sicher, ob die hier vorgelegten Gegenstände wirklich von diesem Schiff stammen.«

»Ich frage Sie nochmals: Sind Sie bereit, sich von dem in der befristeten einstweiligen Verfügung dieses Gerichts bezeichneten Bergungsgebiet fernzuhalten?«

»Ich glaube nicht, daß ich mich heute darauf festlegen muß.«

»Ich habe Ihnen eine Frage gestellt«, ließ Horan nicht locker, »und Sie können darauf entweder mit ja oder mit nein antworten.«

»Den Teufel werden wir tun«, fauchte O'Brien. »Solange das Gericht es uns nicht untersagt, sind wir nicht bereit, uns von dem Gebiet fernzuhalten.«

»Keine weiteren Fragen«, schloß Horan.

Daraufhin rief die Verteidigung Ed Sottak, den Kapitän der *Liberty Star*, in den Zeugenstand. Sottak entsprach mit seinem sonnengegerbten Gesicht, seiner weißen Uniform, seiner tiefen Stimme und der unvermeidlichen Camel ohne Filter zwischen den Lippen so sehr der Verkörperung eines Kapitäns, daß Loveland am liebsten ein Foto von ihm gemacht hätte.

Sottak gab zunächst einen Bericht über die ersten Suchfahrten und die wiederholten Konfrontationen der beiden Schiffe ab. Dabei legte er besonderen Wert auf die Feststellung, daß er stets darauf geachtet habe, mindestens eine Meile Abstand zwischen den beiden Schiffen zu halten.

Aber so leicht ließ Horan sich nicht hinters Licht führen. Zum Teufel mit dem Abstand zwischen den Schiffen, erklärte er, die Sonarsonde hängt an einem vier Kilometer langen Kabel hinter dem Schiff. Es war kein Problem, einen kurzen Schlenker mit dem Schiff in die eine Richtung zu machen, dann zurück in die andere Richtung zu kreuzen, während die Sonde unter Wasser geradeaus weiterfuhr und die Schiffe an der Oberfläche immer noch eine Meile auseinander waren. »Kapitän Sottak wußte genau, wohin er die Sonarsonde bringen wollte«, sagte Horan.

»Sein Auftrag lautete, herauszufinden, was sich unter der *Nicor Navigator* befand.«

Horan nahm Sottak ins Kreuzverhör und brachte ihn zu dem Eingeständnis, daß er, selbst wenn er die genaue Position des Schiffs kannte, die Position des Tiefschleppsonars zu keinem Zeitpunkt, und erst recht nicht beim Wenden, sicher feststellen konnte.

»Sie wissen demnach nicht, wie nahe die Sonarsonde an das Bergungsschiff des Klägers herankam?« brachte Horan Sottaks Ausführungen auf den Punkt. »Ist das richtig?«

»Das ist richtig. Ich habe keine Möglichkeit, präzise Aussagen hinsichtlich dieses Sachverhalts zu machen.«

»Folglich wissen Sie auch nicht, ob die am Boden verankerten Transponder durch den an einem 4000 Meter langen Kabel hängenden Sonarschlitten gefährdet waren. Ist das richtig?«

»Das ist richtig. Auch hinsichtlich der genauen Position des Kabels unter Wasser kann ich keine genauen Angaben machen.«

Als die Zeugenvernehmung um 17 Uhr beendet war, schloß Richter Kellam die Anhörung und bat die Anwälte, sich am nächsten Morgen um 8.45 Uhr zu den Schlußplädoyers wieder im Gericht einzufinden. Er kündigte an, nach den Plädoyers schnell eine Entscheidung zu treffen.

Am nächsten Morgen saßen Tommy, Barry und ihre vier Anwälte schon im Gerichtssaal, als John O'Brien in Begleitung seiner Anwälte – aber bezeichnenderweise ohne Burt Webber, William Ryan und Ed Sottak – eintraf. Kellam räumte jeder Seite eine halbe Stunde für ihr Schlußplädoyer ein, dann zog er sich in sein Amtszimmer zurück. Als er zurückkam, verlas er von der Richterbank aus seine Entscheidung.

Die Zeugenaussagen und die Schlußplädoyers hatten ihn von etwas überzeugt, worüber Robol zehn Jahre zuvor an der Universität geschrieben und was dieser Tommy als zwangsläufige Entwicklung prophezeit hatte: Das amerikanische Recht, so flexibel und umfassend es in den vergangenen zwei Jahrhunderten auch formuliert worden sein mochte, mußte mit dem Fortschritt von Wissenschaft und Technik Schritt halten. Falls Wissenschaft und Technik in der Lage waren, die Menschheit auf den Grund der Tiefsee zu bringen, dann mußte das Recht ihnen dorthin folgen.»So klein die vom Kläger präsentierten Objekte auch sind«, erklärte Kellam,»so scheinen sie mir als Nachweis ausreichend, daß sie von einem bestimmten Wrack stammen. Diesen Nachweis hat der Kläger hier geführt.« Als Präzedenzfall zitierte Kellam einen der Fälle, die Horan für Mel Fisher durchgefochten hatte: Sobald er die Gerichtsbarkeit über einen oder mehrere Gegenstände von einem Schiff innehatte, besaß er auch die Gerichtsbarkeit über das Schiff als solches. Dabei, so Kellam, sei es unerheblich, ob das Schiff inner- oder außerhalb der territorialen Gewässer der Vereinigten Staaten lag, das Bundesrecht wies die Jurisdiktion über sämtliche Seerechtsfälle den Bundesgerichten zu.»Wenn aber das Wrack und der Kläger unter die Gerichtsbarkeit dieses Gerichts fallen«, fuhr Kellam fort,»dann liegt es meiner Auffassung nach auch im Bereich der Zuständigkeit dieses Gerichts, das Wrack zu schützen. Das gesperrte Gebiet ist winzig im Vergleich zur Gesamtfläche des Atlantiks«, fuhr er fort,»gerade einmal drei auf vier Meilen oder zwölf Quadratmeilen. Daß der Kläger ein gesunkenes Schiff lokalisiert hat, steht außer Frage und wird von allen Anwesenden anerkannt. Dagegen bezweifle ich, daß einer der hier Versammelten weiß, ob dieses Schiff tatsächlich die SS *Central America* ist. Der Kläger mag zuversichtlich sein, daß dem so ist, doch die Verfügung sollte und wird sich nicht auf die SS *Central America* erstrecken, bis eindeutig belegt ist, daß es sich bei dem fraglichen Schiff tatsächlich um die SS *Central America* handelt.«

Gegen Ende seiner Ausführungen erklärte Kellam, daß er nicht genügend mit der Materie vertraut sei, um einschätzen zu können, wie von Strömungen beeinflußte und in ihren Bewegungen nicht genau zu kontrollierende lange Kabel die Unterwasseroperation des Klägers beeinträchtigen könnten, wenn sie in der unmittelbaren Nachbarschaft der Bergungsstelle hin und her gezogen würden.»Allerdings halte ich den Schaden, der dem Beklagten möglicherweise dadurch entsteht, daß er seine Sonarsonde nicht durch dieses winzige Gebiet schleppen kann, für vernachlässigbar im Vergleich zu dem Schaden, der der die Bergung durchführenden Partei droht.«

Wenn Columbus-America wertvolle Objekte barg, würde er, Richter Kellam, entscheiden, wer ihr rechtmäßiger Besitzer sei.

Bis dahin untersagte er »jedem auf der Welt, der davon weiß«, die Bergungsoperation von Columbus-America an der Fundstätte des Wracks zu behindern. Um 10.10 Uhr schloß Kellam die Sitzung und entließ die Anwälte.

Als Kellam seine Entscheidung verkündete, befand sich die *Liberty Star* mit Sottak am Ruder und Webber und Ryan an Bord auf halbem Wege zwischen Norfolk und der Fundstätte des Wracks. Sie hatte Norfolk am Vorabend verlassen, nachdem die Fortsetzung der Anhörung auf den folgenden Morgen vertagt worden war.

»Sie schickten die *Liberty Star* zurück, noch ehe der Richter eine Entscheidung gefällt hatte«, sagte Loveland. »Offensichtlich spekulierten sie darauf, ihre Sonarsonde über das Wrack schleppen zu können, bevor das Gebiet per gerichtlicher Verfügung gesperrt wurde.«

Genauso war es auch. Webber, Ryan und die Boston Salvage wollten um jeden Preis wenigstens noch einen Blick in das Areal werfen, nur eine Stunde oder zwei mit dem Tiefschleppsonar über das fliegen, was Columbus-America mit allen Mitteln vor ihren Augen zu verbergen suchte. Ihre Strategie war, wie Loveland und Kelly annahmen, denkbar einfach: Sie fuhren zur Fundstelle hinaus, bevor das Gericht die einstweilige Verfügung erlassen hatte, und konnten dann noch ein paar Stunden draufschlagen, bis die Nachricht die *Liberty Star* erreichen würde und Webber und seine Crew sich bei ihren Anwälten rückversichert hätten, daß tatsächlich eine richterliche Verfügung in Kraft war, was ihnen genug Zeit ließ, mit ihrem Tiefschleppsonar durch das Operationsgebiet der *Navigator* zu fahren und selbst eine Sonaraufnahme der Fundstätte zu erstellen.

Doch Tommy hatte diese Möglichkeit vorausgesehen. Schließlich hatte er 22 Stunden an Bord eines wild schaukelnden Fischerboots und nochmals drei Stunden Flug in einer Cessna durch einen Gewittersturm nur deshalb auf sich genommen, um nach Norfolk zu kommen, damit er die *Navigator* nicht von der Fundstätte abziehen mußte. Als die *Liberty Star* an diesem Nachmittag das Gebiet erreichte, saß die *Navigator* – inzwischen geschützt von einem rechtskräftigen Gerichtsbefehl – wie eine Henne auf einem goldenen Ei über dem Wrack.

Gegen 17 Uhr informierte Bob Evans Robol, daß Burlingham die *Liberty Star* mit Kurs auf die gesperrte Zone auf dem Radarschirm hatte. Dieses Mal hatte sie nichts im Schlepptau und pflügte mit einer Geschwindigkeit von mehr als zwölf Knoten durch das Wasser. Die *Liberty Star* näherte sich der nördlichen Grenze des bezeichneten Gebietes bis auf sieben Meilen an, gerade nahe genug für eine visuelle Verifikation, dann stoppte sie, wendete und schlich sich langsam davon. In einer Entfernung von 14 Meilen verschwand sie vom Radarschirm der *Navigator*. Aber die *Liberty Star* sollte nicht der letzte Eindringling gewesen sein, der versuchte, Tommy die *Central America* streitig zu machen.

An der Fundstelle Galaxy –
August 1987

Als Richter Kellam seine Entscheidung verkündet hatte, brachte die Columbus-America Discovery Group eine Erklärung in Gestalt einer Pressemitteilung heraus. Sie trug die Überschrift »ENTDECKUNG VON SCHIFFSWRACK ERÖFFNET NEUE ÄRA DER TIEFSEEFORSCHUNG« und begann mit dem Satz: »Ein Schiffswrack mit vielen Merkmalen der *Central America,* eines Raddampfers, der 1857 mit einer Ladung kalifornischen Goldes und unter Verlust von 428 Menschenleben sank, ist vor der Atlantikküste gefunden worden.« Nach Bekanntgabe des Fundes flogen Tommy und Barry nach Washington, wo sie der *Washington Post* ein Interview gaben, und dann weiter nach New York, wo sie sich mit Reportern des *Christian Science Monitor* und des *U.S. News and World Report* trafen. Eine Woche später kehrten sie nach Wilmington zurück und stiegen in einem Hotel ab, wo das Telefonieren keine zehn Dollar pro Minute kostete wie mit dem Satellitentelefon auf See. »Wir hingen ständig am Telefon«, sagte Tommy. »Aufgrund verschiedener Probleme, und weil wir möglichst vielseitige Kontakte knüpfen wollten, riefen wir unzählige Personen an, unsere Partner, Techniker, Wissenschaftler.«

Auf der *Navigator* hätten alle ihren Platz auf dem Schiff gerne gegen das Hotelzimmer von Tommy und Barry eingetauscht, das weder stampfte noch rollte. Sie waren fast alle schon beinahe acht Wochen ununterbrochen auf See, machten Überstunden und kamen oft nicht zum Schlafen. Sie mußten ihre Teller in der Kombüse krampfhaft festhalten, oder das Essen landete auf dem Boden. In der Dusche mußten sie sich einhändig die Haare waschen – Deckel aufschrauben, Shampoo ausgießen, Deckel zuschrauben, alles mit einer Hand –, während ihre Füße einen Cha-Cha-Cha auf dem Boden der Duschkabine tanzten. Auf der Toilette mußten sie sich festklammern, um sitzen zu können, und spülen konnten sie nur, indem sie am Waschbecken einen Eimer mit Wasser füllten und ihn in die Kloschüssel leerten. »Manchmal brauchte es mehr als einen Eimer«, sagte Tod, »und wenn das Zeug bei schwerem Seegang herausspritzte, war es echt lästig.«

Nach zwei Monaten unter diesen Bedingungen waren alle ziemlich gereizt. Sie saßen mit Leuten in einem Boot, die sie nicht unbedingt als Freunde gewählt hätten. »Aber man muß unbedingt mit den anderen klarkommen«, sagte John Moore, »und sich mit ihren nervigen Gewohnheiten abfinden.« Doch es war ausgerechnet Moore, der sich neben Doering an den Frühstückstisch setzte und tat, als sei dieser Luft, wenn ihm Doering einen guten Morgen wünschte.

Doering selbst grollte noch immer, weil Tommy Bob Evans die Leitung der Technikercrew übertragen hatte. Bob war einer der jüngsten Männer im Kontrollraum, der einzige außer Milt, der noch nicht Hunderte von Tagen auf See gewesen war, aber er koordinierte jede Tauchfahrt. Er gab sich alle Mühe, Tommys Instruktionen für die Erkundung der Fundstelle genauestens durchzuführen, aber eigentlich wäre er lieber wieder in Columbus bei seiner neuen Freundin gewesen, hätte die Beziehung geklärt und nachts in den Kneipen der Stadt Jazz gespielt.

An Deck schimpfte Craft laut über seinen Ärger mit Tommy. Im Kontrollraum schimpfte Doering über Bob Evans und dessen »gottverdammte Schlammproben«, und Moores verbale Ausbrüche hielten alle unter Hochspannung. Selbst Scotty, vermutlich der toleranteste und ruhigste Mensch, den die anderen je getroffen hatten, sagte, er bewundere John, aber es sei »unmöglich, mit ihm zu arbeiten«.

Um die Atmosphäre zu entspannen, gab Craft etwa alle zehn Tage Bier und ein paar harte Sachen aus und veranstaltete eine Decksparty. Sie konnte sich mit einer Party auf dem Festland nicht messen, aber im Vergleich zu der Monotonie und Gereiztheit des Alltags auf der 72 mal 15 Meter großen Insel wirkte jede Feier wie Karneval. Craft stellte schon am Nachmittag das Bier kalt und legte am Abend Hot dogs und Hamburger auf den Grill.

Alle versammelten sich auf dem Achterdeck in der noch warmen Luft des Golfstroms. Blauschwarze Wellen rollten heran, und die See erstreckte sich in alle Richtungen, so weit das Auge reichte. Die Männer hingen leicht betrunken auf dem Deck herum, scherzten und neckten sich, aßen Chips und hörten Bob Evans zu, der sein Keyboard einstöpselte und Jazz spielte. Er nannte es »Musik zum Tauchen«, und manchmal spielte einer seiner Kameraden mit dem Banjo mit, oder Bryan zupfte ein bißchen Rhythm and Blues auf der alten Gibsongitarre seines Großvaters. So trieben sie dann auf dem Golfstrom herum, machten Krach, so laut sie konnten, und niemand störte sich daran.

»Hört sich kindisch an, wenn man das erzählt«, sagte Craft, »aber wenn wochenlang überhaupt nichts los gewesen ist, dann ist so etwas eine willkommene Abwechslung.«

Manchmal dauerten die Partys bis lange nach Mitternacht. Mit der Tageshitze kühlten auch die Spannungen ab, die Sterne funkelten, und auf Deck breitete sich eine gelöste Stimmung aus. Die Mannschaft mochte den Arbeitsrhythmus, wenn Tommy weg war. Craft ließ sie jeden Tag um die gleiche Zeit aufstehen, um die gleiche Zeit mit der Arbeit beginnen und um die gleiche Zeit wieder aufhören. Die Feier unter dem Sternenhimmel war für alle eine Gelegenheit, auf Tommy zu schimpfen, weil er sie zu hart und zu weit trieb, wenn er da war. »Er glaubt, daß alle so sind wie er«, sagte Moore. »Daß sie nie müde werden und es ihnen nicht darauf ankommt, ob es Tag oder Nacht ist. Es fällt ihm schwer, zu verstehen, daß die anderen Leute hier nicht die gleiche Motivation haben wie er.«

Tommy hatte die Techniker angewiesen, das Wrack zu filmen und zu fotografieren. Aber sie sollten mit dem Tauchfahrzeug nicht zu nahe herangehen, nicht auf dem Grund landen und nicht zwischen den Balken, dem Schlamm und den Kohlehaufen herumstöbern. Tommy wollte, daß die Fundstelle in Ruhe gelassen wurde. Er wollte nur Tausende von Fotografien und viele Stunden Videomaterial.

Zwischen dem 13. Juli, als Tommy und Barry nach Norfolk aufbrachen, und dem Tag, als sie dreieinhalb Wochen später zurückkehrten, setzten die Techniker das Tauchfahrzeug vierzehnmal ein, doch nur fünf der Tauchgänge dauerten bis zum späten Nachmittag, bis die Akkus schwach wurden. Oft genug konnte das Fahrzeug auch gar nicht eingesetzt werden, weil die Wellen zwei oder drei Meter hoch waren, der Wind mit 20 Knoten blies und rund um das Schiff grelle gezackte Blitze einschlugen. Manchmal hatten sie das Fahrzeug gerade im Wasser, wenn sich am Horizont Gewitterwolken auftürmten und so rasch näher kamen, daß sie es schnell wieder bergen mußten.

Auch wenn nur eine leichte Brise von unter fünf Knoten wehte und die Wellen keinen Meter hoch waren, kam das Fahrzeug nicht immer ins Wasser. Manchmal war die Winde defekt, oder es gab Probleme mit der Elektrik, oder das telemetrische System verarbeitete die Daten nicht richtig, die durch das Kabel von oben nach unten und von unten nach oben geschickt wurden. Sehr viel Ärger machten auch die drei Strahlruder des Fahrzeugs, Schrauben mit einem Durchmesser von 20 Zentimetern und einer Länge von 75 Zentimetern, mit denen sich das Tauchfahrzeug über der Fundstelle fortbewegte. In einer Tiefe von 2500 Metern ist der Wasserdruck so stark, daß er einen Radiergummi durch einen Spalt von zwei Haaresbreiten treiben würde. Die Strahlruder kosteten 5000 Dollar pro Stück, und es waren keine besseren erhältlich gewesen. Aber trotzdem hielten ihre Gummidichtungen dem Salzwasser nicht stand. Es sickerte durch und verursachte Kurzschlüsse in den Motoren. Mehrmals befand sich das Tauchfahrzeug noch keine halbe Stunde über der Fundstelle, wenn die erste Schraube aufhörte, sich zu drehen. In diesem Fall mußten die Techniker das Fahrzeug hastig an die Oberfläche holen, den Antriebsmotor aufreißen und ihn mit einer Lötpistole, mit einem Haarfön oder im Backofen der Kombüse trocknen, damit er nicht korrodierte. Sie bestellten neue Dichtungen, sie bauten ihre eigenen Dichtungen, sie versuchten die alten Dichtungen zu verbessern, aber nichts funktionierte. Fast bei jeder zweiten Tauchfahrt leckten die Strahlruder, und wenn ein oder zwei ausgefallen waren, konnte man die Fundstelle nicht mehr erkunden wie geplant.

Der Kern schien sich unter einer Erhebung im Zentrum zu befinden, und rings herum erstreckte sich ein Trümmerfeld, wobei man meist nicht erkennen konnte, wo der Kern ins Trümmerfeld überging. Die Schiffsbohrmuschel, das Meer und die Schwerkraft hatten einst starke Balken in mürbes, feuchtes Holz verwandelt und sie unter ihrem eigenen Gewicht zusammenbrechen lassen. Eine dünne Schicht weißen Schlamms bedeckte das ganze Wrack, und zarte Schwämme wallten wie weißes Seidenpapier hypnotisch in der Strömung. Ein paar Grenadierfische von 30 bis 60 Zentimeter Länge – Größenverhältnisse waren schwer zu schätzen – schwammen über den Trümmern hin und her, und einige wenige Krebse und Seesterne waren über das Wrack verstreut.

Die Hauptvideokamera lieferte nur grobkörnige Schwarzweißaufnahmen, aber sie funktionierte gut bei schwachem Licht und ließ bei der Annäherung viel früher als die anderen Kameras Teile des Schiffs erkennen. Moore benutzte diese Kamera, um das Tauchfahrzeug nahe an das Wrack heranzumanövrieren, wenn er Fotos machen wollte. Doering arbeitete im Kontrollraum neben Moore; er schoß manchmal Fotos von seiner eigenen Konsole aus, und er machte Notizen. »John Doering hat wahrscheinlich mehr im flachen Wasser gesunkene Schiffe gesehen als sonst jemand in diesem Teil der Welt, und er weiß, wonach er sucht«, hatte Tommy gesagt. »Er hat das scharfe Auge eines Konstruktionszeichners, aber niemand auf der ganzen Welt hat je in der Tiefsee ein altes Schiff mit einem Holzrumpf analysiert. Es bedarf einer Menge Leute mit verschiedenen Sichtweisen, um ein solches Schiff zu interpretieren.«

Wenn das Tauchfahrzeug aufgetaucht war, nahm Doering die auf der Fahrt gemachten Farbfilme und entwickelte sie. Dann trocknete er die Filmstreifen, legte sie auf den Leuchttisch und studierte jedes einzelne Bild. Zuvor hatte er Zeichnungen der *Central America* aus dem 19. Jahrhundert fotografiert und sie über das Sonagramm von Galaxy kopiert. »Es sah gut aus«, sagte er. »Und als wir runterkamen, sah es immer noch gut aus.«

Milt Butterworth war bereits drei Wochen auf dem Schiff und half Doering im Fotolabor bei der Entwicklung der Filme und der Interpretation der Fotos. »Wir zeigten die Fotos fast jedem, falls ich etwas übersehen hatte«, sagte Doering.

Sie konnten nicht mehr tun, als die Fotos von Dingen zu studieren, die verbogen und zerbrochen, verrottet und verrostet, vom Leben im Meer überwuchert, von weißem Schlamm überzogen und jeder Interpretation oder Fehlinterpretation zugänglich waren. Sie konnten nicht auf dem Grund landen, um einen Zweifel zu zerstreuen oder einen Verdacht zu erhärten. Sie konnten nichts berühren. Zuerst mußten sie die Fundstelle verstehen, und wenn Tommy zurückkehrte, würden sie einzelne Gebiete auswählen, um sie genauer zu untersuchen und sich langsam hineinzuwagen. Bis dahin aber würden sie über dem Wrack hin und her schweben, weiterhin Tausende von Fotos schießen und darüber diskutieren, was darauf zu sehen war.

Während Doering auf seinem Platz neben Moore die Bildschirme studierte und während er immer mehr Bilder entwickelte und analysierte, gingen ihm ständig zwei Probleme durch den Kopf. Das eine waren die Schaufelräder. Auch wenn ihr Fahrzeug neun Meter über der Fundstelle schwebte, war nichts zu sehen, was den Ungetümen mit den eisernen Speichen geglichen hätte, die sich an den Seiten des Dampfers befunden hatten. Das andere Problem war die Größe des Wracks.

Unter Wasser ist die Größe von Dingen schwer einzuschätzen, und das Schiff war so verfallen, daß sie noch immer nicht sicher waren, wo der Bug begann und das Heck endete. Doch es wirkte kurz. Auf einer Tauchfahrt markierte Scotty in seinem Navigationssystem je einen plausiblen Punkt für den Bug und das Heck. Dann fuhr Moore mit dem Tauchfahrzeug von einem Punkt zum andern, und Scotty berechnete die ungefähre Entfernung. »Das Fahrzeug hat keine 90 Meter zurückgelegt«, bestätigte er den Verdacht. »Die Entfernung war viel kürzer.«

Am frühen Morgen des 8. August kehrten Tommy und Barry auf die *Navigator* zurück. Sie brachten Don Hackman mit, der zum zweiten Mal auf dem Schiff arbeiten würde. Die *Washington Post*, die *Los Angeles Times* und einige andere Presseorgane hatten Artikel über die Columbus-America Discovery Group gebracht und positiv über das wissenschaftliche und archäologische Interesse der Gruppe an Holzschiffen berichtet, die in der Tiefsee gefunden wurden. Tommy wirkte beflügelt und ermutigt durch das Urteil des Richters und die Reaktionen der Öffentlichkeit, und er war bereit, weitere zwei Monate auf See zu verbringen.

Craft nahm ihn jedoch beiseite und meinte, es sei sehr empfehlenswert, der Besatzung einen Urlaub zu gönnen. Er wies darauf hin, daß Tommy die letzten dreieinhalb Wochen auf dem Festland verbracht hatte, wo der Boden nicht schwankte, wo sich keine Dieselabgase ansammelten und keine Schiffsschrauben vibrierten, wo man mehr als 30 Meter geradeaus gehen konnte und wo man nicht ständig dasselbe sah. Ein Landurlaub mit Ruhe und Erholung sei für die Mannschaft laut Craft unbedingt notwendig. Nach einigem Nachdenken fand Tommy, so ein Landurlaub könnte ihm auch Gelegenheit bieten, einige seiner Gesellschafter nach Charleston einzuladen, um ihnen persönlich über die Fortschritte zu berichten. Also gab er nicht nur die Erlaubnis, Kurs auf Charleston zu nehmen, sondern schlug sogar der Mannschaft vor, ihre Familien nach Charleston kommen zu lassen, und versprach, sie in einem guten Hotel unterzubringen. Am Nachmittag des 12. August traf die *Seaward Explorer* ein, um die Stellung über Galaxy zu halten, und spät in der Nacht machte sich die *Navigator* auf den Weg nach Charleston.

Eineinhalb Tage später, um 8.15 Uhr, ließ Burlingham die *Navigator* am Union-Street-Kai festmachen. Die Familien der Besatzung warteten schon, und Don Craft und seine Frau Evie verkündeten, daß die erste Feier, ein Mittagessen bei Henry's, auf ihre Kosten ginge.

Das Henry's war das älteste Restaurant und die älteste Bar in Charleston. Es strahlte die Atmosphäre des alten Südens aus, es roch, als seien die Tische und Stühle in Bourbon mariniert worden. An diesem Nachmittag war das Henry's überfüllt mit Touristen, die She-Crab Soup aßen, eine aus Krabbenfleisch und -eiern bereitete Suppe, und an ihrem Drink aus Bourbon, zerstoßenem Eis und frischer Pfefferminze nippten. Mitten in all dem Trubel stand ein etwa brusthohes altes Klavier, auf dem die Bedienungen Tischdecken, Teller und Tafelsilber gestapelt hatten. Die Columbus-America-Leute waren kaum angekommen, als Bob Evans plötzlich in der Menge verschwand. Sie konnten nur noch seinen weißen Panamahut mit dem schwarzen Band durch das Lokal wandern sehen.

Bob spielte ein paar schräge Akkorde, und die Leute begannen in seine Richtung zu sehen. Das Klavier war nicht gerade frisch gestimmt, aber es klang ganz ordentlich. Die Leute in der Nähe des Klaviers hörten, daß jemand zu spielen begonnen hatte, und verstummten. Das Schweigen zog immer größere Kreise, schließlich war es fast still im Raum, und plötzlich erklang Scott Joplins *Maple Leave Rag*, gespielt mit einer explosiven Intensität, die die Anstrengungen der vielen Wochen mit wegrutschenden Tellern und lecken Elektromotoren verriet, und auf eine Weise, die Scott Joplin, wie Ohrenzeugen versicherten, vor Freude hätte weinen lassen. Selbst die vergnügungshungrigen, ihren Drink süffelnden Touristen spürten das Ungewöhnliche dieses Spiels.

»Die Leute waren außer sich«, sagte Evie. »Er spielte so gut, wie ich es noch nie in meinem Leben gehört hatte.«

Bob bearbeitete das Klavier wie ein Mann, der seine Dämonen austreibt. Die langen blonden Haare flogen ihm um die Schultern, und die Finger an seinen kurzen, dicken Armen rasten so schnell über die Tasten, daß das Auge nicht folgen konnte. Henry's Klavier und Bobs Panamahut und Scott Joplins Musik und das Ambiente von Charleston verschmolzen an diesem Nachmittag zu einer einzigartigen Einheit und hüllten alles in ihren feinen südlichen Charme.

Als der Yankee aus Ohio zum Endspurt ansetzte und einen letzten hohen Ton anschlug, der bis in die Dachsparren drang, erhob sich dröhnender Applaus, und alle schrien nach mehr.

»Der ganze Saal klatschte«, sagte Craft. »Die Leute wollten ihn überhaupt nicht mehr gehen lassen.«

So begann für die Crew von Columbus-America und ihre Familien der dreitägige Landurlaub in Charleston, bei dem ein Fest auf das andere folgte. Tods Schwester Paula organisierte für den ersten Abend eine Party bei der East Bay Trading Company, weitere Mittagessen in den Restaurants der historischen Altstadt von Charleston und ein Picknick mit Bewirtung, bei dem sie allerdings vor einem Regenguß in einen Pavillon flüchten mußten. Milt hatte Bilder von der Reise mitgebracht und veranstaltete einen Diaabend für alle, und aus Columbus reisten mit dem Flugzeug ein paar Gesellschafter an.

Während die Crew mit ihren Familien feierte und die *Navigator* fest am Union-Street-Kai vertäut war, lag ein zweijähriger Junge auf der Intensivstation im Roper Hospital von Charleston. Er litt an Erstickungsanfällen, die durch Pestizide verursacht waren. Sein Vater Wally Kreisle war bei ihm und konnte vom

Fenster aus die *Navigator* am Kai liegen sehen. Er wußte, daß sie Tommy Thompsons Schiff war, und der Anblick störte ihn. In den sechs Jahren zuvor war er in einem Dutzend Bibliotheken entlang der Ostküste gewesen und hatte über die *Central America* recherchiert. Inzwischen war er besessen von der Idee, den berühmten Dampfer zu finden. Er hatte Investoren gefunden, besaß ein Schiff und ein Seitensichtsonar, und er hatte einen Vertrag mit Steadfast Oceaneering, der Tiefseeforschungs- und Bergungsgesellschaft, die alle Aufträge der US-Navy erhielt und von Bob Kutzleb kontrolliert wurde. Kutzleb war einer der beiden Tiefsee-Experten, die zwei Jahre zuvor auf Einladung eines Investors nach Columbus gekommen waren, um Tommy ins Kreuzverhör zu nehmen. Der Investor hatte Kutzleb ein persönliches, höchst geheimes Papier über Tommys Pläne bezüglich der *Central America* ausgehändigt, in dem auch beschrieben wurde, wie man das Schiff mit einem Seitensichtsonar neuester Bauart finden könne. Kutzleb hatte eine Erklärung unterzeichnet, in der er Vertraulichkeit zusicherte, aber erst, nachdem er einige Klauseln gestrichen hatte. Und nun wollte Kreisle, unterstützt von Kutzlebs Sonarexperten, seine eigene Expedition wagen. Er hatte aus der Zeitung von der Gerichtsentscheidung erfahren, die das Wrack Columbus-America zugesprochen hatte, doch seine Vorbereitungen waren schon so weit gediehen, daß er nicht aufgeben wollte. Er wartete nur, bis sein Sohn wieder gesund war, dann würde er in See stechen, um die *Central America* zu finden.

Seit eines Nachts Anfang Juli die *Liberty Star* an der Fundstelle erschienen war, hatte sich Tommy fast nur noch mit dem Kampf gegen Störenfriede befaßt und mit den Medien verhandelt. An der Spitze seiner Prioritätenliste standen juristische Probleme, die Belange seiner Crew und strategische Überlegungen. Er hatte kaum mehr Zeit im Leitstand verbracht, um die Fahrten über die Fundstelle mitzuverfolgen und die Daten zu analysieren. Obwohl er in diesem Sommer die *Central America* finden und identifizieren wollte, konnte er sich erst Ende August auf die wissenschaftlichen und technischen Mittel zur Verwirklichung dieses Ziels konzentrieren. Wenn die Crew in Charleston ihre Partys feierte, stahl sich Tommy immer früh davon. Doch er blieb lange auf und sah sich die Videos und Fotografien an, die in seiner Abwesenheit entstanden waren. Und er sprach viele Stunden mit Bob. Inzwischen hatte er das Gefühl, die Fundstelle gut genug zu kennen, um mit Vorstößen in die Trümmer zu beginnen und nach Dingen zu suchen, die abgesehen von einem Haufen Kohle bestätigten, daß er die *Central America* gefunden hatte.

Es war von zentraler Wichtigkeit, das Schiff zu identifizieren. Der Schatz würde nicht mehr Raum einnehmen als ein kleiner Schrank, und auf dem falschen Schiff konnte man monatelang nach etwas suchen, das gar nicht existierte. Wenn das Schiff dagegen identifiziert war, konnte man gezielt an möglichen Fundorten im Wrack suchen und sie von einer Liste streichen, bis der Schatz gefunden war. Tommy brauchte einen Beweis, daß die Trümmer auf diesem kleinen Fleck Meeresboden tatsächlich 130 Jahre zuvor mit der *Central America* dort gelandet waren. Dann konnte er die systematische Suche nach dem Schatz beginnen.

Am frühen Morgen des 20. August war die *Navigator* wieder zurück an der Fundstelle, und die Techniker hatten das Tauchfahrzeug zu Wasser gelassen. An diesem Tag ließ Moore das Tauchfahrzeug langsam Richtung Meeresboden sinken, um das Wrack zum ersten Mal aus der Nähe zu erkunden. Das Fahrzeug setzte auf und verschwand in einer Wolke des feinen Schlamms, der sich an der Fundstelle in über einem Jahrhundert abgesetzt hatte.

Niemand wußte, wie die *Central America* nach 130 Jahren auf dem Meeresgrund aussehen würde – die Planken, die Takelage, die Heizkessel und Dampfmaschinen, die gußeisernen Armaturen, die gewaltigen Schaufelräder und der übriggebliebene Besitz der 600 Passagiere und der Mannschaft. Tommy und Bob hatten alle erdenklichen Varianten von der Fundstelle durchdacht; Varianten, nach denen Schiffsbohrmuscheln alles Holz gefressen hatten; Varianten, nach denen sich das Eisen in seine kleinsten Bestandteile zerlegt hatte und verschwunden war; Varianten, nach denen weder das eine noch das andere passiert war und das Schiff praktisch unversehrt aufrecht auf dem Grund saß; Varianten, nach denen sowohl das Eisen als auch das Holz verschwunden waren und die Fundstelle praktisch nur noch aus Kohle bestand. Als sich die Schlammwolke verzogen hatte, schien der Anblick ganz der letzten Variante zu entsprechen. »Wir glaubten zu erkennen, was wahrscheinlich passiert war«, sagte Tommy. »Es gab noch etwas Holz, und es gab noch etwas Eisen, doch der Großteil war verschwunden, und es war fast nur Kohle übriggeblieben.«

Im Hintergrund konnten sie ein paar zerbrochene und verrottete Holzbalken erkennen, dunkel und mit Rostflecken, aber sie waren von so viel Kohle umgeben und bedeckt, daß man selbst aus dem neuen flachen Blickwinkel kaum die Umrisse des Schiffsrumpfes erkennen konnte. Bob hatte den Aufbau der *Central America* genau studiert, aber die erodierten, vermoderten, zerbrochenen, kreuz und quer übereinander liegenden, schlammbedeckten, kohleübersäten Trümmer, die die Kameras des Tauchfahrzeugs nun zeigten, sahen überhaupt nicht aus wie die hübschen technischen Zeichnungen des Raddampfers aus dem 19. Jahrhundert. Alle waren verblüfft über das Ausmaß zerstörerischer Gewalt, das an der Fundstelle sichtbar war. »Bei Sidewheel«, sagte Tommy, »hatten wir die Gewalt nicht sehen können. Das Wrack hatte dagelegen wie ein leeres Ruderboot. An dieser Fundstelle bekam man eher ein Gefühl dafür, daß sich hier eine echte Katastrophe abgespielt hatte.«

Tommy hatte für den Kontrollraum eine Regel eingeführt: Niemand durfte laut sagen, was er zu sehen meinte. Sobald nämlich irgend jemand sagte: »Das sieht ja wie ein Anker aus«, sahen auch alle anderen einen Anker. Die Beobachtungen brachten bessere Ergebnisse, wenn der eine sich »Weinflasche« und der andere »Pfeife« notierte, wenn einer meinte, ein »Stück Rohr« vor sich zu haben, ein anderer eine »Leiter« und wieder ein anderer meinte, es könnte sich um eine »Laterne« handeln. »Wenn die Leute anfangen, darüber zu sprechen«, sagte Tommy, »dann kommen sie alle zum gleichen Schluß, und dieser Schluß hat mehr mit Gruppendynamik im Kontrollraum zu tun als mit der Wirklichkeit.«

Ein schwarzes Stück Holz im Schlamm kann wie ein Loch aussehen, oder ein Loch kann aussehen wie ein schwarzes Stück Holz. Farben, Formen und Strukturen können so irreführend sein, daß man eine Ansammlung kleiner Kohlestückchen und Holzreste für eine Karaffe oder eine Eisenplatte oder einen fleckigen Goldbarren halten kann. »Ein paarmal meinten wir, Gold zwischen der Kohle zu sehen«, sagte Tommy, »aber wir waren nicht sicher.« Genaues wußten sie immer erst, wenn Doering die Bilder aus den hochauflösenden Kameras entwickelt hatte und sie nach sorgfältiger Betrachtung der Fotos wieder an dieselbe Stelle zurückkehrten, um sich die Sache noch einmal genau anzusehen.

Craft war gerade im Kontrollraum, als sie die erste Entdeckung machten, die außer der Kohle zu beweisen schien, daß sie das richtige Schiff gefunden hatten. John Moore hatte das Tauchfahrzeug in der Nähe einer Struktur gelandet, die sie für Überreste der Aufbauten des Schiffs hielten. »Wir sahen uns die Platten an, an denen die Wanten der Masten an der Seite des Schiffs befestigt waren«, sagte Craft. »Ihre Gestalt, die Abstände, die Lage der scheinbar zusammengehörenden einzelnen Teile, alles entsprach den Diagrammen von der *Central America*.«

Einige Tage später gelang es Moore, einen Anker an die Oberfläche zu bringen: 500 Kilogramm Schmiedeeisen mit gebogenen, übermannshohen Ankerflügeln. Er entsprach in Größe und Form einem der Anker, die die *Central America* an Bord gehabt hatte.

Moore steuerte das Tauchfahrzeug auf dem Grund mittels zweier Schirme, die Bilder aus unterschiedlichen Kamerawinkeln zeigten. Um den zweidimensionalen Schirmen eine Tiefendimension abzugewinnen, studierte er die Bewegung der Schatten und die Art, wie sich Objekte in der Unterwasserlandschaft überlappten. »Wenn Sie ein Genie bei der Arbeit sehen wollen«, sagte Craft, »dann müssen Sie zusehen, wie John Moore mit dem Metallgreifarm ein Stück Keramik aufhebt. Die Backen des Greifers sind so stark, daß sie Ihnen den Arm zerquetschen könnten, aber bei keinem einzigen Stück Keramik, das Moore barg, war auch nur die Glasur angekratzt.«

In den Wochen, als Tommy und Barry an Land gewesen waren, hatte Moore die Leistung des Greifwerkzeugs ständig verbessert, bis es mit absoluter Präzision arbeitete. Auf der ersten Tauchfahrt nach Tommys Rückkehr barg er eine Flasche und einen Teller aus Hartsteingut. Auf der folgenden Fahrt barg er zwei Tonkrüge. Bei einer weiteren Tauchfahrt erspähten die Techniker in dem Trümmerfeld ein kleines Porzellangefäß mit einem Deckel. Moore landete dicht daneben und ergriff das Döschen mit dem Greifarm, doch der Deckel fiel herunter. Also barg er zuerst das Gefäß; dann kehrte er zurück und holte sich auch noch den Deckel. Als das Tauchfahrzeug an die Oberfläche kam, sah die Besatzung, daß das Töpfchen nur zweieinhalb Zentimeter hoch war und einen Durchmesser von acht Zentimeter hatte. Es enthielt eine grauweiße Salbe, die damals »Cold Cream« hieß und von den Damen benutzt wurde, wie Craft erklärte. In der Creme waren ein Fingerabdruck und eine Strähne kastanienbraunes Haar.

Bob fand das Alter der geborgenen Gegenstände heraus. Er hatte mehrere Nachschlagewerke in seinem Labor und rief außerdem häufig die Historikerin Judy Conrad in Columbus an, damit sie Handelsmarken, Herstellungsperioden, Keramikstile und Registrierdaten recherchierte.

Die *Central America* war nur vier Jahre lang zur See gefahren, von Oktober 1853 bis September 1857: Unter den geborgenen Objekten waren zwei weiße Steingutkrüge mit dem Symbol von John Maddock, der von 1842 bis 1855 Eßgeschirr für Schiffe hergestellt hatte. Außerdem war ein Steingutteller von John Wedge Wood dabei, der zwischen 1841 und 1860 Geschirr produziert hatte. Das Design eines von Moore geborgenen ovalen Serviertabletts von Elsmore und Forster war 1853 erstmals eingeführt worden. Bei einer weiteren Tauchfahrt barg Moore einen weißen Kinderbecher mit eingebrannten Bildern und Maximen aus Benjamin Franklins *Poor Richard's Almanac*. »Gott gibt dem Fleißigen« und »Sorgfalt ist die Mutter des Glücks« stand dort geschrieben. Franklin-Geschirr für Kinder war Anfang und Mitte des 19. Jahrhunderts sehr beliebt. Moore pickte auch zwei handbemalte Achtliterkrüge mit blauem Blumenmuster aus den Trümmern. Der eine war birnenförmig, eine um 1850 und zuvor beliebte Form, und der andere war zylindrisch, ein Stil, der Mitte des 19. Jahrhunderts mit Beginn der Massenproduktion von Keramik entwickelt wurde. »Zwei verschiedene Arten von Steingutgeschirr«, notierte Bob, und weiter: »Um 1850 – Übergang zwischen den beiden Formen.« Eine Familie Edwards aus Burslem in England produzierte einen Großteil des Eßgeschirrs für amerikanische Schiffe, und Moore brachte auch eine Untertasse von Edwards mit einer britischen Registriermarke und dem Registrierdatum 18. Juli 1853 an die Oberfläche.

Alle waren davon beeindruckt, daß die geborgenen Gegenstände genau aus der richtigen Zeit stammten, nur Doering nicht. Für ihn waren weder der Anker noch die Befestigungsplatten der Wanten ein entscheidender Beweis. Er war während Tommys Abwesenheit zu dem Schluß gekommen, daß das Wrack nicht die *Central America* war, weil keine Schaufelräder vorhanden waren. Auch als das Wrack nach Tommys Rückkehr genauer studiert wurde, sah Doering nichts, das seine Meinung geändert hätte.

Tommy bezweifelte nicht, daß Doering ein gutes Auge hatte, doch selbst er hatte noch nie ein Schiff in einer solchen Tiefe gesehen. Außerdem war Doering Schatzsucher, der seine Urteile sehr schnell fällte. Tommy dagegen war ein Ingenieur mit wissenschaftlichen Neigungen und suchte nach einer logischen Lösung. Er hatte sich erkundigt, wie schnell das Eisen der Schaufelräder im Meerwasser korrodieren würde. Fachleute hatten ihm gesagt, daß sich das Eisen auf dem Meeresgrund über die Jahre im Wasser lösen und abtreiben würde. Sie hatten mit dem Tauchfahrzeug bereits Klumpen von rostigem Eisen gefunden, die ihnen wie eine Art Tiefsee-Fata-Morgana erschienen waren; wenn Moore sie berührte, erhob sich eine bräunlichorangefarbene Rauchwolke, und sie waren verschwunden.

Wenn sich die Schaufelräder nicht in hohle Rosthüllen verwandelt und aufgelöst hatten, waren sie vielleicht davongewirbelt – auf dem Weg nach unten oder beim Aufschlag auf dem Grund, niemand wußte es. Doch alle Nachforschungen und Überlegungen Tommys konnten Doering nicht von seiner negativen Überzeugung abbringen.

Er war nicht nur verstört über das Fehlen der Schaufelräder, er fand auch immer noch, daß das Wrack zu kurz war. Tommy wußte, daß es ein Problem mit der Länge gab. »Aber wir hatten nicht genug Informationen, um irgendwelche endgültigen Urteile zu fällen«, sagte er. »Wir konnten die Fundstelle ja nicht einmal überblicken.« Wenn sie Bug und Heck zweifelsfrei identifiziert hätten, und Scotty hätte die Entfernung dazwischen gemessen und festgestellt, daß sie etwas über 85 Meter betrug, dann hätte sich Tommy über die Länge ernsthaft Sorgen gemacht. Ein längeres Wrack als die *Central America* hätte kaum das richtige Schiff sein können, aber es gab viele Theorien, mit denen sich ein kürzeres Wrack erklären ließ. Das Heck der *Atocha* war abgerissen und mitsamt den tonnenschweren Bronzekanonen in der flachen See zehn Meilen weit abgetrieben. Die *Titanic* war auf dem Weg in die Tiefe in zwei Teile gebrochen, und sie hatte einen stählernen Rumpf. Auch die *Central America* konnte auseinandergebrochen, und die Maschinen konnten herausgefallen sein. Oder die schweren Maschinen waren in der einen Hälfte des Schiffs geblieben, und diese schwere Hälfte war direkt auf den Grund gesunken, während die leichtere mit der Strömung abgetrieben war. Vielleicht war eines der kleineren Objekte, die sie mit der SeaMARC erfaßt hatten, der Rest des Schiffs. Hackman hatte eine andere Theorie: Das Schiff war in einem spitzen Winkel gesunken und hatte sich in den Meeresboden gebohrt, wo es halb aufrecht stekkenblieb; in dieser Lage war es erodiert und abgesunken, so daß es jetzt kürzer wirkte.

»Wir hatten also keinen negativen Beweis, daß wir am falschen Wrack waren«, sagte Tommy. »Klar war lediglich, daß wir nicht wußten, ob die Länge der Fundstelle für uns relevant war.«

Ein negativer Beweis wäre ein Teller gewesen, der aus der Zeit nach 1857 stammte, oder ein Pfeiler, der in der Schiffsarchitektur erst nach dem amerikanischen Bürgerkrieg eingeführt wurde, oder eine Flasche, deren Design erst nach 1857 nachgewiesen werden konnte.

»Aber alle Objekte, die wir bargen, stammten aus dem richtigen Zeitraum«, erinnerte sich Bob. »›Das stammt aus der richtigen Zeit‹, sagten wir, und: ›Sieh dir das an, wieder die richtige Periode!‹ Wie viele Fundstellen aus dieser Zeit konnte es geben, die die Anwesenheit von Frauen und Kindern bewiesen, wo Eisen und einen hölzernen Rumpf zu ihren Überresten zählten? Wir stellten sogar eine Wahrscheinlichkeitsrechnung an. Sie ergab eine Wahrscheinlichkeit von unter zehn Prozent, daß es sich bei dem Wrack nicht um die *Central America* handelte.«

Ab September jedoch war auch Bob aufgrund einer Sache besorgt: Es war zuviel Kohle da. Die *Central America* hatte New York mit einer vollen Ladung Kohle verlassen. Die großen Raddampfer verbrannten etwa 50 bis 60 Tonnen pro Tag, und Bob schätzte, daß sie eine Reserve für zwei Tage mitführten. Die Maschinen des Schiffs hatten vier Tage vor der geplanten Ankunft aufgehört zu laufen, also mußten noch etwa 300 Tonnen Kohle an Bord gewesen sein. Galaxy schien mit viel mehr Kohle bedeckt. Allerdings konnte Bob dies keineswegs sicher wissen, denn die Reichweite der Kameras des E-Fahrzeugs war zu begrenzt, und es gab keine Möglichkeit, etwas von der Kohle abzutragen und zu sehen, was darunter lag.

»Ich hatte schon meine Zweifel«, sagte Bob, »aber trotzdem war ich noch immer ziemlich sicher, daß wir das richtige Schiff gefunden hatten. Ich konnte mir die Lage des Wracks einfach nicht klar genug vorstellen, um zu entscheiden, wo wir zu graben anfangen sollten. Wir hatten diesen großen Haufen Kohle da unten, aber wo war das Gold?«

Wally Kreisle war ein großer Mann, der fast 120 Kilo auf die Waage brachte. Er litt unter schweren Migräneanfällen, die grelle Blitze durch seinen Kopf zucken ließen, und er hatte nicht vor, mit sich spaßen zu lassen. Tommy Thompson mochte zwar eine gerichtliche Verfügung erwirkt haben, aber Kreisle hatte nicht die Absicht, sich von der lächerlichen Entscheidung eines amerikanischen Bundesrichters aufhalten zu lassen. Ende August verkündete er im Lokalblatt von Georgetown in South Carolina, daß sich die Columbus-America Discovery Group beim falschen Wrack befinde und er selbst die echte Central America in 30 Meter Tiefe etwa zwölf Meilen vor Kap Hatteras bergen werde. Er habe bereits ihre Schaufelräder gesehen und Teile der Dampfrohre und der Kupferverkleidung des Rumpfes geborgen. Unmittelbar darauf stach er mit der Cameron Seahorse in See. Er hatte die Sonarcrew von Kutzlebs Steadfast Oceaneering und ein Seitensichtsonar an Bord, das Sonagramme von einem Wrack in 2400 Meter Tiefe liefern konnte. Und er nahm sofort Kurs auf die 200 Meilen entfernte Fundstelle Galaxy.

Rick Robol hatte von Kreisles Expedition erfahren und ihm vor dem Auslaufen die Verfügung des Richters übergeben. Als die Cameron Seahorse am 29. August in der Nähe der Fundstelle eintraf, nahm Burlingham mit ihrem Kapitän Funkverbindung auf und gab die Lage des Sperrgebiets durch, in das kein fremdes Schiff hineinfahren durfte. Er erkundigte sich, wer die Cameron Seahorse gechartert hatte, doch der andere Kapitän verweigerte die Auskunft. Dann bat Burlingham darum, an Bord des anderen Schiffs kommen zu dürfen, um die gerichtliche Verfügung persönlich zu überreichen. Doch der andere Kapitän antwortete: »Ich sehe keine Notwendigkeit, daß Sie rüberkommen. Ich kenne jetzt die Grenzen des Sperrgebiets, und wenn wir je hineinfahren sollten, werden wir uns die Verfügung natürlich mit Freuden vorlegen lassen.« Danach fuhr die *Cameron Seahorse* auf eine fünf Meilen östlich der *Nicor Navigator* gelegene Position und begann in nordsüdlicher Richtung Suchbahnen zu fahren, wobei sie der Ostgrenze des Sperrgebiets bei jeder Wende ein Stück näher kam.

Einige Tage später informierte Burlingham den anderen Kapitän, daß die *Navigator* die Fundstelle eine Weile verlassen würde, um sich mit einem Versorgungsschiff zu treffen, und warnte ihn, in das verbotene Gebiet hineinzufahren. Am folgenden Morgen sah die *Navigator* auf ihrem Radargerät, wie die *Cameron Seahorse* in die östliche Ecke des Sperrgebiets eindrang, es jedoch wieder verließ und ihren ursprünglichen Kurs fortsetzte.

Drei Tage später, am 5. September, patrouillierte Burlingham an der Nordgrenze des Sperrgebiets. Über Nacht hatte sich das Wetter verschlechtert; die Windgeschwindigkeit betrug 25 Knoten, und der Wellengang hatte fast drei Meter erreicht. Da die See für eine Tauchfahrt zu rauh war, ließen die Techniker das Tauchfahrzeug an Deck, planten jedoch, etwa 2400 Meter Stahlseil von der Winde abzurollen, um es von Knicken zu befreien. Die *Cameron Seahorse* hatte die *Navigator* einige Zeit zuvor mit nördlichem Kurs in etwa zwei Meilen Entfernung auf der Steuerbordseite passiert, dann aber hatte sie an einem Punkt drei Meilen von der nordöstlichen Ecke des Sperrgebiets entfernt um 180 Grad nach Backbord gedreht auf einen Kurs, der sie auf der Ostgrenze des Sperrgebiets entlanggeführt hätte. Nun jedoch ging sie plötzlich auf westlichen Kurs und fuhr direkt auf das Zentrum des Sperrgebiets zu, mit einer Beflaggung, die anzeigte, daß sie ein Objekt im Schlepptau hatte.

Burlingham hatte nichts im Wasser. Er hätte nicht gedacht, daß ein Mensch, der sich mit dem Gebrauch von Tiefseesonaren auskennt, bei einem solchen Wetter eine Sonde im Schlepp haben könnte. »Ihre Daten können überhaupt nichts getaugt haben, soweit ich das beurteilen kann«, sagte er.

Als die *Cameron Seahorse* nur noch 300 Meter von der Grenze des Sperrgebiets entfernt war, fragte er den anderen Kapitän über Funk, was er vorhabe. Der Kapitän antwortete: »Ich habe vor, meinen Kurs und meine Geschwindigkeit zu halten.«

Burlingham wies ihn darauf hin, daß er auf diesem Kurs in das Sperrgebiet hineinfahren und wegen Mißachtung des Gerichts zur Verantwortung gezogen würde.

»Verstanden«, antwortete der Kapitän.

Zwei Minuten später fuhr die *Cameron Seahorse* etwas über eine Meile nordöstlich der *Navigator* in das Sperrgebiet ein. Burlingham fuhr nach Südwesten und ging genau über der Fundstelle so in Position, daß das Heck seines Schiffs auf die *Cameron Seahorse* zeigte. Dann schickte er alle Männer außer Tommy von der Brücke. Er hörte, wie Tommy Craft anwies, einen leeren Aluminiumwürfel an dem Kabel festzuhaken, ihn über Bord zu werfen und der *Cameron Seahorse* durch die Flaggenkombination RAM zu signalisieren, daß das Schiff nur beschränkt manövrierfähig sei. Burlingham war außer sich. »Das können Sie nicht tun. Bei einer Begegnung müssen Sie den gegebenen Status beibehalten!« Tommy entgegnete, es sei schon geplant gewesen, das Stahlseil an diesem Morgen zu entknicken. »Wir sind nicht verpflichtet, unsere Arbeit umzustellen, damit sie zu den Bewegungen eines anderen Wasserfahrzeugs paßt.«

Diesmal ergriff Craft für Tommy Partei. »Ich bekam ernsthaft Streit mit Don«, sagte Burlingham. »Er warf diesen Würfel trotzdem über Bord, obwohl er wußte, daß ich sauer war.«

Die *Cameron Seahorse* hatte sich der *Navigator* auf 600 Meter genähert und fuhr genau auf sie zu. Ihr Kapitän fragte Burlingham über Funk, was er vorhabe.

»Harvey wollte, daß ich ihm den Weg versperrte«, sagte Burlingham später. »Und er meinte das nicht im übertragenen Sinne. Er wollte, daß ich das andere Schiff fast rammte, wenn das nach seiner Meinung nötig würde.«

Burlingham sagte zu Tommy: »Ich werde das Schiff nicht behindern. Das wäre ein grober Verstoß gegen die Seestraßenordnung, und genau das wollen die anderen doch. Sie werden sagen: ›Da steht es schwarz auf weiß.‹ Ich darf ihm nicht den Weg versperren.«

Er behielt seine Position so lange wie möglich bei, dann funkte er an die *Cameron Seahorse*: »Achtung, ich bewege mich jetzt etwas nach Westen, nur um sicherzustellen, daß sich unsere Ausrüstung nicht verheddert.« Nun erinnerte er den anderen Kapitän an sein Versprechen, sich die gerichtliche Verfügung vorlegen zu lassen, falls die *Cameron Seahorse* in das Sperrgebiet hineinfuhr.

»Das hatte ich wirklich vor«, sagte der Kapitän. »Aber jetzt habe ich die Anweisung, niemandem zu erlauben, sich diesem Schiff zu nähern.«

Burlingham war wütend, daß ihn der andere Kapitän angelogen hatte und daß er die gerichtliche Verfügung so offen mißachtete. Die *Cameron Seahorse* drehte etwas nach Osten, weg von der *Navigator*, und Burlingham steuerte etwas nach Westen, um ihr den Weg freizumachen. Beide Crews standen auf Deck und beobachteten einander mit Ferngläsern, als die Schiffe in einer Entfernung von knapp 100 Metern aneinander vorbeifuhren. Eine Stunde später verließ die *Cameron Seahorse* das Sperrgebiet mit südlichen Kurs. Als sie fast zwei Seemeilen von der *Navigator* entfernt war, sah Burlingham, wie sie langsam einen weiten Bogen nach Westen beschrieb, und erkannte, daß ihr Kapitän wenden und erneut durch das Zentrum des Sperrgebiets fahren wollte.

Burlingham wartete, bis die *Cameron Seahorse* ihre Wende um vier Uhr nachmittags vollzogen hatte, dann setzte er einen warnenden Funkspruch ab und forderte alle Schiffe in dem Seegebiet auf, einen Abstand von 2400 Meter zu seinem Schiff einzuhalten.

Zehn Minuten später rief er die *Cameron Seahorse*, forderte ihren Kapitän auf, den Mann, der sie gechartert hatte, und einen Vertreter von Steadfast Oceaneering ins Ruderhaus zu holen, und erklärte: »Da es den Anschein hat, daß Sie in das verbotene Gebiet hineinfahren wollen, werde ich Ihnen nun eine Kopie der einstweiligen Verfügung vorlesen.«

Plötzlich kam eine neue Stimme von der *Cameron Seahorse*: »*Cameron Seahorse* an *Nicor Navigator*, hier spricht der Charterer, Wally Kreisle, K-r-e-i-s-l-e. Hiermit teile ich Ihnen mit, daß das Schiff und seine Mannschaft nach meinen Anweisungen arbeiten. Außerdem setze ich Sie davon in Kenntnis, daß wir jetzt in das von Ihnen bezeichnete Gebiet hineinfahren und es durchsuchen werden.«

»Roger, verstanden«, sagte Burlingham. »Ich werde Ihnen jetzt die einstweilige Verfügung des zuständigen Gerichts vorlesen.« Er las den ersten Abschnitt vor. »Übertragung gut?« fragte er dann.

»Übertragung sehr gut«, sagte Kreisle. »Aber ich habe leider nicht das geringste davon verstanden. Das ist alles, was ich sagen kann, Kumpel.«

»Roger«, sagte Burlingham. Er las den nächsten Abschnitt von Richter Kellams Verfügung. »Übertragung gut?« fragte er wieder.

»Sehr gut, aber ich verstehe kein Wort davon«, antwortete Kreisle. »Ich habe Ihnen erklärt, was dieses Schiff tun wird und daß ich dafür bezahlt habe. Ich erwarte, daß es genauestens durchgeführt wird.«

Burlingham unterbrach die Verbindung. 15 Minuten später meldete er sich wieder bei dem anderen Kapitän. »Hören Sie«, sagte er. »Ich nehme dieses Gespräch nicht auf. Es bleibt unter uns. Wenn Sie in unser Sperrgebiet reinfahren, werden Sie bald tief in der Scheiße stecken.«

Er lag mit der *Navigator* in der Südwestecke des Gebiets, hatte den Bug nach Nordosten gerichtet und wartete auf die *Cameron Seahorse*. Das Kabel war noch immer im Wasser, und diesmal war Burlingham damit einverstanden, durch die Beflaggung beschränkte Manövrierfähigkeit anzuzeigen. Er konnte an Ort und Stelle bleiben oder sich nach links oder rechts bewegen, und der andere Kapitän mußte an ihm vorbeisteuern.

Die *Cameron Seahorse* fuhr von Westen heran und passierte die Grenze des Sperrgebiets auf halber Länge. Sie hielt fast genau östlichen Kurs, und ihr Bug hob und senkte sich mit dem schweren Seegang. Sie kam immer näher, aber Burlingham rührte sich nicht, und auch der andere Kapitän wich nicht von seinem Kurs ab. Tommy und Bob waren mit Burlingham im Ruderhaus, als Robol anrief. Bob ging nach achtern in den Funkraum und nahm den Anruf entgegen. Die *Navigator* stampfte wegen des starken Windes und der rauhen See, machte aber keine Fahrt. Bob blickte über das auf und ab schaukelnde Heck und sah den Bug der *Cameron Seahorse* genau auf die *Navigator* zukommen. »Er hat gewendet«, sagte Bob zu Robol, »und er steht im Begriff, ein zweites Mal mitten durch das Sperrgebiet zu fahren.«

»Verstehe«, sagte Robol.

»Ich weiß nicht, ob Sie wirklich verstehen«, sagte Bob. Dieser Typ fährt uns nämlich direkt in den Arsch!«

»Verstehe«, sagte Robol noch einmal. Er sagte Bob, daß der Richter über Kreisles Aktionen Bescheid wisse und er für den Nachmittag eine Anhörung angesetzt habe, obwohl es Samstag und am folgenden Montag der amerikanische Tag der Arbeit war.

»Das will ich hoffen, daß er Bescheid weiß«, sagte Bob. »Wenn ich nämlich in diesem Moment aus dem Heckfenster sehe, kann ich praktisch schon den Namen auf dem anderen Schiff lesen.« Bob eilte zurück auf die Brücke.

Die *Cameron Seahorse* kam immer noch näher, und Burlingham beschloß, nun aktiv zu werden. »Okay«, sagte er, »wohin soll ich ihn abdrängen?«

Bob bedachte kurz die Strömungsverhältnisse und die Lage des Wracks und sagte: »Am besten nach Norden.«

»Kein Problem«, sagte Burlingham.

Er steuerte nach Backbord und zwang den anderen Kapitän, von seinem geplanten Kurs abzuweichen. »Na, na«, meldete sich der andere Kapitän über Funk. »Können Sie wirklich nicht anders?«

»Nein, Sir«, antwortete Burlingham. Er fuhr weiterhin langsam nach Backbord und zwang den anderen Kapitän auszuweichen. Gegen sechs Uhr abends hatte Burlingham die *Cameron Seahorse* über die Nordgrenze des Sperrgebiets gedrängt. Die Sonde in ihrem Schlepptau folgte schätzungsweise zwei Stunden später.

Der Samstag gehörte nicht nur zu einem verlängerten Wochenende, er war zudem Richter Kellams 40. Hochzeitstag. Trotzdem rief Robol den Richter zu Hause an, entschuldigte sich ausführlich für die Störung und erklärte ihm, daß seine Verfügung durch eine zweite Gruppe von Eindringlingen mindestens dreimal grob verletzt worden sei und sich die Krise auf hoher See rapide zuspitze. Noch in derselben Nacht erließ der Richter eine Vorladung, die Kreisle und alle anderen Beteiligten auf der *Cameron Seahorse* verpflichtete, am Dienstagmorgen vor Gericht zu erscheinen. Robol informierte Kreisles Schiff und dessen Anwalt sofort per Fax über den Beschluß. Als die *Cameron Seahorse* in Norfolk eintraf, wurde Kreisle auf dem Kai von einem Bundes-Marshal und einem Privatdetektiv in Empfang genommen. Sie beschlagnahmten all seine Navigations- und Sonarunterlagen, versiegelten sie und übergaben sie dem Gericht. Am Dienstag verurteilte Richter Kellam Kreisle und alle anderen Personen an Bord der *Cameron Seahorse* wegen Mißachtung des Gerichts.

Gegen Ende des vorigen Sommers hatte Tommy mit Mike Williamson eine Option ausgehandelt: Sie lautete, daß Tommys Auftrag im September 1987 erste Priorität haben würde, wenn er die SeaMARC zu diesem Zeitpunkt aus irgendeinem Grund noch einmal mieten wollte.

Inzwischen hatte Tommy drei Gründe, diese Option zu nutzen. Erstens wollte er das Sperrgebiet vor Kreisle schützen, der völlig unberechenbar war und bereits einen Gerichtsbeschluß mißachtet hatte. Zweitens wollte Tommy wissen, was Kreisle und Burt Webber jenseits von Galaxy entdeckt hatten, da Galaxy auf der östlichsten Suchbahn lag, die Columbus-America gezogen hatte. Er fürchtete, einer der beiden Konkurrenten könnte vielleicht eine Ansammlung von Gegenständen auf dem Meeresgrund finden und den Fund vor Gericht beanspruchen, nur um in der Nähe von Galaxy operieren zu können und über die verbotene Fundstelle herzufallen, sobald sie von Columbus-America unbewacht zurückgelassen würde. Drittens wußte er nicht, ob Teile der *Central America* abgebrochen und verstreut worden waren, als sie sank. »Es war schwer zu interpretieren, was wir an der Fundstelle sahen«, sagte Tommy. »Östlich davon hätten sich Teile des Schiffs befinden können.«

Inzwischen war es fast Mitte September, und das gute Wetter auf dem Atlantik würde nicht mehr lange halten. Burlingham fuhr mit der *Navigator* zu einer Werft im Norden von Charleston, ließ die Winde verstärken und nahm 6300 Meter neues Koaxialkabel und Williamson mit seinen Sonartechnikern an Bord. Vom 12. bis zum 26. September suchten sie weitere 500 Quadratmeilen Grund in der Tiefsee im Osten und Süden von Galaxy ab.

Während der ganzen Suche streckte Tommy kaum einmal den Kopf aus dem Container, in dem sich sein Satellitentelefon und seine Koje befanden und wo er auch die meisten Mahlzeiten einnahm. Im ganzen Sommer hatte er das Wrack von Galaxy nur zweieinhalb Wochen studieren können, und er wußte in vieler Hinsicht nur wenig darüber. Obwohl das Tauchfahrzeug alles übertraf, was je in der Tiefsee getestet worden war, war es trotzdem noch immer nur der notdürftig einsatzbereit gemachte Prototyp, mit dem sie Ende Juni in See gestochen waren. Ein Fahrzeug, das nicht für komplizierte Bergungsarbeiten oder die Bergung schwerer Gegenstände ausgelegt war. »Wenn wir ein weiterentwickeltes Tauchfahrzeug gehabt hätten und wenn uns die Konkurrenz nicht ständig gestört hätte«, sagte Tommy, »dann hätten wir, glaube ich, Gold gefunden.« Doch sie hatten kein weiterentwickeltes Tauchfahrzeug gehabt, sie waren fast den ganzen Sommer über gestört worden, und sie hatten nichts von kommerziellem Wert gefunden. Tommy machte bereits Pläne für die Saison von 1988.

Die Männer von Columbus-America hatten den ganzen Sommer auf See verbracht. Sie hatten mit eigenen Augen gesehen, daß das Sonagramm von Sidewheel getrogen hatte, und dann hatten sie erkunden können, wie ein Schiffswrack mit einem Trümmerfeld wirklich aussieht. Sie hatten all die Kämpfe, Spannungen und Manöver auf See und vor Gericht durchgestanden. Sie hatten bewiesen, daß sie 2400 Meter auf den Meeresgrund hinabtauchen und dort über längere Zeiträume arbeiten konnten, was auf der ganzen Welt noch nie jemand getan hatte. Sie hatten Kohle im Überfluß und Gebrauchsgegenstände von Frauen und Kindern und Keramikteller und Krüge und Flaschen aus der Mitte des 19. Jahrhunderts geborgen. Aber sie hatten nach vier Monaten auf See kein Gold gefunden. Und nichts an der Fundstelle hatte eindeutig bewiesen oder widerlegt, daß es bei all den Schlachten auf See und vor Gericht wirklich um die *Central America* gegangen war.

Columbus, Ohio –
Herbst 1987

Tommy hatte im Mai eigentlich nicht in See stechen, sondern in Columbus bleiben und mit Moore, Hackman und Scotty ein Tauchfahrzeug bauen wollen, das all die wundervollen Dinge hätte ausführen können, die er sich vorstellte. Sie hätten das Fahrzeug im August das erste Mal zu Wasser gelassen, es wenn nötig für ein paar Wochen auf See getestet und sich dann Sidewheel vorgenommen. Und wenn Sidewheel nicht die *Central America* gewesen wäre, hätten sie die Sonagramme noch einmal genau studiert und sich dem vermutlich zweitbesten Platz zugewandt. Wenn sie die *Central America* gefunden hätten, hätten sie das Schiff untersucht, gefilmt, fotografiert, ein Verständnis für das Wrack entwickelt und eine beträchtliche Menge Gold mit nach Hause gebracht. Im folgenden Sommer hätten sie dann die Bergung abgeschlossen. Doch das Gerücht, sie hätten Konkurrenz, hatte sie gezwungen, viel früher als geplant in See zu stechen, lange bevor das Tauchfahrzeug fertig war. Und weil sich das Gerücht als wahr entpuppte, hatten sie auf See bleiben müssen. Sie hatten Störenfriede abwehren müssen und sich nicht auf die wissenschaftlichen und technischen Aspekte des Projekts konzentrieren können. Tommy hatte Raubbau mit seinen Finanzen getrieben, da er den Bau des Tauchfahrzeugs beschleunigen, Gerichtsverfahren durchstehen und mit einem Tauchfahrzeug an der Fundstelle arbeiten mußte, das die gefundenen Objekte nicht auf die erforderliche Weise dokumentieren und bergen konnte.

»Tommy war müde«, sagte Buck Patton, »und das Projekt litt unter ernstem Geldmangel.«

Die Saison hatte Tommy fast die gesamten 3,6 Millionen Dollar gekostet, die er für die gesamte Bergungsphase vorgesehen hatte.

Er hatte einen Teil des für die Forschungsphase im Jahr zuvor eingeplanten Geldes gespart, und wenn er es mit dem Geld zusammenrechnete, das er von 1987 noch in der Kriegskasse hatte, dann verfügte die Gruppe noch über einen Notgroschen von fast einer Million Dollar. Doch 4,5 Millionen waren ausgegeben, und in den Augen einiger seiner Partner hatte Tommy dafür nichts bekommen außer ein paar Tellern und einem berüchtigten Brocken Kohle. »Das wird das teuerste Stück Kohle in der Geschichte«, sagten manche. Und: »Brennt sie wenigstens?« fragten andere.

Es gab »eine Menge Kohlewitze«, wie sich Patton erinnert.

Tommy war klar, daß einige der Gesellschafter, die dem Projekt nahestanden und ihm mit ihrem Rat geholfen hatten, genau wußten, was sie in diesem Sommer erreicht hatten. Die Gruppe hatte zwei Meilensteine gesetzt: Erstens hatten sie mit ihrer Technologie auf dem Grund der Tiefsee Dinge vollbracht, die noch keiner vor ihnen geleistet hatte. Zweitens hatte ein Richter ihre neue Interpretation der Rechtslage akzeptiert und ihnen das exklusive Recht eingeräumt, an der von ihnen entdeckten Fundstelle zu arbeiten. Und er hatte dieses Recht auch durchgesetzt, indem er Eindringlinge, die sich nicht an den Richterspruch hielten, wegen Mißachtung des Gerichts verurteilt hatte. Doch wie außergewöhnlich diese Erfolge auch sein mochten, die Partner wollten auch Gold sehen. Gold aber war keines da.

»Man sollte meinen«, sinnierte Tommy, »daß wir nach allem, was wir geleistet und erreicht hatten und nachdem wir dank unserer Zähigkeit und unserer guten Teamarbeit den Gegner geschlagen hatten, als große Helden dagestanden hätten, aber das ist es nicht unbedingt, was einen Investor überzeugt. Ein typischer Gesellschafter sagt sich in dieser Situation folgendes: ›Au weia, mir war nicht klar, daß wir all diese juristischen Schwierigkeiten haben würden. Das fängt an, riskant zu werden.‹ Und so kamen wir in jenem Herbst völlig erschöpft und geistig und körperlich ausgelaugt nach Hause, aber das Schlimmste stand uns noch bevor. Wir mußten eine schwere Schlacht um die nötigen Mittel zum Bau des Tauchfahrzeugs schlagen.«

Tommys wichtigste Aufgabe bestand nun darin, seine Partner zu überzeugen, das heißt, er mußte seine Briefe vorsichtig formulieren. Auf See hatte Tommy kaum Zeit gehabt, irgend jemand etwas mitzuteilen. Er hatte an alle Gesellschafter einige kurze Rundschreiben geschickt, von denen er fürchtete, daß sie die Verwirrung eher noch vergrößert hatten, da er nicht alles hatte erzählen können, was passiert war. »Sie können sich schwer mit einem Projekt identifizieren«, sagte Tommy, »wenn man ihnen die Strategie nicht erklären kann, mit der man das Ganze anpackt.« Er wollte vermitteln, wie er den Kampf auf See erlebt hatte, damit die Gesellschafter einen Teil des Abenteuers nachempfinden konnten. Doch er mußte aufpassen, daß er die Probleme nicht unüberwindlich erscheinen ließ; und er mußte berichten, was er für die folgende Saison geplant hatte, ohne falsche Versprechungen zu machen.

Um die Stimmung bei seinen Partnern zu erkunden, sprach Tommy häufig mit Wayne Ashby und einigen anderen Partnern, zu denen er ein gutes Verhältnis entwickelt hatte. Wenn er einen Brief geschrieben hatte, zeigte er ihn zuerst Ashby und bat ihn, sich dazu zu äußern. »Wir haben bei einer Reihe von Briefen zusammengearbeitet«, sagte Ashby. »Er kam vorbei und fragte, ob er etwas richtig erklärt hatte oder ausführlicher erklären oder vielleicht überhaupt nicht erwähnen sollte.«

Zwei heikle Fragen mußten erklärt werden: Erstens, daß sich Sonartechniker von Weltklasse voller Zuversicht für eine falsche Fundstelle entschieden hatten. Und zweitens, daß Tommy Geld brauchte, um eine ausgereifte Version des Tauchfahrzeugs zu bauen, das sich durch den Kohleberg hindurchgraben und den Beweis liefern konnte, daß bei Galaxy wirklich die *Central America* lag. Tommy selbst war über den Irrtum mit Sidewheel nicht überrascht; schließlich hatte kein Mensch je zuvor etwas Ähnliches versucht, und Tommy wußte, welche Probleme dabei auftreten konnten. Alle Tiefsee-Experten wußten das. Aber galt dies auch für seine Partner? Wenn er allzu überzeugend erklärte, warum es so schwierig war, Arbeiten auf dem Grund der Tiefsee zu verrichten, dann würden die Gesellschafter vielleicht denken: Also wenn schon die Fachleute nicht wissen, wie sie es anstellen sollen, wer weiß es dann? Und wenn sie es nicht wissen, warum sollte ich dann noch mehr Geld in die Sache stecken?

Im Oktober ging ein zehnseitiger Brief an die Gesellschafter, in dem Tommy noch einmal erläuterte, welche Rückschläge ihn gezwungen hatten, den Notfallplan in Kraft zu setzen, und betonte, welche Erfolge er trotzdem erzielt hatte. Aufgrund der vielversprechenden Sonagramme von Sidewheel, dem ursprünglichen Ziel, hatten sie erwartet, einen relativ intakten Dampfer mit Schaufelrädern und Luken zu finden. Statt dessen hatten sie, wie Tommy schrieb, »einen Ort vorgefunden, an dem die gewaltige Korrosion und das üppige unterseeische Leben an dem Schiffswrack nagten und die Holzwände des Rumpfes angriffen, bis sie langsam zusammenbrachen«. Nach Sidewheel hatte sich die Gruppe der neuen Fundstelle Galaxy zugewandt, die sich als sehr viel verheißungsvoller entpuppt hatte. Sie hatte mehrere Objekte aus dem Trümmerfeld geborgen, sich wegen der begrenzten Fähigkeiten des E-Fahrzeugs jedoch nicht durch die Kohle graben können.

»Zwar waren wir nicht dafür ausgerüstet, im Hauptteil des Wracks, wo sich das Gold befindet, größere Ausgrabungen vorzunehmen, doch kann gar nicht oft genug betont werden, wie wichtig die Fähigkeiten sind, die wir durch den Einsatz des Notsystems entwickelt haben … Diese Erfahrungen werden im Lauf des Winters von enormem Wert sein, wenn wir die Entwicklung des vollwertigen Bergungssystems abschließen und uns auf unseren intensiven Bergungsversuch im kommenden Frühjahr vorbereiten.«

Im November versammelte Tommy seine Partner in einem Hotel in der Innenstadt, und das Team zeigte ihnen die Objekte, die es von Galaxy geborgen hatte: Keramikteller, Flaschen und Krüge. In einem großen Aquarium stand der Kinderbecher mit den Maximen aus Benjamin Franklins *Poor Richard's Almanac* auf einem Stück Kohle. Das Töpfchen mit der »Cold Cream« und der kastanienbraunen Haarsträhne stand in einem Glasbehälter und war mit Trockeneis konserviert. An der Wand hingen eindrucksvolle Farbfotos, und auf mehreren Bildschirmen wurde das Video gezeigt, wie der Greifarm das Töpfchen aus dem Schlamm holte und den Anker barg. In seiner Rede berichtete Tommy über die Hochseeoperationen des Jahres 1987, kam auf die technischen und juristischen Erfolge zu sprechen und zeigte seinen Partnern Stereodias von der Fundstelle und Videos, wie das Tauchfahrzeug auf dem Grund arbeitete. Nach der Versammlung faßte er den Stand des Unternehmens in einem weiteren ermutigenden Brief zusammen: »Wir haben die bei den Operationen im Sommer gewonnene gewaltige Datenmenge sorgfältig analysiert«, schrieb er. »Damit haben wir die operativen Probleme gut im Griff, und es gibt nur noch einen Faktor, der uns daran hindern könnte, das Gold 1988 zu bergen: Wir müssen rechtzeitig die notwendigen Gelder beschaffen, damit wir die Aufträge zum Bau des ›kompletten‹ Bergungssystems vergeben können.« Er teilte seinen Partnern mit, daß die Gruppe noch mindestens weitere 3,5 Millionen Dollar brauchte, um weitermachen zu können. Nur wenige seiner Partner waren jedoch bereit, sofort einen weiteren Scheck auszustellen.

Für den Gesellschafter Art Cullman war der Sommer 1987 völlig anders verlaufen als erwartet. Als Sidewheel überhaupt nicht aussah wie ein Raddampfer und Tommy sich einer anderen Fundstelle zuwenden mußte, hatte Cullman Sorgen um sein Geld bekommen. »Inzwischen«, sagte er, »waren wir alle ein bißchen am Zittern.«

Der Gesellschafter Mike Ford sah zwei Probleme, die sich gegenseitig verschärften. »Alle machten brav mit, und keiner tanzte aus der Reihe, bis das erste Ziel sich als falsch entpuppte«, sagte er. »Dann waren, glaube ich, eine Reihe von Personen eine Zeitlang enttäuscht und dachten: ›Mein Idol hat mich im Stich gelassen.‹« Gerade zu diesem Zeitpunkt aber wurden sie von ihrem Idol um mehr Geld gebeten. Doch Ford betrachtete die Sache eher philosophisch: »Beim unternehmerischen Handeln gibt es immer Versuche; es gibt den Plan und die Wirklichkeit, und unvermeidlich passiert in der Wirklichkeit etwas, woran sich zeigt, aus welchem Holz die Manager geschnitzt sind. Daran, wie sie diese unvorhergesehene Situation bewältigen, entscheidet sich, ob eine Gruppe wirklich etwas taugt.«

Andere stimmten ihm zu. Sie hatten selbst schon auf dem heißen Stuhl gesessen, hatten Konkurrenten abgewehrt, waren mit Überraschungen und Krisen fertig geworden und hatten erleben müssen, daß ein ganzes Projekt auf dem Spiel stand. Sie konnten die Sache aus Tommys Perspektive betrachten, und sie wußten, daß Tommy es eben schaffen würde oder nicht. »Geschäftsleute sind daran gewöhnt, andere Leute mit ihrem Geld arbeiten zu lassen«, sagte Jim Turner. Er und andere fanden, daß Tommy das

Projekt leiten und sie über die Entwicklung auf dem laufenden halten sollte. Aber trotzdem tauschten die Gesellschafter ihre Bedenken untereinander aus.

»Wenn etwas aus dem Ruder läuft«, sagte Buck Patton, »dann klingelt in dieser Stadt das Telefon, schon bevor man wieder aufgelegt hat. ›Was halten Sie davon? Tragen Sie die nächste Phase mit? Ich finde, wir sollten eine Versammlung einberufen oder wenigstens mal was zusammen trinken gehen.‹«

Noch im Herbst jenes Jahres versammelten sich acht der Gesellschafter in Pattons Büro, um mit Tommy über ihre Sorgen zu sprechen. Geld war ein Thema, aber sie waren auch besorgt, daß Tommy sich überforderte und nicht genügend delegierte. »Er hat das Gefühl, daß er alles selbst machen muß, weil es sonst nicht richtig gemacht wird«, sagte Fred Dauterman. Patton wollte Tommy überreden, die Aufgaben zu verringern, mit denen er herumjonglierte: Juristisches, Öffentlichkeitsarbeit, Aufträge, fällige Rechnungen, Steuern, Buchhaltung; sollte doch jemand anderes sich darum kümmern.

Doch Tommy hatte ein Unternehmen mit einer langen Anlaufphase gegründet. Es gab noch keine Einnahmen, nichts zu verkaufen, keine gewinnbringenden Transaktionen. Noch konnte nichts systematisiert werden. Das war es, was Tommy unter Unternehmertum verstand: Neuland erobern, neue Wege beschreiten. Doch um dies zu tun, mußte er bei jedem Schritt auf dem neuen Pfad selbst vorangehen. Mit der Zeit würde Tommy die Aufgabe systematisieren, einen Geschäftsführer einstellen und vieles delegieren können. Bis dahin jedoch mußte er alles selbst beaufsichtigen.

Bill Arthur, der schon tausendmal erlebt hatte, wie ein neues Unternehmen entstand, war aus anderen Gründen enttäuscht über Tommy. »Uns war das Geld ausgegangen!« sagte er. »Und Tommy sagte mit der blauäugigen Ehrlichkeit des wahren Wissenschaftlers: ›Na und. Was soll's? Jeder wußte doch, daß wir kein Geld mehr haben.‹ Wir bekamen all diese wundervollen wissenschaftlichen Papiere vorgelegt, aber den Investoren waren die technischen Spitzenleistungen sch… herzlich gleichgültig. Es gibt nur einen einzigen Grund, warum wir Investoren haben – Gold!«

»In der gegenwärtigen Situation hast du es mit einem Vertrauensverlust zu tun, Tommy«, sagte Arthur. »Wir haben alles Geld ausgegeben und trotzdem kein Gold gesehen.« Doch Arthur sah eine Lösung. Er machte den Vorschlag, das Risiko zu streuen und die großen technischen Fähigkeiten der Gruppe zu nutzen, um nach mehreren Schiffen zugleich zu suchen. »Laß uns das Unternehmen erweitern«, sagte er, »nach dem Sanierungsmodell von General Motors. Und dann gehen wir an die Börse.«

Solche Konzepte hatten sich bei der Suche nach Öl und Gas und ähnlichen Unternehmungen schon oft bewährt, standen jedoch in radikalem Widerspruch zu Tommys methodischem Ansatz. Er hatte erlebt, daß Schatzsucher genau diesen Fehler gemacht und vier bis fünf weitere Wracks mit ins Spiel gebracht hatten, um das Projekt besser verkaufen zu können. Doch sie hatten damit keineswegs das Risiko gestreut, sie hatten es erhöht, weil sie in der Hoffnung auf einen glücklichen Zufall Geld für wenig vielversprechende Objekte ausgaben und dann, als das Geld knapp wurde, vor dem besten Objekt zurückscheuten. Tommy dagegen hatte schon lange erkannt, daß es klüger war, sich auf ein vielversprechendes Wrack zu konzentrieren, von dem man wußte, daß es noch nicht angetastet worden war. Aber er hörte Arthur zu. Er hörte immer zu.

»Ich habe hier nicht das Sagen«, meinte Arthur, »aber ich glaube, das ist ein Fall von Goldfieber auf der Geldgeberseite und von alberner wissenschaftlicher Pedanterie auf der anderen Seite.«

Arthur war ein kluger Mann, ein exzellenter Profi, doch Tommy mußte zwischen dem Mann und der Idee unterscheiden; er mußte Arthurs Neigung, Dinge im Paket zu verkaufen, Rechnung tragen. Er ließ sich die Idee ernsthaft durch den Kopf gehen, aber er mußte einen Weg aus der Krise finden, ohne eine Hypothek auf die Zukunft aufzunehmen.

»Tommy ist hart«, sagte Patton. »Er ist schlau und hart. Er hört sich an, was ich sage und was die anderen sagen; erst dann entscheidet er, was zu tun wird, und dann tut er es. Ich habe schon einige wirklich harte Kerle kennengelernt, aber er flößt mir trotzdem großen Respekt ein.«

Nach der Saison meldete sich Tod immer in dem alten viktorianischen Haus in der Neil Avenue und erledigte Arbeiten für das

Büro. In dieser Zeit sah er Tommy häufig. »Er wohnte praktisch in seinem Büro«, sagte Tod. »Er arbeitete rund um die Uhr.« Manchmal kam Tommy mit dem typischen Harvey-Grinsen und blutunterlaufenen Augen in die Küche geschlendert, rieb sich die Hände und sah nach, ob es Kaffee gab. Dann verschwand er wieder hinter der Schiebetür des repräsentativen Eßzimmers, wo er lange Telefongespräche führte und auf einem großen gelben Notizblock Pläne machte. Tod fand es seltsam, daß Tommy trotz all der Probleme, die er lösen mußte, nie niedergeschlagen wirkte. »Ich habe nie gehört«, sagte Tod, »daß er sich über irgend jemanden oder irgend etwas negativ geäußert hätte. Normalerweise ist er einfach ausgebrannt.« Tommy stopfte sich mit Kraftfutter und Vitaminen voll und arbeitete manchmal 36 Stunden am Stück, ohne zu schlafen. Er schien nie zu schlafen. »Er arbeitet unglaublich intensiv«, sagte Tod. »Er macht einfach immer weiter und weiter und hört nie auf.«

Tommy machte sich Sorgen, aber er machte sich gerne Sorgen. »Je besorgter man ist, um so mehr denkt man nach«, sagte er. »Und je mehr man nachdenkt, um so mehr weiß man, und je mehr man weiß, um so besser wird man mit einer Situation fertig. Ich bin keiner, der sich von seinen Sorgen lähmen läßt. Je mehr Sorgen ich mir mache, um so mehr Energie habe ich.«

Außer über Geld und seine Partner machte sich Tommy auch Sorgen über seine Techniker und die technische Seite des Projekts. Bei der Besprechung mit den Gesellschaftern hatte er nichts von den Problemen erwähnt, die bei der Entwicklung des »voll ausgereiften« Bergungsfahrzeugs auftraten. Um Galaxy zu erkunden und sich durch den Kohleberg graben zu können, mußte das neue Fahrzeug in der Lage sein, Dinge zu tun, die noch kein Mensch getan hatte oder die zu versuchen noch keinem Menschen eingefallen war. Tommy hatte das System ein Jahr zuvor auf dem Papier entworfen und sich dann mit der Notversion begnügen müssen. Nun hatte er mehr Wissen über die Fundstelle, und er nutzte es, um mit Hackman und den anderen Technikern Versuche durchzuführen.

Eines der größten Probleme bei Tiefseefahrzeugen war ihre begrenzte Reichweite. Bemannte und unbemannte Fahrzeuge hatten Greifwerkzeuge, aber deren Gelenke waren oft zu steif, um richtig zu funktionieren, oder zu plump für elegante Manöver. Selbst wenn ein Greifarm reibungslos arbeitete und mit maximaler Beweglichkeit all seiner Gelenke operierte, hatte er normalerweise nur eine Reichweite von einem Meter und operierte innerhalb einer Hüllkurve von 15 mal 20 Zentimeter. Die Backen bewegten sich nur wenig nach links und rechts, nach oben oder unten. Ein Tauchfahrzeug nahe genug für den Einsatz des Greifwerkzeugs an einen Gegenstand heranzubringen erwies sich oft als unmöglich. In diesem Fall muß man die Arbeiten einstellen, mit dem Fahrzeug abheben, es in eine neue Position bringen und warten, bis sich der aufgewirbelte Schlamm wieder abgesetzt hat. Aufgrund der begrenzten Reichweite arbeitete das Fahrzeug oft keine zehn Minuten, bevor es wieder abgehoben und neu positioniert werden mußte.

Tommy hatte sich seit vielen Jahren den Kopf über das Problem zerbrochen und war zu dem Schluß gekommen, daß ein schwenkbarer Roboter für die Arbeit des Menschen in der Tiefsee ein gigantischer Fortschritt sein würde. Er bat Hackman, sich über folgende Möglichkeit Gedanken zu machen: Wie wäre es, wenn wir das gesamte Fahrzeug auf eine rotierende Basis stellten, wie einen Dampfbagger oder einen Kran? »Ein Kran hat riesige Kugellager«, war Hackmans erster Gedanke, »und diese Lager, das Getriebe, die Hydromotoren und die Antriebswellen werden alle tief im Schlamm stecken.« Außerdem, erinnerte er Tommy, »haben wir ein Tauchfahrzeug, das im Wasser schweben, jederzeit abheben und sich drehen kann.«

»Ich weiß«, sagte Tommy, »aber das braucht zuviel Zeit.« Er wollte, daß Hackman berechnete, wie groß eine rotierende Basis sein müßte. Nach ein paar Tagen erstattete Hackman Bericht: »Sie wird über 2000 Kilogramm wiegen.«

»So viel darf sie nicht wiegen«, sagte Tommy. »Überleg dir mal, was sich machen läßt.«

Hackman hatte gelernt, Tommy nie zu widersprechen; er hatte eine andere Art, mit Tommys Ideen umzugehen. Er rechnete genau aus, was nötig war, um Tommys Wünsche zu erfüllen, und dann ließ er Tommy selbst entscheiden, ob es sich lohnte.

Auch arbeitete Hackman lange genug mit Tommy zusammen, um zu wissen, daß dieser immer gute Gründe für einen Vorschlag hatte, auch wenn diese Gründe manchmal nicht sofort einsichtig waren.

Als Tommy jedoch den Vorschlag machte, das Tauchfahrzeug auf eine rotierende Basis zu stellen, dachte Hackman: »Wenn er wirklich schwarz auf weiß sehen will, wie lächerlich diese Idee ist, dann werde ich es ihm zeigen.«

In all der Zeit, als er an hochgeheimen Unterwasserprojekten gearbeitet hatte, hatte Hackman nie gehört, daß jemand auch nur auf den Gedanken gekommen wäre, so etwas unter Wasser zu versuchen. In einem Punkt hatte Tommy allerdings recht. Wenn es tatsächlich gelänge, würde sich die effektive Reichweite des Fahrzeugs vertausendfachen.

Hackman ging das Problem systematisch an. Warum muß die Basis über 2000 Kilo wiegen? Nun ja, beantwortete er die Frage, sie muß so viel wiegen, weil ich angenommen habe, daß sie diese großen Kugellager haben wird und noch ein paar andere Dinge. Sind das haltbare Annahmen? Vielleicht nicht. Vielleicht brauchen wir die großen Kugellager gar nicht, vielleicht können wir das Ding auf einen Schwinger montieren, aber dann würde das ganze Fahrzeug auf einer einzigen Welle sitzen. Nach ein paar Berechnungen über die Biegebeanspruchung wußte er, daß die Welle unter dem Gewicht des Fahrzeugs brechen würde. Er würde sich etwas anderes ausdenken müssen. Doch der Anfang war gemacht.

Als er Tommy erzählte, wie weit er gekommen war, dachte dieser laut: »Vielleicht können wir die Sache mehr wie den Flügel eines Flugzeugs betrachten und statt von einer starren von einer biegsamen Welle ausgehen.«

»Auf diese Weise arbeiten Hackman und ich wirklich gut zusammen«, sagte Tommy. »Er erklärt sehr klar, wo das Problem liegt, und ich speichere die Sache in meinem Unterbewußtsein ab. Ich denke darüber nach, dann habe ich eine neue Idee, und wir unterhalten uns wieder ein bißchen.«

Bei einer dieser Besprechungen erkannte Hackman: »Wenn wir das Ding biegsam machen, kann ich hier außen einen kleinen Ring mit Rollen anbringen, der die Biegelasten absorbiert, und ich kann einen kleineren Aktuator einsetzen, um das Ding rotieren zu lassen.«

So wurde die gesamte Basis viel leichter und elastischer. Hackman freute sich, daß er ein scheinbar unlösbares Problem gelöst hatte, aber als er seine Zeichnungen Tommy vorlegte, wollte dieser wissen, wieviel die Basis nun wiegen würde. Hackman sagte, er habe das Gewicht auf etwa die Hälfte seiner ursprünglichen Schätzung verringert. Doch Tommy wollte das Gewicht auf ein Zehntel verringern. Hackman machte sich wieder an die Arbeit, grübelte über seinen Zeichnungen und entdeckte neue Möglichkeiten. Er schob einen zweiten Ring in den ersten Ring und stellte den Rotationsaktuator auf den Kopf. Dann verlegte er die Schläuche der Hydraulik von der Basis in das Fahrzeug. »Ich löste einfach ein Problem nach dem anderen«, sagte Hackman. Als er fertig war, hatte er eine Rotationsbasis, die 203 Kilogramm wog und auf der sich das Fahrzeug um 360 Grad drehen konnte.

Doch Tommy war noch lange nicht fertig. Die meisten Greifwerkzeuge waren nach dem menschlichen Arm geformt, aber mit nur fünf bis sieben Grad Bewegungsspielraum. Der menschliche Arm hat 27 Grad. Doch selbst der menschliche Arm hat nur zwei Teile, den Ober- und den Unterarm, plus die Hand. Tommy wollte seinem Greifwerkzeug drei »Oberarme« und fünf »Unterarme« verpassen, und er sollte mindestens 27 Grad Bewegungsspielraum haben. Er wollte die Reichweite des Greifwerkzeugs durch eine ausfahrbare, teleskopartige Schulter erhöhen – das Äquivalent eines menschlichen Arms, mit dem man ohne Fernbedienung vom Sessel aus das Fernsehprogramm wechseln könnte. Viele Unterseetechniker hatten bereits ähnliches versucht, aber alle Lösungen, von denen Hackman gehört hatte, waren kompliziert, schwer und teuer gewesen, und die meisten hatten die Reichweite des Greifwerkzeugs nur um ein paar Zentimeter erhöht. Eine Gruppe hatte einen Käfig auf Rollen entwickelt, der über 2000 Kilogramm wog und wie ein Scheunentor nach vorne glitt, jedoch die Reichweite nur um zirka 60 Zentimeter vergrößerte.

Die Vergrößerung der Reichweite verlangte auch eine bessere Sicht, denn was man nicht sieht, kann man nicht greifen. Tommy wollte, daß sein Tauchfahrzeug mit den Kameras aus mehreren Winkeln an den Gegenstand heranfahren und er die Szene ausleuchten könnte, damit sie scharf und deutlich zu sehen war.

Im Gedankenexperiment mit Tommy entwickelte Hackman eine einfache Lösung. Er steckte in eine mit Kunststoff ausgekleidete Aluminiumhülse einen hohlen Aluminiumschaft, der sich herausschieben ließ wie eine lange Schublade. Billige, leichte, primitive Technik. Alle Berechnungen zur Biegsamkeit und Belastbarkeit sprachen auf dem Papier für Hackmans Konzept, und als sie das Gerät schließlich bauten, wog es 140 Kilogramm und erweiterte die Reichweite des Greifwerkzeugs und der Lichtausleger um gut eineinhalb Meter.

»Das waren Harveys Beiträge«, sagte Hackman. »Er hatte ein Konzept, und ich machte einen Entwurf. Er sah ihn sich an und sagte:›Kann das Ding leisten, was ich will, und wird es da hinpassen, wo ich es haben will?‹ Und wenn es nicht paßte, sagte er:›Arbeiten wir weiter daran‹, und ich machte mich wieder an die Arbeit.«

Um neues Kapital aufzutreiben, hatte einer der Partner ein Treffen zwischen Tommy und dem Management der New Yorker Investmentbank Drexel Burnham arrangiert. Tommy flog mit Ashby und den anderen Gesellschaftern nach New York und sprach mit den Bankern, aber er hatte dabei ein schlechtes Gefühl.

»Geld ist Geld, das war meine Einstellung«, sagte Ashby. »Aber Tommy meinte, daß eine Zusammenarbeit mit der Bank das ganze Projekt zerstört hätte, die Vertraulichkeit. Sie wollten Zugang an seiner Organisation und wollten mit seinen Leuten und seinen Forschern reden, und das hätte Tommy nie zugelassen.«

Ein anderer Gesellschafter bot an, den Bau des Tauchfahrzeugs zu finanzieren und es dann an Tommy zu vermieten. Außerdem hätte er Tommy einen Kredit von einer Million Dollar gegeben. Wäre Tommy darauf eingegangen, wären mit einem Schlag fast alle finanziellen Probleme gelöst gewesen, doch das Fahrzeug hätte nicht ihm gehört. Nachdem er drei Monate lang verschiedene Möglichkeiten in Betracht gezogen hatte, beschloß er schließlich, »auf die altmodische Tour« Geld aufzutreiben. Das hieß, er setzte sich immer mit einem alten Partner oder potentiellen neuen Investor zusammen und erklärte ihm das Projekt.

Während Tommy jeden Cent zweimal umdrehen mußte, trieb er seine Techniker beim Bau des Tauchfahrzeugs zu Höchstleistungen an, ohne ihnen etwas von den finanziellen Problemen zu erzählen. Mit ihnen sprach er nur über Konzepte und Spezifikationen und über die Probleme im Umgang mit den Lieferanten.

Tommy sprach mit der einen Gruppe nie über die Probleme der jeweils anderen. Die Gesellschafter hatten vielleicht Alpträume wegen ihrer Investitionen, wegen der zweiten Finanzierungsphase und wegen des höheren Preises, den sie bezahlen mußten, aber die scheinbar unüberwindlichen technischen Probleme, mit denen Hackman, Moore, Scotty und die anderen Techniker sich herumschlugen, raubten ihnen nicht den Schlaf. Umgekehrt mochten Hackman, Moore, Scotty und die anderen Techniker zwar technische Alpträume haben, aber ihre Nachtruhe war nicht gestört, weil sie befürchteten, daß ihnen ein Lieferant bei ihrem nächsten Anruf mitteilen könnte, Columbus-America sei 60 Tage mit der Zahlung im Verzug. Nur Tommy wurde, wenn er überhaupt schlief, von all diesen Alpträumen heimgesucht.

Columbus, Ohio –
Winter und Frühjahr 1988

In Columbus beginnt sich der Winter, wenn auch widerwillig, im März zu verabschieden. Der Kampf mit dem Frühling findet unter einem grauen Himmel statt; die Zweige mit den stecknadelkopfgroßen Knospen schlagen im Wind mit einem trockenen Geräusch aneinander, und vom Himmel fallen keine Flocken mehr, aber auch keine Regentropfen, sondern kleine gefrorene Tröpfchen, die beim Auftreffen fast wie dünnschalige Muscheln klirren. An einem solchen Tag saß Bob Evans in seinem Büro im zweiten Stock des alten viktorianischen Gebäudes in der Neil Avenue und sah die Sonagramme noch einmal durch, die Mike Williamson mit seinem Team im Sommer 1986 gemacht hatte.

Trotz der Wahrscheinlichkeit von 90 Prozent, daß Galaxy die *Central America* war, hatten Tommy, Bob und Barry beschlossen, auch für den Fall Pläne zu machen, daß sie es nicht war. An der Fundstelle hatte alles ausgesprochen ermutigend ausgesehen, aber dennoch war das Ergebnis frustrierend gewesen.

Sie hatten das Wrack gefunden, hatten Teller, eine Tasse und Behälter aus der richtigen Zeit geborgen, und sie hatten die Kohle gefunden. Doch weil das E-Fahrzeug so wenig leistungsfähig war, hatten sie nicht feststellen können, was unter der Kohle verborgen war.

»Es scheint, daß wir die *Central America* haben«, sagte Bob, »aber in der Wissenschaft gibt es keine absolute Sicherheit, man ist nur zu 97 Prozent oder 99 Prozent sicher. Wir setzen alle möglichst glückliche Gesichter auf, und doch haben wir insgeheim unsere Zweifel; jedenfalls sind wir bereit, auch andere Hypothesen zu akzeptieren.«

Außerhalb der Saison gehörte es zu Bobs Aufgabenbereich,

alle auf See gesammelten neuen Daten systematisch zu analysieren und die Daten aus den vergangenen Jahren neu zu bewerten. Mit Hilfe dieser aktualisierten Informationen plante Tommy die kommende Saison. In jenem Winter bat er Bob, die gesamten Sonarunterlagen über die 1986 abgesuchten 1400 Quadratmeilen Meeresgrund noch einmal zu analysieren und zu katalogisieren. Dabei kamen Bob zwei neue Faktoren zugute: Erstens waren die Sonagramme Sidewheel und Galaxy vor Ort überprüft worden, und zweitens besaß er eine neue Software, die es ihm erlaubte, die Daten aus dem Sonar nicht nur in helle, kontrastreiche Farben umzuwandeln, sondern auch zu scannen, zu zoomen und zu maskieren und ihren Informationsgehalt damit zu verbessern.

Bob wertete die Unterlagen vom ersten Tag der Suche an aus und markierte in jeder Datei die Anomalien. »Ich vollzog die Reise nach, indem ich mit dem ersten Bericht begann und noch einmal durchlebte, was die Mannschaft durchgemacht hatte. Dabei sagte ich mir: ›Okay, hier haben wir die eine Anomalie, und da haben wir eine andere Anomalie.‹ Ich habe einfach alles überprüft; ich wollte ein wirklich vollständiges Verzeichnis der Phänomene.«

Jedesmal, wenn Bob eine neue Datei öffnete, schoben sich dünne blaue Linien von links nach rechts und von rechts nach links über den Schirm, bis er mit 700 blauen Linien gefüllt war. Damit hatte Bob ein Stück Meeresboden von zwei Meilen Länge und drei Meilen Breite vor sich auf dem Schirm.

Die hellblauen Linien zeigten einen flachen Meeresboden aus Sedimentgestein an, aber zwischen dem Blau sah Bob manchmal Flecken in Grün oder verschiedenen Schattierungen von Rot oder Schwarz, kleine Anomalien, nicht größer als ein Pixel auf dem Schirm oder zwei bis drei Quadratmeter auf dem Meeresgrund. Wenn Bob alle Anomalien notiert hatte, öffnete er eine neue Datei, und wieder füllten blaue Linien den Monitor.

Williamson und die Sonartechniker hatten die meisten Anomalien bei der ursprünglichen Suche für zu klein, für zu kantig oder für zu rund und zu formlos gehalten, als daß es sich um die Überreste eines 84 Meter langen Raddampfers mit hölzernem Rumpf hätte handeln können. Nun jedoch hatte Tommy Bob gebeten, bei der erneuten Durchsicht der Unterlagen wirklich alles zu notieren:

große Schiffe, kleine Schiffe, geologische Phänomene, Frachtcontainer, U-Boote, Segelboote, einfach alles, selbst wenn es sich vermutlich nur um ein Ölfaß handelte. Zwei Anomalien am westlichen Rand der Wahrscheinlichkeitskarte waren als geologische Phänomene verworfen worden, aber da Bob selbst Geologe war, fand er es interessant, sie noch einmal genauer anzusehen.

Er war nun schon drei Tage ausschließlich mit der Durchsicht der Sonarunterlagen beschäftigt. Bisher hatte er über 100 Protokolle analysiert. Die ersten 49 waren kurz und wenig zuverlässig, weil das Meer stürmisch gewesen war und die Ausrüstung nicht richtig funktioniert hatte. Ab Datei 0120 hatte Williamson die SeaMARC für Hochauflösungsscans von besonders vielversprechenden Zielen auf die Erfassung einer 1000 Meter breiten Bahn eingestellt. Bob hatte die so entstandenen Bilder schon viele Male zuvor studiert, »aber ich sah sie mir noch einmal an, weil einige interessante Schiffe dabei waren.«

Unter diesen vielversprechenden Zielen waren auch die Sonagramme, die an der Westgrenze der Wahrscheinlichkeitskarte aufgenommen worden waren. »Ich war fasziniert«, sagte Bob, »denn nun hatte ich es mit den seltsamen langen, linearen Strukturen zu tun, die im Logbuch als geologische Phänomene verzeichnet waren.« Er studierte die Datei 0126 fast eine halbe Stunde lang, dann öffnete er Datei 0127 und wartete, bis die blauen Linien über den Schirm gewandert waren.

Datei 0127 enthielt das Ziel in der südwestlichen Ecke der Wahrscheinlichkeitskarte, das die Sonartechniker beim zweiten Durchgang mit hoher Auflösung zunächst nicht wiedergefunden hatten. Erst beim dritten Versuch hatte es geklappt. Beim ersten hatte der leitende Techniker »kein Glück« ins Logbuch geschrieben. Beim zweiten schrieb der Navigator: »Kontakt 200 Meter backbord – geologische Struktur?«, und der leitende Techniker schrieb »große geologische Struktur«. Dann, beim dritten Anlauf, hatte der leitende Techniker eingetragen: »Ziel vermutlich geologische Anomalie ohne kulturellen Wert.«

Bob warf einen Blick auf den Schirm. Die dünnen blauen Linien, die auf dem Schirm hin und her liefen, waren von einer großen Struktur unterbrochen, die erst zum Teil Farbe angenommen hatte, sich jedoch rasch mit Grün, Rot und Gelb füllte. »Ich sah diese sogenannte ›geologische Anomalie‹ auf dem Monitor erscheinen«, sagte Bob, »und als sie etwa ein Viertel des Schirms füllte, wurde mir allmählich flau im Magen.« Das Ziel war im Kernbereich lang und dünn. »Ein massereiches Zentrum«, dachte Bob, »aber umgeben von Trümmern.« Er sah noch einmal ins Logbuch, um sicherzugehen, daß das Sonagramm tatsächlich mit der 1000-Meter-Einstellung gemacht worden war. Schnell vermaß er die Struktur. Der Kern schien beträchtlich länger zu sein als bei Galaxy. Er schaltete den Schirm aus. »Ich dachte eine Minute darüber nach ... und schaltete den Schirm wieder ein ... und sah mir das Ding noch einmal an ... wissen Sie ... ich dachte einfach ... ich dachte: DAS IST EIN SCHIFF! DAS IST KEINE GEOLOGISCHE STRUKTUR! ES IST NICHT NUR EIN SCHIFF, ES IST VIEL GRÖSSER, UND ES HAT DIE RICHTIGE KONFIGURATION!

Was Galaxy der Konfiguration nach von den anderen Sonagrammen potentieller Schiffswracks unterschieden hatte, waren die Trümmerfelder, die die Konturen des Schiffs verwischten. Jedes zweite Bild hatte wie ein Schiff ausgesehen, schlank und mit harten Konturen, doch Bob wußte, daß das Sonagramm eines Schiffs mit einem hölzernen Rumpf voller Kohle nach einem Jahrhundert auf dem Meeresgrund rundlich und amorph erscheinen mußte. »Unsere Sonartechniker sind die besten der Welt«, sagte Bob, »aber es war das erste Mal, daß sie so etwas sahen. Daher ist es verständlich, daß sie es für ein geologisches Phänomen hielten. Ich jedoch hatte den ganzen Sommer damit verbracht, ein anderes, Galaxy genanntes, Phänomen zu überprüfen, das ebenfalls wie eine geologische Struktur aussieht. Dieses neue Ziel sah Galaxy wirklich verdammt ähnlich, und wenn es die *Central America* war, hatten wir uns 115 Seetage mit dem falschen Schiff beschäftigt.«

Bob wurde von einer Flut widersprüchlicher Gefühle übermannt und schwankte zwischen Frustration und Glückseligkeit. Sie hatten in diesem Sommer alle sehr hart gearbeitet und nichts gefunden. Nun aber starrte er auf etwas, das nach ihren neuesten Erkenntnissen wie das Sonagramm eines im tiefen Wasser liegenden großen hölzernen Schiffs aussah. »Ich wußte plötzlich, daß genau hier, in unseren eigenen Daten, die Lösung unseres Problems liegen konnte.«

Trotz des eisigen Winds, der die kahlen Zweige der Bäume schüttelte, verließ Bob sein Büro und spazierte mit eingezogenem Kopf auf dem Fußweg an den vielen viktorianischen Gebäuden entlang. »Ich stellte meine wissenschaftliche Methode in Frage. In dieser Anomalie gab es eine Stelle, ungefähr mittschiffs, die sich etwa neun Meter über den Grund erhob. Das entsprach der Stelle, wo die Maschinen liegen mußten. Auch hatte das Objekt zwei unförmige Ausbuchtungen links und rechts des Zentrums. Das konnten natürlich die Schaufelräder sein. Ich dachte über all das nach, und ich sagte mir schon: ›Das ist es.‹ Meine Schlüsse waren viel zu weitreichend, also versuchte ich mich zu bremsen. Ich konnte nicht einfach sagen: ›Das ist die *Central America*.‹ Das wäre lächerlich gewesen. Doch ich war davon überzeugt, daß Galaxy nun nicht mehr unsere einzige Chance war.«

Als Bob zurückkehrte, telefonierte Tommy in seinem Eßzimmerbüro. Er ging zu Barry hinauf in den dritten Stock, doch auch dieser telefonierte. Also kehrte er zu seinem Computer im zweiten Stock zurück. Der Schirm war dunkel. Bob schaltete ihn ein, und die Anomalie erschien wieder, eine große Farbwolke auf der rechten Bildschirmseite vor dem neutralen Meeresgrund. »Vielleicht doch eine geologische Struktur«, dachte Bob.

In der oberen rechten Ecke des Schirms befand sich eine weitere Anomalie, von der er vermutete, daß sie geologischer Natur war. Ein 30 bis 40 Meter breiter meilenlanger Kamm. Er betrachtete abwechselnd beide Strukturen, zuerst die erste, dann die andere und dann wieder die erste; er fand Gemeinsamkeiten und Unterschiede, aber die zweite Anomalie wirkte nun in seinen Augen sehr viel geologischer als die erste.

Noch am selben Nachmittag kam Barry aus dem dritten Stock herunter, weil er müde war und eine Pause brauchte. Er wollte Bobs Tür öffnen, doch dieser kam gerade heraus.

»Er sah schrecklich aus«, erinnerte sich Barry, »als ob er krank wäre.«

Bob hielt den Kopf gesenkt. Er sah Barry an, aber er sagte nichts; er machte eine halbe Drehung, als ob er in sein Büro zurückkehren wollte. Dann blieb er stehen.

»Was ist los?« fragte Barry.

Bob nahm Barry mit hinein und schloß die Tür. Er schaltete den

Monitor ein, und auf dem Schirm erschien das Bild der neuen Anomalie. »Ich habe mir das Ding da in den letzten vier Stunden angesehen.« Er vermaß das Objekt für Barry und hielt eine kleine Zeichnung der *Central America* daneben, die das Schiff von oben zeigte.

»Das sind Schaufelräder, nicht wahr?« sagte Barry.

Bob gab eine vorsichtige Erklärung ab, die er noch monatelang verwenden sollte. »Ich kann nur sagen, daß dieses Objekt mit unserer Vorstellung von dem Zielobjekt *Central America* übereinstimmt. Es sieht wie ein großes Schiffswrack aus, mit Kohle darauf, mit einem hölzernen Rumpf und mit den Maschinen mittschiffs. So sieht es aus.«

Am folgenden Tag kam Bob in das alte viktorianische Haus, ging hinauf in sein Büro im zweiten Stock und machte die Tür hinter sich zu. In der Stille seines Büros holte er erneut das Sonagramm auf den Schirm, vermaß es in allen Dimensionen und schrieb die Zahlen untereinander; daneben schrieb er die entsprechenden Zahlen für Galaxy. Dann experimentierte er so lange mit seiner neuen Software, bis es ihm gelang, Galaxy und das neue Objekt zugleich auf den Schirm zu bringen und beide Objekte auf denselben Maßstab einzustellen. Von den Kernen beider Objekte gingen farbige Spritzer aus. Die Spritzer von Galaxy waren einfarbig, und Bob wußte, daß sie größtenteils aus Kohle bestanden. Die Spritzer um das neue Objekt herum hatten dagegen verschiedene Farben und Schattierungen, was auf eine komplexere Fundstelle hindeutete.

Er machte mit einer Polaroidkamera vier Bilder der Objekte auf dem Schirm, wobei er jeweils ein anderes Farbschema verwendete. Dann nahm er sie mit nach unten und schob die Schiebetür des Eßzimmers auf. Tommy saß wie üblich hinter seinem Schreibtisch. »Wir haben da noch eine weitere Anomalie in den Daten von 1986«, sagte Bob und reichte Tommy die Bilder. »Das hier ist Galaxy, und das ist das neue Objekt.«

Tommy musterte die Bilder genau und erinnerte sich, daß Craft ihn wegen des neuen Objekts eines Morgens gegen fünf aus der Koje geholt hatte. Craft hatte das Objekt »Geo« genannt. Tommy hob die Augenbrauen und zeigte mit einem Nicken, daß er die Bilder interessant fand, schloß seinen Schreibtisch auf und ließ sie in einer Schublade verschwinden. »Er war sehr besorgt, daß die Information in die falschen Hände geraten könnte«, sagte Bob. »Genau wie ich.«

Noch am selben Morgen kam Tommy in Bobs Büro herauf. Bob hatte die beiden Fundstellen mit den Schiffswracks noch immer auf dem Bildschirm. Tommy studierte sie genau, und dann sah er Bob mit einem Ausdruck an, der erkennen ließ, daß er genau das gleiche sah, was Bob gesehen hatte.

»Es hatte die gleichen kohleartigen Merkmale wie Galaxy«, erinnerte sich Tommy. »Und das war es, was wir suchten, Daten, die mit dem vergleichbar waren, was wir bereits vor Ort überprüft hatten. Je länger wir uns das Bild ansahen, um so häufiger machten wir Bemerkungen wie: ›Hey, sieh dir mal dies hier an, oder das dort – es könnte wirklich ein Raddampfer sein.‹« Aber Tommy war vorsichtig. Die Experten hatten sich schon einmal geirrt. Seine Gruppe hatte inzwischen mehrere Schiffe auf dem Grund der Tiefsee überprüft und war im Begriff, eine Datenbasis aufzubauen. Doch es war noch immer eine heikle Aufgabe, ein Sonagramm zu interpretieren.

»Offensichtlich war für mich nur, daß Galaxy nun nicht mehr die wichtigste Fundstelle war; wir mußten neue Informationen berücksichtigen.« Weil das neue Objekt Galaxy so sehr glich und weil sich beide Objekte auf die gleiche Art von anderen Objekten unterschieden, nannte Tommy die neue Fundstelle Galaxy II.

Die beiden saßen vor Bobs Schirm, rasterten das Bild, expandierten es, änderten seine Farben, um möglichst viele Informationen zu erhalten. Bob probierte sämtliche Möglichkeiten seiner neuen Software aus. Sie sprachen über die verschiedenen Farben und überlegten, was sie bedeuteten. Es schien so viele Trümmer zu geben, daß sie einmal sogar die Hypothese aufstellten, daß ein Schiff auf einem anderen gelandet war. »Das ist ein schwieriges Sonagramm«, sagte Bob. »Es ist schwer mit unserem Wissen in Übereinstimmung zu bringen.«

Tommy sagte: »Wenn da ein zweites Schiff direkt auf einem anderen gelandet ist, dann höre ich auf.«

Tommy war unter anderem deshalb auf Wracks in der Tiefsee umgestiegen, weil diese nie aufeinander lagen und man deshalb nicht Objekte aus den verschiedenen Schiffen und die Schiffe selbst miteinander verwechseln konnte. Die Wahrscheinlichkeit, daß so etwas in dem gescannten Seegebiet und in dieser Tiefe passierte, war so gering, daß sie sich kaum berechnen ließ. Was immer da draußen lag, mußte zu ein und demselben Schiff gehören. »Ich war fasziniert von den neuen Daten«, sagte Tommy. »Die nächste Frage war, was wir damit tun sollten.« Wie konnten sie einen Operationsplan für die Saison 1988 erstellen, wenn sie über zwei Objekte verfügten, von denen jedes einen anderen Ansatz erforderte? Vielleicht würden sie sich durch die Kohle graben oder noch mehr schweres Holz bewegen müssen, oder sie würden noch weitere Sonarscans fahren müssen. Tommy beschloß, Galaxy II und Galaxy gleichberechtigt zu behandeln.

Galaxy II »lag 40 Meilen näher an der Küste als Galaxy, also war es für mich logisch, daß wir unsere Winde und all die anderen Sachen nicht im tiefen Wasser direkt vor Jacksonville ausprobieren, sondern rausfahren und das Zeug draußen testen würden. Auch wenn es sonst nichts brachte, würde es uns auf alle Fälle besser zu verstehen helfen, was wir mit Galaxy vor uns hatten.«

Bevor Tommy 1988 in See stechen konnte, brauchte er erst einmal ein Schiff. Er hätte wieder eines mieten können, doch er wollte das Projekt stabilisieren, und er wollte ein Fahrzeug, das er notfalls auch zum Schutz der Fundstelle einsetzen konnte. Mit seinem eigenen Schiff würde die Mobilisierung viel schneller vonstatten gehen, die Crew würde schon nach wenigen Tagen auf See sein und konnte dort solange wie nötig bleiben. Und sie würde sich nicht mehr jedesmal an ein neues Deck gewöhnen und eine neue Winde, einen neuen Kran und einen neuen Aussetzarm installieren müssen.

»Wir hatten alle Arten von Finanzierungsschwierigkeiten«, gab Tommy zu. Doch das war ein kurzfristiges Problem. Er mußte wie immer die kurzfristigen gegen die langfristigen Ziele abwägen, und langfristig brauchten sie ein eigenes Schiff. Mit ein paar Gesellschaftern hatte er schon überlegt, ob es klug war, ein eigenes Schiff zu kaufen. Und er hatte Craft beauftragt, nach einem geeigneten Schiff Ausschau zu halten, herauszufinden, wie hoch der Kaufpreis wäre, was der Umbau kosten würde und wie er es nach Jacksonville bringen und bis 1. Juni einsatzbereit machen könnte.

Im Dezember meldete sich der Gesellschafter Gil Kirk bei Tommy und machte ihm folgenden Vorschlag: Ich kaufe das Schiff, und Sie mieten es für einen nominellen Tagespreis; auf diese Weise haben Sie ein Schiff, wann immer Sie es brauchen, und ich habe eine Sicherheit; Sie können dann alles Geld, das Sie auftreiben, für andere Dinge ausgeben. Tommy gefiel der Gedanke. Wayne Ashby gefiel der Gedanke. Tommy rief Craft an und bat ihn, sich mit der Suche nach einem Schiff zu beeilen.

Im Februar fand Craft die *Arctic Ranger*, einen 30 Jahre alten Trawler, der für das kanadische Fisheries Research Board gebaut worden war, um die Fischbestände in den Grand Banks zu erforschen. Er hatte achtern kein Arbeitsdeck und nur ein kleines Vordeck, aber er verfügte über ein Laboratorium, über sehr viel Lagerraum und über bequeme Schlafkojen für 32 Crewmitglieder und Wissenschaftler. So ziemlich das einzige, was Craft nicht gefiel, war die Größe. Er hätte gern ein Schiff von mindestens 60 Meter Länge, einem großen, offenen Deck und einer maximalen Breite von 15 Metern gehabt, das möglichst stabil im Wasser lag. Die *Arctic Ranger* dagegen maß nur 54 Meter vom Bug bis zum Heck und nur neun Meter an der breitesten Stelle. Craft flog nach Neufundland, fuhr weiter nach Norden zur Goose Bay, handelte den Besitzer auf 167 000 Dollar herunter und bestellte einen Eisbrecher, der durch die dicke Eisdecke eine Fahrrinne legte, damit Burlingham mit der *Arctic Ranger* zu einer Werft in St. Johns fahren konnte. Dort wurde sie aus dem Wasser gehievt, einer Sandstrahlreinigung unterzogen, frisch gestrichen und so weit überholt, daß sie die Prüfung der kanadischen Dampferinspektion bestand und unter amerikanischer Flagge nach Jacksonville fahren konnte, wo der eigentliche Umbau begann.

Burlingham passierte Jacksonville Ende der ersten Aprilwoche und fuhr ein Stück weiter den St. Johns River hinauf nach Green Cove Springs, wo er am Abend des 9. April an Pier 7 anlegte. Er, Craft und eine Mannschaft aus Zimmerleuten, Elektrikern und Zeitarbeitern hatten nun knapp drei Monate Zeit, das kurz zuvor noch eingefrorene alte kanadische Fischereiforschungsschiff

Arctic Ranger in das technologisch konkurrenzlose Tiefseebergungsschiff *Arctic Discoverer* zu verwandeln.

Burlingham übernahm mit seiner Mannschaft die Verantwortung für die Renovierung des Schiffs, während Craft mit seinen Leuten den eigentlichen Umbau vorbereitete. Burlinghams Crew brauchte mehrere Wochen, um mit dem Sandstrahlgebläse den provisorischen Anstrich wieder zu entfernen, und einen weiteren Monat, um den Rumpf rot zu grundieren. Crafts Leute rissen zwölf Tonnen Schrott aus dem Bauch des Schiffs, bevor sie ein neues elektrisches System und eine Klimaanlage einbauten sowie die SATCOM-Anlage, den Aussetzarm, die Winde und den Kran montierten. Aus dem ehemaligen Fischlabor wurde ein Kontrollraum mit einem neuen Deck, neuer Wandverkleidung und neuen elektrischen Anschlüssen. Craft strich das Innere schwarz und richtete in einem Nebenraum eine kleine Elektronikwerkstatt ein.

Die Männer arbeiteten den restlichen April, Mai und Juni, und allmählich verwandelte sich die *Arctic Ranger* in die *Arctic Discoverer*. Bis Juni waren sieben Zeitarbeiter angeheuert, danach waren es 13. Sie waren mit Putzen, Sandstrahlen und Streichen beschäftigt, um das Schiff auf die Ankunft der Techniker vorzureiten. Auch am Samstag und Sonntag wurde gearbeitet. Sie strichen das ganze Schiff in leuchtendem Weiß. Nur die Reling, die Leitern, die Spitze des kurzen Fockmasts und des Besanmasts und ein breiter Streifen um den Schornstein erhielten einen blauen Anstrich. Als sie fertig waren, erstrahlte die neue *Arctic Discoverer* in einem solchen Glanz, daß sie jederzeit als Hospitalschiff durchgegangen wäre.

Während die Männer in Jacksonville mit dem Umbau beschäftigt waren, arbeiteten Moore, Scotty und die anderen Techniker in einem Lagerhaus in Columbus an dem Tauchfahrzeug.

Im Juli war der Umbau des Schiffs in Jacksonville vollendet, nur die Strahlruder, zwei Antriebswellen von je 6,6 Meter Länge mit je einer knapp zwei Meter breiten Bronzeschraube am Ende, die das Schiff dynamisch über der Fundstelle positionieren sollten, fehlten noch. Ein Hersteller in Houston, der auch für die US-Navy bereits Strahlruder gebaut hatte, hatte Tommy versichert, er könne rechtzeitig liefern, damit das Schiff am 1. Juni in See stechen konnte. Doch Mitte Juli waren die Strahlruder noch immer nicht da.

Aufgrund der Verzögerung hatten Burlingham und Craft den Umbau des Schiffs bis Mitte Juli fortsetzen können, danach aber hatten sie nichts mehr zu tun. Sie konnten nur noch warten. Ein Aufbruch ohne die Strahlruder war nicht möglich, und die Besatzung wurde immer gereizter. »Wir wurden alle ein bißchen verrückt«, sagte Burlingham. »Im Ernst, wir drehten alle ein bißchen durch.«

In Columbus dagegen verschaffte die Verzögerung den Technikern mehr Zeit, das Tauchfahrzeug so zu bauen, wie Tommy es haben wollte. Und so wurden Scheinwerfer, Optik, Flexibilität und Manövrierfähigkeit noch weiter verbessert.

Neben seiner kontinuierlichen Zusammenarbeit mit den Technikern traf sich Tommy immer wieder mit potentiellen Investoren. Im Mai überreichte John F. Wolfe, ein bekannter Geschäftsmann, Tommy einen Scheck über eine Million Dollar. Eine Million Dollar und ein Schiff reichten zwar gerade aus, um mit dem funktionstüchtigen Tauchfahrzeug in See zu stechen, aber die Betriebskosten waren damit noch lange nicht gedeckt. Wolfes Beitrag erleichterte es Ashby und anderen Tommy nahestehenden Personen, die Gesellschafter zu überreden, weitere 1,5 Millionen beizusteuern. Auch war durch die neuen Investoren eine weitere Million hereingekommen. Im August verfügte Tommy wieder über 3,5 Millionen und seine Reserven. Dies reichte aus, um eine Saison zu überstehen, von der ohnehin bereits zwei Monate verstrichen waren.

Am 10. August verpackten die Techniker alles für den Transport nach Jacksonville und gingen zu Burlingham, Craft und dem Rest der Mannschaft an Bord der *Discoverer*. Alle warteten jetzt nur noch auf die Strahlruder, und diese trafen am Morgen des 14. August endlich ein. »Das Problem war nur«, sagte Tommy, »daß sie nicht funktionierten.« Die Crew hatte Schwierigkeiten mit den Dieselmotoren, die die Antriebsaggregate der Strahlruder speisten, und Probleme mit den hydraulischen Pumpen. Keine der Schrauben drehte sich, weil die Motoren voll Wasser waren.

»Ich war fuchsteufelswild«, erinnerte sich Buck Patton, »wirklich fuchsteufelswild. Sie schickten uns endlich diesen Scheiß, sie schickten ihn viel zu spät, und dann stimmt überhaupt nichts, und

Tommy muß alles neu zusammenbauen.« Alle waren empört, und das mit Recht, weil nur noch kurze Zeit geeignetes Wetter herrschen würde.

Kurz nach dem Mittagessen am 19. August holte ein Schlepper die *Arctic Discoverer* am Dock von Green Cove Springs ab und schleppte sie flußabwärts. Der Schlepper verabschiedete sich unmittelbar oberhalb von Jacksonville, und die *Discoverer* lief zu einem Jachthafen kurz vor der Mündung des St. Johns River, wo sie weitere sieben Tage lag, während die Mannschaft an den Strahlrudern arbeitete, nach undichten Stellen in der Hydraulik suchte und versuchte, die Ruder mit dem Rechner zur dynamischen Positionierung zu koppeln.

Tommy rief vom Jachthafen aus Don Glover an. »So geduldig sind die Investoren nun auch wieder nicht«, sagte Glover. »Sie sind ein großartiger Mensch, und es würde mich wirklich freuen, wenn das Gute siegt, aber Sie haben es noch nicht geschafft. Sie verlieren Ihre Investoren, wenn Sie nicht bald etwas wirklich Wertvolles bergen.« Tommy sah ein, daß er nicht mehr warten konnte. Sie mußten mit den defekten Strahlrudern in See stechen, und versuchen, die Probleme dort zu lösen.

Craft verabschiedete sich am Kai. Er fuhr diesmal nicht mit. Burlingham konnte den Einsatz des Tauchfahrzeugs allein leiten, und Craft hatte seit Februar, seit er die *Discoverer* zum ersten Mal eingefroren in der Goose Bay gesehen hatte, Tag für Tag, sieben Tage in der Woche, gearbeitet. Und inzwischen war es Ende August.

An Bord der *Arctic Discoverer* – Spätsommer 1988

Am Abend des 28. August brachte ein Schlepper die *Arctic Discoverer* aus dem Hafen in den Fluß. Um acht Uhr abends erreichte das Schiff die hohe See, und Burlingham nahm Kurs auf Galaxy II. Der tropische Sturm Chris hatte gerade das Gebiet passiert; es war merklich kühler, und es herrschte noch ein hoher Seegang, der sich jedoch rasch beruhigte.

Die *Discoverer* fuhr mit knapp zehn Knoten Fahrt durch die Nacht. Eine leichte Brise riffelte die weiße Leinwand, die über das Vordeck gespannt war, und ließ die Propeller in den Luftkanälen auf der Back rotieren. Elegant durchschnitt ihr Bug die heranrollenden Wellen und hob und senkte sich leicht im Rhythmus der Dünung. Die Techniker waren begeistert von der Seetüchtigkeit des Schiffs. Es war kompakt gebaut und glitt viel leichter dahin als die *Navigator*. Die Techniker registrierten erfreut, daß sich auf den Regalen im Kontrollraum nichts bewegte.

Am 29. August fuhren sie bei leichtem Wind und geringem Seegang den ganzen Tag und die ganze Nacht nach Nordosten, Richtung Galaxy II. Am Vormittag des 30. unterbrach Burlingham die Fahrt und testete das dynamische Positionierungssystem. Diesmal schwenkten die langen Antriebswellen der Strahlruder synchron, die großen Schrauben drehten sich mit verschiedenen Geschwindigkeiten, und die *Discoverer* hielt ihre Position.

Am Nachmittag hängten Burlingham und die Mannschaft einen leeren Aluminiumwürfel an das Kabelende, ließen den Würfel mit dem Kran zu Wasser und spulten 3000 Meter Kabel von der Winde. Anschließend rollten sie das Kabel gleichmäßig und straff wieder auf und bargen den Aluminiumbehälter. Bis Mitternacht war auch das vordere Strahlruder wieder eingeholt, und das Schiff legte die letzten paar Meilen zu Galaxy II zurück.

Am folgenden Tag trieben sie bei ruhiger See in der Nähe der Fundstelle und arbeiteten weiter an der Feinabstimmung der Strahlruder. Burlingham behielt die Wetterlage im Auge, die bisher gut gewesen war. »Ende September sollte man eigentlich den Laden dichtmachen und sich auf die Heimfahrt vorbereiten«, sagte er. »Also waren wir am 1. September schon ein bißchen spät dran.«

Da Don Craft nicht mitgefahren war, würde Burlingham die Deckarbeiten beim Zuwasserlassen und Bergen des Tauchfahrzeugs leiten. Die folgenden drei Tage bereiteten sie die Decksausrüstung für die erste Fahrt des Tauchfahrzeugs vor und testeten sie.

Das größte Gerät auf Deck der *Discoverer* war der Aussetzarm an Steuerbord, ein gedrungenes, T-förmiges Ding, drei Meter lang und vier Tonnen schwer. Der Arm ragte über das Wasser hinaus. Eines Morgens erhielt Tod die Aufgabe, auf den Arm hinaufzuklettern und einen 200 Kilogramm schweren Block, eine Seilrolle, zu montieren. Tod kletterte hinauf, und Doering setzte den Kran in Betrieb, um den Block zu heben. Auf halbem Weg fiel Tod jedoch ein, daß er ein Werkzeug vergessen hatte, und er stieg wieder herunter. Was nun geschah, sollte ihm noch monatelang Alpträume bereiten. Er hatte gerade fünf Schritte Richtung Werkstatt gemacht, als der vier Tonnen schwere Stahlarm plötzlich nach vorne Richtung Wasser schoß, einen Kolben brach, zurückfederte und nach hinten aufs Deck krachte, daß unten alle Lichter ausgingen und der Verputz von der Decke blätterte. Der ganze Vorgang dauerte keine drei Sekunden und hinterließ eine tiefe Delle im Stahldeck.

Es war diese Art von unvorhergesehenen Ereignissen, die Burlingham Sorgen machte. Auf hoher See konnte man sich auf alle möglichen Katastrophen vorbereiten, doch die See hatte immer noch eine mehr in petto, und die trat immer dann ein, wenn man gerade damit beschäftigt war, eine andere zu vermeiden. All dies konnte sogar an einem ruhigen Tag passieren, wenn die Sonne schien, kein Wind wehte und die Crew Routinearbeiten erledigte, wie etwa einen Block am Aussetzarm zu befestigen. Burlingham stellte fest, daß der Schalter zur Bedienung des Hebearms in der salzigen Luft gerostet und auf der Position hängen geblieben war, die den Arm absenkte. Als Doering nun zum ersten Mal Strom aus den Batterien gab, gehorchte der Arm dem Kommando des verrosteten Schalters und bewegte sich nach vorn. Er brach unter der Einwirkung der gewaltigen Kraft und schlug nach hinten aufs Deck. Wenn Tod sich noch auf dem Arm befunden hätte, wäre er unter vier Tonnen Stahl zerquetscht worden.

Manchmal passierten die Unfälle überraschend; manchmal war einem die Gefahr bewußt, aber man konnte nichts dagegen tun; und manchmal sah man die Gefahr voraus und bereitete sich darauf vor. Die nächste Beinahekatastrophe auf der *Discoverer* ereignete sich bei einem kontrollierten Experiment. Tommy hatte ein halbes Dutzend neuer, eigens für diese Saison entworfener und gebauter Blöcke gekauft und wollte, daß Burlingham sie testete. Über die neuen Blöcke sollten die Seile laufen, an denen das Tauchfahrzeug zu Wasser gelassen wurde. Zwar gaben die Hersteller eine maximale Belastbarkeit für die Blöcke an, doch es kam vor, daß sie sich irrten.

Ein Block nach dem anderen wurde am Heck befestigt, und die Männer brachten sich in Sicherheit. Dann zog Burlingham ein Stahlseil durch den Block, der getestet wurde, und spannte es, bis es genauso stramm war wie beim Zuwasserlassen und Bergen des Tauchfahrzeugs; und dann spannte er es noch ein bißchen mehr, um zu prüfen, ob er einen Sicherheitsspielraum hatte. Einer der Blöcke brach bei dem Test und wurde mit der ganzen Energie des gespannten Drahtseils davongeschleudert. Er schoß wie ein gelber Blitz über das Vordeck und die Back so weit aufs Meer hinaus, daß nicht einmal die Brückenwache ihn aufschlagen sah. Wenn der Block einen der Männer getroffen hätte, hätte er Matsch aus ihm gemacht.

Inzwischen waren die ersten Septembertage verstrichen, doch die *Discoverer* lag noch immer in der Nähe von Galaxy II. Die Techniker testeten das Tauchfahrzeug an Deck und spürten Fehler im Rechner und in den elektronischen und hydraulischen Systemen des Tauchroboters auf, der endlich die Leistung bringen sollte, die Tommys ursprünglicher Vorstellung entsprach. Keine »E-Fahrzeuge« mehr! Was sie jetzt einsetzten, war die »Vollversion des Fahrzeugs«, ein Tauchroboter, der lange Zeit auf dem Grund bleiben und ihn sorgfältig erkunden, filmen und fotografieren würde, um danach ausgewählte Objekte zu bergen, zu laden und an die Oberfläche zu bringen. Während all dieser Tests schien die Sonne, und das Schiff wurde von einem sanften Seegang gewiegt. »Wir haben immer noch technische Schwierigkeiten, und das Tauchfahrzeug ist noch nicht im Wasser gewesen«, schrieb Bob Evans an seine neue Frau. »Das Wetter ist herrlich, aber ich hoffe, wir brauchen nicht die ganze Schönwetterperiode, um die Ausrüstung zu reparieren und vorzubereiten.«

Am dritten Tag in der Nähe von Galaxy II frischte der leichte Wind um die Mittagszeit auf 15 Knoten auf, und die Wellen erreichten eine Höhe von einem Meter auf der zuvor ruhigen See. Dann kam der Sturm.

Am 5. September lag die Windgeschwindigkeit bei 35 Knoten, und die Wellen waren drei Meter hoch. Der Sturm tobte auch den ganzen folgenden Tag mit schweren Böen von bis zu 50 Knoten, und die Wellen waren inzwischen fast auf die doppelte Größe angewachsen. Burlingham stand im Ruderhaus siebeneinhalb Meter über der Wasserlinie und sah, wie sich die Wasserwände zu seinen Füßen brachen.

Die Männer hatten das Tauchfahrzeug unter einer schweren Plane verstaut und mit vier Schleppleinen festgemacht, doch die Brecher auf dem Vordeck rissen die Plane zweimal los, und jedesmal mußten die Seeleute hinaus und sie mit einem Dutzend schwerer Segeltuchriemen wieder befestigen. Sechseinhalb Meter hohe Wellen türmten sich vor dem Bug und brachen über die Back, daß die graugrünen Wassermassen gurgelnd über das Deck strömten.

Das erste Mal zeigte der Herbst im Atlantik sein stürmisches Gesicht, und jeder weitere Ausblick auf die kommende Jahreszeit würde noch etwas härter ausfallen und etwas länger dauern. Diesmal ebbte der Sturm nach zwei Tagen allmählich ab. Bis zum Mittag des 7. September war die Windgeschwindigkeit auf 25 Knoten gesunken, und die Wellen waren nur noch dreieinhalb Meter hoch. Trotzdem war die See noch immer viel zu rauh, um das Tauchfahrzeug einzusetzen. Erst im Lauf der folgenden drei Tage gingen die Wellen allmählich auf einen Meter und die Windgeschwindigkeit auf unter zehn Knoten zurück. Tommy hatte noch ungefähr drei Wochen, um die *Central America* zu finden, bevor das Wetter sich endgültig verschlechtern und bis zum folgenden Sommer nicht mehr besser werden würde.

Im Sommer zuvor hatte Bob mit den navigatorischen Daten von 15 Hochauflösungsscans arbeiten können, um Sidewheel wiederzufinden, und für Galaxy hatte er immerhin die Daten von drei Hochauflösungsscans zur Verfügung gehabt. Galaxy II dagegen war 1986 von den Sonartechnikern nur für ein geologisches Phänomen gehalten worden, und deshalb hatte niemand die navigatorischen Daten genau aufgezeichnet. Bob hatte nur ein einziges, nur aus einer Richtung aufgenommenes Hochauflösungs-Sonagramm, doch selbst dessen Daten waren verzerrt, da die Crew die Navigationsdaten erst aufgezeichnet hatte, als die *Pine River* bereits am Ziel vorbei gewesen war; niemand wußte, ob sich die Sonde tatsächlich hinter dem Schiff befunden hatte. Trotzdem sollte Bob nun Scotty Koordinaten liefern, die so genau waren, daß er das Tauchfahrzeug auf eine Entfernung von weniger als sechs Metern an die Fundstelle heranbringen könnte.

Seit Bob im März das Bild von Galaxy II wiederentdeckt hatte, hatte er sich den Kopf darüber zerbrochen, wie man das Ziel wiederfinden konnte. Er hatte monatelang mit den paar Zahlen gerechnet, die ihm zur Verfügung standen, und hatte Vermutungen angestellt, wo er auf Vermutungen angewiesen war. Es war Schulmathematik, vor allem Geometrie und Trigonometrie – mit dem Bleistift auf Millimeterpapier stellte Bob all seine Berechnungen an. *Geringe Geschwindigkeit, etwa 1,3 Knoten; höhere Geschwindigkeit, vielleicht 2,1 Knoten. Bei geringer Geschwindigkeit holten die Sonartechniker vermutlich Kabel ein, damit die Sonde sank, und bei höherer Geschwindigkeit gaben sie mehr Kabel, damit die Sonde dicht über dem Grund blieb, also war der Abstand der Sonde vom Schiff vermutlich proportional zur Geschwindigkeit des Schiffs.* Bob errechnete, daß sich die Sonde beim Scannen von Galaxy II 1835 Meter hinter dem Schiff befunden haben mußte. Dann rechnete er unter der Voraussetzung weiter, daß die Sonde gerade aus einer Wende gekommen war, und dies ergab seine ersten Koordinaten. Er berechnete das Ganze auf eine andere Weise und dann wieder auf eine andere, wobei er jedesmal eine Voraussetzung änderte. Alle so berechneten Koordinaten lagen höchstens 160 Meter voneinander entfernt, so daß sich ein elliptisches Gebiet ergab, in dem das Ziel wahrscheinlich lag.

Außer Tommy, Bob und Barry dachten alle an Bord, daß die neue Ausrüstung irgendwo auf dem Weg zu dem Kohlehaufen von Galaxy getestet würde. »Wir wollten erst mit der Arbeit an dem Kohlehaufen beginnen, wenn wir wußten, daß wir auch dort bleiben konnten«, sagte Moore. Aber Moore spürte auch, daß Tommys Interesse an der Teststelle beträchtlich größer war, als dies bei einer beliebigen Stelle mit irgendeinem ausgebrannten, erodierten Schiffsrumpf normal gewesen wäre.

Am 10. September um sieben Uhr morgens waren die Decksarbeiten an dem Tauchfahrzeug noch immer nicht abgeschlossen. Der Wind hatte sich fast gelegt, und die Wellen waren nur noch einen halben Meter hoch. »Heute vielleicht erster Startversuch«, schrieb Burlingham in sein Logbuch. Doch die Strahlruder wurden erst zwölf Stunden später ausgebracht und in Betrieb genommen, und als das Schiff endlich die richtige Position hielt, war es acht Uhr abends, und Tommy wollte das Tauchfahrzeug nicht mehr einsetzen. Zwei Stunden später stellte Burlingham das dynamische Positionierungssystem ab und ließ das Schiff mit ausgebrachten Strahlrudern treiben.

»Warten wie zuvor«, schrieb Burlingham um Mitternacht in sein Logbuch.

11. September 1988: An diesem Tag vor 131 Jahren hatte Addie Easton im Speisesalon der Central America gekauert und zugesehen, wie ihr Mann Ansel seinen Rock ausgezogen und sich in die Kette der schöpfenden Männer eingereiht hatte. Das Seewasser im Frachtraum war so hoch gestiegen, daß es das Feuer unter den Heizkesseln gelöscht hatte. Heißer Dampf war in den Maschinenraum geströmt und hatte Heizer und Kohlentrimmer verbrüht. Die Lampen waren erloschen, und die großen Dampfmaschinen hatten für immer geschwiegen. Die riesigen Schaufelräder waren immer langsamer geworden und hatten schließlich ganz aufgehört, sich zu drehen, wie Riesenräder im Winter.

Am Morgen dieses 11. September um 11.30 Uhr ließen die Techniker das Tauchfahrzeug zu Wasser; dann gingen sie in die Kombüse und aßen in den eineinhalb Stunden zu Mittag, die es dauerte, bis das Fahrzeug den Grund erreicht hatte. Nach dem Essen trudelten sie allmählich im Kontrollraum ein. Moore setzte sich auf den Platz des Piloten, Scotty hinter ihn an die Navigationscomputer, Doering links von Moore auf den Sitz des Kopiloten. Milt Butterworth nahm unmittelbar rechts von Scotty Platz und behielt die audiovisuellen Monitore im Auge. Burlingham saß neben Scotty und ließ sich das raffinierte Navigationssystem zeigen. Bob Evans lehnte sich hinter den beiden an die Wand, wo er alle Monitore zugleich sehen konnte, und Tommy saß auf einem Stuhl in der Mitte, nervös mit den Knien wippend.

Der Kontrollraum war klein, mit einer niedrigen Decke aus schalldämpfendem Material. Die Raumtemperatur wurde wegen der Computer niedrig gehalten, nie höher als 18 Grad Celsius und häufig noch darunter. Drei Wände des Kontrollraums waren vom Boden bis zur Decke mit Computern, Monitoren und Digitalanzeigen bedeckt. Das elektronische Herz des Raumes war Scottys neues Aufzeichnungssystem, das die Aktivitäten aller Computer registrierte. Es sollte die Navigationsdaten von der Oberfläche mit denen vom Grund in Verbindung setzen, jedes Foto und jede Videoeinstellung speichern und alle Kommentare der Techniker aufzeichnen. Mit Hilfe dieses Systems hoffte man jedes Objekt leicht wiederzufinden, das man bei einer früheren Tauchfahrt im Trümmerfeld gesehen hatte.

Auf einem Bildschirm sahen die Techniker, daß das Kabel noch immer von der großen Trommel auf dem Deck abrollte und Tod auf einem Stuhl daneben saß und den Vorgang überwachte. Der Kontrollraum war von kaltem weißen Neonlicht erfüllt. Doch als Tod meldete, daß das Tauchfahrzeug nur noch 60 Meter vom Meeresboden entfernt war, wurde die Beleuchtung ausgeschaltet, und der Raum war dunkel bis auf das Licht der Bildschirme und digitalen Zifferblätter. Um 13.33 Uhr kam erstmals der Boden in Sicht.

Kurz nach zwei Uhr mittags hatten sie alle Systeme des Fahrzeugs überprüft und begannen mit der ersten Suchbahn, aber keine halbe Stunde später merkte Scotty, daß die *Arctic Discove-*

rer vom Kurs abgewichen war. Einer seiner Rechner zeigte Null für das vordere Strahlruder.

Scotty rannte auf die Brücke und stellte fest, daß jemand ein Buch auf den Ein-aus-Knopf der Propeller gelegt hatte. Als er das Buch entfernte und den Knopf drückte, kehrte das Schiff wieder auf seine Position zurück und folgte mit einer Geschwindigkeit von etwa einem halben Knoten der programmierten Suchbahn.

Der Mesotech-Sonar durchdrang die Dunkelheit auf eine Entfernung von etwa 100 Metern, viel weiter als die Kameras. Deshalb würde jedes Ziel zuerst auf dem Schirm des Mesotech erscheinen und erst drei Minuten später, wenn das Fahrzeug das Ziel passierte, strahlend hell ausgeleuchtet von der SIT-Kamera aufgenommen werden.

Bei der Suche nach Sidewheel hatten die Techniker drei Tage lang angestrengt Ausschau gehalten, bis sie nach einem Dutzend Suchbahnen endlich das Heck des Schiffs in viereinhalb Meter Entfernung erspäht hatten. Dieses Jahr hofften sie dank der helleren Scheinwerfer, dank der empfindlicheren Kameras und dank Scottys verbessertem Navigationssystems das Schiff sehr viel schneller zu finden. Keiner war jedoch darauf gefaßt, wie schnell es dann tatsächlich ging.

Keine halbe Stunde nachdem sie das Schiff wieder auf Kurs hatten, erfaßte Moore mit dem Mesotech einige kleine Objekte auf der Backbordseite. Scotty erklärte gerade Burlingham, wie die Suchbahn, die sie fuhren, geplant war, als Moore die Fahrtrichtung des Tauchfahrzeugs ausrief und die Richtung, in der die Ziele lagen. Scotty unterbrach seine Erklärung und trug die Meldungen ins Navigationslogbuch ein. Als er mit der Notierung fertig war, rief Moore weitere Ziele mit Fahrtrichtung und Lage aus, und wieder schrieb Scotty mit, so schnell er konnte. Moore rief immer mehr Ziele aus. »Lebhafte Sonaraktivität«, sagte er, »starke Aktivität! Wirklich starke Aktivität!«

Scotty versuchte, alle Daten so schnell niederzuschreiben, wie Moore sie ausrief, und zugleich warteten er und Burlingham auf das, was auf den Bildschirmen der Kameras erscheinen würde, die inzwischen auch alle anderen nicht mehr aus den Augen ließen. Moore beschrieb unablässig alle Objekte, die das Sonar erfaßte, und dann schrie er: »Wow! Wir haben einen echten Riesen! Es sieht wirklich ganz nach einem Riesending aus.«

Inzwischen wurden die ersten kleineren Ziele, die Moore kurz zuvor auf dem Mesotech gesehen hatte, vom Scheinwerferlicht erfaßt. Drei weiße Objekte im Schlamm.

»Gebrauchsgegenstände«, sagte Moore. »Ja, das sieht ganz nach einem Teller aus.«

»Und dort, vielleicht eine Flasche«, sagte ein anderer.

»Ja, das sieht wie eine Flasche aus oder so etwas ähnliches«, sagte Moore. »Und hier haben wir Kohle, gleich beim ersten Anlauf!« schrie er lachend. »Es ist ein riesiges Gebiet.«

»Können wir 100 Meter weit sehen?« fragte Tommy.

»Nicht wirklich«, sagte Moore. »Die Reichweite beträgt 60 bis 70 Meter. Ich habe sie erhöht, damit ich nichts verpasse.«

Das große Objekt, das er auf dem Mesotech gesehen hatte, wäre von der SIT-Kamera auf der Backbordseite des Tauchfahrzeugs erfaßt worden, aber gerade als das Fahrzeug das Ziel erreichte, begann es sich nach Steuerbord zu drehen. Moore sprach mit dem Fahrzeug. »Ich will nicht, daß du dich so herum drehst. Dreh dich andersrum. Los, andersrum!«

»Weißt du noch, letztes Jahr, John?« fragte Bob. Er sprach von den ersten Tauchfahrten über Sidewheel. »Als wir über das Heck fuhren und es kaum gesehen haben?«

Und plötzlich begann in der unteren linken Ecke des Bildschirms ein riesiger unförmiger Schatten zu wachsen. Bob hatte gerade gesagt: »und es kaum gesehen haben«, da schrie jemand: »Seht euch das an! Seht euch das an!«

»Wow!« schrie Doering. »Mann o Mann.«

Bob sah zum Monitor hinauf. »Wow.«

Und dann sagte Tommy: »O mein Gott!«

Es war so schnell gegangen, daß niemand darauf vorbereitet war.

»Da haben wir's!« schrie Moore.

»Ah, ihr wißt, was das ist!« sagte Doering.

»Ihr wißt«, begann Moore, und der ganze Kontrollraum vollendete im Chor: »WAS DAS IST!«

Ein riesiges Schaufelrad schob sich ins Blickfeld. Es lag auf dem Grund, der untere Teil steckte im Schlamm, mit einem Kranz metallener Speichen, die sich vom Zentrum nach außen erstreckten. Auf einem Teil des Rades lag ein Haufen verdrehter Eisenteile, und alles zusammen warf dunkle Schatten auf den Grund.

»Ihr wißt, was das ist!« brüllte Doering wieder.

»KEIN SCHEISS!« brüllte Moore.

Die Männer hatten den Anblick kaum verdaut, als Bob plötzlich scharf zu Moore sagte: »Du ziehst das Ding jetzt besser rauf. SOFORT!«

»Schon dabei«, sagte Moore.

Bob hatte das Sonagramm dieser Fundstelle monatelang studiert. Er kannte sie besser als seinen eigenen Kleiderschrank. Wenn seine Berechnungen stimmten, dann mußte das Tauchfahrzeug in wenigen Sekunden mit etwas zusammenstoßen, das einen langen Schatten auf dem Sonagramm geworfen hatte.

»Du fährst jetzt über einen zehn Meter hohen Punkt«, sagte Bob, »also rauf mit dem Ding!«

Genau in dem Moment, als Moore das Tauchfahrzeug hochzog, erstrahlte einen halben Meter unter dem Fahrzeug plötzlich ein gußeisernes Kurbellager von der Größe eines Aktenschranks weiß im Scheinwerferlicht. Es saß auf dem Ende einer eisernen Welle, die zehn Meter hoch aus der Mitte des abgebrochenen Rades aufragte.

»Ach du Scheiße«, schrie Moore. »Verdammt noch mal.«

Beinahe hätte die Antriebswelle des abgebrochenen Steuerbordschaufelrads das Tauchfahrzeug erwischt. Auf dem Meeresgrund lag das Steuerbordschaufelrad eines alten Dampfschiffs! Es sah aus wie das Gehäuse eines alten Ventilators. Die eisernen Speichen waren immer noch vorhanden, nur die hölzernen Schaufeln fehlten. Als das Fahrzeug langsam über das Rad schwebte, warf das Rad einen spinnwebartigen Schatten auf den Meresboden, der im Licht der Scheinwerfer tanzte. Rostpartikel schneiten von der Unterseite des Rades, und seine Oberseite war mit Seesternen geschmückt.

Alle im Kontrollraum wußten, daß sie etwas Unglaubliches erlebt hatten. Niemand hatte je ein Ziel in der Tiefsee im ersten Suchanlauf vor die Kamera bekommen. Gleichgültig, wie präzise

Scotty sein Navigationssystem auch eingestellt hatte, gleichgültig, wie perfekt Bobs geometrische und trigonometrische Berechnungen auch gewesen waren, gleichgültig, wie geschickt Moore das Fahrzeug auch gesteuert und wie exakt Milt den Fokus und das Licht der Kameras eingestellt hatte, sie hätten größere Chancen gehabt, das große Los in der staatlichen Lotterie von Ohio zu ziehen, als in der Tiefsee auf Anhieb einen solchen Treffer zu landen.

Tommy versuchte all die plötzlichen Informationen und ihre Bedeutung sofort zu verarbeiten. Nach der verwirrenden Erkundung von Galaxy im vergangenen Sommer, als die Suche zwischen den Trümmern mehr versprochen als gehalten hatte, war Tommy darauf eingestellt, eine Menge neuer Fragen zu stellen und viel zu grübeln, um die interessante neue Anomalie zu verstehen, die Bob gefunden hatte. Nun aber hatte ihm das Schicksal den Anblick eines großen rostigen Schaufelrads beschert, das seit 130 Jahren auf dem Meeresgrund lag. Doch für Tommys analytischen Geist verbesserte diese Entdeckung lediglich die Chancen; sie war kein Beweis, daß es sich bei dem Fund um die *Central America* handelte.

Tommy wußte, daß noch ein weiterer Raddampfer in der Atlantischen Bucht gesunken war und nach seinen und Bobs Berechnungen ebenfalls innerhalb des wahrscheinlichen Gebiets liegen konnte. Auch das mußte überprüft werden. »All das rast einem innerhalb einer halben Sekunde durch den Kopf«, sagte Tommy, »und man sagt sich nur: ›Ach du liebe Zeit!‹«

Tommy überlegte fünf Minuten, was als erstes zu tun wäre, dann sagte er: »Ich glaube, wir sollten jetzt so vorgehen, wie wir es besprochen haben.« Burlingham war die einzige Person im Kontrollraum, die nicht zum Technikerteam gehörte, und der Anblick von Teilen, die vielleicht zur *Central America* gehörten, hatte bei Tommy schon nach wenigen Minuten zu Sicherheitsbedenken geführt. Nichts gegen Burlingham, aber um seinen Job als Kapitän des Schiffs zu erledigen, mußte er nicht wissen, wie die Fundstelle auf dem Meeresgrund aussah. »Wissen müssen« war eine Wendung, die Tommy oft gebrauchte.

»Wir hatten zuvor schon einmal darüber gesprochen«, sagte Burlingham später. »Er hatte sich ganz allgemein ausgedrückt, aber er bezog sich offensichtlich allein auf mich.«

Und Burlingham verstand den Wink. »Bin schon weg«, sagte er und verließ den Raum.

Scotty rief die Brücke an und befahl Gegenkurs, und das Schiff schlich auf derselben Suchbahn wieder zurück, die es gekommen war. 20 Minuten später befahl Scotty, das Schiff zu stoppen, und brachte das Tauchfahrzeug direkt über der Fundstelle in Position. Mit den neuen Scheinwerfern konnten sie selbst aus dieser Höhe die beiden großen Teile mit dem Knoten in der Mitte ausmachen und sofort entscheiden, wo sie mit der Erkundung des Wracks beginnen wollten.

»Drehen wir uns«, sagte Moore und bediente die kleinen Strahlruder des Tauchfahrzeugs, so daß es sich langsam nach rechts drehte, wo ein weiteres riesiges Schaufelrad auftauchte, »und dann sehen wir uns mal diesen großen bösen Burschen genauer an, der noch aufrecht steht.«

Das Steuerbordschaufelrad, das sie zuerst gesehen hatten, war auf den Meeresboden gefallen. Doch das Backbordschaufelrad hing noch an den Überresten der rechten Bordwand des Schiffs, weil die Verbindung zu seinem Getriebe der Korrosion bisher widerstanden hatte.

Tommy starrte fasziniert auf den Schirm und sagte nur: »Diese Bilder sind unglaublich.«

»Ich muß sagen«, sagte Moore lachend, »auch ich bin ziemlich beeindruckt.«

»Die Scheinwerfer, die du hast, sind auch unglaublich«, sagte Tommy.

»Das liegt daran, daß sie dort sind, wo wir sie montiert haben, und nicht, wo die meisten anderen Leute sie anschrauben«, sagte Moore.

Tommy bat Moore, mit dem Fahrzeug etwas tiefer zu gehen und das Wrack ein paarmal in geringerer Höhe zu passieren, dabei jedoch auf die senkrecht aufragende Antriebswelle des Steuerbordrads zu achten. Die Techniker starrten gebannt auf die Schirme, als Moore das Fahrzeug über die Fundstelle steuerte, zehn Meter nach Norden, zehn Meter nach Osten, zehn Meter nach Süden, zehn Meter nach Westen. Die folgenden vier Stunden ließ er das Fahrzeug über das Schiff tanzen.

Mittschiffs sah das Wrack aus wie ein ländlicher Schrottplatz im Winter, ruhig, heiter und ganz in Weiß gehüllt – mehrere Haufen alter Fahrzeuge, umgeben von verwitterten alten Zaunpfosten, und alles bedeckt mit vier bis fünf Zentimeter Schnee. Doch in diesen Haufen steckten die alten Maschinen und Heizkessel, die Wassertanks und das Getriebe, bedeckt von ein paar Zentimetern Tiefseeschlamm. Es war der letzte Ruheplatz eines stolzen Dampfers, der der tobenden See unterlegen war und sein Schicksal mit Anstand und Würde getragen hatte. Seine schlanke Form, die pechschwarze Farbe, die gelbliche Patina der Decks, der breite rote Streifen, der vom Bug bis zum Heck sein unteres Dollbord geschmückt hatte, all das war dahin und hatte sich in blaue Asche verwandelt. Die spinnwebartigen Wanten, das majestätische Segel und die eigentliche Quelle seiner Kraft, die Dampfmaschinen, waren verschwunden oder nur noch Trümmer. Dünne Linien von Blau und Grau zogen sich in seltsamen Winkeln durch das Weiß, lange Rohre vielleicht, seltsam geformte Metallteile, verbogen und zerbrochen und zu wirren Haufen getürmt.

Bei der langsamen Fahrt über die Fundstelle übertrug die SIT-Kamera Schwarzweißbilder von Dingen nach oben, von denen die Techniker im Sommer zuvor nur vermutet hatten, daß sie an der letzten Ruhestätte der *Central America* zu finden wären. Da sie nicht wußten, wie ein Dampfer mit einem hölzernen Rumpf nach fast anderthalb Jahrhunderten auf dem Meeresgrund aussah, waren ihnen die Kohlehaufen und die aus dem richtigen Zeitraum stammenden Objekte von Galaxy wichtiger gewesen als das Fehlen von Schaufelrädern, Kesseln und Rohren. Galaxy war überzeugend gewesen, bis etwas Überzeugenderes aufgetaucht war. Und genau das war jetzt passiert: Riesige Haufen verbogenen Metalls zwischen zwei Schaufelrädern an einer gewaltigen Fundstelle, wo sie jetzt schon ein paar Merkmale eines großen Passagierschiffs erspäht hatten. Bob Evans' Instinkt hatte nicht getrogen, als er die Fundstelle auf dem Sonagramm gesehen hatte. Nach monatelanger Erforschung von Galaxy hatten sie an der Fundstelle zwar nichts gesehen, was bewiesen hätte, daß das Schiff nicht das gesuchte war, doch sie hatten auch nicht sicher sagen können, daß sie die *Central America* gefunden hatten. Bei Galaxy II aber stand schon nach wenigen Sekunden und einem kurzen Blick fest, daß dieses Wrack keine bloße Teststelle mehr war.

Am Ende der Tauchfahrt war es im Kontrollraum ganz still geworden. Das Tauchfahrzeug arbeitete, wie sie gehofft hatten, das dynamische Positionierungssystem (DP-System) funktionierte perfekt, und sie hatten die Überreste eines Schiffs auf dem Schirm, von dem sie nun fast sicher wußten, daß es die *Central America* war. Einige Stunden zuvor hatten sie noch gezweifelt, ob das Tauchfahrzeug funktionieren würde und ob sie Galaxy II tatsächlich wiederfinden würden. Und sie hatten nicht gewußt, wie lange sie dort bleiben würden. Nun hatte sich plötzlich alles verändert. Nach vierstündiger Erkundung in siebeneinhalb Meter Höhe über dem Wrack beendete Tommy die Fahrt. »Wirklich überzeugend, der Anblick dieser Schaufelräder«, sagte er. »Aber ich frage mich: Wie sollen wir das der Welt erklären?«

Tommy hatte sich mit allen Eventualitäten beschäftigt und viele verschiedene Pläne gemacht, aber er hatte die ganze Zeit unter enormem Druck gestanden: unzufriedene Gesellschafter, nicht funktionierende Strahlruder, der Entwurf eines Tauchfahrzeugs, das Auftauchen von Konkurrenten, der Kauf eines Schiffs, das spärliche Fließen neuer Gelder, die Überlegung, wo sich das Gold auf Galaxy befand oder ob es vielleicht doch an einer anderen Fundstelle lag. All dies hatte ihm wenig Zeit gelassen, darüber nachzudenken, was er tun würde, wenn er bei der ersten Tauchfahrt auf gußeiserne Seitenschaufelräder von der Größe eines Bauernhauses stoßen würde. Er mußte die Information sorgfältig geheimhalten. Wenn das Wrack wirklich die *Central America* war, dann lagen hier irgendwo Hunderte Millionen Dollar in Gold auf dem Grund, und so viel Geld brachte die Leute auf verrückte Gedanken und ließ sie verrückte Dinge tun. Tommy mußte überlegen, was passieren konnte, wenn bei ihrer Rückkehr 20 Mann über alles Bescheid wußten, was im Kontrollraum geschehen war. Er wußte von seiner Arbeit bei Battelle, daß es am einfachsten war, die Verbreitung einer Information von vornherein zu unterbinden. Deshalb beschloß er, nicht einmal Bryan und Tod während einer Tauchfahrt in den Kontrollraum zu lassen.

»Ich ging raus aufs Deck und sprach mit ihnen«, sagte Tommy. »Ich erklärte ihnen, daß nicht alle auf dem Schiff Bescheid wissen durften und wir irgendwo die Grenze ziehen mußten. Ich sagte ihnen, sie wären damit in der gleichen Lage wie Burlingham. Und sie haben ihre Sache gut gemacht, auch wenn es schwierig für sie war.«

Bryan, Tod und die Seeleute auf dem Schiff sahen tagaus, tagein nichts anderes als die immer gleichen Gesichter auf dem immer gleichen Deck und das immergleiche Meer, das sich bis zum immergleichen Horizont erstreckte. Und zugleich suchten die Techniker nur ein paar Meter entfernt nach Gold auf einem Schiff, das aus einem anderen Jahrhundert stammte. Das war hart, und trotzdem mußte Tommy den Widerstreit zwischen seinem Bedürfnis nach Geheimhaltung und seinem Wunsch, das Wissen um den Erfolg mit denen zu teilen, die zu ihm beigetragen hatten, zugunsten der Sicherheit lösen. Die Entdeckungen im Kontrollraum mußten auf den Kontrollraum beschränkt bleiben.

Am folgenden Morgen blies eine steife Brise aus Nordost, und die *Discoverer* wiegte sich im mäßigen Wellengang. Die Techniker standen um sechs Uhr auf und arbeiteten den ganzen Tag an dem Tauchfahrzeug. Sie bereiteten es auf eine intensivere Erkundung des Wracks vor. Sie wollten die Maschinen näher ansehen und fotografieren, die Anker und das Vordeck untersuchen und an ausgewählten Punkten eineinhalb Meter lange Meßlatten abwerfen.

Um 8.30 Uhr abends ließen sie das Tauchfahrzeug zu Wasser, und kurz vor zehn Uhr erreichte es den Grund. In den Nachtstunden desselben Tages, am 12. September, 131 Jahre zuvor, war die *Central America* auf dem Meeresboden aufgeschlagen. Die Goldgräber an Bord des Dampfers waren längst tot gewesen, als sie den Grund erreicht hatten, und ihre Überreste waren schon mit der Strömung davongetrieben und eins mit der See geworden. Nur das Schiff selbst lag noch in der Dunkelheit und wurde von der See, die es besiegt hatte, langsam zerstört. Im Vergleich zu dem unablässigen Toben des Sturms, dem Bersten der Planken unter dem letzten verheerenden Brecher, dem Brüllen der hereinbrechenden Wassermasssen und den Schreien der Ertrinkenden in jener Nacht des Jahres 1857 wirkte beides surreal – die Stille und Monotonie der Welt, in der sich das Schiff nun befand, und die computerisierte Welt, die es wieder sichtbar machte: der bläuliche

Schein der Bildschirme, das orangefarbene Glühen der Digitalanzeigen und die stählerne Nabelschnur, die vom Achterdeck der
Discoverer hinunter zu dem zweieinhalb Tonnen schweren Roboter aus Aluminium führte, der Licht in das Dunkel der Tiefseewelt
brachte.

Gegen 10.30 Uhr hatten sie mit dem Mesotech die ersten
Objekte lokalisiert, und wenig später hatten sie das Wrack auf
dem Videoschirm. Moore steuerte das Tauchfahrzeug über die
Maschinen des Schiffs, wobei er sorgfältig auf die herausragende
Antriebswelle des Steuerbordschaufelrads in der Mitte des Schiffs
achtete. Er fuhr fünf Meter nach Nordosten, fünf Meter nach
Norden, zehn Meter nach Norden, zehn Meter nach Norden, zehn
Meter nach Osten, während das Fahrzeug die Fundstelle aus nur
sechs Meter Höhe beleuchtete.

Als die *Central America* den Meeresgrund erreicht hatte, war
sie so hoch wie ein vierstöckiges Gebäude und etwa 90 Meter lang
gewesen. Nun aber war das Schiff größtenteils in sich zusammen-
gebrochen, wobei die Steuerbordseite anscheinend auf die Backbordseite heruntergebrochen war. Beide beim Untergang noch
vorhandene Masten waren gefallen. Das Deck war größtenteils
verschwunden; die dicken Planken aus Tannenholz waren schon
lange den Schiffsbohrmuscheln zum Opfer gefallen. Auch die
Stützbalken waren nicht mehr vorhanden. Nur die Kniesparren,
die der Schiffszimmermann aus dem Stamm einer Eiche und
ihrem ersten starken Ast schnitzt, waren noch da, doch auch sie
waren durchlöchert und erodiert. Selbst der dicke eiserne Seiten-
stringer, der einst den Rumpf umschlossen hatte, war abgebrochen und lag neben dem Schiff.

Die gußeisernen Maschinenteile waren im Lauf der Zeit korrodiert und teilweise verbogen, und die bizarren Formen waren
durch einen Schleier von Rostpartikeln zusätzlich verzerrt.
Doering starrte fasziniert auf seinen Monitor, wandte sich manchmal zu Bob, zeigte auf den Schirm und rief beispielsweise: »Oh,
hier ist das Achterdeck.« Oder er sagte: »Siehst du das Ding dort
drüben, es sieht aus wie eines von diesen … «, und dann nannte er
irgendeinen Teil des Schiffs, über den sie schon einmal gesprochen hatten. »Ich sah das alles nicht«, erinnerte sich Bob, »auch
wenn er mir alles erklärt hatte, sah ich immer noch nichts.«

Bob leitete die Tauchfahrt, Moore machte zahllose Fotos, und Milt nahm alles auf Video auf. Sie suchten den Bereich mittschiffs nach Formen ab, anhand derer sich die Maschinen identifizieren ließen. Bob war das sehr wichtig, denn das Wrack konnte die *Central America* oder der andere Raddampfer sein, der angeblich 100 Meilen weiter westlich gesunken war, und die beiden Dampfer ließen sich nur anhand ihrer Maschinen unterscheiden. Der andere Dampfer war fast so groß wie die *Central America* gewesen, hatte aber nur eine einzige Maschine mit einem großen Schwingbalken gehabt, der laut Bob aussah »wie die Bohrschwengel der Pumpen, die man bei uns daheim zum Ölfördern sieht«. Dagegen hatte die *Central America* zwei Maschinen ohne den charakteristischen Balken. Als Bob die Maschinenteile auf dem Wrack studierte, glaubte er zwei Maschinen zu erkennen, und er sah keinen Schwingbalken.

Vom Bereich der Maschinen bewegten sie sich allmählich weiter nach Südwesten auf den Bug des Schiffs zu. Um Mitternacht schwebte das Fahrzeug über einer Stelle, die sich vermutlich dicht vor dem Ruderhaus befunden hatte, dort, wo der Zweite Offizier Frazer und Kapitän Badger auf dem Höhepunkt des Hurrikans den Fockmast gekappt hatten. Zwischen dem Schlamm und den halbverrotteten Kniesparren sahen sie zwei gerade Rohre, an die jeweils zwei große Zylinder geschweißt waren. Die Rohre lagen horizontal, aber sie waren rund, und deshalb hatte sich nur wenig Schlamm darauf absetzen können. Bob identifizierte sie als die Pfeifen des Schiffs. Sie hatten einst zu den Heizkesseln im Maschinenraum hinunter geführt, und sie hatten gepfiffen wie ein Wasserkessel, wenn man den darin aufsteigenden Dampf hatte ausströmen lassen.

Moore ging mit dem Tauchfahrzeug auf drei Meter heran, und sie betrachteten die Pfeifen, als Milt plötzlich sagte: »Was ist denn das?«

Die anderen suchten die grauweiße Landschaft des Vordecks ab, konnten jedoch in dem von seltsamen grauen Linien durchzogenen Schlamm nichts erkennen.

»Es sieht wie eine Glocke aus«, sagte Milt.

»Milt hatte im Jahr zuvor ständig Goldmünzen, Goldbarren, Schaufelräder und alles mögliche gesehen«, erinnerte sich Doering. »Deswegen dachten wir zuerst: ›Ach, Milt, du siehst wieder Gespenster.‹«

»Da«, sagte Milt, ging zu Doerings Monitor hinüber und zeigte die Stelle auf dem Schirm.

Dort war ein grauer Buckel im Schlamm, ein runder, vielleicht sogar kelchförmiger Gegenstand mit einem leichten Wulst am unteren Ende. Sie betrachteten das Ding aus verschiedenen Perspektiven und diskutierten und studierten es, bis einige der Techniker Milts Ansicht teilten, daß es eine Glocke sein könnte.

»Es könnte aber auch ein Spucknapf sein«, sagte Bob.

Sie umschwebten das Ding noch ein wenig, und Bob änderte seine Meinung. »Es könnte doch eine Glocke sein«, sagte er.

Moore brachte das Fahrzeug noch näher heran, und sie studierten das Objekt weitere 20 Minuten. Dann setzte Moore das vordere Strahlruder kurz in Betrieb und spülte den Schlamm von dem Wulst weg. Als sich der aufgewirbelte Schlamm verzogen hatte, waren Bob und Doering überzeugt, daß Milt recht hatte. Es war eine Glocke, und sie hatte sogar eine Inschrift, auch wenn das Metall so fleckig war, daß man sie nicht lesen konnte. Die Inschrift hätte vielleicht den Beweis geliefert, daß es sich bei dem Wrack um die *Central America* handelte, doch Tommy erlaubte nicht, die Glocke zu berühren. Er wollte das Wrack so lange unberührt lassen, bis er es genau kannte und sichere Plätze gefunden hatte, wo das Fahrzeug aufsetzen konnte. Also ließen sie die Glocke halb begraben im Schlamm zurück. In der letzten Stunde arbeiteten sie sich im Zickzack langsam weiter zum Bug vor: zehn Meter nach Süden, zehn Meter nach Westen, zehn Meter nach Süden, zehn Meter nach Westen. Beim Bug angekommen, konnten sie den kurzen Bugspriet nicht mehr lokalisieren, denn dieser Teil des Schiffs war aufgeklappt wie ein Buch und zerfallen.

Um drei Uhr morgens beendeten sie die Erkundung und bargen das Fahrzeug. Am folgenden Tag unternahmen sie eine weitere Tauchfahrt für sieben Stunden. Sie plazierten eine Meßlatte dicht bei der Glocke, eine zweite bei den Maschinen und eine dritte vor dem Bug. Zwischen dem Abwerfen der Meßlatten setzten sie ihre Erkundung fort und dokumentierten, noch immer schwebend und ohne etwas zu berühren, das Wrack auf Video und auf Hunderten von Fotografien.

An einem Frühlingsnachmittag in Columbus hatte Bob sich noch einmal die letzte Szene auf der *Central America* vergegenwärtigt: die verzweifelten Männer, die in der Kabine Goldstaub ausstreuten und auf Deck Goldmünzen ins Meer warfen. Der Goldstaub mußte Bestandteil der hydrodynamischen Wolke aus Schiffstrümmern geworden sein, die sich unmittelbar nach dem Untergang des Schiffs gebildet hatte. Zusammen mit dem Schiff war die Wolke langsam auf den Grund gesunken und hatte sich dabei immer weiter ausgedehnt, bis sie schließlich in der Umgebung des Schiffs niedergegangen war. Bob kam zu dem Schluß, daß sich in der Umgebung des Wracks Gold befinden mußte, wenn es sich wirklich um die *Central America* handelte.

Aus historischen Quellen ging hervor, daß die Passagiere zusätzlich zu dem Gold, das das Schiff offiziell transportierte, eine weitere Million Dollar in Gold mit sich geführt hatten. Bei einem Preis von 20 Dollar pro Unze hätten die Passagiere dann etwa 50 000 Unzen Gold mitgeführt. Ein gut Teil davon waren sicherlich Münzen, doch Bob hatte viele Berichte über Passagiere gelesen, die Goldstaub in Beuteln oder Gürteln verstaut hatten und sich dieser Last in den letzten hysterischen Momenten vor dem Untergang des Schiffs entledigten. Grob geschätzt waren vielleicht zehn Prozent des Goldes Goldstaub gewesen, was bedeutete, daß sich etwa 5000 Unzen Goldstaub an Bord befunden hatten. Bob vermutete, daß die Goldkörnchen klein gewesen waren. Sie hatten vielleicht eine Seitenlänge von einem halben Millimeter gehabt, so daß ein Kubikzentimeter dieses Goldes aus 20 mal 20 mal 20 oder 8000 Goldkörnchen bestanden hätte. Dann berechnete er, welchen Rauminhalt in Kubikzentimetern 5000 Unzen Gold eingenommen hätten, und multiplizierte diese Zahl mit 8000. Er kam auf eine Zahl von über 100 Millionen Goldkörnchen und vermutete, daß sie im Pteropodenschlamm um das Wrack in einem Verhältnis von ungefähr eins zu einer Million verteilt waren. Daß 400 oder 500 Goldgräber tatsächlich eine solche Menge Goldkörnchen gefunden, gesammelt und mitgenommen hatten, schien unwahrscheinlich, aber Bob war trotzdem der Ansicht, daß man mit etwas Glück in einer Schlammprobe Gold finden würde.

»Aber ich war wohl der einzige, der das glaubte«, sagte Bob. Selbst Tommy hatte gelacht, als Bob ihm davon erzählte.

Bei der folgenden Tauchfahrt am 16. September sollten die fotografische Dokumentation des zusammengebrochenen Bugs abgeschlossen, das Trümmerfeld an Steuerbord erkundet und auf dem Vordeck in der Nähe der Glocke ein Platz gesucht werden, wo das Tauchfahrzeug aufsetzen konnte. Von etwa drei Uhr nachmittags bis weit nach Mitternacht schwebte das Fahrzeug über dem Wrack umher. Es filmte und fotografierte und landete dreimal auf dem Grund, wobei vier Flaschen und ein Teller geborgen wurden. Jedesmal, wenn Moore den Greifarm ausfuhr, um ein Objekt zu bergen, glitt der Schacht, in dem sich der Arm befand, über den Grund und nahm Sediment vom Boden auf.

Als das Fahrzeug um fünf Uhr morgens an die Oberfläche zurückkehrte, entfernte Bob vorsichtig den Schlamm und brachte ihn in sein Labor. Er legte einen Teil der Probe in eine Petrischale und träufelte Salzsäure darüber, um die kleinen Planktonskelette aufzulösen, aus denen der Schlamm größtenteils bestand. Dann studierte er die Lösung unter dem Mikroskop, wobei er mit einer Pinzette in der Schlammlösung herumstocherte. Sie bestand größtenteils aus Holzstückchen.

Außerdem fand er Kupfer-, Kohle- und Eisenfragmente und sogar ein paar winzige Stückchen Lötmetall vom Tauchfahrzeug. Gerade als Bob die Suche aufgeben wollte, sah er am Rand der Schale etwas aufblitzen. Alles in der Schale war grau, braun, schwarz oder eine Mischung aus diesen Farben, wobei manchmal ein Hauch Orange hinzukam. Der mit dem bloßen Auge fast unsichtbare, leuchtende kleine Punkt unter dem Mikroskop jedoch war gelb.

Bob wußte nicht, ob es Gold war, aber er dachte: Selbst wenn es Gold sein sollte, können wir nicht mit einem Stück Gold von der Größe eines Salzkorns zu unseren Investoren laufen und »Gold!« schreien. Trotzdem wäre der kleine gelbe Punkt in Bobs Petrischale ein weiterer Beweis dafür gewesen, daß sie das richtige Schiff gefunden hatten, und wenn dem so war, dann hatte das Goldkörnchen einst in der Pfanne eines Goldgräbers an einem Bach in der Sierra Nevada geblitzt.

Bob ließ das Mikroskop, wie es war, schloß die Tür hinter sich ab und ging hinauf auf das Vordeck, wo einige aus der Mannschaft nach Goldmakrelen angelten. Bob sah ein bißchen zu, dann angelte er auch eine Weile. Als er Tommy und Doering sah, nahm er sie mit hinunter in sein Labor und zeigte ihnen das gelbe Pünktchen unter dem Mikroskop. Sie beschlossen, es genauso zu testen, wie James Marshall das Gold getestet hatte, das er an einem kalten Januarmorgen 1848 aus dem American River gefischt hatte, jenes Nugget, das den Goldrausch in Kalifornien ausgelöst hatte. Bobs Goldkörnchen war zu klein, um es mit einem anderen Stein zu zerdrücken, deshalb ließ Bob es unter dem Mikroskop und preßte die scharfe Kante eines Spachtels dagegen. Das Körnchen zerbrach oder zerbröselte nicht, sondern gab elastisch nach. »Was bestätigte«, sagte Bob, »daß es sich bei dem kleinen gelben Punkt wirklich um Gold handelte.«

Bob verteilte auch den Rest des Schlamms auf Petrischalen und verpaßte jeder Schale ein Säurebad. Als er die Lösung anschließend untersuchte, fand er ein Dutzend weiterer Goldkörner, von denen eines an einer kleinen Planktonschnecke klebte. Er bewahrte alle 13 in einer Phiole auf, einschließlich des ersten, das eine Kerbe von dem Spachtel hatte.

Auch zu Beginn der zweiten Septemberhälfte hielt sich das Wetter noch in einem erträglichen Rahmen mit Windgeschwindigkeiten bis zu 20 Knoten und Wellen von weniger als zwei Meter Höhe. Aber jeden Tag konnte nun der Wind auf 30 bis 40 Knoten auffrischen und die Wellen eine Höhe von drei oder vier Metern erreichen. Trotz der drohenden Wetterverschlechterung mußten die Techniker weiterhin methodisch vorgehen. Zunächst mußten sie das Filmen und Fotografieren aus relativ großer Höhe über dem Wrack abschließen. Erst dann konnten sie tiefer gehen und die interessanteren Teile des Schiffs genauer erkunden und analysieren. Danach würden sie den Abstand so weit reduzieren, bis sich die Objekte scharf abzeichneten und sie unter dem bläulichen Ton ihre wirkliche Farbe erkennen konnten, bis sie die Fundstelle genau dokumentiert hatten und wußten, wo sie nach dem Gold suchen mußten.

In den folgenden fünf Tagen war das Fahrzeug jedoch nie lange im Wasser, da Probleme mit der Ausrüstung aufgetreten waren und die Tauchfahrten schon nach kurzer Zeit abgebrochen werden mußten. Erst am 22. September konnte das Fahrzeug wieder vom späten Nachmittag bis zum späten Abend über der Fundstelle eingesetzt werden.

Als Moore das Fahrzeug von der Kapitänskajüte bis zum Ruderhaus und von dort aus weiter bis zum Bug über das zusammengebrochene Vordeck steuerte, bediente Milt die Fotoapparate und schoß ein Bild nach dem anderen. Die Kapitänskajüte und das Ruderhaus existierten nicht mehr. Selbst der Stumpf des von Frazer und Badger gekappten Fockmasts war verschwunden. Auf dem Schirm waren im Licht der Scheinwerfer die schwammigen und durchlöcherten Planken zu sehen, die einst Hunderte von Passagieren getragen hatten, nun jedoch nur noch ein kleines Stückchen ins Wrack hineinragten, bevor sie sich in den blauen Schatten verloren.

In diesen Schatten sah man die Formen von Flaschen und die Umrisse von Steingutkrügen, von Waschbecken und anderen Objekten, doch in einer Höhe von viereinhalb Metern über dem Wrack war das Bild auf den Schirmen zu undeutlich, um Details zu erkennen.

Auf einer der abgebrochenen Tauchfahrten der vergangenen Tage hatten sie einen von mehreren eisernen Kästen untersucht, die vor dem Bug im Schlamm lagen. Aus ein paar Meter Entfernung sah er wie ein mit Rostflecken bedeckter kleiner Ofen aus. Milt hatte den Kasten mehrmals fotografiert, dann hatte Moore ganz langsam und vorsichtig das Greifwerkzeug ausgefahren. Als die Backen des Greifers den Kasten leicht berührt hatten, war auf dem Bildschirm plötzlich eine orangefarbene Wolke, und als sie sich Minuten später verzogen hatte, war auch der Kasten verschwunden. »Puff, weg war er«, sagte Tommy. »Wir hatten nur noch unsere Fotos.«

Nach dem Filmen und Fotografieren des Vordecks führte Scotty das Fahrzeug dorthin zurück, wo sie die eisernen Kästen gesehen hatten. »In den Quellen ist von eisernen Schließfächern im Laderaum die Rede«, erinnerte sich Bob, »und da denkt man natürlich sofort an Safes.« Moore setzte das Tauchfahrzeug auf, und sie studierten die bis zu drei Meter langen Kästen eine halbe Stunde lang. Bei den meisten ragte ein Metallrohr aus einer Seite, und sie paßten auf eine Weise zur Architektur des Schiffs, daß Bob zu dem Schluß kam, es müsse sich um Süßwassertanks handeln.

In den nächsten zwei Stunden filmten sie das Backbordschaufelrad. Dann steuerte Moore das Fahrzeug über das Trümmerfeld etwa 15 Meter von dem Wrack weg. Plötzlich sah einer der Techniker einen für sich liegenden klar umrissenen Gegenstand. Es schien sich um einen weiteren Kasten zu handeln, nur viel kleiner als die zuvor fotografierten. Moore steuerte das Fahrzeug hinüber und ließ es darüber schweben. Als er tiefer ging, sahen die Männer im Kontrollraum, daß das Objekt ein Lederkoffer war. Etwa 15 Zentimeter entfernt stand eine weiße Teetasse auf dem Boden, als ob jemand daraus trinken wollte.

In all den Tagen, die Doering versunkene Schiffe erkundet hatte, hatte er nie ein so unheimliches Bild gesehen. »Es sah aus wie ein Bahnsteig im Londoner Nebel«, sagte er, »als hätte jemand auf seinem Koffer gesessen und Tee getrunken, als der Zug kam. Als hätte er die Tasse abgesetzt, wäre in den Zug gestiegen und hätte den Koffer vergessen.«

Sie interessierten sich für alle Arten von Kästen. »In den alten Abenteuerbüchern«, sagte Bob, »gibt es immer eine Kiste von der Größe eines Schreibtisches, und sie quillt über von Smaragden und Diamanten und Gold.« Eine derart große Kiste voller Gold würde jedoch Hunderte von Kilogramm wiegen und wäre so schwer, daß nicht einmal zehn Männer sie heben könnten. Dagegen würden 50 Kilogramm Gold leicht in einen Behälter von der Größe eines Brotlaibs passen.

Bob meinte, der Koffer neben der Tasse sei klein genug, um Wertsachen zu enthalten, und sagte Moore, er solle so nah wie möglich herangehen. Als Moore mit dem Fahrzeug herunterging, verschwand der Koffer in einer riesigen Sedimentwolke. Moore richtete das vordere Strahlruder auf den Koffer und ließ die Schraube rotieren, so daß die Staubwolke durch die leichte Strömung davongetrieben wurde. Als jedoch die Sicht wieder klar war, war die Teetasse verschwunden, und der Lederkoffer war in das bläuliche Zwielicht getrieben und dort, wiederum aufrecht, stehengeblieben.

Moore brachte das Tauchfahrzeug näher heran. Einige federartige Korallen stiegen von dem braunen Leder auf, und große rosa Seeanemonen saßen oben und an den Seiten des Koffers. Neben der Stelle, wo sich einst der Griff befunden hatte, war ein

Namensschild angebracht, doch die Buchstaben waren von Sediment bedeckt. Moore richtete das vordere Strahlruder erneut auf den Koffer und setzte die Schraube für ein paar Umdrehungen in Bewegung, um das Schild freizuspülen. Als sie die Buchstaben noch immer nicht lesen konnten, ließ er die Schraube etwas schneller rotieren, und plötzlich öffnete sich der Koffer wie eine Muschel, stand einen Augenblick offen und schloß sich dann wieder. Sie hatten einen Blick auf säuberlich gefaltete Hemden werfen können, die in beiden Hälften des Koffers mit Gurten befestigt waren.

»Allein der Gedanke, daß Stoff in solchen Tiefen und unter solchen Bedingungen erhalten bleiben konnte, eröffnete interessante Möglichkeiten«, sagte Bob. Sie fotografierten den Koffer mehrmals aus verschiedenen Winkeln und ließen ihn dann allein in der Dunkelheit des Trümmerfelds zurück.

An Deck schleppten sich die Tage dahin. Das Wetter verschlechterte sich, wurde besser und wieder schlechter. Doch in jeder Schlechtwetterperiode war der Wind stärker, und die Wellen waren höher als zuvor, und jedesmal dauerte es etwas länger, bis sich die See wieder beruhigte. Schlimmer als die bedrohliche Wetterlage war jedoch, daß die Mannschaft durch die Monotonie des Lebens auf See immer gereizter wurde. Tommys Geheimhaltungsmaßnahmen trugen nicht gerade zur Entspannung der Situation bei, doch er hob sie nicht auf. Er mußte die Investitionen seiner Gesellschafter schützen, und wenn das die Moral der Mannschaft belastete, dann mußte er damit fertig werden.

Wenn das Fahrzeug nach einer Tauchfahrt an die Oberfläche kam, zogen Tod und Bryan es unter die Plane und deckten die Vorderseite mit einer weiteren Plane ab. Dann mußten alle außer der Wache die Brücke verlassen. Tommy befahl sogar der Brückenwache, von den Fenstern wegzubleiben, bis das Objekteschubfach geleert war. Bob öffnete es, entnahm die geborgenen Gegenstände und trug sie in sein Labor, wo er sie untersuchte und katalogisierte.

Von den acht bisherigen Tauchfahrten waren zwei schon nach wenigen Minuten auf dem Grund abgebrochen worden. Die restlichen sechs hatten insgesamt 40 Stunden gedauert und hauptsächlich dazu gedient, das Wrack zu filmen und zu fotografieren und etwas näher heranzugehen, wenn eine Stelle interessanter schien als die anderen.

Nach jeder Tauchfahrt entwickelten Doering und Milt die Filme, hängten sie zum Trocknen auf und legten die Streifen schließlich auf den Leuchttisch, wo sie sie mit einer Lupe studierten. Die Bilder aus diesen Fotokameras waren viel näher, schärfer und detaillierter als alles, was während der Tauchfahrt auf den Schirmen zu sehen gewesen war. Durch die Analyse dieser Nahaufnahmen konnten die Techniker sich ein hervorragendes Bild von der Fundstelle machen.

Das Schiff war einst an der Oberfläche eine kompakte Masse von 84 Meter Länge, zwölf Meter Breite und neun Meter Höhe gewesen. Nun aber erstreckte sich die Fundstelle, wie Bob schätzte, über vier Hektar. »Es ist ein unglaublich komplexes Objekt, auf das eine unglaubliche Vielfalt von Prozessen einwirkt. Wir haben es mit Korrosion, biologischem Abbau, der Schwerkraft und einer kleinen Strömung zu tun, und all das wirkt auf das ein, was ursprünglich auf den Grund gelangt ist, und zwar schon vor 130 Jahren. Deshalb ist die Frage, wo das Gold liegt, so schwer zu beantworten.«

Jedesmal, wenn sie mit dem Tauchfahrzeug wieder tiefer gingen, enthüllten die Fotos eine neue Welt, die klarer, lebendiger und detaillierter war als die vorige. Die neue Welt war nicht mehr der schneebedeckte ländliche Schrottplatz, sondern eine Oase in der Wüste, geschaffen vom Treibgut der Zivilisation und bewohnt von den Kreaturen der Tiefsee.

Wegen der starken Lichtbrechung im Wasser verschwanden die Farben aus dem Bild, bevor die Kamera sie erreichte: Rot verschwand zuerst, dann Orange, dann Gelb und dann Grün. Wenn das Licht sechs Meter zurückgelegt hatte, blieben nur noch purpurfarbene und blaue Töne. Die Fotos der frühen Tauchfahrten waren von einem stumpfen Blau, in dem viele Gegenstände und die meisten Lebensformen nicht zu erkennen waren. »Das beste Beispiel sind die Hornkorallen mit ihren federartigen Tentakel. Sie sind etwa 30 Zentimeter lang und fünf Zentimeter breit. Man kann sie auf den Fotos nicht sehen, und doch sind sie über die ganze Fundstelle verstreut.«

Je näher sie das Tauchfahrzeug an die Holzbalken und ihre Schatten heranbrachten, desto mehr Dinge konnten die Techniker unterscheiden: kleine Holzspäne und -splitter, zerbrochenes Geschirr, Flaschen, Seifenschalen, Eisengitter, Teller, Vasen, Waschbecken, Kupferbeschläge und Kohlestücke. Und je näher sie kamen, desto farbiger wurden die Fotos. Auf und unter den Holzbalken saßen Seeanemonen, deren feuerfarbene Tentakel in der leichten Strömung zitterten. Glänzende schwarze Seeigel, grüne Schwämme und blaue und purpurrote Seegurken gediehen zwischen den Wrackteilen. Die weißen Hornkorallen bildeten kleine Wäldchen, und kleine weiße Seelilien blühten in ihren Ästen. In einigen Bereichen schwammen einen Meter lange nadelförmige Fische mit scharfgeschnittenen Gesichtern und steil aufragenden, durchsichtigen Flossen hinter dem Kopf über den Trümmern.

Eine weitere Lebensform der Tiefsee, von der es an der Fundstelle wimmelte, trat auf den Fotos nicht in Erscheinung: die Schiffsbohrmuschel. Diese Muscheln waren seit über 100 Jahren an der Fundstelle präsent und hatten Löcher in das Holz gebohrt, bis die dicksten Balken zerfielen und verschwanden. Die Schiffsbohrmuscheln lebten noch immer in dem Wrack, und von außen konnte man nicht erkennen, ob ein Kniesparren oder ein Balken von den Muscheln schon fast zerstört oder noch relativ unversehrt war.

Die Glocke lag weiterhin zwischen den verrotteten Balken des Vordecks. Obwohl sie das einzige Objekt war, mit dem sich beweisen ließ, daß sie tatsächlich die *Central America* entdeckt hatten, wollte Tommy sie nicht anrühren, bis er einen Weg gefunden hatte, sie ohne die Zerstörung anderer Objekte zu bergen.

Da das Wetter gut und die See ruhig war, konnten sie das Tauchfahrzeug am Nachmittag des 23. September wieder zu Wasser lassen. Sie steuerten es mehrere Stunden über das Wrack und gingen näher heran, um an Stellen zwischen den Balken zu filmen, wo sie bei den Untersuchungen aus größerer Höhe Laderäume vermutet hatten. Dann dirigierte Scotty John Moore durch die Dunkelheit zu einem freien Platz im Sediment auf der Backbordseite des Vordecks.

Für diese Tauchfahrt hatten sie den drehbaren Sockel des Fahrzeugs entfernt und in die Einfassung eine kleine Winde mit einem

Kabel und einem Greifhaken montiert, an dessen Ende ein Korb befestigt war. Moore senkte den Korb auf den freien Platz im Sediment, dann steuerte er das Fahrzeug zu der Glocke und hielt es ein paar Meter über ihr in der Schwebe. Sie war halb im Schlamm begraben und sah klein aus.

Doering hatte auf der *Queen Mary* vor der Schiffsglocke gestanden, völlig verblüfft, daß die Glocke auf einem so riesigen Passagierdampfer nur einen Durchmesser von knapp einem halben Meter hatte und kleiner war als ein durchschnittlicher Lampenschirm. Nun studierte er die Glocke des Wracks auf dem Bildschirm und schätzte, daß sie einen Durchmesser von vielleicht 35 Zentimetern hatte.

Moore landete das Fahrzeug behutsam knapp einen Meter von der Glocke entfernt, fuhr den Arm aus, richtete sie auf und schob die Greifbacken unter dem Glockenrand durch, wie bei einem Kinnhaken in Zeitlupe. Eine weiße Schlammwolke trieb davon, als er den Arm im Innern der Glocke nach oben führte, sie hochhob und langsam vor den Kameras drehte. Sie war grünlich mit braunen Flecken. Auf dem oberen Teil war eine Inschrift angebracht, und eine weitere schlang sich um ihren unteren Rand. Von beiden Inschriften konnten sie nur ein paar einzelne Buchstaben lesen – ein »e«, ein »w«, ein »a«, ein »r« – und ein zusammenhängendes Wort, »York«. Die Größe der Glocke konnten sie noch immer nicht bestimmen.

Moore schüttelte die Glocke, um zu prüfen, wie fest sie auf dem Greifer saß, dann steuerte er das Fahrzeug weg vom Zentrum der Fundstelle und landete neben dem Korb. Dort legte er die Glocke auf die Seite, daß sie wieder teilweise im Schlamm versank, und sie fotografierten sie wieder aus verschiedenen Winkeln. Schließlich nahm Moore die Glocke wieder auf und legte sie in den Korb. Eine kleine Schlammwolke stieg auf, der mechanische Arm zog sich langsam zurück, und die Kamera ging näher heran. Der Korb war 44 Zentimeter tief, und als sich die Schlammwolke verzogen hatte, sah man, daß der Glockenrand noch mindestens 15 Zentimeter über seinen Rand ragte. Doering war erstaunt. »Ich habe keine Ahnung«, sagte er, »warum sie eine so große Glocke hatten.« Bis sie die Glocke aus allen Richtungen fotografiert und alle sich über ihre enorme Größe gewundert hatten, war es 3.30 Uhr morgens geworden. Wenn das Tauchfahrzeug nun aufstieg, würde es bereits hell sein, wenn es an die Oberfläche kam, aber Tommy wollte die Glocke bei Dunkelheit an Bord bringen, damit niemand außer den Technikern sie sah. Er befahl Moore, den Korb mit der Glocke im Schlamm neben dem Schiff stehen zu lassen und ihn erst am folgenden Abend zu bergen.

Die Techniker bargen das Tauchfahrzeug im Morgengrauen und schliefen bis zum Mittag. Nach dem Aufstehen gingen Bob, Doering und Milt in die Dunkelkammer, um die Filme zu entwickeln und frühere Fotografien der Fundstelle auszuwerten. Je intensiver sie studierten, was sie bei früheren Tauchfahrten gesehen hatten, desto leichter konnten sie erkennen, was bei der nächsten Tauchfahrt auf dem Schirm erschien. Dieses Vorgehen hatte sich bewährt. Sie waren schon ziemlich gut geworden, aber auch immer vorsichtiger, was die Interpretation der Unterwasserwelt betraf. Sie wußten, daß Farben, Formen und Oberflächenstrukturen so zusammenwirken konnten, daß Kohle- und Holzstücke wie eine Flasche Wein, wie ein Haufen Münzen oder wie ein fleckiger Goldbarren aussahen.

Bei einer Tauchfahrt war das Fahrzeug nahe beim Kern der Fundstelle aufgesetzt, und Bob und Milt hatten beide geglaubt, einen Ziegelstein zwischen dem Holz liegen zu sehen. Moore fuhr mit der Kamera dicht heran, das bläuliche Bild wurde farbiger und detailreicher, und plötzlich konnten alle die scharfen Kanten des schlammbedeckten Quaders sehen.

Moore fuhr das Greifwerkzeug aus und gab dem Stein seitlich einen kleinen Stups, so daß er umkippte und eine kleine Sedimentwolke aufstieg. Ziegelsteine wiegen zweieinhalbmal soviel wie Wasser, Gold aber wiegt siebzehnmal soviel, deshalb hätte sich ein Goldbarren längst nicht so leicht umstoßen lassen. Die Techniker wußten also, daß sie es mit einem Ziegel zu tun hatten, vermutlich einem Schamottestein, und daß Hunderte oder vielleicht sogar Tausende dieser Steine über die Fundstelle verstreut sein konnten – scharfkantige Quader, die leicht für Goldbarren gehalten werden konnten.

Ein anderes Mal meinten sie eine achteckige, hochkant stehende Münze und rechts davon einen kleinen Goldbarren zu sehen.

Moore ging mit der Kamera näher heran, und ihr Eindruck verstärkte sich. Doch als die Kamera bis auf einen halben Meter herangekommen war, verwandelte sich die Münze rätselhafterweise in einen orangefarbenen Fleck, der auf die Oberfläche eines verrottenden Balkens geschmiert war, während sich der kleine Barren als die aufgequollene Maserung des Holzes entpuppte.

»Es ist gut, wenn man seinen Optimismus nicht verliert«, sagte Bob, »denn es ist frustrierend, wenn man etwas für Gold gehalten hat, das dann doch kein Gold ist.« Dies war so häufig geschehen, daß alle Techniker, wenn sie meinten Gold zu sehen, sofort dachten: Nein, es ist sicher ein Schamottestein, eine Holzmaserung, ein Astknoten, ein Stück Kohle oder stammt von einer Schiffsbohrmuschel.

Das verwirrendste unter all den irreführenden Anzeichen von Gold waren nämlich die von den Schiffsbohrmuscheln hinterlassenen Gehäuse. Wenn sich die Muscheln in einen Balken bohren, hinterlassen sie 15 bis 25 Zentimeter lange gewundene Gehäuse aus Kalk. Und wenn die Balken schließlich auseinanderfallen, bleiben die weißen Gehäuse auf anderen Teilen des Wracks zurück und werden von dem im Wasser gelösten Eisenoxyd gelborange gefärbt. Auf einen Meter Entfernung glitzern diese gelb gefärbten Gehäuse im hellen Scheinwerferlicht wie Gold. Die Techniker hatten im Jahr zuvor die gleichen Gehäuse an der Fundstelle Galaxy gesehen und sie immer wieder für Gold gehalten. Auf Galaxy II lagen sie auch überall herum.

Milt hatte den Film von der langen Tauchfahrt am 23. September entwickelt, auf der sie die Glocke geborgen und stundenlang Aufnahmen zwischen den Balken gemacht hatten. Beim Studieren der Bilder fiel Milt etwas auf, das er auf anderen Dias noch nie gesehen hatte: eine Reihe von kleinen, hellen, leicht gelblichen Punkten. Die Scheinwerfer schienen etwas Metallisches im richtigen Winkel getroffen zu haben, so daß es das Licht in die Kameras zurückwarf, als das Fahrzeug über einem zerfressenen Balken schwebte. Der Balken stak tief unter den Holztrümmern des zusammengebrochenen Decks. Andere Balken ragten parallel zu ihm aus den Trümmern heraus, doch dieser Balken war sicher eineinhalb Meter höher als die anderen. Er war stark erodiert und gezackt, hatte viel von seiner ursprünglichen Dicke eingebüßt und verjüngte sich zu dem Ende hin, wo Milt das Glitzern entdeckt hatte. Er bat Doering, sich das Bild mal anzusehen.

Doering beugte sich über den Leuchttisch, kniff ein Auge zu und sah mit dem anderen durch die Lupe. Er betrachtete das Dia lange, ohne etwas zu sagen. Dann blickte er mit einem breiten Grinsen auf und sagte: »Ja, Milt, das sieht wirklich gut aus. Es sieht sogar verdammt gut aus. Wahrscheinlich liegen dort Goldmünzen.«

Als das Fahrzeug in etwa zwei bis drei Meter Höhe über das Wrack geschwebt war, war die gesamte Umgebung des Balkens auf den Bildschirmen in verschiedenen Blautönen erschienen. Niemand hatte etwas Ungewöhnliches bemerkt. Und sie konnten auch jetzt noch nicht sicher sein. »Entweder war die Kamera nicht scharf eingestellt, oder wir waren noch zu weit weg«, sagte Doering. »Doch zum ersten Mal waren wir uns beide einig, daß es wirklich Gold sein konnte.«

Tommy plante jede Tauchfahrt so genau wie möglich. Er hatte nur noch wenig Zeit und noch viel zu tun, und er wollte das Fahrzeug erst auf dem Wrack aufsetzen, wenn er alles über die Fundstelle wußte. Er war immer bereit, von einem Plan abzuweichen, aber nicht plötzlich und nicht total – nicht einmal, um nach Gold zu suchen. Als Milt und Doering ihm das Dia mit dem Balken zeigten, hatte er bereits den Tauchplan für die kommende Nacht gemacht: eine kurze Fahrt nur zur Bergung der Glocke. Doch im Plan für die folgende Tauchfahrt kalkulierte er die Zeit für ein weiteres Ziel mit ein.

In dieser Nacht landete Moore das Tauchfahrzeug um 9.30 Uhr auf dem Grund neben der Glocke. 45 Minuten später hatte er den Korb mit dem Greifhaken gepackt, hatte ihn mit der Winde dicht unter das Fahrzeug gezogen, und die Glocke war auf dem Weg an die Wasseroberfläche. Als das Fahrzeug am Arm des Krans an Bord schwang, ließen sie den Korb aufs Deck gleiten und bedeckten ihn mit einer Plane. Dann befahl Tommy allen, das Deck zu räumen und sich von diesem Bereich des Schiffs fernzuhalten.

Später in der Nacht schoben Tommy, Bob, Milt und Scotty den Korb in das helle Licht der Scheinwerfer unter der Plane, spritzten die Glocke mit Wasser ab und bürsteten sie vorsichtig sauber. Das graugrüne Metall war von Grünspan und hellen Rostflecken gesprenkelt. Auf dem Band um den oberen Teil der Glocke war jetzt die Inschrift »Morgan Iron Works New York« zu lesen, und in der Mitte des Wortes »Morgan« prangte ein kobaltblauer Fleck. Morgan war die Gießerei, die auch die Armaturen und die gewaltigen Dampfmaschinen der *Central America* gegossen hatte. Die ersten beiden Ziffern des Datums waren unter einem Rostfleck verschwunden, doch sie konnten eine 5 halb erkennen und daneben eine 3. Die *Central America* hatte 1853 unter ihrem ersten Namen SS *George Law* ihre Jungfernfahrt angetreten.

Für Tommy war die Wahrscheinlichkeit, daß sie tatsächlich die *Central America* gefunden hatten, in dem Moment dramatisch gewachsen, als sie erstmals die Seitenschaufelräder und die Maschinen gesehen hatten. Seither hatte sich seine Überzeugung mit jeder weiteren Tauchfahrt und durch Bobs Goldkörnchen immer mehr gefestigt. Die Glocke war zwar kein Gold, aber sie war der zweitbeste Beweis. »Das war wirklich die Bestätigung«, sagte Tommy.

Die Glocke war aus massiver Bronze gegossen. Sie war 75 Zentimeter hoch, hatte einen Durchmesser von 60 Zentimetern und wog etwa soviel wie zwei ausgewachsene Männer. Um sie zu transportieren, mußten die Männer schwere Deckleinen durch den Henkel ziehen und sie über einer dicken Stange verknoten. Sie legten eine Plane über die Stange, und dann gingen Scotty und Milt auf je einer Seite der Glocke in die Knie, schulterten die Stange und gingen mit kleinen Schritten über das Deck zur Steuerbordseite des Schiffs, wie Jäger mit ihrer Beute.

Drinnen entfernten sie zunächst die Stange und die Seile, dann machte Milt zwei Schritte die enge Treppe hinunter, die auf das Unterdeck führte, die anderen legten ihm die Glocke auf den Rükken, und er stieg langsam die Treppe zu Bobs kleinem Labor hinunter. Sie stellten die Glocke hinein, und Bob schloß den Raum ab. Die Glocke blieb zurück bei seinen Tierpräparaten und Objekten, bei seinen Büchern über Biologie, Ozeanographie und Geschichte – dieselbe Glocke, mit der Kapitän Herndon an dem Morgen, als die *Central America* in Havanna ausgelaufen war, die Abfahrt verkündet hatte.

Am Tag nach der Bergung der Glocke frischte der Wind auf 15 Knoten auf, und die Wellen erreichten eine Höhe von fast zwei Metern – noch nicht zu hoch, um das Tauchfahrzeug nicht zu Wasser zu lassen. Trotzdem fand an diesem Tag keine Tauchfahrt statt, da die *Discoverer* auf Ersatzteile vom Land wartete. Das Tauchfahrzeug lag fest vertäut unter einer Plane an Deck, und Tommy, Milt, Doering, Barry und Bob nutzten die Zeit, um das Problem des Balkens zu analysieren und zu diskutieren. Milt, Doering und Bob hatten Tommy überredet, mehr Zeit für Nahaufnahmen von dem seltsamen gelblichen Glitzern einzuplanen.

Am folgenden Tag frischte der Wind um weitere zehn Knoten auf, und die Wellen erreichten eine Höhe von zweieinhalb Metern, weshalb das Tauchfahrzeug nicht eingesetzt wurde. Am 27. September jedoch ließen sie das Fahrzeug um 9.30 Uhr morgens zu Wasser, obwohl die Wellen immer noch zwischen eineinhalb und zweieinhalb Meter hoch waren. Tommys Tauchplan sah vor, vom Ruder aus den Kiel entlang Dias zu schießen und sich dann zu dem von Milt gefundenen Balken vorzuarbeiten, um ihn aus möglichst großer Nähe zu fotografieren. Zuerst fuhren sie 40 Meter lange Suchbahnen das Hinterdeck hinauf und hinunter und machten 172 Aufnahmen, wußten jedoch nicht, wie viele etwas geworden waren, weil der Blitz oft nicht richtig synchronisiert war und die Kameraverschlüsse zu klemmen schienen. Danach steuerte Moore das Tauchfahrzeug nach Tommys Anweisungen, bis es über dem Bereich stand, den sie fotografieren wollten. »Ich erinnere mich noch ziemlich gut an diesen Tag«, sagte Moore, »weil sie sich sehr für diese eine Stelle interessierten und wir irgend etwas leuchten sahen.«

Die Balken waren scharf gezackt und voller Löcher. Alle Vertiefungen, Risse und Löcher waren mit weißem Schlamm gefüllt.

Moore steuerte das Tauchfahrzeug langsam auf den Balken zu, und plötzlich sagte Tommy: »Hier ist es, genau hier. Einer von denen ist es.«

Moore ging tiefer.

»Vorsicht!« sagte Tommy. »Sind wir nahe genug, um Aufnahmen zu machen?«

»Nein«, sagte Moore.

»Wie nah sind wir dran?« fragte Tommy.

»Dreieinhalb Meter«, sagte Moore.

Er ging weiter hinunter. Die Balken sahen so dünn und zerbrechlich aus, als ob sie bei der geringsten Berührung mit einem trockenen Knacken abbrechen würden. Das Tauchfahrzeug schob sich Stück für Stück näher, war noch zwei, dann noch eineinhalb Meter von dem Balken entfernt. Während es langsam näher glitt, verschoben sich die Schatten im Hintergrund, und Moore bekam ein besseres Gefühl für die dritte Dimension.

»Es ist das Ding, das dort so steil rausragt«, sagte Doering.

Aus der Nähe sah der Balken fast wie der Kopf eines Fabeltieres aus, wie ein Wasserspeier, der mit weit aufgerissenem Maul aus der Fassade eines alten Gebäudes ragt. Milt setzte die Fotokameras in Betrieb, und die ganze Sache wurde vom Blitzlicht erhellt. Kleine Partikelwölkchen trieben vorbei. Milt knipste erneut, und eine Reihe von hellen Punkten leuchtete im Blitzlicht auf.

Alle starrten gebannt auf die Bildschirme, als Moore das Fahrzeug immer näher ans Ziel brachte.

»Es sind diese hellen Dinger hier«, sagte Tommy und zeigte auf den Schirm. Er war wie Milt und Doering der Meinung, daß es sich durchaus um Münzen handeln konnte. »Das ist es, was wir ...« Tommy unterbrach sich. »Mann, seht euch die hier an. Bob, was meinst du?«

»Hier unten kann man sich leicht täuschen«, sagte Bob.

Das Fahrzeug schwebte nun im Abstand von 60 Zentimetern direkt über dem Balken. Außer dem wiederholten Summen der Strahlruder war es still im Kontrollraum, als die Techniker angestrengt die Schirme studierten. »Es sind die Gehäuse dieser verfluchten Schiffsbohrmuscheln«, sagte Moore.

»Ich glaube nicht«, sagte Tommy.

»Doch«, sagte Moore. »Viele Gehäuse auf den Fotos haben genau diese Farbe.«

»Ich glaube nicht«, wiederholte Tommy.

»Doch«, wiederholte Moore. »Es sind Schiffsbohrmuscheln.«

»Okay«, sagte Tommy, »auf dem Balken ...«

»... sind Schiffsbohrmuscheln«, beendete Moore Tommys Satz. »Es ist genau diese Farbe, die sie annehmen.«

Das Fahrzeug drehte sich langsam nach rechts, und die Kameras waren nun auf eine Senke gerichtet, in der sich viele kurze, gerade, graue Linien abzeichneten, wie eine Ansammlung staubbedeckter kleiner Ziegelsteine.

»Was ich interessant finde«, sagte Moore, »sind diese Blöcke da.« Milt schoß mehrere Fotos, und Moore wurde immer aufgeregter. »Eure Schiffsbohrmuscheln sind mir scheißegal«, sagte er, »aber das dort sieht verdammt nach Backsteinen aus. Ich weiß nicht, ob es Ziegel aus einem Ofen sind oder aus einem Kessel, aber es sind Ziegel, verdammt noch mal, und ich würde da runtergehen und sie mir genauer ansehen, wenn ich könnte!«

Milt schoß weitere 43 Fotos in der Umgebung des Wasserspeiers, dann waren die Akkus im unterseeischen Computer leer, und sie mußten die Tauchfahrt beenden.

Sie arbeiteten bis spät in der Nacht an dem Tauchfahrzeug, und am folgenden Morgen waren sie um sieben wieder an Deck und setzten die Arbeit fort. Obwohl die Wellen wieder zweieinhalb Meter hoch waren, wollten sie einen Tauchversuch wagen. Noch am Morgen bereitete Milt die Kamera für die Fahrt vor, und Doering ging in die Dunkelkammer, um die Fotos der letzten Tauchfahrt zu entwickeln.

Mit beiden Kameras waren insgesamt 215 Fotos gemacht worden. Doering entwickelte die 164 Dias der Backbordkamera zuerst. Als er den Film aus dem Fixierbad nahm und zum Trocknen aufhängte, sah er, daß der erste Streifen schwarz war. Und auch der zweite. Und der dritte. Die ganze Kassette war überbelichtet.

Doering hatte schon während der Tauchfahrt bemerkt, daß sie Probleme mit den Kameras hatten, aber er hatte gehofft, daß wenigstens ein paar Bilder etwas werden würden. Die Anzahl der noch möglichen Tauchfahrten war bereits durch das Wetter und die technischen Probleme beschränkt, also wurden die Gelegenheiten, Aufnahmen zu machen, immer seltener. Jede Tauchfahrt konnte die letzte sein, und dann würden sie ihren Partnern nur die Glocke und Hunderte von mehr oder weniger interessanten Fotos zeigen können.

Als Doering die schwarzen Filmstreifen sah, war er so frustriert, daß er die andere Filmkassette in der Dunkelkammer ließ, die Tür abschloß und zum Mittagessen in die Kombüse ging. Beim Mittagessen fragte ihn einer der Techniker, wie die Bilder von der letzten Tauchfahrt geworden seien. Doering ließ die Schultern hängen, starrte auf seinen Teller und sagte: »Sie sind überhaupt nichts geworden.«

»Es war wirklich demoralisierend«, sagte Doering später. »Ich fühlte mich echt mies wegen der Sache.«

Nach dem Mittagessen ging er ins Fotolabor zurück und entwickelte den Film aus der Steuerbordkamera. Nach seinen Aufzeichnungen hatten sie mit dieser Kamera 51 Aufnahmen gemacht. Er zog den Film aus dem Fixierbad, schnitt ihn in lange Streifen, hängte sie zum Trocknen auf und wischte die Fixierlösung ab. Erleichtert sah er, daß dieser Film nicht schwarz war. Er räumte die Chemikalien und alles andere weg, und dann legte er den getrockneten Film auf den Leuchttisch. Er brachte die Lupe über eines der Bilder, und es war das sensationellste, das er je gesehen hatte.

»Ich sah nur Gold! Ich konnte es nicht glauben. Es war wirklich unglaublich. Das Aufregende war, daß wir direkt auf einen Haufen gestoßen waren – schöne, scharfe Bilder aus geringer Höhe. Es war absolut perfekt. Es war unglaublich. Ich sah mir das Foto an und sah wieder weg und dachte: Nein, das kann doch nicht wahr sein. Das wird ein Haufen Messing sein. Also sah ich wieder hin! Ich sah mir die anderen Bilder an, und dort sah ich das gleiche. Haufenweise Gold! Ich mache Ihnen nichts vor! Es war wirklich ehrfurchtgebietend. Absolut ehrfurchtgebietend. Berge von Goldmünzen und Goldbarren jeder Größe und Form, die da einfach so herumlagen!«

Doering nahm den Streifen, griff sich die Lupe und stürmte die Treppe zum nächsten Deck hinauf, wo er Tommy und Barry im Funkraum fand. Die Tür war offen, also trat er ein und machte sie feierlich hinter sich zu.

»Ich hatte wirklich Herzklopfen, das sage ich Ihnen«, erinnerte er sich. »Ich konnte zunächst nur stammeln, brachte kein richtiges Wort heraus.«

Er gab Tommy den Streifen, und dieser hielt ihn gegen das Licht.

Tommy sagte: »Junge, Junge, das hätte ich nicht gedacht …«, und dann stieß er einen lauten Jubelschrei aus.

»Mein Gott, war er glücklich«, sagte Doering. »Wir freuten

uns wie die Schneekönige. Wir hatten es geschafft! Wir hatten es gefunden!«

Tommy bat Doering, nichts über die Bilder zu sagen und nichts zu tun, was die anderen mißtrauisch machen konnte. Er war aufgeregt, er fühlte sich großartig, aber er wollte niemand wissen lassen, was er gerade gesehen hatte. Er mußte verantwortlich mit der Information umgehen.

Bob war mit Burlingham, Tod, Bryan und ein paar anderen an Deck und bereitete das Tauchfahrzeug für die nächste Tauchfahrt vor, und Doering mußte zu ihnen, um den Kran zu bedienen. Er eilte zurück ins Fotolabor, legte den Streifen auf den Leuchttisch, verschloß die Tür und ging hinaus aufs Deck. Bob stand in seiner Schwimmweste unmittelbar hinter dem Kran, um beim Zuwasserlassen des Fahrzeugs eine der Leinen zu übernehmen. Doering wußte, daß Bob einen Schlüssel zur Dunkelkammer hatte, und er wußte auch, daß Moore oder ein anderer, wenn das Tauchfahrzeug startbereit war, noch 20 Minuten die Schalter überprüfen und andere kleine Tests machen würde. Er stellte sich mit einem frechen Grinsen vor Bob und blickte ihm direkt ins Gesicht. Bob sah das Grinsen und setzte sich auf ein Geländer neben dem Kran. Doering beugte sich zu ihm hinüber.

»Auf meinem Leuchttisch liegen ein paar sehenswerte Bilder«, flüsterte Doering. »Ich wäre sehr an der Meinung eines Fachmanns interessiert.«

Bob hatte schnell begriffen, um was es ging. Auch er grinste breit, als er seine Leine ablegte und das Deck verließ.

Bevor sie das Tauchfahrzeug zu Wasser lassen konnten, verschlechterte sich das Wetter, und an diesem Tag war keine Tauchfahrt mehr möglich. Auch am nächsten und übernächsten Tag konnten sie das Fahrzeug nicht einsetzen. Drei Tage lang herrschte schwerer Seegang mit Windgeschwindigkeiten bis zu 30 Knoten. Das Tauchfahrzeug blieb auf Deck, und Tommy und Bob studierten die Bilder von der Fundstelle, die früheren, die aus größeren Höhen aufgenommen worden waren, und die späteren Nahaufnahmen. Sie suchten einen Platz, an dem das Tauchfahrzeug sicher aufsetzen konnte, nahe genug, um den Bereich noch einmal zu fotografieren und dann mit dem Greifwerkzeug Münzen und Goldbarren zu bergen. Das war gar nicht so einfach, weil das Gold in einem zerbrechlichen Bereich nahe am Rand des Zentrums lag, in einem wilden Wirrwarr halbverrotteter Balken. »Es sah aus, als könnte alles einbrechen«, sagte Tommy.

Inzwischen war es Oktober; die Wellen wurden nicht mehr niedriger als eineinhalb bis zwei Meter, und es wehte eine steife Brise von 20 bis 25 Knoten. Am Morgen des 1. Oktober ließen sie das Tauchfahrzeug trotzdem zu Wasser. Tommy hatte für diese Fahrt nur das eine Ziel vorgegeben, zeitschriftentaugliche Aufnahmen von dem Gold zu machen.

Nachdem sie den Ort ein paar Minuten lang genau inspiziert hatten, setzte Moore das Fahrzeug unmittelbar neben der Stelle auf, die Tommy für die ersten Fotos ausgewählt hatte. Es war ein sicherer Landeplatz am Rand eines Gebiets, wo eine größere Menge Gold zu liegen schien. Alle starrten schweigend auf die Schirme, als Moore die Kameras über dem Gold hin und her fahren ließ. Die Münzen und Barren, die Doering so verblüfft hatten, waren noch immer größtenteils mit Schlamm bedeckt. Doering hatte das Gold unter dem weichen, weißen Belag hervorblitzen sehen – die harten Kanten schief auf dem Grund liegender gelber Barren und große Haufen kleiner, runder, flacher Objekte, die orange, braun und gelb im Schlamm glitzerten. Andere Haufen waren völlig von Sediment bedeckt, bestanden jedoch offensichtlich ebenfalls aus Barren und Münzen. Die etwa 100 Münzen auf dem Balken, der wie ein Wasserspeier aussah, waren Milt ins Auge gestochen, weil der Balken ein paar Fuß schräg aus dem Schlamm emporragte, und die Münzen glänzten, da sie von der Strömung ständig reingewaschen wurden.

Moore zielte mit dem vorderen Strahlruder nach unten und gab ihm einen leichten Impuls, um den Belag wegzuspülen. Das Sediment war nur dünn, doch als es von dem Strahl getroffen wurde, wirbelte es in großen Wolken empor; die verrottenden Balken verschwanden, und die Bildschirme waren weiß. Mehrere Minuten war nichts anderes zu sehen als wirbelnder Schlamm. Dann trieben die Wolken langsam mit der leichten Strömung davon; das Bild auf den Monitoren wurde klarer, und den Technikern bot sich ein unvorstellbarer Anblick.

»Der Boden war ein einziger Goldteppich«, sagte Tommy.

»Überall war Gold, wie in einem Garten. Je länger man hinsah, um so mehr Gold sah man überall wachsen, eingebettet in das Holz und die Balken. Es war verblüffend. Weit hinten waren Goldbarren wie kleine Schokokuchen auf dem Grund gestapelt, einige wirkten wie Brote, andere schienen in eine Ecke des Raums gerutscht zu sein. Ein paar Barren bildeten eine Brücke, die sich von einem Teil des Schatzes zum anderen spannte. Ein Balken war über und über mit Münzen bedeckt, so daß das Holz gar nicht mehr zu sehen war.«

Wie von Tiefseewächtern wurde der Schatz von Meerestieren bewacht: Weiße Hornkorallen standen aufrecht über dem Gold. Leuchtend hellorangefarbene Seesterne rekelten sich auf gelben Barren. Rote Seeanemonen klebten mit gespreizten Tentakel an Vorsprüngen und in Spalten voller Goldstücke und Goldbarren.

»Es ist so viel davon da«, sagte Doering. »Es glänzt und es leuchtet, ein Teil funkelt einen an, und ein Teil hat diese rötlichen Verfärbungen, wunderschöne Farbtöne, alles unverwechselbar. Ich will es einsammeln. Ich will es nach Hause bringen!«

Auf einem Haufen mit einem Durchmesser von zehn Metern lagen so viele Ziegel kreuz und quer übereinander, daß er wie die Überreste eines gerade abgerissenen alten Gebäudes wirkte. Nur daß die Ziegel aus Gold waren – liegende, stehende, gestapelte, aneinanderlehnende Barren. Und Münzen – einzeln, gestapelt, in umgestürzten Stapeln, die flache Haufen bildeten, einige Münzen vom Eisenoxyd orange und braun gefleckt, andere glänzend wie frisch geprägt. Außer einem kleinen vierschrötigen Hummer, der sich vorsichtig einen Weg zwischen den Münzhaufen suchte, war die Szene absolut ruhig.

»Seht euch diese verdammten Schamottesteine an«, lachte Moore.

Milt entdeckte eine Ansammlung von Barren und Münzen, die von einer rosa Seeanemone bewacht wurde, deren Tentakel sich sanft in der Strömung wiegten. »Mann, ist das schön«, sagte er.

In einer anderen Ecke erhob sich ein Turm aus Münzen. Er bestand aus acht Stapeln mit je 25 Goldmünzen, die miteinander verbacken waren, und ragte in einem Winkel von 60 Grad empor.

»Ist das nicht erstaunlich?« meinte Bob.

»Es ist erstaunlich«, sagte Doering.

Ein paar Tage harter Arbeit, und sie hätten alle Barren und die meisten Münzen heraufholen können, doch Tommy wollte den Fundort erst vollständig dokumentieren, bevor sie irgend etwas berührten. Und danach wollte er auch die Bergung jedes einzelnen Goldbarrens und jeder einzelnen Münze genau festhalten.

Die ersten drei Szenen, die Tommy fotografieren und filmen wollte, waren nur ein paar Meter vom Fahrzeug entfernt, und der neue rotierende Sockel erlaubte es ihnen, von einem Bild zum nächsten zu schwenken, ohne das Fahrzeug versetzen zu müssen – von dem schrägen Turm aus Münzen über einen Haufen zusammengebrochener Münzstapel zu einem 30 Zentimeter hohen Berg aus Goldstaub, gesprenkelt mit Nuggets und von zwei kleinen Goldbarren gekrönt. Tommy leitete die Aufnahmen, und Moore drehte das Fahrzeug, fuhr den Kamerawagen aus und ein und bediente die Lichtausleger; Milt stimmte Blende und Belichtungszeit aufeinander ab und probierte alle Beleuchtungswinkel aus, von denen er sich etwas versprach. Manchmal schossen sie alle zehn oder fünfzehn Sekunden ein Foto, und manchmal ließen sie die Fotokameras ruhen, um die nächste Sequenz zu planen. Die Videokameras glitten über die Goldhaufen, und alle blickten fasziniert auf die Schirme, als das Gold in Sicht kam, vorüberglitt und durch noch mehr Gold ersetzt wurde, die Szenerie regelmäßig grell beleuchtet vom Blitzen der Stroboskoplampe. Zwei Stunden später hatten sie Dutzende von Aufnahmen, aber sie hatten das Gold noch nicht berührt.

Nach den letzten Aufnahmen von dem Münzturm, dem Münzhaufen und dem Berg aus Goldstaub drehte Moore das Fahrzeug ganz leicht, und sie hatten plötzlich den geschuppten Kopf eines Fabeltiers auf dem Schirm – den mit Münzen übersäten Balken, den sie inzwischen den Wasserspeier nannten.

»Das war der Köder«, sagte Bob. »Er hat uns hergebracht.« Die gelben Punkte auf dem verrotteten Balken, die Milt auf dem Foto ins Auge gestochen waren, sahen nun wirklich wie Goldmünzen aus: glänzend, golden, rund, geprägt. Moore machte ein Dutzend Nahaufnahmen von dem Balken. Dann konzentrierte er sich auf eine Pyramide von mindestens 100 weiteren Münzen und fuhr die Kameras langsam immer dichter heran. Im Hintergrund war leicht verschwommen eine hellorangefarbene Seeanemone zu erkennen; ihre blattähnlichen Tentakel waren geöffnet und wiegten sich hypnotisch in der leichten Strömung. Moore ging mit einer Kamera so nah an den Haufen heran, daß die Münzen den Schirm fast ausfüllten und die auf ihren Rand geprägten Linien erkennbar waren. Als Moore die Kamera richtig justiert hatte, war auf einer Münze die Inschrift »United States of America« zu lesen. In ihrem Zentrum war ein Adler mit den Strahlen der Sonne, und in einem engen Oval über dem Adler waren die 13 Sterne zu erkennen. In einem aufwärts gekrümmten Bogen am unteren Rand stand die Inschrift »Twenty D.«, und rechts über dem »n« in »Twenty« war ein kleines »s«, das Zeichen der Münzanstalt von San Francisco.

»Seht euch den Adler an«, sagte Bob.

»Wie er glänzt!« Bob wollte den Stempel der Münzanstalt noch näher fotografieren. »Nur ein bißchen nach links und ein bißchen nach unten«, sagte er zu Moore.

Moore fuhr mit der Kamera eine Idee nach links.

»Da!« schrie Milt. »Achtzehn …, man kann es lesen!«

Als er die Kamera für das von Bob gewünschte Foto einstellte, hatte Moore eine andere Münze ins Bild bekommen, von der man die Vorderseite sah. Doch er war fünf Zentimeter zu weit nach links geraten.

»Wow«, sagte Tommy. »Wir wollen das Datum lesen, John.«

»Wir arbeiten dran«, sagte Moore.

Alle lachten, als Moore die Kamera millimeterweise zurückschwenkte. Die Münze stand aufrecht, so sauber und glänzend, wie sie in San Francisco aus der Münzanstalt gekommen war. Sie trug das Brustbild einer hübschen »Lady Liberty« im Profil mit einem Diadem in den Haaren, die ihr in Ringellocken auf die Schultern fielen. Die Lady war von den 13 Sternen umgeben, und ihre Locken waren gerade kurz genug, um für die Jahreszahl »1857« Platz zu lassen. Eine Senke im Meeresboden mit einem Durchmesser von knapp zehn Metern war von diesen Münzen bedeckt.

Doering schätzte, daß er nun mehr Gold am selben Ort und zur selben Zeit gesehen hatte als jeder andere Schatzsucher in der Geschichte, Cortés und Pizarro inbegriffen. Er wollte endlich etwas von dem Gold auf dem Meeresgrund einsammeln, es im Objekteschubfach verstauen und an die Oberfläche bringen, damit er es endlich in der eigenen Hand spüren konnte. »Harveys Überlegung ging dahin«, sagte Doering, »daß dieses Gold sich das letzte Mal in seinem unberührten Zustand auf dem Meeresgrund befand und man nicht genug Bilder davon machen konnte, weil man diese Gelegenheit nie wieder haben würde. Und wir machten Fotos. Und wir machten noch mehr Fotos. Und wir machten immer noch mehr … ›Okay, Harvey‹, sagte ich. ›Wir haben jetzt Tausende von Fotos aus jedem erdenklichen Winkel und bei jeder erdenklichen Beleuchtung gemacht. Sammeln wir endlich das Zeug ein!‹ Er tat es nicht. Ich hätte an der glatten Wand hochgehen können!«

Sie filmten und fotografierten das Gold eine weitere Stunde, machten lange Kamerafahrten über die Goldberge und Nahaufnahmen von Spalten, die mit Goldbarren verstopft, und von Balken, die mit Münzen übersät waren. Erst als sie über 100 weitere Fotos geschossen hatten, ließ Tommy Moore eine Münze bergen. Wieder wurden Aufnahmen gemacht, und dann holte Moore einen Barren vom Rand eines Haufens. In der Folge wechselten sie mit Fotografieren und Bergen ab, bis sie die Fahrt wegen einiger Probleme mit dem Computer des Tauchfahrzeugs abbrechen mußten. Unmittelbar vor dem Aufstieg an die Oberfläche barg Moore noch acht Münzen, die direkt vor dem Fahrzeug lagen. Damit hatten sie 27 Objekte aus Gold, getrennt aufbewahrt in den Fächern der Plastikkästen, und sie hatten pro geborgenem Objekt fast zehn Fotos gemacht.

Als das Fahrzeug abends um sechs an die Oberfläche kam, hängten Tod und Bryan es an die Deckwinde und zogen es so unter die Plane, daß seine Vorderseite von der Brücke abgewandt war. Dann befahl Tommy, das Deck zu räumen, und die Männer auf der Brücke mußten von den Fenstern zurücktreten, als Bob die Plastikkästen aus dem Objekteschubfach holte und sie in seinem Labor einschloß. Nur er durfte das Gold berühren, kein anderer durfte sie betrachten, sogar das Labor durfte kein anderer mehr betreten.

»Schon der Gedanke, daß nur Bob Evans das Gold sehen durfte, machte die Leute verrückt«, erinnerte sich Tommy. »Sie konnten es kaum ertragen. Aber so war nur einer allein für das Gold verantwortlich, und wir stellten sicher, daß es einen einwandfreien Stammbaum hatte.«

Am folgenden Morgen waren die Techniker schon in aller Frühe an Deck, zerlegten den Unterseecomputer und bauten die Ersatzteile ein, die in der Nacht angekommen waren. Das Boot, das die Teile gebracht hatte, hatte Milt aufs Festland mitgenommen, weil er einen Lehrauftrag an der University of South Carolina hatte. Die Crew arbeitete bei eineinhalb bis zweieinhalb Meter hohen Wellen und Windböen von bis zu 20 Knoten den ganzen Tag auf dem schwankenden Schiff. Am Abend bereiteten sie eine erneute Tauchfahrt vor, doch Tommy blies sie ab, weil sich das Wetter zu verschlechtern schien. Am folgenden Tag hatte Burlingham bei Sonnenaufgang die Strahlruder des Schiffs ausgebracht, und die *Discoverer* war in Position. Eine Stunde später war die Crew an Deck, und alles war für die Tauchfahrt bereit. Doch als Doering das Fahrzeug vom Deck hievte und den Kran langsam über das Wasser drehte, brach eine Halterung am Fuß des Krans, und Doering konnte den Kran nicht mehr kontrollieren. Der Ausleger schwang mit dem schaukelnden Tauchfahrzeug über das Wasser. Das Schiff rollte nach Steuerbord, und das Tauchfahrzeug schwang zurück und krachte gegen die Bordwand. Das Schiff rollte nach Backbord, und das Fahrzeug schwenkte wieder aufs Meer hinaus, um gleich darauf wieder gegen die Bordwand zu krachen. Dieser Vorgang wiederholte sich mehrere Male, bevor die Mannschaft Leinen an dem Kran befestigen und ihn festzurren konnte.

Tommy begutachtete den Schaden und beschloß, zunächst in 30 Meter Tiefe die Systeme des Tauchfahrzeugs zu überprüfen. Das Wetter war nicht perfekt, aber es war ordentlich und vielleicht das beste, das ihnen für längere Zeit beschieden sein würde. Die Mannschaft kontrollierte sorgfältig die Leinen, und der Ausleger schwang langsam wieder hinaus. Dann ließ Doering das Fahrzeug vorsichtig zu Wasser. Vom Kontrollraum aus überprüfte Moore die Systeme. Alles schien noch zu funktionieren, außer daß das Fahrzeug wegen einer zerstörten Batteriekammer weniger Strom hatte. Gegen zwölf Uhr mittags hatte das Fahrzeug den Grund erreicht.

Sie machten mit beiden Kameras alle 30 Sekunden je eine Aufnahme, doch schon nach einer halben Stunde ließ der Druck in der Hydraulik nach, und ein Teil des Unterwassernavigationssystems brach zusammen. Die Kameras, die Blitzlichter und die Scheinwerfer arbeiteten noch, aber nach zwei Stunden und 187 Aufnahmen stürzte ein Teil der Oberflächenrechner ab. Schließlich wurde die Stromversorgung im Fahrzeug schlechter, und ein weiterer Teil des Navigationssystems brach zusammen. Um drei Uhr nachmittags war die Tauchfahrt beendet.

Während die Techniker mit dem Tauchfahrzeug auf dem Grund arbeiteten, hatten Burlingham, Tod und Bryan die Halterung des Krans repariert, und sie hielt, als sie das Tauchfahrzeug am Abend bargen und an Bord schwenkten. In den folgenden zwei Tagen war das Wetter grenzwertig, und alle arbeiteten am Tauchfahrzeug. Die Kollisionen mit der Bordwand hatten eine Batteriekammer zerstört, und in den beiden anderen waren Sicherungen herausgeflogen. Andere Teile des Fahrzeugs hatten Dellen abbekommen, und Hydraulikschläuche waren zerrissen. Auch der Sockel, auf dem das Fahrzeug rotierte, mußte abmontiert und neu geschweißt werden. Für die nächste Tauchfahrt hatte Tommy weitere Aufnahmen der »Bank of California« geplant, aber auch die Bergung von Gold vorgesehen.

In den frühen Morgenstunden des 6. Oktober zog eine steife Brise mit einer Windgeschwindigkeit von 20 Knoten durch das Gebiet der *Discoverer*, aber bei Tagesanbruch hatte sich die See schon wieder beruhigt, und das Schiff wiegte sich leicht auf den blauen Wellen. Das Meer war ruhiger, als es in den letzten zwei Wochen je gewesen war. Um 11.35 Uhr ließen sie das reparierte Tauchfahrzeug zu Wasser, wobei sie genau auf den Kran achteten. Doering hielt es zunächst in 30 Meter Tiefe, bis Moore die Systeme getestet hatte. Dann ging es weiter auf den Grund. Eine Stunde nach dem Zuwasserlassen änderte sich das Wetter, die sanfte blaue Dünung wurde stärker, und das Wasser nahm eine dunklere Farbe an.

Im südwestlichen Quadranten des Goldfelds, ganz in der Nähe des Wasserspeiers, befand sich eine absolut rechteckige Struktur von Goldbarren. Tommy wollte sie und ihre unmittelbare Umgebung auf Dia und Video komplett dokumentieren und auch von dem Wasserspeier nochmals einige Aufnahmen machen. Scotty trug jeden einzelnen Schritt in das Tauchlogbuch ein: »Einleitendes Foto, Linksschwenk, Foto Nr. 12, Linksschwenk Ende, zurück zum Zentrum … Rechtsschwenk, Schwenk Ende, Nr. 41, Beginn toter Bereich, Ende toter Bereich, Wagen ausgefahren, Blasen mit Strahlruder, Fotos beim Blasen …«

Inzwischen war das Meer grau geworden, und die Wellen bekamen immer spitzere Kämme, doch Burlingham konnte nicht sagen, wie hoch sie werden würden. Wenn sich das Wetter in dieser Jahreszeit änderte, wurden die Wellen in der Regel zwei bis zweieinhalb Meter hoch, und die Windstärke stieg auf 20 bis 25 Knoten, so wie es auch in den vergangenen Tagen gewesen war. Burlingham konnte das Tauchfahrzeug dann immer noch bergen, aber er konnte die Entwicklung nie voraussehen. Manchmal schien eine große Sturmfront auf die *Discoverer* zuzukommen, doch in Wirklichkeit war es nur ein lokales Unwetter, das das Schiff ein oder zwei Stunden ordentlich schaukelte und dann zum Festland weiterzog. Bei einem solchen Unwetter konnte man das Tauchfahrzeug unter Wasser lassen und es bergen, wenn alles vorbei war. Manchmal jedoch konnte, was wie ein lokales Unwetter aussah, auch eine große Sturmfront sein, die dem Schiff fünf Tage lang zusetzen würde.

Kurz vor fünf Uhr nachmittags fuhr Moore auf Tommys Anweisung langsam das Objekteschubfach aus. Darin befanden sich rechteckige Plastikkästen mit Griffen und großen numerierten Flächen, so daß Bob die Bergung jedes einzelnen Gegenstands katalogisieren konnte, noch bevor ihn das Greifwerkzeug überhaupt berührt hatte. Moore nahm die Kästen aus dem Behälter und setzte sie am Rand des Goldhaufens ab. Dann bediente er mit den Fingerspitzen den Haupthebel auf seiner Konsole. Das Greifwerkzeug fuhr aus, blieb über einem Haufen Münzen stehen, knickte im »Handgelenk« ab und verharrte kurz, fast als ob es den Münzhaufen betrachtete. Dann senkte es sich vorsichtig ab, öffnete seine Teflonbacken, schloß sie, machte wieder eine Denkpause und hob dann eine einzelne Münze hoch. Über dem Kasten öffnete Moore den Greifer, die Münze fiel in ihr Fach, und eine kleine Wolke Sediment stieg auf. Sie machten drei oder vier Fotos von jeder Aktion, dann griff sich Moore die nächste Münze oder einen Barren und baute so eine kleine separate Ansammlung am Rand des Goldfeldes ab.

Bei Sonnenuntergang sah Burlingham, daß sich draußen jenseits des Golfstroms Wolken auftürmten. Ein Tief traf auf ein Hoch, und zwischen den Luftmassen brauten sich schwarze Wolken zusammen und breiteten sich allmählich über den Horizont aus. Burlingham bekam zwar alle vier oder fünf Stunden ein Wetterfax für sein Seegebiet, doch lokale Störungen entstanden oft so plötzlich, daß sie auf dem Fax gar nicht in Erscheinung traten; manchmal wurden sie auch erwähnt, aber man wußte nicht, was dahintersteckte. Burlingham schätzte, daß die Wetterfront nur 25 Meilen entfernt war; sie wirkte bedrohlich und kam auf das Schiff zu. Als das letzte Tageslicht über Wilmington, 200 Meilen westlich, verlosch, wurde die See kabbelig, und der Bug der *Arctic Discoverer* hob und senkte sich immer stärker. Dann wurde es kühl, und die Plane auf dem Vordeck begann im Wind zu wallen und zu knattern.

»Wir sollten das Fahrzeug jetzt besser raufholen«, funkte Burlingham in den Kontrollraum.

Tommy nahm die Warnung zur Kenntnis, aber er arbeitete weiter. Sie hatten zusätzliche 125 Aufnahmen gemacht, die einen zeitschriftentauglichen Überblick über den Schatz boten. Bis sechs Uhr hatten sie sieben Objekte geborgen. Moore richtete das Strahlruder auf einen Teil des Haufens. Er erzeugte eine nach unten gerichtete starke Strömung, und sie filmten, wie das Sediment vom Gold geblasen wurde. 30 Minuten später hatten sie sieben weitere Objekte geborgen. Moore entstaubte einen angrenzenden Bereich, und eine halbe Stunde später bargen sie weitere Münzen und Barren, drei innerhalb einer Minute. Um acht Uhr hatten sie insgesamt 37 Objekte im Behälter. Inzwischen machten sie nur noch zwei und manchmal nur noch eine Nahaufnahme, bevor Moore den Manipulator ausfuhr und ein weiteres Stück Gold ergriff.

Um acht Uhr schrieb Burlingham in sein Logbuch, daß der Wind stark aufgefrischt hatte, nun mit 20 bis 25 Knoten wehte und die Wellen eine Höhe von zwei Metern erreichten. Nach dem letzten Wetterfax war die Störung, die er bei Sonnenuntergang am Horizont gesehen hatte, kein lokales Gewitter, sondern ein Frontensystem, das sich plötzlich gebildet hatte und riesig zu sein schien. Die Windstärke und der Seegang konnten sich noch verdoppeln. Wenn der Sturm hereinbrach, wollte Burlingham das Tauchfahrzeug an Deck und nicht neben der Bordwand hängen haben.

Er funkte wieder in den Kontrollraum. »Harvey«, sagte er, »diese Wetterfront wird in zwei Stunden hier sein. Wir sollten sofort die Bergung einleiten.«

»Wir sind an was Wichtigem dran«, antwortete Tommy.

»Schön«, sagte Burlingham. »Aber die Wellen können fünf Meter hoch werden.«

Burlingham mußte Tommy nicht erklären, was dies bedeutete. Damit war eine Bergung nahezu unmöglich. Und wenn der Sturm erst da war, würde es zu spät sein, sie einzuleiten. Trotzdem beschloß Tommy, noch ein paar Fotos zu schießen und noch etwas Gold zu bergen. Er hoffte, daß der Sturm nicht so stark oder vielleicht doch weiter entfernt war, als es den Anschein hatte.

»Es war eine harte Entscheidung«, sagte Tommy später. »Burlingham wußte nicht, was wir zu bergen versuchten, und wir alle wußten, daß es die letzte Tauchfahrt der Saison sein konnte.«

Die starke Isolierung, die den Kontrollraum mittschiffs kühl und trocken hielt, verhinderte auch, daß die Geräusche der stürmischen See in den Raum vordrangen. Die Techniker hörten nur das dumpfe, periodisch auftretende Summen der Strahlruder und spürten ein leichtes Heben und Senken, wenn das Schiff über eine heranrollende Welle glitt.

Der Sturm raste über das Wasser auf das Schiff zu und peitschte den nach Norden fließenden Golfstrom zu hohen, gezackten Wellen auf, die sich mit der Dünung kreuzten, die noch von dem Sturm am frühen Morgen übrig war. Der Kontrollraum war nur vom bläulichen Licht der fünf Monitore beleuchtet, und die Techniker sahen zu, wie Moore das Fahrzeug in den schweigenden Tiefen des Atlantiks bewegte, bis das kleine Gebiet am Boden schließlich zweihundertfünfzigmal fotografiert war und die Plastikkästen mit 40 Münzen und Barren gefüllt waren.

Um neun Uhr abends schlugen die Wellen zweieinhalb Meter hoch, und der Wind hatte fast Sturmstärke erreicht. Tommy befahl, das Tauchfahrzeug abzuschalten und mit der Bergung zu beginnen.

Um 10.30 Uhr näherte sich das Fahrzeug der Oberfläche. Inzwischen war der Wind zu einem echten Sturm angewachsen. Als das Bergungsteam an Deck kam, wurde es von viereinhalb Meter hohen Wellen empfangen, die manchmal über die Reling brachen; Regentropfen fegten wie Schrotkugeln über das Deck.

Sie stoppten das Tauchfahrzeug zehn Meter unter der Wasseroberfläche auf der Backbordseite des Schiffs, als das Licht seiner Scheinwerfer bereits hin und wieder in einem Wellental sichtbar wurde. Bryan kletterte über das Schanzkleid und landete auf allen vieren auf der Bergungsrampe, als das Schiff gerade nach Steuerbord krängte und eine dreieinhalb Meter hohe Welle seitlich gegen die Bordwand anrollte und ihm die Hand von der Rampe riß. Die Welle explodierte an der Bordwand und riß ihn am Kabel nach oben, aber er ließ das Kabel nicht los, und als die Welle abgelaufen war, ließ sich Tod neben ihm auf die Bretter fallen. Einige Wellen waren so groß, daß das Schiff sie nicht überwand, sondern in sie eintauchte; dann rollten sie die Bordwände entlang, und die Bergungsrampe wurde überflutet. Burlingham landete als letzter zwischen Tod und Bryan auf der Rampe, um die Bergung zu leiten. Inzwischen hatte sich Doering über das Deck zum Kran durchgekämpft; die restlichen Crewmitglieder hatten eine Hand am Schanzkleid und hielten mit der anderen Tod, Bryan und Burlingham fest.

Von weißen Schaumflecken bedeckt rollten die Wellen ins Licht und krachten gegen den Schiffsrumpf, daß die Gischt hoch über das Schiff spritzte. Als das Tauchfahrzeug unmittelbar unter der Wasseroberfläche war, signalisierte Burlingham Doering, den Arm des Krans in seine Richtung zu schwenken. Während sich der Arm auf sie zubewegte, arbeiteten die Männer auf der Rampe fieberhaft, hoch über der See im heulenden Sturm oder bis zur Brust im Wasser stehend. Sie öffneten Bügel, zerschnitten Klebeband und sortierten Kabelstränge. Die Gischt stach ihnen in die Augen, und der Sturm riß ihnen Leitungen aus der Hand, doch nach 15 Minuten hatten sie die Stromzufuhr abgestellt, das Kabel abgehängt und das Tauchfahrzeug an einem Drahtseil befestigt, das es mit dem Kran verband. Burlingham gab Doering das Signal, das Drahtseil einzuholen.

Das Tauchfahrzeug durchbrach in einem Wellental die Wasseroberfläche und verschwand sofort wieder in der folgenden Welle. Doering hatte den Kran über die Wasseroberfläche abgesenkt und zog das Tauchfahrzeug so hoch, bis es fest gegen die Traktorreifen an der Spitze des Auslegers gepreßt war. Als er den Ausleger hob und das Tauchfahrzeug aus dem Wasser zog, rollte das Schiff weit nach Backbord. Sobald Burlingham spürte, daß es wieder nach Steuerbord zu rollen begann, rief er Doering zu, den Kran hereinzuschwingen.

Als sich der Kran zu drehen begann, hörte Tod plötzlich ein lautes Knacken und sah das Tauchfahrzeug genau auf sich zukommen. Er warf sich über die Reling und kroch hastig nach achtern, während das Tauchfahrzeug über das Wasser schlitterte und gegen den Aussetzarm krachte. Dabei ging das Gehäuse mit der Elektronik zu Bruch, und ein Funkenregen überschüttete das Deck. Die Halterung am Fuß des Krans war erneut gebrochen, und wieder gehorchte er nur noch der See.

Das Schiff rollte wieder nach Backbord, und das Fahrzeug schwenkte aufs Wasser hinaus, dann rollte das Schiff wieder nach Steuerbord, und das Tauchfahrzeug krachte erneut in den Aussetzarm. Lichtblitze tauchten die Backbordseite des Schiffs in ein grelles Licht, und wieder ging ein Funkenregen nieder.

Die Batterien hatten sich aus ihren Halterungen gelöst, und die Kammern brachen auf und verspritzten ihr Öl auf dem Deck. Bob fing mit einem Bootshaken eine Sicherungsleine, die am Ausleger des Krans befestigt war, um den Kran unter Kontrolle zu bringen. Als das Fahrzeug zum Schiff zurückschwang, lockerte sich die Leine, andere Techniker bekamen sie zu fassen und zogen sie stolpernd und rutschend über das ölverschmierte Deck, um sie an der Steuerbordreling festzumachen. Doch bevor sie ihr Ziel erreicht hatten, schwang das Fahrzeug wieder aufs Meer hinaus und schleifte die sechs Männer an der Leine über das Deck.

Doering versuchte, den Ausleger so hoch zu heben, daß das Fahrzeug beim nächsten Mal über die Reling schwingen konnte, doch der Motor des Krans starb plötzlich ab, und das zweieinhalb

Tonnen schwere Tauchfahrzeug hing in der Luft und schwang hin und her. Doering hatte jede Kontrolle über den Kran verloren. Er sprang vom Sitz und ergriff mit den anderen die Sicherungsleine. Moore rannte unter das Vordeck, fand den Schalter des Krans und stellte den Motor wieder an. Als er wieder nach oben kam, sah er die Leute auf dem taghell beleuchteten Deck herumrennen.

»Harvey war mitten drin«, sagte Moore. »Auch er rannte hin und her. Sie rannten mit der Leine über das Deck, und wenn das Fahrzeug wieder hinausschwang, rannten sie wieder zurück. Sie schafften es nicht, eine der Sicherungsleinen irgendwo festzumachen. Aber man kann nicht einfach so hinlangen und ein 5000 Pfund schweres Ding am Herumschwenken hindern.«

Moore sprang in den Kran. Der Regen peitschte seitwärts über das Deck. Wieder schwang der Kran hinaus, und wieder krachte das Tauchfahrzeug auf dem Rückweg gegen den Aussetzarm. Moore konnte das Schwingen nicht kontrollieren, aber er hatte wie Doering die Idee, das Tauchfahrzeug über die Reling zu heben und auf Deck fallen zu lassen. Leider hatte Moore noch nie einen Kran bedient, und als er auf die Bedienungshebel blickte, sah er, daß ihre Beschriftung unleserlich geworden war. Er wußte nicht, mit welchem Hebel er den Ausleger heben konnte.

Als das Schiff wieder nach Backbord rollte, wartete Moore, bis das Tauchfahrzeug ganz draußen war, bediente den Hebel, von dem er vermutete, daß er der richtige war, und tatsächlich hob sich der Ausleger.

Tommy und Bob standen eineinhalb Meter von der Steuerbordreling entfernt und versuchten die Sicherungsleine um eine Klampe zu legen. Bob hörte einen dumpfen Schlag und aufgeregte Schreie, und als er aufblickte, sah er, daß das Fahrzeug sich wild am Ausleger drehte und diesmal nicht an den Aussetzarm gekracht war, sondern über das Deck geflogen kam.

Tommy duckte sich und stolperte nach vorn. Bob ließ die Leine fallen und sprang Kopf voraus in einen leeren Aluminiumwürfel, der an der Steuerbordreling befestigt war. Das Fahrzeug fegte vorbei, drehte sich am Ende des Auslegers, überquerte erneut das Deck und schwang wieder über die Reling hinaus auf das Wasser.

Moore hatte versucht, es aufs Deck fallen zu lassen, aber der Kran hatte zu langsam reagiert. Als der Ausleger niedrig genug gewesen war, um das Fahrzeug abzusetzen, hatte es sich schon wieder über dem Wasser befunden, und auf dem Rückweg war es wieder gegen den Aussetzarm geknallt. Moore hob den Ausleger erneut und machte einen zweiten Versuch.

Das Schiff rollte nach Steuerbord, und der Kran schwang hinaus. Diesmal senkte Moore den Ausleger schon ab, als das Fahrzeug über dem Wasser zum Stehen kam, und als es diesmal zurückkehrte, schlug es an der Reling auf. Es fegte noch einmal über das Deck, doch als es auf dem Rückweg war, legte Moore einen Hebel um und holte den Ausleger ganz herunter, so daß er mit seinem ganzen Gewicht auf dem Tauchfahrzeug ruhte.

Das Fahrzeug krachte aufs Deck, schlitterte zur Steuerbordreling, knallte dagegen, schlitterte wieder zurück und knallte auf der Steuerbordseite gegen den Sockel des Aussetzarms, wo es liegenblieb. Die Sicherungsleine lag schlaff auf dem Deck.

Trotz des Sturms, trotz des Seegangs und trotz des Regens schien die Nacht plötzlich totenstill. Niemand sagte etwas. Erschöpft und zitternd standen die Männer im Regen. Keiner bewegte sich. Bob hatte eine Platzwunde auf der Stirn, und Blut war ihm ins rechte Auge gelaufen, aber er war bei vollem Bewußtsein. Alle anderen waren gänzlich unverletzt – Burlingham, Moore, Scotty, Doering, Bryan, Tod und Tommy.

»Es war ein ganz komisches Gefühl«, sagte Tod, »eine plötzliche Anwandlung. Wir sahen uns um, und alle hatten überlebt. Und dann fingen wir an zu lachen. Aus irgendeinem Grund blickte ich zu Harvey hinüber, der vor Kälte zitterte. Ich werde es nie vergessen, denn er hatte das breiteste Lachen im Gesicht.«

Auch wenn das Tauchfahrzeug schweren Schaden gelitten hatte und das Objekteschubfach so verbogen war, daß es sich nicht mehr öffnen ließ, war das Fahrzeug doch wieder an Bord, und keiner der Männer verließ das Deck, bevor es festgezurrt war. Das Schiff rollte so stark, daß diese Arbeit weitere drei Stunden in Anspruch nahm. Das Fahrzeug mußte Stück für Stück über das Deck geschoben werden, wobei immer wieder Leinen angebracht und gelöst werden mußten, bis es schließlich seinen normalen »Parkplatz« erreicht hatte und mit einem halben Dutzend Leinen vertäut war. Danach übernahm Burlingham die Brückenwache. Er ging auf westlichen Kurs und steuerte die

Arctic Discoverer mit acht Knoten Fahrt durch den tobenden Sturm nach Wilmington.

Tommy hatte bereits viel Gold geborgen, und er hatte Fotos und Filmmaterial von sehr viel mehr Gold, das noch an der Fundstelle lag. Er hatte den Schatz der *Central America* gefunden, und er wußte, wie er zu heben war; nun mußte er es nur noch schaffen, ihn auch zu behalten. Seit Tommy den Schatz gefunden hatte, war seine größte Sorge, daß jemand ihm das Gold wegnehmen könnte.

Schon Wochen zuvor, als sich Galaxy II wirklich als die letzte Ruhestätte der *Central America* entpuppt hatte, hatten Tommy, Barry und Bob Pläne gemacht, was sie mit dem Schatz tun würden, wenn sie ihn an die Oberfläche gebracht hätten. »Es gibt keinen Präzedenzfall dafür«, sagte Bob. »Bislang hat niemand mehrere Tonnen Gold in kleinen Portionen vom Meeresboden geholt, an Land gebracht und dort sicher verwahrt.« Daher stellten sich folgende Fragen: Wo sollte das Gold auf dem Schiff versteckt werden? Wann sollte man es an Land bringen? Wie sollte man es abtransportieren, ohne daß es jemand sah? Und: Wo sollte es an Land verwahrt werden? Auf dem Weg nach Wilmington überarbeiteten sie ihre früheren Pläne, aber das genaue Vorgehen und den Zeitplan teilten sie nicht einmal den anderen Technikern mit.

Überdies hatten sie ein weiteres Problem, das noch heikler war. Die Columbus-America Discovery Group war inzwischen eine Gesellschaft von 160 Partnern, die einander größtenteils nicht kannten. Die Gesellschafter hatten Tommy auch dann noch unterstützt, als Konkurrenten aufgetaucht und die Kosten in die Höhe geschossen waren, als ihre Anteile an Wert verloren hatten und er von seiner ersten Expedition nicht mehr als ein bißchen Steingut und Kohle mitgebracht hatte. Seine Partner hatten an ihn und seine Ideen geglaubt und ihn wieder hinausgeschickt, um es noch einmal zu versuchen. Benjamin Franklin hat einmal gesagt, daß drei Menschen ein Geheimnis bewahren könnten – wenn zwei davon tot sind. Doch die 160 Gesellschafter hatten es verdient, über das Gold informiert zu werden. Wie aber sollte Tommy erreichen, daß 160 Menschen schwiegen, bis er hinausfahren und den Rest des Schatzes bergen konnte?

Nach der Rückfahrt im Sturm schrieben Tommy und Barry in Wilmington ein paar Briefe an die Gesellschafter. In einem erzählten sie von der Bergung der Glocke, in einem anderen beschrieben sie einen Goldbarren, und in einem weiteren erzählten sie die Geschichte von zwei Goldmünzen, die sie gefunden hatten. »Was den Goldbarren betrifft«, schrieben sie, »existieren, soweit wir bis jetzt wissen, davon nur noch wenige Exemplare, da die meisten während und nach dem Bürgerkrieg von der Regierung eingeschmolzen wurden.« Außerdem teilten sie den Gesellschaftern mit, daß die Münzen »wie erwartet nicht korrodiert sind, zum Teil jedoch rötliche Rostflecken aufweisen«. Jeder Brief schloß mit einer Ermahnung: »Es mag unmöglich erscheinen, unsere Entdeckungen bis zum nächsten Sommer geheimzuhalten«, begann einer dieser letzten Abschnitte, »aber denken Sie bitte daran, daß unsere Gesellschaft auch andere Dinge erreicht hat, die zuvor unmöglich erschienen. Wir alle müssen Geduld haben, bis sich der Rest des Goldes in unserer Hand befindet. Wenn wir dieses schwierige Ziel erreicht haben, können wir mit unseren Entdeckungen problemlos an die Öffentlichkeit gehen.«

Tommy hatte lange überlegt und hielt es nun für die beste Lösung, nur von einem Goldbarren und zwei Goldmünzen zu berichten. Damit schlug er zwei Fliegen mit einer Klappe: Seine Partner waren begeistert und zufrieden mit diesem ersten Erfolg, und die Geschichte war die ideale Tarnung, falls doch durchsickerte, daß Tommy Gold gefunden hatte. Alle Tiefsee-Experten, die aus dritter oder vierter Hand erfuhren, daß Tommy behauptete, er habe einen Goldbarren und zwei Goldmünzen von der *Central America* geborgen, würden sofort annehmen, daß er die Fundstelle frisiert hatte. Sie würden glauben, daß er dieses Geld selbst auf ein Schiffswrack gebracht und es dann geborgen hatte oder daß er nur behauptete, das Gold stamme von dem Wrack, um bei potentiellen Investoren mehr Geld für die Fortsetzung seiner Suche aufzutreiben. Für die Kenner der Tiefsee war die Sache einfach: Potentielle Investoren ließen sich vielleicht irreführen, aber wenn Tommy den Schatz wirklich gefunden hätte, dann hätte er ihn nicht zurückgelassen, um später wiederzukommen. Wenn also Tommys Geschichte je an die Konkurrenten durchsickern würde, würden sie diese ohnehin nicht glauben.

Ende Oktober kehrte Tommy nach Columbus zurück und berief auf Samstag, den 26. November, im Columbus Athletic Club eine Gesellschafterversammlung ein. Etwa 100 Personen nahmen daran teil, Gesellschafter und ihre Gattinnen. Wayne Ashby bezeichnete die Anwesenden als »eine sehr aufgeregte und glückliche Gruppe von Investoren«.

Tommy stand auf dem Podium. Sein schwarzer Bart war in den Monaten auf See viel voller geworden. Und er hatte stark abgenommen, wie der Rechtsanwalt Bill Arthur fand. »Er wirkte wie gehärteter Stahl«, erinnerte sich Arthur. »Ich glaube nicht, daß er noch ein Gramm Fett am Leib hatte.« Nicht weit von Tommy entfernt stand die Glocke der *Central America*. Bob und Tod und ein Helfer hatten das 300 Pfund schwere Objekt aus seinem nassen Behälter gehievt und mit feuchten Handtüchern bedeckt. Dann hatten sie es in den Saal gekarrt, wo es den Gesellschaftern vorgeführt wurde. Auf einem Tisch vor Tommy stand ein wassergefülltes Zehn-Liter-Aquarium, und darin lag ein Goldbarren von 25 Pfund.

Tommy sprach über eine Stunde lang über die Erfolge, die er und seine Crew errungen hatten, über ihre Entdeckung der Schaufelräder bei der ersten Tauchfahrt. Über die Glocke, über Bobs kleine Goldkörnchen im Sediment, über die irrtümlich für Gold gehaltenen rostfleckigen Gehäuse der Schiffsbohrmuscheln, über die Entdeckung eines Goldbarrens und schließlich über den Sturm, der das Tauchfahrzeug fast zerstörte, als es mit dem Goldbarren geborgen werden sollte. Er sprach über seine Pläne für die kommende Saison, über sein Vorhaben, das Tauchfahrzeug noch einmal zu verbessern und damit den Rest des Goldes zu bergen. Dann bat er alle Anwesenden, das Gehörte streng vertraulich zu behandeln.

»Tommy«, fragte einer der Zuhörer, »was ist mit den Münzen?«

»Oh«, sagte Tommy, als ob er sie vergessen hätte. »Einen Moment.«

Er griff in seine Hosentasche, zog zwei 1857 geprägte 20-Dollar-Goldstücke heraus und hielt die beiden Double Eagles hoch. »Ich weiß nicht, ob Sie sie alle sehen können«, sagte er. »Deshalb lasse ich sie herumgehen.«

Bill Arthur gefiel das ganze Arrangement. »Dieser Goldbarren und die Double Eagles«, sagte er. »Ich denke, man hätte die Geschichte nicht besser schreiben können. Es war ein absolut genialer Coup. Und die Typen hatten alle ihre Frauen mitgebracht, und die Frauen machten ›ohhhhh!‹, und Tommy tat natürlich ganz gleichgültig.«

Nach seiner Ansprache erhob sich ein Gesellschafter namens Donald Dunn und sagte, dies sei ein unglaublicher Moment, und er wolle ein paar Gedanken dazu äußern. »Ich weiß nicht, wie es den anderen Leuten hier im Raum ergeht«, sagte er, »und ich weiß auch nicht, ob Sie noch mehr Gold finden werden, Tommy. Aber gleichgültig, ob es Ihnen gelingt oder nicht, Sie sollen wissen, daß es eine Ehre und ein Vergnügen war, Ihr Partner zu sein und dieses Abenteuer mit Ihnen zu erleben.« Der Saal brach in tosenden Beifall aus.

»Natürlich ging es den Investoren gut, weil sie an dem Erfolg beteiligt waren«, erinnerte sich Wayne Ashby. »Man ist an jedem Erfolg gern beteiligt, aber es ist natürlich ein besonderer Genuß, wenn eine Sache so ungewöhnlich, spektakulär und abenteuerlich ist.«

Einige Gesellschafter, »die natürlichen Bedenkenträger der Investorengruppe«, wie eines ihrer Mitglieder es formulierte, machten sich noch immer Sorgen über potentielle Piraten, darüber, ob die Gerichte ausreichend Schutz bieten würden, und darüber, wieviel von dem Gold das zuständige Gericht der Gruppe zusprechen würde. Im Augenblick aber genossen sie den Erfolg und beglückwünschten sich insgeheim für den Weitblick, in das Unternehmen investiert zu haben.

Vor dem Goldbarren hatte sich eine Schlange gebildet, in der Bill Arthur vor Jim Turner und dessen Frau stand. Arthur, ein hochgewachsener, kräftiger Mann, hielt den Barren in beiden Händen, wandte sich langsam zu Turners Frau um und sagte: »Passen Sie auf, wenn ich Ihnen das Ding jetzt gebe, es ist nämlich wirklich sehr schwer.« Arthur fürchtete, sie könnte es auf ihren Fuß fallen lassen, und als schließlich Turner den Barren in der Hand hatte, verstand er, warum. Die hohe spezifische Dichte des Goldes spielte dem Auge immer einen Streich. »Das ist eines von den Problemen, die man wirklich gerne hat«, sagte Jim Turner.

Innerhalb einer Woche nach dem Treffen der Gesellschafter waren die noch verfügbaren Anteilscheine der Frühjahrsemission im Wert von vier Millionen Dollar überzeichnet. »Es war eine sehr aufregende Woche im Vergleich zu den anderen vier Emissionen«, sagte Ashby. »Die Reaktion war sehr positiv.«

Einer der Gesellschafter hatte zu Art Cullman gesagt, er wolle Tommy nie mehr wiedersehen. »Tommy hat den ganzen Sommer über absolut nichts getan«, hatte er geschimpft. »Ich werde mich nicht auf eine dritte Runde einlassen. Es bleibt bei dem, was ich investiert habe. Warum sucht ihr euch nicht einen anderen, der das ganze Unternehmen leitet?«

»Doch er kam zu der Versammlung«, erinnerte sich Cullman. »Er sah den Goldbarren und wie Tommy die Goldmünzen aus der Tasche zog, und zwei Tage später hörte ich, daß er 150 000 Dollar in die letzte Runde gebuttert hatte.«

Einer von Tommys engsten Partnern war Buck Patton, der sich 1987 am stärksten für die Bildung einer Reserve von einer Million Dollar eingesetzt hatte. Patton war nicht auf der Gesellschafterversammlung gewesen, doch er hatte die Briefe gelesen und traf sich am folgenden Montag mit Tommy. Als Tommy ihm den Goldbarren zeigte, sagte Patton: »Tom, selbst wenn dies das einzige ist, was sich da unten befindet, hat sich das Projekt in vielfacher Hinsicht mehr als rentiert.« Patton nannte Tommy einen »Gauner« wegen der Art, wie er ihm den Goldbarren vor die Nase hielt, und grinste. »Das ist so ziemlich die beste Bilanz, die ich je gesehen habe«, sagte er.

Patton meinte, daß die Gruppe nun die risikoreichste Zeit hinter sich hatte und es nun vor allem darauf ankam, das Gold zu bergen und den Mund zu halten. Von den noch verbliebenen 80 Anteilscheinen übernahm er zehn und gab Tommy dafür eine Kreditzusage über 500 000 Dollar. Tommy verfügte nun über das Geld, um ein noch besseres, komplexeres und leistungsfähigeres Tauchfahrzeug zu bauen. Er mußte nicht mehr, um der Konkurrenz zuvorzukommen, möglichst früh in See stechen, und er hatte keine Zweifel mehr, daß er das richtige Schiff gefunden hatte.

Wirklich bemerkenswert war die Verschwiegenheit der Gesellschafter. In dem gesamten Zeitraum von Oktober 1988, als

Tommy seinen Partnern brieflich mitgeteilt hatte, daß er auf dem Meeresboden Gold gefunden hatte, bis zur öffentlichen Bekanntmachung drang kein Wort über den Goldfund nach außen. »Wir haben nicht darüber geredet«, sagte Mike Ford. »Wir haben einfach nicht darüber geredet. Es war fast wie beim Bau der Atombombe.«

Da die Gesellschafter so gut dicht hielten, konnten sich Tommy und seine Mitarbeiter voll auf die Verbesserung ihrer Technik und die Vorbereitungen konzentrieren. Nach reiflicher Überlegung und eingehender Beratung mit seinen Anwälten verzichtete Tommy sogar darauf, sich die neue Fundstelle gerichtlich sichern zu lassen, und beschloß, die Sache bis zu seiner Rückkehr im folgenden Sommer völlig ruhen zu lassen. Wegen der Anhörung vor dem Bundesgericht im Juli 1987 wurde in der Öffentlichkeit allgemein angenommen, daß Columbus-America die *Central America* an der alten Fundstelle gefunden hatte. Es wäre also unklug gewesen, gerichtlich festhalten zu lassen, daß der Schatz tatsächlich woanders lag, und auch noch die richtigen Koordinaten zu liefern. »Es war ein ziemlich kühner Schachzug, daß wir die neue Fundstelle nicht gerichtlich abgesichert haben«, sagte Tommy. »Wenn man Schutz von einem Gericht will, dann klagt man; aber man ist dazu nicht verpflichtet. Wir hegten noch immer den starken Verdacht, daß Lamont-Doherty und Kreisle die Koordinaten der ersten Fundstelle vom Gericht bekommen hatten. Aus geschäftlicher Sicht mußten wir deshalb die richtigen Prioritäten setzen. Ich dachte viel darüber nach und spielte alle möglichen Szenarien durch. Etwa, was passiert wäre, wenn wir in See gestochen wären und unsere Ausrüstung nicht funktioniert hätte. Wir mußten erst mal sicher sein, daß wir die Saison durcharbeiten konnten, ehe wir vor Gericht gingen. Und so sind wir eben das Risiko eingegangen, auf den Schutz eines Gerichts zu verzichten.

Robol informierte das Gericht lediglich, daß Gold geborgen worden war und es von der *Central America* zu stammen schien. »Aber ich fühlte mich irgendwie nackt da draußen, ohne eine gerichtliche Verfügung«, sagte Robol. Er war der Ansicht, daß man Richter Kellam einen Teil der Fundstücke zeigen sollte. Deswegen rief er den Richter im Spätherbst an und sagte ihm, er habe etwas Wichtiges mit ihm zu besprechen und es wäre ihm recht, wenn das Gespräch an einem besonders sicheren Ort stattfinden könnte. Er erwähnte auch, daß sich einige Mitglieder der Columbus-America Discovery Group am folgenden Wochenende in der Stadt aufhalten würden. Daraufhin lud der Richter die Gruppe zu sich nach Hause ein. An einem Samstagmorgen fuhren Robol, Tommy, Barry und Bob mit der Schiffsglocke in ihrem Wassertank zum Haus des Richters in Virginia Beach. Der achtzigjährige Richter empfing sie in Khakihosen und mit einem alten Hut auf dem Kopf im Garten, wo er gerade den Rasen mähte. Er bot ihnen Erfrischungen an und führte sie dann in sein Arbeitszimmer hinten im Haus. Robol bedankte sich, daß der Richter zu einem Treffen am Wochenende bereit gewesen sei, und erklärte kurz, warum er um das Gespräch gebeten hatte. Dann öffnete er einen kleinen Kosmetikkoffer und entnahm ihm den in Filz eingeschlagenen Goldbarren, den auch die Investoren gesehen hatten. Robol wickelte ihn aus, und der Richter studierte den Goldbarren und seine Prägung. »Donnerwetter!« sagte er lachend, und alle lachten mit. Das Treffen dauerte nur zehn Minuten.

Nun, da die *Central America* gefunden und etwas von dem Gold geborgen war, war Tommy viel entspannter und zugänglicher. »Er erkannte, was wir alle durchgemacht hatten«, sagte Tod. »Er nahm mit allen wieder Kontakt auf und gab im Grunde auch zu, daß er mit seiner Geheimnistuerei alle verletzt hatte. Aber er sagte, es sei eine geschäftliche Entscheidung gewesen, die er hätte treffen müssen, und ich sagte, daß ich das verstehe.«

Den ganzen Winter und das Frühjahr 1989 arbeiteten Tod und Bryan im hinteren Teil des Lagerhauses mit einem Schweißgerät, schnitten U-Aluminium in lange Stücke und schweißten die würfelförmigen Rahmen zusammen, die das Skelett des neuen Tauchfahrzeugs bilden sollten. Tommy gab Hackman, Scotty, John Moore und anderen Ingenieuren vom Battelle-Institut und von der Ohio State University die Konstruktionsanweisungen für die neuen Systeme. Das neue Tauchfahrzeug sollte mehr Kameras mit größerer Reichweite, bessere Kontrollmöglichkeiten, mehr Stauraum für die Bergung und mehr Strom für die Arbeit auf dem Grund besitzen.

Zur Erprobung der Systeme diente der Büroraum auf der Vorderseite des Lagerhauses als Kontrollraum. Kabel liefen von dem stetig wachsenden Tauchfahrzeug nach vorne in das Büro zu den Kontrollstationen, die John Moore auch auf See benutzen würde. Moore stand im Lagerhaus neben dem Fahrzeug und gab Kommandos wie: »Kameraausleger Nummer drei ausfahren«, »Kameraausleger im Uhrzeigersinn drehen«, »Gegen den Uhrzeigersinn drehen«, die ein Ingenieur im Büro ausführte, damit Moore sehen konnte, ob das Fahrzeug richtig reagierte. Unterdessen suchte Bryan nach Lecks im hydraulischen System und zog die entsprechenden Muttern mit dem Schraubenschlüssel fest. Diesmal konnten sie sich den Luxus erlauben, die Systeme schon zu testen, bevor sie in See stachen.

In der ersten Juniwoche brachte Tommy seinen Mentor Don Glower mit in das Lagerhaus und zeigte ihm das Tauchfahrzeug. Es war bereits transportfertig für die Fahrt nach Wilmington, zwei Meter hoch, eineinhalb Meter breit und viereinhalb Meter lang – ein komplexes Gebilde aus Aluminiumrahmen, Auslegern, Kameras, Batterien, Anschlußkästen und elektronischen Bereichen, alles durchzogen und miteinander verbunden durch 360 Meter orangefarbene hydraulische Schläuche. Das Fahrzeug hatte über 100 elektrische und über 90 hydraulische Funktionen. Ein Greifarm hatte insgesamt sieben Funktionen in Schulter, Ellenbogen, Handgelenk und Fingern; jede Funktion machte zwei hydraulische Schläuche erforderlich, so daß allein das Greifwerkzeug mit einem Knäuel von 14 kleinfingerdicken hydraulischen Leitungen verbunden war. An der Vorderseite des Fahrzeugs hingen verschiedene Kamera- und Lichtausleger herunter, die wie die Fangbeine einer Gottesanbeterin wirkten.

»Ich war geschockt, als ich es zum ersten Mal sah«, sagte Glower. »Es ist eine unglaubliche Konstruktion. Fast als ob er das Auto entworfen und gebaut hätte«, sagte er. »Er hatte einen völlig neuen Apparat gebaut, und der sah verdammt kompliziert aus.«

Glower hatte Tommy 1973 gefragt: Wie werden wir in der Tiefsee arbeiten? Und Tommy hatte die Frage mit einem zweieinhalb Tonnen schweren Tauchfahrzeug beantwortet, das nun auf sechs Tonnen angewachsen war. Der neue Tauchroboter verfügte über neun mechanische Arme, von denen einige elf Segmente hatten, über Schwenk- und Neigefähigkeit und ausfahrbare Ausleger, über eine 3D-Videokamera und sieben weitere Videokameras von Fernsehqualität, über zwei Fotokameras, fünf Lichtblitzstroboskope und zwölf Scheinwerfer für die Hintergrundbeleuchtung aus den verschiedensten Winkeln; er verfügte über zwei mechanische Arme und ein Sauggerät zum Bergen von Objekten, über eine Vakuumkammer, Gebläsedüsen, einen 500 Kilogramm schweren Silikoninjektor, über Strahlruder und Entstauber, über ein einziehbares Objekteschubfach mit Kästen und über verschiedene Ausgrabungswerkzeuge, von denen viele erst eingebaut werden konnten, wenn sie am Grund gebraucht wurden.

Bevor er Columbus verließ, um wieder in See zu stechen, konsultierte Tommy den international anerkannten Münzexperten James Lamb, der die Münzabteilung in dem weltberühmten Auktionshaus Christie's leitet. Lamb untersuchte einen der Double Eagles aus dem Jahr 1857 und sagte, er sei ein »Juwel«. »In einem derart hervorragenden Zustand bekommt ein Münzexperte in seiner ganzen Laufbahn vielleicht zwei solche Goldstücke zu Gesicht«, sagte Lamb.

Lamb war besorgt, weil selbst ein kleiner Kratzer oder eine kleine Kerbe den Wert eines solchen Goldstücks um ein Drittel verringern konnte und er bei zwei Beschädigungen um ein weiteres Drittel sank. Genau aus diesem Grund hatte Tommy 1988 darauf verzichtet, eine größere Menge zu bergen. Er wollte sichergehen, daß die Bergung korrekt durchgeführt wurde. Doch er stand vor einem Dilemma: Es würde zuviel Zeit und Geld kosten, all die Münzen einzeln aufzusammeln. Wenn man jedoch zwei oder mehr gleichzeitig bergen würde, bestand die Gefahr, sie zu lädieren. Deshalb mußte Tommy einen Weg finden, mehrere Münzen gleichzeitig zu bergen, ohne daß sie einander berührten.

Die *Arctic Discoverer* verließ Jacksonville am 19. Juli und traf am folgenden Abend an der Fundstelle ein. Tommy rief eine Versammlung auf dem Vordeck ein und erklärte allen Mannschaftsmitgliedern seine Sicherheitsmaßnahmen – wer in den Kontrollraum durfte und wer nicht und daß alle außer Burlingham und den Technikern beim Zuwasserlassen und bei der Bergung des Tauchfahrzeugs das Deck verlassen mußten.

In den folgenden zwei Wochen auf See testeten sie den Kran, die neuen Strahlruder und Scottys neues Erfassungssystem. Scotty hatte eine Software entwickelt, die es Bob erlaubte, bei der Bergung jedes einzelnen Teils alle Videofilme, Fotos und Kommentare der Crew in Echtzeit zu dokumentieren und zu katalogisieren. Wenn unter Wasser ein Foto gemacht wurde, konnte es sofort im Kontrollraum ausgedruckt werden. Auch alle Videobilder ließen sich einfrieren, digitalisieren und ausdrucken. Wenn später ein Investor etwa den Kauf einer Goldmünze erwog, konnte man ihm dank des neuen Systems die Bergung genau dieser Goldmünze zeigen. Oder wenn ein Wissenschaftler beispielsweise Filmmaterial über einen einzigartigen Schwamm sehen wollte, konnte man ihm die entsprechende Videosequenz sofort zeigen. Man konnte aber auch an die Fundstelle zurückkehren, um zusätzliche Beobachtungen zu machen.

Da all diese neuen Fähigkeiten und Systeme in den ersten zwei Wochen getestet werden mußten, hatten die Techniker so viel zu tun, daß sie oft nicht mehr als vier Stunden täglich schliefen und selbst dieser Schlaf sich oft auf zwei zweistündige Nickerchen verteilte. Allein schon die tägliche Wartung des Tauchfahrzeugs zwang sie, früh aufzustehen und spät ins Bett zu gehen. »Und dann kommt Harvey und will was Neues ausprobieren«, sagte Mike Milosh, ein Techniker von Battelle, »ein bißchen was Ausgefallenes. Und die Zeit, die man dafür braucht, geht halt vom Schlaf ab.«

In Columbus hatte Tommy häufig mit Milosh und den anderen Technikern darüber gesprochen, wie man die Münzen und Barren schneller bergen könnte, ohne sie zu beschädigen. »Unsere Grundregel war, daß wir nicht den geringsten Kratzer hinterlassen durften«, erinnerte sich Milosh. »Harvey war absolut unnachgiebig in diesem Punkt.« 1857 hätte es den Wert des Goldes nicht beeinträchtigt, wenn man alles auf einen Haufen gestapelt hätte, um es zu transportieren. 131 Jahre später jedoch war der Wert der Goldbestände als historische Objekte so gestiegen, daß jedes einzelne Stück vorsichtig behandelt werden mußte.

Doering hielt es für unmöglich, alles Gold zu bergen, ohne daß die Barren oder Münzen einander berührten; es war einfach zuviel. Doering konnte nicht einmal schätzen, wie viele Barren es waren, und Münzen gab es noch viel mehr als Barren. Er hatte oft vor seinem Monitor gesessen und versucht, die Barren zu zählen, doch die schiefen Winkel und überlappenden Kurven, die schiere Menge an geometrischen Formen in Orange und Gelb hatten ihn so verwirrt, daß er es aufgegeben hatte. Bevor er die ersten Dias von dem Bereich um den Wasserspeier auf seinem Leuchttisch gesehen hatte, war es für ihn unvorstellbar gewesen, Gold in solcher Menge zu finden. »Und es gibt vermutlich noch einmal sechs oder sieben Haufen wie diesen«, sagte Doering. »Ich sehe keine Möglichkeit, wie man ein solches Gebiet in zwei Monaten abräumen kann. Nicht einmal mit einem Bulldozer würde man es schaffen.«

Doerings Lösung hätte darin bestanden, das Gold »scheffelweise« einzusammeln und fertig. »Harvey will jede Münze einzeln aufsammeln, sie fotografieren, ein Video von ihr drehen und sie dann in einen separaten Behälter stecken«, sagte er. »Wenn wir es so machen, sind wir in 100 Jahren noch hier, verdammt noch mal.«

Milosh hatte sich über eine andere Lösung den Kopf zerbrochen. Sie war einfach und schien eher abwegig, zeugte aber von genau dem Einfallsreichtum, den Tommy so sehr schätzte: Man legte eine Form über einen Haufen Münzen, injizierte Silikon in die Form, wartete, bis es sich gefestigt hatte, und barg den ganzen Haufen in einem Block aus Silikonkautschuk. Auf diese Weise ließen sich 100 Münzen auf einmal bergen, denn das Silikon würde die Münzen umhüllen und schützen. Als Hackman von der Idee erfuhr, bot er an, alle Silikonblocks mit nach Hause zu nehmen und vor seinem offenen Kamin das Silikon von dem Gold abzupellen. Er wollte es umsonst tun.

Nun galt es nur noch, eine Silikonverbindung zu finden, die schwerer als Wasser war, sie beim Einsatz mit einem Katalysator zu mischen, die Injektordüse regelmäßig zu säubern und zu erreichen, daß die Silikonlösung bei 3,3 Grad Celsius flüssig war, dann hart wurde und einem Druck, der die Hülle eines Atom-U-Boots zerquetscht hätte, standhielt. Sie experimentierten mit verschiedenen Silikonverbindungen. Den Druck der Tiefsee konnten sie nicht simulieren, aber sie arbeiteten mit dem entsprechenden Salzgehalt und der richtigen Temperatur, bis sie eine Silikonverbindung gefunden hatten, die wie gewünscht floß und fest wurde. Zur Erprobung der neuen Bergungsmethode färbten sie Krugerrands blau, legten sie auf einen Haufen in den Tank und überzogen sie mit dem Silikon. »Wir haben ganz schön rumprobiert«, sagte Milosh. »Wir durften nicht einmal auf dem blauen Überzug Kratzer hinterlassen. Wir waren also ziemlich streng.« Das erste Mal, als sie das Verfahren auf See ausprobierten, war der Katalysator zu schwach, und die Mischung lief unten aus der Form. Sie verdoppelten die Menge des Katalysators, und nachdem sie sie noch zweimal verdoppelt hatten, sickerte die Masse immer noch zwischen die Münzen, aber sie wurde rechtzeitig fest und umschloß, schützte und verband sie tatsächlich in einem Block.

Um einen kleinen Haufen für die Bergung vorzubereiten, wurde er zunächst durch leichte Wasserstöße aus den Strahlrudern »abgestaubt«, dann kam ein kleines Sauggerät zum Einsatz, um einzelne, verstreute Münzen einzusammeln oder Münzen, die verhindern konnten, daß die Gußform dicht über dem Münzhaufen lag. Die so aufgesammelten Münzen kamen in einen Kasten, dessen Fächer mit Schaumstoff ausgekleidet waren. Das neue Erfassungssystem erlaubte es Bob, jedem Kasten eine Nummer zu geben und jedem Fach den Zeitpunkt der Bergung und seinen Platz an der Fundstelle zuzuordnen.

Dann wurde die Gußform über den Haufen gelegt, und man injizierte das Silikon. Während es fest wurde, nahm man den nächsten Münzhaufen in Angriff, sammelte die Münzen im Randbereich ein und legte eine andere Gußform darüber. Später wurden die grauen Silikonklumpen geborgen. Sie maßen etwa 30 Zentimeter im Quadrat und waren etwa 20 Zentimeter hoch; die darin eingebetteten kleinen Goldbarren und Münzen lagen manchmal völlig durcheinander und manchmal in sauberen Stapeln. Ein Block war häufig mit Hunderten von Münzen, manchmal auch mit mehreren kleinen Goldbarren gefüllt.

»Die Münzen, die wir in diesen Silikonblöcken nach oben bringen, sind in hervorragendem Zustand«, sagte Milosh. »Wir haben welche, die sind völlig unberührt, einfach perfekt.«

Die Größe der Goldbarren reichte von kleinen quadratischen Barren von etwa fünf Unzen, die Bob Schokoladenriegel nannte, bis zu größeren Barren von einigen Pfund Gewicht, die er Schokokuchen nannte. In einem der Silikonblöcke bargen sie 15 »Münztürme« mit Stapeln von je 30 Münzen, insgesamt 450 perfekte Double Eagles, die alle auf natürliche Weise miteinander verbacken waren.

Die erste Tauchfahrt nach Beendigung aller Tests fand am 5. August statt, doch das erste Gold wurde erst bei der ersten sogenannten Sicherheitstauchfahrt am 18. August gefördert. »Alles war perfekt«, berichtete Burlingham. Die Männer ließen das Fahrzeug am frühen Morgen zu Wasser und holten es am frühen Abend wieder herauf. Tommy hatte die Sicherheitstauchfahrten so geplant, daß es dunkel war, wenn sie das Fahrzeug wieder an Deck holten. Danach spritzten die Techniker es mit Wasser ab, entfernten die Kameras, hängten es an das Ladegerät und schauten nach Teilen, die reparaturbedürftig waren. Dann verließen sie das Deck und schalteten die Decklichter aus. Bob duckte sich unter die Plane, entfernte die Kästen mit dem Gold und legte sie in einen schwarzen Koffer. Tommy und John Moore halfen ihm, den Koffer in sein Labor hinunterzutragen, wo Bob alle Objekte mit Nummern versah, katalogisierte und lagerte.

Jede Nacht kam das Tauchfahrzeug nun mit einem Schubfach voller Goldbarren, Goldmünzen, Nuggets, goldgeädertem Quarz und glitzerndem Goldstaub wieder nach oben. Eines Abends jedoch, nach eineinhalb Wochen erfolgreicher Sicherheitstauchfahrten, gab es in dem Kabel, das die Befehle aus dem Kontrollraum an das Fahrzeug übermittelte, plötzlich einen Kurzschluß, und die Techniker verloren die Kontrolle über das Fahrzeug. Sie konnten das Schubfach, das gerade mit Gold beladen worden war, nicht mehr schließen, sie konnten es nicht leeren, und sie konnten den Schaden nicht beheben, ohne das Fahrzeug hochzuholen und an Deck zu bringen.

Tommy blieb keine andere Wahl, als das Fahrzeug mit offenem Schubfach zu bergen. Da entschloß er sich, der Mannschaft zu erzählen, was geschehen war, und erlaubte den Männern, sich den Schatz anzusehen, wenn er an Deck gebracht wurde.

»Sie hatten uns vorher gesagt, daß etwas in dem Schubfach drin war und wir bei der Bergung vorsichtig sein sollten«, berichtete Burlingham. »Das Schubfach war offen, und es war voll mit Münzen und einigen Barren – alle in ihren kleinen Fächern und Kästen.« Burlingham sah ein Geldstück, das fast zwei Zentimeter dick und viel größer war als die anderen, ein achteckiges 50-Dollar-Stück von 1851. »Das Ding sah wirklich eindrucksvoll aus«, erinnerte er sich. Bob wußte genug über die Münzen der Pioniere in Kalifornien, um sofort zu erkennen, daß die Münze einzigartig war. »Mit diesem Geldstück war die ganze Tauchfahrt bezahlt«, sagte er. Außer den Goldmünzen befanden sich auch mehrere mittelgroße und ein großer Goldbarren mit einer Länge von etwa 13 Zentimetern und einem Gewicht von etwa 150 Unzen in dem Schubfach. »Wir waren alle an Deck«, sagte Burlingham. »Und Harvey machte das beste aus einer Situation, die er als schrecklich empfunden haben muß. Aber alle bekamen Gelegenheit, sich das Zeug anzusehen.«

Die Wände von Bobs Labor waren lindgrün gestrichen. Das Waschbecken war aus rostfreiem Stahl, das Mikroskop beige, und die ebenfalls lindgrünen Regale über dem Becken enthielten Bücher wie *Conquering the Deep Frontier, Ocean Salvage, Exploring Ocean Frontiers* und *America Seashells.* Ein Kühlschrank und ein Computer befanden sich gegenüber dem Waschbecken. Um das Becken herum lagen, sorgfältig auf Frottiertüchern ausgelegt, Münzen, Goldbarren und quarzdurchsetzte Nuggets, Bestandteile des Schatzes, den er untersuchte und katalogisierte. Der größte Teil des Goldes befand sich in einem Vorratsschrank unmittelbar vor dem Labor, wo Bob die Kästen und Silikonblöcke lagerte, bis er Zeit hatte, mit ihnen zu arbeiten. »Der Meeresboden ist übersät von dem Zeug«, sagte er. »Es ist erstaunlich.«

Bob verbrachte inzwischen die meiste Zeit im Labor, untersuchte das Gold, schrieb sich Besonderheiten auf und versuchte, die Fundstücke zu verstehen und einzuordnen. Als Geologe war er besonders von den mit Goldadern durchzogenen Quarzen fasziniert. »Es hat etwas fast Spirituelles, die Arbeit noch einmal zu machen, die andere Menschen vor über 130 Jahren schon einmal gemacht haben«, sagte er. »Ich wasche Gold in einem Schiff auf dem Atlantik, während zuvor ein Mann mit einer Goldpfanne einen Bach in den Grizzly Flats oder auf Mormon Island entlang watete. Man sieht diese Nuggets, und man empfindet noch einmal die Aufregung ihres ursprünglichen Entdeckers.«

Als Bob den Harris-Marchand-Goldbarren, den sie den Gesellschaftern vorgeführt hatten, vielleicht zum vierten Mal untersuchte, entdeckte er etwas Merkwürdiges. Der Barren war am einen Ende dicker als am anderen. Dies bedeutete, daß die Blockform 1857 auf einem schiefen Tisch gestanden hatte. »Ich konnte mir das Harris-Marchand-Büro in Sacramento vorstellen, wo dieser Barren gestempelt wurde«, sagte Bob. »Die Blockformen standen auf einem groben Tisch. Das Ganze stand mir plötzlich so klar vor Augen wie ein Schnappschuß und vermittelte mir das Gefühl, mit der Geschichte in Verbindung zu stehen. Es fällt einem wie Schuppen von den Augen, und man sagt, wow, also so ist das gewesen. Als wir das Gold auf dem Meeresboden entdeckten, habe ich diese Verbundenheit mit der Geschichte nicht so stark empfunden. Einige Dinge, die mir im Labor passiert sind, haben mich viel stärker berührt.«

Im September kam James Lamb, der Münzfachmann von Christie's, nach Wilmington, um mehr von dem Schatz zu sehen. In Columbus hatte er nur zwei Double Eagles sehen dürfen, und man hatte ihm gesagt, daß sich noch mehr davon an der Fundstelle befände. Er wußte nichts von der Menge und der Vielfalt der Goldmünzen, doch er war immer noch besorgt. »Ich wußte nicht«, sagte er, »wie gut die meisten Münzen erhalten waren.«

Lamb kam im grauen Anzug und mit grauer Krawatte auf das Schiff, aber schon nach wenigen Minuten in Bobs Labor hatte er die Jacke ausgezogen und die Ärmel hochgekrempelt. Er hielt ein 20-Dollar-Goldstück aus dem Jahr 1857 so zwischen Daumen und Zeigefinger, daß es das Licht spiegelte. »Wie frisch aus der Münzanstalt«, murmelte er, »und je mehr eine Münze noch so aussieht wie in dem Augenblick, als sie gemacht wurde, um so wertvoller ist sie. Diese hier ist einfach perfekt.«

Nicht alle Münzen aus der Münzanstalt von San Francisco waren Double Eagles im damaligen Wert von 20 Dollar. Es gab auch Eagles, Half Eagles und Quarter Eagles im Wert von zehn, fünf und zweieinhalb Dollar. Laut Lamb war einer der von der *Central America* geborgenen Zehn-Dollar-Eagles »mit beträchtlichem Vorsprung das schönste bekannte Exemplar dieser Münze«.

Viele Münzen waren von kleinen privaten Münzanstalten geprägt worden, die vor der Eröffnung der San Franciscoer Münze im Jahr 1854 existiert hatten, und diese Münzen waren extrem selten. Von 1848 bis 1854 hatten die Goldgräber, wenn sie aus den Bergen kamen, oft nur Nuggets oder Goldstaub besessen, nicht gerade das ideale Zahlungsmittel, wenn man Nahrungsmittelvorräte und Ausrüstungsgegenstände kaufen wollte. Häufig wurde mit »Prisen« bezahlt – zwei Prisen Goldstaub für einen Sack Mehl, eine Prise für einen Schluck Whiskey. Da die Goldgräber, wenn sie aus den Bergen kamen, häufig erst einmal den Saloon aufsuchten und nur mit Goldstaub bezahlen konnten, stellten die Saloonbesitzer Barkeeper mit großen Daumen ein.

»Es gab zunächst keine Norm«, sagte Bob. »Der Goldrausch verursachte wirklich eine ziemliche Währungskrise. Am leichtesten konnte ein Goldgräber den Wert seines Goldes feststellen, wenn er zu einer Prüfungsstelle ging und das Gold wiegen und prüfen ließ. Danach bekam er es entweder als Barren oder in Goldmünzen, die seinem Wert entsprachen. Dieser erste Schritt in der währungspolitischen Entwicklung läßt sich am Schatz der *Central America* gut nachvollziehen, denn dort finden sich sowohl die Nuggets, mit denen alles begann, als auch die Barren und Goldmünzen, die von den Prüfern aus den eingeschmolzenen Nuggets hergestellt wurden.« Diese Münzen waren sehr selten, weil die ersten Münzanstalten nur kurze Zeit in Betrieb waren. Manche wurden geschlossen, weil sie beim Falschabwiegen erwischt wurden, und andere stellten den Betrieb ein, als die Münzanstalt von San Francisco eröffnet wurde.

Lamb sah sich die Münzen in Bobs Labor an und andere, die in dem Vorratsschrank weiter vorn im Schiff aufbewahrt wurden. »Meine Zweifel an der Qualität der Funde sind nun völlig zerstreut«, sagte er. »Die Münzen sind größtenteils in nahezu perfektem Zustand und nicht im Umlauf gewesen.«

Tommy, Bob und Barry hatten Lamb vor seiner Ankunft auf dem Schiff nichts von den Goldbarren gesagt, und er hatte keine Ahnung von ihrer Existenz. Kalifornische Goldbarren sind extrem

selten, denn ihr Goldwert war so groß, daß sie fast immer eingeschmolzen und zu Münzen geprägt, jedoch fast nie als Barren
gesammelt wurden. Am Ende des amerikanischen Bürgerkriegs
gab es nur noch wenige davon. Goldbarren, die von Banken oder
Regierungsstellen gegossen werden, sind einheitlich in Form,
Größe und Charakter, und der größte bis dahin bekannte kalifornische Goldbarren wog 50 Unzen. Die von der *Central America*
geborgenen Goldbarren wogen zwischen neun und über 900
Unzen. Es gab Hunderte davon, und jeder einzelne war mit einem
einzigartigen Sortiment von Symbolen und Ziffern geschmückt.
An einer Ecke befand sich ein kleiner Schnitt, wo der Prüfer eine
Probe genommen hatte, mit der er die Reinheit des Goldes
bestimmte und die er als seinen Lohn behielt. Er hatte den Barren
mit seinem Siegel versehen, die Reinheit des Goldes in Tausend-
steln vermerkt, also beispielsweise »891 fine« für 89,1 Prozent
reines Gold, den Barren mit einer Nummer versehen und sein
Gewicht in Unzen angegeben. Als letztes wurde der Dollarwert
des Barrens im Jahr seiner Herstellung aufgestempelt, der sich
1857 auf 20,67 Dollar pro Unze belief. Ein weiteres besonderes
Merkmal der kalifornischen Barren bestand darin, daß sie eher
mit Silber als mit Kupfer verunreinigt waren und über einen
ungewöhnlichen Glanz verfügten. Einer der größten Barren war
Nr. 4051, Justh & Hunter, 754,95 Unzen, mit einem Feingold-
gehalt von 900 und einem Wert von 14 045 Dollar im Jahr 1857.
Heute wäre allein der Goldwert eines solchen Barrens fast 250 000
Dollar.

James Lamb bekam die Barren zum ersten Mal in Bobs kleinem
Labor zu Gesicht. Obwohl er inzwischen schon viel von dem
Schatz gesehen und gehört hatte, war er auf diesen Anblick nicht
vorbereitet. »Es ist überwältigend, einfach unglaublich und
unheimlich aufregend«, sagte er. »Niemand kann die Bedeutung,
den finanziellen Wert und die Aufregung, die der Fund verursachen wird, auch nur annähernd abschätzen. All diese bisher
außerordentlich seltenen, begehrten Dinge in perfektem Zustand
und in rauhen Mengen, das lag einfach … jenseits meiner Vorstel-
lungskraft. Wenn ich es nicht gesehen hätte, hätte ich es nicht
geglaubt.«

Ende August hatte Richter Kellam das gerichtlich verhängte Sperrgebiet für Columbus-America so vergrößert, daß es auch Galaxy II mit einschloß. Er hatte der Gruppe das Eigentumsrecht an den von ihr geborgenen Objekten zugesprochen und die einstweilige Verfügung in eine endgültige umgewandelt. Gegen Ende des Sommers verkündete die Columbus-America Discovery Group schließlich öffentlich, daß sie den Schatz der *Central America* gefunden hatte. Der erste Artikel über ihren Erfolg erschien in der britischen Zeitschrift *Economist*, gefolgt von einem ausführlichen Bericht in der *Washington Post*. Außerdem trat Tommy in der *Today Show* auf.

Die Gruppe setzte die Tauchfahrten fort, bis der Hurrikan Hugo die *Discoverer* Mitte September in den Hafen von Wilmington trieb. Nach dem Hurrikan stach sie noch einmal in See, doch das Wetter blieb schlecht. Das Schiff wurde von zahlreichen lokalen Stürmen gebeutelt, und Tommy gab schließlich die Hoffnung auf, daß es in jenem Herbst noch einmal besser würde. Es war an der Zeit, den Schatz nach Hause zu bringen.

In der Nacht vom 4. auf den 5. Oktober lag die *Arctic Discoverer* vor der Küste. Am folgenden Tag trat Burlingham um fünf Uhr auf die Brücke und nahm Kurs auf den Leuchtturm von Kap Henry an der Mündung der Chesapeake Bay. 1857 hatten Kapitän Johnsen auf der *Ellen* und Kapitän Burt auf der *Marine* mit Überlebenden von der *Central America* mit demselben Kurs denselben Leuchtturm passiert. Als sich Bryan und Tod und die beiden anderen Matrosen zum Dienst meldeten, ließ Burlingham sie den Rost von den Aufbauten des Schiffs schrubben, bis die Oberdecks der *Arctic Discoverer* in frischem Glanz erstrahlten.

Es war ein warmer Herbsttag mit einer strahlenden Sonne am blauen Himmel, und doch war die Luft wegen des Nachtfrostes noch angenehm frisch. Die Flaggen auf den Schiffen flatterten in einer sanften Brise, und auf dem Fluß wurden schwere Kriegsschiffe von Schleppern in die Marinewerft geschleppt. Während die *Arctic Discoverer* die Bucht kreuzte und sich Norfolk näherte, packte die Crew die Ausrüstung zusammen und brachte alles in die Lagerräume, um das Schiff für den Besuch von Freunden und Verwandten vorzubereiten, die sie am Kai erwarten würden. Sie hatten keine Ahnung, was sie hinter der letzten Biegung erwartete, als Burlingham das Schiff langsam zum Otter Berth im Hafen der Stadt Norfolk steuerte.

Erst als der Lotse an Bord kam, wußte John Moore, daß etwas Großes bevorstand. »Der Lotse trug einen eleganten Hut«, erzählte Moore, »einen Blazer und eine Hose mit Bügelfalten.« Dann überflog der Hubschrauber einer Fernsehgesellschaft das Schiff, ein Begleitboot der Polizei erschien, und Zollbeamte kamen an Bord, um mit Burlingham das Ladungsverzeichnis durchzusehen. Moore stand an Deck und sah alledem zu. »Es war aufregend«, sagte er. »Sie haben eine große Show gemacht, als wir ankamen. Aber es war ja auch ein großes Ereignis.«

Fünf Tage zuvor hatte Paula Steele einen Haufen Leute angerufen, die irgendwie an dem Projekt beteiligt waren: Familienangehörige, Freunde, Angestellte und Partner; Menschen aus dem ganzen Land, die zu dem Erfolg einen Beitrag geleistet hatten. Nun drängten sich am Kai über 200 Menschen im VIP-Bereich: Wayne Ashby mit Fred Dauterman und Tom Jordan; Buck Patton mit seiner Frau Jodi; junge Gesellschafter wie Don Garlikov, Victor Krupman und Brad Kastan; Jon Jolly, ein Mentor Tommys aus Seattle; Ken Ringle von der *Washington Post*; Tim Daniels, der Versicherungsagent der Gruppe aus New Orleans; Larry Stone, der die hervorragenden Suchkarten angefertigt hatte; Don Craft und seine Frau Evie; alle Thompsons und alle Butterworths; Barrys Mutter Suzanne, seine Schwester Sally sowie Rick Ratliff und Dave Seanor, zwei alte Kollegen aus seiner Zeit als Journalist; Bobs Frau Jane sowie seine Mutter Darline und sein Vater Larry. Und noch viele andere, die an diesem Tag durch ihre Namensschilder als VIPs gekennzeichnet waren.

Zwischen dem VIP-Bereich und dem Wasser standen in V-Formation auf zwei Kais, die einen rechten Winkel bildeten, die 150 Mitglieder der Herndon High School Marching Band in ihren roten, weißen und blauen Uniformen. Die Stadt Herndon in Virginia und ihre High School waren nach William Lewis Herndon benannt, dem Kapitän der *Central America*, und diese Band war vierzigmal Landessieger gewesen. In der Nähe der Band standen Polizisten und Wachleute aus Norfolk, einige mit in die Luft gerichteten M-16-Gewehren. Sie bildeten ein Spalier vom Liegeplatz des Schiffs zu den drei gepanzerten Geldtransportern, die mit offenen Türen in der Nähe des Kais warteten.

Hinter den VIPs befand sich ein Zaun, und dahinter standen mehrere hundert weitere Zuschauer sowie Gerüste mit Kameraleuten und ihren Ausrüstungen. Im Unterschied zu den Leuten vor dem Zaun waren die Leute hinter dem Zaun nur gekommen, um Zeuge eines aufregenden Ereignisses zu werden, während die Leute vor dem Zaun in Form von Geld, Erfahrung, Rat, Liebe oder Ermutigung einen persönlichen Beitrag geleistet hatten.

Als sich das Schiff bis auf 60 Meter dem Liegeplatz genähert hatte, wurde auf dem Kai eine Kanone abgefeuert, und die Band intonierte John Philip Sousas *Stars and Stripes Forever*. Die Besatzungsmitglieder der *Arctic Discoverer* lauschten der Musik an verschiedenen Plätzen auf den Decks, und die Menge blickte im Bewußtsein ihrer gewaltigen Leistung zu ihnen auf, die warme Sonne des prächtigen Herbsttages im Nacken und die jubelnden Töne von Sousas Hymne in den Ohren. Es war fast zu schön, um wahr zu sein.

Burlinghams Gesicht war in einem der Fenster auf der Brücke zu sehen, als er die *Arctic Discoverer* langsam rückwärts an ihren Liegeplatz steuerte und mit dem Strahlruder am Bug spielte, bis sie sanft am Kai längsseits ging. Das Tauchfahrzeug stand in leuchtend blaue Plastikfolie verpackt auf dem Vordeck wie ein Geschenk. Die Band spielte inzwischen ein Medley aus weiteren Sousa-Märschen und dann Songs aus Disney-Filmen, darunter auch »When You Wish upon a Star«, bei dem viele Zuschauer die Melodie mitsummten und sich die Worte »Träume und Träumer« dazu dachten.

Die Männer auf der *Arctic Discoverer* durften erst von Bord gehen, wenn der Zoll es erlaubte. Sie beobachteten das Schauspiel vom Deck aus und fragten sich, ob die Leute da unten wohl eine Ahnung hatten, was sich in den kleinen Räumen und dem Lagerhaus in Columbus oder in den stürmischen Nächten während der langen Monate auf See abgespielt hatte. Einer der Seeleute hatte nur den einen Wunsch, seine Freundin zu sehen; Tod freute sich sehr auf seine Eltern und seine Schwester; und der Mann, mit dem er die Kajüte teilte, dachte an ein heißes Bad und ein Bett, das nicht schwankte. »Die Art, wie die Öffentlichkeit das Ereignis wahrnahm, unterschied sich beträchtlich von den tatsächlichen Ereignissen«, sagte John Moore. »Die Leute am Kai dachten mit Ausnahme der Angehörigen, daß wir an einer großen, ruhmreichen Schatzsuche teilgenommen hatten. Sie wußten nicht, daß jahrelange Arbeit dahintersteckte und was sonst alles passiert war. Ich bin mir ganz sicher, daß die Medienleute keine Ahnung hatten, was sich wirklich abgespielt hatte.«

Wie auch immer – viele Leute waren tief beeindruckt von dem Ereignis, gerade weil sie wußten, was geschehen war. Viele hatten den Eindruck, daß sie nie wieder so hautnah wahres Heldentum erleben würden. »Tommy wird ein wirklich sehr, sehr reicher Mann sein«, sagte Buck Patton. »Ein ungemein reicher Mann. Er wird im Rampenlicht stehen, und ich gönne es ihm, denn er hat es verdient. Er hat lange Zeit im Schützengraben gelegen.«

Viele Gesellschafter waren nicht nur stolz auf Tommy und die Gruppe, sondern auch auf sich selbst und auf ihre Heimatstadt, weil sie das Unternehmen unterstützt hatten. »Ich freute mich sehr für Tommy und die Gruppe«, sagte Tom Jordan. »Ich war stolz auf sie. Und ich war stolz auf die Stadt Columbus in Ohio, weil sie dieses abenteuerliche Unternehmen unterstützt hatte.«

Das war vor allem Wayne Ashby zu verdanken gewesen. Er hatte Tommys Vision richtig eingeschätzt. Er hatte das Unternehmen instinktiv unterstützt und erkannt, daß es sich dringend Glaubwürdigkeit verschaffen mußte. Die Feier auf dem Kai war für ihn ein aufwühlendes Ereignis.

»Die Szene, als sie anlegten«, sagte Ashby, »hatte durch die Anwesenheit all der Marshals und Polizisten und Wachmänner etwas sehr Realistisches. Ein solches Ereignis ist in jedem Leben etwas Besonderes und Wunderbares, aber ich glaube nicht, daß es der Höhepunkt in Tommys Leben sein wird. Ich glaube nicht, daß er das Leben der Menschen ähnlich stark verändern wird wie Bell und Edison, aber ich kann mir vorstellen, daß er so bekannt und berühmt wird wie Cousteau.«

Der Zoll gab das Schiff frei, und im Namen des Bundesgerichts und in Übereinstimmung mit der Tradition der Marine gingen US-Marshals an Bord und »verhafteten« das Gold. Das verhaftete Gold wurde in Munitionsbehälter der Armee verpackt, und die Mannschaft trug den Schatz der *Central America* von Bord.

Moore, Scotty, Doering, Tod, Bryan und selbst Mickey, der neue Koch in Bermudas und mit einer hohen weißen Mütze auf dem Kopf, trugen die Munitionsbehälter durch das Spalier der Polizisten und Wachmänner zu den Geldtransportern am Kai.

Nahe am Wasser war ein Podium mit einem Mikrofon aufgebaut. Der Bürgermeister von Herndon sprach zu der Menge und erinnerte an das heldenhafte Verhalten des Namenspatrons seiner schönen Stadt. Dann war der Bürgermeister von Norfolk an der Reihe und sagte einige Worte über die Hilfe, die seine Stadt 1857 den Überlebenden der Schiffskatastrophe hatte angedeihen lassen. Judy Conrad, die Historikerin der Columbus-America Discovery Group, hatte 29 Nachkommen und Verwandte der Menschen aufgespürt, die auf der letzten Reise der *Central America* dabeigewesen waren. Darunter auch Genevieve Gross, die nun aus der Geschichte ihrer Familie erzählte: von Alvin und Lynthia Ellis und ihren drei Kindern; davon, wie Alvin geschöpft hatte, damit Lynthia, der kleine Alvin, Charles und Lillie gerettet würden; und davon, wie lange sie und die anderen Verwandten gewartet hatten, bis sie die ganze Geschichte der *Central America* erfuhren. Bob hielt eine Rede; Barry sprach; die Gesellschafter lächelten und lachten viel, und sie schüttelten ungläubig den Kopf, wenn sie an die ersten Gespräche mit Ashby, Dauterman oder Tommy zurückdachten. Tommy hatte sich in der Nacht zuvor ein paar Namen notiert – Menschen, die er erwähnen und denen er für ihre Unterstützung danken wollte. Er dankte ihnen allen, weil sie das Unmögliche möglich gemacht hatten.

Die Geldtransporter fuhren langsam davon, die Menge begann sich zu zerstreuen, und die VIPs und die Medienvertreter begaben sich in die weißen Zelte auf dem Rasen, wo Paula ein kaltes Buffet für 200 Menschen organisiert hatte. In dieser Nacht sollte Tommy in *Prime Time Life* erscheinen. Schon am späten Nachmittag waren auf dem Vordeck der *Arctic Discoverer* zwei Kameras aufgestellt, und ein Dutzend Techniker verlegte Kabel, positionierte Scheinwerfer und machte Soundchecks. Für die Kameras hatte Bob neben einem wassergefüllten Aquarium auf blauem Samt einige Goldmünzen und Goldbarren bereitgelegt. In dem Aquarium lag ein grauer Silikonblock, in dem ein bizarr geformter Haufen Goldmünzen, ein halbvermodertes Holzkästchen mit drei sauber geschichteten Münzstapeln, ein 30 Kilogramm schwerer »Goldziegel« und 15 bis 20 goldene »Schokoladenriegel und Schokokuchen« eingebettet waren. Zwei Polizisten und ein Wachmann gingen auf Deck auf und ab.

Die Vorbereitungen und Feiern dauerten den ganzen Nachmittag. Unterdessen reichten die Anwälte von insgesamt 39 Versicherungsgesellschaften nur wenige Blocks entfernt beim Bundesgericht Klage ein. Tommy wußte, was auf ihn zukam. Die Versicherungsgesellschaften behaupteten, sie seien 1857 für die Verluste beim Untergang der *Central America* aufgekommen, und beanspruchten deshalb alles Gold, das er aus den Trümmern des Schiffs geborgen hatte und das er noch bergen würde. Sie behaupteten, das Gold gehöre ihnen. Vom folgenden Tag an war er mit den Versicherungsgesellschaften in einen Rechtsstreit verwickelt, der erst sieben Jahre später seinen Abschluß finden sollte.

EPILOG

IM APRIL 1997 veröffentlichte William Broad, ein Wissenschaftsreporter der *New York Times*, ein Buch mit dem Titel *The Universe Below: Discovering the Secrets of the Deep Sea*. Diese tiefschürfende Analyse unserer Anstrengungen, in die Tiefsee vorzustoßen, enthüllt zweierlei: erstens, wie gewaltig das Meer ist, und zweitens, wie wenig wir über das Meer wissen. Bis Mitte des 19. Jahrhunderts ging die Wissenschaft davon aus, daß der Ozean ab einer Tiefe von etwa 100 Metern wüst und leer sei. In der zweiten Hälfte jenes Jahrhunderts holten Wissenschaftler bei ihren Expeditionen zur Erkundung der Tiefsee mit Hilfe von Schleppnetzen Proben vom Meeresgrund und stießen auf eine Vielfalt von Lebensformen. Aus diesen Entdeckungen und aus dem, was Beebe, Piccard und ihre Nachfolger bei ihren Vorstößen in die Tiefsee sahen, schlossen die Wissenschaftler, daß der Ozean jenseits der flachen Gewässer, an vielen Orten und in allen Tiefen, von der Oberfläche bis zum Meeresgrund unzähligen Pflanzen und Tieren als Lebensraum dient, obwohl es tatsächlich auch große » Wüsten« auf dem Meeresgrund gibt. Mit diesem neuen Verständnis ging die überwältigende Erkenntnis einher, daß die Meere, die 71 Prozent der Erdoberfläche bedecken, dem Volumen nach 97 Prozent des biologischen Lebensraums auf der Erde ausmachen.

Wie Broad berichtet, sind nach Schätzung von Ozeanographen erst zwischen einem Tausendstel und einem Zehntausendstel des Meeresbodens wissenschaftlich erforscht. Was den Rauminhalt der Ozeane betrifft, hat die Menschheit laut Broad »vielleicht erst ein Millionstel oder ein Milliardstel der dunklen Welt des Meeres untersucht. Oder sogar noch weniger. Vielleicht sehr viel weniger.«

»Das wichtigste Hindernis auf dem Weg zu einem besseren Verständnis der Tiefsee« ist Broad zufolge »der Mangel an Instrumenten, die dem vernichtenden Druck in der Tiefe standhalten, ihre tintenschwarze Dunkelheit erhellen und gleichzeitig dem Forschungsprozeß dienen können … Die gesamte Geschichte der Tiefseeforschung ist geprägt von der Frustration, die daraus entsteht, daß man das endlose Meer blind und ›Quadratmeter für Quadratmeter‹ abtasten muß. Wie die Astronomen vor der Erfindung des Teleskops, müssen auch die Ozeanographen oft feststellen, daß die verfügbaren Instrumente zur Beantwortung der großen anstehenden Fragen nicht ausreichen.«

Bemannte Tauchboote wie die *Alvin* waren unter Lebensgefahr für die Besatzung auf dem Grund gewesen, aber sie hatten nur kleine Bereiche des Meeresbodens erforscht, sie waren kaum je zu vergleichenden Beobachtungen noch einmal in ein bereits erforschtes Gebiet zurückgekehrt, und sie waren selten länger als drei oder vier Stunden unter Wasser gewesen. Tommy Thompsons Tauchfahrzeug konnte dagegen tagelang auf dem Meeresboden bleiben und arbeiten. Kein Mensch mußte in eisigen Tiefen sein Leben riskieren, weil Tommys Fahrzeug von einem Kontrollraum an der Wasseroberfläche aus gesteuert wurde, in dem zehn Wissenschaftler unterschiedlicher Disziplinen saßen und den Fortgang der Arbeiten beobachten und beraten konnten.

Wenn Don Hackman« von anderen Tiefsee-Experten gefragt wird, ob er mit dem Tauchfahrzeug auf dem Grund war, sagt er: »Nein, ich saß in einem klimatisierten Raum und trank eine Tasse Kaffee.« Und wenn sie ihn fragten: »Was können Sie denn da unten eigentlich tun? Sich umsehen und vielleicht ein bißchen was einsammeln?«, dann sagt er: »Natürlich. Ich kann aber auch ein Loch bohren, ein Gewinde schneiden und eine Schraube reindrehen. Obwohl ich drei Kilometer entfernt bin.«

Keiner von Hackmans Gesprächspartnern konnte sich vorstellen, daß man in solcher Tiefe mit solcher Genauigkeit arbeiten konnte. Hackman zeigte Meerestechnikern der amerikanischen Kriegsmarine Bilder von der Vorderseite des Tauchfahrzeugs, und einer von ihnen sagte, darauf komme ihm überhaupt nichts bekannt vor. Hackman zeigte einem Admiral und seinem Gefolge von Kapitänen Videos von der Arbeit des Tauchfahrzeugs, und der Admiral fragte: »Wie schützen Sie die Fundstelle, wenn Sie nicht vor Ort sind?« Bevor Hackman antworten konnte, bemerkte einer der Kapitäne: »Also unseretwegen brauchen Sie sich keine Sorgen zu machen.« Keiner verstand, wie das Tauchfahrzeug arbeitet.

»Dieses Tauchfahrzeug«, sagte Hackman, »ist in vieler Hinsicht viel weniger raffiniert als irgendein anderes Tauchfahrzeug, und doch hat es Fähigkeiten, die alle anderen bis heute nicht einmal auf dem Zeichenbrett erreicht haben. Kein anderes Unternehmen und keine Regierung verfügt über ein Fahrzeug mit Ausgrabungsarmen, ausfahrbaren Greifwerkzeugen, hydraulischen Schubfächern und drehbaren Strahlrudern; niemand hat auch nur ein entsprechendes Konzept. Ich spreche von allen Arten von Verbänden und Einrichtungen – geheim und nicht geheim, von Industriegesellschaften und Ölkonzernen. Ich weiß es, weil ich für all diese Leute arbeite.«

Schon bevor er das Gold fand, hatte Tommy Pläne für die wissenschaftlichen Untersuchungen gemacht, die an der Fundstelle durchgeführt werden sollten. Seit 1989 bietet seine neue Technologie der Wissenschaft eine Gelegenheit, die sie noch nie hatte: Über 150 Wissenschaftler, Forscher und Ausbilder aus den Vereinigten Staaten, Kanada, Deutschland, Monaco, England und Neuseeland arbeiten mit Daten, Tieren und Pflanzen, Foto- und Filmmaterial aus der Tiefsee und können an Ort und Stelle Beobachtungen und Experimente durchführen. Korrosionsexperten, Unterwasserarchäologen, Meeresbiologen, -geologen und -chemiker, Materialprüfer, Bakteriologen, Fischereiwissenschaftler und Meereshistoriker sind daran beteiligt. Diese Wissenschaftler identifizieren Lebensformen, stellen Lebenszyklen fest, werten Daten aus und vermitteln neue Einsichten.

Tommy bat Dr. Charles E. Herdendorf, einen emeritierten Professor der Ohio State University, der bei Put-in-Bay sein Mentor gewesen war, das wissenschaftliche Begleitprogramm zu leiten. Für Herdendorf ist das Projekt »ein modernes Abenteuer, das mit der Entdeckung der Neuen Welt konkurrieren kann. Wenn man da draußen arbeitet, nimmt man an einem ganz besonderen und andersartigen Unternehmen teil. Man hat immer ein kleines

Triumphgefühl, weil man weiß, daß diese Arbeit an keinem anderen Ort der Welt gemacht wird.«

Heute verfügt Columbus-America über mehrere tausend Stunden Videoaufzeichnungen und Tausende von Dias, die im Lauf von fünf Jahren alle an derselben Stelle auf dem Meeresgrund aufgenommen wurden. 1991 dauerte eine einzige Tauchfahrt über 100 Stunden. Seit damals setzten Tommy und seine Techniker ein Glasfaserkabel ein, das Bilder in Fernsehqualität vom Meeresboden übertrug, die auf 17 Bildschirmen im Kontrollraum gezeigt wurden, so daß Wissenschaftler die Lebensformen in ihrer ursprünglichen Umgebung auf dem Grund beobachten konnten und nicht nur einzelne Exemplare oder Fossilien. Inzwischen meinen die Wissenschaftler 13 neue Lebensformen entdeckt zu haben. Eine Schwammart hat bereits den strengen Prozeß der Bestimmung, Klassifizierung und Benennung durchlaufen.

Eines Nachmittags umarmte ein Krake das Tauchfahrzeug und ließ sich eine Stunde lang filmen und fotografieren, während er mit allen Armen neugierig das Fahrzeug untersuchte. Die meisten Tintenfische messen nicht mehr als 30 Zentimeter von der Spitze eines Arms bis zur Spitze des gegenüberliegenden Arms. Dieser Krake aber hatte einen Durchmesser von über zwei Metern, und der birnenförmige obere Teil seines Körpers war etwa 50 Zentimeter breit. Vier Experten, davon zwei von der renommierten Smithsonian Institution, studierten den Film und die Dias genau und kamen zu dem Schluß, daß die Anordnung der Saugnäpfe und die Gestalt des Siphos sich bei diesem Tier so stark von allen bekannten Oktopusarten unterschied, daß es sich um eine neue Art handeln mußte, die kein Mensch je zuvor gesehen hatte.

Eines Nachts, als Herdendorf und die Techniker Experimente mit toten Fischen und Maismehl durchführten, die sie an der Fundstelle ausgelegt hatten, glitt plötzlich ein Schatten über den Boden, und dann schwamm ein großes Tier nur wenige Zentimeter vor der Linse der Videokamera vorbei. Es wurde später von Dr. Eugenie Clark, der »Hai-Lady« der University of Maryland, als Grönlandhai identifiziert. Er war einer der größten Haie, die unabhängig von der Meerestiefe je von einer Videokamera erfaßt wurden, und bei weitem der größte, der je in der Tiefsee gesichtet wurde. Der bisherige Rekord hatte bei einem Meter gelegen, dieser Hai aber war sechseinhalb Meter lang. Für die Wissenschaftler war die Anwesenheit eines derart großen Fisches mit seinem enormen Nahrungsbedarf ein weiterer Beweis dafür, daß die Nahrungskette selbst so tief unten vollständig und üppig ist.

Viele Wissenschaftler hatten bisher angenommen, daß sie in dieser Tiefe kaum Leben mit Ausnahme von Pilzen finden würden. Sie hatten geglaubt, daß die Mikroorganismen, die an der Meeresoberfläche sterben, gefressen werden, bevor sie den Grund erreichen. In Wirklichkeit jedoch sinken diese kleinen Organismen, die das erste Glied in der Nahrungskette bilden, durchaus auf den Grund, und das Wrack der *Central America* fungierte als eine mechanische Bremse, so daß dank üppiger Nahrung gerade an dieser Stelle blühendes und pulsierendes Leben entstand.

Die Wissenschaft hatte bisher angenommen, daß die Schiffsbohrmuschel hauptsächlich im flachen Wasser vorkäme, doch im Rahmen von Versuchen an der Fundstelle hat Dr. Ruth Turner eine völlig neue Art der Schiffsbohrmuschel entdeckt. Man hatte schon früher Beweise für die Existenz von Schiffsbohrmuscheln in der Tiefsee gefunden, doch diese Tiere waren nicht größer als ein Bleistift gewesen. Turner aber entdeckte eine neue Art, deren Exemplare bis zu einem halben Meter lang und so dick wie Zigarren sind. Sie setzt ihre Versuche fort.

Andere Wissenschaftler haben eine neue Hornkorallenart entdeckt. Alle bisher bekannten Arten sind auf sandigem Meeresboden im flachen Wasser gefunden worden und haben fadenartige »Wurzeln«, mit denen sie ähnlich einer Pflanze im Boden verankert sind. Die neue Art aber hat einen anderen »Verankerungsmechanismus«, der wie eine Hand zupackt, so daß sie auch auf Kohle, Eisen oder Gold leben kann – eine Anpassung an ihren Lebensraum.

In den schweren Rostpartikeln fanden die Wissenschaftler einen bestimmten Bakterienstamm. Später beschafften sie sich eine Rostprobe vom Wrack der *Titanic,* die von dem versehentlichen Zusammenstoß eines U-Boots mit dem stählernen Rumpf des gesunkenen Luxusdampfers stammte. Aus dieser Probe konnten sie die gleichen Bakterien züchten, die sie an der Fundstelle der *Central America* gefunden hatten. Dieses Wissen kann zur Vermeidung von Korrosion in der Tiefsee beitragen, die sich als eines der größten Probleme erweisen könnte, wenn man eines Tages Minen in den Grund der Tiefsee treiben, Kabel verlegen oder Beobachtungsstationen einrichten wird.

Eines der aufregendsten Ergebnisse des Projekts ist für die Wissenschaftler die Vielfalt neuer Lebensformen, die für die pharmazeutische Forschung verfügbar werden. »Wir haben jetzt den Ort und die Population«, sagte Herdendorf, »eine zugängliche und reiche Quelle neuer Lebensformen eines Typs, bei dessen Vettern aus flacheren Gewässern wir medizinische Wirkstoffe gefunden haben.« Diese neuen Lebensformen könnten beispielsweise Tumorhemmstoffe zur Krebsbekämpfung liefern. Wissenschaftler haben solche Stoffe beim Sydney Opera House Sponge entdeckt, der neuen Schwammart, die dort gefunden wurde. In dem Schwamm leben kleine, weiße Krebse, und die Wissenschaftler nehmen an, daß der Schwamm diese schützt, indem er einen chemischen Hemmstoff ausscheidet, der Feinde des Krebses abschreckt. Der Krebs ist gegen den Wirkstoff immun und entfernt als Gegenleistung dafür große Nahrungsteilchen, die die Poren des Schwammes verstopfen und seine Nahrungsaufnahme blokkieren könnten. Die gleiche Symbiose findet sich auch bei Flachwasserschwämmen, denen die Wissenschaftler nützliche medizinische Eigenschaften zuschreiben.

Als die Columbus-America Discovery Group 1989 öffentlich bekanntgab, daß sie die *Central America* gefunden hatte, organisierte die Historikerin Judy Conrad eine Medienkampagne, um Nachkommen und Verwandte von Passagieren der *Central America* zu finden. Sie stellte zunächst eine Liste von allen Städten und Gemeinden zusammen, aus denen vermutlich Passagiere stammten. Dann schickte sie Pressemappen an die örtlichen Zeitungen, die die Namen der Mannschaftsmitglieder oder Passagiere, die einst dort gelebt hatten, und weitere Informationen enthielten.

Genevieve Gross aus Ohio war die erste, die zu Judy Kontakt aufnahm. »Ich werde diesen Moment nie vergessen«, sagte Judy. »Endlich hatte ich eine direkte Verbindung zu den Leuten, über die ich so lange geforscht hatte. Es war, als ob sie wieder lebendig würden.«

Auf Judys erste Kampagne reagierten 29 Menschen, darunter auch zwei direkte Nachkommen von Oliver Manlove, die Judy Manloves Aufzeichnungen über seinen Treck durch die Prärie nach Kalifornien und seine Reise an Bord der *Central America* übergaben. Sie korrespondierte mit mehreren Nachkommen und schrieb ihnen, was sie wußte. Dabei konnte sie den Nachkommen häufig Dinge erzählen, die in der Familiengeschichte noch unbekannt waren. Sie bekam Kontakt zu vier Verwandten von Kapitän Herndon, darunter einem Herndon Oliver III, der nach seiner Ausbildung an der Marineakademie in Annapolis selbst Kapitän bei der US-Marine geworden war und sich nun im Ruhestand befand. Außerdem fand sie zwölf Verwandte der Eastons, von denen drei direkte Nachkommen waren, drei Verwandte der Badgers und vier Urenkelinnen des Zahlmeisters der *Central America*.

Judy lernte auch einen direkten Nachkommen von Mary Swan kennen, deren Mann bei dem Untergang ums Leben gekommen war und sie mit einem noch keine zwei Jahre alten Baby zurückgelassen hatte. Mary Swan war die Frau gewesen, die bei ihrer Ankunft in New York zu einem Reporter gesagt hatte: »Ich habe keine Freunde, weder in New York noch sonstwo, jetzt, da mein Mann gestorben ist.« Mary Swans Ururenkel erzählte Judy nun, daß jene später wieder heiratete, während des Bürgerkriegs Krankenschwester wurde und nach Kalifornien zurückkehrte, wo sie noch weitere sieben Kinder gebar.

Jane Renard aus Seattle ist die Urenkelin des Zwischendeckspassagiers Samuel Look, der damals zusammen mit seinem Bruder Prince reiste. Von ihr erfuhr Judy, daß sich die beiden Brüder nach dem Untergang des Schiffs am selben Balken festgeklammert hatten. Prince starb noch in derselben Nacht, aber Samuel hielt den Leichnam seines Bruders fest, bis ein anderer Überlebender in seine Nähe kam und Hilfe brauchte. Erst da ließ Samuel die Leiche seines Bruders los und rettete den anderen Mann, Billings Hood Ridley. Einige Stunden später wurden sie von der Mannschaft der *Ellen* gerettet, sie wurden enge Freunde. Billings' Ururenkel lebt in Maine.

Judy hat inzwischen Kontakt zu 106 Verwandten und Nachkommen von Passagieren und Mannschaftsmitgliedern, die sich auf der letzten Reise der *Central America* an Bord befanden.

Bob Evans vertiefte sich so in die Geschichten der Passagiere der *Central America*, daß er manchmal davon träumte, Dinge zu finden, von denen er in den Berichten gelesen hatte. »Es wäre doch großartig, wenn wir Herndons Schwert finden würden«, hatte er einmal gesagt. »Es wäre großartig, Oliver Manloves Gedichte zu finden, und auch der Fund von Badgers Segeltuchtasche mit Double Eagles im Wert von 16 500 Dollar wäre nicht zu verachten. Es wäre doch einfach unglaublich, wenn wir irgend etwas finden würden, das sich direkt mit der Geschichte in Verbindung bringen läßt.«

1989 erzählte Bob, daß sie zwei Schrankkoffer in den Trümmern gefunden hatten, die aus Leder zu sein schienen. »Sie sehen sehr zerbrechlich aus«, sagte Bob. »Der eine ist offen, und sein Deckel fehlt, und auf beiden haben sich exotische Lebensformen gebildet. Wir möchten eine Dokumentation über diese Gegenstände in ihrer ursprünglichen Umgebung anfertigen, die sie mit der angemessenen Ehrfurcht behandelt. Das Ziel unserer wissenschaftlichen Arbeit hier ist eine bleibende Dokumentation der Fundstelle, wie wir sie vorgefunden haben. In dem Koffer mit dem fehlenden Deckel ist eine Hutkrempe sichtbar. Auf einer Seite stecken zwei Gegenstände, bei denen es sich um Bücher zu handeln scheint. Es könnten durchaus die Tagebücher eines der Passagiere sein oder Oliver Manloves Gedichte. Wir haben Kontakt zu seiner Familie. Er hatte einen Stapel Papier dabei mit einer Reihe eigener Gedichte. Was wäre, wenn die beiden Bücher wirklich die Gedichte enthielten und wir sie tatsächlich bergen könnten? Wie sehr würden wir damit die Geschichte bereichern? Es ist möglich, daß wir ein paar dieser Dinge retten könnten. Etwa diesen anderen Koffer, der noch immer zugegurtet und verschlossen ist. Er sieht aus wie die Urmutter aller Schatzkisten auf dem Meeresgrund.«

1990 bargen sie den verschlossenen Koffer. Er lag in dem Trümmerfeld neben der weißen Teetasse. Und er enthielt tatsächlich einen Schatz. Bob untersuchte den Inhalt in einem Kühlraum der Ohio State University. Assistiert von einem Polymerchemiker und Anthropologen, der sich auf die Erhaltung versunkener historischer Fasern und Papiere spezialisiert hatte, nahm Bob einen Gegenstand nach dem anderen aus dem Koffer und tauchte ihn in destilliertes Wasser. Die nassen Kleidungsstücke wurden über einen Fiberglasschirm gespannt und bei −28 Grad Celsius schockgefroren.

In dem Koffer befand sich ein Hemd, das in eine Dampferausgabe der *New York News* vom 20. Juli 1857 geschlagen war. Die Zeitung war noch lesbar. Außerdem enthielt der Koffer 13 weitere Herrenhemden aus Leinen und zahlreiche Seidenkrawatten, Jacketts, Westen, Hosen, Kragen, Damenhemden, Unterröcke, Schlüpfer, einen Bademantel, einen Morgenrock und mehrere Paar Strümpfe, ein Paar Duellpistolen, eine mit einem Adler verzierte Pulverflasche, eine goldene Uhrtasche in Form eines Hundekopfes mit Rubinen als Augen, eine Uhrtasche aus goldgeädertem Quarz, eine kleine orientalische Schnitzerei, eine Flasche »Bay Water«, drei Flaschen Kölnischwasser, eine goldene Spange, zwei Federkiele und mehrere Daguerrotypien. Der Koffer ist ein archäologischer Schatz, eine Zeitkapsel, die im Spätsommer 1857 versiegelt wurde. Der Koffer hatte dem frischverheirateten Paar Addie und Ansel Easton gehört, es waren viele Geschenke von Freunden darin gewesen, die ihnen ein glückliches gemeinsames Leben gewünscht hatten.

Der Koffer mit dem fehlenden Deckel hatte John Dement gehört, dem letzten Mann, der von der *Ellen* gerettet wurde. Er hatte sich mit Ansel Eastons Freund Robert Brown auf eine Luke gerettet und wurde mit diesem zusammen an Bord genommen, als Kapitän Johnsen auf Eastons Drängen noch ein letztes Mal gewendet hatte. Der Koffer enthielt 64 Kleidungsstücke, Hosen, Jacketts, Westen, Hemden, Kragen, Krawatten, Unterwäsche und Schuhe. Außerdem enthielt er einen Lederbeutel mit Rasierzeug, drei Romane, darunter *Lady Lee's Widowhood*, und einen Empfehlungsbrief.

Der Brief trägt das Datum 30. Juli 1857, ist an B. B. Lancaster, Esquire, in Baltimore adressiert und lautet:

Sehr geehrter Herr,

erlauben Sie mir, Ihnen Mr. John Dement aus Oregon City vorzustellen. Mr. Dement ist einer der größten Kaufleute hier am Ort und mit Oregon und der Umgebung wohlvertraut. Da er Ihre Stadt besucht, habe ich ihm diesen Brief mitgegeben in der Hoffnung, daß Sie ihn während seines Aufenthalts in Baltimore mei-

nen dortigen Freunden vorstellen und ihn mit der Ihnen eigenen Freundlichkeit behandeln, die er ebenso hochschätzen wird wie Ihr Freund
J. A. Simms

Die große Bedeutung der Romane und des Briefes liegt nicht in ihrem Inhalt, sondern in der Tatsache, daß auf dem Meeresgrund gefundene Druckschriften noch 130 Jahre später lesbar sind. So besteht beispielsweise Hoffnung auf eine Bergung der Audubon-Zeichnungen, die sich an Bord der *Central America* befanden. John Woodhouse Audubon hatte schon lange eng mit seinem Vater James Audubon zusammengearbeitet und setzte die Familientradition der Tier- und Naturstudien fort. Er machte in den Jahren 1849 und 1850 eine Expedition durch den Südwesten der USA und durch Kalifornien, bei der er die Vögel und andere Tiere des Gebiets zeichnete und malte. Als er 1850 in den Osten zurückkehrte, ließ er den größten Teil dieser Arbeiten – 200 auf der Expedition gefertigte Zeichnungen – bei einem Freund im Westen zurück. Dieser Freund übergab die Mappe John Stevens, einem gemeinsamen Freund, der versprach, sie im Spätsommer 1857 nach New York zu bringen. Stevens buchte die Überfahrt auf der *Sonora* und der *Central America*, und da er um den großen Wert der ihm anvertrauten Zeichnungen wußte, hat er sie sicher sehr gut und sorgfältig verpackt. Doch er war beim Untergang der *Central America* ums Leben gekommen, und mit ihm waren auch Audubons Zeichnungen untergegangen.

Die Columbus-America Discovery Group hat in den Trümmern noch viele weitere Koffer entdeckt, die nur darauf warten, geborgen und geöffnet zu werden.

Die 39 Versicherungsgesellschaften, darunter Atlantic Mutual, ICNA, Great Western und andere amerikanische Versicherer sowie Lloyds aus London und weitere ausländische Gesellschaften, die gegen Tommy Klage eingereicht hatten, konnten die Ursprünge ihrer Unternehmen bis ins Jahr 1857 nachweisen. Sie behaupteten, das Gold an Bord des Dampfers versichert und für den Verlust bezahlt zu haben, so daß ihnen nun, 132 Jahre später, das Gold gehörte. Zum Beweis legten sie das Protokoll der Vorstandssitzung einer einzigen Londoner Gesellschaft vor, auf der die Möglichkeit diskutiert worden war, zur Deckung der Verluste 50 000 Pfund aufzuwenden. Ansonsten konnten die Versicherungsgesellschaften ihre Klage fast nur auf zeitgenössische Zeitungsberichte stützen. Sie hatten keinen Frachtbrief, keine Quittung, keinen Vertrag – sie hatten nichts. Angesichts dieser Beweislage wies Richter Kellam die Ansprüche von 21 der 39 Versicherer schon im Vorverfahren zurück.

Im August 1990 brachten die verbliebenen Versicherungsgesellschaften ihre Ansprüche vor Kellams Gericht, und dieser entschied, daß die Versicherungsgesellschaften in den 132 Jahren, als das Gold auf dem Meeresgrund lag, nichts unternommen hätten, es zu bergen, und somit auf ihren Anspruch auf das Gold »verzichtet« hätten – das Schlüsselwort in dem Urteil. Aus diesem Grund sprach der Richter alles der Columbus-America Discovery Group zu. In der Berufungsverhandlung vor dem Fourth Circuit Court of Appeals hob das dreiköpfige Gericht am 26. August 1992 in einer Mehrheitsentscheidung dieses Urteil jedoch auf und verwies den Fall an Richter Kellam zurück. Das Berufungsgericht entschied, daß ein »Verzicht« nur dann vorliegen konnte, wenn eine ausdrückliche Verzichtserklärung abgegeben worden war, und es befand außerdem, daß die Versicherer zumindest eine gewisse Verbindung zu dem Gold nachgewiesen hätten. Doch das Berufungsgericht verkündete auch: »Wir gehen kaum ein Risiko ein, wenn wir sagen, daß Columbus-America den größten Teil des Schatzes erhalten sollte und erhalten wird.«

Columbus-America legte gegen diese Entscheidung vor dem United States Supreme Court Widerspruch ein. Und mehrere namhafte Organisationen und Institutionen gaben beim Obersten Gerichtshof der USA Gutachten zur Unterstützung von Columbus-America ab. Doch der Supreme Court nahm den Fall nicht zur Entscheidung an, und er mußte von Richter Kellam erneut verhandelt werden.

Im Juli 1993 hörte der Richter zwei Wochen lang Zeugenaussagen über die Schwierigkeiten der Bergung, die Kosten und die Risiken für die beteiligten Personen und über das eingesetzte Kapital. Es war das erste Mal, daß ein amerikanisches Bundesgericht über die Fundstelle eines Wracks in internationalen Gewässern verhandelte. Es war auch das erste Mal, daß ein Gericht in einem seerechtlichen Verfahren die Begriffe »Telepräsenz« und »Telebesitz« juristisch anerkannte. Das Gericht befand, daß ähnliche Anstrengungen, um »die Fundstelle und die gefundenen Objekte zu erhalten, bisher in keinem anderen Fall gemacht worden sind«.

Am Ende des Prozesses sprach Richter Kellam der Columbus-America Discovery Group 90 Prozent des versicherten Goldes und 100 Prozent des restlichen Schatzes zu. Über die restlichen zehn Prozent behielt er sich eine spätere Entscheidung vor.

In einer anderen Klage behaupteten die Columbia University, der Wissenschaftler Harry John und dessen Kollege Jack Grimm, Tommy habe die Sonardaten benutzt, die sie auf ihrer flüchtigen Suche nach der *Central America* im Jahr 1984 erhoben hätten. Doch Kellam entschied gegen sie und ließ die Klage nicht zu. Ein anderer Mann behauptete, er habe Tommy als erster von der *Central America* erzählt, und erhob ebenfalls Anspruch auf einen Teil des Schatzes, doch Kellam verwarf auch diesen Anspruch in einem abgekürzten Verfahren. Sowohl Columbus-America als auch die Versicherungsgesellschaften und Harry John und Jack Grimm legten gegen Kellams Entscheidungen Berufung ein, und so wurde erneut vor dem Fourth Circuit Court of Appeals verhandelt.

Am 14. Juni 1995 bestätigte das Berufungsgericht Richter Kellams Urteil in allen Punkten. Die Ansprüche von Grimm und John waren zu Recht als unbegründet zurückgewiesen worden, und Columbus-America wurden 90 Prozent des Schatzes zugesprochen. Gleich zu Beginn der Urteilsbegründung erklärten die Richter folgendes: »Wir stehen der Möglichkeit keineswegs ablehnend gegenüber, daß ein Bergungsunternehmen, ›das sich mutig hingewagt hat, wo noch kein Mensch zuvor gewesen ist‹ ... Anspruch auf den Löwenanteil eines verlorenen Schatzes haben sollte.«

Danach ging das Gericht die sechs Faktoren noch einmal durch, die bei der Ermittlung eines gerechten Bergelohns berücksichtigt werden müssen: 1) die aufgewandte Arbeit; 2) Schnelligkeit, Geschick und die Energie des Bergenden; 3) der Wert des vom Bergenden eingesetzten Vermögens; 4) die vom Bergenden eingegangenen Risiken; 5) der Wert der geborgenen Güter; 6) das Ausmaß der Gefährdung der geborgenen Güter.

Zum ersten Punkt befand das Gericht, daß die Columbus-America Discovery Group von 1986 bis 1992 insgesamt 487 Tage auf See gewesen war, wobei die Crew in Zwölf-Stunden-Schichten gearbeitet hatte. Insgesamt waren dabei 400 000 Arbeitsstunden im Gesamtwert von beinahe 8,5 Millionen Dollar geleistet worden. Nach Recherchen des Gerichts gab es nur zwei weitere Fälle, in denen die Bergung versunkener Güter länger als einen Monat gedauert hatte. Die meisten vergleichbaren Operationen hatten lediglich einige Tage oder sogar nur Stunden gedauert. Selbst wenn ein Entdecker, schrieb das Gericht, »nur einen Bruchteil des oben detailliert aufgeführten Arbeitsaufwands« gehabt hätte, »würde allein dieser Bruchteil bereits eine gewaltige Investition darstellen. Im vorliegenden Fall ist es offensichtlich, daß die Anstrengungen von Columbus-America gigantisch waren.«

Bei der Erörterung des zweiten Punkts brach das Gericht mit dem emotionslosen juristischen Stil. »Wenn wir eine Urteilsbegründung schreiben«, begann dieser Abschnitt, »führt die Tendenz, sich allein auf die für die Rechtsentscheidung notwendigen Fakten zu beschränken, bisweilen zu einer Verzerrung des Gesamtbildes. Deshalb erlauben wir uns an dieser Stelle einen kurzen Rückblick.« Danach pries das Gericht über weite Strecken der Urteilsbegründung Tommy und die Columbus-America Discovery Group und kam zu folgendem Schluß: »Es ist für uns nicht vorstellbar, daß jemand mit mehr Sorgfalt, Geschick und Energie ans Werk geht, als Columbus-America hier gezeigt hat. Diese Anstrengungen setzen ein Maß, nach dem alle ähnlichen Unternehmungen in Zukunft beurteilt werden sollten.«

Zum Punkt Nummer drei befand das Gericht, daß allein das inzwischen *Nemo* genannte Tauchfahrzeug, die *Arctic Discoverer* und die restliche Ausrüstung sechs Millionen Dollar wert waren. Dies bezog sich auf den Verkaufswert der einzelnen Teile, nicht auf den Wert der Technologie. Andere für die Bergung erforderliche Dinge hatte Columbus-America gemietet oder gekauft und dafür weitere Millionen ausgegeben. Die Richter kannten keinen anderen Fall, in dem ein Bergungsunternehmen Vermögen von vergleichbarem Wert eingesetzt hätte.

Der vierte Punkt, den das Gericht berücksichtigte, waren die eingegangenen Risiken. »Die Mannschaft der *Arctic Discoverer*, schrieben die Richter, »arbeitete ständig mit schwerer Ausrüstung – darunter nicht zuletzt die sechs Tonnen schwere *Nemo* –, und da das Bergungsschiff 160 Meilen vor der Küste operierte, hätten schwere Verletzungen erst nach mehreren Stunden behandelt werden können … Wie schon das Bezirksgericht bemerkte, besteht ›jedesmal, wenn ein Schiff in See sticht, Gefahr für das Schiff und die an Bord befindlichen Personen‹.«

Punkt fünf betraf den Wert der geborgenen Güter. Dazu schrieb das Gericht, daß die Sachverständigen zwar recht unterschiedliche Gutachten vorgelegt hätten, doch es habe den Anschein, daß »der Wert des Schatzes doch nicht, wie ursprünglich geschätzt, fast eine Milliarde Dollar betragen wird. Trotzdem ist klar, daß es sich, wenn alles Gold geborgen und verkauft sein wird, um einen der größten Fischzüge in der Geschichte handelt. Ein Kommentator hat vorgeschlagen, daß ›die Kombination aus hohem Wert und höchst verdienstvollem Verhalten sich in einer großen Belohnung niederschlagen sollte‹. Wir stimmen mit ihm vollkommen überein.«

Zum sechsten Punkt, der Gefährdung der geborgenen Güter, traf das Gericht eine originelle Entscheidung: »Zwar trifft es zu, daß der Ozean für Gold und ähnliche Substanzen im Kern keine Gefahr darstellt, doch es ist ebenfalls zutreffend, daß der gesamte Wert, den unsere Gesellschaft dem Gold zuschreibt, allein davon abhängig ist, ob jemand einen Besitzanspruch darauf erheben kann. Da es keineswegs sicher ist, daß ein Gut wieder geborgen wird, wenn es gesunken ist, und insbesondere, wenn es in tiefem Wasser gesunken ist, erkennen wir, daß der Tatbestand des Sinkens die Gefahr für seine weitere Existenz und Verwendbarkeit als Gut stark erhöht.« In diesem Zusammenhang erklärte das Gericht die Bergung der *Central America* »für die letztmögliche Rettung aus höchster Gefahr«.

Bei früheren Anhörungen hatte Columbus-America vorgeschlagen, die Gerichte sollten bei der seerechtlichen Entscheidung über die Höhe einer Belohnung noch einen siebten Faktor berücksichtigen, nämlich die Erhaltung des historischen, archäologischen und informativen Wertes von Wrack und Ladung durch den Finder. Richter Kellam hatte sich dem Problem bereits gewidmet, und das Berufungsgericht folgte ihm, indem es darauf hinwies, daß »der Bezirksrichter überzeugt war, daß Columbus-America bei der Erhaltung der *Central America* außerordentliche Sorgfalt walten ließ und damit einer Reihe von Wissenschaften und wissenschaftlichen Disziplinen einen Dienst erwies«. Es zitierte Kellam dahin gehend, daß fachkundige Zeugen »die Sorgfalt und die Mittel beschrieben, die zur Erhaltung der geborgenen Gegenstände aufgewandt wurden … und bestätigten, daß Columbus-America beim Umgang mit den geborgenen Gegenständen und bei ihrer Konservierung ihrem Rat und ihren Vorschlägen gefolgt sei. Sie berichteten über … die Entdeckung neuer Tierarten und über die beispiellosen Möglichkeiten an Bord des Forschungsschiffs … Sie demonstrierten die besondere Sorgfalt, mit der sich alle bei der Bergung und dem späteren Umgang mit so empfindlichen Dingen wie Juwelen, Porzellan, Tuch, Papier usw. verhalten hatten. Einer dieser Gegenstände war eine Zigarre, die in perfektem Zustand an die Oberfläche kam.«

»Es wird sicher selten oder überhaupt nicht mehr vorkommen«, schloß das Gericht, »daß alle Grundsätze, die für den Bergelohn gelten, so eindeutig zum Vorteil des Bergenden ausschlagen. Ebenfalls selten wird es sein, daß ein Schiff und seine Ladung so lange Zeit in Gefahr schweben und der Wert so schwer objektiv zu bestimmen sein wird, daß auf einen bloßen Prozentwert statt auf eine genaue Summe als Belohnung erkannt wird. Trotzdem, dies ist ein außergewöhnlicher Fall, und obwohl die vom Bezirksgericht festgesetzte Belohnung von 90 Prozent großzügig ist, können wir nicht sagen, daß sie übertrieben wäre.«

Und das Gericht ging noch weiter. Es gestattete Columbus-America die exklusive Vermarktung des Schatzes. Die Versicherungsgesellschaften hatten ihren Teil des Goldes sofort haben wollen, um es nach eigenem Gutdünken zu verkaufen, doch das Gericht entschied, »daß zuviel Gold im Spiel ist, um mehr als einer Partei die Vermarktung zu erlauben. Der Verlust des Goldes an Bord der *Central America* hatte 1857 beträchtliche Auswirkungen auf die Edelmetall- und Finanzmärkte, und es gibt Hinweise darauf, daß es auch heute nicht ohne Auswirkungen bleibt, wenn es wieder auf den Markt geworfen wird. Nach Auswertung der Fachgutachten, die bei diesem Prozeß vorgelegt wurden, sind wir überzeugt, daß ein einheitlicher Plan notwendig ist, um durch den Verkauf des Goldes den größtmöglichen Erlös zu erzielen.«

In sämtlichen Gerichtsverfahren seit dem Herbst 1989 war ein wichtiges Problem noch nicht geklärt worden. Konnten die Versicherungsgesellschaften beweisen, daß sie tatsächlich für den Verlust bezahlt hatten? Sie mochten ihren Anspruch auf das Gold vielleicht dem ersten Anschein nach bewiesen haben, argumentierte Columbus-America, aber bevor sie an der geborgenen Ladung beteiligt würden, hätten sie zu beweisen, welche Teile der Ladung sie versichert hätten und daß sie für deren Verlust 1857 tatsächlich aufgekommen seien. Das Gericht folgte dieser Argumentation. »Daß Columbus-America auf einen Bergelohn von 90 Prozent Anspruch hat, bedeutet nicht automatisch, daß die Versicherer, nur weil sie diese Klage eingereicht haben, den Gerichtssaal automatisch mit den verbliebenen zehn Prozent verlassen.«

Der Fourth Circuit Court überwies den Fall in diesem Punkt erneut an Richter Kellam, um »das gesamte Beweismaterial auszuwerten und zu entscheiden, ob jeder einzelne Versicherer seinen gesamten Anspruch oder einen Teil davon bewiesen hat«. Das Gericht merkte an, daß Columbus-America, wenn die von den Versicherern vorgelegten Beweise weniger als 100 Prozent des Goldes abdecken würden, »den Überschuß behalten darf«.

Dann kamen die Abschlußworte des Gerichts: »Was Thompson und Columbus-America erreicht haben, ist auf jeden Fall außerordentlich. Wir können ohne Zögern sagen, daß ihre Geschichte ein Paradigma für amerikanische Initiative, amerikanischen Erfindungsgeist und amerikanische Entschlossenheit ist.«

Das Urteil war eine Seltenheit in der amerikanischen Jurisprudenz: ein strenges und nüchternes Berufungsgericht, das überschwenglich das Lob eines Prozeßbeteiligten sang. Die Entscheidung des Gerichts strahlte so viel Begeisterung und Enthusiasmus aus, daß selbst ein oberflächlicher Leser der Urteilsbegründung erkennen konnte, wie fasziniert die Richter von der Geschichte waren. Sie schienen das Gefühl zu haben, daß sie durch das Glück, diesen Fall entscheiden zu dürfen, selbst Teil einer der außergewöhnlichsten Ereignisse des 19. und 20. Jahrhunderts geworden waren und selbst Geschichte gemacht hatten. Das Gericht lobte sogar Richter Kellam, der »unbeirrt durch den Sumpf der Berichte und Anträge gewatet« sei und »immer seine gute Laune behalten hat, obwohl die Parteien gelegentlich sehr streitsüchtig gewesen sind«.

Anfang 1996 reichten beide Seiten letzte Schriftsätze bei Richter Kellam ein, in denen sie ihre Ansprüche untermauerten. Im Frühjahr 1996 diagnostizierten die Ärzte Speicheldrüsenkrebs bei Richter Kellam und sagten ihm, daß er nur noch zwei oder drei Monate zu leben hätte. Trotzdem schrieb er noch seine Urteilsbegründung. Er starb im Juni. Seine Entscheidung und seine Urteilsbegründung wurden am 13. August 1996 von einem anderen Richter zu den Akten genommen.

Indem er vor allem zeitgenössische Zeitungsartikel als Beweismaterial heranzog, kam Kellam zu dem Schluß, daß außer zwei Versicherungsgesellschaften alle zumindest einen Teil der geschäftlichen Verluste ersetzt hatten. Die beiden ausgenommenen Versicherer wurden im gesamten Beweismaterial nie erwähnt. Deshalb sprach Kellam ihnen jeden Anspruch auf die geborgenen Güter ab, erhöhte den Anteil von Columbus-America auf 92,22 Prozent und entschied, daß die Versicherer ihren Anteil von 7,78 Prozent an der kommerziellen Ladung erst dann erhalten sollten, nachdem Columbus-America sämtliche Kosten, einschließlich denen für Lagerung und Vermarktung, abgezogen hätte. Da die Versicherungsgesellschaften keine Frachtbriefe, Versicherungsverträge, Quittungen oder sonstige Beweise vorgelegt hatten, nahmen viele Beobachter an, daß Kellam den Versicherern nur deshalb einen kleinen Teil der kommerziellen Ladung zugesprochen hatte, damit sie nicht erneut Berufung einlegten. Die kommerzielle Ladung umfaßte nur drei von möglicherweise 21 Tonnen Gold, die sich an Bord der *Central America* befunden hatten. Nach der Endaufteilung erhielt Columbus-America 92,22 Prozent dieser drei Tonnen kommerziellen Goldes. Das von den Passagieren privat mitgeführte Gold und die von der Armee bewachte Ladung von 15 Tonnen wurde der Gruppe zu 100 Prozent zugesprochen. Das Gericht bestätigte außerdem die alleinigen Vermarktungsrechte der Gruppe. Die Columbus-America Discovery Group hatte damit den mit Abstand höchsten Bergelohn in der Geschichte des Seerechts erhalten.

Tommy untersucht noch immer, was letztlich mit dem Schatz geschehen soll. Die Geschichte, wie er verlorenging und wiedergefunden wurde, wird den Kreis derjenigen sicher erweitern, die einen Teil davon besitzen wollen. Das seltene und wunderschöne Gold an Bord der *Central America* wurde nicht von einem Sammler erworben oder in einer Familie vererbt. Es erzählt die Geschichte vom kalifornischen Goldrausch, von einem Raddampfer, von einem Hurrikan, von einer Gruppe selbstloser und mutiger Männer, von einer Rettung auf hoher See, von einem Paar namens Easton und einem mutigen Kapitän; seine Bergung entsprang dem Traum eines jungen Ingenieurs aus Ohio und seiner Lebensgeschichte voller Risiken, Rückschläge und Durchbrüche. Und sie ist dem Vorstoß in ein neues Reich unter dem Meer zu verdanken. Der Schatz ist mehr als Gold, steht er doch für die Verbindung zwischen zwei Jahrhunderten und dem Pioniergeist, der damals wie heute Neuland erschloß.

Der Wert des Goldes wird erst dann genau zu bestimmen sein, wenn Tommy entschieden hat, was Columbus-America damit tun sollte. Seit Februar 1998 überprüft er die verschiedensten Möglichkeiten, darunter so manche, an die noch keiner gedacht hat. Sein Anteil an dem gesamten Schatz betrug zunächst 40 Prozent, reduzierte sich jedoch seit 1985 auf 31 Prozent. Am Ende wird er eine gewaltige Summe erhalten, doch seine Freunde und Partner und die Mitarbeiter von Columbus-America rechnen nicht damit, daß er sich sehr verändern wird. Er wird immer noch die gleichen unpassenden Kleidungsstücke tragen und im Januar im T-Shirt Motorroller fahren, und er wird auch weiterhin seine Umgebung zum Wahnsinn treiben, weil er ständig überschreiten will, was alle anderen für ihre Grenzen halten. Nur daß sein neuer Reichtum ihm erlauben wird, noch kühnere Träume zu träumen.

Hier ein Vergleich, um Tommys Leistung in Bezug zu setzen: 1961 erklärte Präsident John F. Kennedy auf einer gemeinsamen Sitzung beider Kammern des Kongresses, die Vereinigten Staaten sollten versuchen, innerhalb eines Jahrzehnts einen Menschen auf den Mond zu bringen. In den folgenden acht Jahren gaben über 400 000 Personen beinahe 100 Milliarden Dollar (heutiger Wert) aus, damit Neil Armstrong auf dem Mond landen konnte. Viele Wissenschaftler und Techniker betrachten die Herausforderung, die Tiefsee zu erkunden und dort zu arbeiten, als ebenso groß wie diejenige, den Weltraum zu erkunden und dort zu arbeiten. 1985 setzten sich Tommy Thompson und etwa ein Dutzend Kollegen das Ziel, auf dem Grund der Tiefsee arbeiten zu können. Die Fachleute hielten dieses Ziel nur dann für erreichbar, wenn das Projekt von der us-Regierung rückhaltlos unterstützt würde und über unbegrenzte Mittel verfügte. Und selbst dann sei der Erfolg zweifelhaft, weil die Regierung bereits Hunderte Millionen Dollar dafür ausgegeben hatte. Tommy und seine Gruppe aber erreichten trotz rechtlicher Komplikationen, trotz eines Zeitrahmens von nur drei Jahren, mit nur 30 Personen und einem Budget von zwölf Millionen Dollar ihr Ziel.

Sie hatten die Experten widerlegt. Man konnte auf dem Grund der Tiefsee arbeiten, man konnte dort mit Erfolg komplizierte und schwere Aufgaben durchführen, und man mußte nicht Hunderte Millionen Dollar ausgeben, um dies zu erreichen. Nötig war nur die Bereitschaft, alte Denkweisen aufzugeben und alte Annahmen in Frage zu stellen. Man mußte die ausgetretenen Pfade verlassen, auch wenn es sich schwierig und verwirrend darstellte. Dies ist Tommys Welt, und er brachte seine Mitstreiter dazu, mit ihm darin zu leben. Tommy, Barry und Bob hatten darüber gesprochen, bevor sie zur See fuhren: Die Bergung alter Schiffe ist in Wirklichkeit ein Abenteuer des Denkens, eine bestimmte Sicht der Welt. Den Schatz der *Central America* zu finden war ein Ziel, aber nicht das Wesentliche. Wesentlich war es, die Schätze der Tiefsee zu entschleiern, ein besseres Verständnis der Geschichte zu erreichen, den Fortschritt der Meeresarchäologie und der Wissenschaft allgemein zu fördern, eine neue Unternehmenskultur und neue Technologien zu entwickeln.

Personenverzeichnis

Historische Personen

Besatzung der SS *Central America*
William Lewis Herndon, Kapitän
James Frazer, Zweiter Offizier
George Ashby, Erster Maschinist
John Black, Bootsmann
Lucy Dawson, Stewardeß
John Tice, Zweiter Maschinist
Alexander Grant, Heizer

Passagiere
Thomas Badger, Exkapitän der Handelsmarine
Jane Badger, seine Ehefrau
Joseph Bassford
Billy Birch, berühmter Komödiant
Virginia Birch, seine Braut
James Birch, Präsident der Postkutschengesellschaft von
    Kalifornien
Angeline Bowley und ihre Kinder Charles und Isabella
Robert Brown, Kaufmann aus Sacramento, Freund der Eastons
George Dawson
Adeline (Addie) Mills Easton
Ansel Easton, Möbelfabrikant, Pferdezüchter
John George
Jane Harris
Dr. Obed Harvey, Arzt
Ada und Frederick Hawley und ihre Söhne DeForest und Willy
Almira Kittredge
Annie McNeill

Oliver Perry Manlove, Dichter
Alonzo Castle Monson, Richter
Henry O'Connor
Theodore Payne
Ann Small
Mary Swan

Augenzeugen des Untergangs und Retter
Hiram Burt, Kapitän der *Marine*
Anders Johnsen, Kapitän der *Ellen*
McGowan, Kapitän der *Empire City*
Samuel Stone, Kapitän der *El Dorado*

An der Suche und Bergung der
SS *Central America* beteiligte Personen

Columbus-America Discovery Group
Tommy (Harvey) Thompson, Ingenieur, Erfinder
Bob Evans, Geologe, Pianist
Barry Schatz, Journalist und Schriftsteller
Robbie Hoffman, Anwalt, Berater
Paula Steele, Bürokraft

Gesellschafter
Bill Arthur, Anwalt
Wayne Ashby, Wirtschaftsprüfer, Steuerberater
Art Cullman, Professor für Marketing an der Ohio State
    University
Fred Dauterman, Wirtschaftsprüfer, Steuerberater
Mike Ford, ehemaliger Marineoffizier
Bill Kelly, Anwalt
Gil Kirk
Curt Loveland, Anwalt
Buck Patton, Geschäftsmann
Jim Turner
Art Vorys, Anwalt

Besatzung der *Pine River*, 1. Suchphase mit SeaMARC 1A
Ted Brocket, Techniker, entwickelte den Schlitten für den
    SeaMARC 1A
Charlie, Koch
Don Craft, ehemaliger Navy Commander
John Lettow, Sonartechniker
Alan Scott, Experte für Unterwasserakustik
Will Watson, Techniker
Mike Williamson, Geophysiker, Sonarexperte, entwickelte die
    SeaMARC 1A

zusätzlich auf der *Nicor Navigator* und *Arctic Discoverer*
Bryan Anderson, Helfer
Bill Burlingham, Kapitän
Milt Butterworth, Tommys Schwager, Fotograf
John Doering, Schatzsucher, Techniker
Steve Gross, Pilot
Don Hackman, Techniker, Entwickler von Unterwasserwerkzeugen
Bob Hodgdon, Experte für Logistik
John Moore, Tiefseeroboter-Techniker
Tod Steele, Helfer

Schatzsucher
George Bass, Texas A & M's Institute for Nautical Archaeology
Barry Clifford
Pat Clyne, Mannschaftskapitän bei Mel Fisher
Mel Fisher, Schatztaucher
Tom Ford, ein weiterer Mannschaftskapitän bei Fisher
Michael Hatcher
Harry John, Erbe des Miller-Brauerei-Vermögens, Initiator der
    DeRance Foundation, sucht ebenfalls die *Central America*
Wally Kreisle, sucht ebenfalls die *Central America*
Robert Kutzleb, Lieferant der Navy für Unterwassertechnik
John F. O'Brien, Präsident der Boston Salvage (Investorengruppe
    hinter Burt Webber)
Dr. William Ryan, Leiter des Lamont-Doherty Deep Water
    Sonar Search Team der Columbia University, leitet die
    sonargesteuerte Suche auf der *Liberty Star*

Kapitän W. F. (Bill) Searle, ehemaliger Verantwortlicher
  bei der US-Marine für Schiffsbergungen, Berater für
  Tiefseebergungen
Ed Sottak, Kapitän der *Liberty Star*
Lee Spence
Burt Webber, sucht mit der *Liberty Star* ebenfalls die *Central
  America*

beratende Wissenschaftler
Judy Conrad, Historikerin der Columbus-America Discovery
  Group
Don Frink, Leiter der Entwicklungsabteilung des Battelle
  Memorial Institute
Don Glower, Leiter des Instituts für Maschinenbau der Ohio State
  University, Dekan der technischen Institute
Dr. Charles E. (Eddi) Herdendorf, Direktor des Stone Laboratory
  der Ohio State University
Tony Richardson, Wahrscheinlichkeitsmathematiker
Dr. Lawrence (Larry) Stone, Wahrscheinlichkeitsmathematiker,
  Autorität auf dem Gebiet der Suchtheorie, arbeitet für die
  Navy, brachte historische Daten in Wahrscheinlichkeitskarte

Rechtsexperten
David Paul Horan, Anwalt, Experte für Schiffswracks und -rechte,
  arbeitet für Columbus-America bei Klärung der Rechtslage
Richard B. Kellam, Bundesrichter des Eastern District von
  Virginia, Norfolk Division, zuständig für die Rechtssituation
  um die Central America
Rick Robol, Seerechtsanwalt, Berater der Columbus-America
  Discovery Group

Anmerkung des Autors

DIE PERSONEN DIESER Geschichte sind nicht erfunden. Ich habe keine Namen verändert, keine Szenen aus der Phantasie erschaffen und mir keine Dialoge ausgedacht. Um die Vertraulichkeit der Informationen zu schützen, habe ich bei der Darstellung der Technologie und der Verfahrensweisen geringfügige Änderungen vorgenommen.

Die historischen Ereignisse entnahm ich den Tagebüchern der Passagiere an Bord der *Central America* und Hunderten von zeitgenössischen Artikeln und Interviews mit den Überlebenden der Schiffskatastrophe von 1857. Ich las mehrere Bücher über den Goldrausch in Kalifornien; besonders nützlich waren William Johnsons Buch *The Forty-Niners* und John Kembles Doktorarbeit mit dem Titel *The Panama Route*. Ebenso las ich Richard Henry Danas Klassiker *Two Years before the Mast*. Ich stützte mich auch auf Zeichnungen der *Central America*, ein Gemälde des Schiffs und Holzschnitte von Szenen, die sich entlang der Panamaroute und an den Kais in San Francisco und Aspinwall abgespielt hatten. Für den nautischen Hintergrund zog ich *The Oxford Companion to Ships and the Sea* zu Rate und Bowditchs *American Practical Navigator*.

Zur Rekonstruktion der Suche nach der *Central America* dienten mir die Sonar-Logbücher der Columbus-America Discovery Group von 1986, die Logbücher des Kapitäns von 1987 und 1988, das Flugbuch des Piloten von 1987, andere Logbücher auf See von 1986 und 1987, Tonbandaufzeichnungen feindseliger Begegnungen mit konkurrierenden Schiffen auf See; das Logbuch des Navigators von 1988, das die Bergung der Gegenstände genau verzeichnete; persönliche Tagebücher und gelegentliche Briefe, die Mitglieder der Crew schrieben; Briefe der Columbus-America an die Gesellschafter, Prozeßabschriften, Fotografien des Meeresgrunds und der verschiedenen Arbeitsschiffe, etliche Videoaufnahmen, mehrere Besuche im Lagerhaus und in den Verwaltungsbüros in Columbus, Ohio, und an der Helling in Wilmington, North Carolina, und ausführliche Interviews mit über 100 Menschen, darunter die Schiffsbesatzung und Techniker, Partner, Anwälte, Wirtschaftsprüfer, Ingenieure, Wissenschaftler, Familien und Freunde der Hauptpersonen. Ich las ein halbes Dutzend Bücher über die Entwicklung von Unterseebooten und Tauchbooten und die Versuche des Menschen, auf den Grund der Tiefsee vorzustoßen. Im August 1989 und im September 1990 fuhr ich mit kleinen Fischerbooten zur *Arctic Discoverer* hinaus, um an Bord zu leben und die Vorgänge an Deck und im Kontrollraum zu beobachten, während Columbus-America die Stätte absuchte, an der die *Central America* gesunken war. Manchmal standen mir außer den Erinnerungen der Beteiligten noch Ton- und Videobänder vom Ablauf der tatsächlichen Ereignisse zur Verfügung, aus denen ich Szenen und Dialoge entnehmen konnte.

Danksagung

WÄHREND DER ZEHN Jahre, in denen ich an diesem Buch gearbeitet habe, ist viel geschehen. Mein Vater pflegte zu sagen, daß
er sterben würde, bevor ich fertig wäre. Da lachten mein Bruder
Randy und ich immer, weil wir sicher waren, daß er uns alle überleben würde. Als ich dabei war, das, was ich für die letzte Fassung
hielt, zu vollenden, starb mein Vater tatsächlich, im Januar 1995.
Drei Monate später erlitt meine Mutter eine Reihe von Schlag-
anfällen und mußte in ein Pflegeheim ziehen. Zwei Jahre später,
als ich das Projekt endlich abschloß, starb plötzlich Randy; und all
diese Geschehnisse waren eine bittere Lektion, daß das Leben
nicht stillsteht, während man sich unerbittlich einer Sache wid-
met. So viel blieb ungesagt und ungetan. Für sie und andere, die
mir nahestehen, hätte ich mir eine raschere Auffassungsgabe
gewünscht und das Buch gern schneller geschrieben, aber es ging
einfach nicht. Während dieser schweren Zeit meines Lebens füllten Freunde die Lücke, die sie hinterlassen hatten. Dafür bin ich
ihnen allen dankbar. Dreien von ihnen schulde ich besonderen
Dank, weil sie immer für mich dawaren: Scott Easter, Gary Williams und meinem Cousin Steve Chamberlain. Dankbar bin ich
auch anderen wie Mike und J.J.

Morgan Entrekin ist mein Lektor, Verleger und Freund. Wir
kennen uns nun schon fast 20 Jahre lang. Er ist ein hervorragen-
der Autor, der sich rechtschaffen um die Leute kümmert, die für
ihn schreiben. Lange bevor Tommy Thompson das Gold fand,
ermutigte mich Morgan, die Geschichte weiter zu verfolgen.
Dann verbrachte er die nächsten Jahre zahllose Stunden mit mir
in einem Hotelzimmer in Seattle und half mir, das Ganze zu verstehen und in eine Form zu bringen. Es klingt abgedroschen, ist
aber dennoch wahr: Wenn er sich nicht so sehr für das Projekt ein-

gesetzt und an mich geglaubt hätte, wäre es mir nie gelungen, das *Goldschiff* zu vollenden.

Einige Leute haben in besonderem Maß zum Erfolg der Columbus-America Discovery Group beigetragen: Bob Evans und Barry Schatz, Rick Robol und Bill Kelly, Judy Conrad, Paula Steele, Don Hackman und die übrigen Mitglieder der technischen Mannschaft, die die Geschichte bevölkern, aber dennoch verdienen, daß ich mich öffentlich bei ihnen bedanke: Alan Scott, John Moore, Ted Brockett, John Doering, Milt Butterworth, Tod Steele, Bryan Anderson, Don Craft, Mike Milosh und Bill Burlingham.

Tommy Thompson schulde ich Anerkennung dafür, daß er einen Autor im Schatten des Projekts duldete, das er so sorgfältig abschirmen wollte. Er erlaubte mir, mit jedem innerhalb der Organisation zu sprechen, und verschaffte mir Zugang zu den historischen Akten und den Briefen an die Gesellschaft. Er gestattete mir, daß ich auf hoher See an Bord des Schiffs dabeisein und alles beobachten durfte. Er bat mich nur um eine Sache: Wegen der heiklen und streng geheimen Natur der Informationen, die die Entdeckung der *Central America* ermöglichten, und der großen Konkurrenz auf dem Gebiet der Unterwasserbergung wollte er das Manuskript gegenlesen, um zu überprüfen, ob es zuviel von seiner einzigartigen Technologie preisgab. Das kam mir sehr entgegen, denn auch ich wollte nicht unwissentlich etwas enthüllen und damit das gefährden, was er und seine Gruppe unter solchen Mühen erreicht hatten. Die Änderungen, die er verlangte, liefen oft nur darauf hinaus, ein einziges Wort zu ersetzen, um den Schutz zu gewährleisten, den er brauchte. Manchmal schlug er aber auch Verbesserungen vor, die mehr von seiner Technologie preisgaben. Indem er erklärte, warum gewisse anscheinend unbedeutende Verfahren nicht in dem Buch erscheinen durften, half er mir, die enorme Komplexität und Schwierigkeit der Arbeit in der Tiefsee zu begreifen. Also habe ich seine ungewöhnlichen Techniken und Verfahren so genau wie möglich geschildert, ohne anderen ein Handbuch zu liefern, mit dem sie das, was er getan hat, wiederholen könnten.

Obwohl es Jahre zurückliegt, habe ich die vielen hundert Stunden nicht vergessen, die Helene Canavan brauchte, um die Bänder mit meinen Interviews abzuschreiben. In den letzten vier Jahren hat sich meine Assistentin Laura Duncan mit meiner häufigen physischen wie auch geistigen Abwesenheit abgefunden und dafür gesorgt, daß der Bürobetrieb weiterlief. Danke dir, Laura, und alles Gute für dein Baby. Dank schulde ich auch meinem Assistenten Deron Lord, der vor zwei Jahren zu uns stieß, um mir weitere Lasten abzunehmen, während ich herumreiste, um meine Amerikanischkurse für Anwälte zu halten, und das Manuskript fertigstellte.

Zehn Jahre ist eine lange Zeit, um von anderen Verständnis und Geduld zu erwarten. Meine Töchter haben mich kaum anders erlebt, als daß ich an »dem Buch« arbeitete. Am meisten freut mich, daß ich nun, da es vollendet ist, mehr Zeit habe, ihren Gedanken und Ideen zuzuhören, ihren Neigungen und Träumen, und daß ich sie aufwachsen sehen kann. Alison blieb die ganze Zeit an meiner Seite und stellte ihre eigenen Träume zurück. Sie verdient es, daß sie nun in Erfüllung gehen. Am wichtigsten ist mir, daß sie versteht. Im doppelten Sinn. Ich hoffe, daß sie es inzwischen tut; ich denke, daß ich damit gerade anfange.

MALIK

Jon Krakauer
In eisige Höhen

Das Drama am Mount Everest. Aus dem Amerikanischen
von Stephan Steeger. 368 Seiten. Geb.

Krakauers Bericht führt den Leser mitten in die modernen
Paradoxa des Alpinismus. Das »Dach der Welt« ist zum
Ziel jener geworden, die das ultimative Abenteuer, den ab-
soluten Kick suchen. Sie werden geführt von »Bergunter-
nehmern«, die den Job haben, ihre betuchten Kunden auf
den Gipfel zu bringen – manchmal sogar mit rücksichtsloser
Gewalt und oft mit tödlichen Folgen.

Minuziös beschreibt Jon Krakauer den Verlauf der Expedition von 1996, das Geflecht aus Ehrgeiz und Fehlverhalten,
das in eine Katastrophe mündete. Er schildert den Komfort
in den Basislagern mit täglich frischem Gemüse und Brot,
mit Satellitentelephonen und Faxanschlüssen. Er berichtet
vom Aufstieg, an dem sich drei Expeditionen und drei-
unddreißig Bergsteiger beteiligten, die alle gleichzeitig auf
den Gipfel wollten. Er beschreibt das Chaos in der Todes-
zone, in der der Mensch ohne Sauerstoff verloren ist: Ein
Sherpa bricht erschöpft zusammen, nachdem er die Luxus-
ausrüstung seiner Besitzerin auf den Berg gehievt hat.

Einer der Führer verweigert seiner Gruppe den lebensnot-
wendigen Sauerstoff, weil er selbst bereits an Wahnvor-
stellungen leidet...

Jon Krakauer

Auf den Gipfeln der Welt

Die Eiger-Nordwand und andere Träume.
Aus dem Amerikanischen von Wolfgang Riehl.
291 Seiten mit 12 Vignetten. Geb.

Jon Krakauer kennt das Gefühl, das jeden Alpinisten nach
dem Gipfelsturm übermannt, er weiß um das Ringen mit
den eigenen Kräften, den Kampf gegen die Einsamkeit und
den Schmerz der Enttäuschung, wenn der Berg stärker ist
als der Mensch.
1985 hat er selbst versucht, die legendäre Eiger-Nordwand
zu besteigen, und mußte abbrechen. Davon erzählt er in der
ersten seiner zwölf brillanten Geschichten um Menschen,
denen ihre Leidenschaft für die Gipfel dieser Welt zur
Obsession geworden ist.
Jon Krakauer nimmt seine Leser mit auf die verwegensten
und faszinierendsten Touren, zu den gefährlichsten
Gletschern und höchsten Gipfeln – und führt sie sicher, aber
ein wenig verändert wieder hinunter.

MALIK

Lieve Joris
Die Tore von Damaskus

Aus dem Niederländischen von Barbara Heller.
301 Seiten. Geb.

Spannend wie ein Roman liest sich die Geschichte der syrischen Soziologin Hala, die mit ihrer Tochter Asma allein in Damaskus lebt. Vor zwölf Jahren, als Asma gerade vier Wochen alt war, hatte die syrische Geheimpolizei bei einer Razzia Halas Wohnung gestürmt und Achmed, ihren Mann, verhaftet: Er war Marxist. Halas Leben wird nun bestimmt von der Übermacht der konservativen Familie ihres Mannes, der wechselhaften Tagespolitik und gleichzeitig Halas Wunsch, ein selbständiges Leben zu führen.
Lieve Joris begleitet sie auf ihren Fahrten kreuz und quer durchs Land, wo sich karge Wüstenlandschaften und üppige Oasen abwechseln, moderne Großstädte und alte syrische Dörfer. Durch Halas persönliches Schicksal wird uns die ganze Tragik des Nahen Ostens verständlich.

»Besseren Reisejournalismus gibt es nicht.«
New York Times Book Review

Lieve Joris
Mali Blues

Ein afrikanisches Tagebuch. Aus dem Niederländischen von
Ira Wilhelm und Jaap Grave. 313 Seiten. Geb.

Was ist es, das Lieve Joris' Erzählungen über fremde
Länder so anders, so besonders berührend macht? Sie
lebt mit den Menschen, an den Orten, bevor sie über sie
schreibt. Die Afrikaner, die sie auf ihren Reisen trifft, sind
Überlebenskünstler, die Zauberei, Tradition und Moderne
zu vereinbaren wissen. Der politischen Unfähigkeit ihrer
Regierungen bewußt, nehmen sie mit Mut und viel Humor
ihr Leben selbst in die Hand.
Lieve Joris schreibt aus tiefer persönlicher Kenntnis
heraus über dieses riesige, heterogene Land, über diesen
Kontinent mit seinen enormen Ressourcen und seinen
enormen Mängeln; sie schildert dessen Würde, Hoffnung
und Poesie.

»Joris schreibt so, daß man beim Lesen glaubt, einer
Kamera zu folgen. Bunt wie ein Film baut sich das Leben
eines Dorfes, einer Stadt, eines Landes auf. Man wird
beim Lesen schnell nach dieser Kamera süchtig, denn sie
zeigt ein menschliches Afrika.«
Sybille Mulot